ESTUDE A BÍBLIA

Dados Internacionais de Catalogação na Publicação (CIP)
(Câmara Brasileira do Livro, SP, Brasil)

Estude a Bíblia / editor Alan M. Stibbs ; tradução Eulália A. P. Kregness. -- São Paulo : Shedd Publicações, 2011.

Bibliografia
ISBN: 978-85-8038-007-1

1. Bíblia - Estudo e ensino I. Stibbs, Alan M.

11-04472   CDD- 220.07

Índices para catálogo sistemático:
1. Bíblia : Estudo e ensino   220.07
2. Estudos bíblicos 220.07

EDITOR | ALAN M. STIBBS

ESTUDE A BÍBLIA

UM GUIA DE ESTUDO DIÁRIO PARA APRENDER A PALAVRA

TRADUÇÃO
EULÁLIA P. KREGNESS

Shedd
publicações

Copyright © 2003
Título do original em inglês:
Search the Scriptures
por Inter-Varsity Press
38 De Montfort Street, Leicester LE1 7GP, England
Todos os direitos reservados

1ª Edição - Maio de 2011
1ª Reimpressão - Janeiro de 2015

Publicado no Brasil com a devida autorização
e com todos os direitos reservados por
SHEDD PUBLICAÇÕES
Rua São Nazário, 30, Sto Amaro
São Paulo-SP - 04741-150
Tel. (011) 5521-1924
Email: sheddpublicacoes@uol.com.br
www.loja.sheddpublicacoes.com.br

Proibida a reprodução por quaisquer
meios (mecânicos, eletrônicos, xerográficos,
fotográficos, gravação, estocagem em banco de
dados, etc.), a não ser em citações breves
com indicação de fonte.

Printed in Brazil / Impresso no Brasil

ISBN 978-85-8038-007-1

TRADUÇÃO: Eulália A. P. Kregness
REVISÃO: Edmilson & Helen Bizerra
DIAGRAMAÇÃO: Edmilson Frazão Bizerra
CAPA: OM Designers Gráficos

Prefácio

Estude a Bíblia tem sido usado e apreciado por milhares de cristãos do mundo inteiro, por muitas décadas, e é o guia de estudo mais importante do gênero. Seu objetivo é que o leitor examine a Bíblia inteira em três anos de estudo regular diário.

Esta nova edição foi completamente reformatada, atualizada onde necessário, e é baseada na Nova Versão Internacional da Bíblia. O curso foi lançado em 1934 como resposta ao clamor disseminado de cristãos que buscavam um plano sistemático para o estudo diário da Bíblia. G. T. Manley foi o Editor-chefe da primeira edição. Em 1949, H. W. Oldham e outros prepararam e revisaram um novo curso. A revisão integral da quinta edição (1967) foi feita por uma equipe numerosa, que incluía G. L. Carey, D. Catchpole, M. J. Cole, J. C. Connell, P. A. Crowe, A. E. Cundall, D. R. J. Evans, M. R. W. Farrer, P. K. Finnie, R. T. France, P. H. Hacking, A. R. Henderson, J. B. Job, Dr e sra A. Johnston, F. D. Kidner, G. E. Lane, A. Metcalfe, H. Peskett, M. Roberts, E. M. Scheuermeier, J. A.Simpson, J. K. Spence, M. Sugden, J. B. Taylor, R. E. Wintle, D. R. Wooldridge e D. F. Wright, com a supervisão de A .M. Stibbs, Editor-chefe.

Citando o que G. T. Manley escreveu sobre os compiladores das edições prévias, todos os que participaram das revisões subsequentes "[...] conhecem bem a dificuldade do estudo bíblico contínuo, e sabem que Satanás colocará muitos empecilhos no caminho. No entanto, oram para que a direção aqui oferecida desperte, pela graça de Deus, o interesse na Palavra, transformando em fonte de alegria, e também de poder, o tempo diário dedicado a seu estudo".

Panorama do Curso

	Número de estudos	Parte 1	Parte 2	Parte 3
ANTIGO TESTAMENTO				
Livros Históricos				
Gênesis 1-26	19	p. 29		
Gênesis 27-50	23	p. 40		
Êxodo 1-20	14	p. 60		
Êxodo 21-40	15	p. 111		
Levítico	20		p. 146	
Números	25		p. 159	
Deuteronômio	24		p. 175	
Josué	17	p. 87		
Juízes	18		p. 190	
Rute	2		p. 201	
1Samuel	23		p. 202	
2Samuel	18		p. 225	
1Reis	19		p. 234	
2Reis	16		p. 252	
1Crônicas	14			p. 396
2Crônicas	21			p. 410
Esdras	7			p. 371
Neemias	14			p. 374
Ester	7			p. 416

Poesia e Livros de sabedoria

Jó	21		p. 214
Salmos 1-12	7	p. 50	
Salmos 13-29	14	p. 81	
Salmos 30-41	14	p. 124	
Salmos 42-51	7		p. 223
Salmos 52-72	14		p. 230
Salmos 73-89	14		p. 353
Salmos 90-106	14		p. 378
Salmos 107-138	27		p. 402
Salmos 139-150	8		p. 438
Provérbios	21	p. 96	
Eclesiastes	7		p. 419
Cântico dos Cânticos	7		p. 422

Profetas

Isaías 1-39	21		p. 264
Isaías 40-66	21		p. 280
Jeremias 1-25	16		p. 311
Jeremias 26-52	19		p. 326
Lamentações	5		p. 335
Ezequiel 1-32	21		p. 341
Ezequiel 33-48	14		p. 358
Daniel	14		p. 430
Oseias	7	p. 75	
Joel	2		p. 297
Amós	5	p. 75	
Obadias	1		p. 305
Jonas	2		p. 296
Miqueias	5	p. 134	
Naum	2		p. 300
Habacuque	4		p. 303
Sofonias	3		p. 298
Ageu	2		p. 383
Zacarias	9		p. 385
Malaquias	3		p. 390

NOVO TESTAMENTO

Evangelhos

Mateus 1-7	10	p. 292
Mateus 8-18	18	p. 306
Mateus 19-28	21	p. 320
Marcos 1-9	19	p. 167
Marcos 10-16	16	p. 185
Lucas 1.1-9.56	25	p. 22
Lucas 9.57-19.28	22	p. 35
Lucas 19.29-24.53	16	p. 46
João 1-12	25	p. 241
João 13-21	17	p. 258
Atos 1.1-12.24	20	p. 52
Atos 12.25-28.31	34	p. 64

Cartas

Romanos	28	p. 101
1Coríntios	14	p. 116
2Coríntios	14	p. 127
Gálatas	7	p. 92
Efésios	7	p. 209
Filipenses	7	p.
Colossenses	6	p.
1 e 2Tessalonicenses	8	p. 84
1Timóteo	7	p. 138
2Timóteo	4	p. 143
Tito	3	p. 141
Filemom	1	p. 370
Hebreus	21	p. 151
Tiago	7	p. 392
1Pedro	8	p. 197
2Pedro	5	p. 426
1,2,3João	7	p. 275
Judas	2	p. 429
Apocalipse	28	p. 440

Sumário

Sugestão de método de estudo *13*
Abreviaturas *18*
Parte 1 ..... *21*
- Lucas 1.1-9.56 22
- Gênesis 1-26 29
- Lucas 9.57-19.28 35
- Gênesis 27-50 40
- Lucas 19.29-24.53 46
- Salmos 1-12 50
- Atos 1.1-12.24 52
- Êxodo 1-20 60
- Atos 12.25-28.31 64
- Amós e Oseias 75
- Salmos 13-29 81
- 1 e 2Tessalonicenses 84
- Josué 87
- Gálatas 92
- Provérbios 96
- Romanos 101
- Êxodo 21-40 111
- 1Coríntios 116
- Salmos 30-41 124
- 2Coríntios 127
- Miqueias 134
- 1Timóteo 138
- Tito 141
- 2Timóteo 143

Parte 2 ..... *145*
- [ ] LEVÍTICO 146
- [ ] HEBREUS 151
- [ ] NÚMEROS 159
- [ ] MARCOS 1-9 167
- [ ] DEUTERONÔMIO 175
- [ ] MARCOS 10-16 185
- [ ] JUÍZES 190
- [ ] 1PEDRO 197
- [ ] RUTE 201
- [ ] 1SAMUEL 202
- [ ] EFÉSIOS 209
- [ ] JÓ 214
- [ ] SALMOS 42-51 223
- [ ] 2SAMUEL 225
- [ ] SALMOS 52-72 230
- [ ] 1REIS 234
- [ ] JOÃO 1-12 241
- [ ] 2REIS 252
- [ ] JOÃO 13-21 258
- [ ] ISAÍAS 1-39 264
- [ ] 1,2,3JOÃO 275
- [ ] ISAÍAS 40-66 280

Parte 3 ..... *291*
- [ ] MATEUS 1-7 292
- [ ] JONAS 296
- [ ] JOEL 297
- [ ] SOFONIAS 298
- [ ] NAUM 300
- [ ] HABACUQUE 303
- [ ] OBADIAS 305
- [ ] MATEUS 8-18 306

- ☐ Jeremias 1-25 311
- ☐ Mateus 19-28 320
- ☐ Jeremias 26-52 326
- ☐ Lamentações 335
- ☐ Filipenses 338
- ☐ Ezequiel 1-32 341
- ☐ Salmos 73-89 353
- ☐ Ezequiel 33-48 358
- ☐ Colossenses 368
- ☐ Filemom 370
- ☐ Esdras 371
- ☐ Neemias 374
- ☐ Salmos 90-106 378
- ☐ Ageu 383
- ☐ Zacarias 385
- ☐ Malaquias 390
- ☐ Tiago 392
- ☐ 1Crônicas 396
- ☐ Salmos 107-138 402
- ☐ 2Crônicas 410
- ☐ Ester 416
- ☐ Eclesiastes 419
- ☐ Cântico dos Cânticos 422
- ☐ 2Pedro 426
- ☐ Judas 429
- ☐ Daniel 430
- ☐ Salmos 139-150 438
- ☐ Apocalipse 440

Sugestão de método de estudo

Objetivo do curso

O objetivo deste curso é ajudar cristãos de todas as idades no estudo diário da Bíblia. Em vários aspectos importantes, este manual é diferente de outros que têm objetivo semelhante.

Primeiro, a Bíblia inteira pode ser estudada em três anos.

Segundo, o conteúdo, o significado e a aplicação de cada passagem estudada são em forma de perguntas. Estas têm o propósito de incentivar a pesquisa individual da Bíblia para que o leitor descubra os ensinos e as mensagens que Deus tem para ele em cada trecho de sua Palavra.

Terceiro, as notas explicativas foram reduzidas ao estritamente necessário com base no princípio de que as verdades que escavamos para nós mesmos são lembradas mais facilmente. É muito gratificante e gostoso pelejar com uma passagem bíblica complexa, como testificam milhares de pessoas que já usaram este curso.

Abordagem correta

A expressão "estudo bíblico" tem sido usada para descrever este curso, mas a frase merece esclarecimento. Não devemos abordar a Bíblia do ângulo meramente acadêmico, como se ela fosse um livro-texto cuja leitura é necessária para um teste escolar. Lemos e estudamos nossa Bíblia porque este é o meio que Deus escolheu para termos comunhão com ele. É vital que busquemos o Senhor e queiramos conhecer sua vontade para nossas vidas. Caso contrário, responder a uma pergunta acaba se tornando um fim em si mesmo, e nosso estudo bíblico deixará de ser um encontro maravilhoso com Deus, transformando-se numa tarefa maçante ou, na melhor das hipóteses, num passatempo intelectual estimulante.

Embora seja verdade que precisamos usar o cérebro no estudo da Bíblia, aplicando todas as faculdades intelectuais que Deus nos deu, a exigência primária não é intelectual, mas espiritual. A própria Bíblia afirma: "O homem natural não aceita as coisas do Espírito de Deus, pois lhe são absurdas; e não pode entendê-las, pois se compreendem espiritualmente" (1Co 2.14). Da mesma forma, o Senhor

Jesus afirma em uma de suas orações que as coisas de Deus são escondidas das pessoas consideradas sábias, e reveladas aos que ele chama de "pequeninos" (Mt 11.25,26). Temos de tratar a Palavra de Deus com sinceridade, sem orgulho nem autoconfiança. Para começar, devemos reconhecer humildemente que dependemos de Deus, e orar pedindo que o Espírito Santo abra nossos olhos cegos e dê-nos discernimento espiritual e entendimento.

Lembremo-nos ainda de que Deus tem prazer em revelar sua verdade em documentos escritos em linguagens milenares e num contexto histórico específico. Assim, para descobrir tudo o que Deus tem a dizer por intermédio deles, é imperativo que sejamos diligentes no estudo, que requer paciência, averiguação persistente e utilização de todas as ferramentas que facilitam a compreensão. O estudo da Bíblia, portanto, deve ser visto como um exercício que exige seriedade e concentração intelectual absoluta de nossa parte. Deus recompensa quem busca com o intuito de achar.

Tempo investido

Os idealizadores de *Estude a Bíblia* tinham em mente pessoas que reservassem pelo menos vinte minutos diários para o estudo da Bíblia. Mas a experiência mostrou que para o aproveitamento máximo do curso era preciso um tempo maior, pois de outro modo, o período de oração e meditação sobre o texto bíblico — necessidade preliminar às respostas — teria de ser abreviado. Quem não dispuser de tempo deve buscar um método de estudo bíblico um pouco menos exigente. Para quem dispõe de meia hora todos os dias, por exemplo, a experiência mostra que este curso resulta em enorme benefício espiritual. Mais ainda, o método de perguntas e respostas é um excelente treinamento em como estudar a Bíblia sozinho.

Roteiro

O curso todo será completado em exatamente três anos por quem se empenhar e estudar diariamente, sem falta. Este é o desafio. Mas a intenção do curso é ser servo e não capataz; é ajudar e nunca desanimar. É óbvio que doenças e alteração de circunstâncias exigem modificação na rotina. Algumas pessoas descobrem que a mudança temporária para outro método de estudo bíblico é bastante proveitosa. O importante é manter o objetivo de completar o estudo individual da Bíblia toda, mesmo que isso exija mais que os três anos recomendados.

A ordem sugerida para o estudo da Bíblia foi traçada com muito cuidado. A sequência dos livros foi proposital e a variedade, planejada. Exceto nos casos em que algumas considerações exigiram arranjos diferentes, os livros do Antigo Testamento são estudados em ordem histórica. No entanto, como 1 e 2Reis são parte dessa sequência histórica, 1 e 2Crônicas estão inseridos no término do curso como recapitulação da história dos reinos de Israel e de Judá.

O livro que exige mais de quatro semanas de curso foi subdividido em seções para estudo intercalado. Estudos que ocupam o primeiro ano foram escolhidos para ajudar os iniciantes, e contêm, por exemplo, uma parte maior de leitura do Novo Testamento do que seria possível no restante do curso.

Quem está acostumado a ler apenas um texto curto da Bíblia diariamente talvez se intimide diante de algumas passagens longas do Antigo Testamento. Mas ler grandes segmentos (e até mesmo livros inteiros) de uma vez é um exercício bastante proveitoso. Afinal, é isso que fazemos ao ler por obrigação ou prazer. Com o tempo disponível, o estudo detalhado de alguns versículos é menos importante que o conhecimento geral e amplo de verdades e conteúdos espirituais básicos.

Um curso como este tem a grande vantagem de ser facilmente adaptado às necessidades individuais. Por exemplo, caso a sequência recomendada para o estudo não agrade o leitor, poderá ser alterada sem problemas. Repetindo, os livros mais longos da Bíblia, que neste curso estão divididos em seções, podem ser estudados na íntegra sem interrupção. As referências no fim de uma parte do livro indicam a continuação do estudo daquele livro. No entanto, se for preferível dividir os livros em seções ainda menores — só para variar — o estudo não sofrerá com a alteração. Caso o estudante queira aprofundar o estudo do Novo Testamento nos estágios posteriores do curso, basta retornar a alguns livros estudados na *Parte 1*. Isto alongará o tempo exigido para o término do curso, todavia, para algumas pessoas, outros aspectos são mais importantes que o tempo.

Para facilitar o curso, os livros aparecem na ordem bíblica nas páginas 6, 7 e 8 com o número de estudos determinados a cada um e a página inicial de cada seção. Entretanto qualquer alteração na sequência apresentada não pode interferir com o objetivo fundamental que a pessoa estabeleceu de completar o estudo da Bíblia inteira.

No início de cada uma das três partes há uma lista para o estudante ticar os livros ou seções que completou; o procedimento pode ser repetido com os estudos individuais.

Materiais

1. Bíblia

No geral, o curso é baseado na Nova Versão Internacional e, naturalmente, esta pode ser a única usada no curso inteiro. Haverá ocasiões quando outras traduções serão de grande ajuda no estudo de um texto, e, como sabemos, o mercado oferece uma variedade de traduções da Bíblia ou do Novo Testamento. Embora seja necessário cuidado na escolha (algumas são paráfrases, e não traduções), elas podem esclarecer uma passagem que, de outra forma, seria um tanto obscura.

2. Caderno

Será usado para as anotações rápidas durante o estudo diário e também para o registro minucioso das descobertas que tenham importância mais duradoura. Algumas pessoas concluíram que é melhor fazer esses registros mais tarde, quando o valor dos achados diários é visto sob outra perspectiva. No entusiasmo inicial da descoberta, coisas que parecem de extrema importância talvez não se mostrem tão relevantes uma semana depois. É provável que a maioria das pessoas não tenham tempo de voltar às anotações e aprofundar-se no estudo. Um bom fichário, com folhas soltas, servirá aos dois propósitos.

3. Outras ferramentas

Bíblia e caderno são os materiais exigidos, mas os livros de referência abaixo mencionados são de grande ajuda no estudo da Palavra, publicados pela Edições Vida Nova.

(a) *Comentário Bíblico Vida Nova (CBVN)*. É em um único volume e abrange a Bíblia inteira. O curso oferece notas explicativas e um bom número de informações, porém um comentário bíblico é de grande utilidade. Mas se o tempo for limitado, tais ferramentas devem ser usadas com parcimônia. As descobertas pessoais feitas durante o estudo bíblico são muito mais significativas do que a leitura apressada de um comentário.

(b) *O Novo Dicionário da Bíblia (NDB)*. Contém uma enorme quantidade de informações úteis sobre lugares, costumes, significados de palavras e conceitos. Mais uma vez, é preciso cuidado para que o tempo do estudo não seja tomado pela leitura fascinante do que está registrado no Dicionário! Por outro lado, este livro de referência pode ser um acréscimo valioso ao estudo da Bíblia.

Procedimentos

As sugestões abaixo são oferecidas como ajuda a quem está iniciando o curso. Depois de um tempo, cada pessoa fará suas próprias adaptações com base no que lhe é melhor em sua experiência.

1. Ore logo de início, seguindo as diretrizes sugeridas.

2. Leia o texto bíblico indicado para o estudo. É melhor não verificar as perguntas antes de fazer a leitura da Bíblia. Saber o que será perguntado talvez limite imediatamente o interesse a essas questões em particular.

3. Leia as perguntas e as observações sobre o texto bíblico. Reflita no texto à luz do que é perguntado. Depois, tente encontrar as respostas; elas serão úteis na concentração.

4. Anote as respostas no caderno. O conselho enfático é que os estudantes se disciplinem a fazer isso, e não simplesmente deem uma olhadela nas perguntas

com a vaga ideia de que assim já foram respondidas. Os benefícios das descobertas bíblicas são maiores quando registrados no papel. Por outro lado, há o risco de dependência excessiva das perguntas. É óbvio que as perguntas relacionadas às porções maiores do Antigo Testamento não esgotam o significado do texto. Às vezes, o estudante achará que não entendeu o ponto fundamental do texto ou, então, fará uma aplicação imediata do que leu. Sejamos justos! Se os estudantes quiserem formular suas próprias linhas de pesquisa em vez de se prenderem ao que foi estabelecido, um dos objetivos do curso já foi alcançado.

Aqui e ali, alguém irá imaginar se a resposta que deu a uma pergunta era a esperada! Isso não interessa, desde que o ensino bíblico esteja sendo mais bem compreendido. No entanto, quaisquer referências bíblicas comparativas normalmente indicarão o tipo de resposta desejada. É melhor se empenhar em descobrir as respostas por meio dos versículos determinados para o estudo, e deixar as outras referências para depois. Fuja da tentação de estudar as referências cruzadas em vez de estudar o texto especificado. Será proveitoso fazer uma revisão semanal da matéria estudada e também das verdades extraordinárias que foram descobertas ou tornaram-se mais importantes.

Algumas pessoas acharão que tudo isso ocupará muito do tempo que estabeleceram para o estudo bíblico. Neste caso, vale adaptar o curso a uma pergunta diária, concentrando-se naquela que parecer mais benéfica, e fazer o próximo estudo depois. Não sendo assim, o curso poderá levar seis anos ou mais para ser completado. Se a falta de tempo para a conclusão do estudo é esporádica, termine-o no final do dia ou da semana, enquanto a leitura continua vívida na memória.

Quando houver mais de duas perguntas para o mesmo estudo, a terceira (ou quarta) é opcional ou alternativa às duas primeiras ou deve ser respondida quando o mesmo texto Bíblico for estudado mais tarde. Uma das vantagens desse tipo de curso é que pode ser usado repetidamente.

5. Use a passagem bíblica como base de adoração e louvor. Ore sobre as lições aprendidas. Deus irá falar a você nesse dia por meio de algum pensamento (ou pensamentos) em particular. Busque descobrir do que se trata e, em oração, aplique-o à sua vida. Lembre-se de que a Palavra inspirada de Deus nos foi dada com um propósito essencialmente prático: para nos ensinar, repreender, corrigir, instruir em justiça, e para nos dar capacidade espiritual e deixar-nos perfeitamente equipados para toda a boa obra (2Tm 3.16,17).

Abreviaturas

LIVROS DO ANTIGO TESTAMENTO

Gn	Gênesis
Êx	Êxodo
Lv	Levítico
Nm	Números
Dt	Deuteronômio
Js	Josué
Jz	Juízes
Rt	Rute
1Sm	1Samuel
2Sm	2Samuel
1Rs	1Reis
2Rs	2Reis
1Cr	1Crônicas
2Cr	2Crônicas
Ed	Esdras
Ne	Neemias
Et	Ester
Jó	Jó
Sl	Salmos
Pv	Provérbios
Ec	Eclesiastes

Ct	Cântico dos Cânticos
Is	Isaías
Jr	Jeremias
Lm	Lamentações de Jeremias
Ez	Ezequiel
Dn	Daniel
Os	Oseias
Jl	Joel
Am	Amós
Ob	Obadias
Jn	Jonas
Mq	Miqueias
Na	Naum
Hc	Habacuque
Sf	Sofonias
Ag	Ageu
Zc	Zacarias
Ml	Malaquias

LIVROS DO NOVO TESTAMENTO

Mt	Mateus
Mc	Marcos
Lc	Lucas
At	Atos
Rm	Romanos
1Co	1Coríntios
2Co	2Coríntios
Gl	Gálatas
Ef	Efésios
Fp	Filipenses
Cl	Colossenses
1Ts	1Tessalonicenses
2Ts	2Tessalonicenses
1Tm	1Timóteo

2Tm	2Timóteo
Tt	Tito
Fm	Filemom
Hb	Hebreus
Tg	Tiago
1Pe	1Pedro
2Pe	2Pedro
1Jo	1João
2Jo	2João
3Jo	3João
Jd	Judas
Ap	Apocalipse

Parte 1

Estudos desta parte (*dê baixa quando completar*):

- [ ] **Lucas 1.1-9.56**
- [ ] **Gênesis 1-26**
- [ ] **Lucas 9.57-19.28**
- [ ] **Gênesis 27-50**
- [ ] **Lucas 19.29-24.53**
- [ ] **Salmos 1-12**
- [ ] **Atos 1.1-12.24**
- [ ] **Êxodo 1-20**
- [ ] **Atos 12.25-28.31**
- [ ] **Amós e Oseias**
- [ ] **Salmos 13-29**
- [ ] **1 e 2Tessalonicenses**
- [ ] **Josué**
- [ ] **Gálatas**
- [ ] **Provérbios**
- [ ] **Romanos**
- [ ] **Êxodo 21-40**
- [ ] **1Coríntios**
- [ ] **Salmos 30-41**
- [ ] **2Coríntios**
- [ ] **Miqueias**
- [ ] **1Timóteo**
- [ ] **Tito**
- [ ] **2Timóteo**

LUCAS 1.1-9.56

Introdução

O estilo e a linguagem provam que este evangelho foi escrito por um médico grego, também identificado como o autor de Atos dos Apóstolos, e, como o livro mostra, companheiro de viagem de Paulo. Somente Lucas, "o médico amado", preenche estas características, e como ele era desconhecido, não haveria como lhe atribuir a autoria do evangelho se ele não fosse mesmo o autor.

A explicação mais plausível para o fim abrupto de Atos é que Lucas o atualizou, e que Paulo ainda cumpria seu primeiro encarceramento em Roma quando o livro foi concluído. Isto indica que Atos foi escrito por volta de 62 d.C., e que, provavelmente, o evangelho de Lucas é de um ou dois anos antes.

Este evangelho enfatiza de modo especial a natureza humana do Senhor Jesus, embora também testemunhe com segurança a respeito de sua divindade (ver 10.21, 22; 24.26,49). Sua empatia com os sofredores e enlutados, com os desprezados e marginalizados, é evidente, e a natureza universal do evangelho, intencionado aos samaritanos e pagãos tanto quanto aos judeus, é bastante enfatizada. O oferecimento gratuito da salvação e a impossibilidade de alguém consegui-la por méritos próprios são temas recorrentes (ex. 15.11-32; 17.7-10; 18.9-14; 23.39-43).

Esboço

1.1-2.52	Nascimento e infância de Jesus, e João Batista
3.1-4.13	Pregação de João; batismo e tentação de Jesus
4.14-9.50	Ministério na Galileia
9.51-19.28	Viagens em direção a Jerusalém
19.29-21.38	Últimos dias do ministério público
22.1-24.53	Última ceia, prisão, julgamento, morte e ressurreição de Jesus

☐ **ESTUDO 1**   **Lucas 1.1-25**

1. Que missão João Batista recebeu? Onde estaria a importância de João (v. 15)? Cf. v. 76,77.

2. Por que Zacarias foi castigado (v. 20)? Por que ele duvidou da mensagem do anjo? Você é tentado a duvidar? Quando? Por que Zacarias deveria ter crido, e por que devemos crer?

3. V. 1-4. O que estes versículos falam sobre: (a) as fontes de informações de Lucas, (b) o valor que ele deu à apresentação de um relatório verdadeiro, e (c) seu propósito ao escrever o evangelho?

Obs.
V. 3. O título "excelentíssimo" sugere que Teófilo foi um oficial de posição elevada, provavelmente não era cristão, mas com algum conhecimento e interesse pelo cristianismo.

☐ **ESTUDO 2** **Lucas 1.26-38**

1. V. 31-33,35. Faça uma lista das características da pessoa e da missão do filho prometido que aparecem na mensagem do anjo.
2. Compare a reação de Maria à mensagem do anjo com a reação de Zacarias (veja a pergunta 2 do estudo anterior). Cf. v. 45. O que estava implícito na resposta de Maria? Você também está disposto a pedir que o Senhor cumpra a palavra dele em sua vida?

Obs.
V. 31. "Jesus" é o nome grego para Josué, que significa "Deus salva". Cf. Mt 1.21.

☐ **ESTUDO 3** **Lucas 1.39-56**

1. O que o cântico de Maria revela sobre: (a) o caráter de Deus (ver especificamente os v. 49,50), e (b) o seu modo de agir entre as pessoas (v. 51-53)? Como isso foi demonstrado na vinda do Salvador?
2. Que qualidades do caráter de Maria são reveladas em seu cântico? O que aprendemos com o exemplo de Maria?

☐ **ESTUDO 4** **Lucas 1.57-80**

O cântico de Zacarias pode ser dividido assim: v. 68-70, gratidão a Deus pela vinda do Messias; v. 71-75, o propósito da vinda do Messias; v. 76,77, a missão de João; e v. 78,79, um retrato futuro da vinda do Messias.

1. Encontre no cântico de Zacarias os desdobramentos do plano de salvação que Deus traçou por todo o Antigo Testamento até a vinda do Messias. De que modo isto revela a unidade do Antigo Testamento e do Novo Testamento?
2. De acordo com o cântico, qual é o *propósito* da salvação? Você já teve a mesma experiência?

Obs.
V. 80. "deserto": região erma ao redor do Jordão e do mar Morto.

☐ **ESTUDO 5** **Lucas 2.1-20**

1. O que aprendemos com as circunstâncias do nascimento de Jesus e com a posição social dos seus primeiros adoradores?
2. O que a mensagem do anjo e o júbilo do exército celestial nos ensinam sobre a *importância* do nascimento de Jesus? O que aprendemos com o exemplo dos pastores?

3. V. 1-7. Como estes versículos ilustram o controle de Deus sobre os afazeres da humanidade, realizando seus planos por intermédio das atitudes voluntárias das pessoas? Cf. v. 4, Miqueias 5.2.

☐ **ESTUDO 6**   LUCAS 2.21-39

1. O que a presença de Jesus representou para Simeão e Ana? De acordo com os v. 30-32, qual era o alcance da obra de Jesus?
2. V. 34,35. Como a vinda de Jesus afetou pessoas de diferentes classes? Qual seria a causa da elevação e queda de muitos? Cf. 1Pedro 2.6-8.

Obs.
1. V. 21-24. Depois da circuncisão da criança, dois rituais tinham de ser cumpridos: primeiro, a apresentação do menino a Deus (v. 22,23; cf. Êx 13.2); segundo, o sacrifício de purificação da mãe (v. 24; cf. Lv 12.2-8).
2. V. 25. "Esperava a consolação de Israel", ou seja, a vinda do Messias. Cf. v. 38 e 24.21.

☐ **ESTUDO 7**   LUCAS 2.40-52

1. V. 49. Que consequência o relacionamento ímpar com Deus teve na vida de Jesus? Como esta verdade se aplica a nós, como filhos de Deus? Cf. João 14.31.
2. Como o episódio ilustra as verdades dos v. 40 e 52?

☐ **ESTUDO 8**   LUCAS 3.1-22

1. De acordo com a pregação de João, qual a causa (v. 7-9,16,17), a natureza (v. 8,10-14) e o resultado (v. 3,15-17) do arrependimento?
2. O que o batismo de Jesus e a voz vinda do céu representaram: (a) para o próprio Jesus e (b) para os que estavam presentes? Cf. João 1.32-34.
3. Atente para a honestidade audaciosa de João. Observe também seus resultados (v. 19,20).

Obs.
1. V. 1. A provável data é fixada entre 28-29 d.C. Ver o *NDB*, p. 194.
2. V. 22. A voz combina referências às figuras messiânicas do Filho de Deus no Antigo Testamento (Sl 2.7) com a do Servo Sofredor do Senhor (Is 42.1), estabelecendo, deste modo, o tom do ministério de Jesus.

☐ **ESTUDO 9**   LUCAS 3.23-4.13

1. Observe que a tentação começou imediatamente após a revelação feita em 3.22 e logo no início do ministério de Jesus. O que isto mostra sobre o desafio do diabo, "Se tu és o Filho de Deus" (4.3,9)?
2. Considere a sutileza de cada tentação, e os meios que Jesus usou para combater todas elas. Cf. Efésios 6.17. O que isto ensina sobre nossa própria defesa contra as tentações?

3. O que o texto ensina sobre a natureza da tentação? Note, por exemplo, em que momentos as tentações aparecem, que situações o tentador usa (4.2; cf. Mc 14.38), etc. Como o texto mostra que a tentação não é pecado?

Obs.
V. 3.23-38. Esta genealogia é diferente da que aparece em Mateus porque: (a) retrocede de Abraão e da origem do povo judeu, chegando em Adão e na origem de toda a raça humana; b) a lista de Davi até Jesus é diferente, exceto por dois nomes. Para explicação deste fato, e também do significado das genealogias, veja o *NDB*, p. 541.

☐ **ESTUDO 10**   Lucas 4.14-30

1. V. 16-21. Jesus fala ao povo de Nazaré, sua cidade natal. Ao ler Isaías 61.1,2, o que ele ensina a respeito de sua missão? Por que a afirmação do v. 21 causou espanto?
2. V. 22-30. As pessoas ficaram comovidas, mas não convencidas (v. 22). Como Jesus lhes interpretou o que estavam pensando (v. 23), e o que insinuou depois (v. 25-27)? Por que as pessoas ficaram tão zangadas?

☐ **ESTUDO 11**   Lucas 4.31-44

1. Na sinagoga, as pessoas ficaram impressionadas com dois fatos em particular sobre Jesus. Quais? Observe também o testemunho ainda mais sagaz dos demônios (v. 34, 41). Por que Jesus não permitiu que falassem?
2. O texto revela a dedicação e urgência do trabalho de Jesus (ver especialmente o v. 43). Por que, então, ele se retirou para um local deserto (v. 42)? Cf. Lucas 5.16; 6.12; 9.18,28; 11.1; etc. O que o exemplo de Jesus nos ensina?

Obs.
1. Sobre "possessão demoníaca", veja *NDB*, p. 1080.
2. V. 40. O dia dos judeus terminava ao pôr-do-sol. Só depois que o dia sabático terminava é que as pessoas levavam os doentes para Jesus curar.

☐ **ESTUDO 12**   Lucas 5.1-11

1. Coloque-se no lugar de Simão. Observe o desenvolvimento de sua atitude em relação a Jesus nas fases da história. Que exemplo ele nos dá?
2. Jesus necessitava de ajudantes. Como e onde os encontrou? O que qualificou Simão e os outros para a tarefa? Quais as condições para que fossem usados pelo Mestre?

☐ **ESTUDO 13**   Lucas 5.12-26

1. Compare a fé do leproso com a dos amigos do paralítico. O leproso não tinha certeza do quê? Como os amigos mostraram fé? O que esses milagres nos ensinam sobre a oração?

LUCAS 1.1-9-56

2. V. 21-24. Que afirmações estão implícitas na resposta de Jesus ao questionamento dos escribas?

☐ **ESTUDO 14**   LUCAS 5.27-6.11

1. Estes versículos relatam quatro encontros de Jesus com os escribas e os fariseus. Quais eram os motivos da oposição crescente que faziam a Jesus? Que verdades e princípios determinavam as ações de Jesus, como suas respostas revelam?

2. Cap. 5.36-39. O que acontece quando a religião formal encontra a vida nova que Jesus oferece? De que modo os episódios do texto acima confirmam a verdade destes versículos? Cf. 1Samuel 15.22; Hebreus 10.8,9.

Obs.
6.1. A colheita era permitida em qualquer dia da semana (Dt 23.25) menos no sábado, porque era considerada trabalho.

☐ **ESTUDO 15**   LUCAS 6.12-36

1. V. 20-26. Compare a descrição de Jesus sobre a vida abençoada com a ideia que o mundo faz de felicidade. Por que os cristãos são felizes nessas circunstâncias? O que causa a diferença?

2. V. 27-36. Um retrato do amor altruísta. Qual deve ser a fonte e o exemplo de nosso amor (v. 35,36)? Pense em situações de sua vida em que os ensinos destes versículos podem ser práticados.

3. V. 12-19. Observe como a pressão aumentava sobre Jesus (v. 17-19; cf. v. 11). Ele fez duas coisas especiais. Quais?

☐ **ESTUDO 16**   LUCAS 6.37-49

1. V. 37-42. Segundo Jesus, qual deve ser nossa atitude para com os erros dos outros, e por quê? Que ações práticas são ordenadas nestes versículos?

2. V. 43-49. A eficácia e a estabilidade da vida cristã dependem do quê? Qual a solução para a vida cristã inconsistente?

☐ **ESTUDO 17**   LUCAS 7.1-17

1. V.1-10. De que maneira o centurião abordou Jesus? O que ele nos ensina sobre a atitude correta na oração?

2. O que os dois episódios revelam sobre o caráter de Jesus quanto: (a) ao amor e o valor que dedicava às pessoas, e (b) à sua autoridade inigualável? Cf. João 5.24.

☐ **ESTUDO 18**   LUCAS 7.18-35

1. V.18-23. Qual era exatamente a dúvida de João? Lucas 3.16,17 ajuda esclarecer a dúvida de João? Qual o significado da resposta de Jesus? Cf. Isaías 35.5,6; 61.1.

2. V. 24-35. Que erro os judeus cometeram ao ouvir a mensagem de João? O que não perceberam? O que a avaliação de Jesus sobre João nos ensina a respeito da grandeza de nosso privilégio? Cf. 10.23,24.

Obs.
V. 26-28. João, o último e mais importante dos profetas da "antiga aliança", marca o começo de uma época nova e melhor, o "reino de Deus".

☐ **ESTUDO 19**   Lucas **7.36-8.3**

1. Compare a atitude dos fariseus com a da mulher em relação a Jesus. Como Jesus reagiu às críticas dos fariseus no versículo 39? De que maneira a parábola dos versículos 41,42 se aplicam a ele?
2. Por que a mulher agiu daquele modo? Conforme 8.2,3, você tem o mesmo incentivo? Como pode demonstrar isso?

Obs.
7.47. "Portanto" indica evidência e não a causa do perdão.

☐ **ESTUDO 20**   Lucas **8.4-21**

1. V. 4-15. Os quatro tipos de solo representam que grupos de pessoas? Você já observou a verdade desta parábola em sua vida e na vida de outros?
2. V. 16-21. O que estes versículos ensinam sobre: (a) as responsabilidades e (b) os privilégios dos seguidores de Cristo?
3. Por que Jesus começou a ensinar por meio de parábolas (v. 9,10)? Existe alguma dica nos versículos 4 e 18?

☐ **ESTUDO 21**   Lucas **8.22-39**

1. V. 22-25. "Onde está a vossa fé?" Por que a fé dos discípulos era inadequada? O que aprenderam com a situação?
2. V. 26-39. Compare a situação do homem antes e depois do encontro com Jesus. Qual a prova de que houve mudança? O que aprendemos sobre o poder de Jesus para salvar?
3. V. 35-39. O que levou o homem curado a reagir de modo diferente de seus amigos em relação a Jesus? Por que Jesus atendeu o pedido de quem desejava se livrar dele, e rejeitou o do homem a quem havia curado?

☐ **ESTUDO 22**   Lucas **8.40-56**

1. V. 43-48. Tente imaginar os medos e as esperanças da mulher. Por que o toque dela foi diferente do toque do resto das pessoas? Você já experimentou ou testemunhou algo parecido?

2. O que as duas histórias nos ensinam sobre a importância e natureza da fé, e da necessidade de permanecermos na fé? Cf. Hebreus 3.14.

☐ **ESTUDO 23**   L**UCAS 9.1-17**

1. V. 1-6. Um novo desenvolvimento no trabalho. Imagine os doze discípulos viajando conforme a descrição do texto. Que lições aprenderiam, e qual o impacto nas pessoas que iriam vê-los e ouvi-los?

2. V. 10-17. O que estes versículos revelam sobre o amor incondicional de Jesus e sua preocupação com as necessidades físicas e espirituais do ser humano? Se fosse um dos discípulos, o que você teria aprendido com o episódio?

☐ **ESTUDO 24**   L**UCAS 9.18-36**

1. V. 18-27. Ligue estas três seções: versículos 18-20; 21,22; 23-27. O que aprendemos sobre: (a) os objetivos que Jesus queria alcançar, e (b) sobre as exigências que ele faz a quem decide segui-lo?

2. V. 28-36. O que a experiência ensinaria aos discípulos sobre o verdadeiro caráter e missão de Jesus? Existe alguma ligação com as verdades ensinadas na semana anterior (v. 20-27)?

Obs.
1. V. 23. "Tome diariamente a sua cruz": como um condenado fazia no dia da sua execução.
2. V. 27. Ver *CBVN*, p. 1499.
3. V. 30. Moisés e Elias representam a lei e os profetas. Foram líderes dados por Deus, e o apoio deles ao novo ensino era importante. Cf. Malaquias 4.4-6.

☐ **ESTUDO 25**   L**UCAS 9.37-56**

1. V. 37-43. Observe o fracasso dos discípulos (v. 40). O fato de isto ter acontecido uma semana depois das novas revelações de Jesus (v. 22-27) tem algum significado? O que aprendemos com isto?

2. V. 43-56. Mais fracassos dos discípulos. Por que foi tão difícil para eles entender ou praticar os ensinos de Jesus? Você enfrenta as mesmas dificuldades? Como vencê-las? Cf. Filipenses 2.3-8.

Obs.
A Divisão mostra que o versículo 51 inicia outra seção do evangelho. Mas os versículos 51-56 estão incluídos neste estudo porque também registram um exemplo de fracasso dos discípulos.

Para os *Estudos 26-47*, referentes à segunda parte do evangelho de Lucas, veja a página 35.

GÊNESIS 1-26

Introdução

O termo Gênesis vem da Septuaginta, que é a tradução grega do Antigo Testamento, e significa "origem" ou "começo". O livro justifica o título de três maneiras.

(a) Como *história*, conta o desenrolar da criação, dos primórdios da civilização, do dilúvio e das origens do povo escolhido de Deus.

(b) Como *revelação*, ensina as verdades básicas sobre Deus e o ser humano: com respeito à salvação, fala primeiro sobre a entrada do pecado no mundo por intermédio da queda; depois, da impossibilidade total da humanidade de se salvar, culminando com o dilúvio; finalmente, da escolha que Deus fez de uma família por meio da qual abençoaria todas as famílias do mundo. O propósito redentor de Deus, prenunciado no jardim do Éden (Gn 3.15), destaca-se aqui e ali com nitidez cada vez mais intensa à medida que o livro prossegue.

Deste modo, Gênesis é, antes de tudo, o relato da necessidade de salvação do ser humano e, depois, das primeiras etapas do maravilhoso plano de Deus para a redenção da humanidade.

(c) Como *ensino prático*, apresenta-nos personalidades de grande importância religiosa e universal, tais como Abel e Caim, Noé, Abraão, Jacó e Esaú e José; com suas histórias inesquecíveis, o livro nos ensina lições de valores eternos, mostrando o agir de Deus na vida do ser humano.

Autoria

A autoria do Pentateuco, ou Cinco Livros, dos quais Gênesis é o primeiro, foi atribuída a Moisés pela tradição universal dos judeus, e prontamente aceita pelo Senhor Jesus, que a endossou com sua própria autoridade (ex., Marcos 12.26; João 5.46,47). Não discutiremos aqui as perguntas levantadas pela Crítica, mas podemos fazer as seguintes considerações:

(a) Datar a composição do Pentateuco para séculos depois de Moisés significa muito mais que julgar sua autoria; exige, sem dúvida nenhuma, desconsiderar a afirmação do Pentateuco como história verídica, e, mais ainda, questionar a veracidade de grande parte da história bíblica fora do Pentateuco, como a Crítica demonstra.

(b) Existe uma comprovação externa importante que sustenta o Pentateuco como relato histórico, a saber, o retrato que ele faz dos costumes do Antigo Oriente. A Arqueologia comprova que estes costumes eram exatamente como apresentados em Gênesis no período relatado, mas que, em vários aspectos, sofreram grandes transformações bem antes do exílio.

Esboço

1-11   Pré-história
12-50 Os ancestrais do povo escolhido. Existem algumas sobreposições, mas cada patriarca é o líder dentro da seção à qual seu nome está ligado:

12.1-25.18	Abraão
25.19-26.35	Isaque
27-36	Jacó
37-50	José

☐ **ESTUDO 1**   **GÊNESIS 1 E 2**

1. Que verdades se sobressaem com relação: (a) à natureza de toda a criação, (b) à natureza do homem e seu relacionamento com Deus?
2. "Disse Deus" aparece dez vezes. Cf. Salmo 33.6,9; Hebreus 11.3. O que isso revela sobre a criação? O que mais é esclarecido em João 1.1-3; Colossenses 1.15-17?
3. Por que Deus criou o ser humano "macho e fêmea"? Que padrão de casamento foi ordenado por Deus aqui? Cf. Mateus 19.3-6.

Obs.
O interesse deve ser concentrado nas verdades teológicas que não podem ser aprendidas nos livros de ciências naturais.

☐ **ESTUDO 2**   **GÊNESIS 3**

1. O que Gênesis 3 ensina sobre: (a) os métodos de Satanás, (b) os primeiros passos errados que levam ao pecado nas atitudes, (c) os resultados do pecado?
2. Adão e Eva venceriam a tentação se tivessem praticado alguns princípios simples. Quais?
3. O que Gênesis 3.15 significa?

☐ **ESTUDO 3**   **GÊNESIS 4 E 5**

1. Descreva a progressão do pecado, a evidência de seu poder e seus efeitos, conforme o capítulo 4.
2. Abel morreu e Caim viveu. Mas o que Abel possuía que faltava em Caim? Cf. 1João 3.12; Hebreus 11.4.
3. Imagine-se no lugar de Enoque em Gênesis 5.21-24. Qual a nova luz que Hebreus 11.5,6 lança neste acontecimento?

☐ ESTUDO 4   GÊNESIS 6

1. O que este capítulo ensina sobre: (a) a decadência da natureza humana, (b) a atitude de Deus em relação ao pecado, (c) a provisão de um meio para a salvação? Cf. Mateus 24.37-39; 1Pedro 3.20; 2Pe 2.5.

2. "Noé, porém, encontrou graças aos olhos do Senhor." Quais eram as qualidades de Noé? Cf. Hebreus 11.7.

Obs.
1. Algumas pessoas interpretam que em Gênesis 6.3 a frase "cento e vinte anos" provavelmente não se refere à duração da vida humana, mas ao prazo que a raça humana teria daquele dia até o dilúvio para se arrepender.
2. As referências do Novo Testamento têm valor especial neste estudo.

☐ ESTUDO 5   GÊNESIS 7.1-8.19

1. Qual a participação de Noé e de Deus na salvação de Noé? Cf. Efésios 2.8; Filipenses 2.12,13; 1Pedro 1.5.

2. Na arca, Noé não estava totalmente livre dos efeitos do dilúvio, mas foi salvo em meio a ele. Cf. "salvaram-se por meio da água", 1Pedro 3.20. De que modo parecido o evangelho de Cristo nos oferece livramento do castigo de Deus sobre o pecado?

☐ ESTUDO 6   GÊNESIS 8.20-9.29

1. Qual o significado do altar e das ofertas queimadas oferecidos por Noé? O que corresponde a eles em nossa vida hoje? Cf. Romanos 12.1; Hebreus 13.15,16.

2. Pense na situação de Noé depois do dilúvio. Como Deus o encorajou?

3. O que torna a vida humana extremamente preciosa? Qual a penalidade estabelecida aqui para o assassino?

4. O que o texto ensina sobre o lugar e a maneira de se fazer um pacto? Que outros símbolos e juramentos selam compromissos?

Obs.
9.13. Alguns entendem que esse versículo não quer dizer que o arco-íris estava sendo visto pela primeira vez, mas que Deus o transformava num símbolo da aliança que fez com Noé.

☐ ESTUDO 7   GÊNESIS 10.1-11.9

1. O que Gênesis 10 ensina sobre as origens das nações e sobre o relacionamento de umas com as outras e com Deus? Cf. Atos 17.26; Romanos 3.29.

2. Veja 11.1-9. O que estava errado com a atitude e ação destes homens? Que castigo Deus aplica a quem busca o sucesso à sua própria maneira em vez de à maneira dele? Veja o Salmo 2.1-4; Lucas 11.23; cf. Gênesis 3.22-24; Isaías 14.12-15; contraste com João 11.49-52, especialmente o v. 52.

☐ ESTUDO 8   Gênesis 11.10-13.4

1. Observe a mescla inseparável de ordem e promessa no chamado de Deus a Abraão. Em consequência, como Abraão expressou sua fé? Cf. Hebreus 11.8. Compare e contraste Gênesis 11.31 com 12.5. De que maneiras o evangelho de Cristo exige resposta semelhante?

2. Durante uma provação de fome e medo, a fé de Abraão falhou em dois aspectos. Quais? Quando agiu de modo condenável, como Abraão foi repreendido? O que Gênesis 13.3,4 nos ensina? Cf. Apocalipse 2.5.

☐ ESTUDO 9   Gênesis 13.5-14.24

1. Coloque-se no lugar de Ló ao ouvir a proposta de Abraão. O que motivou sua escolha, e qual o resultado? O que Abraão perdeu ao deixar Ló escolher primeiro? Cf. Mateus 16.25.

2. O que os acontecimentos do capítulo 14 revelam sobre o caráter de Abraão?

☐ ESTUDO 10   Gênesis 15

1. Por que as palavras de Deus no v.1 têm tudo a ver com as circunstâncias e condições de Abraão?

2. Em circunstâncias humanas totalmente contrárias (veja Gn 11.30; 15.3), de onde Abraão conseguiu esperança de ter descendentes? O que mais ele obteve com esta atitude? Que princípio do evangelho de Cristo é ilustrado aqui? Cf. Romanos 4.2-5,13-25.

3. Que motivos Deus apresentou para que Abraão tivesse fé nele? Por que Deus também fez uma aliança com Abraão? Observe o uso de um símbolo visível e de um juramento. Cf. Hebreus 6.13-18.

Obs.
Os v. 9,10,17 descrevem um ritual antigo usado para selar acordos. Cf. Jeremias 34.18,19. O fogo fumegante e a tocha representam a passagem do Senhor entre a carcaça, validando, assim, o pacto.

☐ ESTUDO 11   Gênesis 16 e 17

1. Gênesis 16.1-6. De que maneiras Abraão errou em ter um filho com Hagar? Como ele foi enganado? Sara teve razão ao culpar Abraão pelo insulto sofrido? O que Abraão deveria ter pensado, dito e feito naquela circunstância?

2. Gênesis 17. Observe as características de um pacto mencionadas no texto. Que bênçãos foram prometidas a Abraão? O que Abraão teve de fazer para abraçar a certeza oferecida pelo pacto?

3. Gênesis 16.7-15; 17.18-21. A maneira de Deus tratar Hagar e Ismael nos ensina o que a respeito de seu caráter e seus propósitos? Que verdades bíblicas são retratadas aqui?

Obs.
1. 16.13. Hagar não só percebeu que Deus é aquele cujos olhos veem todas as pessoas e não negligenciam nenhuma, mas também que ele lhe apareceu pessoalmente, e que ela tinha visto Deus e continuava viva. O "anjo do Senhor" (v.7) é mencionado pela primeira vez na Bíblia. No v. 13 ele é descrito como o "Senhor que lhe havia falado". A expressão sugere a esperança da encarnação, uma aparição pessoal do Deus-Filho.
2. Capítulo 17. A aliança foi um juramento que Deus fez em seu próprio nome. Em testemunho dos benefícios que receberiam por isso, Abrão e Sarai receberam nomes novos e significativos. Abraão e todos os homens de sua casa foram circuncidados como "sinal da aliança" que Deus fez com ele.
3. 17.18-21. A sugestão de Abraão de que Deus recebesse Ismael — como o filho das promessas da aliança — não foi aceita pelo Senhor.

☐ **ESTUDO 12**   GÊNESIS 18

1. Abraão nos ensina a hospedar o Senhor, usufruir sua companhia e fazer parte daqueles a quem ele chama de amigos. Cf. Hebreus 13.2; Apocalipse 3.20; Tiago 2.23; João 15.13-15. Quais foram os resultados desta amizade na vida de Abraão? Em consequência, que benefícios Abraão conseguiu para si, e para outras pessoas?
2. V. 22-23. Quais os elementos principais da intercessão de Abraão? Faça uma lista das características que também devem marcar nossa oração. Observe o resultado da oração de Abraão. Cf. Gênesis 19.29.

Obs.
V. 23-25. Quando orou por Ló e Sodoma, Abraão não apelou à misericórdia ou fidelidade prometida por Deus, mas a seu direito de julgar imparcialmente toda a terra.

☐ **ESTUDO 13**   GÊNESIS 19

1. O que este capítulo revela sobre: (a) o pecado oculto no coração do homem, (b) a certeza do juízo divino, (c) a prioridade da misericórdia divina e (d) a urgência de ação enquanto há tempo de escapar? Cf. Lucas 17.23-32; 2Pedro 2.6; Judas 7.
2. O que Ló conseguiu para si e sua família por causa de sua ligação com Sodoma? Como o exemplo de Ló nos serve de advertência?

☐ **ESTUDO 14**   GÊNESIS 20.1-21.21

1. O que Gênesis 20 ensina sobre a fraqueza da natureza humana, mesmo no cristão, e sobre a proteção e a graça salvadora de Deus? Cf. Salmo 94.18; Marcos 14.38; 1Coríntios 10.12; 2Timóteo 2.13.
2. Gênesis 21.1-7. "Isaque" significa "riso". Qual a diferença entre o riso de Sara em 18.12 e em 21.6? Como aconteceu a mudança? Veja também 17.17-19. Assim, o nome Isaque foi um testemunho de outras duas verdades complementares. Quais? Cf. Mateus 19.26.

3. Gênesis 21.8-21. Do que Ismael foi banido e por quê? Cf. Romanos 9.6-9; Gálatas 4.28-30. Apesar de tudo, por que Deus ouviu a voz de Ismael, e concedeu-lhe sua bênção e presença?

Obs.

1. 20.18. O uso aqui de "Senhor" ou "Jeová", nome pactual de Deus, é significativo. Foi ele quem interveio e protegeu Sara como a mãe escolhida para o filho da promessa. Contraste com 21.17-20, onde lemos que "Deus", e não o "Senhor", ouviu a voz de Ismael, etc.
2. 21.9. Ismael não riu como Sara havia mencionado que as pessoas "rirão" com ela por que "Deus a encheu de riso" (v. 6). Seu riso foi de escárnio.

☐ **ESTUDO 15** **Gênesis 21.22-22.24**

1. Gênesis 22. Por que a ordem do v. 2 foi um teste extremamente difícil para a fé de Abraão em Deus? Observe o significado do comentário em Hebreus 11.17,18. De onde Abraão esperava as respostas para as perguntas que não sabia responder, e onde esperava encontrá-las? Como Abraão manifestou sua fé? Cf. Tiago 2.20-24.

2. Gênesis 21.22-34. O que Abimeleque viu em Abraão que o fez acreditar no cumprimento de uma aliança entre eles? Será que nossas vidas apresentam evidências que levam as pessoas a confiar em nós e a reverenciar nosso Deus? Cf. Mateus 5.16; 1Pedro 2.12.

☐ **ESTUDO 16** **Gênesis 23**

1. Que traços do caráter de Abraão são evidenciados neste capítulo? À luz do v. 4, cf. Hebreus 11.9,10,13-16, o que seu exemplo nos ensina sobre a maneira certa de encarar tanto a vida quanto a morte?

2. O que Gênesis revela sobre o caráter de Sara? Cf. Hebreus 11.11; 1Pedro 3.5,6. Quantas esposas hoje são o que a Bíblia chama de "suas filhas"?

☐ **ESTUDO 17** **Gênesis 24.1-60**

1. O que aprendemos com a atitude do servo de Abraão em relação: (a) a seu mestre, e (b) à tarefa recebida? Do que ele tinha certeza e com que se preocupava? Cf. Colossenses 3.22-24.

2. Verifique como o servo fez sua escolha, e o teste que aplicou. Ele ficou particularmente convencido do quê? O que o texto ensina sobre a escolha de um cônjuge?

3. Que retrato de Rebeca nos é oferecido?

☐ **ESTUDO 18** **Gênesis 24.61-25.34**

1. O que o texto bíblico revela sobre Isaque? Veja 24.63-67; 25.28.

2. Faça um contraste entre Jacó e Esaú, conforme 25.27-34, levando em conta seus hábitos, caráter e perspectiva espiritual. O que Hebreus 12.14-17 ensina sobre a conduta de Esaú em relação a seu direito de primogenitura?

3. Recapitule a vida de Abraão. Por que ele tem lugar de destaque na história mundial e o que faz dele um exemplo extraordinário a todos nós? Cf. Isaías 41.8; Gálatas 3.9,29.

☐ **ESTUDO 19**   Gênesis 26

1. Por que Isaque fracassou feio depois de receber promessas tão extraordinárias de Deus? O que mudou em sua reação quando as promessas foram repetidas?

2. O que a briga por causa do poço ensina quanto ao modo de nos comportarmos diante de oposição ou hostilidade? Cf. 1Pedro 2.23.

Para os *Estudos 20-42* referentes à segunda metade de Gênesis, veja a página 40.

LUCAS 9.57-19.28

☐ **ESTUDO 26**   Lucas 9.57-10.12

1. 9.57-62. Como você descreveria os três tipos de pessoas citadas aqui? Por que Jesus não ficou satisfeito com a resposta delas ao chamado para segui-lo? Contraste com a atitude do próprio Jesus (v. 51).

2. 10.1-12. Como estes versículos revelam a intensidade da preocupação de Jesus tanto com o evangelismo quanto com a tarefa que deu aos discípulos? Qual o motivo da urgência? Esta urgência deve nos impelir a fazer o quê?

Obs.
V. 9.59,60. O homem queria esperar até que o pai morresse, o que poderia acontecer logo. Na resposta de Jesus, "os mortos" são aquele que não têm vida espiritual.

☐ **ESTUDO 27**   Lucas 10.13-24

1. O que estes versículos mostram sobre o valor de nossos privilégios em Cristo? Quantos destes privilégios são seus?

2. V. 21,22. O que causou a explosão de alegria? O que esta oração nos ensina sobre: (a) o modo de trabalho do Pai, (b) o relacionamento único de Jesus com o Pai?

Obs.
1. V. 13-15. Corazim, Betsaida, Cafarnaum: cidades da Galileia.
2. V. 18,19. A linguagem simboliza o triunfo sobre Satanás e todo o mal.

ESTUDO 28   LUCAS 10.25-42

1. Preste atenção ao resumo da lei no v. 27. Ele é adequado? Como a parábola de Jesus impede que o resumo seja mal interpretado? Quem é o *seu* próximo? Como você pode ser o próximo de alguém?
2. V. 38-42. Marta e Maria estavam preocupadas com coisas diferentes. O que Jesus considerou mais importante, e como ele resolveu o "estresse" entre as irmãs?

Obs.
V. 42. A expressão "apenas" talvez seja um trocadilho, mostrando que não era necessário uma refeição elaborada, e que Maria, por ter preferido ouvir Jesus, havia escolhido o melhor prato!

ESTUDO 29   LUCAS 11.1-13

1. V. 2-4. Este resumo do Pai Nosso é o "básico" da oração. Veja que aspectos e temas da oração são considerados essenciais. Suas orações estão à altura deste exemplo?
2. V. 5-13. Segundo estes versículos, qual deve ser nossa atitude quando oramos? Que resultados podem vir desta oração? Que razões temos para confiar na oração?

Obs.
V. 8. "Importunação": descreve a insistência em pedir que é, literalmente, "despudorada" ou "insolente".

ESTUDO 30   LUCAS 11.14-36

Os versículos 15 e 16 relatam dois ataques a Jesus: a acusação de trama com Satanás e exigência de um sinal que autenticasse sua missão. O primeiro é respondido nos versículos 17-26, o segundo, nos versículos 29-32.

1. Como Jesus mostra que a acusação de que expulsava demônios por meio do diabo é falsa? Por outro lado, o que as expulsões comprovam sobre Jesus?
2. Qual é o sinal de Jonas? Cf. Mateus 12.40. Por que a geração a quem Jesus pregava seria condenada no julgamento? Qual era o seu pecado?

Obs.
1. V. 19. "Os filhos de vocês": isto é, exorcistas judeus. Os v. 20-22 revelam o domínio de Jesus sobre Satanás ao mostrar as curas imperfeitas dos exorcistas (v. 24-26).
2. V. 34-36. A função do olho, órgão pelo qual o corpo se utiliza da luz que brilha nele, é usada como analogia para a faculdade da percepção espiritual, que deve estar em ordem para receber a luz da revelação. A alusão é à cegueira espiritual da "geração perversa".

ESTUDO 31   LUCAS 11.37-52

1. V. 37-44. Como você resumiria os erros dos fariseus? Traduza-os para os dias de hoje. Que atitude e ação Jesus recomenda?

2. V. 45-52. Jesus fez três acusações contra os doutores da lei. Quais? Traduza-as na linguagem de hoje. Quem ainda pode ser culpado disto? Como evitar estes pecados?

Obs.
1. V. 44. Tocar numa sepultura causava impureza (Nm 19.16).
2. V. 51. Para explicação sobre Abel, veja Gn 4.8; para Zacarias, veja 2Cr 24.20-22. Como Crônicas era o último livro do Antigo Testamento hebraico, toda a extensão histórica do Antigo Testamento é, assim, mencionada.

☐ **ESTUDO 32**   LUCAS 11.53-12.12

1. Diante da crescente oposição e publicidade, o que Jesus ensina sobre a segurança de seu povo e a ajuda de Deus em meio às necessidades?
2. Frente à perseguição, qual deve ser a reação e a atitude íntima do discípulo?

☐ **ESTUDO 33**   LUCAS 12.13-34

1. O homem rico estava errado em armazenar para o futuro? Qual foi seu erro? *Em que* consiste a vida do ser humano (v. 15)?
2. Para o cristão, qual deve ser o motivo central do viver? Se isto for levado a sério, o que Jesus promete em relação às necessidades materiais? Qual a aplicação do ensino à situação que você vive no momento?

☐ **ESTUDO 34**   LUCAS 12.35-59

1. V. 35-48. Segundo estes versículos, quais são os motivos para ficarmos atentos? Como nos preparamos para o retorno de nosso Mestre? Estes versículos nos alertam contra que perigos?
2. V. 49-59. Jesus se dirige primeiro aos discípulos (v. 49-53) e depois fala à multidão (v. 54-59). Que advertências ele faz a cada grupo sobre as consequências de sua vinda?

Obs.
1. V. 50. O "batismo" é seu sofrimento iminente. A agonia do Getsêmani já era sentida.
2. V. 58,59. Uma parábola sobre a necessidade de reconciliação com Deus antes do juízo final.

☐ **ESTUDO 35**   LUCAS 13.1-17

1. Faça uma conexão entre as opiniões dos v. 1-5 e a parábola dos v. 6-9. À luz da parábola, qual o significado de "arrependerem" (v. 3,5)? Cf. 3.8a.
2. V. 10-17. Na opinião de Jesus, por que o chefe da sinagoga agiu errado? Compare a reação dele ao milagre de Jesus com a reação da mulher e da multidão. O que causou a diferença?

Obs.
V. 1. A referência é a um massacre no templo, típico da brutalidade de Pilatos.

☐ ESTUDO 36   LUCAS 13.18-35

1. V. 23-30. Qual a resposta de Jesus à pergunta do v. 23? O que determina se uma pessoa está salva ou não? Que alicerces errados de segurança são revelados aqui?
2. V. 31-35. Com que atitude e sentimentos Jesus enfrenta a oposição e descrença dos homens? O que aprendemos com ele nessa situação?
3. V. 18-21. O que as comparações nos ensinam sobre a expansão do reino de Deus? Cf. Marcos 14.9. Qual a importância disto para o evangelismo?

Obs.
V. 32,33. "Hoje, amanhã e depois de amanhã": expressão idiomática que significa um período curto.

☐ ESTUDO 37   LUCAS 14.1-24

1. V. 7-14. Por que o ensino de Jesus nestes versículos são contrários aos padrões do mundo? Como a vida de Jesus exemplifica esse ensino?
2. V. 15-24. Qual a relação da parábola de Jesus com o comentário do v. 15? O que impede as pessoas de entrar no reino, e quem é que vai mesmo fazer parte dele?

☐ ESTUDO 38   LUCAS 14.25-35

1. Note o motivo deste ensino inflexível (v. 26). De acordo com os v. 26,27, quais as exigências do discipulado? O ensino era apenas para aquela época ou se aplica também aos dias de hoje?
2. V. 28-35. Qual é a proteção contra o naufrágio espiritual e a ineficácia?

Obs.
1. V. 27. O retrato é o de um criminoso carregando, em meio à multidão agitada, a cruz onde seria executado.

☐ ESTUDO 39   LUCAS 15.1-32

1. Explique como as três parábolas respondem às objeções dos fariseus (v. 2). O que o Filho, o Espírito e o Pai anseiam que aconteça e estão prontos a fazer?
2. O que a história do filho pródigo ensina a respeito do pecado, do arrependimento e do amor de Deus?
3. V. 25-32. O que Jesus quis ensinar aos fariseus com essa história? É esta a sua tendência?

ESTUDO 40   Lucas 16.1-13

O ponto central desta parábola não é a desonestidade do administrador, mas sua prudência em cuidar do futuro.

1. V. 1-9. Por que o patrão elogiou o administrador? Qual a lição que a astúcia do mundo ensina aos crentes? Como o dinheiro pode ser usado na "poupança espiritual" para o futuro? Cf. 1Tm 6.18,19.
2. V. 10-13. Como sabemos que Jesus não aprovou a desonestidade do administrador? Que lugar os bens materiais devem ocupar em nossa vida?

Obs.
V. 9,11,13. As riquezas são chamadas de "deste mundo ímpio" porque levam facilmente à desonestidade. Cf.1Tm 6.10.

ESTUDO 41   Lucas 16.14-31

1. Por que o homem rico foi castigado? Como essa parábola enfatiza a lição do v. 9?
2. O que a parábola ensina sobre o castigo futuro e como evitá-lo? Qual deve ser nossa atitude hoje? Por quê?

Obs.
V. 16,17. O ministério de João Batista marcou o final do privilégio judeu. Pessoas de todas as raças, gêneros e classe podiam agora fazer parte do reino. No entanto, a lei moral não foi alterada; ex., v.18, a santidade do matrimônio.

ESTUDO 42   Lucas 17.1-19

1. V. 1-10. Estes versículos apresentam quatro qualidades do discípulo verdadeiro. Sintetize-as em quatro palavras. Observe a exigência de aplicação pessoal (v. 3,10) e a necessidade de oração para o desenvolvimento (v. 5) dessas qualidades.
2. V. 11-19. O que era necessário para que os leprosos fossem curados? O que Jesus esperou que fizessem depois? Existe aqui algum ensino para nossa vida de oração?

ESTUDO 43   Lucas 17.20-37

1. O que Jesus ensina sobre a natureza: (a) do reino de Deus e (b) da volta do Filho do Homem? Qual a diferença e qual a ligação entre as duas coisas?
2. Que aspectos de sua vinda Jesus enfatiza nesses versículos? Em que situação Jesus encontrará o mundo? E o seu próprio povo?

Obs.
V. 37. A linguagem figurativa (cf. Jó 39.27-30) sugere que, "Onde houver decadência espiritual, o julgamento virá". Ou talvez seja um provérbio dizendo nada mais que, "Acontecerá no tempo certo".

☐ **ESTUDO 44**   LUCAS 18.1-17

1. V. 1-8. Por que devemos persistir na oração? Como a parábola ilustra isso? Observe os elementos de comparação e de contraste.
2. V. 9-14. Qual foi o erro do fariseu? Ele errou ao dar graças? O que Deus exige na oração?
3. V. 17. Em sua opinião, Jesus estava falando de que qualidades das crianças?

☐ **ESTUDO 45**   LUCAS 18.18-34

1. V. 18-30. O que faltava ao jovem rico? Por que as riquezas são tão perigosas?
2. Existe alguma ligação entre o rigor da exigência dos v. 22 e 29 e o autossacrifício de Jesus (v. 31-33)? Cf. 1Pedro 2.21.

☐ **ESTUDO 46**   LUCAS 18.35-19.10

1. Compare e contraste a necessidade dos dois homens e a atitude deles em relação a Jesus. O que aprendemos com o modo de Jesus lidar com cada um deles?
2. De quem foi a iniciativa na salvação de Zaqueu? O que aprendemos com sua maneira de expressar arrependimento?

☐ **ESTUDO 47**   LUCAS 19.11-28

1. O que a parábola ensina sobre: (a) a responsabilidade presente dos seguidores de Jesus e (b) o julgamento futuro?
2. O terceiro servo deu uma explicação válida? Com base no que, ele foi condenado? Qual o ensino atrás desse caso?

Para *Estudos 48-63*, os últimos no evangelho de Lucas, veja a p. 46.

GÊNESIS 27-50

☐ **ESTUDO 20**   GÊNESIS 27.1-45

1. Descreva a atuação dos personagens da história. O que influenciou cada um deles? Por que Deus se alegrou em abençoar Jacó? Cf. Romanos 9.10-13.
2. Qual era a natureza do sofrimento de Esaú (v. 34,38)? Tinha algo a ver com arrependimento? Cf. Hebreus 12.17; 2Coríntios 7.10.

☐   **ESTUDO 21**   GÊNESIS **27.46-28.22**

1. De que modo a diferença básica entre os dois irmãos torna-se ainda mais evidente? Isaque reconhece abertamente uma verdade sobre a escolha de Deus. Que verdade?
2. Qual o significado do sonho de Jacó? Quando o sonho aconteceu? Que verdades extraordinárias Jacó aprendeu sobre: (a) Deus e (b) os planos de Deus para sua vida? Como Jacó respondeu? Quantas promessas de Deus você já experimentou como suas?

☐   **ESTUDO 22**   GÊNESIS **29.1-30**

1. Compare a astúcia de Labão em seus acordos com Jacó com a astúcia que ele havia empregado ao lidar com Esaú e Isaque. É possível detectar a mão de Deus na situação? Que lições práticas Jacó acabou aprendendo? Veja 31.42; 32.10-12.
2. A determinação e a força que Jacó demonstra agora são uma nova característica de sua vida? Igual a Jacó, você tem uma causa e um propósito na vida nos quais empenha todos os esforços e concentração?

Obs.
O v. 27 sugere que Jacó teve de cumprir a semana de festividades do casamento com Lia; depois se casou com Raquel e trabalhou mais sete anos por ela. Veja 30.25,26; 31.41.

☐   **ESTUDO 23**   GÊNESIS **29.31-30.43**

1. Qual das esposas de Jacó foi ancestral de Jesus? Cf. Provérbios 16.9; Hebreus 7.14. Depois de passar tanto tempo com Labão, Jacó ficou muito consciente do quê?
2. O que o texto revela sobre a poligamia? O fato de Jacó ter várias esposas serve de advertência quanto aos objetivos certos para o casamento?

☐   **ESTUDO 24**   GÊNESIS **31.1-32.2**

1. Mais seis anos se passaram (31.41). Até que ponto Jacó, o enganador, havia se tornado uma pessoa diferente? Veja 31.6,38-42. Qual a evidência de que ele tinha agora um conhecimento mais profundo de Deus? Veja 31.3-13,42.
2. Que fatores garantiram a Jacó que o tempo de Deus para sua volta a Canaã havia chegado? De que modo a oposição inevitável de Labão foi vencida? Qual a lição e o encorajamento desse episódio para nossas vidas?

Obs.
31.42,53. "Temor de Isaque": isto é, ex., o Deus a quem Isaque adorava com toda reverência.

GÊNESIS 27-50

☐ **ESTUDO 25**   GÊNESIS 32.3-32

1. Qual o acerto e qual o erro de Jacó em sua oração nos v. 9-12? Ele estava confiando mais em Deus ou em sua própria capacidade? Se em Deus, havia razão para tanto medo (v.7)? Cf. Marcos 4.40; 5.36.

2. O que a cena da luta com Deus dá a entender? Até que ponto Deus nos abençoa se apenas repetirmos a oração de Jacó no v. 26? Quais os custos e as recompensas de tal oração? Jacó venceu pela própria força ou pela fé? Cf. Oseias 12.3,4a.

☐ **ESTUDO 26**   GÊNESIS 33

1. Qual é a importância do título que Jacó deu a Deus no v. 20? Como Jacó havia se referido a Deus anteriormente? Veja 31.5,42,53; 32.9. Cf. Salmo 63.1.

2. Na história deste capítulo, Jacó honrou mesmo Israel, seu novo nome? É relevante que ele continue a ser chamado pelo nome antigo? Reveja os termos de sua promessa no cap. 28.22. Até que ponto o nosso comportamento se equipara à nossa declaração de fé e expressa nossa nova natureza? Cf. Romanos 7.20,24,25a.

Obs.
Em outros casos bíblicos de troca de nomes, o novo substitui o antigo, e lemos Abraão em vez de Abrão, Pedro em vez de Simão (mas veja João 21.15-17), Paulo em vez de Saulo. Todavia depois de Peniel, o antigo nome Jacó aparece setenta vezes em Gênesis, e Israel aparece somente quarenta vezes.

☐ **ESTUDO 27**   GÊNESIS 34

1. Neste acontecimento horrível, quem se comporta de modo mais honroso: Siquém e seu pai ou os filhos de Jacó? Bem diferente de 1Pedro 2.12; 4.15! Cf. 1Coríntios 10.12.

2. Qual a evidência de que Jacó deixou tudo nas mãos dos filhos, em vez de agir como o chefe da família? Quando finalmente repreendeu os rapazes, qual era sua maior preocupação? O que deveria tê-lo motivado a pensar, falar ou agir de modo diferente?

☐ **ESTUDO 28**   GÊNESIS 35

1. De que modo Jacó mostra arrependimento, e como foi recompensado? Observe as tristezas pessoais que acompanharam as bênçãos de Deus a Jacó. Cf. Hebreus 12.6-11; Salmo 119.67,71.

2. Na verdade, o que levou Jacó a se arrepender, e o que lhe foi revelado após o arrependimento? O que esse episódio mostra sobre o caráter de Deus e suas exigências? Cf. Oseias 14.4-7; 2Timóteo 2.19.

☐ ESTUDO 29   GÊNESIS 36

No capítulo 10, antes de Moisés concentrar-se em Abraão, são mencionados os nomes das outras nações. De forma semelhante, nesse capítulo, antes de concentrar-se na família de Jacó apresenta a descendência de Esaú.

1. Jacó e Esaú já nasceram pecadores. Mas qual era a principal diferença entre eles? Em algum lugar vemos algo semelhante a 35.1-7 escrito com relação a Esaú? Cf. Hb 12.16,17.
2. Foi anunciado antes do seu nascimento que de cada um dos gêmeos de Rebeca nasceria uma nação (25.23). O que aconteceu com as nações foi o mesmo que ocorreu com os seus progenitores, isto é, que uma foi escolhida por Deus e a outra rejeitada? Se sim, por quê? Cf. Ob 1-4,8-10,17,18; Ml 1.2-5.

☐ ESTUDO 30   GÊNESIS 37

1. Quais as três coisas em especial que despertaram a inveja e o ódio dos irmãos de José contra ele? Que outros pecados resultaram dessa inveja? Cf. Tiago 3.16.
2. Você concorda com: (a) o amor possessivo de Jacó por José, (b) o favoritismo com que o pai tratava José, (c) a tristeza inconsolável de Jacó pela perda de José? O que aprendemos com essa história?

Obs.
V. 3. "Túnica longa": um vestuário de distinção, talvez significando liberdade de trabalhos manuais pesados.

☐ ESTUDO 31   GÊNESIS 38 E 39

1. Cap. 38. Todos os acontecimentos envolvendo pecado e vergonha foram iniciados por um passo errado. Qual? O que aprendemos com isso? Cf. Gênesis 24.3; 26.34,35; 27.46-28.4.
2. Cap. 39. Como José exemplificou as melhores qualidades de seus antepassados: a fé e fidelidade de Abraão, a mansidão de Isaque, a disposição e a capacidade de Jacó, a beleza de Raquel?
3. Que tentação José venceu? Qual foi a chave de seu sucesso?

☐ ESTUDO 32   GÊNESIS 40.1-41.13

1. Que qualidades de José são reveladas neste texto? Descubra pelo menos cinco.
2. Como Deus transformou a experiência de José na prisão em algo de valor? Por que vencer a tentação, e fazer uso das oportunidades de provar a Deus e ajudar os outros, foram tão importantes nesse estágio dos acontecimentos?

GÊNESIS 27-50

☐ **ESTUDO 33** **GÊNESIS 41.14-57**

1. O que em José causou tanta impressão em Faraó e sua corte a ponto de o rei torná-lo governador do Egito? Compare seu próprio caráter e constância com os de José, e veja onde você está falhando.

2. Se concordamos que Jesus é o Pão da vida, e as pessoas ao redor estão perecendo, que lição espiritual tiramos dos v. 54-57?

☐ **ESTUDO 34** **GÊNESIS 42**

1. Qual o motivo da aparente hostilidade de José para com seus irmãos? Leia os v. 24,25 e descubra seus verdadeiros sentimentos. Será que isso é uma ilustração dos métodos que Deus também usa? Cf. Hebreus 12.6,11; Jeremias 31.18,19.

2. O que levou os irmãos a reconhecer que eram culpados? Veja o v. 21.

3. Que atitude equivocada a de Jacó no v. 36! O que aprendemos sobre nossa reação quando tudo parece contra nós? Cf. Salmo 43.5; Filipenses 4.6,7.

☐ **ESTUDO 35** **GÊNESIS 43**

1. Por que Jacó cedeu ao apelo de Judá depois de ter recusado o apelo de Rúben no cap. 42.37,38?

2. Em sua opinião, por que José deu a Benjamim uma porção cinco vezes maior que a dos outros? Foi por amor a Benjamim ou para testar um pouco mais os irmãos? Veja o cap. 37.4.

☐ **ESTUDO 36** **GÊNESIS 44**

1. De que maneira o comportamento dos irmãos de José neste capítulo mostra que haviam mudado de verdade? Verifique o comportamento deles para com o pai e o outro filho querido no cap. 37.18-31.

2. Observe a liderança de Judá na segunda viagem ao Egito; veja cap. 43.3,8; 44.14,16,18. Que qualidades são reveladas em seu discurso nos v. 18-34? Que lições aprendemos sobre nunca desistir de ninguém? Veja cap. 37.26,27; 38.1; Salmo 119.59.

☐ **ESTUDO 37** **GÊNESIS 45**

1. Por que a emoção de José foi tão profunda nos v. 1-15? Que atitude José tomou diante dos sofrimentos que antecederam a reconciliação? O que isso nos revela sobre o anseio de Deus em se reconciliar com suas criaturas pecadoras, não importa o preço?

2. Que bênçãos a restauração da harmonia na família trouxe consigo?

ESTUDO 38   Gênesis 46.1-47.12

1. Por que o cumprimento da profecia do cap. 46.3 seria mais fácil no Egito do que nas condições nômades de Canaã? O que isso nos ensina sobre a providência de Deus?
2. Que característica de José é revelada em sua maneira de lidar com a chegada de Jacó? Cf. Isaías 11.2.
3. Como essa passagem ilustra tipicamente ou de outra maneira: (a) João 14.6; (b) 2Coríntios 4.17,18?

ESTUDO 39   Gênesis 47.13-48.22

1. Segundo os próprios egípcios, o que José fez para eles? Como José se manteve fiel ao Deus de seu pai em meio às pressões de seu cargo?
2. Os dois retrospectos de Jacó, um no cap. 47.9 e outro no cap. 48.15,16, resultaram de pontos de vista diferentes. Quais? Qual deles merece mais ser imitado?
3. Observe a fé inabalável de Jacó na oração que fez por seus dois netos. Cf. Hebreus 11.21; Gênesis 18.18,19; Deuteronômio 6.4-7; Salmo 78.5-7. O que o episódio ensina a respeito do privilégio e responsabilidade dos pais cristãos?

ESTUDO 40   Gênesis 49

1. Observe a diversidade e a incapacidade das pessoas que Deus escolheu para realizar seu propósito. Cf. Deuteronômio 7.7,8; 9.4,5. Os v. 24,25a revelam o segredo de como Deus fez isto. Você conhece este segredo da vitória? Cf. Filipenses 4.13; 2Coríntios 12.9.
2. Analise de modo especial Rúben, Judá e José. Em quem a promessa do v. 10 foi cumprida? Cf. Ezequiel 21.27). Cf. Também 1Crônicas 5.1,2.

ESTUDO 41   Gênesis 50

1. Compare o cap. 50.1-13 com o cap. 28.13-15 e reflita na fidelidade de Deus em cumprir sua promessa enquanto Jacó ainda vivia. Cf. Salmo 146.5,6.
2. Por que os irmãos demoraram a acreditar que José os havia perdoado? Qual a reação de José? Será que não magoamos Deus com a mesma atitude?
3. Quanto tempo passou entre a mudança de Jacó para o Egito e a morte de José? O que aconteceu durante este tempo? Veja os v. 22,23; Êxodo 1.7. Como isso evidencia ainda mais a fé de José (veja os v. 24,25)? Cf. Hebreus 11.22.

☐ **ESTUDO 42**   Gênesis 37-50 Revisão

1. Por que José não viveu amargurado diante do sofrimento imerecido, e não se corrompeu ao exercer um cargo de tanta responsabilidade? Veja Gênesis 39.9c; 50.20; Atos 7.9,10.

2. Pense em José como um símbolo de Cristo. Que semelhanças você observa entre eles?

LUCAS 19.29-24.53

☐ **ESTUDO 48**   Lucas 19.29-46

1. V. 29-40. Qual o propósito de Jesus ao entrar publicamente em Jerusalém? Cf. Zacarias 9.9. O que ele queria ensinar sobre a natureza de seu reino? Contraste com Apocalipse 19.11.

2. V. 41-46. Por que Jesus sentiu pena e raiva de Jerusalém? Como os versículos mostram que amor não exclui punição?

☐ **ESTUDO 49**   Lucas 19.47-20.26

1. Observe o ambiente de hostilidade e intriga transparente nos versículos. Neste contexto, qual o propósito da parábola do cap. 20.9-18? A quem ela se refere, e o que revela sobre a posição de Jesus?

2. 20.19-26. Por que a resposta de Jesus foi tão eficaz? Aplique as duas ordens do v. 25 à sua própria vida.

3. 20.1-8. Por que Jesus respondeu a uma pergunta com outra pergunta? Será que Jesus estava levando seus inquiridores a sério? Se estava, por que não lhes respondeu à pergunta inicial?

☐ **ESTUDO 50**   Lucas 20.27-21.4

1. 20.27-40. Os saduceus repudiavam a doutrina da vida após a morte, por causa das dificuldades práticas envolvidas e pelo fato de não ser ensinada nos Cinco Livros de Moisés. Para os saduceus, o Pentateuco era a única autoridade. Como Jesus respondeu à objeção deles em relação às duas questões? Cf. Marcos 12.24.

2. 21.1-4. O que Deus espera de quem contribui para sua obra? Cf. 2Coríntios 8.12. Contraste os versículos acima com Lucas 20.46,47.

3. 20.41-44. O título "Filho de Davi" em relação ao Messias tinha a conotação de um libertador nacional político. O que Jesus ensinou aqui sobre o papel verdadeiro do Messias e sobre o caráter de seu reino?

Obs.
20.37,38. A aliança de Deus com seu povo é tão séria que nem a morte consegue desfazê-la. E se ele ainda é chamado de o Deus de Abraão, então Abraão continua vivo.

☐ ESTUDO 51 LUCAS 21.5-24

Há dois temas interligados neste capítulo: a destruição de Jerusalém e do templo (que aconteceu no ano 70 d.C.) e a segunda vinda de Jesus. Nem sempre é fácil distinguir a que acontecimento o texto se refere, mas é provável que os versículos 5-24 se refiram inteiramente ao ano 70 d.C.

1. Jesus menciona a destruição de Jerusalém como os "dias da vingança" (v. 22). Qual é, portanto, a causa de sua destruição? Cf. 11.49-51; 13.34,35; 19.41-44.
2. Quais os perigos e problemas que os discípulos enfrentariam? Como deveriam se preparar para essas dificuldades? Cf. João 15.18-21; Apocalipse 12.11.

☐ ESTUDO 52 LUCAS 21.25-38

Se os primeiros detalhes do ano 70 d.C. aparecem nos versículos 5-24, e se os versículos 25-28 oferecem detalhes da segunda volta de Jesus, podemos concluir que ele voltou a falar do ano 70 d.C. nos versículos 29-32, e depois do final dos tempos e, do dia do Senhor nos versículos 33-36.

1. Contraste a atitude dos cristãos com a atitude das pessoas sem Cristo quando os tempos de conflitos e o juízo chegarem. O que causa toda a diferença?
2. À luz das expectativas do retorno de Cristo, como devemos viver? O que nos manterá firmes?

☐ ESTUDO 53 LUCAS 22.1-13

1. V. 1-6. À medida que o desfecho dos eventos se aproxima, que pessoas são mencionadas no texto, e qual a atitude de cada uma para com Jesus? Que lição devemos aprender com a atitude de Judas, que era "um dos Doze"?
2. V. 7-13. Você acha significativo que Jesus tenha morrido na Páscoa? Cf. 1Coríntios 5.7; Êxodo 12.3-13; 1Pedro 1.18-20.

☐ ESTUDO 54 LUCAS 22.14-30

1. V. 14-23. O que os versículos revelam sobre (a) a necessidade e (b) o propósito da morte de Cristo?
2. V. 24-30. Como Jesus inverte os padrões do mundo? Pense em como sua vida e trabalho exemplificam o ensino de Jesus.

ESTUDO 55   LUCAS 22.31-46

1. V. 31-34. Compare a confiança vazia de Pedro com o que Jesus sabia do perigo que o rodeava. O que aprendemos com isso? Como evitar o mesmo fracasso?

2. V. 39-46. Por que Jesus queria se afastar da cruz? Simplesmente por causa do sofrimento físico? O que isso nos ensina sobre Jesus e sua morte? Pense na sua contribuição para a agonia de Jesus.

3. O que o texto inteiro revela sobre a maturidade dos discípulos de Jesus? Isso encoraja você?

Obs.

1. V. 32. A oração de Jesus não é referente à negação (ele sabia que Pedro iria negá-lo), mas ao que viria depois, quando o desempenho de Pedro seria vital. Ele seria a chave para a restauração de todos os discípulos, que sofreriam ataques de Satanás. Observe que no v. 31, Jesus disse "vocês" (plural), mas no v. 32, ele disse "você" (singular).

2. V. 36. Não é uma ordem para se resistir, mas um aviso descritivo dos perigos à frente. Cf. Mateus 26.52.

ESTUDO 56   LUCAS 22.47-62

1. V. 47-54. Compare a atitude de Jesus com a dos discípulos (cf. ainda Marcos 14.50) e também a de seus inimigos. Por que a diferença? Os v.41,42,45,46 oferecem uma resposta?

2. V. 54-62. O que este texto revela tanto sobre a força quanto a fraqueza de Pedro? Siga os passos de sua fraqueza desde o v. 33 até o v. 60. O que levou Pedro a se arrepender?

ESTUDO 57   LUCAS 22.63-23.12

1. Descreva a atitude das seguintes pessoas em relação a Jesus: guardas, líderes religiosos, Pilatos, Herodes. Que tipo de pessoas corresponde a elas hoje em dia? Esse pessoal tem algo a nos ensinar?

2. Pense no sofrimento de Jesus, e em como ele o suportou. Leia 1Pedro 2.19-23; Filipenses 2.5-8.

ESTUDO 58   LUCAS 23.13-31

1. Descreva os estágios da rendição de Pilatos. Qual foi seu motivo principal? No lugar dele, o que você teria feito?

2. V. 26-31. Imagine Jesus a caminho da crucificação. Qual a impressão que seu estado e suas palavras devem ter causado nos espectadores? O que causou a advertência de Jesus e a chamada implícita ao arrependimento?

Obs.

V. 31. Um provérbio que, no contexto, talvez significasse: "Se os romanos tratam assim Jesus, o inocente, qual será o destino de Jerusalém, a culpada?"

ESTUDO 59   LUCAS 23.32-43

1. Considere (a) o comportamento das pessoas em relação ao sofrimento de Jesus e (b) a atitude de Jesus para com elas.
2. V. 39-43. O que levou este criminoso a se arrepender e ter fé? O que aprendemos com (a) sua confissão e pedido e (b) com a resposta de Jesus? Cf. Lucas 18.13,14.

ESTUDO 60   LUCAS 23.44-56

1. Segundo indicado pela narrativa, qual o significado da morte de Jesus? Qual seu efeito nas diferentes pessoas ao redor? O que provocou o efeito?
2. V. 50-56. Tudo indicava que Jesus havia fracassado. O que aprendemos com a atitude de José e das mulheres naquela hora?

ESTUDO 61   LUCAS 24.1-12

1. Coloque-se no lugar das mulheres naquela madrugada do domingo de Páscoa. A perplexidade delas teve razão de ser? Por que não se lembraram das palavras de Jesus?
2. Para os discípulos decepcionados, a história era ilusão (v. 11). O que você acha?

ESTUDO 62   LUCAS 24.13-35

1. V. 25-27. Você teria merecido a mesma repreensão? O que as citações que Jesus fez do Antigo Testamento aqui e nos v. 44-47 nos ensinam sobre sua importância e confiabilidade, e sobre a maneira que devemos usá-lo?
2. Contraste a atitude dos dois discípulos antes e depois do encontro com Jesus. Por que demoraram tanto a reconhecê-lo? O que a experiência deles nos ensina?

ESTUDO 63   LUCAS 24.36-53

1. Cf. v. 11. Por que os discípulos mudaram de ideia? Por que você acredita na ressurreição de Jesus?
2. Que fatos básicos do evangelho devem ser testemunhados pelo mundo todo? Quem deve dar esse testemunho, e pelo poder de quem? Você está envolvido nesta tarefa? Por que não, se for o caso?

SALMOS 1-12

Introdução

O livro de Salmos pode ser considerado o hinário inspirado da igreja judaica, contendo salmos para o culto público e o culto particular. Os salmos com o título (ou subscrição). [A referência a Habacuque 3.19 (final do versículo) sugere que, possivelmente, nos salmos que recebem títulos ou trazem informações, a parte musical do título, incluindo a frase "Ao regente do coro", deveria realmente ser parte do final do salmo anterior.] "Ao regente do coro" parecem direcionados de modo especial ao culto público. Outros talvez tenham sido meditações pessoais que passaram a ser usadas no culto no templo e no culto doméstico. Há também poemas didáticos e narrações históricas. O livro encabeçava a terceira coleção das escrituras hebraicas, que muitas vezes era chamada de Salmos. Em grau de importância, esta coleção vinha depois dos livros proféticos (Cf. Lucas 24.44).

Os tópicos do livro foram escritos em vários períodos da história dos israelitas, desde o êxodo até o cativeiro babilônico. Pelo menos um salmo com certeza é de autoria de Moisés (Sl 90). Muitos foram escritos por Davi, um ou dois foram escritos por Salomão, outros poucos são de autoria de cantores do templo, e vários têm autoria desconhecida. Alguns salmos têm títulos, e outros, não. O livro tem cinco divisões: 1-41, 42-72, 73-89, 90-106, 107-150. Todas as divisões, menos a última, terminam em "Amém".

A terceira seção do Antigo Testamento, encabeçada pelos Salmos, talvez ressalte, no todo, uma nota mais pessoal do que as seções anteriores. Enquanto os profetas escrevem em grande parte (mas não completamente, lógico) sob a perspectiva da vida coletiva e nacional, os Salmos, em sua maioria, abordam questões pessoais e espirituais. É desnecessário explicar que eles, assim como os profetas, aguardam com esperança a pessoa e a obra de nosso Senhor Jesus Cristo.

☐ **ESTUDO 1**   SALMOS 1 E 2

1. O salmo 1 faz um contraste entre o justo e o perverso. Compare o caráter dos dois (v. 1,2), estude o retrato que é feito deles e o final de cada um (v. 3-6). Em que você se alegra? Com que tipo de pessoa você se sente mais à vontade?

2. Salmo 2. Qual o propósito de Deus para "seu ungido", e o que está envolvido em sua realização? Cf. Atos 4.24-28. Qual a resposta exigida das pessoas, e que esperança lhes é oferecida?

Obs.
O salmo 2 é o primeiro entre os conhecidos como salmos messiânicos, ou seja, salmos que profetizam os sofrimentos e a glória do futuro Messias.

☐ **ESTUDO 2**   Sᴀʟᴍᴏs 3 ᴇ 4

Para verificar as prováveis circunstâncias dos dois salmos, veja 2Samuel 15-17.

1. O salmo 3 é um salmo da manhã. Quando Davi acorda, que situações desfavoráveis tem de enfrentar (v. 1,2)? Cf. 2Samuel 16.5-8. Como Davi reage (v. 3,4)? Quais os resultados de sua confiança em Deus (v. 5-8)? O que aprendemos com seu exemplo?
2. O salmo 4 é um salmo noturno. Nos v. 2-5, Davi se dirige aos adversários. Que advertência lhes faz? Onde Davi encontra força, alegria e segurança?

Obs.
3.5. Se este salmo foi escrito, como parece, na segunda manhã após Davi ter fugido de Jerusalém, ele deve ter ficado muito animado porque a noite passou e ninguém o havia atacado. Cf. 2Samuel 17.1-4,14.

☐ **ESTUDO 3**   Sᴀʟᴍᴏ 5

1. O que este salmo revela sobre Deus? Faça uma lista das verdades que descobrir no salmo, e permita que elas guiem seu culto responsivo a Deus.
2. Este salmo é um exemplo de como Davi orava. Quando, como, por que e pelo que ele orava? Nossas orações expressam a mesma preocupação e fé?

☐ **ESTUDO 4**   Sᴀʟᴍᴏ 6

Outro exemplo de oração. Parece que o sofrimento de Davi foi causado por doença e por insultos de seus inimigos. A doença foi um meio que os inimigos usaram para mostrar que Davi estava sendo "castigado por Deus".

1. V. 1-7. Explique qual era, em sua opinião, o estado emocional e mental de Davi quando ele fez essa oração. O que ele (a) confessa a Deus e (b) espera de Deus?
2. Observe nos v. 8-10 como Davi estava confiante na resposta da oração e na certeza da libertação — confiança que ele confessa abertamente diante de Deus e das pessoas. Você já experimentou algo parecido?

☐ **ESTUDO 5**   Sᴀʟᴍᴏs 7 ᴇ 8

1. No salmo 7 Davi está sendo perseguido. Em que bases ele apela para Deus (v. 1-11)? Segundo Davi, os perversos serão castigados de dois modos (v. 12-16). Quais? O v. 17 mostra como deve ser o final de uma oração.
2. Salmo 8. Quais as duas verdades que levam o salmista a adorar e exultar? E, de modo mais particular, qual a posição do ser humano nos pensamentos e propósitos de Deus? Cf. Hebreus 2.5-10.

☐ **ESTUDO 6**   SALMOS 9 E 10

A estrutura "alfabética" comum nestes salmos mostra que, muito provavelmente, foram escritos como uma unidade. Na Septuaginta, os dois formam um único salmo. No entanto, os assuntos são diferentes. O salmo 9 é praticamente um hino de louvor que celebra a vitória sobre outras nações. O salmo 10 é basicamente uma oração de súplica pela derrota dos perversos de Israel.

1. Faça uma lista detalhada das verdades que estes salmos ensinam a respeito de Deus.
2. O que o salmo 9 revela sobre as atitudes e os desejos de Davi, e sobre seu relacionamento com Deus? Faça um contraste entre essas coisas e as atitudes e os pensamentos dos ímpios revelados no salmo 10. Em que sua atitude, experiência e vontade são semelhantes às de Davi?

Obs.
9.17. O significado é que, por meio dos castigos de Deus, a vida do perverso será encurtada pela morte.

☐ **ESTUDO 7**   SALMOS 11 E 12

1. Salmo 11. Por que Davi não segue o conselho de quem acha a situação um caso perdido (v. 3) e que o melhor mesmo é fugir? Onde Davi consegue forças para continuar firme? Você tem o mesmo tipo de confiança?
2. Que contraste o salmo 12 faz entre a palavra do homem e a palavra de Deus?

Obs.
11.3. O justo não pode causar qualquer mudança relevante; por que então permanecer no meio do perigo?

Para os *Estudos 8-21* de Salmos, veja a página 81.

ATOS 1.1-12.24

Introdução

Em um dos livros mais empolgantes da Bíblia, Lucas relata como o evangelho se estendeu de Jerusalém, a capital do mundo judaico, até Roma, o centro do mundo gentílico. Lucas mostra como o Cristianismo emergiu dos batentes da nação judaica para se tornar uma religião universal. Estes desenvolvimentos estão sempre ligados à constante atuação do Cristo ressurreto e elevado ao Céu e ao trabalho do Espírito Santo.

O tema do livro é encontrado na seção de abertura (1.1-11) onde Lucas chama nossa atenção para: (a) a atuação contínua de Jesus, ressuscitado e elevado ao Céu; (b) os apóstolos como líderes escolhidos por Jesus; (c) o Espírito Santo como fonte de poder e (d) o plano de Jesus para o futuro. Estes fatos dominam o livro inteiro.

Esboço

O livro de Atos está dividido em duas partes: capítulos 1-12, que relatam a história do nascimento da igreja em Jerusalém e sua expansão pela Judeia, Samaria e Antioquia; e capítulos 13-28, que descrevem as três viagens missionárias de Paulo, sua prisão em Jerusalém, seu encarceramento em Cesareia e sua viagem para Roma. No entanto, uma análise mais detalhada revela que (além do parágrafo introdutório, 1.1-11) há seis divisões ou períodos, e todos terminam com uma breve recapitulação dos acontecimentos.

    1.1-11   Introdução
1. 1.12-6.7   Progresso em Jerusalém
2. 6.8-9.31   Expansão até a Judeia e Samaria
3. 9.32-12.24   Aceitação dos gentios na igreja
4. 12.25-16.5   A porta da fé se abre para os gentios
5. 16.6-19.20   Expansão até a Macedônia, Acaia e Ásia
6. 19.21-28.31 Viagem de Paulo a Roma

☐ **ESTUDO 1**   **ATOS 1.1-11**

1. Antes de subir ao Céu, o que Jesus ensinou aos discípulos sobre o trabalho que iriam realizar? O ensino se aplica a nós hoje em dia?
2. O que esses versículos dizem sobre (a) a autoridade de Deus Pai, (b) a função de Deus Espírito Santo e (c) a atuação de Jesus, o Filho de Deus? Todos os relatos deste livro têm origem nesses fatos. Eles já transformaram sua vida?

☐ **ESTUDO 2**   **ATOS 1.12-26**

1. Os discípulos fizeram duas coisas durante o tempo de espera. O quê? Em sua opinião, por quê?
2. Compare Judas (especialmente v. 16,17) com os irmãos de Jesus (v. 14). Cf. João 7.5. Que advertências e incentivos eles oferecem a você?

☐ **ESTUDO 3**   **ATOS 2.1-13**

1. Quais os três sinais relacionados à vinda do Espírito Santo? Leia os v. 2-4 e 6,8,11. Eles expressam em imagens o que Jesus havia declarado com palavras (cf. 1.8), ou seja, que o Espírito daria poder, pregação inspirada e testemunho universal. Que planos de Deus o Espírito cumpriu?

ATOS 1.1-12.24

2. Como os discípulos, a multidão e os zombadores reagiram à vinda do Espírito Santo? Qual teria sido a sua reação?

Obs.

1. Pentecoste era o termo grego para a "festa da colheita" (Êx 23.16) ou "festa das semanas" (Dt 16.9,10) no Antigo Testamento. A celebração marcava o fim da colheita, e começava quinze dias após o sábado da Páscoa (Lv 23.15,16). Como o clima era favorável a viagens, Jerusalém fervilhava de judeus vindos de todos os lugares (At 2.9-11).
2. Para saber mais sobre "línguas", consulte *Atos* (*CBVN*), p. 1610.

☐ **ESTUDO 4**   ATOS 2.14-36

1. Quais as três passagens do Antigo Testamento citadas por Pedro em sua pregação? Pedro usou estas passagens como apoio a que acontecimentos do evangelho? O que isso nos ensina a respeito do uso do Antigo Testamento nos dias atuais?
2. Que características Pedro revela em sua pregação? Lembre-se de como ele era dois meses antes. O que causou a transformação? Isto pode ser aplicado ao serviço cristão que você realiza?

☐ **ESTUDO 5**   ATOS 2.37-47

1. Que oferta dupla é oferecida no v. 38, e qual a condição para recebê-las?
2. De acordo com os v. 42-47, o que caracterizava os novos convertidos e a primeira igreja?

Obs.
O recebimento do Espírito Santo no cap. 2.4 foi um acontecimento extraordinário. O recebimento do Espírito Santo no cap. 2.38 é padrão comum no Novo Testamento. Veja que o batismo com água simboliza os dois benefícios do evangelho: purificação dos pecados e nova vida oferecida do alto pelo batismo com o Espírito Santo.

☐ **ESTUDO 6**   ATOS 3.1-26

1. A cura física do aleijado (v. 1-11) retrata as verdades espirituais do evangelho da salvação. Ela mostra (a) a necessidade da pessoa, (b) a necessidade de fé, (c) a importância do testemunho pessoal, (d) a certeza de salvação, (e) o próprio milagre da salvação. (Nos v. 12-16, Pedro explica como isso aconteceu.) Você tem sido um elo entre Cristo e alguém necessitado, assim como Pedro foi naquele dia?
2. Quando falou a seus compatriotas, de que pecados Pedro os acusou? Que promessa ele lhes fez e em que condições seriam cumpridas? Como as palavras de Pedro se aplicam a nós que não somos judeus?

Obs.
1. V. 6. "Em nome de Jesus Cristo" significa "pela autoridade", "com o poder" de Jesus. Cf. v. 16; 4.12.

2. V. 13,26. "Servo": cf. Isaías 52.13 (também 42.1-4; 49.5,6; 50.1-10). Pedro está fazendo uma proclamação destemida sobre o messiado de Jesus. Cf. 4.27,30.

☐ **ESTUDO 7**   ATOS 4.1-31

1. V. 1-22. Perseguição. Os líderes religiosos começam a perseguir os discípulos abertamente. Por que Pedro e João foram presos (v. 3) e depois soltos (v. 21)? Que prova verbal e visível Pedro usou como defesa? Será que por medo das pessoas não nos calamos quando deveríamos falar?
2. V. 23-31. Oração. Pedro e João voltam para os companheiros, e os discípulos oram. Qual o motivo (v. 24-28), o pedido (v. 29,30) e o resultado (v. 31) da oração deles? Numa situação parecida, você oraria com tanta coragem e disposição?

☐ **ESTUDO 8**   ATOS 4.32-5.16

Neste retrato da comunhão existente na primeira igreja, o autossacrifício sincero de Barnabé é contrastado com a hipocrisia e ganância de Ananias e Safira.

1. Que características fundamentais da comunhão são reveladas no cap. 4.32-37? Veja um de seus resultados no v. 33.
2. O que tornou o pecado de Ananias e Safira tão grave e o que levou os dois a pecar? Por que o castigo divino tinha de ser tão grande? Que resultado ele produziu?
3. Que exemplo de Barnabé você pode seguir? Que perigo pode evitar observando a atitude de Ananias e Safira?

Obs.
1. 5.4. O versículo mostra que a oferta mencionada em 4.34-37 era totalmente voluntária.
2. 5.9. "Para tentar": significa testar Deus, desafiá-lo ou provocá-lo. Cf. Êx 17.2,7; Atos 15.10.

☐ **ESTUDO 9**   ATOS 5.17-42

1. Apesar da perseguição e das advertências (cf. 4.17-21), os apóstolos continuam a testemunhar. Considere os papéis do anjo (v. 19), do Espírito Santo (v. 20,32) e de Gamaliel (34-40) na realização dessa tarefa. Você já vivenciou algum tipo de constrangimento que o impediu de falar do evangelho de Cristo?
2. Analise quatro reações da oposição religiosa (v. 17,24,26,33). Por fim, surraram os apóstolos. Cf. 1Pedro 2.20,21. Você tem medo de sofrer por causa do evangelho?

☐ **ESTUDO 10**   ATOS 6.1-7.8

1. Como os apóstolos lidaram com os problemas iniciais mencionados no cap. 6.1? Qual o resultado para as viúvas, os Sete e os Doze? O que aprendemos com o modo de os apóstolos lidar com a situação?

2. Observe três coisas sobre a vida e o ministério de Estêvão (6.5-15): (a) as características extraordinárias de sua vida (v. 5,8); (b) a natureza da perseguição contra ele (v. 11-13); (c) as acusações que lhe fizeram (v. 13,14). Cf. Marcos 14.57,58 e Atos 21.27,28. Em sua opinião, quais as qualificações indispensáveis no testemunho fiel por Jesus, e quais suas possíveis consequências?

Obs.
1. 6.1. "Judeus de fala grega" refere-se aos judeus que haviam morado em outros países e falavam grego. Os "demais" eram judeus da Palestina que falavam a língua dos judeus.
2. O ministério de Estêvão marcou um estágio vital no crescimento da primeira igreja. Veja *Atos* (CBVN), página 1620.

☐ **ESTUDO 11** **ATOS 7.9-43**

O discurso de Estêvão tenta mostrar (a) que a presença de Deus entre seu povo não está limitada a um lugar ou edifício em particular (v. 2,9,10,30-34,38,44-49), e (b) que longe de rebaixar Moisés, Cristo é o profeta prometido semelhante a Moisés e de quem o próprio Moisés falou (v. 37).

1. Deus planejou que José (v. 9-16) e Moisés (v. 20-43) libertassem seu povo da escravidão. Observe: (a) os lugares em que viveram, (b) o trabalho que tiveram de fazer, (c) como foram tratados por seus irmãos, e (d) os resultados que conseguiram. De que maneira os dois prenunciaram a obra do Senhor Jesus Cristo?

2. A infelicidade causada pela cegueira espiritual de Israel é descrita nos v. 25 e 35-43. Como ela se manifestou primeiro na mente, na decisão, no desejo (v. 39) e finalmente na atitude do povo (v. 40-43)? Qual foi seu castigo? Deus continua a tratar seu povo do mesmo jeito?

☐ **ESTUDO 12** **ATOS 7.44-8.4**

1. Nesta conclusão (7.44-53), como Estêvão ensina a origem divina e também a insuficiência tanto do Tabernáculo ou "tabernáculo da aliança" quanto do templo ou "casa" que Salomão construiu? De que ele culpa seus acusadores? Devemos prestar atenção a que verdades reveladas ou implícitas no texto?

2. Observe como Estêvão é parecido com seu Mestre no viver, no caráter e na morte. De onde veio a semelhança? Como seguirmos o exemplo dele? Cf. 2Coríntios 3.18.

3. Que resultados a igreja colheu com o testemunho de Estêvão: (a) no sofrimento (veja cap. 8.1,3) e (b) na expansão do evangelho (veja cap. 8,4,5; 11.19,20). Observe o que Deus pode fazer por meio de uma pessoa que se entrega completamente a seu serviço.

☐ ESTUDO 13   Atos 8.5-25

1. Avalie o sucesso do ministério de Filipe em Samaria pelas dificuldades que teve de enfrentar. Cf. João 4.9. Por que ele foi bem-sucedido? Cf. João 14.12; Atos 1.8. Quais os resultados da manifestação do poder de Deus? Veja os v. 6,18-21. Este relato deve chamar nossa atenção para o quê?

2. Simão tinha convicção intelectual da verdade e do poder do evangelho, mas seu coração continuava o mesmo. Como isso foi revelado? Quando é certo e quando é errado desejarmos o poder do Espírito Santo?

Obs.

V. 14-17. Os cristãos samaritanos foram a primeira extensão da igreja além das fronteiras do povo judeu. Sem dúvida nenhuma, o motivo de o Espírito Santo ainda não ter descido sobre eles foi porque seu selo (Ef 1.13) deveria ser dado por meio de Pedro e João. Da mesma maneira, Pedro foi escolhido para falar com Cornélio (10.5), embora Filipe provavelmente estivesse em Cesareia na ocasião.

☐ ESTUDO 14   Atos 8.26-40

1. Preste atenção no grande interesse e prontidão do etíope antes mesmo de encontrar Filipe. Do que mais ele precisava antes de "cheio de alegria, seguir seu caminho"? Que instrumentos semelhantes podemos usar para encontrar Deus e, por nós mesmos, descobrir mais de suas verdades?

2. Observe em Filipe: (a) as qualidades necessárias e (b) os métodos usados para levar alguém a confiar em Jesus. Você está disposto a realizar tarefa semelhante (v. 26,29)?

☐ ESTUDO 15   Atos 9.1-19a

1. O que estes versículos revelam sobre o poder, majestade e glória de Cristo e também seu amor, compaixão e graça? Cf. 1Timóteo 1.12-14.

2. Que tarefa Ananias recebeu? De que modo ele exemplifica a ajuda que podemos dar a um novo convertido?

☐ ESTUDO 16   Atos 9.19b-31

1. Como Paulo provou sua sinceridade desde o começo de sua vida cristã? Cf. 1João 3.14; Atos 26.19,20.

2. Compare o v. 31 com o cap. 6.7. Note como a igreja havia se expandido. Veja também os dois sinais da vida espiritual sadia especificamente mencionados no v. 31. Estas marcas, juntamente com as encontradas na vida de Paulo, podem ser observadas em você?

3. Compare a oposição dos judeus com a comunhão dos cristãos que Paulo experimentou em Damasco (v. 22-25) e Jerusalém (v. 26-30). Quem se torna crente hoje também faz inimizades e novas amizades?

ATOS 1.1-12.24

Obs.
A visita à Arábia que Paulo menciona em Gálatas 1.17 provavelmente deveria se encaixar entre os v. 21 e 22 de Atos 9.

☐ **ESTUDO 17**   ATOS 9.32-42

1. Que provas estes versículos mostram de que um avivamento amplo estava acontecendo na época, e que Cristo, habitando em seu povo, continuava a agir como Salvador, Mestre, Médico e Amigo das pessoas? Os acontecimentos destes versículos deveriam nos motivar a orar de que maneira?
2. Que retrato você faz de Dorcas? Que qualidades do caráter e do serviço cristãos ela exemplificou? De que maneira você pode agir como Dorcas?
3. Pedro continua a curar em nome do Senhor Jesus. (a) Veja outros exemplos nos cap. 3.6,7,16; 4.30; 5.12-16; 6.8 e 8.6,7; (b) Compare o trabalho de Pedro com o de seu Mestre, com o v. 34, cf. Marcos 2.11 e João 5.8 e com os v. 40,41, cf. Marcos 5.35-43; (c) Pedro estava vivenciando o que Cristo prometeu em João 14.12. Pedro creu na promessa de Jesus e experimentou o poder cooperador do Espírito de Deus. A pergunta é: Nós também experimentamos este poder? Se não, por quê?

☐ **ESTUDO 18**   ATOS 9.43-10.33

1. Veja obs. 1 e 2. Compare Jopa e Cesareia, e os dois homens e Cornélio. O cenário está preparado para que os não-judeus recebam o evangelho. Quem contribuiu para que isso acontecesse? A quem devemos agradecer pelo evangelho ter chegado até nós?
2. Como Deus ensinou outras verdades a Pedro e Cornélio? Note que foram necessários obediência e destruição do preconceito. Você também está disposto a obedecer a Deus quando ele lhe ensina algo diferente de suas pressuposições ou preferências?

Obs.
1. 9.43. Na verdade, este versículo faz parte da história de Cornélio: Jopa era uma cidade tipicamente judaica, leal às tradições e costumes antigos. Cesareia era semi-pagã, e espelhava-se em Roma.
2. 10.1. Cornélio era um gentio temente a Deus que participava do culto judeu, mas não havia se convertido ao judaísmo.
3. 10.4. "Como oferta memorial": a frase é de Levítico 2.2 em conexão com a oferta memorial. O anjo garante a Cornélio que embora não tivesse participado dos sacrifícios no templo, por ser incircunciso, suas orações e esmolas foram aceitáveis a Deus.

☐ **ESTUDO 19**   ATOS 10.34-48

1. Que verdade Pedro aprendeu com a visão? Veja v. 34,35 e cf. v. 28. Observe que o trabalho não pôde ser realizado até Pedro entender isto. Será que nossa

indisposição em aprender uma verdade divina não está impedindo que Deus trabalhe em nós e por nós?

2. Quando Pedro falou aos judeus, que verdades ele anunciou para despertar a consciência deles (cf. 2.36 e 3.13-15)? Que verdade ele usa agora? Existe outras indicações no texto de que a mensagem foi anunciada a não-judeus? O que esses elementos nos ensinam sobre a maneira de apresentarmos o evangelho aos não cristãos?

3. Estude o que esse capítulo revela sobre o caráter de Cornélio. Se ele era tão dedicado antes, o que ganhou ao crer em Jesus? Cf. 11.13-15.

Obs.
V. 34,35. Pedro está dizendo que ninguém é salvo por meio de boas obras, mas que pessoas iguais a Cornélio e seus amigos não estão excluídas dos favores de Deus por causa de sua nacionalidade. O espírito de devoção deles é tão agradável a Deus quanto seriam o espírito e a devoção de um judeu.

☐ **ESTUDO 20**   ATOS **11.1-18**

O partido da circuncisão (v. 2) era um grupo conservador da igreja de Jerusalém. Este grupo insistia na necessidade de todos serem circuncidados. Cf. 15.1,5. Pedro teve de explicar sua atitude em relação a Cornélio.

1. Que questão importante Pedro enfatiza ao relatar seu encontro com Cornélio? Veja o que Pedro diz sobre oração; a visão e o agir de Deus; o papel do anjo e do Espírito Santo. Qual foi o resultado da ação de Deus: (a) nos não-judeus (v. 14,17,18), (b) no partido da circuncisão (v. 18) e (c) em Pedro (v. 16,17)?

2. Compare o cap. 1.5 com 11.16,17 e Efésios 3.6. Pedro precisava saber que existia mais verdades na palavra de Deus do que ele imaginou a princípio, e que não poderia manter as barreiras social, nacional e religiosa que Deus havia derrubado. Você mantém essas barreiras, que precisam ser removidas, separando-o de alguém?

☐ **ESTUDO 21**   ATOS **11.19-30**

A cidade de Antioquia, capital da Síria, província romana, era uma das três maiores cidades do Império. Antioquia era famosa pelo comércio, arte e literatura, e infame pela depravação e futilidade. Ela se tornaria o "ponto de partida" para as viagens missionárias de Paulo.

1. Que fator especial marcou, desde o início, a pregação do evangelho em Antioquia, e quais os resultados de longo alcance?

2. Que passos marcaram o estabelecimento da igreja em Antioquia, e qual o papel de Barnabé? Como podemos alcançar e incentivar os recém-convertidos?

3. V. 27-30. Uma igreja novinha de não-judeus auxilia a igreja de Jerusalém, mais velha. Observe os sinais de vitalidade, influência e espírito cristão dessa jovem

igreja. Cf. 2.44,45; 4.34-37. Sua fé cristã se expressa em ajuda prática igual a essa?

Obs.
V. 26. Ao perceber que esses discípulos não eram, obviamente, parte de uma sinagoga judaica, a sociedade, que a tudo observava, deu-lhes um nome distinto: "Cristãos".

☐ **ESTUDO 22   ATOS 12.1-24**

1. Baseado nos v. 1-4 e 18-23, resuma o caráter de Herodes. Como e por que sua vida terminou de repente? Estamos vivendo para a glória de Deus? Cf. 1Coríntios 10.31.
2. A oração foi a arma que libertou Pedro. Note: (a) sua característica (v. 5), (b) seus obstáculos (v. 6-11) e (c) seus resultados (v. 12-17). Quem havia orado não acreditou que o acontecimento fosse verdadeiro (v. 14,15). Você acredita no poder da oração intercessória? Cf. 2Coríntios 1.8-11 e Efésios 3.20-21.

Para os *Estudos finais 23-56* no livro de Atos, veja a página 64.

ÊXODO 1-20

Introdução

O título Êxodo, tirado da Septuaginta, significa "saída". Ao aplicar o termo "remir" à grande libertação do Egito (Êx 6.6; 15.13), o próprio livro nos mostra onde encontrar o significado espiritual existente no fato histórico. Estes vinte capítulos estão repletos de lições: não só o próprio Êxodo, mas também o Mar Vermelho, Mara, Elim, o maná, a pedra e a água que trouxe vida, citando alguns exemplos básicos, tudo transmite verdade espiritual.

Nestes capítulos, lemos:

a. que a libertação do cativeiro foi com poder, e o derramamento de sangue livrou da morte.

b. sobre o amor de Deus, que se manifestou primeiro na compaixão por seu povo sofredor, depois na ação para libertá-lo e na paciência extrema com sua infidelidade e obstinação.

c. da santidade de Deus que exigiu consagração, separação e pureza, e providenciou uma lei que tinha de ser obedecida.

d. da incrível ingratidão do ser humano, apesar dos incontáveis benefícios recebidos, e de uma promessa feita de boa vontade (logo quebrada) de obedecer ao que Deus ordenou.

e. também de um homem, Moisés, que, igual a Abraão e José antes dele, viveu consciente da presença de Deus e mostrou fidelidade constante e fé inabalável.

Esboço

1.1-7.7	Israel no cativeiro; o chamado e o treinamento de Moisés
7.8-15.21	Israel é libertado: as pragas, a Páscoa e a travessia do Mar Vermelho
15.22-18.27	Israel no deserto; necessidades preenchidas, apesar de ingratidão e descrença
19 e 20	Israel no Sinai; a revelação da majestade de Deus, e a entrega dos dez mandamentos

☐ **ESTUDO 1**   Êxodo 1 e 2

1. Quais são as atitudes divergentes dos israelitas perante os acontecimentos, à luz destes capítulos? Cf. Hebreus 11.23-25. Como Deus age diante da situação? Veja especificamente o cap. 2.23-25.

2. Desde seu nascimento, como Moisés foi preparado para a tarefa de uma vida toda? Cf. Atos 7.20-29. O que isso revela sobre o modo de Deus trabalhar?

☐ **ESTUDO 2**   Êxodo 3.1-4.17

1. Pense na revelação que Deus fez de si mesmo no caso da sarça ardente. Como você resumiria a pessoa e o caráter de Deus com base neste acontecimento?

2. A relutância de Moisés em aceitar o chamado de Deus foi louvável? Cf. 2Coríntios 3.5; Romanos 12.3. Por que Deus se zangou com ele?

☐ **ESTUDO 3**   Êxodo 4.18-6.9

1. Contraste o cap. 4.29-31 com o cap. 5.20,21. Por que o povo mudou de atitude? Como Moisés reagiu?

2. Observe a resposta de Deus ao lamento de Moisés. Que lição aprendemos sobre a fidelidade de Deus e a certeza de suas promessas?

Obs.

1. 4.24. Parece que Moisés foi atingido por uma doença séria e perigosa, resultado de sua negligência em não circuncidar o filho; sua vida foi salva por Zípora, que agiu rapidamente. Moisés não poderia ser instrumento nas mãos de Deus enquanto fosse desobediente à sua aliança. Cf. Gênesis 17.10.

2. 6.3. "Mas pelo meu nome, o Senhor, não me revelei": ex., como Aquele cujo nome é "o Senhor" ou "EU SOU". Cf. 3.14. Só uma vez em Gênesis, Deus usou esse seu nome, e sem dar ênfase nem explicação (Gn 28.13).

ÊXODO 1-20

☐ **ESTUDO 4**   Êxodo 6.10-7.25

1. Deus escolheu Moisés e prometeu libertar o povo. Por que ele demorou tanto em cumprir sua promessa? O que Moisés aprendeu com as experiências difíceis e os atrasos?

2. Por que Faraó estava tão confiante e tão inflexível em sua desobediência à ordem de Deus? Veja principalmente o cap. 7.11-13,22,23. De que modo esse tipo de oposição se manifesta hoje em dia? Cf. 2Timóteo 3.1-9.

☐ **ESTUDO 5**   Êxodo 8

1. De acordo com este capítulo, quais os dois propósitos das pragas? Cf. Isaías 45.22-25; Romanos 1.18.

2. Que novas evidências do poder de Deus se tornam conhecidas, e como encorajariam os israelitas?

Obs.
V. 26. Referência ao sacrifício de touros, vacas ou bois nos cultos israelitas. Estes animais eram sagrados para a deusa Ísis e, portanto, sacrossantos.

☐ **ESTUDO 6**   Êxodo 9

1. De que modo a atitude do Faraó exemplifica a diferença entre chateação pelas consequências e arrependimento verdadeiro?

2. Contraste a natureza e as consequências tanto da fé quanto da descrença na palavra de Deus, conforme esse capítulo.

☐ **ESTUDO 7**   Êxodo 10 e 11

1. O que aconteceu ao Faraó por causa de sua insistência em não dar atenção aos avisos de Deus? Veja especialmente o cap. 10.29.

2. O que aprendemos com a recusa contínua de Moisés ao fazer concessão da ordem de Deus? De onde Moisés tirava tamanha coragem? Cf. também Hebreus 11.27.

☐ **ESTUDO 8**   Êxodo 12.1-36

1. Por que o anjo da morte não feriu os lares dos israelitas? Como isto ilustra nossa redenção em Cristo? Cf. 1Pedro 1.18-19.

2. Como os israelitas deveriam usar o sangue e a carne do cordeiro? No Novo Testamento, qual a contrapartida disso? Por que o uso de pão sem fermento? Cf. 1Coríntios 5.6-8; 2Timóteo 2.19.

Obs.
6.12. "Facilidade para falar" ou "incircunciso de lábios" simboliza a inconformidade para se estar na presença de Deus, e portanto, de forma geral, a inconformidade para o seu serviço. Cf. 4.10.

☐ ESTUDO 9   ÊXODO 12.37-13.22

1. Quais as duas atitudes mais importantes que Deus espera dos que foram redimidos?
2. Que lições o cap. 13.17-22 ensina sobre direcionamento?

☐ ESTUDO 10   ÊXODO 14.1-15.21

1. Capítulo 14. O que este capítulo ensina sobre Deus, fé e a inteireza da salvação que ele oferece?
2. Capítulo 15. O que este cântico de triunfo ensina sobre a maneira de cultuarmos a Deus? Como devemos seguir seu exemplo?

☐ ESTUDO 11   ÊXODO 15.22-16.36

1. Que razão este texto apresenta duas vezes para explicar o fato de Deus ter deixado que seu povo redimido passasse sede, desilusão e fome? Cf. Deuteronômio 8.2,3; 1Pedro 1.6,7.
2. Que resposta é exigida daqueles que recebem as provisões de Deus? De que maneira a provisão de Deus testa essa resposta?

Obs.
1Coríntios 10.1-6 indica que essas experiências no deserto foram tanto espirituais quanto físicas e materiais.

☐ ESTUDO 12   ÊXODO 17

1. Qual o significado da sequência dos dois acontecimentos registrados neste capítulo?
2. O que o capítulo ensina a respeito da importância da oração e sua relação com as tarefas e o testemunho da igreja? Que outra lição os israelitas iriam aprender com a derrota de Amaleque (v. 14-16)?

☐ ESTUDO 13   ÊXODO 18

1. Reflita na atuação de Jetro, Moisés e Deus neste capítulo. O que aprendemos aqui sobre liderança?
2. Que tipo de pessoas devem ser escolhidas para liderar o povo de Deus? Cf. Atos 6.1-4.

☐ ESTUDO 14   ÊXODO 19 E 20

1. O que estes capítulos revelam sobre: (a) o caráter de Deus e (b) o propósito que ele tem para seu povo?

2. Quais os padrões de culto e comportamento que Deus espera de seu povo? Faça um resumo em suas próprias palavras.

Para os *Estudos 15-29* na segunda metade de Êxodo, veja a página 111.

ATOS 12.25-28.31

☐ **ESTUDO 23**   ATOS 12.25-13.12

A volta de Barnabé e Saulo a Antioquia (12.25) inicia a história da grande expansão do evangelho entre os gentios.

1. Como (a) o Espírito Santo e (b) a igreja local deram início à nova expansão? Talvez a igreja estivesse orando sobre a possibilidade de futuras expansões do trabalho quando a orientação veio por meio de um profeta inspirado pelo Espírito Santo. O que isso nos ensina sobre direcionamento?
2. Paulo e Elimas "batem de frente" (v. 6-12). Qual foi: (a) o motivo do conflito, (b) a razão de Paulo ter repreendido Elimas de modo tão severo e (c) um propósito do castigo visível que o mago recebeu? Você está tão preparado quanto Paulo para repreender e repelir qualquer oposição feita ao Senhor Jesus?

Obs.
1. V. 6-8. Como mágico do reino, Bar-Jesus ou Elimas temia perder o emprego caso o procônsul se tornasse cristão.
2. V. 9. "Saulo, também chamado Paulo": Lucas deixa de lado o nome judeu do apóstolo e usa o nome romano e gentio para enfatizar o ministério que Paulo estava agora iniciando entre os não-judeus. Veja também que Paulo passa a liderar em lugar de Barnabé: cf. v. 1 com o v. 13. Sem dúvida nenhuma, porque Paulo era cidadão romano, o procônsul tratou-o como superior a Barnabé.

☐ **ESTUDO 24**   ATOS 13.13-43

A viagem que Paulo fez de Pafos a Antioquia exigiu uma subida de aproximadamente mil metros da costa marítima até o planalto que era uma região próspera da civilização greco-romana. Isso provavelmente explica o retorno de João Marcos, que estava enfrentando mais do que havia imaginado antes de sair de casa. Observe também a presença de dois grupos na sinagoga de Antioquia: judeus e não-judeus tementes ao Senhor (v. 16 e 26).

1. Na primeira parte de seu discurso (v. 16-25), como Paulo mostra que a vinda de Cristo foi o ponto culminante da atuação de Deus na história registrada no Antigo Testamento?
2. Ao se referir à ressurreição (v. 30-39), o que Paulo fala sobre: (a) o motivo de ter acontecido, (b) as profecias do Antigo Testamento sobre o fato e (c) a consequência da ressurreição de Jesus? A ressurreição é uma garantia que Deus deu a respeito de que bênção em particular? Cf. Romanos 4.25.

Obs.
V. 39. Paulo faz um paralelo entre dois métodos contrastantes de justificação: um deles, fruto das obras da lei, não alcança o fim desejado; o outro, por meio da fé em Jesus, mergulha a pessoa na bênção imediata da justificação plena. Cf. Filipenses 3.6-9.

☐ **ESTUDO 25**   A<small>TOS</small> **13.44-52**

Os judeus de Antioquia ficaram cheios de inveja (v. 45) porque a mensagem de Paulo sobre o perdão por meio de Jesus estava atraindo pessoas tementes a Deus, e eles esperavam que, mais cedo ou mais tarde, essas pessoas se comprometessem totalmente com o Judaísmo.

1. Qual o resultado da oposição invejosa no trabalho de Paulo e Barnabé? Cf. cap. 18.5,6; 28.28. Você já deixou que alguma oposição impedisse seu testemunho ou trabalho cristão? O que a rejeição de algumas pessoas pode indicar?
2. Paulo e Barnabé voltam-se para os gentios. Quais os dois motivos apresentados nos v. 45,47 para terem feito isso (veja *Obs. 1*), e que dois resultados vieram após: (a) a grande proclamação do evangelho e o ajuntamento dos cristãos e (b) a experiência dos convertidos?

Obs.
1. V. 47. Cf. Isaías 49.6. Em primeiro lugar, a referência é a Jesus Cristo, mas Paulo se vê como continuador da missão que Jesus iniciou entre os não-judeus.
2. V. 46 e 48. A exclusão dos judeus era culpa deles mesmos. A inclusão dos não-judeus era totalmente pela graça de Deus e pelo cumprimento de seu plano. Isto revela dois lados da verdade bíblica que têm de estar sempre equilibrados.

☐ **ESTUDO 26**   A<small>TOS</small> **14.1-12**

Paulo continua suas visitas missionárias às cidades e metrópoles da Ásia Menor. Ele sempre escolhe pontos estratégicos para a realização de seu trabalho. Icônio era uma cidade próspera que ficava numa das rotas comerciais mais importantes entre o leste e o oeste, e era habitada por judeus e não-judeus. Listra era uma cidade menor e interiorana, com uma população mais simples e menos culta.

1. Cada versículo de 1-7 fala de um fato novo em Icônio. A partir desses fatos, identifique os três estágios principais do trabalho no local. Você já reparou, na sua vida, como a oposição (humana ou satânica) sempre acompanha a bênção de um trabalho realizado para Cristo?
2. V. 8-12. Um aleijado é curado em Listra. Qual foi: (a) a condição do homem, (b) a causa e o caráter de sua fé e (c) a reação das pessoas?

☐ **ESTUDO 27**   A<small>TOS</small> **14.13-28**

1. Quais as cinco verdades fundamentais sobre Deus apresentadas por Paulo nos v. 15-17? Que aplicação Paulo faz destas verdades? Cf. v. 11,14,15. Em sua opinião, a quem Paulo anunciaria essa mensagem nos dias de hoje?

2. V. 19-25. Apesar do antagonismo, Paulo e Barnabé retornam para fortalecer as igrejas que plantaram naquelas cidades. Como os dois encorajaram os novos crentes? O que isso nos ensina quanto a ajudar uns aos outros na fé?

3. Paulo e Barnabé dão um relatório à igreja que os enviou. Cf. 13.1-3 com 14.26-28. O que eles enfatizam no relatório?

☐ **ESTUDO 28**   Atos 15.1-12

1. A questão principal entre a nova igreja dos não-judeus em Antioquia e a antiga igreja dos judeus em Jerusalém era: "Em que termos os gentios são salvos?" Qual foi a resposta de: (a) Paulo e Barnabé (ver 14.27) e (b) dos mestres do judaísmo (v. 1,5)? Escreva o que você acha necessário para a salvação.

2. V. 7-11. Pedro lembrou três fatos ao Concílio de Jerusalém. Quais foram e que conclusões Pedro tirou deles? É correto as igrejas mais antigas imporem às mais novas (e até de culturas diferentes) padrões de comportamento ou cerimônias não essenciais ao cristianismo? É certo os crentes mais velhos fazerem o mesmo com os novos convertidos?

Obs.
V. 6-21. Lucas registra apenas as palavras finais de uma discussão que certamente durou alguns dias e deve ter causado profundas emoções.

☐ **ESTUDO 29**   Atos 15.13-34

1. V. 14-21. Tiago, líder da igreja em Jerusalém, irmão de Jesus, e, possivelmente, presidente do Concílio, resume a conversa. Que conselhos ele dá e por que motivos? Você acha que tanto os judeus quanto os não-judeus ficaram satisfeitos?

2. V. 22,23. Como a decisão foi transmitida aos não-judeus, e quais os resultados? Com base nesse debate inteiro, que princípios você usaria para se orientar quando cristãos discordassem sobre: (a) pontos essenciais da fé e (b) questões não essenciais e de consciência individual?

☐ **ESTUDO 30**   Atos 15.35-16.5

1. Qual o motivo da discórdia entre Paulo e Barnabé? Quem estava certo, ou os dois estavam errados? Cf. João 21.21,22; 2Timóteo 4.11. É possível discordar de outro crente sem brigar com ele?

2. Que providência Deus tomou quando Paulo ficou sem a ajuda de Barnabé e João Marcos? Qual era a ênfase do trabalho deles a essa altura? Cf. 14.21-23; 18.23. Como você pode ajudar um recém-convertido a se fortalecer na fé?

3. 12.25-16.5. Faça uma lista dos acontecimentos deste quarto período (veja Esboço).

Obs.
16.3,4. Paulo se opôs abertamente à ideia de que a circuncisão era necessária à salvação dos não-judeus. Ele mostra isso ao distribuir a decisão do Concílio de Jerusalém. No entanto, para

os judeus Timóteo era judeu de nascença, e, no início da evangelização, o fato de o rapaz não carregar o sinal de sua nacionalidade causaria ofensa desnecessária. Cf. 1Coríntios 9.20; Gálatas 5.6; 6.15.

☐ **ESTUDO 31**   ATOS 16.6-15

Um novo período é iniciado aqui. Ele registra a maior realização e conquista missionária de Paulo: a evangelização de três importantes províncias romanas: Macedônia, Acaia e Ásia.

1. V. 6-10. Como Paulo foi guiado nessa época? Trace num mapa o quanto essa direção foi notável. Como isso mostra que nem sempre Deus nos guia como esperamos?
2. V. 11-15. O evangelho chega à Europa. Quais as evidências de que: (a) Lucas, autor de Atos, juntou-se a Paulo nesse momento; (b) que o trabalho começou pequeno (com v. 13, cf. 13.14-16; 14.1,2 e Zc 4.10a) e (c) que Lídia realmente nasceu de novo pelo Espírito Santo? Você já tentou organizar um trabalho grandioso para Deus, em vez de deixar que Deus comece um trabalho duradouro de forma pequena?

☐ **ESTUDO 32**   ATOS 16.16-40

1. V. 16-24. Qual foi a origem da perseguição, e por que ela é diferente das outras registradas daí em diante? Observe os vários estágios da perseguição descritos na narrativa vívida de Lucas. Você sofre novos tipos de tentação ou perseguição em sua vida cristã?
2. Uma surra com varas (v. 22) era brutal. Mesmo assim Paulo e Silas permanecem calmos e alegres. Por que eles tiveram bom êxito? Cf. Filipenses 4.13; 2Timóteo 1.7,8. Paulo exige uma declaração pública da inocência deles (v. 37). No que isto ajudaria o progresso do evangelho? Como podemos usar nossos direitos de cidadãos na expansão do evangelho?
3. O que levou o carcereiro a crer? O que foi essencial à salvação dele? O que mudou imediatamente na vida do carcereiro? Cf. 8.39; 13.52. A salvação faz você sentir a alegria do Senhor?

Obs.
V. 20,21. Filipos, uma colônia romana, orgulhava-se de suas conexões e privilégios com Roma. Assim, as acusações contra os missionários deixaram o povo e as autoridades animadíssimos.

☐ **ESTUDO 33**   ATOS 17.1-15

Tessalônica era a metrópole e a cidade mais populosa da Macedônia, centro de comércio marítimo e terrestre. Bereia era uma cidade menor que ficava cerca de cem quilômetros ao sudeste.

ATOS 12.25-28.31

1. Com as visitas e pregações de Paulo em Tessalônica e Bereia, o que ficamos sabendo quanto: (a) aos lugares onde ele pregou, (b) as características de sua pregação, (c) sua mensagem principal, (d) as pessoas que creram e (e) a perseguição que se levantou? As mesmas coisas foram escritas sobre Paulo em 1Tessalonicenses 1.1-2.16. Você sabia que as oportunidades para o testemunho cristão estratégico podem se acabar logo? O que você deve fazer?

2. V. 11,12. Como são descritas as pessoas que foram à sinagoga na Bereia, e por que são elogiadas? Estas mesmas características fazem parte de sua vida e de seu estudo bíblico?

☐ **ESTUDO 34**   **ATOS 17.16-34**

Em Atenas, Paulo se depara com filósofos ansiosos para ouvir os pontos de vista de outras pessoas e acrescentá-los ao baú de ideias que carregavam na cabeça. Esse pessoal não conhecia nada do Antigo Testamento. Se possível, consulte *Atos*, no *Comentário Bíblico Vida Nova*, para uma explanação bem proveitosa sobre a visita de Paulo.

1. V. 16,21. Por que razão Paulo anunciava o evangelho? Que métodos ele usava para isso? Você já sentiu os efeitos da inveja santa provocada pelo fato de as pessoas não darem a Cristo a lealdade que ele merece?

2. V. 22-34. Estude a mensagem de Paulo e observe: (a) como ele conquistou a atenção dos ouvintes (v. 22,23), (b) o que ele ensinou sobre Deus em relação ao universo, aos seres humanos, aos ídolos e imagens (v. 24-29), e (c) a resposta que, segundo ele argumentou, as pessoas devem dar a Deus (v. 30-34). Paulo procurou tornar a mensagem cristã relevante ao raciocínio e contexto de seus ouvintes. Paulo não usou frases artificiais. O que isso nos ensina sobre evangelização nos dias atuais?

☐ **ESTUDO 35**   **ATOS 18.1-17**

Corinto era a capital da Província da Acaia e uma das cidades mais importantes do Império Romano. Era famosa por seu comércio e cultura, mas infame por sua depravação.

1. Imagine a enorme tarefa que Paulo teve de encarar tentando plantar uma igreja nessa cidade pervertida e incrédula. Observe: (a) a importância da comunhão cristã (v. 2,3,5,7,8) e (b) a ordem e as promessas da palavra de Deus a Paulo (v. 9-11). Cf. 1Coríntios 2.3. Esta é a resposta de Deus a um obreiro cristão deprimido? Essas coisas encorajam você em situações difíceis?

2. Relacione os três estágios distintos do ministério de Paulo mencionados nos v. 4,7 e 12. Que empecilhos Paulo enfrentou e que incentivos recebeu? Veja que com os empecilhos vieram também novas oportunidades e novos incentivos. Oremos para que, pela graça de Deus, sejamos igualmente fiéis.

☐ **ESTUDO 36**   ATOS **18.18-28**

1. Paulo termina a segunda viagem missionária (v. 18-23), que o levou a percorrer mais de mil e seiscentos quilômetros. Lucas faz uma breve recapitulação dos muitos meses de viagem. Em um mapa, encontre os lugares que Paulo visitou, e anote os objetivos que ele desejava alcançar.
2. Os v. 24-28 apresentam uma biografia resumida de Apolo. O que é dito sobre: (a) seu conhecimento das Escrituras Sagradas, (b) seu entusiasmo, (c) a ajuda que recebeu de Aquila e Priscila, (d) sua pregação e (e) o valor de seu ministério (cf. 1Co 3.6)? Veja que lições você pode tirar destes cinco aspectos da vida de Apolo.

Obs.
1. V. 18. "Devido a um voto": não se sabe por que Paulo fez o voto. A prática, no entanto, era comum entre os judeus.
2. V. 22. "Subiu", isto é, para Jerusalém.

☐ **ESTUDO 37**   ATOS **19.1-20**

Éfeso era a metrópole da extensa e rica Província da Ásia, centro comercial e religioso, famosa por suas imagens e seus templos dedicados à deusa Diana.

1. Em Éfeso, Apolo havia ensinado apenas o batismo de João (18.24,25). Quando Paulo chegou, descobriu que os novos convertidos não conheciam nem tinham experimentado o quê? Você já experimentou estas coisas? Já percebeu como é importante entender muito bem as coisas, se quiser ensinar os outros corretamente?
2. O v. 20 resume o ministério de Paulo em Éfeso e os escritos de Lucas que compreendem os cap. 16.6 ao 19.20, e relatam a evangelização da Macedônia, Acaia e Ásia. Que métodos e que evento especial produziram tal resultado em Éfeso (v. 8-19)? Os resultados nas três províncias foram alcançados por meio de que poder? Cf. 16.14; 18.9; 19.11. Esse resumo ressalta alguma fraqueza em sua vida cristã?

☐ **ESTUDO 38**   ATOS **19.21-41**

A descrição vívida que Lucas faz do tumulto em Éfeso é um estudo acurado sobre psicologia multitudinária (de massa) e também um relato fiel da perseguição sofrida por Paulo e seus companheiros.

1. V. 21,22. Quais eram os planos de Paulo? Para onde seus olhos estavam voltados? Antes, porém, duas coisas deveriam ser feitas. O quê? Cf. Romanos 15.19,23,24. Seu trabalho cristão é planejado ou desordenado?
2. Qual foi o motivo do tumulto e da perseguição? Como se espalharam e como foram contidos? Observe de modo especial: (a) o desafio da fé cristã para o comércio e riqueza de um homem (v. 25,27); (b) a cegueira do pessoal religioso

(cf. v. 26,27,35,36); (c) o custo, a comunhão e a proteção que Paulo encontrou no serviço missionário (v. 28-31,37-41). A qual destas verdades tenho de prestar mais atenção?

☐ **ESTUDO 39**   Atos 20.1-16

Paulo visita novamente as igrejas na província da Macedônia para encorajá-las.

1. Compare o cap. 19.21 com 20.1-6 e 13-16. Qual a modificação feita no plano original de Paulo e por quê? Siga a rota de Paulo num mapa e descubra as vantagens que a oposição lhe rendeu. Cf. Gênesis 50.20.

2. Paulo está buscando encorajar e fortalecer as novas igrejas. Que papel o exemplo pessoal (v. 4), a comunhão (v. 7) e a instrução (v. 11) têm nesta tarefa? Com os v. 7-12, cf. 2.42. A disposição e as marcas dessas igrejas de judeus e de não-judeus podem ser identificadas em você e em sua igreja?

☐ **ESTUDO 40**   Atos 20.17-38

Discurso de despedida de Paulo aos líderes da igreja em Éfeso (v. 17-35) e sua partida para Jerusalém (v. 36-38).

1. V. 17-27. Paulo recapitula seu ministério em Éfeso. Observe, de modo especial, o que ele diz sobre seu comportamento, serviço, fidelidade em anunciar a Jesus e a maior ambição de sua vida. Ao comparar sua disposição interior e seu trabalho com os de Paulo, em que aspectos você acha que "fica para trás"?

2. V. 28-35. Que conselho Paulo dá às pessoas que Deus escolheu como líderes? Como protegerão o rebanho dos perigos ao redor? Você já está experimentando a verdade das palavras de Jesus citadas no v. 35?

☐ **ESTUDO 41**   Atos 21.1-16

1. Paulo continua sua viagem rumo a Jerusalém. Em um mapa, siga a rota que ele fez. Observe, de modo especial, a cena comovedora do v. 5, e o papel da hospitalidade (v. 4,7,8,16). O que isso nos revela sobre os efeitos de um lar cristão nos hóspedes e nas crianças?

2. Como devemos entender essas advertências do Espírito Santo? Para os amigos de Paulo, elas parecem dizer: "Não vá para Jerusalém". Mas o próprio Paulo não as interpretou dessa maneira. A explanação do Espírito Santo foi um aviso claro sobre perigo e sofrimento, mas os amigos de Paulo, impulsionados pelo carinho, as interpretaram de um modo, enquanto Paulo entendeu-as de maneira diferente e mais profunda? Cf. 20.23,24; Mateus 16.21-23. Se estivesse lá, como você teria reagido?

☐ ESTUDO 42 ATOS 21.17-36

1. V. 17-26. A chegada de Paulo em Jerusalém. Ele conta aos líderes da igreja em Jerusalém tudo o que Deus fez entre os não-judeus. (a) Segundo Tiago, que problema poderia surgir (v. 20-22)? (b) Que atitude prática Paulo recomenda (v. 23-26)? (c) Que princípios determinaram a ação de Paulo? Cf. 20.24; 1Coríntios 9.20-23; 10.32,33. De que maneiras estes princípios podem afetar sua atitude para com os outros?

2. V. 27-36. A prisão de Paulo em Jerusalém. Tente imaginar as cenas. Por que isso aconteceu? Trace os paralelos, pelo menos cinco, entre o tratamento dado a Paulo e o tratamento dado a Cristo. Você espera que a sociedade trate você melhor do que tratou Jesus?

Obs.
V. 23. "Estão conosco quatro homens": eram judeus cristãos prestes a completar o voto nazireu por meio dos sacrifícios determinados (veja Nm 6.13-21). Isso era considerado um ato meritório para ajudar nas despesas dos nazireus pobres.

☐ ESTUDO 43 ATOS 21.37-22.16

Paulo faz sua defesa diante de uma multidão furiosa, e com a permissão do capitão da guarda que havia se enganado a respeito dele.

1. Em vez de pregar um sermão, Paulo dá seu testemunho pessoal. Observe o que ele diz sobre suas origens, atuação religiosa, conversão e seu chamado para servir a Jesus Cristo. Você sabia que seu testemunho cristão é uma arma poderosa? Você a tem usado?

2. Paulo tenta não ofender desnecessariamente os judeus; preste atenção na linguagem que ele usa, e o que diz de Ananias como judeu. Vemos um homem absolutamente fiel a Cristo, e preocupado com seus adversários. Você se importa, desta maneira, com as pessoas que o tratam mal?

☐ ESTUDO 44 ATOS 22.17-29

1. Nos v. 19,20, Paulo argumenta que está muito bem qualificado para anunciar o evangelho aos judeus. Por quê? Mesmo assim Deus o envia aos não-judeus (v. 21). Que lições práticas sobre o trabalho cristão e a atuação de Deus aprendemos com isso?

2. Compare os v. 22-29 com o cap. 16.22,23,37-39. Para escapar do açoite, Paulo menciona sua cidadania romana; mas em Filipos ele agiu diferente. Compare as circunstâncias e pense no porquê de sua atitude. Você está pronto a deixar de lado os seus direitos, em favor da glória de Deus? Cf. 1Coríntios 9.12.

ESTUDO 45   Atos 22.30-23.10

1. O que Paulo afirma com respeito a seu comportamento e crença? Cf. 24.16 e 2Timóteo 1.3. Ele buscava viver sempre para a glória de Deus. Você tem condições de afirmar o mesmo a respeito de seu comportamento e crença?

2. Observe a habilidade de Paulo no tribunal: (a) a ira justificada (v. 3-5) e (b) a divisão que provocou no tribunal (v. 6-10). O inquérito ficou de lado mais uma vez. Será que Paulo estava mais preocupado com seu próprio bem-estar e a solução daquele episódio todo do que com a verdade?

Obs.

1. 23.1: "Com toda a boa consciência": literalmente "agindo como cidadão". O que Paulo estava dizendo era: "Senhores e irmãos, até hoje, de consciência limpa, e aos olhos de Deus, cumpri meu dever com a comunidade de Israel".
2. 23.5. Não era uma reunião formal do Conselho Judeu, à qual o sumo sacerdote comparecia, mas uma reunião convocada pelo comandante e, sem dúvida nenhuma, presidida por ele mesmo. Sendo assim, Paulo não sabia que quem havia falado era o sumo sacerdote.

ESTUDO 46   Atos 23.11-35

1. Pense no quanto Paulo precisava de incentivo por causa: (a) do estresse físico que havia passado, (b) do sofrimento pela incredulidade de Israel, (c) do aparente fracasso de seu testemunho e (d) do perigo que o cercaria no dia seguinte. Como a visão e as palavras de Deus preencheram a necessidade do apóstolo? Que versículos bíblicos têm ajudado você nas dificuldades? Você sabe estes versículos de cor?

2. Deus liberta de várias maneiras. Como ele agiu nesse caso? Paulo deve ter ficado muito encorajado com a atitude do sobrinho. Você sabe agir com bondade e levar alegria a alguém necessitado, sozinho ou aflito?

ESTUDO 47   Atos 24.1-21

1. Os acusadores judeus contrataram um advogado experiente, Tértulo. Quais as quatro acusações feitas contra Paulo? Que evidência foi apresentada como suporte?

2. O que Paulo respondeu às acusações? Veja os v. 11-13; 14-16; 17,18. Observe particularmente que: (a) Paulo teve de enfrentar acusações falsas, totalmente sem provas (v. 19-21). Paulo agiu com firmeza e calma ao refutá-las. Como você reage em situações assim? (b) Paulo soube explicar a razão de sua esperança (v. 14-16). Você sabe? (c) Na verdade, Paulo estava sendo julgado porque acreditava na ressurreição dos mortos (v. 21). Esta verdade faz alguma diferença prática em sua vida?

☐ **ESTUDO 48**   Atos 24.22-25.12

1. 24.22-27. Paulo diante de Félix. O tratamento que Félix deu a Paulo foi resultado de quatro motivos. Quais? Interesse próprio e medo já impediram você de agir corretamente?

2. 25.1-12. Paulo diante de Festo. Por que Paulo recusou a proposta de ser julgado em Jerusalém e, como cidadão romano, exerceu seu direito de apelar para César? Você acha que Paulo agiu certo, sem se importar com as consequências?

Obs.
25.11. A qualquer altura do julgamento, um cidadão romano podia apelar da sentença a um magistrado romano superior. Paulo apelou para Nero.

☐ **ESTUDO 49**   Atos 25.13-27

1. Existe alguma evidência que enalteça Festo por ter sido justo ao lidar com Paulo? Apesar disso, qual sua maior culpa (cf. Marcos 15.15; Atos 24.27; 25.9)? Você acredita que, às vezes, Deus usa não crentes, e suas falhas, para o cumprimento de seus propósitos? (Cf. Isaías 45.1). Isto deve afetar nossa atitude para com as autoridades?

2. Que promessas de Deus se cumpriram na vida de Paulo? Cf. Atos 9.15,16; 22.15. Que condições Paulo teve de preencher? Como a palavra de Deus o impediu de achar que os dois últimos anos à espera do julgamento foram uma perda de tempo?

☐ **ESTUDO 50**   Atos 26.1-18

1. Paulo faz sua defesa perante o rei Agripa, e aborda três temas relacionados à sua: (a) vida antes da conversão (v. 4-11), (b) conversão (v. 12-15) e (c) incumbência de servir a Jesus Cristo (v. 16-18). Em poucas palavras, descreva cada uma destas três fases da vida de Paulo. O que causou a mudança e qual o verdadeiro motivo do julgamento? Veja os v. 6-8; 13-15.

2. No encargo que o Senhor Jesus deu a Paulo (v. 16-18), como ele descreve (a) a condição dos perdidos, (b) o que envolve a salvação e (c) o método para se obter a salvação?

☐ **ESTUDO 51**   Atos 26.19-32

1. O que o exemplo de Paulo nos ensina sobre obediência (v. 19-23)? Observe de modo especial (a) o lugar onde ele testemunhou, (b) a mensagem anunciada, (c) o preço pago e (d) a ajuda que veio de Deus. Quanto sua obediência a Deus tem custado a você?

2. Por que razão Paulo foi corajoso, e também educado, ao falar diante de pessoas iguais a Festo e Agripa? Cf. v. 29 com 1Co 9.16-22 e 2Co 5.14. Acontece o mesmo com você?

ATOS 12.25-28.31

☐ **ESTUDO 52**   ATOS 27.1-20

1. Siga a viagem num mapa. Que eventos extraordinários aconteceram nesta viagem, e de que maneira Paulo foi encorajado na primeira parte da jornada? Deus já abençoou você de modo inesperado durante uma dificuldade?
2. Por que a advertência de Paulo foi desprezada no começo, porém obedecida mais tarde? Cf. v. 9-12 e 21-25.

Obs.
V. 9. "O Jejum": o Dia da Expiação, celebrado na última parte de setembro, e que os judeus consideravam, de modo geral, o fim da época segura para viagens marítimas.

☐ **ESTUDO 53**   ATOS 27.21-44

1. Na situação aflitiva e perigosa que os tripulantes e passageiros atravessaram, compare a reação de Paulo (v. 24,25; 33-36) com a reação dos marinheiros (v. 30-32) e dos soldados (v. 42,43). Como Paulo conseguiu se manter tão calmo e ainda encorajar os outros com sua atitude? Você tem recursos interiores que o ajudam a se manter firme nas tempestades da vida?
2. O naufrágio aconteceu porque o conselho de Paulo não foi levado em conta. Veja o *Estudo 52*, pergunta 2. Isto serve como aviso para você não desobedecer a uma ordem clara de Deus e, assim, naufragar sua vida (ex., 2Co 6.14 e Mt 6.33)?

☐ **ESTUDO 54**   ATOS 28.1-16

1. A viagem desastrosa está chegando ao fim. Que oportunidades de servir e testemunhar Paulo encontrou em Malta? Você percebe oportunidades de servir a Cristo quando, aparentemente, tudo dá errado na sua vida?
2. "Quando chegamos a Roma" (v. 14). Cf. 19.21; 23.11; Rm 1.13; 15.22,23. Este era o objetivo, mas para que se realizasse, Deus usou meios diferentes daqueles que Paulo havia imaginado no início. Que lição tiramos disso?

☐ **ESTUDO 55**   ATOS 28.17-31

1. Paulo em Roma (v. 17-22). Qual era a maior preocupação de Paulo ao chegar em Roma? Ao que parece, ele não queria que a culpa de sua prisão domiciliar recaísse sobre a fé cristã. Você se preocupa em viver de modo que enalteça a fé cristã?
2. V. 23-28. Qual foi a mensagem de Paulo aos judeus de Roma? Como ele explica a incredulidade persistente de tanta gente? Que reação ele esperava dos não-judeus? O mesmo acontece hoje em dia?
3. Relacione os fatos principais que Lucas usa para resumir o ministério de Paulo em Roma (v. 30,31). Considere a influência de Paulo sobre as pessoas que

foram vê-lo durante a prisão, e também por meio das cartas que escreveu às igrejas que havia visitado.

☐ **ESTUDO 56**   REVISÃO

1. Estude os seguintes versículos-chave do livro de Atos: cap.1.8; 6.7; 9.31; 12.24; 16.5; 19.20 e 28.31. Como explicam o crescimento da primeira igreja? O que você aprendeu sobre obedecer à Bíblia, confiar no poder de Deus e testemunhar do Senhor Jesus Cristo?
2. Em capítulos como 20.18-35; 21.13,14; 23.1; 24.16; 26.19-23,29 e 27.22-25, notamos o verdadeiro espírito e personalidade de Paulo. Relacione as qualidades que mais se destacam. Eram qualidades naturais ou divinas? Você exibe estas qualidades?

AMÓS E OSEIAS

Introdução

Estes dois profetas estão ligados pelo fato de terem profetizado a Israel, reino do norte, por volta da mesma época.

Amós profetizou um pouco antes. Seu ministério aconteceu no final do reinado de Jeroboão II. Amós pertencia à tribo de Judá, e cuidava de gado quando Deus o mandou profetizar em Israel (Amós 7.14,15).

Naquela época o reino do norte era próspero financeiramente, mas todos os tipos de maldades prevaleciam na terra, e o povo, achando-se seguro na graça de Deus, ofendia-se com qualquer reprovação (Amós 5.10). As pessoas não percebiam que não estavam adorando a Deus da maneira que ele desejava, e que a condenação era resultado de seus pecados.

Amós, dominado pela visão da majestade e justiça de Deus, denunciou os pecados do povo e o culto falso que ofereciam a Deus. Que ninguém imaginasse que Israel escaparia do castigo só porque era povo de Iavé (Amós 3.2)!

Os três primeiros capítulos de Oseias também estão ligados ao final do reinado de Jeroboão II, mas os capítulos seguintes refletem a condição caótica que se instalou após a morte do rei.

Oseias era nativo do reino do norte, e havia aprendido muito na escola do sofrimento. O Espírito Santo usou até mesmo sua infeliz história ao prepará-lo, de modo único, para entender o coração de Deus, e para descrever o sofrimento que a ingratidão e infidelidade de seu povo lhe causavam. Nenhum profeta revela de maneira mais clara o amor de Deus, sem atenuar, seja como for, as reivindicações de sua santidade. Desta maneira Oseias abre as portas para a revelação perfeita do amor e santidade de Deus mostrados em nosso Senhor Jesus Cristo. No entanto, para compreender a mensagem de Oseias é preciso ter em mente que os israelitas haviam adotado as práticas religiosas dos cananeus, incluindo a indecência da imoralidade sexual nos cultos. À luz disso, o tema da "prostituta" no livro de Oseias tem significado literal e metafórico.

Esboço
Amós

1.1,2	Introdução
1.3-2.16	Oráculos contra os países vizinhos, terminando com Judá e Israel
3-6	"Uma série de discursos, três dos quais são começados com 'Ouvi estas palavras' (3.1; 4.1; 5.1) e terminados em ameaça iniciada com 'Portanto' (3.11; 4.12; 5.11,16); dois são iniciados com 'Ai' (5.18; 6.1)" (Kirkpatrick, *The Doctrine of the prophets*, p. 105)
7.1-9	Três visões
7.10-17	Amós é expulso de Betel
8.1-9.10	Mais duas visões sobre condenação iminente
9.11-15	A última restauração

Oseias

1-3	A vida de Oseias ilustra o relacionamento de Deus com Israel.
4-8	A culpa e corrupção de Israel.
9.1-11.11	A condenação de Israel é necessária e inevitável.
11.12-13.16	A ingratidão e infidelidade de Israel merecem ser destruídas, porém, mesmo assim, Iavé sensibiliza-se por seu povo
14	Um dia, depois do castigo, Israel se arrependerá e será restaurado

☐ **ESTUDO 1**   **Amós 1 e 2**

1. Quais são os pecados específicos das nações (1.3-2.3) que merecem o castigo de Deus? O que aprendemos sobre as coisas que Deus odeia?
2. Judá e Israel são castigados porque deixaram de obedecer à Lei de Deus — um padrão de julgamento diferente do que foi aplicado às nações. Como o cap. 2.4-16 apresenta a culpa social, econômica e religiosa do povo de Deus? Onde erramos nestas mesma questões?

Obs.
1. 1.3. Máquinas pesadas usadas para triturar grãos foram empregadas para torturar o povo de Gileade.

2. 2.1. Profanar os mortos era considerado algo extremamente maligno.
3. 2.8. Cf. Êxodo 22.26. Os juízes cobravam multas injustas, aceitavam roupas e vinhos como pagamento, e depois usavam estas coisas nas festas de sacrifícios.

☐ ESTUDO 2   Amós 3 e 4

1. 3.3-8. Estes versículos, apoiando-se na lei de causa e efeito, destacam o fato de que a profecia inesperada de 3.1,2 veio mesmo de Deus. O que esta profecia ensina sobre a responsabilidade do povo de Deus?
2. 3.9-15. Qual o significado do convite feito aos filisteus e egípcios para que vejam a maldade cometida em Samaria?
3. O que o cap. 4 ensina sobre: (a) o pecado da luxúria, (b) a formalidade religiosa e (c) as tentativas de Deus de colocar juízo na cabeça de Israel? Observe a seriedade com que o v. 12 termina.

Obs.
1. 4.1. Referência às mulheres ricas de Samaria. As vacas de Basã eram apreciadas por suas qualidades.
2. 4.5,6. Estes versículos são ditos em tom de ironia.

☐ ESTUDO 3   Amós 5 e 6

1. 5.1-17. Deus usa vários métodos para trazer as pessoas de volta a seus braços. O capítulo 4 menciona calamidades naturais; o cap. 5, um apelo ao viver correto. Que pecados são repreendidos nestes versículos, e qual a única maneira de escapar?
2. 5.18-27. Como tornamos nossa adoração aceitável a Deus? Onde Israel falhou? Será que nosso culto não está em perigo de se colocar debaixo da mesma condenação?
3. Capítulo 6. Por que os israelitas ficaram insensíveis ao julgamento que se aproximava? Que advertência nos é feita aqui?

Obs.
1. 5.25,26. Estes versículos são obscuros, mas parecem dizer que a tendência idólatra de Israel emergiu na peregrinação através do deserto, como estava acontecendo agora na época de Amós.
2. 6.2. Provavelmente uma referência às cidades que haviam desmoronado recentemente. Israel não está mais garantido do que as cidades estavam.
3. 6.10. A referência à queima dos defuntos indica uma situação de emergência.

☐ ESTUDO 4   Amós 7.1-8.3

1. Qual o significado de cada uma das quatro visões de Amós (7.1-9; 8.1-3)? Que verdade é mostrada pela diferença entre as duas primeiras e as duas últimas visões?

AMÓS E OSEIAS   78

2. 7.10-17. Como esta seção revela a coragem intrépida do profeta e o perigo que corre por ser obediente a Deus? O que aprendemos sobre as exigências da obra de Deus?

Obs.

1. 7.4. "O grande abismo": provavelmente uma referência à crença antiga nas profundezas da terra que supriam água para os córregos, as fontes, etc. Cf. Gênesis 7.11.
2. 7.10. Betel era o templo principal do reino do norte.

☐ **ESTUDO 5**   **AMÓS 8.4-9.15**

1. Por que a injustiça social é o peso na profecia de Amós? Quais as sete formas de castigo mencionadas em 8.7-14? Estão relacionadas, de alguma forma, aos pecados da nação?
2. 9.1-10. Como esta última visão mostra que ninguém escapa da mão de Deus?
3. O que este último capítulo ensina sobre o relacionamento entre o castigo e a restauração dentro dos propósitos de Deus?

☐ **ESTUDO 1**   **OSEIAS 1 E 3**

A história de Oseias é esboçada nestes dois capítulos.

1. Que evidência você encontra de que: (a) à época de seu casamento Oseias já sabia de seu chamado profético, e fez tudo, inclusive se casar, sem tirar os olhos de Deus; (b) ao se casar com Gomer, Oseias não sabia que ela seria infiel, e (c) ao relembrar a situação toda, Oseias reconheceu que Deus permitiu essa amarga experiência para que ele entendesse o que a infidelidade de Israel significava para o Senhor? Que lição devemos tirar dessa história? Cf. Gênesis 50.20.
2. Ao ser infiel, Gomer parece ter esquecido Oseias e mergulhado na situação de escrava. Oseias, que ainda ama Gomer, redime-a, porém a coloca sob disciplina durante um tempo. Como o profeta usa esta situação para ilustrar o amor de Deus e o futuro de Israel?

Obs.

1. 1.4. Veja 2Reis 10.11,30. Jeú estava certo no que fez, mas não no espírito com que agiu.
2. 1.10-2.1 é uma profecia, e na qual o amor divino interrompe a mensagem de condenação. Esta é uma característica de Oseias.
3. 3.4,5. Referência ao exílio.

☐ **ESTUDO 2**   **OSEIAS 2**

1. O adúltero busca satisfação em relacionamentos ilícitos; a prostituta desvaloriza riquezas superiores em troca de ganhos materiais. Como Oseias mostra que foi exatamente assim que Israel tratou o próprio Senhor Deus?

2. Que promessa é feita nos v. 14-23 sobre a vitória final do amor de Deus? Como será alcançada? Este capítulo ilustra, de alguma forma, o comportamento e a única esperança verdadeira do povo de Deus hoje?

Obs.
1. V. 5. "Meus amantes": referência aos deuses da terra (ou aos "baalins", v. 13), que os israelitas decadentes consideravam doadores da nutrição ("pão e água"), do vestuário ("lã e linho") e da alegria ("óleo e bebidas"), e a quem, por conseguinte, prestavam culto (v. 13).
2. V. 14,15. Depois de sair do Egito, os israelitas vaguearam pelo deserto, e chegaram à terra prometida por meio do vale de Acor. Agora, mais uma vez, serão levados ao deserto (ex., exílio), mas após este tempo de aflição, irão retornar a Canaã, e descobrirão que o vale de Acor não é, como da primeira vez, um lugar de dificuldades (Josué 7.24), mas uma porta de esperança. Cf. Isaías 65.10.
3. V. 18-23. Um retrato lindo de paz (v. 18), comunhão com o Senhor (v. 19,20) e plenitude de bênçãos. Jezreel, que significa "Deus semeia", é usado no v. 22 como nome para Israel.

☐ **ESTUDO 3**   OSEIAS 4.1-5.14

1. Observe no cap. 4.1-14: (a) os pecados visíveis que levaram o Senhor a contender com seu povo e (b) a condição interior que provocou esses pecados. Até que ponto essa descrição se aplica à sociedade atual?
2. 4.15-19. Este texto pode ser interpretado como uma advertência a Judá, reino do sul. Qual a razão da advertência, e qual sua lição para nós?
3. De acordo com o cap. 5, quais são os verdadeiros obstáculos que separam o povo de Deus e Deus do povo? Quem é responsabilizado pela situação?

Obs.
1. 4.15. "Bete-Áven": "casa de maldade", usado ironicamente para "Betel", que significa "casa de Deus".
2. 4.17. "Efraim": a tribo que liderava o reino do norte; usado, então, como sinônimo de Israel. Somente no cap. 13 é que se refere à tribo.
3. 5.7. "Lua nova": ex., a próxima lua nova. Em um mês, a ruína cairá sobre eles.

☐ **ESTUDO 4**   OSEIAS 5.15-8.14

1. A passagem 5.15-6.6 é um diálogo entre Deus e o povo. Deus explica o motivo de retirar sua presença (5.15), o povo faz uma confissão leviana de arrependimento e mostra confiança no restabelecimento do favor de Deus (6.1-3). Mas a verdadeira situação é bem diferente do que as pessoas imaginam (6.4-6). O que Deus espera de seu povo?
2. O restante do texto de hoje descreve a situação da nação: o pecado dos sacerdotes, dos reis e do povo (6.7-7.7); seu desatino e instabilidade (7.8-8.3); a ira de Deus contra seus governantes e seus ídolos, igualmente feitos por mãos humanas (8.4-13). O que vemos aqui sobre: (a) a proliferação do pecado; (b) as alianças enganosas que cegavam as pessoas; (c) a verdadeira causa da situação perigosa em que estavam?

☐ ESTUDO 5   Oseias 9 e 10

Estes capítulos são profecias do castigo vindouro, e mostram que o pecado do povo resultará em: (a) exílio (9.1-8); (b) diminuição da população (9.9-17) e (c) destruição dos altares e do trono, e redução do povo à escravidão (10.1-15).

1. 9.1-8. Este texto pode ter sido usado numa festa religiosa, quando o povo estava se divertindo à maneira dos pagãos em seus festivais (9.1). Como Oseias descreve as mudanças que o exílio irá causar?
2. 9.9-17. O próprio Deus fala. Ele vê que a lascívia prevalece no país, como nos dias mais vergonhosos da história de Israel. Quais serão os resultados?
3. Que tipos de pecados são mencionados no cap. 10? Que conselho o profeta dá como o único livramento do castigo vindouro?

Obs.
1. 10.1: "Colunas": item comum nos santuários cananeus, e que os israelitas incorporaram em seus cultos.
2. 10.5,6. Cf. 1Reis 12.28,29.
3. 10.10. "Duplo pecado": talvez signifique os pecados do trono e do culto.
4. 10.11. Israel deixará de ser uma novilha que malha na eira e come livremente (Dt 25.4) e passará a usar o arreio do trabalho pesado.
5. 10.14. "Salmã devastou Bete-Arbel": referência incerta. É possível que Salmã seja o mesmo que Salmanasar, 2Reis 17.3.

☐ ESTUDO 6   Oseias 11 e 12

Outro aspecto do procedimento de Deus com Israel vem à tona no capítulo 11, seu amor constante. A punição tem de acontecer (11.5-8), mas Deus não destruirá seu povo que vive pecando.

1. Como o amor de Deus se manifestou na "infância" de Israel? Veja 11.1-4; cf. Dt 7.6-8. Como este amor continuou se manifestando, apesar de toda a transgressão do povo? Veja 11.8-11.
2. No início do cap. 11 Deus fala de sua atitude para com Israel; em 11.12-12.2, Deus fala da atitude de Israel para com ele. A seguir, o profeta lembra ao povo a história bem diferente do ancestral Jacó (12.3,4). Como Deus espera ser tratado (12.6; cf. 6.6; 10.12)? No entanto, como Israel reagiu aos apelos de Deus (12.7-14)?

☐ ESTUDO 7   Oseias 13 e 14

1. No cap. 13.3,7-8,15,16 o castigo iminente é descrito de quatro maneiras. Quais? O castigo tem quatro razões de ser (v.1,2,4-6,9,16). Quais? O que isso nos ensina sobre a natureza do pecado?
2. O cap. 14 descreve a vitória final do amor de Deus. De acordo com o capítulo, o que é necessário ao arrependimento (14.1-3,8) e qual é a resposta de Deus?

SALMOS 13-29

☐ **ESTUDO 8**   SALMOS 13 E 14

1. No salmo 13, o que Davi tem de aguentar? Como ele foge da depressão e do desespero?
2. De acordo com o salmo 14, quais as razões principais de as pessoas afirmarem, "Deus não existe"? Cf. 2Coríntios 4.3,4. Como isto influencia nossa maneira de abordar essas pessoas? Como elas se tornam conscientes do Deus vivo?

☐ **ESTUDO 9**   SALMOS 15 E 16

1. Leia cuidadosamente o salmo 15, e use-o como teste para sua vida e santidade. Depois estude 1João 1.8,9.
2. De acordo com o salmo 16, quais as características do cristão (v. 1-4)? Quais os seus privilégios (v. 5-8)? Quais as suas perspectivas (v. 9-11)?

Obs.
1. 15.5a. Cf. Levítico 25.35-38; Deuteronômio 23.19,20. As leis contra a agiotagem foram decretadas mais como proteção ao pobre do que contra o uso legítimo de capital no comércio, cf. Mateus 25.27.
2. 16.10. Citado por Pedro (Atos 2.27) e Paulo (Atos 13.35) em referência a Cristo. Da mesma forma que o salmo 15, este salmo é cumprido em Cristo, e em nós por meio dele.

☐ **ESTUDO 10**   SALMO 17

1. Nos v. 1-7, em que Davi fundamenta sua súplica? Cf. 1João 3.21,22.
2. Baseado no salmo, contraste o caráter, os objetivos e as atitudes de Davi com os de seus inimigos. Em que você se parece com Davi? E com os inimigos dele?

☐ **ESTUDO 11**   SALMO 18.1-30

1. Para começar, Davi expressa seu amor a Deus (v. 1-3). Deus era sua rocha, sua fortaleza, seu escudo e sua proteção. Hoje em dia, onde as pessoas buscam proteção e segurança? Deus lhe oferece tudo isso e muito mais? Cf. Habacuque 3.17,18; Hebreus 13.5,6.
2. Com base no testemunho de Davi sobre a resposta de Deus à sua oração, o que aprendemos quanto: (a) ao poder de Deus em nos ajudar, (b) ao tipo de pessoa a quem Deus ajuda e (c) por que a ajuda virá?

Obs.
1. Os v. 9-16 não deve ser entendido literalmente, mas como uma descrição poética vívida da força e majestade com que Deus foi ao socorro de Davi.
2. V. 29a. Possível alusão a 1Samuel 30.8; e 29b a 2Samuel 5.6,7.

☐ ESTUDO 12　　　SALMO 18.31-50

1. Com base no texto, relacione tudo o que Deus fez para Davi. No serviço cristão, como Deus nos ajuda de igual modo? Cf. 1Coríntios 15.10; Efésios 1.19.

2. O v. 49 encontra-se em Romanos 15.9 em referência a Cristo. Será, então, que o salmo inteiro pode ser visto como profético em relação a Jesus? Se puder, ele enfatiza o quê?

☐ ESTUDO 13　　　SALMO 19

1. Deus se mostra na criação. O que as coisas mencionadas pelo salmista nos v. 1-6 afirmam sobre Deus? Cf. Mateus 5.45; Romanos 1.19-21.

2. Compare-as com a revelação feita na "lei do Senhor" (v. 7-11). Observe o avanço extraordinário (da criação para a lei do Senhor) tanto em clareza quanto em profusão de resultado. Veja especialmente seus efeitos no salmista (v. 12-14). O estudo da palavra de Deus está produzindo os mesmos resultados em sua vida?

Obs.
V. 4. "Sua voz": o hebraico diz "linha", isto é, sua "linha de medir". Cf. Jeremias 31.39. A fronteira mais distante da terra é o limite ou extensão da sua mensagem.

☐ ESTUDO 14　　　SALMOS 20 E 21

Estes salmos têm uma ligação estreita um com o outro. No salmo 20 está para acontecer uma batalha entre o rei de Israel, à frente do povo, e seus inimigos. Os sacrifícios foram oferecidos; rei e súditos entregam o assunto a Deus, e confiam nele. No salmo 21 a batalha foi ganha; o povo agradece a Deus pelo rei, e aguarda novas vitórias.

1. De acordo com o salmo 20 qual é a atitude do rei e do povo diante dos inimigos? No v. 16, qual é a base da confiança? O povo de Deus exibe esse tipo de confiança hoje em dia?

2. O salmo 21 se divide em duas partes: v. 1-7 e 8-12, e termina com uma oração. A primeira parte é dirigida a quem? E a segunda? De que modo se cumpre em Jesus Cristo o que foi dito sobre o rei?

☐ ESTUDO 15　　　SALMO 22.1-21

1. Observe as coisas que aparentemente tornam o sofrimento aqui descrito ainda mais difícil de ser aguentado. Com que exatidão este salmo descreve os sofrimentos de Jesus? Cf. Mateus 27.35-46; João 19.23-24.

2. Durante os sofrimentos, onde esse homem apoia sua fé?

☐ ESTUDO 16   SALMO 22.22-31

1. Encontre nestes versículos os resultados positivos dos sofrimentos descritos nos v. 1-21. Observe: (a) o longo alcance de seus efeitos, e (b) para quem os efeitos são mais importantes.
2. Liste a reação das pessoas diante da libertação do sofredor. Você reage do mesmo modo ao pensar na ressurreição de Jesus?

Obs.
V. 22. Aplica-se a Cristo em Hebreus 2.12.

☐ ESTUDO 17   SALMOS 23 E 24

1. Davi sabe que o Senhor é seu pastor. Veja no salmo 23 o efeito que isso causa em sua maneira de encarar o presente e o futuro. Seu conhecimento de Deus causa o mesmo efeito em sua vida?
2. O que o salmo 24 nos ensina sobre Deus? O que é, então, exigido de seus adoradores?

Obs.
É provável que o salmo 24 tenha sido escrito quando Davi levou a arca de Deus para Jerusalém. Veja 2Samuel 6.

☐ ESTUDO 18   SALMO 25

1. Quais os principais pedidos do salmista? O que esses pedidos revelam sobre suas circunstâncias e seu viver com Deus? Você faria os mesmos pedidos?
2. O que os v. 6-15 revelam sobre Deus e o que ele faz para aqueles que o temem? Isto se aplica a você? De acordo com este salmo, como aproveitamos mais da amizade, liderança e libertação do Senhor?

☐ ESTUDO 19   SALMO 26

1. Com base na narração de Davi, descreva em suas palavras a característica principal da vida dele. Acontece o mesmo em sua própria vida?
2. No v. 12 Davi parece estar seguro que Deus irá lhe responder. Em que ele fundamenta esta certeza? Cf. Salmo 66.18; Tiago 4.3.

Obs.
V. 12. "Na retidão", ou seja, num lugar seguro e tranquilo, onde ele poderá cumprir as promessas dos v. 6,7.

☐ ESTUDO 20   SALMO 27

1. De acordo com os v. 1-6, qual é a atitude de Davi perante a vida e qual é seu principal desejo? Em que este desejo e atitude estão firmados? Que desejo equivalente deveríamos ter hoje? Cf. 1Pedro 2.4,5; 1Coríntios 6.19,20.

2. Quais os sete pedidos de Davi nos v. 7-14? Como ele se dirige a Deus, e como encoraja a si mesmo a continuar orando?

☐ **ESTUDO 21**   SALMOS **28** E **29**

1. A oração de Davi é respondida no salmo 28. Que diferença isto faz para ele? Você costuma agradecer a Deus pelas respostas de oração?
2. No salmo 29 um temporal é visto como manifestação da glória de Deus. Que lições espirituais o salmo nos ensina a respeito de Deus e sobre as obrigações e os privilégios de seu povo?

Obs.
29.3. "A voz do Senhor": isto é, trovão/estrondo, e no salmo inteiro. Cf. Salmo 18.13.
Para os *Estudos 22-35* nos Salmos, veja a página 124.

1 E 2TESSALONICENSES

Introdução

É praticamente certo que estas duas cartas são os livros mais antigos do Novo Testamento. Foram escritas em Corinto durante a segunda viagem missionária de Paulo, por volta do ano 50 d.C. (At 17.1-10), e pouco depois do início da igreja de Tessalônica.

Elas nos mostram a vida da igreja cristã local nos aproximadamente vinte anos seguintes à morte e ressurreição de Jesus. A primeira carta foi escrita depois que Timóteo retornou de uma visita a Tessalônica; a segunda, alguns meses mais tarde. Estão entre as cartas mais pessoais do apóstolo, e apresentam um retrato nítido tanto de Paulo quanto dos destinatários, ao mesmo tempo que relatam os extraordinários resultados de seu trabalho missionário na famosa cidade pagã, capital da Macedônia.

O apóstolo ficou muito animado com o relatório, apresentado por Timóteo, de que a igreja permanecia firme mesmo sob perseguição e continuava a crescer. No entanto, algumas questões causaram-lhe preocupação, especialmente as ideias sobre a segunda vinda de Cristo. Este é o assunto das duas cartas. Elas mostram que o retorno de Jesus é consolo no sofrimento, motivo de perseverança, fonte de esperança, escudo na tentação, incentivo à pureza, desafio à vigilância, motivo de alegria e poder separador e santificador. O objetivo maior do apóstolo é resumido em 1Tessalonicenses 3.13.

Esboço
1Tessalonicenses
1.1-10	O início da igreja
2.1-2.1-20	Serviço para Jesus
3.1-4.12	Santificação e viver diário
4.13-5.28	A segunda vinda de Cristo e a conduta do cristão

2Tessalonicenses
1.1-12	A segunda vinda de Jesus e a perseguição
2.1-12	Ensinos adicionais sobre a segunda vinda
2.13-3.18	Exortações finais

☐ **ESTUDO 1** **1Tessalonicenses 1**

1. Como este capítulo explica a conversão dos tessalonicenses? Você recebe e anuncia o evangelho de Cristo desta mesma forma?
2. Observe as qualidades extraordinárias da vida e do caráter desses cristãos. Levando em conta as diferentes circunstâncias, sua vida cristã é igual à dos tessalonicenses?
3. Que marcas da obra do Espírito Santo são mencionadas aqui? Podemos ter a mesma experiência?

Obs.
V. 3. Ao viverem em comunhão com aquele que agora era seu Deus e Pai, a fé dos tessalonicenses era ativa, seu amor era dedicado ao bem do próximo, sua esperança na volta de Cristo era firme. Cf. Hebreus 11.27b.

☐ **ESTUDO 2** **1Tessalonicenses 2**

1. V. 1-12,17-20. Relacione todas as características de um obreiro cristão mencionadas nestes versículos. A qual delas você deve se aplicar mais?
2. V. 13-16. Considere o papel da Bíblia na obra do evangelho. Que reações diferentes ela provoca em seus ouvintes? O mesmo acontece hoje em dia?

Obs.
V. 14-16,18. Quem aceita ou anuncia o evangelho sofrerá a mesma oposição de Satanás e seus agentes. Cf. Marcos 4.15; 1Tessalonicenses 3.5.

☐ **ESTUDO 3** **1Tessalonicenses 3**

1. De que modo Paulo mostrou seu amor e interesse pelos cristãos de Tessalônica? Quando oramos pelos irmãos em Cristo, como Paulo fez, pelo que devemos orar, de acordo com o exemplo dele?
2. O que este capítulo ensina a respeito de sofrermos por Cristo? Cf. João 16.33; 2Timóteo 3.12. Que perigos essas experiências representam (cf. 1Pedro 5.8,9) e como devem ser enfrentadas de maneira a serem proveitosas?

3. V. 11-13. Nestes versículos, qual a ligação entre amor e santificação? O que aprendemos sobre o processo de santificação?

☐ **ESTUDO 4**   1Tessalonicenses 4

1. V. 1-12. Que objetivos e aspectos do viver cristão são enfatizados nestes versículos? Por que viver dessa maneira? Como alcançamos esse padrão de vida?
2. V. 13-18. Como esta descrição do retorno de Cristo nos conforta? Em suas próprias palavras, descreva o que Paulo disse que acontecerá. Como ter certeza de nossa participação nessa esperança maravilhosa?

Obs.
1. V. 8. "Que lhes dá o seu Espírito Santo": O Espírito Santo habitando em nós é o selo de propriedade de Deus, a evidência de que pertencemos a ele. Cf. Efésios 1.13; Romanos 8.9b. É pelo poder do Espírito que vencemos a carne. Cf. Gálatas 5.16.
2. V. 11,12. Cf. 2Ts 3.10-12; Ef 4.28.
3. V. 1-12. Note a ênfase repetida nestes versículos, não somente em relação ao viver correto, mas quanto à necessidade de avançar e amadurecer nas coisas de Deus.

☐ **ESTUDO 5**   1Tessalonicenses 5

1. V. 1-11. Como o "dia do Senhor" virá sobre o mundo, e o que significará para (a) o povo em geral e (b) para os cristãos? Cf. Mateus 24.32-44; Lucas 21.25-28.
2. Que efeitos práticos a volta de Cristo deve produzir em nossas atitudes e comportamento? Enumere as admoestações deste capítulo e examine sua vida de acordo com elas.

Obs.
1. V. 2. "o dia do Senhor": uma expressão do Antigo Testamento que significa a intervenção futura de Deus na salvação e punição da humanidade (Is 2.12; 13.6; Sf 1.14; 3.11,16), e usada no Novo Testamento em referência à segunda vinda de Cristo (Lc 17.24; 1Co 1.18, etc.).
2. V. 6,7,10. O verbo "dormir" tem três significados nesse capítulo. No v. 6, refere-se à insensibilidade espiritual; no v. 7, ao sono natural; no v. 10, à morte natural, como no cap. 4.14,15 (cf. 4.16 "os que morreram em Cristo").

☐ **ESTUDO 6**   2Tessalonicenses 1

1. V. 5-12. Duas coisas que se cumprirão na volta de Cristo devem consolar quem sofre por amor a ele. Que coisas são estas? Quais as duas outras coisas que Jesus irá realizar?
2. Observe os motivos de gratidão e oração de Paulo quanto aos cristãos de Tessalônica. É assim que você ora pelos outros? Compare seus objetivos de vida cristã com os objetivos que, segundo o capítulo, devem ser almejados.

Obs.
1. V. 5. "Elas dão prova do justo juízo de Deus": existe prova — uma vez que Deus é justo — de que o dia do juízo e da recompensa legítima irá chegar mesmo.
2. V. 7-10. Cf. Isaías 66.15,16; Mateus 13.40-43; Lucas 3.17.

☐ **ESTUDO 7**   **2TESSALONICENSES 2.1-12**

1. Que conselho e advertências de Paulo encorajam a atitude positiva em relação à volta de Cristo?
2. Examine os métodos, motivos, poder e fins de Satanás e seus agentes humanos. O que isso nos ensina quanto à sutileza e o caráter do pecado? Desse modo, quem será enganado e por quê?

Obs.
V. 3. "O homem do pecado": no Novo Testamento talvez seja uma referência tanto a um princípio quanto a uma pessoa. Cf. 1João 2.18. Nos últimos dias ele virá em sua aparência definitiva da encarnação do mal, o Anticristo, mas continuará tendo precursores até aquela época.

☐ **ESTUDO 8**   **2TESSALONICENSES 2.13-3.17**

1. 2.13-15. Como vemos, Deus tomou a iniciativa da nossa salvação. O que ele fez? Que propósito ele tem para nós? Qual é a nossa responsabilidade?
2. Atente às quatro orações de Paulo pelos tessalonicenses e também à oração que ele pede que façam a seu favor. O que descobrimos sobre as circunstâncias de Paulo e as aspirações que tem para si e para os tessalonicenses? Será que temos as mesmas ambições quando oramos?
3. 3.6-13. Que lugar e importância o trabalho diário e outras atividades comuns têm na vida do cristão? A sociedade de hoje tende a menosprezar a importância destas coisas?

Obs.
3.2-4. Da incredulidade dos seres humanos Paulo se volta para a fidelidade do Senhor. Buscar a Deus em oração renova a fé e a esperança.

JOSUÉ

Introdução

O livro de Josué não revela nada sobre sua autoria, mas o capítulo 15.63 indica claramente que foi escrito antes de Davi tomar Jerusalém.

O livro relata a travessia do Jordão, a conquista da terra prometida e sua divisão entre as tribos, terminando com a morte de Josué depois que o povo lhe fez a promessa solene (que logo foi quebrada) de ser fiel a Deus.

A visível discrepância entre a aparente conquista integral da Palestina (cap. 9-11) e a obstinada e geralmente mal sucedida luta mencionada na última parte do livro, e no início de Juízes, é explicada pelo fato de nos capítulos 9-11 o exército organizado de Israel está destruindo a resistência organizada. Mas, depois da divisão da terra, o exército israelita se fragmentou em suas respectivas tribos, e cada uma tentou possuir a parte que lhe cabia, tendo de enfrentar a resistência ferrenha de quem havia fugido do exército unificado ou não tinha tido contato com ele.

Outros fatores para essa discrepância podem ter sido: o declínio espiritual do povo, as características geográficas dominantes da Palestina, a divisão em região montanhosa e a planície costeira. Esta última só foi conquistada na época de Davi.

O livro é um histórico da luta dos israelitas na conquista da herança prometida. As condições que tiveram de preencher antes de possuírem a terra são ensinos preciosos sobre as condições que nos levam a obter as bênçãos que nos foram prometidas em Cristo (cf. Hb 4.1,2,8-11; 11.30).

Esboço

1	Introdução
2-5	Preparações para a conquista: Raabe e os espias; travessia do Jordão; a circuncisão do povo
6-8	As primeiras vitórias; tomada de Jericó e Ai; a queda de Jericó é retardada pelo pecado de Acã
9	Gibeão maquina um tratado de paz
10,11	A destruição da resistência organizada no Sul, e depois no Norte
12	Lista de reis derrotados
13-19	Divisão da terra; as tribos tentam tomar posse de seus lotes
20,21	As cidades de refúgio e as cidades levíticas
22	O altar do testemunho além do Jordão
23,24	Cenário final da vida de Josué; a promessa do povo

☐ **ESTUDO** 1 JOSUÉ 1

1. V. 1-9 Cf. Deuteronômio 31.7,8. Liste as promessas de Deus a Josué. Que condições teria de preencher para ser bem-sucedido? Que retrato o capítulo faz de Josué?

2. Que princípios, advertências ou incentivos encontrados aqui podem ser aplicados à sua vida?

Obs.

V. 12-18. Esses israelitas queriam se estabelecer ao leste do Jordão, mas prometeram ajudar na conquista de Canaã. Veja Nm 32.

☐ ESTUDO 2   JOSUÉ 2

1. Como a história relatada nesse capítulo justifica a afirmação de Hebreus 11.31? Compare as palavras de Raabe com a situação verdadeira dos israelitas na época; dê atenção especial ao v. 11.

2. Observe que a fé de Raabe reavivou a fé dos espias. Como isso nos estimula a viver pela fé? Em sua opinião, que paralelo existe em relação à casa protegida pela fita escarlate? Com v. 19, cf. Êxodo 12.22.

☐ ESTUDO 3   JOSUÉ 3 E 4

1. Estude a ordem dos acontecimentos à medida que o povo entrou na terra prometida. Note os papéis desempenhados por Deus e pelo povo. Que princípios de crescimento na vida cristã são ilustrados aqui?

2. Compare e contraste a posição e atitude dos israelitas com a de seus antepassados em Números 14.1-10. Qual dos dois grupos reflete sua própria atitude?

☐ ESTUDO 4   JOSUÉ 5 E 6

1. Os eventos do capítulo 5 ocorreram antes da conquista de Jericó. Atenção à ordem dos acontecimentos. Qual o significado deles para: (a) os judeus; (b) Josué e (c) nós?

2. 6.1,2; cf. Hebreus 11.30. Quais as condições e os requerimentos para conquistarmos as fortalezas inimigas pela fé? Sua fé é perseverante? Cf. Hebreus 3.14; 6.11,12; 10.35,36.

3. Leia o restante da história de Raabe no cap 6.22-25 e em Mateus 1.5,6. Salmom pode ter sido um dos espias. Que verdades Raabe ilustra sobre o modo de Deus lidar com as pessoas?

☐ ESTUDO 5   JOSUÉ 7

1. Que pecados são descritos aqui? Quais seus resultados? Cf. também Isaías 59.1,2.

2. Que medidas foram necessárias para consertar a situação? Por que o castigo foi tão severo? Como esse capítulo, Isaías 53.5 e 1Pedro 2.24 devem afetar sua visão do pecado?

☐ ESTUDO 6   JOSUÉ 8

1. Num mapa, siga o plano das batalhas. Note os contrastes e as semelhanças na conquista de Jericó. Que princípios de vitória os capítulos 6 e 8 ensinam ao povo de Deus?

2. O cenário dos v. 30-35 encontra-se em Deuteronômio 11.26-29; 27.1-28.68. Quais os objetivos desse culto de dedicação?

☐ ESTUDO 7   JOSUÉ 9

1. Veja Deuteronômio 7.1-6 como o pano de fundo deste capítulo. Que fatores causaram a desobediência de Josué e seus líderes?
2. Ao notar que erraram, como os líderes judeus trataram a situação? Que lições tiramos disso para nossas vidas?
3. Estude a sequência da história dos gibionitas, relatada em Josué 10.2; 11.19; 2Samuel 21.1-9; 2Crônicas 1.1-13.

☐ ESTUDO 8   JOSUÉ 10

1. Use um mapa para entender os eventos aqui descritos. Por que este capítulo é uma sequência interessante do capítulo 9? Que lições Josué e Israel aprenderam?
2. Estas coisas foram escritas "como advertência para nós" (1Co 10.11). Que exemplos podemos seguir? Veja o v. 6s.; 16-22,24,25; 26-40; 42; e cf. Salmo 15.4 e Colossenses 3.5.

Obs.
1. V. 12,13. Pela soberania de Deus, condições favoráveis, que não conseguimos explicar totalmente, permitiram que os israelitas conquistassem uma vitória estrondosa.
2. V. 40. "O Neguebe" era a terra árida do sul.

☐ ESTUDO 9   JOSUÉ 11 E 12

1. Mais uma vez será necessário o uso de um mapa para seguir o resumo da batalha que durou vários anos. Que área é coberta aqui? A vitória final de Josué foi resultado do quê?
2. Observe os versículos que indicam o desfecho e a severidade do tratamento aplicado por Josué. Por que isso foi necessário? Que lições espirituais tiramos desse episódio? Cf. Mateus 18.8,9; Colossenses 3.5.
3. À luz do conflito continuado nos capítulos 13 e seguintes, medite na afirmação que encerra o capítulo 11. Atenção especial a 13.1. Por que essa história nos encoraja e desafia? Cf. a ordem e andamento de Romanos 6.8.

Obs.
1. 11.20. Veja Deuteronômio 9.4,5; Gênesis 15.16; e cf. Êxodo 9.12. Como aconteceu com o faraó, no final os cananeus foram instigados a continuar no caminho errado que já haviam escolhido. Isso foi o ponto definitivo para serem castigados.
2. No cap. 11.21 lemos que Josué expulsou os anaqueus de Hebrom, Debir e outros lugares. Os cap. 14 e 15 dizem que Calebe e Otoniel tomaram Hebrom e Debir; mas no cap. 10.36-39 lemos que bem antes Josué havia tomado Hebrom e Debir, e "os destruiu totalmente com as suas cidades". Explica-se: as pessoas que Josué matou numa ocasião anterior, segundo relatado, haviam sido capturadas nas cidades que ele havia derrotado na primeira vez. Uma parte considerável da população deve ter fugido antes de Josué atacar as cidades, e deve ter retornado para reocupá-las enquanto ele estava no norte. O cap. 11.21 faz um resumo dos eventos que cobrem um longo período de tempo, e atribui a Josué, por ser o comandante supremo, as realizações de Calebe e outros que estavam sob suas ordens.

☐ ESTUDO 10 JOSUÉ 13.1-15.12

1. 13.1-7. Pense na maneira em que Deus expande a afirmação no final do cap. 13.1. Você já se apropriou de todas as bênçãos que nos foram prometidas em Cristo? Quais ainda lhe faltam? Ainda lhe restam inimigos a derrotar? Quais? Peça que Deus revele essas coisas a você com a mesma clareza.

2. Preste atenção na herança dada às diferentes tribos e pessoas; de maneira particular, note o contraste entre Levi e Calebe, e os motivos de cada um. Com o cap. 14.6-13, cf. Nm 13.17-14.10.

Obs.
14.7,10. Estes versículos, combinados com Dt 2.14, mostram que a conquista inicial da terra levou sete anos.

☐ ESTUDO 11 JOSUÉ 15.13-17.18

1. O seu ambiente é tão sem perspectivas como o Neguebe — terra árida e dominada por gigantes — era para Acsa? Se for o caso, compare a atitude de Acsa com Lucas 11.13 e Filipenses 4.19, e seja agradecido!

2. O texto bíblico de hoje descreve a herança de quem? Qual foi a reação das tribos e a de Josué? Por que os descendentes de José não foram tão elogiados quanto Calebe (14.13), quando pediram um território em particular?

3. Com o uso de uma concordância, estude o caráter de Efraim. Você concorda com esta afirmação de Ellicot: "Eles viviam reclamando seus direitos como supremacia de Israel, mas não exibiam nenhuma qualificação para isso"?

Obs.
O cap.15.63, juntamente com 2Samuel 5.6,7, mostra que o livro de Josué foi escrito antes da época de Davi.

☐ ESTUDO 12 JOSUÉ 18 E 19

1. Confira o cap. 18.3 com Hebreus 4.1. A pergunta direta de Josué tem o objetivo de corrigir que tipo de atitude? Veja Hebreus 6.11,12.

2. Que evidências estes capítulos apresentam de que as bênçãos prometidas por Deus em Cristo, embora já nos pertencendo por intermédio da graça divina, são invocadas e recebidas somente por meio da luta pela fé, da atitude resoluta e do progresso contínuo? Cf. 2Pedro 1.4-11; 1Timóteo 4.13-16.

☐ ESTUDO 13 JOSUÉ 20 E 21

1. Confira os fatos. Pegue um mapa e encontre as cidades de refúgio. Em que regiões e tipo(s) de terreno estavam localizadas? Por que foram estabelecidas? Elas se tornaram responsabilidade de quem? Por que os levitas receberam propriedades? Que tipo de propriedades? Quem as providenciou e com que objetivo?

☐ **ESTUDO 14**   JOSUÉ 22

1. Por que Josué elogiou a conduta destas tribos? Que advertência ele lhes fez? Com o v. 5, cf. 1.8.

2. Por que as outras tribos se revoltaram? A raiva era justificada? (Para o histórico do v. 17, veja Números 25.1-9.) Que lição aprendemos com esse incidente?

☐ **ESTUDO 15**   JOSUÉ 23

1. V.1-13. A quem Josué estava se dirigindo na ocasião? O cumprimento do v. 5 depende de que condições?

2. De que maneira Josué 23 revela a fidelidade de Deus? Cf. as afirmações semelhantes em 21.43-45 e 1Samuel 7.12. Você endossaria isso tudo?

☐ **ESTUDO 16**   JOSUÉ 24

1. Observe o lugar que Josué escolheu para o evento. Cf. Gênesis 12.6,7; 33.18,19; Josué 8.32-35; Atos 7.16. De que outras maneiras ele procurou tornar o acontecimento o mais impressionante e memorável possível? Leve em conta os v. 2-13; 14,15; 19,20; 22,23; 25-28.

2. Apesar de tudo o que Deus havia feito, como esse capítulo prova que a vida religiosa dos israelitas era superficial e instável? Cf. Oseias 6.4.

☐ **ESTUDO 17**   REVISÃO

1. Dê uma olhada geral no livro de Josué e faça um esboço mental dos acontecimentos.

2. Que incentivos e conselhos você recebeu? O que o livro nos ensina sobre: (a) o caráter de Deus e (b) os propósitos dele para seu povo?

GÁLATAS

Introdução

É necessário termos em mente a situação em particular tratada na carta, se quisermos entender seu argumento principal. Paulo havia pregado o evangelho da salvação pela fé em Jesus aos gálatas, que não eram judeus. Paulo foi recebido com entusiasmo, e muitos gálatas se converteram (4.14,15). No entanto, mais tarde, líderes cristãos judaizantes apareceram com o ensino de que a fé em Jesus Cristo por si só não era o bastante para a salvação: os gálatas tinham de ser circuncidados e guardar a lei de Moisés.

Esses líderes também lançaram dúvidas sobre o apostolado de Paulo, e procuraram minar sua autoridade. É fácil entender o composto de sofrimento, indignação e preocupação imensa no modo em que Paulo refutou os ensinos dos legalistas, e defendeu tanto a sua posição quanto a verdade do evangelho que havia proclamado.

A pergunta em discussão assume outra forma hoje em dia, mas é igualmente importante. Nossa aceitação por Deus resulta de nossos esforços ou da graça oferecida por intermédio da obra redentora de Cristo, e obtida simplesmente pela fé, como o evangelho afirma? O valor permanente desta carta está na resposta que Paulo, inspirado pelo Espírito, deu a esta pergunta.

Esboço

1.1-10	Introdução	
1.11-2.21	Paulo afirma que o evangelho anunciado por ele não é de origem humana, mas lhe foi revelado por Cristo	
3.1-5.1	Não somos aceitos por Deus porque obedecemos à lei, mas pela fé em Jesus Cristo	
	3.1-9	A própria experiência dos gálatas é confirmada pelo exemplo de Abraão
	3.10-14	A situação sem esperança das pessoas sob a lei, da qual somente a morte de Cristo liberta
	3.15-18	A aliança original da promessa não é superada pela lei
	3.19-24	A verdadeira função da lei
	3.25-4.7	A bênção daqueles que creram em Cristo
	4.8-20	Apelo para que não abandonem a fé
	4.21-5.1	A liberdade espiritual do cristão é ilustrada pela própria "lei"
5.2-6.10	A vida do cristão: (a) fé, esperança, amor; (b) caminhando no Espírito	
6.11-19	Conclusão	

☐ **ESTUDO 1**   **GÁLATAS 1**

1. O que Paulo afirma nos v. 1-10 sobre: (a) Deus, (b) Cristo; (c) ele mesmo, (d) o evangelho? Observe atentamente estas coisas, pois são o alicerce da carta.
2. V. 11-24. Como Paulo mostra que o evangelho é a revelação de Deus? O que o testemunho pessoal dele revela? Qual o significado disso para o cristão?

Obs.
O v. 10 é um parêntese. Talvez os inimigos tenham acusado Paulo de bajular as pessoas. Assim, depois de escrever os v. 8 e 9, ele faz uma pergunta bastante apropriada. O que ele quis dizer foi: "As palavras que acabei de escrever não são bajuladoras, são?"

GÁLATAS

☐ **ESTUDO 2**   GÁLATAS 2

1. V. 1-10. Por que Paulo achou importante sua viagem a Jerusalém? Que assuntos eram decisivos, e que fatos foram confirmados?
2. V. 11-21. Por que Paulo confrontou Pedro? Como ele justifica sua atitude? Em suas próprias palavras, explique as verdades declaradas nos v. 16 e 20.
3. O que este capítulo ensina quanto aos princípios que regem a comunhão dos crentes, a unidade da igreja e a cooperação ministerial?

☐ **ESTUDO 3**   GÁLATAS 3.1-18

Estes versículos apresentam quatro aspectos de um argumento em defesa do cap. 2.16: (a) v. 1-5, a experiência, (b) v. 6-9, um argumento baseado o ensino das Escrituras sobre Abraão, (c) v. 10-14, um argumento do significado da morte de Cristo e (d) v.15-18, um argumento partindo do fato de que a aliança da promessa foi feita antes da entrega da lei.

1. Explique os argumentos de Paulo nestes versículos para mostrar que a justificação e o usofruto do dom do Espírito acontecem pela fé em Cristo, e não pelas "obras da lei" (ou seja, nosso cumprimento da lei).
2. V. 10-18. Faça uma distinção entre lei e promessa e entre obras e fé como bases no tratamento de Deus com os seres humanos. Quais os dois benefícios que Cristo nos providenciou com sua obra redentora?

Obs.
1. V. 2,5. "Fé naquilo que ouviram": uma expressão abreviada da frase ouvir a palavra do evangelho e recebê-la com fé ou obediência ativa. Cf. Romanos 10.8-17.
2. V. 7. "Filhos de Abraão": no sentido de uma semelhança espiritual. Cf. João 8.39.
3. V. 8,9. Paulo interpreta a promessa de Gênesis 12.3b para explicar que da mesma maneira que Abraão recebeu, pela fé, a bênção da justificação (Gn 15.6), chegaria uma época em que os povos de todas as nações iriam "em Abraão", ou seja, por meio de sua semente, que é Cristo (v. 14,16), receber a mesma bênção e da mesma maneira.

☐ **ESTUDO 4**   GÁLATAS 3.19-4.7

1. 3.19-24. Parece que Paulo menosprezou a lei. Nesses versículos, como ele explica o propósito da lei?
2. Segundo os cap. 3.25-4.7, quais os maravilhosos privilégios e posição do cristão? Faça sua lista destas coisas em suas próprias palavras.

Obs.
3.19,20. "Acrescentada por causa das transgressões": ou seja, a lei deu ao pecado a forma de transgressão e, assim, tornou o ser humano consciente de culpa perante Deus quando peca. Cf. Romanos 3.19,20; 5.20; 7.7,13.

"... foi promulgada por meio de anjos, pela mão de um mediador": Paulo introduziu esta frase para mostrar que a promessa é superior à Lei até mesmo no modo de sua promulgação. No caso de Abraão, Deus mesmo anunciou as promessas, ao passo que a lei foi entregue por mãos de intermediários dos dois lados — Deus foi representado por anjos (cf. Dt 33.2, LXX; At 7.53; Hb 2.2) e o povo, por Moisés.

☐ ESTUDO 5   GÁLATAS 4.8-5.1

1. De acordo com estes versículos, o que está implícito na liberdade cristã?
2. Como a reação de Paulo à condição dos gálatas indica e ilustra uma preocupação pastoral? Temos a mesma preocupação pelo bem-estar dos outros?
3. V. 21-31. Paulo usa Gênesis 16 como alegoria. Nesse retrato, qual é a situação das pessoas que estão "debaixo da lei", e, em contraste, qual é a situação dos cristãos? Por que Paulo citou: (a) Isaías 54.1 e (b) Gênesis 21.10-12?

Obs.
4.17,18. Referência aos novos mestres que ansiavam em agradar os cristãos gálatas com a intenção de afastá-los de Paulo e seu evangelho, pois assim os gálatas não teriam a quem recorrer a não ser a eles. Se esses mestres tivessem boas intenções, Paulo não lhes teria feito nenhuma objeção (v. 18).

☐ ESTUDO 6   GÁLATAS 5.2-24

A liberdade espiritual pode ser perdida de duas maneiras: (a) pelo ensino falso, que em Gálatas é a necessidade de circuncisão (v. 2-12) e (b) pelo viver na carne (v. 13-15). O segredo da vitória está em dar ao Espírito Santo domínio completo de nosso interior por meio da obediência à sua vontade. Ele dominará a carne, e produzirá em nós o fruto da vida identificada com Jesus (v. 16-25).

1. V. 2-12. Ser circuncidado significava andar no caminho da lei. Os gálatas experimentariam quatro resultados se fizessem isso. Quais? Como é o caminho do evangelho?
2. V. 13-15. De que maneira o cristão deve usar sua liberdade?
3. V. 16-24. Estude o contraste entre "carne" e "espírito". Qual deve ser a atitude do cristão para com estas coisas? Veja que a atitude correta tem de ser expressada em ações positivas.

Obs.
1. V. 5,6. "Aguardamos pela fé a justiça, que é a nossa esperança": ou seja, a esperança da glória futura que brota da justificação por meio da fé em Jesus Cristo. Cf. Romanos 5.1,2; 1Pedro 1.3. Veja aqui a colocação de fé, esperança e amor.
2. V. 18. O cristão está livre da lei como regra a ser obedecida para se obter vida (cf. 3.12), mas quando "vive pelo Espírito", o cristão obedece ao que a lei manda (veja v. 24,25; cf. Rm 8.4).
3. V. 24. Cf. 2.20; Romanos 6.6.

☐ ESTUDO 7   GÁLATAS 5.25-6.18

1. 5.25-6.10. Que efeito o "viver pelo Espírito" causa nos relacionamentos sociais? Faça uma lista de suas descobertas, e use-a para testar seu relacionamento com outros cristãos.

2. De acordo com 6.11-16, qual é o cerne do cristianismo? Do que precisamos abrir mão para nos rendermos a ele?
3. Resuma o que Gálatas ensina sobre: (a) a cruz de Cristo e (b) o Espírito Santo.

Obs.
6.2. "A lei de Cristo": cf. João 13.34; 1João 4.21.

PROVÉRBIOS

Introdução

Provérbios 1.7 é a chave para entendermos o livro e para a Literatura de Sabedoria em geral (Jó, Provérbios, Eclesiastes). Tudo tem início com a crença em um único Deus, Jeová, ou o Senhor, e sabedoria para conhecer e fazer a vontade dele. O termo "provérbio" significa tanto parábola curta quanto ditado conciso.

Os provérbios são todos extremamente práticos, abrangendo a raça humana e todas as suas atividades, e têm como objetivo oferecer "conhecimento e discernimento", ou a edificação do "ser humano completo", ao gravar a verdade na memória. Como expressão de princípios espirituais eternos, muitos deles só podem ser entendidos integralmente quando aplicados aos crentes em Jesus Cristo.

Esboço

1-9	O apelo da sabedoria
10.1-22.16	Provérbios curtos de Salomão
22.17-24.22	"Palavras do Sábio"
25-29	Provérbios de Salomão colecionados por Ezequias
30,31	Palavras de Agur e Lemuel e um acróstico da esposa excelente

☐ **ESTUDO 1** **PROVÉRBIOS 1**

1. Com base no propósito do livro, revelado nos v. 1-6, que benefícios individuais podemos esperar de seu estudo? De acordo com o v. 7, como podemos: (a) começar de maneira certa ou (b) mostrar nossa tolice? (Veja *Obs.* no *Estudo 17*.)
2. Faça uma lista dos atrativos da conversa tentadora dos v. 11-14. Que atitudes nos protegem destas coisas?
3. Qual é a essência do ponto de vista lamentado nos v. 20-32? E da promessa do v. 33?

☐ **ESTUDO 2** **PROVÉRBIOS 2 E 3**

1. Que instruções estes capítulos dão para obtermos sabedoria? Faça uma lista das instruções como guia para sua vida.

2. Que benefícios a sabedoria nos dá, e de que males nos protege?
3. "Meu filho": como o autor de Hebreus aplica esta frase? Cf. Hebreus 12.5-10.

☐ **ESTUDO 3** PROVÉRBIOS 4 E 5

1. Que lições importantes o orador quer marcar em nossas vidas? Que importância tenho dado, e estou dando, a estes conselhos oferecidos com tanta insistência?
2. O cap. 4.23-27 apresenta um guia admirável para a vida bem-sucedida. Coração, lábios, olhos, pés: que instruções são dadas a cada um deles? No v. 18, observe tudo o que está implícito aos cristãos.
3. Quais os resultados, em vários níveis, de negligenciarmos "o caminho da sabedoria"? Veja 4.19; 5.9-14; 5.21-23.

☐ **ESTUDO 4** PROVÉRBIOS 6 E 7

1. Os v.1-5 advertem contra as promessas e os compromissos financeiros imprudentes. Que outras advertências são feitas nesses capítulos?
2. De que maneiras os pecados aqui descritos se manifestam nos dias atuais?
3. Examine sua vida à luz de 6.16-19.

☐ **ESTUDO 5** PROVÉRBIOS 8

1. Contraste a sabedoria com a mulher em 7.5-27. Como elas são diferentes na fala, na conduta, no que oferecem e no destino a que conduzem seus seguidores?
2. O que os v. 22-31 dizem da sabedoria quanto ao: (a) início de sua existência; (b) seu papel na criação; (c) seu relacionameno com Deus; (d) seu interesse no ser humano? Veja como em todos estes aspectos existe um retrato futuro de Cristo. Cf. ex., (a) João 17.5; (b) João 1.1-3; Colossenses 1.15-17; (c) Mateus 11.27; (d) Hebreus 2.17,18.
3. Que bênçãos parecidas, todavia mais valiosas do que as oferecidas pela sabedoria em 8.32-36, são oferecidas em Cristo? Cf. ex., Mateus 11.29; Lucas 11.28; João 14.21; 17.2,3; 3.36.

☐ **ESTUDO 6** PROVÉRBIOS 9

1. Compare 9.1-6 com 9.13-18. Em que a sabedoria e a tolice são iguais e em que são diferentes?
2. Quando sou aconselhado ou criticado, mostro algum dos sintomas do zombador ou do sábio, conforme mostram os v. 7-9?

☐ **ESTUDO 7** PROVÉRBIOS 10.1-11.13

1. O cap. 10.2-6 apresentam quatro condições favoráveis em circunstâncias, mente e caráter. Quais são?

2. À luz de Tiago 3.10, que usos da fala são aqui: (a) recomendados e (b) reprovados?

☐ **ESTUDO 8**   PROVÉRBIOS 11.14-12.28

1. Segundo o texto, que dois tipos de pecados ou pecadores são abominações ao Senhor?
2. Que outros pecados são condenados aqui? Que versículos mostram que o pecado tem origem no coração humano? Cf. 4.23; Mateus 12.34,35; 15.18-19.
3. Faça uma aplicação pessoal dos cinco princípios financeiros do cap. 11.24-28.

☐ **ESTUDO 9**   PROVÉRBIOS 13.1-14.21

1. "Observando-lhes atentamente o resultado da vida" (Hb 13.7). O que o texto de hoje fala sobre o resultado da vida do justo e do perverso, respectivamente?
2. Verifique o que é dito sobre os "tolos" e a "tolice". Se formos sábios, como deve ser nosso modo de vida com respeito: (a) à Bíblia, (b) aos semelhantes e (c) ao agir e falar?

☐ **ESTUDO 10**   PROVÉRBIOS 14.22-15.23

1. O que o texto diz sobre os bons efeitos das palavras certas?
2. O que é dito sobre "o Senhor"? Como discernimos o temor do Senhor em nossos corações?
3. Você possui as quatro coisas que trazem satisfação, conforme enumeradas em 15.13-17?

☐ **ESTUDO 11**   PROVÉRBIOS 15.24-16.33

1. Como 15.24-33 ilustra o que é chamado de "a sanidade da religião"?
2. Verifique o que o texto de hoje afirma sobre o Senhor e a atitude apropriada do homem para com ele.
3. Veja em 16.27-30 os diferentes tipos de pecados praticados pelos ímpios. Cf. Tiago 3.6-10.

☐ **ESTUDO 12**   PROVÉRBIOS 17 E 18

1. Faça uma lista dos pecados condenados no cap. 17. Para evitá-los, que decisões devemos tomar em relação à nossa conduta?
2. Que motivos o cap. 18 apresenta para "guardarmos as portas de nossa boca"?
3. Considere as duas fortalezas em 18.10,11; e cf. Jo 10.27,28; Lucas 12.15-21.

Obs.
18.10. "O nome do Senhor" denota o caráter do próprio Deus, como nos é revelado na Bíblia. Cf. ex., Êxodo 34.5s. Para nós isso está resumido em "Jesus".

☐ ESTUDO 13   PROVÉRBIOS 19.1-20.13

1. Faça uma lista das condições e circunstâncias em que os conselhos são dados no texto de hoje. Qual deles se aplica a você de maneira especial? Note particularmente o aviso e o desafio de 20.6. Cf. Mateus 7.21.
2. O que é dito sobre o Senhor? Observe com atenção como a presença dele forma o alicerce sobre o qual os conselhos do escritor são baseados.

☐ ESTUDO 14   PROVÉRBIOS 20.14-22.16

1. Leia o texto e anote os princípios para o viver sábio que mais chamam sua atenção.
2. Com base no cap. 20.17-25, faça uma lista dos comportamentos que devemos evitar, e verifique os motivos.
3. O cap. 20.24 fala da soberania de Deus, e o 20.27, da responsabilidade do ser humano. Que outros versículos do texto de hoje mencionam estas duas verdades complementares?

Obs.
1. 20.27. "O espírito do homem": aqui é sinônimo para a consciência.
2. 22.16. "Quem faz cortesia ao rico": isto é, tendo em vista apenas seu próprio benefício: "para enriquecer".

☐ ESTUDO 15   PROVÉRBIOS 22.17-23.35

1. De acordo com 22.17-21 que passos são necessários para a aceitação completa da palavra de Deus? Que bênçãos são prometidas como resultado?
2. Quais as características de um "filho" sábio (23.15)? O que ele evita e o que pratica?
3. De acordo com 23.29-35 quais são os efeitos de se tomar muito vinho?

☐ ESTUDO 16   PROVÉRBIOS 24

1. Qual o chamado missionário dos v. 11,12? Em relação aos que estão morrendo, será que não estou afirmando: "Não sei de nada"?
2. Há outros ditados neste capítulo que desafiem meus padrões de amor ao próximo?
3. O que o sábio descobriu observando o campo do preguiçoso? Descubra as lições que este capítulo ensina sobre eficácia e antecipação, e medite nelas.

☐ ESTUDO 17   PROVÉRBIOS 25.1-26.12

1. Em uma de suas parábolas, como Jesus adaptou o ensino de 25.6,7?

2. Observe quantas ilustrações o cap. 25.8-28 apresenta sobre o poder e a influência das palavras tanto para o bem quanto para o mal. Estou sendo bastante cuidadoso nesta área?

3. De que maneiras o cap. 26.1-12 reforça a conhecida exortação: "Não seja tolo"? Em meio a que pessoas Jesus encontrou alguns "tolos"? Cf. Mateus 7.26; 23.17; 25.2; Lucas 11.40; 12.20; 24.25.

Obs.
"Tolo" é a pessoa que decide não aceitar o ensino da sabedoria divina e que, seguindo seus próprios caminhos, prejudica a si e aos outros.

☐ ESTUDO 18   PROVÉRBIOS 26.13-27.27

1. Que tipos de conversas enganosas são expostas nos cap. 26.18-27.2?

2. "Meu filho, sê sábio" (27.11). Que instruções o cap. 27.5-22 oferece para o viver sábio, especialmente em relação à amizade?

3. De acordo com 27.23-27 qual é a recompensa da dedicação? Cf. Também 27.18; 28.19; Romanos 12.11.

☐ ESTUDO 19   PROVÉRBIOS 28 E 29

1. Marque os versículos que contrastam os bons com os maus. Como eles são opostos em caráter e conduta? Considere também a diferença que exercem tanto para o bem quanto para o mal na sociedade, especialmente se estiverem em posição de autoridade.

2. O que é dito sobre a importância da obediência à lei, e sobre a maneira correta de tratar os pobres? Há quatro referências sobre a primeira questão e, pelo menos, cinco sobre a segunda.

3. Sublinhe os versículos destes dois capítulos que são especialmente incisivos e importantes para você.

☐ ESTUDO 20   PROVÉRBIOS 30

Os dois últimos capítulos de Provérbios são apêndices. O capítulo 30 apresenta os ditados de Agur, de quem não se sabe nada. De início, Agur olha em direção a Deus, e sente-se pequeno frente ao mistério do ser e poder divinos. Mais tarde, Agur concentra-se no mundo dos seres humanos e dos animais, e percebe, e registra, um número de fatos surpreendentes.

1. Observe a exatidão, a urgência, o conteúdo e o motivo da oração de Agur. Compare esta oração com a que Jesus usou para ensinar seus discípulos a orar.

2. Os tipos de pessoas mencionadas nos v. 11-14 ainda existem hoje? Use quatro adjetivos para descrever os pecados dos quais eram culpados.

3. Quais as quatro lições que podemos aprender com as quatro criaturas mencionadas nos v. 24-28?

☐ **ESTUDO 21** **PROVÉRBIOS 31**

1. Quais as três virtudes que a mãe do rei Lamuel ansiava que ele adquirisse (v. 1-9)? Elas são menos necessárias às pessoas que têm cargos de responsabilidade?
2. Relacione as qualidades da esposa ideal, conforme os v. 10-31.

Obs.

1. Leia os v. 6,7 à luz dos v. 4,5, ou seja, como uma "lembrança cortante da verdade que um administrador tem coisas mais importantes para fazer do que praticar a anestesia em si mesmo" (*Provérbios* [SCC, EVN], p. 176).
2. V. 10. "Exemplar": o termo hebraico inclui tanto o valor moral quanto a eficiência prática. Cf. 12.4. Rute possuía estas coisas. Veja Rute 3.11.
3. V. 18b. Não significa que ela trabalhe a noite inteira, mas que sua casa é organizada e está preparada para emergências. Cf. 13.9.

ROMANOS

Introdução

Paulo escreveu esta carta de Corinto, durante os três meses que passou na província de Acaia, conforme Atos 20.2,3. Seu objetivo era apresentar à igreja em Roma (não fundada por ele, mas que gostaria de visitar em breve) um estudo lógico do evangelho que anunciava, e também argumentar sobre o grave problema da incredulidade judaica e sobre a ligação dos judeus e dos gentios com Jesus Cristo e a salvação por ele oferecida.

Com base no capítulo 15.23,24 temos a impressão que o apóstolo aos gentios achava que havia feito tudo o que podia para realizar sua tarefa no oriente. Havia chegado a hora de colocar em ação o plano de estender seu ministério às terras do ocidente.

Para uma tarefa desta grandeza o apoio em oração e a comunhão prática da igreja da metrópole seriam, obviamente, uma enorme vantagem. Roma era um ponto estratégico, e a igreja ali parecia tão cosmopolita quanto a cidade. Uma apresentação honesta do evangelho que iria anunciar era a melhor maneira de esclarecer os desentendimentos que talvez surgissem como resultado das tensões entre judeus e gentios, ou por outros motivos, e também de conquistar a comunhão e cooperação que Paulo desejava.

Logo de início o apóstolo declara que o evangelho é o poder de Deus para a salvação de todo aquele que crer. Os grandes temas do evangelho de Cristo são tratados um a um: culpa humana; redenção pela graça; retidão que vem de Deus; justificação pela fé; nova vida em Cristo; obra do Espírito Santo no cristão; certeza da vitória final do cristão; soberania divina; e inclusão das "nações" nos propósitos misericordiosos de Deus. A seguir vem uma parte sobre a influência prática do evangelho em todas as áreas da vida.

É apenas natural que esta carta, com seu tratamento abrangente do evangelho e a lógica persuasiva de seus argumentos, seja considerada por muitos como o livro mais extraordinário de um conjunto de livros extraordinários.

Esboço

1.1-15		Saudações iniciais e introdução
1.16,17		Apresentação do tema da carta
A.1.18-11.36		**O evangelho revelado a Paulo**
1.18-3.20		*O pecado universal*
	1.18-2.16	A exposição dos gentios
	2.17-3.18	A exposição dos judeus
	3.19,20	A culpa de todos os seres humanos
3.21-5.21		*O caminho da justificação*
	3.21-31	A justificação é um presente de Deus
	4.1-25	A justificação oferecida a Abraão
	5.1-21	A justificação oferecida a todas as pessoas por intermédio de Cristo
6.1-8.39		*O caminho da santidade*
	6.1-23	Vida debaixo da graça
	7.1-25	Lei e carne
	8.1-39	Vida vitoriosa no Espírito
9.1-11.36		*Judeus e gentios*
	9.1-29	A eleição soberana de Deus
	9.30-10.21	A responsabilidade do ser humano
	11.1-36	Os propósitos soberanos de Deus
B.12.1-15.13		**O viver cristão**
12.1-21		Relacionamentos cristãos
13.1-7		O cristão e as autoridades
13.8-14		Responsabilidade cristã
14.1-15.13		Equilíbrio entre liberdade e amor na comunidade cristã
15.14-16.27		Saudações e exortações finais

☐ **ESTUDO 1** **ROMANOS 1.1-17**

1. O que o apóstolo diz a seu próprio respeito nestes versículos? Preste atenção nos versículos 1,5 e a cada versículo de 9 a 16. Com o v. 14, cf. 1Coríntios 4.1; 9.16,17.

2. O que Paulo afirma sobre o evangelho e seu conteúdo, origem, propósito, poder e propagação? Você almeja anunciar o evangelho ou sente-se impelido a fazer isso?

Obs.
V. 17. A frase "a justiça de Deus", neste versículo e no cap. 3.21, significa a justiça que Deus providenciou em Cristo para os seres humanos. Deve ser diferenciada da "justiça de Deus" em 3.5,25, que significa a retidão do caráter de Deus.

☐ **ESTUDO 2**   ROMANOS 1.18-32

1. Como Paulo mostra que o pecado do homem é: (a) deliberado e (b) indesculpável? Qual sua origem, e que efeito espiritual, mental, moral e físico ele produz?

2. Segundo o texto, como a ira de Deus se manifesta? Observe os três estágios nos v. 24,26 e 28. Cf. Sl 81.12; At 7.42. De que maneira você observa a ira de Deus hoje em dia? Cf. Rm 12.19; 13.4.

☐ **ESTUDO 3**   ROMANOS 2.1-16

1. Os versículos 2,6,11 e 16 revelam quatro características do juízo de Deus. Quais? O que mais o texto ensina sobre o assunto?

2. Que critério geral Deus usará para julgar as pessoas? Veja os versículos 7-10. Como isso trará condenação aos: (a) egoístas, (b) não judeus e (c) judeus? Por que Deus retarda o dia da ira?

Obs.
1. Os v. 7 e 10 não contradizem, de modo nenhum, a verdade de que a salvação não é conseguida por meio de boas ações. Paulo não está lidando aqui com o método da salvação, e sim com a natureza do teste no dia do juízo. O teste é a justiça (cf. 1Jo 3.7,10). Quem não for justo de coração e viver justamente será condenado. Mais tarde Paulo mostrará que a única maneira de sermos justos aos olhos de Deus é por intermédio da fé em Cristo.
2. V. 12-15. Significa que as pessoas serão julgadas de acordo com o que receberam. Se viviam debaixo da lei de Moisés, serão julgadas por ela. Caso contrário, serão julgadas pelos padrões em que viviam à luz da razão e da consciência delas.

☐ **ESTUDO 4**   ROMANOS 2.17-29

1. Nos versículos 17-20 Paulo enumera vários privilégios dos quais os judeus daqueles dias se gabavam. Se fizer uma lista, você encontrará dez ao todo. Mas o orgulho religioso e racial não está, de modo algum, restrito aos judeus. Substitua "judeus" por "cristãos" e "lei" por "Bíblia", e explique como o argumento pode ser aplicado a quem se diz cristão hoje em dia.

2. V. 25-29. Os judeus apoiavam-se na circuncisão como o selo da aliança de Deus com eles. O que mais Paulo mostra ser necessário, e cuja falta torna sem valor os sinais externos? Cf. 1Samuel 16.7. Como você enquadraria o argumento do apóstolo às leis cristãs?

☐ **ESTUDO 5**   ROMANOS 3.1-20

1. Nos versículos 1-8 o apóstolo responde a quatro objeções que as pessoas fazem ao evangelho. (As objeções se encontram nos v. 1,3,5 e 7,8a; as respostas são dadas nos v. 2,4,6 e 8b.) O assunto compensa um estudo cuidadoso; atente especialmente ao uso que Paulo faz do Antigo Testamento, aos dois atributos de Deus nos quais Paulo se firma e ao tipo de conduta que ele repudia com severidade.

2. Nos versículos 10-18 Paulo apresenta o veredito geral das Escrituras aos seres humanos caídos. O que a Bíblia afirma sobre: (a) a situação geral da humanidade (v. 10-12, cf. Is 53.6a), (b) a conversa das pessoas (v. 13,14) e (c) a conduta e atitude íntima delas para com Deus (v. 15-18)? Como isso tudo confirma o resultado prático já apresentado no cap. 1.18-32 e 2.17-29 e leva à conclusão do cap. 3.19,20?

3. Você acredita na verdade de que é impossível alguém escapar — por seus próprios esforços — da condenação no tribunal de Deus?

Obs.
1. V. 20. "Obediência à lei": uma frase que aparece também no v. 28. Indica conduta alcançada pelos esforços da pessoa em obedecer ao regulamento dado por Deus. Cf. Gálatas 3.10-12.
2. V. 20. "Declarado justo" significa "pronunciado justo".

☐ **ESTUDO 6**   ROMANOS 3.21-31

1. A pergunta sobre a possibilidade de salvação de uma pessoa culpada tem sua resposta na manifestação da justiça de Deus, isto é, na justiça que Deus providenciou (ver *Estudo 1, Obs.*). Para melhor esclarecimento do que foi dito sobre a justiça neste parágrafo importantíssimo (v. 21-26), anote e estude individualmente seus vários pontos. Existem de doze a quinze pontos.

2. Quais as duas conclusões seguintes? Veja os versículos 27,28 e 29,30. Cf. 1Co 1.29-31; Gl 3.28. O que Paulo responde a quem porventura afirme que o evangelho da salvação pela fé (pregado pelo apóstolo) invalida a lei?

☐ **ESTUDO 7**   ROMANOS 4.1-15

Paulo fez três afirmações diretamente opostas à interpretação dos judeus à Escritura Sagrada. A primeira se encontra no cap. 3.20, e diz que ninguém será justificado pelas obras da lei; a segunda, no cap. 3.30, e diz que Deus justificaria os gentios por meio da fé, sem circuncisão; a terceira se encontra no cap. 3.19 e 28, e declara que a salvação é dada independente da lei. Paulo, então, procede no capítulo 4 a mostrar que estas afirmações têm apoio no Livro Sagrado. Ele baseia seu argumento principalmente em Gênesis 15.

1. Abraão e Davi foram homens agraciados pelo favor de Deus (cf. ex., Is 41.8; At 13.22). Portanto, de acordo com a Bíblia, em que base a justiça lhes foi atribuída? Veja os v. 1-8.

2. A que altura da vida de Abraão sua fé lhe foi atribuída como justiça? Como isso afeta diretamente a questão relacionada à admissão dos gentios? Veja os v. 9-12.

☐ **ESTUDO 8**   ROMANOS 4.16-25

1. Reflita na correlação entre a fé de Abraão e a nossa. Por exemplo: (a) a promessa feita a Abraão (Gn 15.5,6) e a promessa feita a nós (v. 20-24); (b) a incapacidade de Abraão (v. 18,19) e nossa incapacidade (veja 3.20); (c) o Deus em quem Abraão confiava (v. 17) e o Deus em quem confiamos (v. 24); (d) o resultado para Abraão (v. 18) e para nós (5.1,2).
2. V. 25. Em que sentido nossos pecados foram a razão da morte de Cristo, e nossa justificação foi o propósito da ressurreição? Cf. Is 53.4-6,8b,11; 1Pe 2.24; 1Co 15.17.

☐ **ESTUDO 9**   ROMANOS 5.1-11

1. V. 1,2,9-11. Que bênçãos acompanham a justificação? Relacione as coisas que podemos usufruir agora. Veja o quanto está incluído nas afirmações. Conscientes disso, o que devemos fazer?
2. Mas alguém talvez pergunte: "E quanto aos sofrimentos que acompanham a vida cristã? Eles não minimizam as bênçãos?" O que Paulo responde? Veja os v. 3-5. Qual é o valor do sofrimento, e como garantir que nossas esperanças não sejam apenas excesso de otimismo?
3. V. 5-8. Que evidências reforçam nossa certeza de que Deus nos ama? Note a importância de haver pelo menos duas testemunhas. Cf. Dt 19.15; 2Co 13.1. Em que as testemunhas aqui mencionadas são diferentes e complementares?

☐ **ESTUDO 10**   ROMANOS 5.12-21

1. Quais as consequências para todos nós: (a) do pecado de Adão e (b) da "obediência" ou "ato de justiça" de Cristo? Em que aspectos o último é semelhante ao primeiro, e também diferente dele? O que devemos reconhecer sobre a dádiva que recebemos em Cristo?
2. Quais os quatro "reinos" mencionados nesse texto? Dois deles são uma experiência triste para toda a humanidade. Como os outros dois funcionam? Que vantagens proporcionam? Como nos tornamos parte deles e de seus benefícios?

☐ **ESTUDO 11**   ROMANOS 6.1-14

1. Qual é a posição de quem está agora espiritualmente ligado a Cristo: (a) em relação ao pecado e (b) em relação a Deus? O que causou a mudança?

ROMANOS   *106*

2. Sendo esta a nossa posição em Cristo, como devemos usufruí-la e vivê-la de modo a ser vitoriosos contra o pecado? Veja os v. 11-14; atenção às frases-chaves, "considerai-vos", "não reine" e "apresentai-vos".

Obs.
1. A pergunta do v. 1 é consequência do que Paulo disse no cap. 5, especialmente no v. 20.
2. Os v. 3-10 são uma explicação do v. 2.
3. V. 6 "Corpo do pecado" significa "o corpo no qual o pecado reinou", cujos membros eram usados a serviço do pecado (veja v. 13 e 19).
4. V. 7. O princípio geral de que a morte põe fim a todos os relacionamentos e obrigações (cf. 7.1,2) é aqui aplicado ao nosso relacionamento antigo com o pecado.

☐   **ESTUDO 12**   ROMANOS 6.15-7.6

Até agora a argumentação de Paulo pode levantar duas perguntas: "Devemos, então, continuar pecando?" e "Como é possível não ficar debaixo da lei?" A primeira é respondida no cap. 6.15-23 e a segunda, no 7.1-6.

1. O capítulo 6.15-23 contrasta dois mestres. Quem são eles? Que tipos de serviços eles exigem respectivamente, e quais os resultados? Em vista disso tudo, qual é a única resposta possível à pergunta: "Devemos continuar pecando"?

2. Para responder à segunda pergunta ("Como é possível não ficar debaixo da lei?"), Paulo usa os laços matrimoniais para ilustrar uma pessoa sujeita à lei e que, em sequência, fica livre dela (v. 1-3), e aplica-a à situação do crente (v. 4). No caso do cristão, quem morreu para que sua antiga posição debaixo da lei tivesse fim? Quem é o novo marido? Quais são os frutos dessa nova união, comparados aos frutos da antiga união? Veja os v. 5 e 6.

Obs.
7.4. Quando seu corpo foi destruído pela morte, Cristo ficou livre da sujeição à lei, e nós, tendo morrido com ele, também estamos livres. Uma vez que participamos de sua ressurreição, não vivemos mais na escravidão da lei, e sim na alegria que vem da obediência em amor.

☐   **ESTUDO 13**   ROMANOS 7.7-25

A vida perfeita do homem sob a lei é vencida e arruinada pelo pecado.

1. V. 7-13. Falar em paixões sendo despertadas pela lei pode sugerir que a lei, em si mesma, seja pecaminosa. Que evidência Paulo apresenta nesses versículos para mostrar que a lei é santa e boa, e mesmo assim: (a) revela o pecado, (b) desperta o pecado e (c) resulta em morte? Então o que a lei revela quanto à natureza do pecado?

2. V. 14-25. Qual a força mais poderosa na vida da pessoa: a lei ou o pecado? Qual é, portanto, na melhor das hipóteses, o resultado inevitável da vida sob a lei?

Obs.
Nos v. 14-25 o apóstolo explica o que significa "velha forma da Lei escrita" (7.6). A lei de Deus governa de fora, mas o pecado como força interna exige obediência à sua vontade. Duas coisas

são necessárias: (a) absolvição da condenação imposta pela lei de Deus e (b) um poder interior mais forte que o pecado, poder que nos capacite a fazer a vontade de Deus. Cristo satisfaz as duas necessidades, como Paulo mostra no capítulo 8 ao explicar o significado de "novidade do Espírito" (7.6).

☐ ESTUDO 14   ROMANOS 8.1-17

1. V. 1-4. Qual é a feliz condição daqueles que estão "em (união com) Cristo Jesus?" Como a libertação aconteceu, e com que propósito Deus a efetuou?
2. Os v. 5-17 contrastam a vida segundo a carne com a vida segundo o Espírito. O que causa a mudança de uma para a outra? Como sabemos que a vida no Espírito traz consigo a vitória definitiva sobre a morte? Se temos esta vida, qual é a nossa responsabilidade atual, e por quê? Quais são nossos privilégios agora?

Obs.
1. V. 1. "Condenação" provavelmente significa "a punição que acompanha a sentença", isto é, servidão penal.
2. V. 2. O Espírito, o pecado e a morte são considerados poderes que exercem autoridade, e o Espírito se mostra mais forte. Cf. Gl 5.16,17.
3. V. 3. "Na morte de seu próprio Filho, que veio em natureza humana para expiação de nossos pecados, Deus pronunciou a condenação do pecado, e deu fim às suas reivindicações e autoridade sobre o homem" (Denney).

☐ ESTUDO 15   ROMANOS 8.18-39

1. Quais as três garantias que Paulo apresenta nos v. 18-27 de que o sofrimento presente irá terminar em glória? Veja os v. 18-22,23-25 e 26,27, atentando às palavras "gemidos" ou "suspiros". Cf. Êxodo 2.23-25; Romanos 5.3-5.
2. Nos v. 28-39 quantos motivos distintos Paulo dá para que o cristão se alegre, ainda que tudo neste mundo pareça estar contra ele?

Obs.
V. 28. Cf. A21: "Sabemos que Deus faz com que todas as coisas concoram para o bem daqueles que o amam". Cf. 1Co 2.9.

☐ ESTUDO 16   ROMANOS 9.1-13

Nos capítulos 9-11 Paulo lida com o grave problema da rejeição dos judeus, em sua maioria, ao Messias prometido, e a consequente rejeição de Deus a eles. Duas interrogações se levantam: (a) "Deus quebrou suas promessas?" e (b) "Se não quebrou, como serão cumpridas?" Paulo responde à primeira pergunta nos capítulos 9 e 10 e à segunda, no capítulo 11.

1. O capítulo 8 está permeado de triunfo e alegria. Como é, então, que Paulo fala em grande tristeza e dor incessante em seu coração? Veja especificamente o capítulo 9.3. Qual o motivo de seu sofrimento? Até que ponto experimentamos essa alegria e esse sofrimento cristãos?

2. V. 9-13. A questão tratada por Paulo aqui é: "Se Deus rejeita aqueles judeus que rejeitaram Jesus como Messias, então sua promessa não teria falhado? Pois as promessas (v. 4) foram feitas aos judeus, não foram? Como Paulo responde a isso? E que dois princípios da eleição divina Paulo descobre no Antigo Testamento no episódio dos nascimentos de: (a) Isaque e (b) Jacó e Esaú?

☐ **ESTUDO 17**   ROMANOS 9.14-29

1. Como Paulo mostra que Deus age com absoluta liberdade na eleição das pessoas: (a) sem abrir mão de sua própria justiça e (b) sem dar a ninguém motivos reais de reclamações? Veja os v. 14-22. Ao mesmo tempo, note como Paulo dá ênfase à misericórdia de Deus. Veja os v. 15,16,23-26.
2. Qual é o propósito da eleição feita por Deus, e como os versículos que Paulo cita esclarecem este propósito? Como essa verdade se aplica a mim?

☐ **ESTUDO 18**   ROMANOS 9.30-10.21

1. O texto contrasta duas maneiras de aceitação perante Deus. Quais? Como são mutuamente exclusivas? Veja 9.30-10.9. Por que Israel fracassou?
2. Justiça pela fé (10.8-15). O que o apóstolo diz quanto à: (a) sua simplicidade, (b) sua aplicação universal e (c) sua necessidade de ser proclamada?
3. Como o capítulo 10.14-21 deixa claro a responsabilidade que a pessoa tem de: (a) proclamar o evangelho e (b) dar ouvidos a ele?

☐ **ESTUDO 19**   ROMANOS 11.1-10

1. Quais as três provas que o texto apresenta de que Deus não rejeitou Israel completamente?
2. Como os remanescentes salvos participam dessa bênção, e por que os outros não foram salvos? Qual o papel de Deus no resultado, e o nosso?

☐ **ESTUDO 20**   ROMANOS 11.11-24

1. Se alguém tropeça e cai, tanto pode se levantar como continuar caído e perecer. Que razões Paulo tem para crer que a rejeição de Israel não é definitiva?
e. Contra que sentimento Paulo adverte os gentios cristãos? Que lições aprendemos com o modo de Deus tratar Israel?
3. De que modo esse texto incentiva a missão cristã intensiva aos judeus?

Obs.
V. 16. Cf. Números 15.17-21. Assim como a entrega dos primeiros frutos consagrava a colheita inteira, a nação toda foi consagrada a Deus na escolha dos patriarcas. Cf. v. 28.

ESTUDO 21 — ROMANOS 11.25-36

1. Qual é o propósito final de Deus para Israel, e como os versículos citados confirmam esse propósito?
2. Estude o plano de Deus revelado nos capítulos 9-11. Quais os passos que o Senhor deu — e continuará dando — para alcançar os resultados garantidos no v. 32? O argumento desses capítulos também o leva a glorificar a Deus, como aconteceu com Paulo na doxologia dos v. 33-36?

ESTUDO 22 — ROMANOS 12

Na segunda parte de sua carta Paulo fala do estilo de vida que deve caracterizar as pessoas que creem no evangelho como estabelecido nos capítulos 1-11. A ligação íntima entre crença e conduta é enfatizada pela conjunção "portanto", bem significativa, em 12.1. Veja *Esboço*.

1. Qual deve ser a atitude do crente em relação: (a) a Deus e (b) ao mundo? Que resultados essas atitudes irão produzir?
2. Alguém sugeriu que o ensino dos v. 3-8 pode ser resumido na palavra "humildade", e o ensino dos v. 9-21, na palavra "amor". Até que ponto isso é verdadeiro? Em que aspectos dessas áreas você precisa melhorar?

Obs.
1. V. 2. "Transformados": a mesma palavra grega é usada três vezes no Novo Testamento: Mateus 17.2, Marcos 9.2 ("transfigurado") e 2Coríntios 3.18.
2. V. 20. "Brasas sobre a cabeça": uma figura de dor violenta, sendo aqui a dor da vergonha e contrição.

ESTUDO 23 — ROMANOS 13

1. Quais as três razões que Paulo apresenta nos v. 1-7 para mostrar que é correto nos submetermos às autoridades? Como tal submissão é revelada de modo prático?
2. Que princípio único deve guiar a vida do cristão na sociedade? Veja os v. 8-10.
3. V. 11-14. No capítulo 12.1, Paulo dá um motivo forte para vivermos conforme os ensinos dos capítulos anteriores — "a compaixão de Deus". Que outro motivo ele apresenta nos versículos acima? O que o uso da armadura da luz significa para você, tanto no aspecto negativo quanto no positivo?

Obs.
V. 2. "O governo tem direito de exigir obediência somente dentro dos limites divinamente estabelecidos para seus propósitos. De modo particular, o governo não só pode como deve ser enfrentado quando exige a lealdade que só pertence a Deus" (*Romans* [TNTC], p. 223-4).

☐ ESTUDO 24   ROMANOS 14

1. "O cristão é o soberano mais livre de todos, e não está sujeito a ninguém" (Lutero). O que os versículos 1-12 ensinam sobre a liberdade cristã?
2. "O cristão é o servo mais obediente de todos, e está sujeito a todos" (Lutero). Por que motivos a liberdade cristã deve ser limitada? Quais as coisas que realmente devem ser preservadas a todo custo no meio cristão?
3. Devemos participar de uma atividade em que outros cristãos verdadeiros estão envolvidos, mesmo se tivermos dúvida se é lícita ou não? Por quê?

Obs.
1. V. 1. Cf. A21: "Acolhei o fraco na fé, mas não para debater opiniões".
2. V. 5. Não devemos supor que Paulo estivesse pensando no sábado semanal, mas sim nos feriados judaicos.
3. V. 6. Há um princípio valioso aqui, semelhante ao do v. 23b. Se pudermos agradecer a Deus pelo que estamos fazendo, recebendo-o como uma dádiva do Senhor, então não é pecado. Caso contrário, não o faça.

☐ ESTUDO 25   ROMANOS 15.1-13

1. O conselho dado nos v. 1,2 não é, de jeito nenhum, fácil de ser obedecido. Quais as três fontes de ajuda e encorajamento oferecidas nos versículos 3-5?
2. Seguir o exemplo de Cristo exige o quê (v. 7-12)? Por que Paulo enfatiza tanto a inclusão dos gentios?
3. O que deve caracterizar a vida da igreja cristã? Veja os v. 2,5-7,13.

☐ ESTUDO 26   ROMANOS 15.14-33

Do capítulo 1.16 até aqui, Romanos parece mais um tratado do que uma carta. Agora, Paulo volta a escrever no estilo de carta, e há várias ligações entre esta seção final e 1.1-15.

1. Nos versículos 15-21, como Paulo descreve a natureza, a finalidade, o poder e os resultados de seu trabalho? Até que ponto a descrição se aplica ao que fazemos pelo evangelho?
2. De acordo com os versículos 20-25, quais as questões mais íntimas do coração de Paulo? Além disso, o que descobrimos sobre a importância que ele deu à oração intercessória? Será que temos o mesmo espírito e visão?

Obs.
1. V. 16. É um retrato dos sacrifícios do Antigo Testamento. A tarefa de Paulo era levar os gentios a Deus como uma oferta santificada pelo Espírito Santo.
2. As contribuições que as igrejas dos gentios ofereciam aos pobres da igreja de Jerusalém eram consequências do esforço de Paulo, e ele esperava resultados importantes da comunhão entre judeus e gentios cristãos. Cf. 2Co 8 e 9, especialmente 9.12-15.

☐ **ESTUDO 27**   **ROMANOS 16.1-16**

1. O que descobrimos sobre Febe, com base em seu nome e no lugar onde morava (veja *Obs. 1*), na descrição dela como "irmã" e "diaconisa da igreja" e pelo trabalho que realizava? O que Paulo pediu que os cristãos de Roma fizessem por ela, e por quê?
2. Ao ler a relação de nomes, note as referências: (a) ao serviço diligente; (b) aos sofrimentos por Jesus e (c) ao caráter cristão. Cf. 2Co 5.9-10.
3. Quantas vezes as frases "no Senhor" ou "em Cristo Jesus" ou "em Cristo" aparecem? Note também as diferentes conexões em que são usadas. Qual a importância da frase para você?

Obs.
1. Febe era o nome de uma deusa. Isto sugere que Febe cresceu no meio pagão. Agora, no entanto, ela era irmã em Cristo, pertencente à família da fé. Era difícil viver como cristão em Cencreia, porto leste de Corinto.
2. V. 7. "Meus parentes": provavelmente significa "compatriotas", "companheiros de prisão"; talvez tivessem sido presos com Paulo por causa do evangelho.
3. V. 13. Possivelmente o mesmo Rufo de Marcos 15.21.

☐ **ESTUDO 28**   **ROMANOS 16.17-27**

1. (a) Como reconhecer os deturpadores do evangelho? Cf. 1Tm 6.3; Mt 7.15-20. (b) Como nos protegemos deles? Cf. 2Jo10; 2Tm 2.14-16; 1Ts 5.22. (c) Que encorajamento recebemos no conflito?
2. Como Paulo descreve Deus? Em que a época atual é diferente da anterior? Qual o objetivo principal a ser alcançado? Cf. 1.5. Que método deve ser adotado?

Obs.
V. 25,26. O mistério aqui mencionado é totalmente explicado em Efésios. Cf. ex., Efésios 3.3-6.

ÊXODO 21-40

Introdução

Embora o vigésimo capítulo de Êxodo divida o livro em duas partes distintas, é importante lembrar que ele é, na verdade, um só. A narrativa dos capítulos iniciais leva à apresentação da lei nos últimos capítulos, e está intimamente ligada a ela.

Nosso estudo começa com Israel acampado ao pé do Monte Sinai. Os israelitas tinham vivido grandes experiências com Deus: o castigo sofrido pelos egípcios, a

ÊXODO 21-40   *112*

celebração da Páscoa, a travessia do Mar Vermelho e a jornada pelo deserto. "Nenhum casco" ficou para trás (Êx 10.26). Deus havia libertado Israel da escravidão do Egito para chamá-lo de povo seu, e declarar-lhe sua vontade.

Foi assim que Deus nos livrou da escravidão do pecado e do mundo, redimiu-nos com o precioso sangue de Cristo, batizou-nos com seu Espírito e separou-nos para si mesmo. Israel se encontrou com Deus no Sinai. Também tivemos um encontro com ele, não apenas entre os trovões da lei como no rosto de Jesus Cristo. O propósito de Deus para nós é o mesmo que foi para os israelitas: santidade.

Isto mostra a importância desses capítulos da Bíblia. Eles apresentam muitos exemplos – que podemos aplicar ao nosso viver – não apenas da santidade de Deus e do viver consagrado, mas também retratam os grandes princípios e doutrinas da expiação e, acima de tudo, do sofrimento de nosso Salvador ao nos redimir dos pecados.

O contexto imediato

A voz de Deus anunciou os dez mandamentos no Sinai (Êx 20.1-16). Apavorado, o povo correu para longe do monte (20.18,19), e suplicou que Moisés lhe transmitisse os mandamentos de Deus. Assim, o líder subiu o monte (20.21,22). O capítulo 21 reproduz as palavras de Deus a Moisés, e só a ele, no monte, com a instrução de que fossem repetidas ao povo.

Esboço

21.1-23.13	Leis civis e criminais
23.14-33	Várias leis religiosas e promessas
24	A promulgação da aliança
25-31	Instruções para a edificação do tabernáculo e seu uso
32-34	O pecado do povo e o perdão de Deus
35-40	A construção do tabernáculo

☐ **ESTUDO 15**   **ÊXODO 21.1-32**

As leis desta seção têm a ver com relacionamentos pessoais, particularmente entre escravos e senhores. Embora a escravidão seja tolerada, sua severidade é minorada de vários modos.

1. Que princípios regem as leis referentes a pessoas? Em particular, como deve ser o relacionamento entre escravo e senhor, de acordo com o v. 2-6? Cf. também Deuteronômio 15.12-18; Jeremias 34.12-17.

2. A pena de morte era aplicada a que tipo de crimes? Por quê? Cf. Marcos 9.43-48.

☐ ESTUDO 16   ÊXODO 21.33-23.19

As leis apresentadas em 21.33-22.15 estão relacionadas principalmente a questões de propriedades, e o restante do texto lida com preceitos variados.

1. Que exemplos de negligência, que causasse ferimento ou prejuízo de outras pessoas, são dados em 21.33-22.15? Nesses casos, o que Deus exige do ofensor? Cite alguns exemplos modernos das negligências apresentadas por esses versículos.

2. Descubra em 22.16-23.19 ilustrações das afirmações que Deus faz a respeito de si mesmo. Veja as afirmações em 22.27; 23.7. Contra que pecado Deus garante que sua ira se acenderá?

Obs.
Algumas dessas leis são parecidas com as do famoso código de Hamurabi, no entanto suas provisões são bem mais misericordiosas. (Cf. *NDB*, p. 570). Veja que no cap. 22.31 a referência quanto a ser "santo" para com Deus. Cf. Levítico 11.44,45.

☐ ESTUDO 17   ÊXODO 23.20-24.18

1. 23.20-33. Considere as promessas e as exigências que Deus faz ao povo. Que promessas e exigências espirituais semelhantes são feitas aos crentes?

2. 24.1-18. Por que esse foi um dia de muito significado e importância na história de Israel? O povo se comprometeu a fazer o quê? Por que esse acordo é chamado (em 2Co 3.7,9) de "ministério da condenação" e da "morte"? Como Deus reagiu à situação que foi, então, criada? Cf. Levítico 17.11; Hebreus 9.22.

☐ ESTUDO 18   ÊXODO 25

1. Quais eram os dois propósitos do tabernáculo? Veja os v. 8,22 em particular.

2. Note os três móveis descritos neste capítulo, mas dê atenção especial à arca e ao que é dito sobre ela nos v. 20,22. Por que Deus e o homem podem se encontrar e ter comunhão apenas diante do trono de misericórdia? Cf. 1João 2.1,2.

Obs.
V. 17-22. O "propiciatório" (ou trono de misericórdia) era uma barra de ouro puro com querubins nas duas pontas, e fazia o papel de tampa da arca, cobrindo as tábuas do testemunho que estavam guardadas ali dentro. Era nesta tampa que o sacerdote aspergia o sangue da expiação. Cf. Levítico 16.15,16.

☐ ESTUDO 19   ÊXODO 26 E 27

1. Capítulo 26. Quais as quatro camadas de cortinas que cobriam o tabernáculo? Que aparência teriam do lado de fora? E de dentro? Cf. o contraste entre Cristo sendo visto de fora (Is 53.2) e visto de dentro (Fp 3.8).

ÊXODO 21-40

Obs.
Para melhor compreensão, desenhe uma planta do tabernáculo como descrito até agora nestes dois capítulos, com o átrio, o lugar santo, o altar, a mesa dos pães, o candelabro e a arca em seus devidos espaços.

☐ ESTUDO 20   ÊXODO 28

1. Para saber a ordem em que o sacerdote se vestia, leia Levítivo 8.7-9. Cada peça de roupa tinha um significado: o manto de linho puro (v.39) indicava que o sumo sacerdote era um homem íntegro; o manto azul (v. 31-35), que era proveniente de Deus; o colete com os nomes das tribos (v. 3-29), que representava o povo; a mitra com o prato dourado (v. 36-38), que era homem santo. Observe como em todas estas maneiras o sumo sacerdote de Israel, com suas vestes do ofício, era um tipo de Cristo.
2. O que este capítulo ensina quanto a nos aproximarmos de Deus em benefício de outras pessoas? Como devemos nos vestir, e com que devemos nos preocupar?

Obs.
1. O colete era uma peça de roupa que cobria o peito e as costas.
2. O peitoral era, provavelmente, uma sacola ou bolsa amarrado na frente do colete, e era chamado "peitoral do juíz" por guardar o Urim e o Tumim, que o sacerdote usava para conhecer a vontade de Deus. Cf Números 27.21; Esdras 2.63. Não se sabe exatamente qual era sua forma e uso.
3. Arão carregava os nomes das tribos nos ombros (o lugar forte) e no coração (lugar de afeto).

☐ ESTUDO 21   ÊXODO 29

1. Nas instruções referentes à consagração dos sacerdotes, observe os vários aspectos da cerimônia: a purificação, a colocação do manto, a unção e os sacrifícios. Em contraste com Arão, por que o nosso Sumo Sacerdote se destaca de maneira extraordinária? Cf. Hebreus 7.26-28.
2.38-46. Qual era o significado das ofertas queimadas diariamente de manhã e à tarde? Em contrapartida a esses sacrifícios, o que podemos oferecer hoje?

☐ ESTUDO 22   ÊXODO 30 E 31

1. Cap. 30. O altar do incenso e a pia de bronze falam da necessidade de oração e purificação diária. Cf. Salmo 141.2; João 13.10; 1João 1.8,9. O que esses capítulos nos ensinam sobre estas práticas tão importantes?
2. Cap. 31. Qual o papel de Deus e o dos filhos de Israel no planejamento e construção do tabernáculo? Veja os v. 1-11 e cf. 25.2,9.

☐ ESTUDO 23   ÊXODO 32

1. Como Arão exemplifica os perigos de cedermos quando algo essencial está em jogo? Qual foi o resultado do "vacilo" de Arão? Por que Deus se irou contra o povo?

2. Que traços do caráter de Moisés se destacam neste capitulo? O que aprendemos com seu exemplo?

☐ ESTUDO 24   Êxodo 33

Segue-se um tempo de espera, durante o qual o povo lamentou, e Moisés ergueu uma tenda fora do acampamento. Deus, agora, apareceu numa coluna de nuvem para falar com Moisés.

1. Dessa vez, qual foi a atitude de Deus em relação: (a) ao povo e (b) a Moisés? Quais os três pedidos de Moisés? Qual foi a resposta de Deus?
2. Como as orações e respostas desse capítulo mostram: (a) o crescimento da fé e a disposição de Moisés e (b) a profundidade da graça de Deus?

Obs.
1. V. 1-3. O lamento parece ter acontecido porque Deus ameaçou revogar a promessa feita no cap. 25.8; 29.45,46 e retornar ao método antigo de guiar o povo por intermédio de anjos (cf. 14.19; 18.20-23).
2. V. 7. Essa tenda não pode ser o tabernáculo (embora, às vezes, fosse assim denominada: 29.42-44; 35.21) porque ele ainda não havia sido edificado. Pelo jeito, era uma tenda comum armada fora do acampamento durante o tempo de espera.

☐ ESTUDO 25   Êxodo 34

1. Mostre como Deus respondeu o pedido de Moisés ao cumprir a promessa do cap. 33.19. Como representante do povo, Moisés recebeu um aviso sério contra o quê?
2. Como resultado de sua comunhão com Deus, o rosto de Moisés brilhou. Como cristãos, qual o resultado de contemplarmos a glória de Cristo? Cf. 2Coríntios 3.18; Lucas 11.36.

☐ ESTUDO 26   Êxodo 35.1-36.7

1. O que este texto nos ensina sobre a contribuição dos crentes para a obra de Deus na igreja, sejam quais forem seus talentos, posição e idade? Cf. 1Coríntios 15.58.
2. Que lições aprendemos sobre a disposição com que o povo ofertou, e o valor e generosidade das ofertas? Cf. 2Coríntios 8.1-7.

☐ ESTUDO 27   Êxodo 36.8-37.9

1. 36.8-38. Tente imaginar o interior do lugar santo. Que materiais foram usados nas laterais, no teto, nos fundos e no piso? O que simbolizavam?
2. 37.1-9. Em que a arca e o propiciatório simbolizam Jesus Cristo?

☐ **ESTUDO 28** ÊXODO 37.10-38.31

1. O tabernáculo significava tanto a presença de Deus junto ao povo quanto a maneira do povo se aproximar de Deus. Em vista disso, qual o significado da mesa do pão, do candelabro ou castiçal e do altar do incenso? Cf. João 6.57; 8.12; Hebreus 4.16.

2. De onde veio o bronze usado na pia? Considere o papel das mulheres na edificação do santuário. De onde veio a prata usada no santuário? Cf. também 30.11-16. É significativo que o tabernáculo tenha sido construído com dinheiro da expiação?

☐ **ESTUDO 29** ÊXODO 39 E 40

1. Imagine o tabernáculo e seus móveis como descritos nos capítulos acima. Eles prenunciam que verdades do Novo Testamento? Cf. ex., Hebreus 9.8-12.

2. Que frase é repetida nesse texto com relação à construção do tabernáculo? O que isso nos ensina a respeito do serviço que prestamos a Deus? Cf. João 15.14.

Obs.
40.26. "O altar de ouro": ex., o altar do incenso, chamado de "ouro" para distingui-lo do altar de bronze das ofertas queimadas no átrio externo (40.29).

1 CORÍNTIOS

Introdução

Esta carta foi escrita por Paulo em Éfeso (16.8,9,19) durante sua terceira viagem missionária (At 19.1-10), por volta de 56 ou 57 d.C. Ao ler a carta, tenhamos em mente a majestosa cidade grega de Corinto, com seu orgulho intelectual, sua idolatria e imoralidade, seu comércio efervescente e sua vida agitada.

O objetivo de Paulo nesta carta era, em parte, responder às perguntas que os coríntios lhe haviam feito (7.1; 8.1; 12.1) e, em parte, lidar com as informações perturbadoras que havia recebido sobre divisões e outros problemas na igreja de Corinto (1.11; 5.1; 6.1; 11.18,20). Paulo já lhes havia escrito pelo menos uma carta (5.9).

O *Esboço* mostrará que a carta trata especialmente de questões morais práticas e, então, aplica-se bem tanto à nossa época quanto a qualquer outra. Mas essas questões não são tratadas com base numa análise psicológica, e sim com base no relacionamento da pessoa com Deus. Por exemplo, o espírito de divisão é inaceitável porque o relacionamento salvador com Deus não é conseguido pelo brilhantismo intelectual, mas pela humildade da fé, e porque os ministros do evangelho de Deus nada mais são que servos dele e responsáveis perante ele.

Semelhantemente, a imoralidade é uma profanação do templo do Espírito Santo, é mau uso da propriedade comprada com o sangue do Redentor. Os princípios regentes determinados por Paulo na questão das carnes oferecidas aos ídolos são: primeiro, nossa liberdade não deve ferir o irmão por quem Cristo morreu e, segundo, não podemos participar da mesa do Senhor e da mesa dos demônios. Assim nas questões morais, como nas doutrinárias, prevalece a grande verdade de que o Cristianismo é Cristo. Mais ainda, esses princípios que instruem e guiam a atitude de Paulo têm valor permanente. Eles podem e devem, da mesma maneira, instruir e guiar nossas atitudes, quando enfrentamos problemas que, embora se revelem de formas diferentes, são iguais em suas questões espirituais básicas.

A epístola contém duas das mais fantásticas passagens do Novo Testamento: a magnífica descrição do amor cristão no capítulo 13 e a defesa e explicação da doutrina da ressurreição no capítulo 15.

Esboço

1.1-9	Introdução	
1.10-4.21	Divisões na igreja	
	1.10-2.16	As divisões acontecem por causa do orgulho intelectual, que é contrário à essência do evangelho. A sabedoria divina é realidade, porém o homem natural não consegue entendê-la
	3.1-4.8	Os ministros do evangelho não são líderes de partidos, mas servos de Deus. São responsáveis diante dele, e a tarefa que realizam tem de ser aprovada por ele
	4.9-21	Exemplo apostólico de humildade e paciência, sem se esquecer da autoridade apostólica
5 e 6	Imoralidade na igreja	
	5	Um grande ofensor é julgado, e regras disciplinatórias são estabelecidas
	6	O litígio nos tribunais dos incrédulos é proibido entre cristãos; base espiritual da pureza de vida
7	Casamento e celibato: respostas a estas questões	
8.1-11.1	Carne sacrificada aos ídolos: princípios e considerações que devem governar a atitude do cristão	
	8	A liberdade deve ser contida pelo amor
	9	O exemplo de Paulo. Esses princípios governam sua vida
	10.1-11.1	Acima de tudo, não ceder à idolatria

1 CORÍNTIOS

11.2-34	Excessos nas reuniões da igreja	
	11.2-16	Regras para a conduta das mulheres na igreja
	11.17-34	A profanação da Ceia do Senhor é repreendida
12-14	Dons espirituais	
	12	Nenhum dom deve ser colocado acima dos outros, embora se perceba que alguns dons são mais importantes que outros
	13	O amor é mais importante que os dons espirituais
	14	O dom de profecia deve ser mais desejado do que o de falar em línguas; o interesse maior deve ser a edificação da igreja de Cristo
15	A ressurreição de Cristo e de seu povo	
16	A oferta para os santos e Conclusão	

☐ **ESTUDO 1**   **1Coríntios 1.1-17**

1. Paulo está se preparando para lidar com vários fatores de divisão na igreja de Corinto. Portanto, o que é significativo sobre a abordagem dos v. 1-9? O que estes versículos ensinam sobre nossos privilégios e expectativas?

2. Quais eram os motivos principais das divisões na igreja de Corinto? Veja os v. 10-17; cf. 3.3,4,21. Como divisões parecidas podem surgir na vida da igreja hoje? De acordo com o texto acima, por que os cristãos estavam fundamentalmente errados, e qual era a solução para eles?

Obs.
V. 12. Apolo era judeu de Alexandria, um centro filosófico. Ele era culto, eloquente e argumentador extremamente habilidoso. Veja Atos 18.24-28. É provável que, por essas razões, alguns da igreja de Corinto preferissem Apolo em vez de Paulo.

☐ **ESTUDO 2**   **1Coríntios 1.18-2.16**

1. Relacione os motivos de Paulo anunciar a palavra da cruz como fazia. Veja os v. 1.17-2.5.

2. Veja 2.6-3.2. O que Paulo ensina sobre (a) a "sabedoria humana" e (b) o "mistério da sabedoria de Deus? Como adquirimos esta sabedoria, e quem são os únicos a entendê-la?

3. Estude o texto novamente e determine o trabalho do Pai, do Filho, do Espírito Santo e do pregador na salvação do indivíduo. O Senhor Jesus Cristo é para você tudo o que Paulo descreve em 1.30,31?

Obs.
1. 2.6. Parece que Paulo tinha em mente três grupos de pessoas: (a) "as maduras" (cf. "espirituais", 3.1); (b) "as crianças em Cristo" (3.1.); (c) "as naturais" (2.14).
2. 2.12,13. A sabedoria de Deus pode ser entendida pelo pregador, interpretada e transmitida aos outros, e recebida pelos ouvintes, somente com a ajuda do Espírito Santo. Cf. 2.4,5.

ESTUDO 3   1Coríntios 3 e 4

1. 3.1-4.2. Encontre e resuma tudo que estes capítulos ensinam a respeito do lugar e tarefas dos obreiros cristãos. Como é, ou deveria ser, o relacionamento deles: (a) com Deus, (b) uns com os outros e (c) com as pessoas com quem trabalham?
2. 4.1-21. Que lições aprendemos com a situação dos apóstolos no mundo? Por que o julgamento que os outros fazem da tarefa do obreiro cristão não interessa? Como e quando o real valor do que alguém faz para Deus será revelado? O valor da tarefa afeta a salvação da própria pessoa? O que o valor irá afetar? Veja 3.13-15.

Obs.
1. 3.12,13. Os diferentes materiais aqui mencionados podem representar os ensinos daqueles que ministravam na igreja: o ouro, a prata e as pedras preciosas são as doutrinas do Espírito; a madeira, o feno e a palha são a sabedoria do mundo.
2. 4.6. "Não ultrapassem o que está escrito." Provavelmente era uma frase de efeito da época.

ESTUDO 4   1Coríntios 5 e 6

1. Observe no capítulo 5 a distinção entre as medidas aplicadas aos crentes em pecado e aos não crentes em pecado. Que ações o apóstolo exige da igreja local, e por que são necessárias?
2. 6.12-20. Estes versículos enfatizam o significado permanente do corpo do cristão. Relacione os pontos aqui mencionados. O que significa glorificar a Deus em seu corpo? Que tipo de ações são: (a) apropriadas e (b) indesejáveis e até mesmo impensáveis?
3. 6.1-11. Que razões Paulo oferece para afirmar que quando os crentes 'lavam a roupa suja' em público estão negando a missão da igreja no mundo?

Obs.
1. 5.2. "Orgulhosos" ("prepotência" ou "arrogância"). Termo bastante usado por Paulo nesta carta (4.18,19; 5.2; 8.1; 13.5.).
2. 5.5. Paulo deixa transparecer que aflições físicas podem acompanhar a exclusão.
3. 5.6-8. Para enfatizar sua ideia, Paulo lembra uma prática da Páscoa — buscar e destruir todo o fermento velho antes (e não depois) de se comer o cordeiro da páscoa. Veja Êx 12.14,15,19.

ESTUDO 5   1Coríntios 7

Neste capítulo, Paulo responde a perguntas específicas sobre casamento feitas pela igreja de Corinto. Suas orientações são oferecidas estritamente à luz do relaxamento moral da cidade pagã de Corinto e das "dificuldades", etc., referidas nos v. 26-35. Paulo mostra que a vida de casado e a vida de solteiro são igualmente permitidas e que cada pessoa tem de descobrir o estado civil que Deus tem para ela (veja v. 7).

1. Por que Paulo permaneceu solteiro (v. 7,8)? Veja os versículos 25-35. Seus motivos são relevantes nos dias atuais?

2. Nos versículos 17-24 Paulo trata de uma questão mais importante — a posição do crente na sociedade em que vive. Que regra é apresentada três vezes para os crentes nesses versículos? Como ela se aplica a nós?

3. Reúna os ensinos práticos de Paulo sobre o casamento (2-5,10-16) e compare-os ao tratamento mais teológico que ele faz em Efésios 5.22-33.

Obs.
1. V. 14. Parece que alguns temiam que se converter a Cristo e permanecer casado com um não crente tornaria o crente impuro. Paulo explica que o contrário pode acontecer.
2. V. 17-24. Nesta seção, ser "chamado" não se refere ao lugar e função da pessoa na sociedade, mas ao chamado de Deus, por meio de Cristo, aos pecadores.
3. V. 26,28,29,31-35. O caráter difícil e transitório do mundo em que se vive, as preocupações naturais do casamento e a vontade de se dedicar inteiramente a Deus podem ser razões para se abster de mudança ou envolvimento desnecessário.
4. V. 36-38. Um texto difícil. É provável que Paulo estivesse aconselhando um jovem a respeito de sua noiva. Mas também poderia estar aconselhando um pai ou guardião sobre uma jovem sob seus cuidados.

☐ **ESTUDO 6**   **1Coríntios 8 e 9**

A igreja de Corinto havia perguntado se era lícito comer alimentos dedicados aos ídolos. Imagine-se como membro dessa igreja. Você foi convidado para um banquete social no templo, ou na casa de um amigo não-crente, e serviram um prato que havia sido sacrificado a um ídolo.

1. 8.1-13. Baseados no conhecimento da verdade como único guia (esta verdade é apresentada nos v. 4-6), que decisão os coríntios tomaram quanto a comer o que foi sacrificado aos ídolos? Paulo concordou? Relacione os motivos do apóstolo ter evitado esses alimentos em determinadas circunstâncias.

2. 9.1-27. Que princípios fundamentais devem governar a conduta do cristão, conforme Paulo exemplifica com sua própria conduta? De maneira particular, que direitos os obreiros cristãos têm, segundo Paulo, e que razões ele apresenta para não exercê-los?

Obs.
1. 8.12. "Ferindo a consciência fraca": observe o contraste. O que exige cuidado e sensibilidade é tratado com grosseria. Cf. 9.22. Os "fracos": isto é, aqueles que têm pouco entendimento das verdades do evangelho, e que relutam em exercer sua liberdade em Cristo. Cf. Romanos 14.1-3.
2. 8.13. A declaração é condicional e pessoal; não é absoluta e geral. É importante não negligenciar o valor disso. Cf. 10.27-30.

ESTUDO 7   1Coríntios 10.1-11.1

1. 10.1-13. Os israelitas, que saíram do Egito, usufruíram privilégios semelhantes aos dos cristãos. Assim sendo, que lições aprendemos com seus fracassos? Por que a presença inevitável da tentação não deve causar desespero?

2. Paulo faz distinção entre comer no templo de um ídolo (v. 14-22) e comer carne comprada no mercado, e que foi oferecida a um ídolo (v. 23-30). Por que ele condena a primeira atitude, mas permite a segunda, exceto nas circunstâncias dos v. 28-29? Em conclusão, que princípios Paulo estabelece para guiar os crentes nesses assuntos?

ESTUDO 8   1Coríntios 11.2-34

Este capítulo lida com duas irregularidades no culto público. A primeira tem a ver com a maneira adequada de as mulheres se vestirem quando participam do culto. A segunda tem a ver com o comportamento não-cristão nas refeições da igreja, ocasião em que era ministrada a Ceia do Senhor.

1. Que argumentos Paulo usou para insistir que as mulheres da igreja de Corinto usassem véu em público? Até que ponto esses argumentos continuam tendo valor? Sua aplicação pode variar onde os costumes sociais são diferentes dos costumes da época de Paulo?

2. De acordo com os versículos 23-26, qual é o significado da Ceia do Senhor? Por que alguns participavam dela de modo vergonhoso? Veja os v. 17-22 e 27-32. Como tornar mais digna a nossa participação?

Obs.
1. V. 10. "Por causa dos anjos": provavelmente se achava que o culto cristão era feito na presença deles, diante de seus olhos.
2. V. 10. O véu era tanto um símbolo de autoridade, lembrando à mulher que seu marido era seu líder, como um sinal de modéstia e pureza, pois, naquela época, nenhuma mulher de respeito andava sem véu em Corinto.

ESTUDO 9   1Coríntios 12

1. Faça uma lista dos dons e serviços que Paulo menciona neste capítulo. Eles são dados com base em que princípio, e para que propósito? Qual a responsabilidade de quem recebe um dom?

2. Pense em como o corpo humano ilustra tanto a unidade quanto a diversidade da igreja. Que outras lições o apóstolo ensina com este exemplo?

Obs.
V. 1-3. A lealdade a Jesus como Senhor é o teste necessário e decisivo da presença do Espírito de Deus naqueles que exercem dons espirituais. Cf. 1Jo 4.1-3.

1CORÍNTIOS

☐ **ESTUDO 10**   **1Coríntios 13**

O apóstolo incentivou os cristãos de Corinto a ser zelosos e buscar os dons mais excelentes (12.31), porém antes de explicar o que quer dizer com isto (capítulo 14), ele dá uma pausa e enfatiza que os dons espirituais só têm valor quando exercitados em amor.

1. V. 1-3. Por que o amor é a coisa mais importante? De que modo Paulo mostra nos versículos 8-13 que o amor é o dom mais importante de todos? Como ele se expressa em sua vida? Cf. 1Jo 4.7,12; Gl 5.22-23.

2. Nos versículos 4-7 o amor é descrito de quinze maneiras. Relacione-as em coluna; ao lado de cada maneira, escreva uma palavra que resuma seu significado, e, se possível, ilustre-a com um exemplo da vida de Cristo. Depois, pergunte-se: "Isto pode ser visto em mim?"

☐ **ESTUDO 11**   **1Coríntios 14**

1. Imagine um culto na igreja de Corinto. Em que era diferente dos cultos de hoje? Incluía algumas práticas desaparecidas que poderiam ser incorporadas?

2. Quais os dois princípios que deveriam governar a conduta nos cultos e reuniões da igreja? Como Paulo usou esses princípios ao dar instruções sobre o culto na igreja de Corinto?

3. Parece que muita gente da igreja de Corinto queria falar em línguas. Que avaliação Paulo faz deste dom? Que conselho dá aos que desejavam as manifestações do Espírito? Que dom você gostaria muito de ter?

Obs.
V. 3. Profecia podia incluir a previsão do futuro (At 11.28), porém, mais comumente, significava revelar a vontade de Deus para a "edificação, exortação e consolação" no presente. Em contraste com uma "língua" incompreensível, a profecia era prontamente entendida e de relevância aos ouvintes.

☐ **ESTUDO 12**   **1Coríntios 15.1-34**

Um grupo da igreja de Corinto não acreditava de jeito nenhum em vida depois da morte, e outro grupo não acreditava na ressurreição dos mortos. Neste texto clássico Paulo lida com os dois grupos.

1. O que chama mais sua atenção no conteúdo e proclamação do evangelho conforme o resumo dos versículos 1-4? Que benefício ele oferece aos seres humanos, e como esse benefício deve ser aproveitado? Cf. 1Tm 1.15.

2. Qual o significado das evidências mostradas por Paulo nos versículos 5-11 de que Cristo ressuscitou? Para o crente, quais são as cinco consequências mais graves de se negar a doutrina da ressurreição dos mortos? Veja os versículos 12-19. A morte coloca algum limite em sua esperança em Cristo?

3. Quais serão as consequências finais e completas da ressurreição de Cristo? Que promessa e garantia foram realizadas na ressurreição? Por que os cristãos conseguem triunfar diante da morte por amor a Cristo?

Obs.
1. V. 28. Significa que não existe mudança no relacionamento eterno entre as pessoas da Trindade. Refere-se à submissão do Filho motivada pelo amor. Cf. 11.3.
2. V. 29. Não se sabe ao certo o que significa. O que fica bem claro é que a prática mencionada é inútil, se não existe vida além da morte.

☐ **ESTUDO 13**   1Coríntios 15.35-58

1. O que a analogia da semente indica sobre a relação entre nosso corpo físico de hoje e nosso corpo espiritual do futuro? Em que serão diferentes? O que mais o v. 38b sugere?
2. O que acontecerá na volta de Cristo? Cf. 1Ts 4.13-18. Em vista disso, o que deve caracterizar nossa vida e nosso serviço aqui no mundo?

Obs.
1. V. 36. Na visão de Paulo a ressurreição não é algo estranho, mas é parte central do plano criador de Deus, tanto em natureza quanto em graça.
2. V. 49. "A imagem do homem celestial" significa a imagem de Cristo em seu corpo glorificado. É esta imagem que devemos compartilhar. Cf. Rm 8.29; Fp 3.20,21; 1Jo 3.2.
3. V. 51. "Nós" significa "nós os crentes". Alguns estarão vivos quando Jesus voltar.

☐ **ESTUDO 14**   1Coríntios 16

1. V. 1. "Quanto à coleta para os santos". Paulo estava interessado numa coleta que havia iniciado entre as igrejas de não-judeus para auxiliar os pobres da igreja de Jerusalém. O que suas instruções práticas nos ensinam sobre o recolhimento e envio desse dinheiro?
2. O que este capítulo ensina a respeito dos planos, das mudanças de lugares e do ministério dos obreiros cristãos? Como podemos ajudá-los a ser mais eficientes na "obra de Deus".
3. Por que os cinco mandamentos dos v. 13,14 são particularmente relevantes para a igreja de Corinto à luz do que vimos nessa carta. Examine sua própria vida e tente descobrir de que maneira você, também, precisa obedecer a esses mandamentos.

SALMOS 30-41

☐ **ESTUDO 22**   SALMO 30

1. Deus livrou Davi de que perigo? Que indicações temos de que o perigo era muito grande? O que Davi pensava: (a) antes do perigo, (b) durante o perigo e (c) após ter ficado livre dele?

2. Quanto à experiência, que conclusões Davi tirou sobre: (a) os resultados positivos da aflição e (b) o propósito de ter ficado livre do perigo? O que ele pode fazer agora, mas que não podia antes? Cf. 2Coríntios 1.8-11.

☐ **ESTUDO 23**   SALMO 31

1. Em sua opinião, qual é o ingrediente mais amargo nessa lista de desabos de Davi (v. 9-18)? O que você faria se estivesse no lugar dele? O que Davi fez?

2. No restante do salmo, o que Davi testemunha de Deus em seu louvor e oração? Qual sua mensagem aos fieis de todos os lugares?

Obs.
V. 5a. Cf. Lucas 23.46 como evidência de que Jesus pensou nesse salmo lá na cruz.

☐ **ESTUDO 24**   SALMO 32

1. De acordo com o salmo, que condições temos de preencher para usufruirmos o perdão de Deus? Cf. Provérbios 28.13.

2. Que bênçãos extraordinárias o perdoado recebe, e o que lhe enche o coração de alegria? Quais as condições para que a alegria permaneça? Você tem preenchido estas condições?

☐ **ESTUDO 25**   SALMO 33

Este salmo começa onde o salmo 32 termina. O termo hebraico "regozijai-vos" no v. 1 é o mesmo usado para "exultem" no salmo 32.11.

1. O chamado ao louvor (v. 1-3) é seguido de motivos de louvor (v. 4-19). Que motivos são esses? Eles também levam você a louvar a Deus?

2. Por que razões a nação cujo Deus é o Senhor é mais abençoada do que as outras? Como o salmista responde a esta pergunta (v. 20-22)?

Obs.
V. 3. "Uma nova canção": o canto do redimido. Cf. Salmo 40.3. "Toquem com habilidade": um bom conselho aos que desejam liderar o louvor a Deus nas igrejas.

☐ ESTUDO 26   SALMO 34

Este salmo adquiri um significado novo quando nos inteiramos das prováveis circunstâncias em que foi composto. Veja seu título e leia 1Samuel 21.10-22.2. Provavelmente foi cantado na caverna de Adulão como instrução de Davi a seus seguidores.

1. Quem deve esperar as bênçãos de Deus? Observe como essas pessoas são descritas. Temos o direito de reivindicar bênçãos, pelos mesmos motivos?
2. Enumere (evitando repetições) as bênçãos que Deus oferece a seu povo, de acordo com o salmo.

☐ ESTUDO 27   SALMO 35

1. O salmo está dividido em três partes, que terminam com uma promessa de agradecimento a Deus. Encontre as divisões, e dê a cada uma um título que resuma seu conteúdo.
2. Davi pinta um retrato vivo do vigor, das sutilezas e da maldade de seus perseguidores, e reage com a mesma força. Qual é o clamor principal de seu coração, e em que bases ele suplica? De que maneira ele nos serve de exemplo?

Obs.
1. V. 4-6. A respeito desta oração e de orações parecidas, veja *NBD*, página 1206.
2. V. 11,12. Davi estava sofrendo insinuações maldosas a respeito de coisas que lhe eram totalmente desconhecidas. Cf. 1Samuel 24.9,17.

☐ ESTUDO 28   SALMO 36

1. Veja o contraste na atitude, na ação e no fim dos perversos e das pessoas que conhecem a Deus. O que isso nos ensina a: (a) evitar e (b) fazer?
2. Que atributos de Deus são exaltados no salmo e que bênçãos eles produzem? Você vive na alegria dessas bênçãos? Você ora, como o salmista orou, para que elas não cessem?

☐ ESTUDO 29   SALMO 37.1-20

1. Conforme estes versículos, o que não devemos fazer, e por quê?
2. Que conselhos são dados nos v. 1-11? Observe também as promessas que os acompanham. Até onde você tem obedecido a essas ordens?

☐ ESTUDO 30   SALMO 37.21-40

1. V. 21-31. Esta parte do salmo amplia bastante o que foi dito sobre a recompensa do justo nos v. 4,6,9,11. O que os v. 21-31 afirmam sobre o justo? Até que ponto você se encaixa nessa descrição?

2. Do que depende a salvação (passada, presente e futura) do justo? Veja os v. 22-24, 28,33,39-40.

☐ ESTUDO 31   SALMO 38

1. Se este salmo foi escrito quando o grande pecado de Davi se tornou público, deixando seus amigos perplexos e horrorizados, devemos nos surpreender com o desânimo demonstrado? Olhem o contraste com o salmo 35! O que o salmo 38 revela sobre os efeitos do pecado descoberto na vida do crente?
2. As três divisões do salmo são marcadas pelo fato de todas começarem se dirigindo a Deus. Você nota uma progressão na fé, de uma seção para outra?

Obs.
1. V. 5. "Minhas feridas": isto é, minhas marcas, uma descrição poética do castigo de Deus.
2. V. 11. "Doença": seus amigos o tratavam como se fosse leproso.

☐ ESTUDO 32   SALMO 39

1. Por que o salmista ficou quieto no início, e por que quebrou o silêncio? Quando revelou seus pensamentos, com quem ele falou? O que aprendemos com isso? Cf. Salmo 62.8; Tiago 3.5,6.
2. Parece que Deus tinha muitas lições para ensinar a Davi e que o salmista, depois de pecar, enxergou-as sob um novo olhar. Estude o salmo e descubra que lições foram essas, e pergunte-se: "Já aprendi estas lições?"

☐ ESTUDO 33   SALMO 40.1-10

Este salmo se divide em duas partes, que têm conteúdos bastante diferentes. A primeira parte está repleta de alegria e agradecimento pela libertação recente. A segunda parte está carregada de súplicas por ajuda em meio à ansiedade e ao perigo.

1. Nos v. 1-3 Davi menciona cinco coisas que Deus fez por ele. Quais? Que efeito sua libertação teve nas pessoas que a testemunharam? Você já experimentou a libertação de Deus com efeitos parecidos? Cf. Atos 9.34-35, 41-42.
2. A libertação despertou que reflexões, decisão e atitude no coração e na vida de Davi? Veja v. 4-10.

Obs.
Os v. 6-8 são citados em Hb 10.5-7, mas na versão Septuaginta, que faz outra leitura na segunda linha do v.6. No entanto, o sentido geral não é diferente em essência. "Assim como o ouvido é o instrumento de recepção do comando divino, o corpo é o instrumento que o executa" (*Bíblia de Cambridge*).

☐ **ESTUDO 34** **Salmo 40.11-17**

1. Por que o salmista pede a ajuda de Deus?
2. Em que base ele pede a ajuda de Deus, e qual o resultado da resposta de sua oração? Que lições podemos aplicar em nossa vida de oração?

☐ **ESTUDO 35** **Salmo 41**

1. Em seu leito de enfermidade, Davi medita nas palavras, ideias e atitudes de outras pessoas, algumas das quais foram visitá-lo. Veja como os visitantes aumentaram, de diversas maneiras, o sofrimento de Davi. Em contraste, pense em como você pode tratar os pobres, os fracos e os doentes.
2. Em meio a "conflitos externos, temores internos" (2Coríntios 7.5), como a fé do salmistas saiu vitoriosa?

Obs.
V.1. "Se interessa": o hebraico infere tratamento oferecido com sabedoria e gentileza. Septuaginta: "Aquele que entende".

Para os *Estudos 36-42* no livro de Salmos, veja a página 223, na *Parte 2*.

2CORÍNTIOS

Introdução

Esta carta foi escrita da Macedônia (2.13; 7.5; 8.1; 9.2) depois que Paulo saiu de Éfeso (Atos 20.1,2). Paulo e Tito se encontraram quando este voltou de Corinto. O relatório de Tito aliviou a ansiedade do apóstolo, especialmente porque os coríntios receberam bem a carta severa que Paulo lhes havia escrito e levaram em conta suas instruções (2.3,4; 7.5-16).

No entanto, outras questões mereciam a atenção de Paulo. Uma minoria da igreja lhe fazia oposição, e a influência dessa turma havia crescido com a chegada de judeus cristãos que afirmavam ter autoridade apostólica, e buscavam diminuir a autoridade de Paulo por meio de insinuações maldosas a seu respeito.

A carta inteira vibra com emoções fortes — é esfuziante de amor, curva-se em sofrimento, queima de indignação. É a mais íntima de todas as cartas de Paulo a igrejas, pois ele ficou bastante magoado por terem duvidado de sua integridade pessoal, seu amor pelas pessoas que levou a Cristo e da validade de sua comissão apostólica. Paulo sabia muito bem que ao atacá-lo, os inimigos estavam, na verdade, golpeando seu evangelho (11.1-5). Esta é a razão de sua defesa veemente.

A carta está dividida em três partes: capítulos 1-7, 8-9 e 10-13. O tema da primeira parte é a natureza do ministério evangélico de Paulo — sua glória e poder divinos (2.12-4.6); sua fraqueza humana e recompensa final (4.7-5.10); seus métodos, motivo e mensagem (5.11-6.10). O tema dos capítulos 8 e 9 é a oferta que Paulo está recolhendo. Ele esclarece os motivos para a oferta cristã, e fala das bênçãos que a acompanham. Nos capítulos finais, Paulo sente-se compelido, e relutante, a esclarecer que tipo de homem ele é, para que seus leitores saibam como as calúnias feitas pelos adversários estão longe da verdade. Estes capítulos revelam o caráter do apóstolo como em nenhum outro lugar. Contêm ainda promessas para os fracos, e uma advertência muito apropriada contra as astutas ciladas de Satanás.

Esboço

1.1-1	Saudação: gratidão pelo consolo em tribulações recentes
1.12-2.11	Paulo se defende da acusação de ser inconstante e explica o motivo de não ter ido a Corinto; ele insiste que a igreja perdoe o ofensor
2.12-6.10	A natureza do ministério cristão
2.12-4.6	O triunfo e a glória do evangelho
4.7-15	Tesouro celestial em vasos de barro
4.16-5.10	Encorajamento e recompensa descobertos em coisas invisíveis e eternas
5.11-6.10	O ministério da reconciliação: sua inspiração, sua mensagem e suas exigências
6.11-7.4	Apelo à afeição dos coríntios que se afastem de uniões malignas e busquem a santidade
7.5-16	A alegria de Paulo com as boas notícias trazidas por Tito
8 e 9	Oferta para os cristãos pobres da Judeia. Exposição de princípios que governam o ofertar cristão
10.1-12.18	A defesa de Paulo contra os adversários de Corinto
10	A autoridade do apóstolo e sua área de trabalho
11.1-12.18	Auto-elogio de Paulo — uma tolice que foi obrigado a usar para expor os falsos profetas
12.19-13.14	Advertências e exortações finais

☐ **ESTUDO 1**   **2Coríntios 1.1-11**

1. Depois das saudações e introdução formais Paulo inicia a carta em tom de louvor. Louva a Deus por que aspectos de seu caráter? Em sua opinião, por que esses aspectos mereceram destaque especial na carta? Que lições a experiência de Paulo ensina sobre nosso relacionamento pessoal com Deus?

2. Por que Paulo deseja que os coríntios tenham plena consciência do grau de seus sofrimentos (v. 6)? Qual a participação dos coríntios, e qual o resultado (v. 11)? Será que somos fieis de verdade em nosso apoio aos cristãos que sofrem mais do que o normal?

3. Compare a saudação formal desta carta com as saudações de outras cartas (ex., Gl 1.1). Em que base Paulo reivindica seu apostolado? Como ele descreve a igreja de Corinto, apesar de seus problemas? Que bênçãos ele invoca sobre os membros da igreja? Você tem experimentado as mesmas bênçãos em sua vida?

Obs.
V. 8-10. "Não queremos que...": no sentido de "depreciar". Os coríntios estavam a par dos sofrimentos, mas não de sua gravidade. "Desesperei totalmente da vida. É verdade, e quando perguntei, 'Como será o fim?', o sussurro do meu coração foi, 'Morte'. Isso me ensinou a não mais me apoiar nas próprias forças, mas em Deus somente, pois ele tem poder para ressuscitar os mortos" (Way).

☐ ESTUDO 2   2Coríntios 1.12-22

1. Que testemunho a consciência de Paulo dá sobre seu relacionamento com: (o) o mundo e (b) os irmãos em Cristo? Você pode afirmar o mesmo a seu próprio respeito?
2. Paulo faz uma afirmação extraordinária: sua confiabilidade é comparada à fidelidade eterna de Deus. O que ele afirma sobre a fidelidade de Deus? Quais as três funções especiais do Espírito Santo mencionadas nos v. 21,22?

Obs.
1. V. 12. "Não em sabedoria do mundo": cf. 1Co 2.6; Tg 3.13-18.
2. V. 13. "Simplesmente não é verdade que lhes mandei uma comunicação pessoal. As únicas cartas que escrevi são as que vocês leram na igreja, e que vocês reconhecem como expressão de meus pensamentos e que, espero, nunca deixem de reconhecer como tal" (Way).
3. V. 20. "Quem tem o Filho de Deus, Jesus Cristo, tem tudo o que Deus prometeu" (Denney). Se acreditamos nisto e exclamamos de corações agradecidos um "Amém" bem apropriado, glorificamos a Deus.

☐ ESTUDO 3   2Coríntios 1.23-2.17

Havia acontecido uma tremenda imoralidade na igreja de Corinto (1Co 5.1) e Paulo escreveu uma carta dura sobre a questão. Este foi o motivo de ele alterar seus planos. Paulo não desejava ir lá com tristeza (1.23; 2.1), e adiou a visita na esperança de que o objetivo de sua carta fosse atingido. Foi o que aconteceu, e agora Paulo aconselha que o ofensor seja perdoado (2.5-11).

1. Que lição tiramos do espírito com que Paulo administrou a disciplina? O que aprendemos com sua maneira de lidar com a situação em Corinto (1.24; 2.4) e com as instruções que ele deu aos crentes quanto à disciplina e ao perdão? Que vantagem Satanás leva quando há um escândalo na igreja?
2. A Bíblia promete que a pregação fiel do evangelho convencerá todos os que a ouvem? Como Paulo descreve sua experiência no assunto? Cf. 4.4.

Obs.
1. 2.5. "Quanto àquele que causou todo esse sofrimento, não é a mim que ele magoou, mas a todos vocês — isto é, de alguma forma, pois não quero ser rígido demais" (Way).

2. V. 14. "Nos conduz...": num desfile triunfal da Roma antiga os cativos levavam incensários. O odor do incenso alcançava uma grande distância e espalhava-se por todos os lados. Paulo se compara a um cativo no desfile de Cristo, espargindo a fragrância do conhecimento do Senhor.

☐ **ESTUDO 4   2Coríntios 3.1-4.6**

Pelo que entendemos, os intrusos em Corinto (veja *Introdução*) fizeram um alvoroço com as cartas de recomendação que levaram (cf. At 18.27), e talvez tenham falado, ou sugerido, que Paulo não tinha recomendação nenhuma, embora estivesse pronto a recomendar a si mesmo (3.1).

1. O cap. 3.6-11 faz um contraste entre a antiga aliança e a nova aliança (veja *Obs.* abaixo). Relacione as maneiras em que a nova aliança é superior à antiga.
2. Nesse texto Paulo fala de sua própria confiança na obra que está realizando. Que bases para esta confiança o apóstolo descobre: (a) nos resultados da pregação e (b) na natureza do seu evangelho? Veja 3.1-5; 4.1-6.

Obs.
3.6. "A letra mata, mas o Espírito...". Nesta frase Paulo resumiu o ensino sobre a lei e o evangelho, exposto amplamente em Romanos 7 e 8.

☐ **ESTUDO 5   2Coríntios 4.7-5.10**

1. Por que Deus colocou o "tesouro" de 4.6 em um vaso fraco — o vaso de barro da fragilidade humana? Como este arranjo funciona na realidade? Veja 4.7-12. Como as aflições do momento são aos olhos da fé, e que cenário é visto no final? Leia 4.13-18.
2. Em 5.1-4 Paulo esclarece melhor um aspecto da cena futura. O que o aguarda depois da morte? Ou, se Cristo vier primeiro, que é o desejo de Paulo (v. 4), o que acontecerá ao apóstolo? Por que Paulo tem certeza de que o cenário não é uma ilusão, e qual é o efeito disto em seu objetivo atual? Veja os v. 5-10.

Obs.
1. 4.10-12. Cf. 1.8-10; 6.9
2. 5.3,4. "Despidos": referência ao desnudamento que acontece na morte, quando o espírito deixa o corpo terreno. O desejo de Paulo era, como o v. 4 mostra, ficar vivo até o retorno de Cristo e, assim, escapar da morte. Cf. 1Coríntios 15.53.
3. 5.10. As retribuições aqui mencionadas não são vida ou morte eterna, mas elogio ou culpa, glória ou desonra. Cf. 1João 2.28.

☐ **ESTUDO 6   2Coríntios 5.11-6.10**

1. Qual a grande motivação da vida de Paulo, e a que conclusão ela o fez chegar? Veja os v. 14-17. Somos parecidos com Paulo neste assunto?
2. 5.18-6.2. Segundo Paulo, o que Deus: (a) fez por meio de Cristo e (b) deseja fazer por meio de nós? O que devemos anunciar aos outros, e rogar-lhes que façam, para realizarmos a tarefa que Deus nos deu?

3. Examine a lista de vinte e oito pormenores nos quais Paulo descreve o tipo de vida e experiência a que foi levado quando aceitou a Cristo e a comissão que Cristo lhe deu. Até que ponto isto descreve a sua vida como cristão?

Obs.
1. 5.12. Uma alusão aos intrusos que estavam minando a influência de Paulo em Corinto (veja *Introdução*). O objetivo de Paulo nestes versículos (11-13) é garantir aos leitores que, não importa o que pensem dele, ele é sincero, de todo coração, tanto a Deus quanto a eles.
2. V. 21. "Deus fez pecado aquele que não tinha pecado......Sua morte é a execução da sentença divina sobre o pecado...e portanto não há condenação para aqueles que estão em Cristo" (Denney).

☐ **ESTUDO 7**   2Coríntios **6.11-7.16**

1. Em 6.14-16, como Paulo mostra que os crentes devem ser um povo separado? Que argumentos ele usa em 6.16-7.1 para fazer com que nos separemos completamente de tudo o que é desonroso, e nos esforcemos de todo o coração no aperfeiçoamento de nossa santidade? Você está disposto a examinar suas amizades e seus objetivos mais íntimos à luz destes versículos? Cf. Salmo 139.23,24.

2. De que modo Paulo transmite a força de seus sentimentos para com os cristãos de Corinto e o comportamento deles? Que dois tipos de tristeza pelo pecado são distinguidas aqui: (a) por sua natureza e (b) pelos seus resultados? Como os coríntios provaram que estavam arrependidos de verdade?

Obs.
1. 6.11-13. O coração de Paulo transborda de amor pelos coríntios, e ele anseia ser correspondido nesta afeição. O v. 12 significa que qualquer restrição de afeto que porventura façam a Paulo não é resultado da falta de amor do apóstolo por eles, mas porque o afeto dos coríntios por ele diminuiu.
2. 6.14-7.1. Trata-se de um parêntese, introduzido para esclarecer que quando Paulo pede que seus leitores sejam generosos na afeição por ele, não está falando em mais tolerância ao pecado. "Belial" aqui é um nome para Satanás.
3. 7.10. "Tristeza segundo Deus": isto é, tristeza perante Deus, considerando o pecado uma ofensa contra ele. Cf. Salmo 51.4. "Tristeza segundo o mundo", por outro lado, é a tristeza que o não crente sente, relacionada apenas às consequências dolorosas do pecado, e que não leva ao arrependimento.

☐ **ESTUDO 8**   2Coríntios **8.1-15**

Os capítulos 8 e 9 formam a segunda parte da carta (veja *Introdução*), relacionada à oferta que Paulo estava recolhendo nas igrejas de não judeus para entregar aos pobres da igreja de Jerusalém. Era um assunto que tocava profundamente o coração de Paulo, e era muito importante a seus olhos, pois demonstrava a harmonia entre todos os cristãos como membros do corpo de Cristo.

1. Qual era a situação das igrejas da Macedônia? Porém qual era a atitude espiritual delas? Esta atitude se manifestou de quatro maneiras. Quais? A que Paulo atribui isso?
2. Qual o ponto essencial do apelo de Paulo nos v. 7-15? Verifique os outros pontos que ele destaca, e pense em como se aplicam às nossas ofertas.

Obs.
1. V. 5. "Entregaram-se": isto é, para qualquer serviço pessoal que Deus viesse a exigir deles.
2. V. 15. A história do maná revela que nos planos de Deus em relação às coisas materiais seus filhos não devem ter demais nem de menos. Por conseguinte, devem se ajudar mutuamente. Cf. Êxodo 16.18.

☐ **ESTUDO 9**   **2Coríntios 8.16-9.15**

O estudo de hoje se divide em duas partes. Na primeira, cap. 8.16-24, Paulo explica o motivo de enviar Tito e dois outros irmãos a Corinto, e recomenda-os com muito afeto. Na segunda parte, capítulo 9, ele mostra as bênçãos resultantes da doação feita com alegria e generosidade.

1. O que aprendemos com a atitude de Paulo ao elogiar quem merece? Que retrato você faz dos obreiros cristãos mencionados por ele?
2. O que aprendemos aqui sobre o modo de lidarmos com dinheiro? Que tipo de oferta Deus valoriza? Que recompensa ele oferece?

Obs.
9.15. "Seu dom indescritível": isto é, o dom de Cristo — tão grande que não pode ser descrito — a fonte e o modelo de nosso ofertar.

☐ **ESTUDO 10**   **2Coríntios 10**

Nesta terceira parte da carta (veja *Introdução*), Paulo tem em vista, de modo particular, a minoria de desafetos, que estava sendo desencaminhada pelos pregadores visitantes, inimigos seus e do evangelho. O desejo de Paulo é acabar com a influência destes homens, para que sua visita, quando ele for a Corinto, não seja caracterizada por conflitos e discussões. Neste capítulo, Paulo se refere duas vezes à acusação feita por seus inimigos (adversários 10.1b,10) de que, quando está longe, ele escreve cartas duras, mas quando está presente, é fraco e ineficiente. Paulo responde que tem armas poderosas a seu dispor, e que a igreja de Corinto está dentro da esfera de autoridade que Deus lhe deu.

1. Pense na descrição que Paulo faz de seu ministério como uma operação de guerra (v. 3-6). Que objetivo ele tem em mente? Que fortaleza deve ser capturada, e como a vitória será alcançada? Em sua própria experiência, você: (a) em obediência a Cristo, já fez cativo algum pensamento rebelde e (b) conquistou para Cristo vitórias semelhantes na vida de outras pessoas?

2. O que Paulo reivindica para si nos v. 7-16, e qual é sua esperança para a obra futura? Cf. Romanos 12.3; 15.18-24. Qual a única forma de recomendação que interessa a Paulo?

Obs.
V. 16. "Em território de outro": alusão aos que foram fazer confusão numa igreja fundada por outra pessoa.

☐ ESTUDO 11   2Coríntios 11.1-21a

1. Por que Paulo estava tão preocupado com os crentes de Corinto? Veja os v. 1-4, e cf. Gálatas 1.6-10. Paulo tinha dois motivos para ficar espantado de os coríntios terem acreditado nos falsos mestres tão rapidamente. Quais? Veja os v. 4, 19,20. Veja também os v. 13-15. Que lição tiramos para os dias de hoje daquilo que Paulo fala sobre os falsos mestres, seus métodos e sua mensagem? Há "outro Jesus" sendo pregado atualmente?

2. Que diferença Paulo faz entre seu modo de viver em Corinto e o modo dos "falsos apóstolos"? No texto de hoje, o que mais você descobriu sobre o caráter de Paulo?

Obs.
1. V. 5. Referência irônica aos intrusos de Corinto que exaltavam sobremaneira a si mesmos.
2. V. 7-12. Paulo se recusou a aceitar dinheiro da igreja de Corinto, e afirma que continuará se recusando. Uma das razões implícitas é que seus adversários receberam sustento da igreja, e gostariam de ver Paulo fazendo o mesmo.
3. V. 16. Paulo está envergonhado de se envolver em auto-apreciação, mas dada as circunstâncias, não pode fazer outra coisa. Cf. 12.11. Por amor à igreja, ele chegará até a fazer isso. Observemos, no entanto, que Paulo fala menos do que tem feito e mais do que tem sofrido. Cf. v. 30.

☐ ESTUDO 12   2Coríntios 11.21b-12.10

1. Acompanhe Paulo na experiência que ele descreve. De maneira particular, imagine cada cena dos sofrimentos mencionados nos v. 23-29. Por que será que Paulo achou necessário se "gloriar" nessas experiências?

2. Por que Paulo acreditou que lhe foi posto "um espinho na carne"? O que fez a respeito deste "espinho" e qual o resultado? Veja a força do tempo presente do verbo na resposta do Senhor. Que lições Paulo aprendeu e que mudaram completamente sua atitude quanto ao sofrimento? Será que chegamos a entender um pouquinho sobre essas coisas? Cf. Romanos 5.3-5; 1Pedro 4.14.

Obs.
1. 12.5. Paulo se compara, como recipiente passivo das revelações divinas, a si mesmo em outras capacidades.
2. 12.7. O "espinho na carne" parece ter sido algum tipo de sofrimento físico muito sério, mas não se sabe de que natureza.
3. 12.9. "Ele me disse": melhor, "Ele tem dito" — frase de aplicação mais duradoura.

☐ ESTUDO 13 2CORÍNTIOS 12.11-21

1. Mais uma vez Paulo resume seu ministério anterior em Corinto e sua atitude em relação aos cristãos de lá. Que acusações lhe são feitas nestes versículos e qual a resposta dele? Em sua opinião, o que destaca mais a semelhança de Paulo com Cristo? Ao responder esta pergunta, tenha em mente como ele foi injustiçado pela ingratidão e desconfiança da igreja.

2. V. 20,21. O que Paulo teme em relação à igreja de Corinto? Que lição tiramos sobre nossa responsabilidade para com os novos crentes?

Obs.
1. V. 13. "Perdoem-me esta ofensa!": dito com ironia.
2. V. 14. "O que desejo não são os seus bens, mas vocês mesmos": cf. 4.5,15; 5.13; 13.9.

☐ ESTUDO 14 2CORÍNTIOS 13

1. Que efeito o amor de Paulo pelos coríntios tem em sua reação ao pecado deles? Ao responder, considere os indícios nos v. 1-6 e nos v. 7-10. Veja também 12.20, 21.

2. Verifique como as exortações e as promessas do v. 11 estão diretamente relacionadas com o ensino da carta inteira.

3. Pense em como a oração do v. 14 resume nossa herança cristã e apresenta a solução completa para três de nossos problemas básicos: pecado, sofrimento e fraqueza.

Obs.
1. V. 1. Quando Paulo chegar, irá fazer um inquérito judicial. Cf. Mateus 18.16; 1Timóteo 5.19.
2. V. 2-4. Cristo "crucificado em fraqueza" não é o evangelho todo. Cristo vive pelo poder de Deus, e este poder será manifestado também em seu servo Paulo.
3. V. 7-10. Paulo preferia muito mais que os coríntios agissem corretamente, tornando desnecessário qualquer castigo, do que conquistar prestígio demonstrando sua autoridade apostólica.

MIQUEIAS

Introdução

Miqueias foi contemporâneo de Isaías. Contudo Isaías foi profeta da corte e da cidade, ao passo que Miqueias era de Morsete-Gate (1.1,14), cidade do interior junto à fronteira oeste de Judá. Observe, por exemplo, quantas ilustrações usando rebanhos e pastores (2.12; 3.2; 3; 4.6,8; 5.4,8; 7.14) aparecem em seu livro.

O ministério profético de Miqueias começou alguns anos depois do ministério de Oseias, e notamos em seu livro uma grande influência recebida tanto deste profeta como de Isaías. Veja, por exemplo, Mq 1.7 e Os 2.13; 8.6; 9.1; Mq 7.1 e Is 24.13 etc. Miqueias 4.1-3 e Isaías 2.2-4 são praticamente iguais palavra por palavra. No entanto, Miqueias não cometeu plágio. Ele anunciou sua própria mensagem, e exerceu grande influência, como provam as referências que lhe são feitas em Jr 26.16-19.

Assim como a mensagem profética de Jonas levou arrependimento ao coração do rei de Nínive, a profecia semelhante de Miqueias moveu o rei Ezequias. O profeta causou tamanha impressão que suas palavras foram lembradas um século mais tarde, e ajudaram a salvar a vida de Jeremias.

A mensagem de Miqueias continua viva, porque o Espírito de Deus está nela, e ele tem lições importantes para nossos dias.

Esboço

1 e 2	O julgamento tem de acontecer, mas haverá bênção no final
	1.1-16 Uma visão de Jeová que vem para julgar; Samaria cai e as cidades nas planícies de Judá serão oprimidas
	2.1-11 Os pecados do rico e do poderoso que provocaram o julgamento
	2.12,13 Uma profecia de restauração
3-5	Mais profecias de julgamento futuro e bênçãos adicionais
	3.1-4.7 Os pecados dos governantes, profetas e sacerdotes trarão destruição sobre Jerusalém; porém nos últimos dias haverá restauração e a lei de Iavé será restabelecida
	4.8-13 Sião tem de ir para o exílio, mas depois será vitoriosa
	5.1-15 A humilhação temporária resultará em triunfo no futuro
6 e 7	Em debate com seu povo, Iavé deixa claro suas exigências; depois, denuncia o pecado de Judá e avisa sobre as consequências. O profeta, falando em nome de um povo arrependido, lamenta a condição social lastimável da família, mas aguarda em Deus com toda confiança e esperança, e recebe a certeza do cumprimento final das promessas de Deus

☐ **ESTUDO 1** **Miqueias 1 e 2**

1. O julgamento recai sobre Samaria e (quase) em Jerusalém. O Senhor Deus é testemunha de acusação (1.2); o resultado é ruína em Samaria (1.6-7), consternação em Judá (1.10-16) e sofrimento para o profeta (1.8,9). Qual foi a razão essencial da tragédia (1.5,13)?

2. Que classes da sociedade e que pecados são repreendidos no capítulo 2? Qual é o castigo?

3. Uma promessa (2.12,13) vem após o banimento (2.10). Como são descritos os gestos de bondade de Deus? Será que nós também conhecemos o amor do

Pastor (Jo 10.14,15) e o poder do Rei (2Co 2.14)? Cf. também Isaías 40.11; 2Samuel 5.20.

Obs.

1. 1.5. Para o profeta, as capitais dos reinos de Israel e Judá são as principais fontes de corrupção do país todo, embora fossem os centros de adoração.
2. 1.10-12. Há um jogo de palavras com os nomes das cidades e com o que elas irão sofrer. "Revolvei-vos no pó como a cidade-pó" (Bete-Leafra), etc. (Veja Moffatt.)
3. 1.13. "O início do pecado": Laquis era a cidade fronteiriça onde as carruagens e cavalos comprados no Egito eram entregues em Judá. Veja 5.10 e cf. Isaías 31.1; 36.9.
4. 1.14,15. As calamidades sobre Judá incluirão a separação de entes queridos, engano, conquista e fuga vergonhosa.
5. Capítulo 2. Pregação de Miqueias nos v. 1-5; ele é interrompido pelos ricos no v. 6 e retruca, v. 7. Deus fala nos v. 8-10 e 12,13; o profeta fala consigo mesmo no v. 11.
6. 2.4,5. Os proprietários avarentos lamentarão porque foram despejados; a porção deles na herança do Senhor (v. 5) deixará de existir.
7. 2.6. A pregação de Miqueias não é bem recebida e lhe dizem: "Não preguem...". O v. 11 e 3.11 descrevem o tipo de pregador que os ricos queriam — e conseguiram!

☐ **ESTUDO 2** **MIQUEIAS 3.1-4.7**

1. Os governantes, os profetas e os sacerdotes da nação sofrem uma denúncia mordaz. Por quê? Qual o resultado (veja "Então", 3.4, "Portanto", 3.6 e 12, A21)? Os sacerdotes se lembraram das promessas de Deus (3.11; cf. Sl 132.13,14), mas não de suas estipulações (cf. Sl 132.12). Será que nossa confiança não é igualmente falsa?
2. Observe especialmente o contraste entre o profeta verdadeiro (3.8; cf. 2.7) e o falso (3.5,11; cf. 2.6,11). Como reconhecemos "o Espírito do Senhor"?
3. 4.1-7. Um novo reino de paz (4.3,4) e integridade (4.6,7) será estabelecido. O que caracterizará o Rei, e os súditos dele?

Obs.

1. 3.1. "Conhecer" aqui significa "cuidar de"; por exemplo, o verbo é usado neste sentido muito relevante em 6.5; Sl 144.3; Pv 12.10; Os 8.4.
2. 3.2,3. O ideal de Deus foi corrompido. Os juízes, iguais a animais selvagens famintos, estavam rapinando o povo.
3. 3.7. "Cobrirão o rosto": um sinal de vergonha (Lv 13.45) ou lamentação (Ez 24.17).
4. 3.10. Jerusalém estava sendo adornada com edifícios bonitos às custas da vida das pessoas.
5. Cap. 4. Sião será o lugar preeminente da revelação de Deus (v. 2) e do seu governo (v. 3,7).
6. 4.5. Um parênteses: no momento nem todos são leais a Deus; isto ainda acontecerá, "naquele dia" (4.6).

☐ **ESTUDO 3** **MIQUEIAS 4.8-5.15**

Duas profecias com o padrão "Agora...Mas". Veja *Esboço*.

1. 4.8-5.1. Sião será cercada e seus habitantes irão para o exílio. Mas o que virá depois? Em nível pessoal, qual deve ser a nossa perspectiva? Cf. 4.12 e 1Coríntios 2.9,10.

2. 5.2-6. O que esta antiga profecia messiânica ensina sobre as origens e atividade do Messias? Como Jesus preencheu os anseios do profeta e do povo?

3. 5.10-15. Deus concederá (v. 7) vitória (v. 8,9) ao remanescente restaurado de Israel, mas será necessário purificação (v. 10-14). A desobediência causa tragédias (v. 15). Veja 1Pedro 2.9-12,16; 4.7 e imagine como o mesmo princípio se aplica aos dias de hoje.

Obs.
1. 4.10. "Irá para a Babilônia": uma profecia notável, porque a Assíria era o inimigo naquela época, e não a Babilônia. Mas veja Isaías 39.6,7.
2. 4.11. As nações se reúnem para olhar, e fazem pior do que isto. Porém um dia os papéis se inverterão; cf.7.10b,17.
3. 4.13. Ofertar os espólios ao Senhor era um costume antigo; cf. Josué 6.24.
4. 5.3. Israel ficará em rendição até o nascimento do Messias; depois, a família do Messias será reunida
5. 5.5. "Sete...oito": número indefinido de acordo com o idioma hebraico; não importa quantos líderes sejam necessários, eles serão providenciados.
6. 5.6. Leia, "ele" (isto é, o Messias) "nos livrará..."
7. 5.14. "Cidades": provavelmente, e melhor, "postes sagrados" (A21). V. 10-14 (como o 6.7b) faz alusão ao tipo de infidelidade que caracterizou o reinado de Acaz; cf. 2Reis 16.3.

☐ **ESTUDO 4** **MIQUEIAS 6.1-7.6**

1. 6.1-8. Qual era a essência da causa de Deus contra seu povo? Será que o esquecimento e o equívoco não continuam sendo suas características? Empregue Colossenses 2.20 e 3.1-4, por exemplo. Deus vê em nós o que nos declarou (v. 8; "exige" literalmente significa "busca em")?

2. 6.9-7.6. O pecado traz desolação (6.13,16) e colapso social (7.2-6). Será que nós: (a) percebemos e (b) lamentamos este relato triste e atual? Nossas vidas brilham como luzes nessa situação? Cf. 7.8 e Filipenses 2.15.

Obs.
1. 6.5. Balaão abençoou os inimigos de Balaque três vezes quando se esperava que os amaldiçoasse (Nm 22-24). "Desde Sitim até Gilgal" refere-se à travessia do Jordão. Aqui, "reconhecer" significa "conhecer"; cf. 3.1.
2. 6.9-16. O texto é um tanto confuso; porém é claro que uma Israel perniciosa está sendo repreendida com severidade.
3. 6.16. "Decretos de Onri"; cf. 1Reis 16.25,26. "Por isso os entreguei à ruína...": sentença que expressa término, e não motivo.

☐ **ESTUDO 5** **MIQUEIAS 7.7-20**

1. 7.7-20. A cidade arrependida fala nos v. 7-10, e o profeta lhe responde (11-13), e intercede por ela junto a Deus (14-20). No cap. 7, em que aspectos a cidade pecadora entra no caminho certo? Em que promessas ela deposita sua situação (v. 7-9), e que promessa recebe (v. 11,12,15)? A justiça rigorosa é a norma do julgamento de Deus (cf. Ap 16.5-7). Em que a visão de Miqueias sobre um

Deus perdoador (7.18-20) foi gloriosa mas restrita? Como o Novo Testamento oferece uma visão mais ampla do mesmo Deus perdoador? Cf. João 3.16; 2Pedro 3.9.

Obs.
7.11. "O dia...virá": cf. 4.1,6; 5.10. Para a promessa feita no versículo, cf. Zc 2.1-5 e Is 26.15 (também "Naquele dia...", Is 26.1).

1 TIMÓTEO

Introdução

Paulo conheceu Timóteo, seu querido ajudante e companheiro missionário, em Listra (At 16.1-3), e passou a considerá-lo um filho (1Tm 1.2,18; 2Tm 1.2; 2.1). Timóteo acompanhou Paulo em suas viagens e durante sua prisão em Roma (Cl 1.1). De vez em quando Paulo confiava tarefas importantes a Timóteo (1Ts 3.1-6; 1Co 4.17; 16.10,11; Fp 2.19). Quando essa carta foi escrita, Timóteo havia permanecido em Éfeso para advertir contra falsos ensinos (1Tm 1.3,4) e supervisionar as questões da igreja como representante do apóstolo (1Tm 3.14,15). A carta faz parte da última fase da vida de Paulo, entre seus dois primeiros encarceramentos em Roma.

O objetivo principal de Paulo é guiar e encorajar Timóteo em seu ministério. A carta está repleta de conselhos práticos relacionados a assuntos de igreja e à pureza de vida e doutrina. Ela exorta os obreiros de Deus a nunca comprometerem sua lealdade e devoção ao trabalho.

Esboço

1.1,2	Saudação e prefácio	
1.3-20	O apóstolo e seu evangelho	
	1.3-11	O evangelho em contraste com a falsa doutrina
	1.12-17	O evangelho na vivência de Paulo
	1.18-20	O evangelho confiado a Timóteo
2.1-15	Diretrizes quanto à oração e ao ensino na igreja	
3.1-16	Qualificações para o ministério na igreja	
4.1-5	Advertências quanto à falsa doutrina	
4.6-16	Exortações a Timóteo quanto a seu ensino e conduta pessoal	
5.1-6.2	Instruções sobre grupos especiais na igreja — viúvas, idosos e escravos	
6.3-21	Conselhos finais. Advertências renovadas contra a falsa doutrina e a cobiça	

☐ ESTUDO 1 1TIMÓTEO 1

Timóteo é lembrado do motivo de ter ficado em Éfeso. Nos v. 12-17, Paulo faz uma interrupção e agradece a Deus sua bondade para com ele.

1. Qual a natureza da falsa doutrina que Paulo ataca? Estude os v. 3,11,12,18 e Gl 1.8,9,12 e descubra a razão de Paulo não permitir nenhum desvio do evangelho.
2. É óbvio que a doutrina falsificada exagerava a lei como instrumento de justiça. Nos v. 8-15, como Paulo assinala as limitações da lei e a superioridade do evangelho?
3. Compare sua própria vivência do evangelho com a descrita nos v. 12-17. Que aspectos importantes Paulo destaca?

Obs.
1. V. 4. "Mitos e genealogias intermináveis": fábulas rabínicas (cf. Tt 1.14), e tentativas de descobrir significados ocultos nos nomes das genealogias do Antigo Testamento.
2. V. 20. "Himeneu e Alexandre": cf. 2Tm 2.17; 4.14. Não se sabe mais nada sobre estes homens. "Os quais entreguei a Satanás": uma forma de disciplina apostólica com o intuito de produzir benefício espiritual. Cf. 1Coríntios 5.5; 2Co 12.7.

☐ ESTUDO 2 1TIMÓTEO 2

1. V. 1-7. Que verdades teológicas são a base para orarmos com toda confiança?
2. Por quem, e pelo que, devemos orar (v. 1-4)? Como deve ser nosso comportamento pessoal, se desejamos ser eficientes na oração e agradarmos a Deus quando nos reunimos para orar? Com os v. 8-10, cf. Sl 66.18; Is 59.1-3; Mc 11.25.
3. V. 9-15. Paulo não está depreciando o papel das mulheres na obra de Cristo (cf. Rm 16.1s.; Fp 4.2,3), mas, aqui, não permite que a "mulher ensine, nem que tenha autoridade" sobre os homens na igreja local. Será que hoje é concebível haver mudanças na atuação das mulheres na igreja, ou Paulo está se referindo a consequências permanentes causadas pela diferença estabelecida por Deus entre homem e mulher? Qual o significado dos v. 13 e 14 (veja *CBVN*).

Obs.
1. V. 8. "Levantando mãos santas": era costume levantar-se para orar, e estender as mãos perante Deus. Cf. 1Reis 8.22.
2. V. 15. "Será salva dando à luz": expressão difícil. Aqui, deve ser entendida no contexto, com referência ao lugar e função das mulheres. Ter filhos é, sem dúvida, uma função para a qual as mulheres foram chamadas. Ao dar à luz, experimentam a graça salvadora de Deus, pressupondo-se que continuem firmes na fé, etc.

☐ ESTUDO 3 1TIMÓTEO 3.1-13

1. V. 1-7. Quais as qualidades necessárias a quem exerce liderança na igreja? Em relação aos líderes, veja o que Paulo fala sobre: (a) caráter, (b) experiência cristã, (c) reputação em geral e (d) habilidades. Por que Paulo dá tanta ênfase à vida pessoal do líder cristão?

2. Quais as qualidades necessárias aos diáconos (v. 8-10, 12,13) e às diaconisas (v. 11)? Compare sua resposta aqui com a resposta à pergunta 1. Observe a importância da autodisciplina nessas qualificações. À luz do texto, a que altura você se encontra do padrão exigido por Deus?

Obs.
1. V. 1. "Bispo": não é o mesmo que os bispos atuais. O termo grego significa "aquele que supervisiona". Todas as igrejas tinham um grupo de homens assim (veja Fp 1.1); também eram chamados de "anciãos" ou "presbíteros". Veja Tito 1.5,7; Atos 20.17, 28.
2. V. 2. "Marido de uma só mulher": cf. 3.12; 5.9. Alguns acham que isto significa ser casado apenas uma vez, e outros, que é ter apenas uma esposa, ou seja, não ser polígamo. Esta última opinião é a mais provável à luz de 1Co 7.8,9; Rm 7.1-3.
3.V. 6. "Caia na mesma condenação em que caiu o Diabo": provavelmente significa cair na mesma condenação imposta ao Diabo por causa de seu pecado de orgulho.

☐ **ESTUDO 4**   **1Timóteo 3.14-4.5**

1. Que verdades sobre a igreja cristã são reveladas na descrição feita em 3.15? Pense em uma de cada vez. Cf. Efésios 2.19-22; 2Co 6.16-18. (Veja *Obs.* abaixo.) O que estas verdades exigem de nós?
2. Observe de onde viria o ensino falso descrito em 4.1-5, e que tipo de pessoas iriam propagá-lo. De acordo com o ensino de Paulo, qual é a situação do cristão verdadeiro quanto: (a) ao casamento e (b) aos alimentos que podem comer? Cf. Hebreus 13.4; Romanos 14.2,3,6b.
3. 3.16 talvez seja citação parcial de um hino cristão antigo. O que as afirmações declaram sobre a pessoa e a obra de Jesus Cristo? Qual é a esfera e a extensão do senhorio de Jesus?

Obs.
3.15. "Coluna e fundamento da verdade": isto é, mostrando e sustentando no mundo a revelação do evangelho e, assim, produzindo um testemunho público e duradouro por Deus. Cf. Apocalipse 2.5.

☐ **ESTUDO 5**   **1Timóteo 4.6-16**

1. Relacione todas as coisas que Timóteo deve fazer e evitar para se tornar um "bom ministro de Cristo Jesus".
2. Faça uma distinção nestes versículos (e na lista feita acima) entre as ações concernentes (a) à vida pessoal de Timóteo e (b) ao seu ministério público. Que lições aprendemos sobre a conexão existente entre as duas coisas?

☐ **ESTUDO 6**   **1Timóteo 5.1-6.2**

1. Observe o interesse de Paulo pelos outros, e seu interesse imparcial nas condições e necessidades específicas de certos grupos. O que aprendemos aqui sobre o modo de tratarmos as pessoas?

2. Como devem ser tratados os idosos e as viúvas, por exemplo? Por que Paulo adverte a igreja a não cuidar das viúvas mais novas?
3. 5.19-22. Timóteo é conscientizado de que perigos e responsabilidades? Em princípio, que lições posso tirar destes conselhos para minha própria vida?

Obs.
1. 5. 3,17. "Trate, ser dignos de dupla honra": pode significar apoio financeiro.
2. 5.22. "Impor as mãos": refere-se à separação de indivíduos para serviços especiais, por exemplo, os líderes.

☐ **ESTUDO 7**   1Timóteo 6.3-21

1. V. 3-5,20,21. Que características dos falsos mestres são mencionadas aqui? O que falta, ou está fora de lugar, nas atitudes e ações destas pessoas? Usando as afirmações dos versículos, relacione o que você deve evitar, se deseja ensinar de maneira aceitável as coisas de Deus. Contraste essas características com as que são desejáveis num verdadeiro homem de Deus (v. 1-14).
2. V. 6-10,17-19. Quais são os perigos da cobiça e da riqueza? Como lidar (e usar) adequadamente com os bens materiais? Em que devemos firmar nossos desejos e esperanças?

TITO

Introdução

Tito era um gentio convertido (Gl 2.3), levado a Cristo pelo próprio apóstolo Paulo (Tt 1.4). Tito acompanhou Paulo em algumas viagens e foi enviado por ele em missões importantes junto às igrejas, como, por exemplo, Corinto (2Co 8.16-18,23; 12.17-18) e Dalmácia (2Tm 4.10). A carta mostra que Paulo o deixou em Creta para que estabelecesse as igrejas daquela ilha (1.5).

Esta carta é bem parecida com 1Timóteo e provavelmente foi escrita na mesma época, no intervalo das duas prisões de Paulo. Assim, é mais antiga que 2Timóteo. A carta enfatiza a importância da ordem e disciplina nas igrejas. É evidente que o evangelho progrediu rapidamente em Creta, mas a liderança da igreja ainda era fraca (1.5). Também era preciso fazer oposição à falsa doutrina, e o apóstolo não mediu suas palavras no assunto. Porém, acima de tudo, a carta salienta o chamado do cristão e sua obrigação de viver de modo justo e puro. Existem na carta duas grandes passagens doutrinárias (2.11-14; 3.4-7), que se elevam como uma cadeia de montanhas na paisagem.

TITO

Esboço

1.1-4	Saudação
1.5-16	Necessidade de a igreja ter líderes que impeçam o avanço de erros doutrinários
2.1-10	Instruções sobre a conduta dos vários grupos da igreja: idosos, jovens, o próprio Tito, escravos
2.11-15	Base doutrinária para o apelo à vida justa e pura
3.1-7	Exortação à submissão e gentileza, levando a outra afirmação doutrinária
3.8-11	O dever do cristão de realizar boas obras, e evitar discussões inúteis
3.12-15	Recomendações pessoais

☐ **ESTUDO 1**   Tito 1

1. V. 1-4. O que Paulo afirma sobre a origem e os objetivos de seu ministério? Qual era a base de sua certeza?

2. V. 10-14. Qual era o erro das pessoas criticadas por Paulo? Relacione os erros e as falhas deles. Em contraste, como a sinceridade e a verdade são reveladas?

3. V. 6-9. Relacione as qualidades desejáveis no ministro cristão. Compare-as com as mencionadas em 1Tm 3.1-13.

☐ **ESTUDO 2**   Tito 2

1. V. 1-10. Como os cristãos podem tornar a doutrina de Deus, nosso Salvador atraente? Examine cuidadosamente as qualidades exigidas dos diferentes grupos mencionados, e resuma-as em suas próprias palavras. Que qualidades em particular você deveria querer e cultivar?

2. V. 11-14. Por que razões o cristão deve viver de modo diferente? Do que devemos abrir mão? Como temos de viver agora? Até que ponto isto é verdade em sua vida?

☐ **ESTUDO 3**   Tito 3

1. V. 1-7. Como deve ser nosso comportamento de cristãos em relação aos: (a) governantes e (b) semelhantes? Duas verdades a nosso respeito devem nos levar a tal conduta. Que verdades são estas?

2. V. 4-7. O que aprendemos aqui sobre: (a) a origem e o método da salvação e (b) a nossa situação atual e a esperança futura? Você percebeu, como deveria, a imensa "riqueza" que lhe foi dada?

3. V. 8-15. A fé genuína em Deus se manifesta por meio de atitudes que tomamos e evitamos. Quais? Como garantir que isto aconteça?

2TIMÓTEO

Introdução

Esta carta é de particular interesse porque foi a última que Paulo escreveu. Foi escrita quando o apóstolo estava ciente de que a morte se aproximava, durante sua última prisão em Roma. A carta revela que Paulo viveu seus últimos dias sem nenhum conforto material. Não houve recompensa terrena imediata coroando seus longos anos de trabalho. Por uma razão ou outra os amigos haviam abandonado Paulo (1.15; 4.10,12,16). No confinamento sombrio do encarceramento ele pede a velha capa para se manter aquecido e também os livros que deseja ler (4.13). Paulo pede a Timóteo para vir rapidamente, pois quer vê-lo antes de morrer (1.4; 4.9,21).

Em circunstâncias tão difíceis Paulo exorta seu filho na fé a ser fiel à verdade. Ele está mais preocupado com Timóteo, e com o futuro do evangelho, do que consigo mesmo. Firme e confiante até o fim, Paulo continua dando a mesma instrução aos que são chamados para o serviço de Cristo. O Senhor exige fidelidade de seus obreiros, mesmo que lhes custe a vida; requer que fiquem atentos, que perseverem, que trabalhem e satisfaçam completamente as obrigações do cargo; que terminem a carreira, e aguardem ansiosamente o dia da coroação, pois ele se aproxima. A "glória eterna" está reservada para todas essas pessoas.

Esboço

1.1-5	Saudações e agradecimentos
1.6-2.13	Exortação à perseverança, um só propósito e coragem na obra de Cristo
2.14-26	Regras de conduta para os servos de Deus
3	Percepção sombria. O exemplo de Paulo. O valor das Sagradas Escrituras
4.1-8	Admoestação final, feita com mais urgência à vista da morte de Paulo
4.9-18	Detalhes pessoais das circunstâncias e experiências de Paulo como prisioneiro
4.19-22	Saudações finais e bênção

☐ **ESTUDO 1** 2Timóteo 1

1. Imagine as circunstâncias de Paulo. Veja também 4.9-13. Que verdades cristãs inegáveis sustentaram e encorajaram Paulo durante sua prisão?

2. Observe como Paulo lembra Timóteo das exigências e do custo do serviço cristão. Resuma em suas próprias palavras os itens principais do conselho e

exortação de Paulo a Timóteo. A quais destes itens você precisa dar atenção especial?

3. O que os v. 3-7 mostram sobre o valor da criação em um lar temente a Deus? Cf. 3.14-15.

Obs.
V. 16-18. Onesíforo é mencionado como se não estivesse junto da família, ou por estar viajando ou, muito possivelmente, ter morrido (cf. 4.19). No entanto, isto não significa que Paulo esteja orando pelo bem-estar de Onesíforo como se ele estivesse morto, uma prática totalmente desapoiada na Bíblia. A oração está relacionada ao comportamento nesta vida e à recompensa no juízo final. (*CBVN*, veja página 1959).

☐ ESTUDO 2   2Timóteo 2

1. O que os v. 1-13 ensinam sobre a vida cristã em relação: (a) ao que ela exige de seus seguidores, (b) à fonte de seu poder e (c) ao seu final? Tente lidar com o desafio apresentado nas ilustrações de Paulo.

2. V. 14-26. Qual deve ser o alvo e o propósito maior do cristão? Como ele deve agir em relação: (a) às coisas ruins e (b) aos inimigos da verdade? Observe: (a) o que Paulo manda repetidamente Timóteo evitar de maneira especial e (b) que métodos ele deve usar para reconquistar à verdade aqueles que foram enganados.

☐ ESTUDO 3   2Timóteo 3

1. V. 1-13. As maldades aqui relacionadas são características de que atitude? Em contraste, como devem agir os cristãos genuínos? Como podemos contra-atacar essas tendências malignas: (a) em nós mesmos e (b) em nossa comunidade?

2. V. 14-17. Que coisas maravilhosas o uso correto da Bíblia pode fazer por nós? Veja suas contribuições em cada estágio da vida desde (a) a infância e dependência de terceiros, (b) a adolescência e necessária disciplina, até a (c) vida adulta e atividade na obra de Deus. O que devemos fazer integralmente para aproveitar esses benefícios?

☐ ESTUDO 4   2Timóteo 4

1. Paulo exorta Timóteo a realizar que ministério? Faça uma lista dos itens principais nas exigências de Paulo a Timóteo. Como esse capítulo também indica as possibilidades de fracasso e suas causas? Que desafios relacionados a meu serviço cristão devo encontrar no texto?

2. Veja Paulo diante da morte. Observe: (a) sua conscientização sobre o passado; (b) sua confissão e confiança em relação ao presente; (c) sua esperança quanto ao futuro. Até que ponto posso vivenciar, e vivencio, a experiência e a perspectiva de Paulo? Veja o que ele diz em 1Co 11.1.

Parte 2

Estudos desta parte (*dê baixa ao completar*):

- [ ] **Levítico**
- [ ] **Hebreus**
- [ ] **Números**
- [ ] **Marcos 1-9**
- [ ] **Deuteronômio**
- [ ] **Marcos 10-16**
- [ ] **Juízes**
- [ ] **1Pedro**
- [ ] **Rute**
- [ ] **1Samuel**
- [ ] **Efésios**
- [ ] **Jó**
- [ ] **Salmos 42-51**
- [ ] **2Samuel**
- [ ] **Salmos 52-72**
- [ ] **1Reis**
- [ ] **João 1-12**
- [ ] **2Reis**
- [ ] **João 13-21**
- [ ] **Isaías 1-39**
- [ ] **1,2,3João**
- [ ] **Isaías 40-66**

LEVÍTICO

Introdução

Os judeus se referiam ao terceiro livro do Pentateuco de várias maneiras — a "lei do sacerdote", o "livro do sacerdote", a "lei das ofertas" — pois Levítico é constituído principalmente de leis cerimoniais. O livro não menciona seu autor. Tudo o que sabemos é que foi escrito por revelação divina no Sinai à época de Moisés.

Levítico é um livro muito importante sobre vários aspectos. Ele nos oferece um pano de fundo para todos os outros livros da Bíblia. Também nos ajuda a entender referências sobre ofertas sacrificiais e cerimônias de purificação, ou instituições como o ano sabático e o ano do jubileu. Até hoje os judeus ortodoxos extraem suas normas religiosas — por exemplo, regras sobre alimentação — de Levítico. Mas o livro também nos mostra como o Deus de Israel combate o pecado em Israel: primeiro, por intermédio da instituição do sacrifício e da purificação (pecado social por meio do ano sabático e ano do jubileu; pecado sexual por meio das leis de castidade); segundo, por intermédio de suas promessas e advertências.

Tudo isso interessa aos cristãos porque revela os princípios da expiação e purificação administrados em um contexto especial. Portanto, é natural que haja no livro muitas ilustrações da obra do Senhor Jesus Cristo. Sua morte expiatória na cruz é a realidade que os rituais de Levítico retratam e simbolizam.

Esboço

1-7	As ofertas
8-10	Consagração dos sacerdotes
11-15	Leis da purificação
16	Dia da Expiação
17-22	Várias leis sobre pureza cerimonial e pureza social
23-25	Leis sobre os dias sabáticos, jubileu, etc
26	Bênçãos e maldições e suas condições
27	Leis da redenção

☐ **ESTUDO 1**   L<small>EVÍTICO</small> 1

Deus está agora habitando no meio de seu povo e lhe dá instruções sobre como adorá-lo e ter comunhão com ele. Observe que no livro todo é Deus quem fala, por intermédio de Moisés.

1. Quais são os dois itens principais da oferta queimada? Veja exemplo, v. 3, 9, 10, 13.

2. Qual o significado da oferta queimada para o ofertante? Veja exemplo, v. 4, 9, 13, 17.

☐ ESTUDO 2   LEVÍTICO 2 E 3

1. A oferta de cereais representa a vida irrepreensível. A pureza de seus ingredientes é enfatizada (veja 2.1,11). O adorador que não é perfeito aproxima-se de Deus e aceita o poder de uma oferta que contém a perfeição que falta a ele. Veja como esta oferta é cumprida em Cristo. Cf. Hebreus 7.26; 1João 2.6.

2. A oferta pacífica fala de comunhão, baseada no sangue expiatório (3.1,2) e manifestada numa oferta queimada completa que agrada a Deus (3.5). Seu coração conhece a satisfação de um relacionamento assim com Deus?

☐ ESTUDO 3   LEVÍTICO 4.1-6.7

1. O que diferencia as ofertas pelo pecado e pela culpa das ofertas queimada, de cereais e pacífica? Veja 4.2,13,22, etc. Que provisão divina nos é garantida aqui? Cf. Levítico 17.11.

2. Observe bem o que é feito com o corpo e o sangue do sacrifício na oferta pelo pecado (4.6,7,11,12). Como essas ordenanças enfáticas revelam o ódio de Deus pelo pecado, e apresentam alguns resultados pavorosos causados pelo pecado?

Obs.
As ofertas pelo pecado e pela culpa têm muito em comum, mas a oferta pelo pecado se referia mais propriamente ao ofensor em sua culpa diante de Deus, ao passo que a oferta pela culpa era uma expiação pela ofensa especialmente em sua relação com o indivíduo. Deste modo, a oferta pelo pecado era diferente para as diferentes classes de pessoas (4.3,13,22,27); na oferta pela culpa a pessoa também tinha de fazer restituição pelo erro cometido (5.16; 6.4,5).

☐ ESTUDO 4   LEVÍTICO 6.8-7.38

É necessário fazer distinção entre oferta pública e oferta particular. Além das ofertas queimadas oferecidas individualmente, era também oferecida diariamente, de manhã e à tarde, uma oferta queimada pública. Cf. Êxodo 29.38-42. É a este sacrifício diário que 6.9,12 se refere, com instruções para que o fogo do altar não seja apagado.

1. Nem o sacrifício nem o fogo poderiam falhar. Que lições aprendemos com isso? Cf. Hebreus 6.11,12.

2. 7.11-21. No sacrifício pacífico o povo entregava ofertas voluntárias de seu amor a Deus. Quais eram os três tipos de ofertas pacíficas que as pessoas ofereciam? Que tipo de sacrifício podemos oferecer? Cf. Hebreus 13.15,16.

Obs.
"Gesto ritual" (7.30) significa uma oferta ou parte de oferta que era movimentada diante do Senhor, antes que ele a entregasse de volta.

☐ ESTUDO 5   LEVÍTICO 8

Cf. Êxodo 29.44. As instruções para a cerimônia foram dadas em Êxodo 28 e 29. Levítico 8 faz um resumo disto.

LEVÍTICO

1. Em que ordem aconteceu a dedicação dos sacerdotes e do tabernáculo? Você vê algum significado nesta ordem?
2. No sacrifício do carneiro do holocausto (ou seja, da dedicação a um serviço especial), de que modo específico o sangue era usado? O que isto simboliza? Cf. Romanos 6.13.

☐ **ESTUDO 6**   **LEVÍTICO 9 E 10**

O tabernáculo e os sacerdotes foram santificados e dedicados; agora tudo estava em ordem para o início das funções normais do sacerdócio.

1. Qual foi o primeiro sacrifício que Arão ofereceu no início de seu ministério? Embora perdoado, ungido e consagrado, ele ainda precisava receber misericórdia por meio do sangue da expiação. Depois que tudo foi propriamente oferecido, como Deus mostrou que aceitava a adoração de seu povo? Com 9.22a, cf. Nm 6.22-27.
2. O que Nadabe e Abiú fizeram? O que aconteceu? Por que Deus fez isso?

Obs.
1. 10.1. "Fogo profano": pode ser fogo não retirado do altar, mas a ideia central é que se tratava de fogo não autorizado por Deus.
2. 10.8-11. A opinião sempre foi que Nadabe e Abiú eram dados a beber vinho, e este é o motivo da proibição.
3. Parece que o significado de 10.16-20 é que Arão notou que Nadabe e Abiú participaram da oferta pelo pecado e que isto a tornou inaceitável e impura. Esta é uma história comovedora de como Arão aceitou completamente o veredito de Deus sobre seus filhos.

☐ **ESTUDO 7**   **LEVÍTICO 11**

1. O que a diferença entre os alimentos puro e impuro ensinou aos israelitas sobre Deus e a adoração a ele? Veja os v. 44,45. Examine as grandes mudanças que a presença de Deus causou nos hábitos dos israelitas. Cf. 1Pedro 1.14-16; Efésios 4.22-24.
2. Como Jesus mostrou que essas diferenças não eram mais vínculos obrigatórios? O que é impureza aos olhos de Deus? Cf. Marcos 7.14-23.

☐ **ESTUDO 8**   **LEVÍTICO 12.1-13.46**

1. O simples fato de ser judeu de nascença dava à pessoa o direito de participar da aliança? Veja 12.3, *Obs. 1* abaixo e Dt. 10.15,1,16; 30.6. Como os princípios aqui usados se aplicam aos dias de hoje?
2. Com base no cap. 13 esboce alguns paralelos entre a praga da lepra e a praga do pecado.

Obs.
1. 12.3. A circuncisão tinha dois significados: identificação com o povo escolhido de Deus e purificação do impedimento de fazer parte deste povo.

2. 12.8. Cf. Lucas 2.22-24.

☐ ESTUDO 9   LEVÍTICO 13.47-14.32

1. Se a lepra é uma ilustração do pecado, o que 13.47-59 ensina, de modo geral, sobre os hábitos e as práticas contaminados pelo pecado?
2. Qual o significado de o leproso ter de ser curado antes de ficar purificado da contaminação da lepra? Cf. João 3.3; Gálatas 6.15.

☐ ESTUDO 10   LEVÍTICO 14.33-15.33

1. De que modo esta passagem mostra que o pecado, em qualquer lugar e forma, é contaminação aos olhos de Deus, e impede a aceitação dele?
2. Geralmente o cap. 15 é visto como uma representação da impureza do pecado oculto. Observe: (a) como ele polui tudo na vida e ao seu redor e (b) que esse tipo de impureza exige expiação tanto quanto qualquer outro tipo de pecado. Cf. Salmo 19.12; 51.6-9.

☐ ESTUDO 11   LEVÍTICO 16

1. Esboce a sequência das cerimônias no Dia da Expiação.
2. O que o capítulo ensina sobre: (a) as condições para alguém se aproximar de Deus; (b) a remoção completa da culpa do pecado por meio da substituição; (c) a necessidade de submissão em penitência e fé à maneira de Deus para sermos salvos?

Obs.
V. 8,10,26. "Bode expiatório" em hebraico (*azazel*) significa "destruição".

☐ ESTUDO 12   LEVÍTICO 17

O capítulo apresenta duas instruções importantes: primeira, todos os animais domésticos que serão mortos devem ser levados ao tabernáculo (v. 3-9); segunda, é proibido comer sangue (10-16). A primeira instrução indica uma época em que os animais não eram mortos exceto em ligação com alguma forma de culto.

1. O que a primeira instrução (v. 3-9) ensinou aos israelitas sobre Deus? Como os versículos mostram que a instrução fala contra a adoração aos ídolos?
2. Por que comer sangue foi uma proibição tão enfática? Veja particularmente o v. 11. O que isso significa para nós?

☐ ESTUDO 13   LEVÍTICO 18

Nos capítulos 18-20 vamos da adoração do povo a seu comportamento. O capítulo 18 proíbe casamento ilegítimo, fornicação e culto a Moloque; porém o cap. 20.2-5 trata deste último assunto mais profundamente.

LEVÍTICO

1. Por que Israel deveria obedecer a essas leis e qual a importância da obediência? Veja v. 1-5 e 24-30.
2. O que esse capítulo esclarece sobre a ordem de Deus para a exterminação dos cananeus?

☐ **ESTUDO 14**   LEVÍTICO 19 E 20

1. Que atributo específico de Deus é enfatizado nestes capítulos como base para a obediência a seus mandamentos? Cf. 1Pedro 1.14-17.
2. Qual dos dez mandamentos é detalhado nessas leis? Que resumo importante da lei de Deus é encontrado aqui?

Obs.
Moloque era o deus da nação de Amom. Acredita-se que o culto a ele envolvia extrema crueldade. Crianças lhe eram sacrificadas e queimadas vivas. Este é o motivo da oposição implacável de Deus a tal culto.

☐ **ESTUDO 15**   LEVÍTICO 21 E 22

1. Que palavras e expressões ocorrem com frequência explicando por que as instruções foram impostas? Relacione algumas maneiras de mostrarmos a mesma preocupação.
2. O que aprendemos aqui sobre os resultados graves que as coisas aparentemente simples, mas espiritualmente impuras, causam em nossa vida cristã?

☐ **ESTUDO 16**   LEVÍTICO 23

1. Faça uma lista das festas e anote a característica geral de cada uma delas. O que tinham em comum? Em que eram diferentes?
2. No Novo Testamento, quais são os paralelos das três festas principais e qual o significado de cada um? (a) Páscoa. Cf. 1Co 5.7,8. (b) Festa das semanas ou Pentecostes. Cf. At 2.1-4. (c) Festa dos tabernáculos, o final da colheita. Cf. Ap 7.9,10.

Obs.
1. V. 11. O feixe dos primeiros grãos da colheita movido no dia seguinte ao sábado indica a ressurreição de Jesus. Cf. 1Co 15.23.
2. V. 16. "Cinquenta dias": vem daí o nome "Pentecostes", isto é, o "quinquagésimo" (dia).
3. V. 17. "Dois pães": os primeiros frutos da colheita de trigo, representando a igreja de Cristo logo no começo (Jo 12.24).

☐ **ESTUDO 17**   LEVÍTICO 24

1. Pense no significado das palavras "puro" e "continuamente" nos v. 1-9. Aplique-as a seu culto e serviço cristão.

2. Que atributos de Deus são colocados lado a lado nesse capítulo? Cf. Hebreus 10.19-31. Sabendo disso, como devemos nos refrear?

☐ **ESTUDO 18**   Levítico 25

1. Como o ano do jubileu era calculado, e qual era seu propósito geral? Existem bênçãos correspondentes em Cristo? Como usufruímos delas? Cf. Gálatas 2.4; 5.1,13.
2. Como o capítulo esclarece os princípios que governam nosso relacionamento com Deus e uns com os outros em Cristo? Veja especialmente os v. 17,23,35, 36,38,42,43,55.

☐ **ESTUDO 19**   Levítico 26

1. Que bênçãos espirituais são prometidas aos cristãos obedientes, correspondendo com as bênçãos prometidas à nação obediente de Israel?
2. No capítulo, quais os motivos do castigo e quais as exigências para a restauração? Como isso se aplica à vida cristã?

☐ **ESTUDO 20**   Levítico 27

Instruções sobre como proceder quando uma oferta for entregue ao Senhor e o ofertante quiser resgatá-la; também é um regulamento sobre o dízimo.

1. O que pode e o que não pode ser redimido? O que isso nos ensina a respeito da seriedade dos votos feitos a Deus? Existe alguma exceção à afirmação do v. 29? Cf. Salmo 49.7-9,15; Marcos 10.45.
2. O que esse capítulo revela sobre o caráter de Deus? O que Deus requer de seu povo?

HEBREUS

Introdução

A carta é uma exortação e advertência aos judeus cristãos para que continuem na fé em Cristo e não retornem ao Judaísmo. Cristo é apresentado como o cumprimento das figuras e profecias do Antigo Testamento. Em Hebreus a fé e a perseverança dos fiéis do Antigo Testamento são mostradas como exemplos para os cristãos.

Nem é preciso dizer que a carta tem abrangência e valor muito além das preocupações imediatas dos judeus cristãos do primeiro século. Ela apresenta a nova aliança — da qual Jesus, o Filho de Deus, é Mediador — não só como bem

HEBREUS

superior à antiga, mas também como a religião perfeita e derradeira, tanto em referência à revelação (1.1-2.18) quanto à redenção (3.1-10.18).

Hebreus também oferece ensino prático quanto à vida dentro da nova aliança. A carta é uma convocação divina a todos os que se professam cristãos para que transformem sua fé em realidade, e que não a abandonem. A carta é um desafio claro àqueles que ainda não creem em Jesus Cristo. Como nenhum outro livro da Bíblia, incluindo os Evangelhos, Hebreus apresenta Jesus integralmente em sua posição de nosso Sumo Sacerdote, revela sua natureza divina e, contudo, não deixa de mostrar a realidade de seu sofrimento e humildade como homem.

Esboço

1.1-2.18	Cristo o Revelador perfeito, superior aos anjos: (a) como Filho de Deus (1.5-14) e (b) como Filho do homem (2.15-18)
3.1-10.18	Cristo o Redentor perfeito, superior a Moisés (3.1-6) e Arão: (a) em sua pessoa e caráter (4.14-5.10); (b) na "ordem" de seu sacerdócio (7.1-25) e (c) em seu ministério (8.1-9.12) e em seu sacrifício (9.13-10.18)
10.19-12.29	Ensino prático
13.1-25	Saudações e conselhos finais

Dentro deste esboço encontramos cinco textos com advertências sérias contra:

2.1-4	O perigo de nos desviarmos
3.7-4.13	O perigo de perdermos o descanso prometido por Deus
5.11-6.20	O perigo de perdermos a salvação
10.26-39	O perigo de recuarmos
12.25-29	O perigo de nos recusarmos a ouvir a palavra final de Deus

☐ **ESTUDO 1**   **HEBREUS 1**

1. V. 1-4. Relacione as afirmações feitas sobre Cristo nos v. 2 e 3. O que as afirmações revelam sobre a pessoa e a obra de Jesus? Em que ele é superior aos profetas e anjos?

2. Como as citações dos v. 5-14 confirmam o que é dito no v. 4? Explique em suas palavras a diferença entre o que Deus afirma sobre Jesus e o que ele afirma sobre os anjos.

Obs.
1. A ênfase colocada na superioridade de Cristo sobre os anjos, o que para nós é óbvio, é explicada pelo fato de que, para os judeus, uma das maiores glórias do Antigo Testamento é sua revelação ter sido feita por meio de anjos. Veja 2.2.
2. V. 7. Os anjos são seres criados; são servos de Deus; sua forma e aparência sofrem mudanças e transformações ao gosto de Deus. Contraste tudo isto com o domínio real e a imutabilidade do Filho (v. 8-12).

☐ ESTUDO 2   HEBREUS 2

1. V. 1-4. Por que devemos atentar "mais ainda para as coisas que ouvimos" (v. 1)? Analise os motivos aqui apresentados. O aviso é direcionado contra que perigos implícitos?

2. De acordo com a Bíblia (ex., Sl 8) qual é o destino divinamente traçado para os seres humanos? Como o propósito de Deus para o ser humano é realizado aqui? Que caminho o Filho de Deus teve de trilhar para que o ser humano pecador fosse parte dessa realização? Em consequência, o que Jesus pode fazer por nós agora?

☐ ESTUDO 3   HEBREUS 3.1-6

1. V. 1,6. Aqui os cristãos são descritos como pessoas que confessam a Jesus e aceitam seu chamado. Se estas atitudes forem totalmente significantes, temos de "considerar Jesus" nosso "apóstolo e sumo sacerdote". Então, o que Jesus pode fazer por nós e exigir de nós como nosso: (a) Apóstolo e (b) Sumo Sacerdote?

2. V. 2-5. Descubra três áreas em que Jesus supera Moisés, nestes versículos.

Obs.
1. V. 1. Como "Apóstolo" Jesus foi enviado por Deus ao mundo para revelar; como "Sumo Sacerdote" ele se ofereceu a Deus em lugar dos homens para redimir e reconciliar. Cf. 1.1,2a,3b; 2.3,17; 4.14; 5.1; 8.1.
2. V. 2-6. "Casa de Deus": refere-se ao povo ou família de Deus, e não ao tabernáculo nem ao templo. Agora a casa de Deus somos nós, os cristãos. O chamado divino nos transforma em "santos irmãos" na família de Deus (v. 1).

☐ ESTUDO 4   HEBREUS 3.7-4.13

1. 3.7-4.2. Contra que perigo os versículos nos advertem? Por que os israelitas foram vencidos por ele no deserto? Como evitar uma tragédia parecida?

2. 4.1-13. Como Deus usa sua Palavra ao lidar conosco? Que promessa divina continua a nosso dispor? Quais as condições para que ela se cumpra em nossa vida? Alguém pode se esquivar de prestar contas a Deus?

Obs.
3.12,13; 4.1. Cada um destes versículos tem uma exortação à comunidade, advertindo-os a ter cuidado para que nenhum deles se afaste.

☐ ESTUDO 5   HEBREUS 4.14-5.10

1. 4.14-16. Somos exortados a confessar que verdades sobre nosso Sumo Sacerdote Cristão? Que privilégios foram, assim, colocados a nosso dispor e dos quais somos incentivados a participar totalmente?

2. 5.1-10. Que qualificações para o sumo sacerdócio são apresentadas nos v. 1-4? Como Jesus as possui em nível mais elevado e de um modo mais completo que

HEBREUS

qualquer sacerdote levita jamais possuiria? Em consequência, que benefícios ele nos deu, e sob que condições?

Obs.
1. A ordem de tratamento em 5.1-4 é inversa em 5.5-10. Os três pontos tratados são: (a) função, (b) compaixão, (c) indicação de cargo.
2. 5.3. Todo sacerdote judeu deveria "oferecer sacrifício...por si mesmo". Contraste 4.15. Jesus não tinha pecados.
3. 5.7-9. Estes versículos apresentam um retrato maravilhoso da humanidade e humildade de Jesus.

☐ **ESTUDO 6**   **HEBREUS 5.11-6.8**

1. 5.11-14. Por que o autor reclama de seus leitores? Quais as condições para o crescimento espiritual, segundo o autor? Conforme esses padrões, e considerando o tempo que sou cristão, o que eu deveria ser a essa altura da vida?
2. 6.1-8. Que ensinos formam o alicerce do evangelho? Veja At 2.38; 20.21; 26.18. Por que o mesmo alicerce não deve ser lançado novamente? Quais as únicas possibilidades dessas pessoas?

Obs.
1. 5.11. Ao começar a explicação sobre o sacerdócio de Cristo segundo Melquisedeque, o autor é surpreendido pela dificuldade de explicar o assunto àqueles que se tornaram tão surdos espiritualmente.
2. 5.14. Observe a evidência prática da maturidade. Cf. Isaías 7.16.
3. 6.4-8. Para entender estes versículos examine a referência que o escritor fez anteriormente aos israelitas no deserto. Era impossível a Moisés levá-los de volta ao Egito e, pela segunda vez, libertá-los por meio da Páscoa e da travessia do Mar Vermelho. Ou eles vão com Deus e entram na terra, ou se colocam debaixo do julgamento de Deus e acabam ficando de fora. Veja 3.10-12.

☐ **ESTUDO 7**   **HEBREUS 6.9-20**

1. V. 9-12. Por que o autor se mostra confiante quanto a salvação de seus leitores? Ele deseja que os leitores cresçam em que áreas da vida cristã? Examine sua vida e descubra em quais dessas áreas você é forte ou fraco.
2. V. 13-20. Se fizemos de Cristo o nosso refúgio, temos três alicerces inabaláveis garantindo que nossa confiança e esperança não serão frustradas. Que alicerces são esses? De que maneiras Jesus é parecido com uma âncora? Que benefícios ele nos garante?

Obs.
1. V. 10-12. Note a menção sobre amor, esperança e fé. Cf. 1Tessalonicenses 1.3; 5-8.
2. V. 12. "Negligentes": em 5.11 o mesmo adjetivo grego é traduzido como "lentos". Outras traduções: "indolente" e "preguiçoso".
3. V. 11,12. "Até o fim"; "... e paciência". A ênfase é típica da carta. Cf. 3.14; 6.15; 10.35,36.

☐ **ESTUDO 8**   **HEBREUS 7.1-14**

1. V. 1-10. Quais as bases para a afirmação de que Melquisedeque é maior que Abraão e, consequentemente, superior ao sacerdócio levítico? De que modo o registro bíblico fala e deixa de falar sobre Melquisedeque, mostrando como ele é parecido com o Filho de Deus?

2. V. 11-14. Por que Jesus não poderia mesmo ser sacerdote da ordem de Arão? No que a promessa — feita no Antigo Testamento — de uma nova ordem sacerdotal (veja Sl 110.4) implica sobre o sacerdócio levítico em existência? Se o sacerdócio for mudado, que outra mudança é inevitável?

Obs.

1. V. 1. "Esse Melquisedeque, rei ... sacerdote": entre os israelitas esses dois cargos nunca eram exercidos pela mesma pessoa.
2. V. 2. "Em primeiro lugar...Justiça, e...Paz": cf. Is 32.17.
3. V. 12. O sacerdócio era tão fundamental à antiga aliança entre Deus e seu povo que qualquer mudança em sua ordem mudava obrigatoriamente toda a constituição; ou seja, implicava em nada menos que uma nova aliança, que era verdadeiramente melhor. Veja 7.22.

☐ **ESTUDO 9**   **HEBREUS 7.15-28**

1. V. 15-25. Quais as diferenças óbvias entre o sacerdócio levita e o de Melquisedeque — em qualificação para o cargo, continuidade no cargo e eficácia? O que o juramento de Deus acrescenta ao cargo de Cristo?

2. V. 23-28. Como os versículos mostram que em Jesus nós temos o Sumo Sacerdote perfeito, e que ele preenche perfeitamente a necessidade do pecador? Por que ele é único tanto em pessoa quanto em obra?

Obs.

V. 25. "Definitivamente": a frase grega significa "completamente" tanto em tempo quanto em grau.

☐ **ESTUDO 10**   **HEBREUS 8**

1. V. 1-6. Os judeus estavam acostumados a ver os sacerdotes levitas cumprir seu ministério num santuário terreno. Como cristãos, tinham de entender que o ministério de Cristo é diferente e "mais excelente" (v. 6). Como isso é verdadeiro? Qual a importância de Cristo já estar sentado à direita do trono de Deus (v. 1)? Cf. 10.10-14; 4.14-16; Ef. 4.8.

2. V. 7-13. Por que a primeira aliança fracassou? Havia algo errado com ela? Em contraste, como a nova aliança preenche nossa necessidade, faz-nos "melhores promessas" (v. 6) e garante bons resultados?

Obs.

V. 10-12. O progresso vivencial que leva à alegria das bênçãos da nova aliança é mais bem apreciado na ordem inversa do texto: (a) perdão dos pecados, (b) conhecer o Senhor pessoalmente, (c) relacionamento pactual com ele, (d) o Espírito transformando a repressão exterior da lei em impulso interior para realização da vontade de Deus.

ESTUDO 11 — Hebreus 9.1-15

1. V. 1-10. Em que aspectos o santuário terreno e suas cerimônias falharam, e por quê?
2. V. 11-15. De que maneiras o ministério cumprido por Jesus é superior às cerimônias levíticas, e mais eficiente que elas? Enumere os resultados abrangentes desse ministério.

Obs.
1. V. 9. "Quanto à consciência": isto é, libertá-la da culpa e impureza, ou "purificar" (v. 14).
2. V. 12. O grego não afirma que Cristo levou sangue à presença de Deus, como o sacerdote levita levava sangue à primeira tenda (v. 6). Ao contrário, Jesus entrou "por meio" de seu próprio sangue, ou seja, com base em sua morte ou em seu sangue derramado. Foi isso que rasgou o véu que impedia a entrada das pessoas. Cf. Mc 5.37,38; Hb 10.19-22.

ESTUDO 12 — Hebreus 9.15-28

1. V. 15-23. Por que foi necessário que Cristo morresse? Que benefícios sua morte nos garantiu?
2. V. 24-28. Quais as diferenças entre o ofício do sumo sacerdote e o de Cristo? Quais os resultados do sacrifício único e pessoal de Jesus? Como isso influencia o que nos acontece depois da morte?

Obs.
V. 15-22. De acordo com a prática antiga, as alianças eram seladas com sangue, simbolizando a morte dos envolvidos. Também, quando havia quebra de contrato, a morte se tornava necessária por outra razão: pagamento da transgressão. Pois "sem derramamento de sangue não há perdão dos pecados" (Veja *CBVN*, página 2012).

ESTUDO 13 — Hebreus 10.1-18

1. Relacione os contrastes entre os sacrifícios do tabernáculo e o sacrifício oferecido por Cristo. Por que o último foi bem-sucedido, mas o primeiro fracassou?
2. Que resultados do sacrifício de Cristo: (a) são usufruídos por ele e (b) nós podemos usufruir?
3. O Espírito Santo dá testemunho de que verdades encontradas nos versículos do Antigo Testamento aqui mencionados?

Obs.
1. V. 5-9. A verdade aqui enfatizada é que um ato de obediência individual superou as cerimônias religiosas, que não tinham valor em si mesmas. Eram apenas "sombra dos benefícios" (v. 1).
2. V. 1,10,14. "Aperfeiçoar" e "santificar": o sacrifício único de Cristo nos propicia um relacionamento eterno, perfeito e inalterável com Deus e também nos consagra para sua obra. Os sacrifícios pelo pecado tornam-se desnecessários (v. 18).

ESTUDO 14 — Hebreus 10.19-39

Ao terminar sua exposição doutrinária, o autor dá conselhos práticos sobre a vida debaixo da nova aliança.

1. V. 19-25. Que exortações recebemos quanto à expressão de nosso amor, fé e esperança? Examine sua vida para descobrir em que áreas essas exortações precisam ser obedecidas.
2. V. 26-39. Para quem recebeu iluminação divina sobre o caminho da salvação, qual é a única alternativa, se escolher não caminhar com Deus? Por que as consequências são tão sérias? Em que bases o autor espera, e pede, o melhor de seus leitores?

Obs.
1. V. 22. Assim como o sacerdote e seus filhos, ao serem consagrados, eram lavados com água e aspergidos com o sangue do sacrifício no santuário terreno (Êx 29.4,21), também nós em "coração" e "corpo" (ou seja, interior e exteriormente, com todo o nosso ser) fomos "santificados" pelo sacrifício de Cristo.
2. V. 26,29. O autor tem em mente a apostasia deliberada e persistente — decidir negar e desafiar tanto o Filho de Deus como o Espírito da graça. A frase final do v. 26 garante que não há um segundo sacrifício expiatório para quem rejeita o sacrifício de Cristo e seu sangue purificador.

☐ **ESTUDO 15**   **HEBREUS 11.1-22**

1. Fé tem a ver com coisas invisíveis e com coisas futuras, e, em particular, com o Deus vivo e sua fidelidade (v. 1,6). A fé tem certeza da existência das coisas invisíveis e do cumprimento das coisas futuras. Observe bem como essas características da fé foram exibidas no viver das pessoas aqui mencionadas. Segundo o texto, qual deve ser o meu desejo, se quero viver de modo que agrade a Deus?
2. V. 7-16. A fé em Deus deve se concentrar em quê, e como ela se expressa completamente na vida? Onde será usufruída a recompensa almejada pela fé? Como esse conhecimento deve afetar meu modo de vida e minhas ações e atitudes?
3. V. 17-19. Qual foi a aparente contradição (aos olhos de Abraão, logo no início) entre a promessa de Deus e o seu mandamento em relação a Isaque? Como a fé de Abraão em Deus venceu esse teste, e qual sua nova esperança em Deus?

☐ **ESTUDO 16**   **HEBREUS 11.23-40**

1. V. 23-28. Observe como a fé de Moisés lhe deu a certeza e a prova enfatizadas no v.1. Essa fé levou Moisés a que tipo de escolhas em relação: (a) ao mundo onde foi criado e (b) ao preço de apoiar os israelitas? Como esse tipo de fé deve afetar minha atitude em relação ao que escolho para minha vida?
2. V. 28-31. Que diferentes passos e estágios da fé, e suas manifestações, são ilustrados por esses quatro exemplos? Que tipo de fé foi necessário na captura de Jericó? Cf. 3.14; 6.11,12; 10.35,36. Será que preciso mais desse tipo de fé?
3. V. 32-40. Estes versículos resumem as realizações e sofrimentos de homens e mulheres de fé. Note que as vitórias são de todos os tipos, e o testemunho mais

notável é dado pelos "mártires" que sofreram e morreram, mas não negaram a fé. Em que sou mais privilegiado que eles? Estou pronto a lhes seguir o exemplo, ou a fé deles faz a minha passar vergonha?

☐ ESTUDO 17   HEBREUS 12.1-17

1. V. 1-4. Que qualidade em particular é exigida na corrida cristã? Para a corrida ser bem-sucedida, que condições têm de ser preenchidas? Como obtenho a ajuda necessária para terminar a corrida?

2. V. 5-11. Qual o propósito de Deus ao permitir que seus filhos vivenciem algumas experiências nesta vida? Qual seu objetivo para nós? Qual deve ser nossa resposta, se desejamos aproveitar completamente os benefícios?

3. V. 12-17. Que perigos rodeiam os negligentes e relapsos espiritualmente? Como o grupo inteiro pode ser afetado por um transgressor? Que passos práticos são oferecidos aqui (de modo explícito ou implícito) para evitarmos esses perigos?

☐ ESTUDO 18   HEBREUS 12.18-29

1. V. 18-24. De que maneiras nossos privilégios cristãos sob a nova aliança excedem as experiências dos israelitas no Sinai? Do que devemos estar conscientes, pela fé, ao nos aproximarmos de Deus por meio de Cristo e seu sangue derramado na cruz?

2. V. 25-29. De acordo com os versículos, o que é iminente e inescapável? Como sabemos disso? Cf. Marcos 13.31; 2Pedro 3.9-14. Em consequência, como deve ser nossa vida agora?

Obs.
1. V. 23. "Igreja dos primogênitos": isto é, a igreja (grego, *eclesia*) dos privilegiados que têm uma herança celeste e cujos nomes estão escritos no Céu. Cf. Lucas 10.20; Apocalipse 21.27.
2. V. 23. "Espíritos dos justos aperfeiçoados": refere-se aos fieis do Antigo Testamento ou a todos os fieis que já morreram.

☐ ESTUDO 19   HEBREUS 13.1-8

1. Relacione em detalhe as obrigações cristãs exigidas ou implícitas aqui. Examine sua vida e circunstâncias para descobrir como sua obediência prática é exigida.

2. V. 5,6,8. O que prepara o crente para enfrentar todas as circunstâncias possíveis? Por que não há nada a temer, e ninguém que lhe possa fazer mal? Como o Antigo Testamento torna-se fonte de encorajamento?

3. V. 7. De que maneiras podemos nos lembrar dos líderes cristãos que já morreram?

Obs.
V. 2. "Não se esqueçam": cf. 6.10; 10.32-34.

☐ **ESTUDO 20**   **Hebreus 13.9-25**

1. Que escolha e atitude são exigidas dos primeiros leitores da carta em relação ao antigos costumes judaicos e a nova aliança cristã? Em comparação, que escolhas os seguidores de Cristo ainda têm de fazer hoje em dia?
2. V. 15,16,20,21. Temos certeza que Deus fará o que por nós, e por quê? Qual é o objetivo em vista? Que sacrifícios podemos oferecer agora na obra de Deus? Até que ponto esse objetivo está sendo cumprido em minha vida?

☐ **ESTUDO 21**   **Revisão**

1. Recapitule o ensino doutrinário da carta. Veja *Introdução* e *Esboço*. Relacione de que maneiras o que é nosso sob a nova aliança leva vantagem sobre as coisas que os israelitas usufruíram debaixo da antiga aliança. Como nos apropriamos integralmente desses benefícios? Por que rejeitá-los é algo sério?
2. Pense nas sérias exortações encontradas nos seguintes versículos: 2.1; 4.1,11,14, 16; 6.1; 10.22-24; 12.1,28; 13.17,22. De modo particular, quais dessas exortações preciso ouvir e colocar em ação?

NÚMEROS

Introdução

O livro de Números recomeça a narrativa sobre a jornada de Israel ao sair do Egito, jornada interrompida aos pés do Sinai (Êx 19) para o recebimento da lei. Porém, no livro todo, a história é alternada com declarações e decretos de outras leis. Números é um relato de fracassos. O povo é levado às proximidades da terra prometida, mas, por causa de sua descrença e desobediência, é impedido de entrar.

A seguir, vêm os quarenta longos anos de peregrinação no deserto, ocorridos quase todos em silêncio, afora um ou dois incidentes. Por fim, chegam novamente a Cades-Barneia; a geração inteira que havia saído do Egito na vida adulta estava morta, com exceção de três pessoas. As primeiras conquistas dos israelitas são relembradas, e o destino do povo é previsto nas enigmáticas profecias de Balaão.

Esboço

1-4	Enumeração e ordem das tribos. Tarefa dos levitas
5,6	Várias leis civis e religiosas
7-9	Dedicação do tabernáculo. Observância da Páscoa
10-12	Jornadas e reclamações
13,14	Os espias são enviados à terra. O povo se recusa a avançar

15	Leis religiosas
16,17	A rebelião de Corá
18,19	Leis referentes aos levitas e referentes à purificação
20,21	Aproximação da terra e vitória sobre os reis dos amorreus
22-25	Profecia de Balaão, e pecado em Peor
26	Enumeração das tribos
27-30	Várias leis civis e religiosas
31	Vitória sobre os midianitas
32	Herança das duas tribos e meia
33,34	Estatísticas
35,36	Várias leis civis e religiosas

☐ **ESTUDO 1**   **NÚMEROS 1 E 2**
ENUMERAÇÃO E ORDEM DAS TRIBOS

1. O futuro imediato de Israel seria caracterizado por guerra e adoração. Como isto é revelado no capítulo 1? As duas coisas podem estar separadas no cotidiano do cristão? Cf. 2Co 10.3-6; Ef 6.10-13.

2. Qual o objetivo da ordem detalhada das tribos no capítulo 2? Quais são os interesses centrais e orientadores? Cf. 1Co 12.7,11,12; 14.40.

☐ **ESTUDO 2**   **NÚMEROS 3 E 4. A TAREFA DOS LEVITAS**

Para os detalhes históricos da tribo de Levi, veja Êxodo 6.16-25; 32.25-29; Lv 10.

1. Como a tarefa atribuída aos levitas foi dividida entre as três "famílias" da tribo? Como a ordem "cada qual segundo seu serviço" se aplica aos cristãos, se é que se aplica? O que esses dois capítulos esclarecem sobre as possíveis implicações dessa ordem? Veja especialmente 3.5-10,25,31,36,45; 4.46-49.

2. Quem os levitas representavam? Por que o primogênito pertencia a Deus? Nesse contexto, qual é o significado de "redenção"? O Novo Testamento apresenta algum equivalente que nos envolve?

3. De que modo o cap. 4.1-20 destaca o caráter sagrado "assustador" do tabernáculo? Cf. 1.51b,53; 2Sm 6.6-11; Ap 4.8. Que verdades isso ilustra e enfatiza?

☐ **ESTUDO 3**   **NÚMEROS 5.1-6.21. LEIS CIVIS E RELIGIOSAS**

Temos dificuldade em entender muitas das leis civis e religiosas de Israel e dos rituais a elas vinculados. Parecem estranhamente repugnantes e, algumas vezes, desumanas ou, em certo sentido, quase mágicas. É importante ter em mente: (a) a autoridade do sacerdote em todas as esferas da vida de Israel, incluindo limpeza e higiene, que eram parte da cerimônia "religiosa" tanto quanto o culto no tabernáculo; (b) o histórico dos rituais religiosos de todo o Oriente Próximo antigo que também eram usados por Israel, embora transformados tanto pela fé no único Deus verdadeiro como pela necessidade de torná-los aplicáveis a seu culto e (c) a necessidade que esta nova nação, escolhida pelo Senhor, tinha de ser constantemente lembrada da santidade e exigências morais de seu Deus.

1. Quem deveria ser mandado "para fora" do acampamento, e por quê? Cf. Lv 13.46; 15.31. Que interesses da justiça humana são satisfeitos nas ordenanças de 5.11-31? Elas parecem rituais puramente mágicos, mas observe os versículos 16, 18, 21 e 30.
2. Como a separação dos nazireus para o Senhor era expressada? Qual o objetivo desse voto, se aparentemente não era um serviço que poderia ser oferecido a Deus e ser aceitado por ele sem as ofertas regulares do tabernáculo? Veja 6.14-16; e cf. Lv 1-7 para detalhes. No que diz respeito à consagração, que tipo de desafio parecido o crente em Cristo enfrenta? Cf. Hb 9.10-14; Rm 12.1,2.

Obs.
"Nazireu" era a pessoa que se separava para Deus, por algum tempo, de modo incomum. A raiz hebraica, *nazir*, dá ideia de separação ou consagração.

☐ **ESTUDO 4** **NÚMEROS 6.22-7.89**
DEDICAÇÃO DO TABERNÁCULOS

1. O que significava para Arão e seus filhos "invocar" o nome de Deus "sobre os israelitas"? Como a bênção realizava isso? Veja Dt 28.9,10; Dn 9.18,19; e cf. 1Co 6.11; 2Co 13.14.
2. Observe quantas vezes a frase "oferta" e "oferta para a dedicação" aparecem no capítulo 7. A solenidade é enfatizada pela repetição. De que modo o cap. 7.89 é um final apropriado a esse "crescendo"? O que isso significou para Israel? Será que "ofertamos" a Deus com a mesma reverência? Que final podemos aguardar quando nos aproximamos assim de Deus? Cf. Hb 3.7; 4.16.

Obs.
6.26. "Paz" (Hebraico *shalom*) não significa apenas "cessação de hostilidade". Indica "completamento", "perfeição" ou "bem-estar".

☐ **ESTUDO 5** **NÚMEROS 8.1-9.14. OBSERVÂNCIA DA PÁSCOA**

1. O capítulo 8 é uma reafirmação da "separação" dos levitas. Como isso foi deixado claro a Israel? O que é uma oferta movida? Cf. Lv 10.15; 23.20; "contribuição" é um provável significado. Qual era o relacionamento dos levitas com Deus, com os sacerdotes e com o povo respectivamente?
2. 9.1-14. Como a importância da Páscoa é mostrada aqui? Êx 12.24-27. O que aprendemos com isso?
3. Nesse texto, como Moisés exerceu sua liderança? Como ele lidou com os problemas práticos das pessoas?

NÚMEROS

☐ **ESTUDO 6**   NÚMEROS 9.15-10.36. O INÍCIO DA JORNADA

1. Israel foi assegurado da orientação de Deus. Sem os símbolos da nuvem e do fogo, podemos reivindicar a mesma segurança? Cf. At 16.6-10; Rm 8.14. Por que a frase "conforme a ordem do Senhor" é repetida?
2. Observe as correspondências e as diferenças entre 10.14-28 e 2.3-31. Como o capítulo 10 mostra que, embora Deus guiasse e protegesse os filhos de Israel, ele não esperava que fossem completamente passivos e ficassem de braços cruzados?
3. Qual era o significado das trombetas (10.1-10)? Cf. Lv 23.24; Nm 29.1. Alguém disse: "Quando Deus se lembra, ele age" Cf. Gn 8.1; 19.29; 30.22.

Obs.
10.35,36. Era isso que Moisés dizia publicamente no início e final de cada jornada diária. Atente à expressão de dependência na proteção de Deus e no desejo de sua presença constante.

☐ **ESTUDO 7**   NÚMEROS 11 E 12. RECLAMAÇÕES

1. Qual foi a atitude do povo, dos estrangeiros, de Josué, Miriã e Arão e Moisés? Por que Moisés se destaca como "diferente"?
2. Como Deus "lida" com as várias reclamações?

Obs.
12.3. "Humilde": despreocupado com seus próprios interesses e prestígio, e por isso é capaz de não dar atenção aos ataques injustos que lhe fazem.

☐ **ESTUDO 8**   NÚMEROS 13.1-14.10A
                    OS ESPIAS SÃO ENVIADOS À TERRA

1. Os espias foram para que lugares de Canaã? Procure Hebrom e o Vale de Escol em um mapa. O que os espias deveriam descobrir, e qual foi o relatório deles?
2. O que havia por trás das opiniões em 13.30 e 31? Será que Josué e Calebe eram irrealistas e otimistas, e se recusavam a encarar os fatos? Qual foi o resultado do temor e descrença do povo? Veja como poucos creram, e a repetição das palavras "toda/todos" em 14.1-10. Cf. Hb 4.1,2.

Obs.
"A terra para a qual fomos...devora os que nela vivem": é provável que se refira às guerras constantes entre seus povos, e sua ferocidade nas lutas internas.

☐ **ESTUDO 9**   NÚMEROS 14.10B-45

1. O que aprendemos com a oração de Moisés, particularmente no que se refere aos motivos e razões para apelarmos a Deus?

2. Embora perdoado, o povo sofre as consequências de seu pecado. Como? Durante esse acontecimento (Nm 13 e 14), de que maneira o povo é uma representação típica de nós hoje em dia?

☐ **ESTUDO 10**   Números 15. Leis religiosas

1. O que os v. 1-21 nos ensinam sobre as ofertas que agradam a Deus?
2. Por que não havia perdão a quem pecasse "conscientemente"? O que isso significa? Cf. Mc 3.28,29; Hb 10.26-31,39; Sl 19.13.
3. Veja com quem o infrator proposital teria de lidar e de que maneira. Cf. Mt 18.15-17; 1Co 5; Hb 12.15. Por que a prática dessa disciplina é rara nas igrejas?

Obs.
V. 38. "Borlas": eram feitas de linha trançada e presas às vestes por um cordão azul, para que o usuário se lembrasse dos mandamentos do Senhor e da obrigação em cumpri-los.

☐ **ESTUDO 11**   Números 16.1-35

1. Existe aqui evidência de duas rebeliões: a de Corá (levita) "juntamente com líderes da comunidade" contra Moisés e Arão; a de Datã e Abirão (rubenitas) contra Moisés. Qual o motivo da reclamação em cada uma das rebeliões? Veja 16.3,13,14. Até que ponto a reclamação foi justificada? Cf. Hb 5.4; 2Co 10.18.
2. O que estava por trás das rebeliões que as tornaram sérias a ponto de merecerem um castigo tão drástico e uma advertência ao povo? Veja especialmente os vs. 11,19,28,30.

Obs.
V. 1. O fato de esses homens liderarem uma rebelião aberta contra a autoridade de Moisés e Arão significa que houve uma explosão séria de descontentamento.

☐ **ESTUDO 12**   Números 16.36-18.7

1. Como o exclusivo sacerdócio aarônico é fortalecido e confirmado? O que está envolvido no sacerdócio? Note especificamente 16.48, e compare a obra de Cristo como Sumo Sacerdote. Cf. Hb 5.1,9,10; 7.25-28; 9.11,12,26.
2. Como o nosso serviço a Deus pode ser transformado, se pensarmos nele como uma dádiva (18.7)? Cf. 1Tm 1.12-14; 2Tm 1.6.

☐ **ESTUDO 13**   Números 18.8-19.22

1. O que 18.8-32 nos ensina sobre as ofertas sagradas e que por direito pertencem a Deus?
2. Quais são os itens especiais do sacrifício descrito em 19.1-10? Note o uso das cinzas (19.9,12,17-19). De que "obras mortas" precisamos ser purificados?

NÚMEROS

Obs.

1. 18-19. "Aliança de sal perpétua": isto é, uma aliança indissolúvel. Cf. 2Cr 13.5.
2. 19.9,12,17-19. A virtude purificadora do sacrifício já oferecido era, então, simbolicamente armazenado e aplicado ao impuro, conforme a necessidade. Cf. Hb 9.13,14; 1Jo 1.7-9.

☐ **ESTUDO 14**   NÚMEROS 20

1. Observe a reação de Moisés e Arão ao descontentamento do povo (v. 6). O que Deus queria por meio desse incidente? Veja v. 6,8,12. Onde Moisés e Arão erraram, e como o erro é descrito? Veja v. 10,12,24; cf. 27.14; Dt 32.51.
2. À primeira vista, a ira de Deus contra Moisés e Arão nos parece desproporcional ao erro que cometeram. O que aprendemos com isso? Que lição aprendemos com o fato de palavras "imprudentes" (Sl 106.33) terem saído da boca do "humilde" Moisés?

☐ **ESTUDO 15**   NÚMEROS 21
                    VITÓRIA SOBRE OS REIS DOS AMORREUS

1. A reação dos israelitas às adversidades se torna um tanto rotineira (v. 5), e é fácil dizermos: "Por que não aprendem a confiar em Deus?". Mas será que não agimos assim com frequência? Veja como Jesus usa esse episódio (v. 6-9) como um "tipo" em João 3.14,15. Que paralelos vemos na condição do afligido e no modo de salvação, em cada caso? Por que uma serpente na haste? Cf. 2Co 5.21.
2. Vale a pena traçar a jornada de Israel num mapa, de 20.1 em diante. Veja como foi sinuosa. Quais as evidências encontradas em 20.2,3 e 21.4,5 de que Israel está aprendendo a confiar e obedecer por meio da disciplina? Que disciplina? Cf. Dt 8.2.

☐ **ESTUDO 16**   NÚMEROS 22. A HISTÓRIA DE BALAÃO

É uma história complexa. Antes de estudá-la, leia 2Pedro 2.15,16; Judas 11; Números 31.16 e Apocalipse 2.14, que oferecem indícios sobre os verdadeiros motivos e caráter de Balaão.

1. O relacionamento e influência de Balaão com Deus são interessantes. Pense nisso. Considere também o medo de Moabe diante do avanço de Israel. O que isso nos mostra sobre as maneiras de Deus trabalhar?
2. Qual era a "falha" na armadura de Balaão? Por que sua "orientação" parece toda confusa depois disso? Compare o v. 12 com os v. 20,22,32,35. Que lição devemos aprender com o fracasso de Balaão? Será que Romanos 14.22b,23 e 1Timóteo 6.9,10 nos fazem a mesma advertência?

ESTUDO 17   NÚMEROS 23 E 24 (PRIMEIRO ESTUDO)

1. Estes capítulos terão dois estudos. No momento, concentre-se nos oráculos de Balaão. Faça uma lista das afirmações que mostram o propósito e o cuidado especiais de Deus pelo povo de Israel.
2. Aprecie o significado de cada afirmação. Qual o fundamento da certeza de Balaão quanto à vitória e ao sucesso de Israel? Que fundamentos parecidos temos para ficar agradecidos e maravilhados? Cf. ex., 1Pe 2.9,10.

Obs.
23.10. "Dos justos": refere-se aos israelitas.

ESTUDO 18   NÚMEROS 23 E 24 (SEGUNDO ESTUDO)

1. O que aprendemos com Balaão sobre as exigências para os arautos de Deus e ministradores de sua Palavra? Fique atento às respostas de Balaão ao que Balaque sugere. Cf. 1Co 9.16,17.
2. 23.19. Conforme o versículo, por que a palavra de Deus tem natureza diferente das palavras dos homens? Quando Deus nos dá sua palavra, do que mais podemos ter certeza? Cf. 1Ts 5.24.

ESTUDO 19   NÚMEROS 25 E 26

1. Capítulo 25. Por que a ira de Deus contra os pecados de seu povo foi tão intensa? Cf. 1Co 10.6-12. Nessa situação, que duas preocupações semelhantes levaram Finéias a agir? Da mesma forma, quem agiu a nosso favor por causa de iguais preocupações?
2. Capítulo 26. Compare a enumeração no capítulo 1. Esta é uma nova geração. Veja os v. 64 e 65. Observe quais tribos cresceram e quais diminuíram. Por que Calebe e Josué sobreviveram?

Obs.
25.1-5. Nm 31.16 e Apocalipse 2.14 revelam que essas coisas aconteceram por culpa de Balaão. Os israelitas foram seduzidos à idolatria e imoralidade.

ESTUDO 20   NÚMEROS 27 E 36. LEIS SOBRE HERANÇA

1. Em que princípio se baseava o pedido das filhas de Zelofeade, e qual o resultado do pedido? Qual a importância disso tudo?
2. Qual a preocupação maior de Moisés antes de morrer? Em que a missão de Josué era diferente da de Moisés? Era inferior?

ESTUDO 21 NÚMEROS 28 E 29. REVISÃO DAS OFERTAS DE ISRAEL

1. Faça distinção entre o sacrifício diário oferecido o ano todo pela manhã e à noite (28.3-8) e os sacrifícios adicionais: (a) no sábado (28.9,10); (b) na lua

NÚMEROS

nova de cada mês (28.11-15); (c) durante a festa dos pães sem fermento e na própria Páscoa (28.17-25; veja *Obs.* abaixo); (d) na festa das semanas (28.26-31); (e) no toque das trombetas (29.1-6); (f) no dia da expiação (29.7-11); (g) na festa dos tabernáculos (29.12-38).

2. Seria fácil esses sacrifícios se transformarem em rituais — tanto que mais tarde alguns profetas condenaram com severidade o mal uso deles. Amós 5.21-24 e Isaías 1.11-18 oferecem indicações sobre o propósito dessas ofertas e sobre as verdadeiras exigências de Deus nelas e por meio delas. Cf. Também Hb 10.1-18.

Obs.
28.24. Significa que os sacrifícios ordenados nos v. 19-22 devem ser oferecidos diariamente no decorrer da festa.

☐ **ESTUDO 22**   NÚMEROS 30

1. Como o capítulo mostra nossa responsabilidade ao abrir a boca? Cf. Mt 5.33-37; 12.36.

2. Será que o relacionamento da mulher com seu pai e seu marido devem ser visto como um mero costume israelita, ou existe aqui um princípio que também se aplica aos nossos dias?

☐ **ESTUDO 23**   NÚMEROS 31. VITÓRIA SOBRE OS MIDIANITAS

1. Outro texto difícil, a não ser que tenhamos em mente: (a) que registra apenas o esboço de um evento de maior abrangência; (b) que é apresentado de um ponto de vista em particular (o relato dos midianitas deve ter sido bem diferente); e (c) que sua mensagem está relacionada a um Deus de amor que tem de purificar do mal tudo o que lhe pertence. Que formas de purificação encontramos nesse relato? Em que áreas da vida o cristão deve agir com o mesmo rigor?

2. O que o capítulo ensina sobre dividir e ofertar? Em que bases as porções foram dadas aos sacerdotes e aos levitas?

☐ **ESTUDO 24**   NÚMEROS 32
                         HERANÇA DAS DUAS TRIBOS E MEIA

1. O que havia de errado com o pedido de Rúben e Gade? Que resultado Moisés temia com isso, e sob que condições o pedido seria atendido? Por que esse acontecimento é particularmente significativo quando Israel chega à terra prometida, e começa a se tornar uma confederação de tribos? De que modo sua vida futura como "nação" será diferente do que foi até agora?

2. Que preceito importante relacionado ao pecado e suas consequências é mostrado no v. 23? Pense em exemplos bíblicos que ilustrem o preceito em ação. Cf. Gl 6.7,8.

Obs.
V. 1-5. É compreensível que as tribos de Rúben e Gade tenham achado que a terra de Jazer e Gileade fosse adequada ao tamanho de seus rebanhos de gado. Porém, mais tarde, a escolha que fizeram resultou em problemas constantes para seus descendentes. O território não tinha fronteiras naturais e estava, de certa forma, isolado e exposto a ataques. Muitas vezes, nos séculos seguintes, as outras tribos tiveram de socorrer Rúben e Gade. Cf. 1Sm 11; 1Rs 22.3.

☐ **ESTUDO 25**   Números **33-35**

1. Que detalhes dessa estatística nos conscientiza dos interesses e preocupações especiais de Moisés (veja 33.2), o "estatístico"? O que ele deseja que seus leitores observem e lembrem?
2. A posse de uma herança prometida é tema recorrente no Novo Testamento. Cf. especialmente At 20.32; Rm 8.17; Gl 3.29; Hb 6.11-12. Hebreus 11 deixa claro que a herança verdadeira, tanto dos israelitas quanto dos cristãos, é celestial. O que a posse que Israel tomou de sua herança terrena ensina sobre nos prepararmos para reivindicar nossa herança verdadeira? Devemos prestar atenção a que advertências?
3. O que aprendemos no capítulo 35 sobre os padrões que Deus usa para julgar homicídio não premeditado e assassinato?

Obs.
Para considerações sobre Números 36, veja o *Estudo 20* logo acima.

MARCOS 1-9

Introdução

É de consenso geral que este livro foi escrito por João Marcos, sobrinho de Barnabé, e é o mais antigo dos quatro evangelhos. De acordo com a tradição, é baseado nos ensinos do apóstolo Pedro, de quem Marcos se tornou intérprete (cf. 1Pe 5.13), e foi escrito em Roma para a igreja de lá. O evangelho começa com um preâmbulo curto sobre o ministério de João Batista, o batismo e a tentação de Jesus, e então passa a seu ministério público na Galileia. Igual aos outros evangelhos, Marcos dedica um espaço comparativamente grande aos sofrimentos e à morte e ressurreição de Jesus.

O relato está centralizado na confissão de Pedro: "Tu és o Cristo" (8.27-29). Até aqui, Marcos descreve a pregação e as curas de Jesus; no entanto, depois da confissão de Pedro, Jesus revela aos Doze que terá de sofrer e morrer, e ressurgir no terceiro dia, e seus olhos estão voltados para a cruz.

Os discípulos não entendem, e o ministério de Jesus nessa última metade do evangelho de Marcos consiste amplamente em treiná-los, e também desfazer a ideia errada que têm do reino.

Os versículos finais do evangelho (16.9-20) não aparecem no original. Alguns manuscritos antigos terminam no capítulo 16.8, e outros manuscritos têm um parágrafo diferente no final. Porém esses versículos abrigam a grande comissão missionária e, portanto, se estabelecem como parte da Bíblia.

Esboço

1.1-13	A preparação
1.14-45	O início do ministério de Jesus na Galileia
2.1-3.6	As oposições se iniciam
3.7-4.34	Avanços importantes
4.35-6.6	As obras poderosas de Jesus
6.7-56	Tensão e culminância do ministério na Galileia
7.1-8.26	Conflito com os fariseus e partida da Galileia
8.27-9.50	A confissão magistral. Jesus volta os olhos dos discípulos para a cruz
10.1-52	Rumo a Jerusalém
11.1-12.44	Entrada e final do ministério em Jerusalém
13.1-37	Jesus fala sobre o futuro
14.1-15.15	Traição, prisão e julgamento
15.16-16.20	Morte, ressurreição e ascensão

☐ **ESTUDO 1**   **MARCOS 1.1-15**

1. Por que "do evangelho" (v.1)? Em que esse relato é diferente de uma biografia? Que bênçãos do evangelho de Cristo são previstas na mensagem de João Batista? Cf. At 2.38. Quando o próprio Jesus anunciou o "evangelho de Deus", que aspectos de suas realizações e alegrias ele enfatizou?

2. Observe como o Pai, o Filho e o Espírito Santo estão ativos nos acontecimentos relatados — assim como Satanás. O que isso sugere sobre as questões envolvidas no relato que Marcos fará e em nossa vida no mundo?

Obs.
Veja o uso significativo do termo "evangelho — boas novas" em Marcos. É sobre essas "boas novas" que Isaías escreveu claramente. Cf. Is 40.9-11; 52.7-10; 61.1-4.

☐ **ESTUDO 2**   **MARCOS 1.16-34**

1. De que maneiras Jesus exerce aqui sua autoridade? Tais ações levaram as pessoas a fazer que tipo de perguntas? A atenção delas estava sempre voltada para o quê?

2. Como esses pescadores galileus se tornariam ganhadores de almas? Quais eram as condições e o custo de se aceitar um chamado tão surpreendente? Existe alguma razão que impeça mudança semelhante em minha vida?

Obs.
1. V. 22. Os escribas citaram autoridades importantes. Jesus falou como se ele mesmo fosse a autoridade suprema.
2. V. 25-27. Jesus não invocou o nome de Deus como os exorcistas judeus faziam. Ele falou como se a autoridade decisiva fosse dele, e "funcionou". Os espíritos imundos lhe obedeceram.

☐ ESTUDO 3   MARCOS 1.35-2.12

1. Depois dos acontecimentos espantosos do dia anterior, Jesus tinha de decidir o que fazer a seguir. Como ele chegou a uma decisão, e o que ele decidiu? Como a desobediência do ex-leproso atrapalhou a obra de Jesus? Como a desobediência afeta: (a) a nossa vida de oração e (b) a responsabilidade missionária da igreja? Cf. Jo 20.21; Mc 16.15.
2. Que evidências encontramos na história do paralítico (cap. 2) sobre os poderes de discernimento de Jesus? O que ele "viu"? Quando, por meio de um milagre que ninguém podia negar, Jesus confirmou uma alegação verbal que algumas pessoas questionaram, de que verdades ele estava testemunhando com firmeza?

Obs.
2.4. A casa teria um teto plano, ao qual se chegava por uma escada externa (cf 13.15).

☐ ESTUDO 4   MARCOS 2.13-3.6

1. Veja que, ao ser questionado sobre seu comportamento, Jesus fez de si mesmo, e da obra que veio realizar, justificação suficiente para seus atos. Cf. 2.6-12. Assim, que reivindicações ele estava fazendo para si próprio?
2. Por que os discípulos de Jesus não foram condenados por fazer "o que não é permitido no sábado"? Quem foi condenado por fazer mal uso do sábado na controvérsia sobre a cura do homem com a mão atrofiada? Visto que Jesus usou o sábado como seu dia, e para o benefício das pessoas, como devemos usar o dia do Senhor?

Obs.
1. 2.19. De acordo com o uso no Antigo Testamento, o "noivo" é virtualmente uma representação de Deus em sua aliança com Israel, seu povo escolhido. Cf. Os 2.16-20.
2. 2.25,26. Note a repetição da frase "e seus companheiros". Em tal companhia o comportamento deles não podia ser condenado.
3. 2.23,24 e 3.2. Os escribas ensinavam que arrancar espigas era uma forma de colheita, o que a lei não permitia no sábado (Êx 34.21); também era ilegal curar no sábado, a não ser que a vida estivesse em perigo.

☐ ESTUDO 5   Marcos 3.7-19a

1. Nessa fase do ministério, que perigos óbvios e que decisões práticas levaram Jesus a se afastar e subir a um monte? Quem ele chamou para acompanhá-lo, e por quê? Quais eram os alvos mais importantes e a estratégia implícita do método de Jesus?

2. Os Doze são primeiramente chamados "discípulos" (ou seja, "aprendizes") e mais tarde, "apóstolos" (veja 3.14, isto é, "homens enviados numa missão"). Que tipo de resposta cada chamado exigiu? É possível sermos um sem nos transformarmos no outro? Qual sua posição nessa sequência?

☐ ESTUDO 6   Marcos 3.19b-35

1. Note a origem oficial e o caráter maligno da oposição que Jesus teve agora de enfrentar. Sua resposta à acusação que lhe foi feita divide-se em três partes: (a) ele refuta a afirmação do povo; (b) dá a verdadeira explicação de seu poder sobre os espíritos malignos; (c) faz um aviso sério. Exponha em suas próprias palavras o argumento de Jesus.

2. Jesus diferencia seus familiares espirituais de seus familiares de sangue. Por que estes não o entenderam? Como aqueles mostram parentesco com Jesus?

Obs.
V. 29,30. O pecado dos escribas era imperdoável por ser uma rejeição aberta à luz dada por Deus. De propósito, chamavam o bom de mau e o santo de impuro.

☐ ESTUDO 7   Revisão: Marcos 1-3

1. O que mais chama sua atenção no retrato que Marcos faz de Jesus no início de seu ministério? A maior preocupação de Jesus era que as pessoas ficassem atentas a quais verdades? Em outras palavras, qual é a essência do "evangelho de Deus" que Jesus pregava?

2. Que tipo de reações e resultados a obra de Jesus provocou? A que grupo de pessoas Jesus estava disposto a ajudar mais? Para pertencer a esse grupo, o que devo estar pronto a fazer? Assim, o que posso esperar de Jesus?

☐ ESTUDO 8   Marcos 4.1-20

1. O que essa parábola ensina sobre: (a) os motivos de até mesmo os ensinos de Jesus não terem produzido fruto na vida de muitos de seus ouvintes? (b) a maneira de o reino vir nos dias de hoje? (c) o critério usado para medir o verdadeiro sucesso na pregação do evangelho?

2. "Quem tem ouvidos para ouvir, ouça". A Palavra de Deus tem entrada em meu coração (v. 15)? Está sendo enraizada (v. 16,17)? Será que estou deixando outras plantas crescerem em meu coração (v. 18,19)? Qual a porcentagem da colheita em minha vida (v. 20)? Cf. Hb 3.7,8.

Obs.
1. Jesus começa aqui um novo método de ensino. A primeira parábola indica o propósito do ensino por meio de parábolas. Veja o v. 13. Esse método coloca os ouvintes sob julgamento, e descobre quem está interessado de verdade. A causa real da cegueira à verdade é a indisposição de se arrepender e ser perdoado. Aqueles que, como discípulos, são responsivos, recebem entendimento completo. Veja o v. 34.
2. V. 11. "O segredo" ou "mistério": não se refere ao que não pode ser entendido. Pelo contrário, é algo que Deus revela especialmente a quem está pronto a entender. "O mistério do reino de Deus" é o conteúdo do evangelho de Cristo. Cf. Ef 3.4; 6.19.

☐ **ESTUDO 9**   **MARCOS 4.21-34**

1. V. 21-25. Qual é a responsabilidade do ouvinte quanto: (a) ao uso do seu conhecimento e (b) à sua resposta ao que ouve? Assim, quais são: (a) os resultados intencionadas por Deus em relação aos privilégios espirituais e (b) as condições do progresso espiritual? Cf. Mc 3.14.
2. V. 26-29. O que a parábola indica sobre o caráter e propósito: (a) da primeira vinda e (b) da segunda vinda de Jesus Cristo ao mundo? Cf. Sl 126.6. Que verdade as duas parábolas ilustram em relação à semente da palavra de Deus plantada nos corações humanos?

Obs.
V. 26,30. "Reino": esta palavra (particularmente em seu uso no Antigo Testamento) significa primeiramente "soberania", isto é, o controle exercido por um rei, e depois "domínio", isto é, a área ou território governado por ele. "O reino de Deus é semelhante..." (v. 26) praticamente significa "a maneira que Deus exerce seu domínio e realiza seus propósitos entre os homens é semelhante".

☐ **ESTUDO 10**   **MARCOS 4.35-5.20**

1. 4.35-41. O que em Jesus surpreendeu os discípulos, e o que nos discípulos surpreendeu Jesus? O que Jesus estava provando e ensinando ao deixá-los viver essa experiência? Por que esse milagre foi mais importante aos discípulos do que tudo o que haviam visto Jesus realizar?
2. 5.1-20. Contraste o jeito de as pessoas trataram o endemoninhado com o que Jesus fez por ele. Como estou lidando com o poder do mal ativo em minha vida?
3. Por que "o povo começou a suplicar a Jesus que saísse do território deles" (5.17) e por que Jesus deixou o ex-endemoninhado para trás? Qual seria a melhor forma de testemunhar num lar ou vizinhança que aparentemente não quer saber de Jesus?

Obs.
1. 4.40. É relevante que Jesus não tenha repreendido os pescadores acostumados a navegar no mar da Galileia por não conseguirem, durante a tempestade, levá-lo em segurança para a outra margem.

2. 5.1-20. Isso aconteceu em Decápolis, ao sudeste do lago, em território dos gentios. O uso do título "Deus Altíssimo" (v. 7) e a criação local de porcos (v. 11) confirmam isso.

☐ ESTUDO 11   MARCOS 5.21-6.6A

1. Os três incidentes enfatizam a mesma necessidade para quem quer experimentar o poder salvador de Cristo. Que necessidade? Por que nem sempre ela existe? A que ela tem de resistir?

2. Por que os discípulos se surpreenderam com a pergunta de Jesus (5.30,31)? Por que Jesus esperou que uma mulher atemorizada falasse diante de uma multidão? O que ela podia oferecer que ninguém mais ali possuía? Você possui isso, e está vivenciando isso — particularmente diante de pessoas que acham que o contato com Jesus não faz nenhuma diferença?

Obs.
5.30,31. "Quem?": o pronome está no singular, isto é, "Quem foi a pessoa?"

☐ ESTUDO 12   MARCOS 6.6B-30

1. O que aprendemos: (a) com a maneira de nosso Senhor preparar os discípulos para a obra que deveriam realizar mais tarde de modo mais completo e (b) com detalhes assim: "dois em dois", "não levem nada pelo caminho" (cf. Mt 10.10), "entrarem numa casa" e "fiquem ali", "se algum povoado não os receber", "Eles...pregaram ao povo que se arrependesse"?

2. Como você resumiria o caráter de Herodes? Qual a causa desse fiasco?

Obs.
6.7,30. Mais um começo — a primeira missão dos Doze; e assim, quando voltam para dar o relatório, são temporariamente chamados de "apóstolos" ou "missionários".

☐ ESTUDO 13   MARCOS 6.30-56

1. Que lições os discípulos teriam de aprender antes de serem usados por Cristo quando ele alimentou a multidão? Que lições parecidas temos de aprender antes de sermos usados por Jesus?

2. V. 45-53. Pela situação aqui descrita, parece que os discípulos se encrencaram por terem obedecido à ordem de Cristo. O que isso revela sobre o discipulado e suas provações e libertações? Por que o v. 48 diz "e estava já a ponto de passar por eles"? Cf. Lc 24.28,29.

☐ ESTUDO 14   MARCOS 7.1-23

1. Ninguém duvidaria da sinceridade dos fariseus em observar as tradições históricas genuínas, que objetivavam honrar a Deus. Por que, então, Jesus condenou-os de modo tão severo (v. 6), e como ele mostrou a inconsistência dos fariseus?

2. Observe nos v. 21-23 que Cristo não faz distinção entre pecados de pesamento e pecados de ações; todos corrompem a pessoa. Cf. Mt 5.28. Será que buscamos ficar livres da impureza de um coração mau? Ou, iguais aos fariseus, nos contentamos com uma boa aparência exterior?

3. V. 17-18a. Por que os discípulos demoraram para entender alguns dos ensinos mais simples de Jesus? Será que não temos o mesmo problema? Se temos, o que devemos fazer sobre o assunto? Cf. Jo 14.26.

Obs.

1. V. 3. "À tradição dos líderes religiosos": isto é, regras e regulamentos delineados pelas gerações antigas de escribas para guiar o comportamento do povo. Os fariseus é que decidiram caminhar estritamente de acordo com essa "tradição". Eles se consideravam, e eram considerados pelos outros, "os justos".

2. V. 6. "Jesus não está apenas citando as Escrituras mas também lhe acrescentando algo, e, com isso, interpretando-a" e estabelecendo sua própria autoridade (veja *Mark*, TNTC, p. 183).

☐ ESTUDO 15   MARCOS 7.24-37

1. Por que, à primeira vista, Jesus parece recusar o pedido da mulher (cf. Mt 15.24), e por que usou palavras tão duras? O que aprendemos com a resposta da mulher, e com a resposta de Cristo ao argumento que ela apresentou a seguir?

2. Pressupondo que, por causa de suas limitações, o surdo-mudo sabia pouco ou quase nada sobre Jesus, o que ele deve ter pensado da atitude estranha do Senhor? Como essa atitude ajudaria o homem a reagir com fé?

3. O que o exemplo daqueles que levaram o surdo-mudo a Jesus nos ensina sobre o testemunho pessoal?

Obs.
V. 27. O termo "cachorrinhos" é uma expressão de desprezo e aversão. Em muitas partes do Oriente o cachorro continua sendo um comedor de lixo e, por sua própria natureza, impuro e transmissor em potencial de doenças.

☐ ESTUDO 16   MARCOS 8.1-26

1. Que características de Jesus se sobressaem no milagre de 8.1-9? O que essa multidão em particular poderia esperar de Jesus? Cf. Mt 6.33. Sua provisão foi um sinal do quê?

2. Por que Jesus mandou os discípulos terem cuidado com o fermento dos fariseus e de Herodes (v. 15)? Por que Jesus interrogou os discípulos sobre o milagre acontecido pouco antes? Como esse tipo de reflexão nos ajuda a crescer espiritualmente?

3. V. 22-26. O que o acontecimento ensina sobre o modo e o custo de levar alguém a experimentar o poder salvador de Cristo?

MARCOS 1-9

Obs.
V. 15. Aqui, a palavra "fermento" simboliza a influência oculta e sagaz do pecado.

☐ ESTUDO 17   MARCOS 8.27-38

1. V.27-29. O que os discípulos precisavam entender antes de Jesus começar a falar sobre sua morte? Por que isso era tão importante, e por que a maioria de nós demora a entender o assunto? Cf. Lc 10.21,22.

2. Por que Pedro foi incapaz de aceitar o que Jesus dizia a respeito de sua morte? Qual o significado da repreensão de Jesus? Quanto à atitude correta em relação à morte de Cristo, do lado de quem você fica?

3. V. 34-38. Quais as duas alternativas apresentadas nos versículos? Por que é tão importante fazer a escolha certa? O que isso envolve, e qual o resultado da escolha errada, segundo Jesus?

Obs.
1. V. 33. "Para trás de mim, Satanás!" Jesus enfrentou tentação semelhante no deserto para evitar a cruz. Cf. Mt 4.8-10.
2. V. 34. Para o significado de "negar", veja Lucas 12.9; 22.34. Aqui, o verbo significa negar a si mesmo, recusar-se a aceitar as reivindicações que o ego faz contra as reivindicações de Jesus.

☐ ESTUDO 18   MARCOS 9.1-29

1. V. 1-8. Para os três discípulos, qual o significado da presença de Moisés e Elias, e também da voz que saiu da nuvem? Cf. Jo 1.45; Lc 24.27. Como a experiência poderia ajudar e encorajar os discípulos?

2. V. 11-13. Que pergunta a cena do monte levantou na mente dos discípulos, e como Jesus respondeu? Observe como João Batista era parecido com Elias.

3. Por que Jesus ficou tão decepcionado ao reencontrar os outros discípulos? O que o evento nos ensina sobre as principais causas de fracassarmos em nosso testemunho e serviço cristão (veja v. 23 e 29)?

Obs.
V. 24. "Creio, ajuda-me a vencer a minha incredulidade!", significa: "Ajude-me exatamente como sou, um duvidoso que quer acreditar".

☐ ESTUDO 19   MARCOS 9.30-50

1. V. 33-37. Segundo Jesus, como nos tornamos fortes espiritualmente? De modo particular, o que devemos aprender com as crianças? Cf. Mt 18.4.

2. V. 38-41. Quais os três motivos dados por Jesus para os discípulos não se comportarem daquela maneira? Por que não tiveram o mesmo entendimento com respeito à morte de Jesus (v. 30-32)?

3.V. 43-48. Que verdade espiritual Jesus quer ensinar aqui? Qual o sentido de cortar um pé ou arrancar um olho? Por que seria necessário aplicar medidas tão drásticas?

Obs.
1. V. 43,45,47. "Inferno" ou "Geena" (grego) é uma referência ao Vale de Hinom nos arredores de Jerusalém, onde o lixo da cidade era jogado e queimado. Tornou-se sinônimo de um lugar de ruína e destruição final.
2. V. 49. "Salgado com fogo": sujeito a um processo vigoroso de disciplina para purgar a corrupção. Cf. 1Pe 4.17; Hb 12.11.

Para os *Estudos 20-35* do Evangelho de Marcos, veja a página 185.

DEUTERONÔMIO

Introdução

Em Deuteronômio o povo se encontra novamente à entrada da terra prometida, depois de quarenta anos de peregrinação. Moisés, prestes a deixar sua grande tarefa, dirige-se aos israelitas pouco antes de morrer. O livro é composto essencialmente de seus discursos.

Naturalmente, há muita repetição de partes anteriores do Pentateuco e, igualmente natural, a repetição acontece quase sempre de forma bem diferente. Leis promulgadas no deserto são adaptadas para o uso na terra. Novas questões, como as relacionadas ao santuário principal e ao estabelecimento do reino, são apresentadas. Por fim, Moisés, após fazer algumas advertências sérias ao povo, indica seu sucessor, e sobe o Monte Nebo onde Deus o fará descansar para sempre.

Esboço

1-3	Moisés relembra os acontecimentos dos últimos 38 anos, provando aos israelitas que Deus é fiel apesar da desobediência e descrença de seu povo
4-11	Moisés exorta o povo a ser obediente a Deus como única garantia de uma vida feliz na terra prometida
12-26	Moisés apresenta em detalhes as leis de Deus que deverão ser obedecidas na terra. Dividem-se em três categorias: religiosa (12.1-16.17); civil (16.18-18.22); social (19-26)
27-30	Moisés retoma seu apelo à obediência dessas leis. Como ênfase, anuncia as bênçãos ou maldições que cairão sobre o povo dependendo de seu comportamento. Tudo isso é apresentado em forma de pacto (29,30)

DEUTERONÔMIO

31-34   Final da vida e do ministério de Moisés, incluindo suas instruções a Josué (31); seu maravilhoso hino a Deus (32); sua bênção sobre as tribos (33) e o relato de sua morte e sepultamento (34)

☐   **ESTUDO 1**   **DEUTERONÔMIO 1**

1. A preocupação deste capítulo é o pecado dos israelitas de se recusarem a entrar na terra prometida. Como o pecado é descrito (veja v. 26,27,32) e o que tornou a culpa ainda maior (veja *Obs.* dos v. 9-18; veja também v. 31-33)?
2. Que lições importantes são ensinadas nos v. 40-45? Cf. Is 59.1,2; Jr 11.14; Hb 12.17.
3. O que o capítulo ensina sobre a importância do conhecimento histórico, principalmente da história bíblica? Cf. Sl 78.1-8; 44.1-8; 1Co 10.6-13; Rm 15.4.

Obs.
V. 9-18. Parece que o objetivo desses versículos é mostrar que o povo era numeroso e bem organizado quando chegaram a Cades-Barneia e, assim, totalmente pronto a entrar na terra, se tivesse mantido os olhos em Deus.

☐   **ESTUDO 2**   **DEUTERONÔMIO 2**

1. O que o capítulo ensina com respeito à soberania de Deus sobre as nações? Cf. 32.8; At 17.26.
2. Por que Edom, Moabe e Amom foram poupados nessa ocasião, mas os amonitas foram exterminados? Veja v. 4,5,9,19; e cf. Am 1.11-2.3.
3. O que os v. 24 e 31 ensinam sobre o relacionamento entre a graça divina e a fé humana? Cf. Ef 2.8.

Obs.
1. V. 1. "Por muitos anos": aproximadamente trinta e oito; cf. v. 14.
2. V. 4-8. Não é o mesmo episódio de Nm 20.14-21, porém uma instrução dada mais tarde, quando Israel chegou à fronteira leste de Edom.
3. V. 10-12 e 20-23 parecem notas explicativas sobre o passado.
4. V. 30. Um endurecimento proposital, isto é, para castigar alguém que já se opunha a Deus.
5. V. 34. "Destruímos totalmente": "designado à destruição", ou seja, sob a maldição de Deus.

☐   **ESTUDO 3**   **DEUTERONÔMIO 3**

1. Como a vitória sobre Siom e Ogue contradiz os temores da descrença de quarenta anos antes? Cf. 1.28 com 2.36 e 3.4-6. Como as gerações posteriores usaram as lembranças dessas vitórias? Cf. Js 2.10; Sl 135.10,11; 136.18-20.
2. O que os v. 21,22 ensinam sobre a responsabilidade do encorajamento mútuo? Cf. como Paulo partilhou sua segurança (2Tm 1.12) com as pessoas (Fp 1.6).

3. Imagine a profundidade do desejo de Moisés nos v. 24,25. Que percepção esse acontecimento nos dá sobre a oração e sua resposta? Cf. Nm 20.12; Sl 106.32,33.

4. V. 26. "Basta!" Moisés teve que se contentar com seu próprio lugar na obra de Deus. Ele foi o legislador, e Josué (forma hebraica de "Jesus") era o triunfador. Como João 1.17 esclarece isso?

Obs.

1. V. 11. "Cama": possivelmente "sarcófago". Tinha cerca de quatro metros de comprimento por dois de largura.
2. V. 13-15. A divisão da tribo de Manassés enfraqueceu-a bastante, cumprindo assim Gn 48.14s, onde Efraim, embora sendo o mais novo dos dois filhos de José, tem prioridade sobre Manassés.
3. V. 29. "Bete-Peor": "casa de Peor", o deus moabita por causa de quem o povo pecou (Nm 25).

☐ **ESTUDO 4** **Deuteronômio 4.1-40**

Esta é a segunda parte do primeiro discurso de Moisés, e consiste de uma exortação baseada no tratamento misericordioso de Deus, como descrito nos capítulos 1 a 3.

1. O que essa parte fala sobre Deus, e sobre seu relacionamento com Israel?
2. O que é dito sobre a palavra de Deus, falada por Moisés? Com o v. 2 cf. 12.32; Pv 30.6; Mt 5.17,18; Ap 22.18,19.
3. O povo é advertido sobre que pecado em especial, e que argumentos reforça a advertência?

☐ **ESTUDO 5** **Deuteronômio 4.41-5.33**

O segundo discurso de Moisés começa no capítulo 5 e estende-se até o capítulo 26. O capítulo 4.44-49 é uma narração introdutória.

1. Qual o significado dos pronomes "teu" e "tua" que aparecem nos dez mandamentos? Cf. Lv 19.3; Sl 62.12; Jr 17.10.
2. A reação do povo ao ouvir os mandamentos (5.23-27) indica princípios duradouros relacionados ao modo de todas as pessoas reagirem à lei de Deus. De acordo com as reações aqui observadas, que tipo de efeito a lei de Deus deveria produzir? Cf. Hb 12.21; Rm 7.9; Gl 3.24.
3. Como era a índole do povo para Deus pronunciar o elogio de 5.28, e expressar o desejo de que continuasse sempre assim (v. 29)?

Obs.

5.3. "Nossos pais": isto é, "nossos antepassados", a saber, os patriarcas. Cf. 4.37; 7.8.

☐ **ESTUDO 6** **Deuteronômio 6**

Nos capítulos 6-10 Moisés resume alguns requerimentos gerais dos dez mandamentos antes de aplicá-los em detalhe às situações específicas.

DEUTERONÔMIO

1. Qual o propósito de Deus ao entregar a lei, e qual era a principal responsabilidade do israelita? O que deveria fazer, e do que deveria se guardar e não fazer?
2. Os v. 10-15 falam sobre Deus ser esquecido na prosperidade. Que maneiras de nos protegermos desse perigo estão implícitas e explícitas nesses versículos?
3. O que o capítulo revela sobre a necessidade e o método de crença religiosa na família?

Obs.
1. V. 6. "Estejam em": literalmente "gravadas em".
2. V. 13. Citado por Jesus numa resposta a Satanás (Mt 4.10).

☐ **ESTUDO 7**   **DEUTERONÔMIO 7**

1. Os israelitas deveriam lidar com os cananeus idólatras de quatro maneiras. Quais (v. 1-5)? Essas maneiras ilustram que pontos relacionados à obrigação do crente de se separar do pecado? Cf. Ef 5.11; 2Co 6.14-18; 1Jo 5.21.
2. Nos v. 6-11 quais os três motivos que Deus apresenta ao povo para sua atitude drástica? Quais os princípios do Novo Testamento correspondentes a isso? Cf. 1Pe 1.15,16; 2.9-12.
3. Nos v. 12-16 que três bênçãos Deus promete a quem seguir fielmente à ordenança? Que bênçãos o Novo Testamento promete ao crente que praticar a separação espiritual? Cf. 2Co 6.17,18; 1Jo 2.15-17.
4. Nos v. 18-26, como Deus responde à pergunta do v. 17? O que isso ensina sobre o poder que o crente recebeu de "ser separado"? Cf. 2Co 2.14-16; Jo 16.33; Rm 5.10; 1Jo 5.4.

Obs.
1. V. 2. "Destruirão totalmente": o termo hebraico significa "separar para uma divindade" e consequentemente "matar" ou "destruir" como aqui, e nos v. 25,26.
2. V. 20. "Vespas" [na nota de rodapé] são insetos poderosos, cujo ataque em enxame é perigoso e até mortal. No entanto algumas pessoas tomam a palavra aqui (e em Êx 23.28 e Js 24.12) no sentido figurativo, como sendo alguma praga ou perigo que espalhou terror.

☐ **ESTUDO 8**   **DEUTERONÔMIO 8**

1. Quais os três propósitos de Deus ao guiar Israel pelas experiências do deserto? Como o Senhor Jesus aplicou o v. 3b a si mesmo em Mateus 4.4? Com o v. 5, cf. também Hb 12.7,10,11.
2. Em tempos de prosperidade que perigo sutil iria ameaçar os israelitas, e como o povo deveria se prevenir contra ele? Examine a advertência que Barnabé fez a igreja de Antioquia (At 11.23b).

☐ **ESTUDO 9**   **DEUTERONÔMIO 9.1-10.11**

1. Depois da conquista da terra prometida, que outros perigos viriam no rastro da vitória? Nesse texto, como Moisés tenta defender o povo desse perigo? Cf. Lc 18.9-14.

2. O que o exemplo de Moisés ensina sobre a responsabilidade e o poder da oração intercessora? Observe o custo natural dessa oração e sua oposição inegociável contra o pecado. Em que Moisés baseou seu apelo a favor do povo, e qual foi o resultado? Cf. Tg 5.16.

3. O incidente como um todo mostra que as atitudes de Deus para com seu povo são inteiramente baseadas na graça. Assim, ilustra aspectos da graça salvadora de Deus revelada no Novo Testamento. Procure descobrir como os seguintes aspectos são ilustrados no capítulo: (a) a combinação da graça e justiça (Rm 3.24-26), (b) o triunfo da graça sobre o pecado (Ef 2.5; Rm 5.20,21); (c) a provisão de um mediador (Hb 8.6; 9.15); (d) o estabelecimento de uma aliança (1Co 11.25).

Obs.
9.22. "Taberá": "queimando"; veja Nn 11.1-3. "Massá": "testando"; veja Êx 17.7; cf. Dt 6.16. "Qibrote-Havaavá:" "túmulos de ambição"; veja Nm 11.34.

☐ **ESTUDO 10**   DEUTERONÔMIO 10.12-11.32

Moisés usa dois argumentos importantes para convencer o povo a ser obediente. (a) Em 10.12-11.12, mostra que certos atributos e métodos de Deus exigem uma reação correspondente de seu povo. (b) Em 11.13-32, usa as recompensas da obediência e dos castigos da desobediência como incentivos. Isso levanta as seguintes perguntas:

1. Quais são os atributos e métodos de Deus detalhados em 10.12-11.12 e quais são as exigências correspondentes?

2. Que recompensas e castigos são especificados em 11.13-32?

Obs.
1.10.12. "Que é que...senão...?" não significa que esses mandamento são menos importantes, mas que, à luz do caráter de Deus e do chamado para que Israel seja seu povo, são razoáveis e previsíveis. Cf. Mq 6.8.
2. 11.30. "Moré": onde o Senhor apareceu a Abraão; veja Gn 12.6,7.

☐ **ESTUDO 11**   DEUTERONÔMIO 12 E 13

Veja o *Esboço*. A primeira parte desse código legislativo estabelece regulamentos para a prática da religião, e, portanto, é uma aplicação detalhada dos primeiros quatro mandamentos.

1. Como o capítulo 12 se relaciona ao primeiro mandamento e o capítulo 13, ao segundo?

2. Como os regulamentos do capítulo 13 mostram que a vontade de Deus está acima de pressupostos "resultados", respeito a pessoas, laços de sangue e quantidade numérica? Cf. Mc 13.22; Gl 1.8; 2.11; Lc 14.26; At 4.19,20.

DEUTERONÔMIO

Obs.
A provisão de um único santuário onde todos os sacrifícios devem ser feitos era uma salvaguarda contra o culto idólatra nos antigos altares cananeus. Cf. 2Rs 17.10-12.

☐ **ESTUDO 12** **DEUTERONÔMIO 14 E 15**

Esses dois capítulos contêm leis relacionadas: (a) à práticas em funerais (14.1,2); (b) aos alimentos puros e impuros (14.3-21); (c) ao dízimo (14.22-29); (d) aos sete anos ou anos de cancelamentos (15.1-18); (e) aos primeiros machos bovinos ou caprinos (15.19-23).

1. O princípio que norteia as leis do capítulo 14 é que os cristãos devem se comportar diferente do mundo. O que aprendemos sobre a atitude do crente em relação: (a) à morte e ao luto (v. 1,2; cf. 1Ts 4.13); (b) à comida e indulgência com o corpo (v. 3-21; cf. 1Co 6.12,13; 10.23,31); (c) ao dinheiro e às possessões (v.22-28; cf. 1Co 16.2)?

2. O que as leis do capítulo 15 ensinam sobre: (a) a redenção por meio de Cristo; (b) a obrigação do crente em colocar as necessidades dos irmãos em Cristo acima de seus próprios direitos (cf. Mt 5.38-42); (c) a igualdade na igreja de Deus (cf. At 2.44; 4.34; 2Co 8.14)?

Obs.
14.1b. Referência ao luto dos pagãos, significando sofrimento excessivo.

☐ **ESTUDO 13** **DEUTERONÔMIO 16 E 17**

O capítulo 16.18 dá início à seção sobre a lei civil. Temos aqui: (a) a nomeação e a responsabilidades dos juizes (16.18-20); (b) a justiça sobre questões religiosas (16.21-17.7); (c) o tribunal de última instância (17.8-13); (d) a nomeação e responsabilidades do rei (17.14-20).

1. Em relação com a Festa das Semanas e a Festa dos Tabernáculos, quais as duas exigências feitas aos adoradores, e por quê? Que princípio determina a quantia das ofertas? Cf. 1Co 16.2; 2Co 8.12; 1Pe 1.8.

2. O que 17.2-7 ensina sobre a necessidade de disciplina na igreja? Cf. Mt 18.15-18; 1Co 5; 1Tm 1.19,20; Tt 3.9-11.

3. Se Israel iria ter um rei, como deveria ser seu caráter, e onde deveria buscar sabedoria? Cf. 2Tm 3.15-17.

Obs.
1. 16.21. O aserim talvez seja um poste colocado junto a um altar, simbolizando o deus ali adorado.
2. 17.8-13. Se uma questão é difícil demais para o juiz local (veja 16.18-20), deve ser levado ao santuário principal.
3. 17.16,17. Observe o termo "adquirir" (RSV "multiplicar"). Cavalos (poder), esposas e riquezas eram cobiçados pelos reis da época. Cf. 1Rs 10.26-28; 11.3,4.

☐   **ESTUDO 14**   D̃euteronômio 18 e 19

No capítulo 18 os ofícios de sacerdote e profetas estão incluídos na lei civil porque, sendo Israel uma teocracia, eles faziam parte do governo. O capítulo 19 dá início à seção sobre as leis que governam a vida social; estas leis são a aplicação detalhada dos últimos seis mandamentos.

1. Qual eram os ministérios especiais dos sacerdotes e dos profetas? Veja no capítulo 18 como ambos eram provisões de Deus para as necessidades de seu povo. Os profetas de Israel substituíam que tipo de pessoas da religião pagã? Hoje em dia, como distinguimos os profetas verdadeiros dos falsos? Cf. Is 8.19,20; 2Pe 1.19; 2.12.
2. Em quem a profecia de 18.18,19 acabou sendo cumprida? Veja At 3.22,23; 7.37. Será que lhe ouvimos como deveríamos? Cf. Mc 9.7.
3. Como os regulamentos sobre as cidades de refúgio protegiam contra a injustiça e, ao mesmo tempo, aplicavam a penalidade justa? Veja também Nm 35.
4. Como os regulamentos do capítulo 19 aplicam tanto o espírito como a letra do sexto (v. 1-4), oitavo (v. 14) e nono (v. 15-21) mandamentos respectivamente?

Obs.
19.14. A intenção dessa lei é preservar a herança do pobre da ganância dos vizinhos ricos. Cf. 27.17; Pv 23.10,11.

☐   **ESTUDO 15**   D̃euteronômio 20 e 21

Estas leis estão indiretamente relacionadas ao sexto mandamento e à exigência de Deus para que haja justiça perfeita em todas as situações da vida.

1. Que princípios gerais podem ser deduzidos do capítulo 20 com relação: (a) à conduta em conflito armado e (b) ao conflito espiritual no exército de Cristo? Cf. Lc 14.25-33.
2. Como esses capítulos ilustram a compaixão e o rigor de Deus?
3. Qual a aplicação que os autores do Novo Testamento fazem de 21.22,23? Cf. Jo 19.31; Gl 3.13; 1Pe 2.24.

☐   **ESTUDO 16**   D̃euteronômio 22 e 23

Essas leis estão relacionadas especialmente aos sexto e sétimo mandamentos.

1. 22.1-21. De que modo essas leis protegem a vida, a propriedade e a reputação e, desse modo, colocam em ação o sexto mandamento e a lei do amor ao próximo?
2. 22.13-30. Como essas leis apoiam o princípio de castidade implícito no sétimo mandamento? Qual a semelhança entre as leis e costumes de hoje em dia?
3. 23.1-25. Que passos deveriam ser tomados para manter a pureza da congregação e, em consequência, do culto a Deus? Como o Novo Testamento aplica isso à igreja na terra e ao próprio céu? Cf. 1Co 5; Ap 21.27, e veja *Estudo 13*.

DEUTERONÔMIO

Obs.
1. 22.5. A distinção entre os sexos, mesmo quanto à aparência, deve ser mantida com rigor.
2. 22.9-11. Aplicadas no sentido espiritual, essas leis proíbem a associação com coisas moralmente incompatíveis; cf. 2Co 6.14-16.
3. 22.14,17. "Prova da virgindade": isto é, o lençol, que ficou manchado de sangue na primeira relação.
4. 23.25,16. Parece se referir a um escravo fugitivo de outro país, e que se refugiou na cidade de Israel.

☐ **ESTUDO 17**   **DEUTERONÔMIO 24 E 25**

1. Capítulo 24. O princípio que sustenta essas leis é o do oitavo mandamento: justiça e honestidade em tudo na vida. Relacione todas as maneiras em que isso deve ser praticado de acordo com o capítulo. Examine sua vida para descobrir áreas em que você é propenso a falhar.
2. Que aplicação Paulo faz de 25.4? Veja 1Co 9.9; 1Tm 5.17,18.
3. Usando Amaleque como um tipo de "a carne", ou seja, nossa natureza carnal caída, compare o que é dito aqui com Êx 17.14-16; Gl 5.17,24. Quando e onde um inimigo assim provavelmente atacará, e como devemos tratar esse inimigo?

☐ **ESTUDO 18**   **DEUTERONÔMIO 26**

Esse capítulo conclui as leis sociais e também uma seção inteira de leis específicas a serem observadas pelo povo na terra prometida.

1. V. 1-11: a lei dos primeiros frutos a serem ofertados a Deus em reconhecimento por suas misericórdias. Como a lei exigia que cada israelita refletisse e agradecesse pelas misericórdias à nação, e por quais misericórdias deveria agradecer especificamente? Será que não temos motivos maiores de gratidão? Cf. Sl 103.1-5; Cl 1.12-14.
2. V. 12-16: a lei dos dízimos a serem entregues aos sacerdotes, e também a pessoas sem condições de se sustentarem. Note como Deus promete abençoar ricamente quem oferta a ele e aos outros. Cf 14.28,29; Pv 3.9,10; Ml 3.8-12; Lc 6.38.
3. Os v.16-19 trazem as exortações finais do discurso iniciado no capítulo 5. Que alianças Deus e Israel respectivamente se obrigaram a cumprir? O que esses versículos nos ensinam sobre os propósitos de Deus para nós como seu povo escolhido?

☐ **ESTUDO 19**   **DEUTERONÔMIO 27.1-28.14**

Veja o *Esboço*.

1. Como Deus usa seus servos — Moisés, os anciãos e os sacerdotes — para incutir em seu povo a obediência absoluta que ele exige a todas as leis dos capítulos 5-26?

2. Que princípios duradouros aparecem no capítulo 27 concernente: (a) à autoridade que os líderes têm de repreender os pecadores em nome de Deus (cf. 1Tm 5.20; Tt 1.13; 2.15) e (b) ao insucesso da lei em oferecer vida? Ex., embora Israel tenha obedecido de fato aos v. 2-8 (veja Js 8.30-35), logo infringiram as outras leis. Cf. Rm 8.2-4; Gl 3.10-12.
3. Contraste a natureza das bênçãos de 28.1-14 com Efésios 1.3, "todas as bênçãos espirituais nas regiões celestiais". Qual a diferença entre a antiga e a nova aliança? Até onde as promessas de Dt 28.1-14 se aplicam a nós?

Obs.
27.15-26. Veja que as ofensas aqui mencionadas são especificamente do tipo que, muitas vezes, escapam aos olhos e à punição da lei.

☐ **ESTUDO 20** **DEUTERONÔMIO 28.15-68**

Os v. 15-19 contrastam diretamente com os v. 1-6. Depois, as maldições são descritas em cinco parágrafos, um tanto semelhantes em conteúdo: (1) v. 20-26; (2) v. 27-37; (3) v. 38-44; (4) v. 45-57; (5) v. 58-68.

1. Estude os cinco parágrafos, dando atenção às semelhanças. Quais os pecados contidos nas maldições?
2. Esse capítulo mostra o povo de Deus sob um castigo pior do que o sofrido por uma nação pagã. Até certo ponto, o castigo foi cumprido nos cativeiros assírio e babilônico, mas principalmente na Queda de Jerusalém no ano 70 d.C., e na história subsequente dos judeus. Como isso enfatiza o ensino de que é melhor nem começar a buscar a Deus do que começar e se afastar depois? Cf. Mt 12.43-45; Hb 2.1-4; 10.26-31; 2Pe 2.20-22.

Obs.
V. 46. "Um sinal e um prodígio": sinal do julgamento divino, e prodígio que causa espanto.

☐ **ESTUDO 21** **DEUTERONÔMIO 29 E 30**

1. Imagine a cena comovente descrita em 29.1,2,10,11, e considere as razões fortes que o povo tinha para ser leal a Deus. Por que, então, Moisés temia que não permanecesse firme? Veja 29.4,18,19; cf. At 20.29,30.
2. De acordo com 29.29, qual o propósito da revelação? Cf. Tg 1.22. Como o capítulo 30 descreve o caráter de Deus? Qual é a responsabilidade do povo?
3. Compare 30.11-14 com Romanos 10.6-9 e descubra em que a lei do Antigo Testamento e o evangelho do Novo Testamento são idênticos.

Obs.
29.19. "Trará desgraça tanto à terra irrigada quanto à terra seca": uma expressão popular que significa "destruir tudo". Aqui, mostra que a atitude e ação do idólatra resultará em destruição absoluta.

DEUTERONÔMIO

☐ **ESTUDO 22**   DEUTERONÔMIO 31

1. Por que os israelitas podiam, e nós também podemos, ser "fortes e corajosos" e não ter "medo" nem ficar "apavorados" mesmo quando os grandes líderes humanos morrem? Veja os v. 1-8 e cf. Hb 13.7,8.

2. Como o Senhor, por intermédio de Moisés, buscou salvaguardar Israel da transgressão que ele sabia que, apesar de tudo, iria acontecer? Qual a única coisa que nos mantêm firmes? Cf. 1Pe 1.5; Gl 5.16. Cf. também Dt 32.46-47.

3. Como esse capítulo enfatiza a necessidade de algo mais — além da lei de Deus — na promoção da obediência? Cf. Rm 8.3,4; 2Co 3.5,6.

☐ **ESTUDO 23**   DEUTERONÔMIO 32.1-47

O esboço desse poema magnífico é o seguinte:

(a) O propósito e a esperança do autor, v. 1-3 (veja *Obs*. abaixo)

(b) A perfeição de Deus e a perversidade de Israel, v. 7-14

(c) A bondade de Deus para com Israel, v. 4-6

(d) A apostasia de Israel, v. 15-18

(e) O julgamento divino sobre Israel, v. 19-29

(f) Deus permite que as nações pagãs derrotem Israel, v. 30-35

(g) Por fim, Deus irá vingar seu povo e mostrar-lhe compaixão, v. 36-43

1. Como Deus é descrito em seus atributos inerentes? Em contraste, como é descrita a natureza de Israel?

2. O que Deus fez por Israel (os v. 7-14 mencionam pelo menos sete coisas), e como Israel retribuiu sua bondade e amor?

3. Qual o propósito de Deus em seus julgamentos. E qual será o resultado final?

Obs.

1. V. 2. "Que meu ensino caia como chuva": frase que revela a esperança do autor de que suas palavras ajam no coração dos homens como a chuva e o orvalho agem na terra.

2. V. 4. "A Rocha" (ver também os v. 15,18,30,31,37): representa refúgio e lugar de defesa.

3. V. 8. "De acordo com o número...": isto é, ele reservou a Israel uma herança adequada a seu número de pessoas.

4. V. 15. "Jesurum": nome poético para Israel, e significa "o justo". Cf. Dt 33.5,26; Is 44.2.

5. V. 29. "Compreendessem qual será o seu fim"; isto é, compreender qual o resultado obrigatório de sua perversidade.

6. V. 34. Deus não se esqueceu dos pecados dos inimigos de Israel.

☐ **ESTUDO 24**   DEUTERONÔMIO 32.48-34.12

Para ser entendido, o capítulo 33, assim como Gênesis 49, exige muito estudo.

1. Capítulo 33. De onde e por que essas bênçãos são derramadas sobre Israel? Descreva o que você entende sobre a natureza ou o significado de cada uma das bênçãos aqui prometidas, e compare-as com nossas bênçãos em Cristo.

2. 32.48-52; 34.1-12. Avalie: (a) o caráter e o trabalho de Moisés e (b) o tempo e a maneira de sua morte. O que aprendemos com esse relato?

MARCOS 10-16

☐ **ESTUDO 20**   M<small>ARCOS</small> **10.1-16**

1. V. 1-12. O que Cristo ensina sobre o divórcio, e em que se baseia o ensino?

2. V. 13-16. Certamente os discípulos estavam bem intencionados, tentando proteger o Senhor de intromissões desnecessárias. Então, por que Jesus ficou tão indignado? De que modo nós também corremos o perigo de afastar Jesus daqueles que o buscam?

3. V. 15. O que significa "receber o reino de Deus como uma criança", e por que isso é indispensável? Cf. Mt 18.2-4.

☐ **ESTUDO 21**   M<small>ARCOS</small> **10.17-31**

1. Qual a suposição errada que o jovem fazia sobre a salvação e a vida eterna? Cf. Ef 2.9. Por que Jesus lhe enfatizou as exigências da Lei? Qual era o verdadeiro obstáculo para o jovem?

2. Por que Jesus afirmou que era difícil para os ricos entrar no reino? Cf. Lc 14.33. Existe algo impedindo meu progresso espiritual?

3. O que Jesus promete a quem abandona as riquezas materiais para segui-lo de todo o coração? O que significa o v. 31? Cf. 1Co 13.3.

Obs.
V. 25. "Parece não existir nenhuma base para a ideia de que *fundo de uma agulha* seja um portão no muro da cidade". A expressão é mais bem entendida como uma descrição vívida de algo totalmente impossível. (Veja *Mark*, TNTC, p. 237.)

☐ **ESTUDO 22**   M<small>ARCOS</small> **10.32-52**

1. V. 32-34,45. Que novos aspectos de seu sofrimento Jesus apresenta aqui? Cf. 9.31. Por que ele continua a enfatizar o assunto? Por que os discípulos e seguidores ficaram admirados e temerosos, e como devemos nos sentir?

2. Em sua opinião, qual a verdadeira razão do pedido de João e Tiago, e o que Jesus quis dizer com sua resposta? Será que nossos objetivos na vida não têm a mesma falta de profundidade espiritual? Que princípio dirige a verdadeira excelência do cristianismo?

MARCOS 10-16

3. Quais foram os passos que levaram Bartimeu a recuperar a visão? Qual o incentivo e a orientação que esse fato nos dá para ajudarmos os cegos espirituais irem até Jesus?

Obs.
V. 38. Muitas vezes, os termos "batismo" e "cálice" são usados na Bíblia como símbolos de grande sofrimento. Nesse texto, são lembretes enfáticos do custo de seguirmos a Jesus. Cf. Lc 12.50; Mc 14.36.

☐ **ESTUDO 23**   **MARCOS 11.1-19**

1. Que qualidades de Jesus são evidenciadas de modo particular nesse acontecimento? Antes, Jesus havia deixado de revelar publicamente que era o Messias. Veja 3.11, 12; 8.30; 9.9. Por que revelou isso agora?

2. V. 1-6. Quando os dois discípulos foram enviados por Jesus nessa tarefa especial, de que maneira foram testados, e como se beneficiariam da experiência? Exibimos a mesma fé e coragem em nosso serviço para o Mestre?

3. De que modo a figueira aqui descrita tipifica Israel como nação? O que Jesus queria ensinar aos discípulos com essa ilustração? Antes de criticarmos alguém, não deveríamos examinar nossos próprios corações? Cf. Rm 11.20,21.

Obs.
V. 13. "Não era tempo de figos": podemos entender que Jesus estava procurando figos pequenos que amadureciam junto com as folhas, antes da colheita principal.

☐ **ESTUDO 24**   **MARCOS 11.20-33**

1. V. 20-25. Segundo Jesus, quais as condições primordiais da oração eficaz? O que mais faz parte da oração, além dos pedidos por coisas que desejamos? Cf. Mc 14.35,36.

2. Por que Jesus não respondeu à pergunta dos líderes judeus? Qual a intenção da pergunta que Jesus lhes fez? Estava tentando ser evasivo? Qual era a raiz do problema, e por que isso é uma advertência para nós? Cf. Hb 3.12.

Obs.
V. 25. "Não perdoar os semelhantes revela que não temos consciência da graça que recebemos, e mostra que esperamos ser atendidos com base em nossos próprios méritos" (veja *Mark*, TNTC, p. 256).

☐ **ESTUDO 25**   **MARCOS 12.1-27**

1. V. 1-12. Como a parábola explica a posição singular de Jesus em relação a Deus e aos profetas? O que isso nos ensina quanto: (a) aos motivos que o levaram a ser rejeitado e (b) à sua própria expectativa de vindicação e vitória?

2. V. 13-17. Como o incidente revela tanto a sabedoria de Cristo como a falsidade dos inquiridores? Que verdade importante Jesus queria lhes transmitir, e qual sua relevância para nós? Cf. Rm 13.1,2,6,7.

3. V. 18-27. Era óbvio que os saduceus estavam tentando banalizar a verdade espiritual ao lhe dar uma interpretação literária das mais ridículas. Como Jesus aponta o erro deles? Em que Jesus fundamenta a certeza da ressurreição?

Obs.
V. 1-12. Era óbvio que Jesus estava usando Isaías 5.1-7 como cenário para sua parábola e, então, os ouvintes sabiam que ele se referia a Israel, e que essa era mais uma parábola de julgamento. Veja *Mark,* TNTC, p. 258-261.

☐ **ESTUDO 26 MARCOS 12.28-44**

1. V. 28-34. Jesus afirmou que esse mestre da lei não estava "longe do Reino de Deus". O que lhe faltava para entrar no Reino?

2. V. 41-44. Jesus não negou que o rico tivesse ofertado bastante, mas simplesmente afirmou que a viúva ofertou mais. O que aprendemos aqui sobre o método de Deus avaliar nossas contribuições? Estamos à altura desse padrão? Cf. 2Co 8.12; 9.7.

3. Sem dúvida, os mestres da lei tinham conhecimento intelectual profundo das Escrituras e afirmavam aceitar sua autoridade sem questionamentos. Por que, então, foram condenados por Jesus, e como isso nos serve de advertência? Cf. Lc 12.47,48.

☐ **ESTUDO 27   MARCOS 13.1-23**

1. V. 1-13. Observe como Jesus levou a indagação dos discípulos para o reino pessoal e moral. Contra que ameaças espirituais ele avisou os discípulos? Como nos preparamos para enfrentar perigos semelhantes?

2. V. 14-23. O que é profetizado aqui? Como os cristãos devem agir quando isso acontecer? Em quem devem buscar socorro? Com o que devem ter cuidado? O que esse texto ensina quanto a soberania de Deus e a responsabilidade do ser humano?

Obs.
1. V. 14. "O sacrilégio terrível": sinal da destruição iminente do templo sobre o qual os discípulos haviam perguntado (v.1-4). Refere-se à profanação do lugar sagrado pelos invasores romanos. Cf. Dn 11.31.
2. V. 15. "No telhado de sua casa": os telhados planos das casas na Palestina eram usados como lugar de descanso e reunião social. Cf. At 10.9.

☐ **ESTUDO 28   MARCOS 13.24-37**

1. Entre os muitos detalhes enigmáticos desse texto referente à vinda do Filho do homem, podemos ter certeza do quê? Que erro em especial devemos evitar?

2. Se estamos aguardando a volta de Cristo, que diferença isso deve fazer em nossa vida e por quê? Cf. 2Pe 3.10a,11b,14.

Obs.
1. V. 24,25. Como no Antigo Testamento, a fraseologia pode significar catástrofes nacionais e internacionais. Cf. Is 13.10; 34.4; Ez 32.7, etc.
2. V. 33-37. "Vigiem": isto é, fiquem atentos e de prontidão.

☐ ESTUDO 29   MARCOS 14.1-25

1. V. 1-9. O comentário que algumas pessoas fizeram sobre o valor do perfume e a necessidade dos pobres era verdade. Por que, então, Cristo elogiou Maria por sua extravagância? O que esse acontecimento ensina sobre as prioridades corretas no serviço cristão?
2. V. 10-21. Segundo os versículos, qual foi o motivo da traição de Judas? Será que nossa própria atitude não é apontar o dedo, ou estamos dispostos a fazer a séria reflexão do v. 19?
3. V. 22-25. Atenção ao uso das palavras "pão", "sangue", "meu", "deu", "tomou", "beberam", "aliança". O que esclarecem sobre a natureza e o método da salvação? Cf. 1Pe 1.18,19.

Obs.
1. V. 8,9. Veja a notável previsão que Jesus fez sobre a pregação mundial do "evangelho"; cf. 13.10. A mulher reconheceu tanto a singularidade da pessoa de Jesus quanto a obra que ele estava prestes a realizar, e essas são duas verdades básicas do evangelho.
2. V. 22. A expressão, "Isto é o meu corpo", corresponde à frase da Páscoa, "Este é o pão da aflição que nossos antepassados comeram na terra da aflição". Indica comemoração simbólica, e não "transubstanciação" de verdade.

☐ ESTUDO 30   MARCOS 14.26-52

1. V. 26-31. É evidente que Pedro achou mais fácil aplicar as palavras de Jesus aos outros discípulos do que a si mesmo. Que atitude errada observamos aqui? Será que também não recusamos o que Deus está claramente tentando nos ensinar?
2. V. 32-50. O que angustiava o Senhor Jesus? O que significa "aquela hora" e "este cálice"? Por que Jesus estava preparado — de um modo que os discípulos não estavam — para o que teria de enfrentar? O que ele pediu exatamente? Foi atendido? Se foi, como? Cf. Hb 5.7,8; Sl 119.50,92.

☐ ESTUDO 31   MARCOS 14.53-72

O objetivo do Sinédrio era descobrir motivos legais para condenar Jesus à morte. Os líderes judeus já haviam decidido que ele tinha de morrer (14.1), mas precisavam de bases que justificassem a condenação de Jesus e garantissem a confirmação de Pilatos ao veredito deles. Cf. Lc 23.1,2.

1. V. 53-65. Note que uma acusação séria, na qual se basearam para condenar Jesus à morte, foi a afirmação que ele fez de ser o Cristo. Cf. 15.26. Segundo Jesus, como sua afirmação seria comprovada? Cf. At 2.32-36. Como você trata a afirmação de Jesus?

2. Observe as experiências que Pedro viveu naquela noite dramática. Que fatores contribuíram para ele negar a Cristo? Veja 14.29,37,50,54. Como tudo isso nos prepara para lidar com as tentações?

☐ **ESTUDO 32**   **Marcos 14.53-72**

Agora a maior preocupação dos líderes judeus era que o veredito fosse cumprido. Para tanto, necessitavam da aprovação do governador romano, pois os romanos se reservavam o direito de aplicar a pena de morte.

1. Que erros Pilatos cometeu, e por que razão? Será que não corremos o perigo de cair em alguns desses erros? Como evitá-los?

2. Observe o impressionante silêncio de Jesus (v. 4,5; cf. 14.60,61a). Tente, também, imaginar a zombaria dos soldados depois de terem açoitado Jesus, e o açoite era um castigo brutal. Por que Jesus se submeteu a tudo sem protestar, e por que Deus permitiu que isso acontecesse? Fp 2.8; 1Pe 2.22-24.

☐ **ESTUDO 33**   **Marcos 15.22-41**

1. O que a multidão, os chefes dos sacerdotes e os escribas disseram para insultar Jesus e zombar dele? O que você percebeu, mas eles não, que o leva a crer que Jesus é o Cristo, apesar de tudo?

2. Como a pergunta do versículo 34 foi respondida? Qual a importância de o véu ter sido rasgado, e que benefício recebemos por causa disso? Cf. Is 59.2; Gl 3.13; Hb 9.8; 10.18-22.

☐ **ESTUDO 34**   **Marcos 15.42-16.8**

1. Que atitudes propositais de José são aqui mencionadas? Considerando quem ele era e a situação em que estava, que qualidades de caráter são mostradas por seu comportamento? Quais dessas qualidades estão faltando em minha vida?

2. As mulheres que foram ungir o corpo de Jesus souberam que ele havia ressuscitado, viram o túmulo vazio e receberam o privilégio e a ordem de contar aos outros. Mesmo assim, "não disseram nada a ninguém" (16.8). Por quê? Do que mais necessitavam para ter calma, convicção e ousadia para testemunhar? Você se acha um tanto parecido com elas?

JUÍZES

☐ **ESTUDO 35**   **MARCOS 16.9-20**

1. Esses versículos registram três aparições do Cristo ressuscitado. Quais? Qual o motivo da repreensão no v. 14? Será que esses dois pecados não vivem atrapalhando nossa percepção e nosso crescimento espiritual? Cf. Hb 3.12,13.

2. Se acreditamos de verdade no versículo 19, que desafio e incentivo encontramos nos versículos 15 e 20? De acordo com o versículo 16, quais as decisões que a pessoa deve tomar ao ouvir o evangelho? Cf. Rm 10.11-15.

Obs.
V. 9-20. "Esse texto é o famoso 'Final expandido' de Marcos, omitido em alguns manuscritos... Assim, parece razoável vê-lo como uma primeira tentativa, conhecida já nos tempos de Ireneu, de completar um evangelho cujo original havia sido estragado ou perdido, de alguma forma" (veja *Mark,* TNTC, p. 334-340).

JUÍZES

Introdução

O autor de Juízes é desconhecido. É provável que o livro tenha sido completado no reinado de Davi ou no início do reinado de Salomão (observe a atitude favorável à monarquia inferida em 19.1; 21.25).

A introdução de Juízes é feita em duas partes. A primeira (1.1-2.5) apresenta resumos das conquistas dos israelitas, destacando o fracasso de muitas tribos em tomar posse de suas terras. Descreve também como foram repreendidos pelo anjo do Senhor. A segunda parte (2.6-3.7) mostra a decadência da nação após a morte de Josué e apresenta um sumário dos acontecimentos mais importantes da época. A seção principal do livro (3.8-16.31) relata a história dos juízes, doze dos quais são mencionados, a saber : Otoniel, Eúde, Sangar, Débora, Gideão, Tolá, Jair, Jefté, Ibsã, Elom, Abdom e Sansão. Desses doze, seis (Otoniel, Eúde, Débora, Gideão, Jefté e Sansão) receberam mais atenção do autor; os outros são mencionados rapidamente (razão pela qual são, muitas vezes, chamados de "juízes menores"). A seção final do livro (17.1-21.25) narra duas circunstâncias do declínio moral e religioso que caracterizou o período dos juízes. A apostasia, a ilegalidade e a imoralidade reveladas são depoimentos vivos da situação em que "cada um fazia o que lhe parecia certo" (17.6; 21.25).

O livro é um testemunho da fidelidade de Deus, revelando tanto sua justiça quanto sua misericórdia infinita. Contém exemplos memoráveis da fé, e também revela a sordidez do pecado do ser humano. Há também muito ensino sobre a providência de Deus, especialmente em relação aos instrumentos que ele usa para realizar seus propósitos.

Esboço

I. A conquista incompleta (1.1-2.5)
    (a) 1.1-21   Conquista do sul de Canaã
    (b) 1.22-26   Captura de Betel
    (c) 1.27-36   Lista de territórios não ocupados por Israel
    (d) 2.1-5   A consequência da aliança rompida

II. Israel na época dos juízes (2.6-16.31)
    (a) 2.6-3.6   Introdução
    (b) 3.7-11   Otoniel e Cuchã-Risatain
    (c) 3.12-30   Eúde e Eglon de Moabe
    (d) 3.31   Sangar e os filisteus
    (e) 4.1-5.31   Débora e Baraque libertam Israel de Jabim e Sísera de Canaã
    (f) 6.1-8.35   Gideão e os midianitas
    (g) 9.1-57   O usurpador Abimeleque
    (h) 10.1-5   Tolá e Jair
    (i) 10.6-12.7   Jefté e os amonitas
    (j) 12.8-15   Ibsã, Elom e Abdom
    (k)13.1-16.31 Sansão e os filisteus

III. Apêndices
    (a) 17.1-18.31 A casa de Mica, e a migração de Dã
    (b) 19.1-21.25 O ultraje de Gibeá e os castigos dos benjamitas

☐ **ESTUDO 1**   **Juízes 1.1-2.5**

Os muitos paralelos entre estes versículos e o livro de Josué provam que o texto é um relatório suplementar valioso das conquistas dos israelitas. Ele trata de eventos ocorridos após muitas vitórias, quando as tribos haviam se espalhado para ocupar os territórios que lhe foram designados. A frase inicial, "Depois da morte de Josué", não está necessariamente relacionada aos acontecimentos do primeiro capítulo, mas é um título geral para o livro inteiro de Juízes.

1. Judá começou bem. Por que deixou de completar a tarefa? Será que os "carros de ferro" deveriam ter sido um impedimento? Cf. Dt 20.1; Js 17.16-18; Jz 4.13-15; Mt 9.29; Hb 11.33.

2. No capítulo 1, há uma movimentação geral do sul para o norte. É possível comprovar uma piora na situação à medida que o capítulo avança?

3. Que acusações o anjo do Senhor fez contra Israel? Quais foram as consequências do erro dos israelitas? O que aprendemos aqui sobre a insensatez de fazermos acordos errados? Cf. Hb 12.14-17; Rm 6.16.

JUÍZES

☐ **ESTUDO 2**   **JUÍZES 2.6-3.6**

1. Abandono da fé, castigo, livramento, novo abandono da fé — esboce este ciclo invariável nos acontecimentos da época, conforme o resumo feito nesta seção. Que tipo de vida espiritual corresponde às mesmas dificuldades em nosso viver? Cf. Cl 3.5,6; Ap 3.1-3.

2. O que aprendemos em 2.7,10 e 3.6 sobre a importância do: a) exemplo cristão, b) ensino bíblico aos jovens e c) casamento cristão? Cf Mt 5.13; Dt 6.6,7; Ef 6.4; 1Co 7.39 (última cláusula); 2Co 6.14.

☐ **ESTUDO 3**   **JUÍZES 3.7-31**

1. Observe o que Deus fez contra Israel (v. 8 e 12) e o que fez por Israel (v. 9 e 15). Por que agiu contra e por que agiu a favor? O que aprendemos sobre a maneira de Deus lidar com seu povo? Cf. Sl 34.12-18;103.8-14; 2Cr 7.13-14.

2. Compare e contraste Otoniel e Eúde, tanto em suas realizações quanto em seus métodos. Que qualidade os dois possuíam que os levou a ser usados por Deus? Cf. 2Cr 16.9.

☐ **ESTUDO 4**   **JUÍZES 4**

1. Em sua opinião, por que Baraque não quis ir para a batalha sem a companhia de Débora? Isso revela falta de fé? O que aprendemos aqui sobre a disposição de Deus em lidar com nossas fraquezas? Cf. Êx 4.13-16; Jr 1.6-8; 2Co 3.5,6.

2. Na verdade, quem foi responsável pela vitória de Israel? Cf. Êx 14.13; 2Sm 8.6,14; 2Cr 20.15-17. Como isso se aplica ao nosso viver hoje?

☐ **ESTUDO 5**   **JUÍZES 5**

A história se divide em quatro partes: (a) v. 1-5, hino introdutório de louvor; (b) v. 6-8, a situação antes do livramento; (c) v. 9-18, a mobilização das tribos e repreensão aos indecisos; (d) v. 19-31, a vitória, e a morte de Sísera.

1. Veja que dificuldades imensas as tribos tiveram de enfrentar porque abandonaram a fé (v. 6-8; cf. 3.31; 1Sm 13.19,22; 2Rs 10.32,33; 13.3,7). Que consequências espirituais paralelas podemos encontrar na vida de um cristão que abandona a fé?

2. Que qualidades são elogiadas na história e que atitudes são condenadas? Existe alguma aplicação ao nosso trabalho para Deus hoje? Cf. Lc 8.14; 9.62; At 15.26.

Obs.

É óbvio que Débora aprovou a atitude de Jael, mas será que Deus aprovou? Foi um ato de traição que extrapolou todos os acordos aceitos na época. Pode ser comparado ao ardil de Jacó contra seu velho pai (Gn 27), mas os dois incidentes tinham um elemento de aprovação — a ânsia de Jacó em ser abençoado, e o cuidado de Jael por seu povo na luta contra o opressor. No caso de Jacó, sabemos que ele pagou caro pela traição, embora tenha sido abençoado.

ESTUDO 6   Juízes 6

A opressão midianita veio em forma de invasão anual (por sete anos, 6.1) de tribos seminômades da Transjordânia. Vemos aqui a primeira referência ao uso de camelos em batalhas (6.5); esses animais foram uma tática superior imensa dos midianitas. O efeito em Israel é descrito nos versículos 2, 4 e 6.

1. Quando o povo clamou a Deus, qual foi a primeira resposta dele? Veja os v. 7-10, e cf. 2.1,2; Sl 81.8-11; Os 11.1-4,7.
2. Gideão foi convocado a libertar Israel das mãos dos midianitas. Mas antes, teve de tomar uma posição ao lado de Deus em sua própria casa (v. 25-32). O que isso tem a ver com nosso trabalho cristão? Cf. 2Tm 2.19,21; Mc 5.18,19; At 1.8.
3. Deus usou três sinais para revigorar a fé de Gideão. Quais? Pense no que Gideão aprenderia com esses sinais.

ESTUDO 7   Juízes 7.1-23

1. Que outros princípios, além do afirmado claramente em 7.2, são revelados na escolha de poucos homens (entre muitos) para serem agentes da vitória de Deus? Ao responder, observe as falhas de caráter dos que foram rejeitados nos dois testes. Cf. 1Co 9.26,27; 10.12.
2. Reflita na mudança de atitude de Gideão: de aceitação passiva da escravidão (6.13,15) a certeza absoluta da vitória (7.15). Você tem essa certeza em sua batalha contra as forças do mal? Cf. Rm 8.37; 2Co 2.14; 1Jo 5.4,5.

ESTUDO 8   Juízes 7.24-8.35

1. Considere (a) o modo de Gideão lidar com as reclamações de Efraim, e a falta de cooperação dos líderes de Sucote e Peniel; (b) a força com que perseguiu e capturou Zeba e Zalmuna, e o respeito que esses príncipes lhe demonstraram. Que diferentes aspectos de caráter são revelados aqui?
2. Que tentação Gideão venceu? No entanto, contraste as frequentes referências à orientação de Deus no início da narrativa com a completa falta disso em 8.24-27. Por que Gideão, que mostrou tamanha capacidade de liderança numa crise nacional, não agiu da mesma forma em tempos de paz? Será que não buscamos a Deus somente quando a "vida se complica"?

Obs.

O efode do sumo sacerdote (Êx 28) era um manto que cobria o peito e as costas, decorado com pedras preciosas e ouro, e tinha um colete onde eram guardados o Urim e o Tumim, usados para descobrirem a vontade de Deus. O efode de Gideão (8.24-27) pode ter sido mais elaborado, ou talvez fosse um tipo de objeto em exposição. De qualquer forma, foi usado para determinar a resposta de Deus em uma situação especial, mas o povo passou a idolatrá-lo.

JUÍZES

☐ **ESTUDO 9** **JUÍZES 9.1-10.5**

1. Nessa história, dê atenção ao: (a) pecado de Gideão quando se uniu a uma mulher de Siquém e teve um filho com ela (veja 8.31; cf. Dt 7.3); (b) pecado dos homens de Siquém (9.4,5,16-18); (c) pecado de Abimeleque (9.1-5). Estude os versículos 56 e 57 e veja como Números 32.23b se cumpriu neles.

2. Siquém era uma cidade dos cananeus que, muito provavelmente, havia sido incorporada a Israel. O que esse capítulo nos ensina sobre os perigos dessas uniões?

Obs.
V. 7-15. A primeira parte da alegoria faz referência a 8.22,23. O versículo 15 mostra um cenário incongruente de árvores fortes procurando abrigo embaixo de espinheiros, e sendo destruídas em um incêndio florestal originado nos próprios espinheiros que as abrigavam. A questão da parábola não é que Siquém havia escolhido um rei, mas que escolheu a pessoa errada para governá-la.

☐ **ESTUDO 10** **JUÍZES 10.6-11.28**

1. Por que, de início, Deus se recusou a livrar Israel das mãos dos amonitas? O que causou a mudança de atitude? Cf. Jr 18.5-11.

2. Quais as indicações dadas nesse texto de que Jefté, apesar de seu passado infeliz, tinha nobreza, fé e compaixão?

3. Resuma a resposta de Jefté aos amonitas. Em sua opinião, até que ponto o argumento dele é válido?

☐ **ESTUDO 11** **JUÍZES 11.29-12.15**

1. À luz de Ec 5.2-6 e Dt 23.21-23, leia o relato da promessa de Jefté. O que o fato nos ensina sobre: (a) a santidade de uma promessa feita a Deus e (b) a necessidade de considerar o que está envolvido em tal promessa?

2. Compare a maneira de Jefté tratar Efraim com a maneira de Gideão numa situação parecida (8.1-3). O que o incidente mostra sobre (a) o povo de Efraim, (b) Jefté?

Obs.
Enquanto comentaristas e historiadores mais antigos entendem que Jefté sacrificou a própria filha, a partir da Idade Média, estudiosos bem intencionados têm procurado reduzir o destino da jovem à virgindade perpétua. Mas neste caso, a angústia de Jefté (v. 35), os dois meses de choro (v. 37,38) e a instituição de uma festa anual de quatro dias seriam impróprios. A afirmação clara do versículo 39 tem de ser acatada.

☐ **ESTUDO 12** **JUÍZES 13**

1. Em que o chamado nazireu de Sansão era diferente do voto nazireu comum? Veja Nm 6.1-5,13-18.

2. Observe a preocupação de Manoá (v. 8,12) em buscar orientação para criar o filho prometido. Que lições os pais de hoje tiram desse fato? Cf. Pv 22.6; 2Tm 1.5; Hb 12.5-11.

3. Como comprovamos que Manoá e sua esposa eram pessoas de fé? Como a esposa provou ter mais fé do que o marido?

☐ **ESTUDO 13**   **Juízes 14 e 15**

1. Veja os elementos contraditórios do caráter de Sansão. Apesar de ele ter sido juiz em Israel, sua vida foi marcada por relacionamentos duvidosos com mulheres filisteias. Sua cabeleira intocada por uma tesoura mostrava que ele era um nazireu consagrado a Deus, porém seu objetivo maior era agradar a si mesmo. Que outros contrastes você enxerga na vida de Sansão? Por que é importante sermos consistentes em nosso viver cristão? Cf. 2Co 6.14; 1Ts 5.22.

2. O que o incidente de 15.18,19 revela sobre a capacidade de Deus de suprir todas as necessidades de seus servos? Cf. 1Rs 17.4,9; Fp 4.19.

Obs.
A apatia com que o povo de Judá aceitou o jugo filisteu foi o maior risco da época. A tarefa individual de Sansão foi usada por Deus para revelar o perigo do domínio absoluto imposto pelos filisteus.

☐ **ESTUDO 14**   **Juízes 16**

1. O que este capítulo ensina sobre: (a) a tolice e o resultado do pecado; (b) o júbilo dos incrédulos diante do fracasso dos servos de Deus; (c) a eterna misericórdia de Deus para com os arrependidos?

2. Compare o fim triste de Sansão com o desejo sincero que seus pais tiveram de criá-lo de maneira correta (13.8,12). Cite alguns motivos de Sansão ter realizado tão pouco de seu grande potencial. Em que circunstâncias o cristão talvez exiba a mesma falta de poder?

☐ **ESTUDO 15**   **Juízes 17 e 18**

A história relatada nesses capítulos faz parte do final do período dos juízes, quando a pressão dos filisteus resultou no deslocamento completo da tribo de Dã e forçou-a em direção ao norte. Portanto, existe uma conexão geral com a época de Sansão. A aliança tribal não estava funcionando, e Mica não tinha onde buscar justiça contra o erro que a tribo de Dã havia cometido contra ele. A narrativa mostra o declínio da verdadeira religião e a falta de lei daquela época.

1. Como você descreveria a religião de Mica e a da tribo de Dã? Em que não correspondiam à verdadeira religião?

JUÍZES

2. Supostamente, os levitas tinham um relacionamento especial com Deus. Qual sua impressão a respeito desse levita em particular? Em que aspectos ele não agiu de maneira digna de seu cargo? Cf. Is 61.8a; Jr 23.11; 1Jo 2.4-6.

Obs.
1. 17.7. "Procedente do clã de Judá": refere-se à cidade de Belém, e não ao levita, que era apenas um "viajante" pelas terras de Judá. Existia outra Belém na terra de Zebulom. Cf. Js 19.15.
2. 18.30. "Filho de Gérson": significa apenas descendência, e não um relacionamento de verdade entre pai e filho.

☐ **ESTUDO 16** **JUÍZES 19**

Juízes 19-21 fazem parte da época logo após a morte de Josué. Fineias, neto de Arão, ainda vivia (20.28); não há indicações de opressão estrangeira; a aliança das tribos ainda funcionava.

1. O que esse texto nos ensina sobre os deveres da hospitalidade? Existem indicações de armadilhas a ser evitadas? Cf. Hb 13.1,2.
2. Há muitas ilustrações sobre o mal nesse texto. Faça uma lista dos principais pecados mostrados aqui, e veja como a maldade dos homens de Gibeá destruiu praticamente a tribo deles inteirinha.

☐ **ESTUDO 17** **JUÍZES 20**

1. Gibeá era uma cidade benjamita, e os homens de Benjamim se recusaram a fazer justiça ao companheiro de tribo. Qual a relação entre ser leal às pessoas às quais estamos ligados (familiares, amigos, colegas, etc.) e nossa lealdade a Deus e seus mandamentos?
2. Veja o profundo efeito que o pecado dos homens de Gibeá causou nas tribos. Confira 19.30; 20.1,8,11. Foi uma sacudida que acordou o povo para o grau de imoralidade que existia entre eles. Existem fatores indicativos de que algo bom resultou desse capítulo sórdido de acontecimentos?
3. Como você explica o fato de as onze tribos terem sido derrotadas duas vezes pelos benjamitas, embora tenham buscado o conselho de Deus? Segundo 20.23, qual era a atitude dessas tribos? Isso é sinal de fraqueza ou de força?

☐ **ESTUDO 18** **JUÍZES 21**

1. Depois da vitória, as tribos reconheceram que no calor do momento extrapolaram ao fazer o voto de 21.1. O senso de unidade das tribos foi grandemente perturbado com a idéia de que uma delas poderia ser extinta, apesar de terem sofrido bastante nas mãos de Benjamim. Como resolveram o problema? As tribos mantiveram ou quebraram o segundo voto (21.5)? Você desculparia a atitude dos israelitas em 10-12 e 19-23? O que a história toda ensina quanto a fazermos um voto?

2. Segundo o autor, qual o motivo da fraqueza e infelicidade de Israel? Em sua opinião, é uma explicação adequada à condição moral e espiritual de Israel? Se não, o que você acrescentaria?

1 PEDRO

Introdução

Evidências externas antiquíssimas atestam que esta carta é realmente de autoria do apóstolo Pedro. Ao escrevê-la, Pedro estava "na Babilônia" (5.13). Parece melhor entender a frase como uma referência a Roma. A carta provavelmente foi escrita em 63 d.C.

É endereçada aos "peregrinos da Dispersão" na Ásia Menor. Embora Pedro fosse o apóstolo da circuncisão, e o termo "dispersão" era normalmente aplicado aos judeus espalhados entre as nações, a carta em si contém evidência clara de que pelo menos alguns de seus leitores eram gentios convertidos (1.14; 2.9,10; 4.3,4), e foram mencionados como o Israel espiritual disperso entre os hereges.

A carta tem propósito duplo: confortar e encorajar os cristãos durante uma perseguição real ou iminente, e exortá-los, especialmente em vista desse perigo, à santidade de vida e à esperança da glória. A questão do sofrimento, especialmente o sofrimento do povo de Deus, é o assunto principal do livro de Jó, e Isaías e o evangelho de João contribuem para seu esclarecimento. Em 1Pedro, assim como em Jó, isso é de máxima importância, e nela encontramos uma resposta digna e satisfatória às perguntas desesperadoras de Jó.

Por exemplo, compare Jó 10 com 1Pedro 1.6-9. Pedro tem uma solução para o problema — solução desconhecida de Jó. Pedro sabia que aquele que nunca pecou havia sofrido e morrido, suportando na cruz todos os nossos pecados. Assim, o sofrimento imerecido tem o halo de sua glória, e lidar corretamente com o sofrimento é seguir nos passos do Redentor. Mais ainda, sua ressurreição e engrandecimento celestial (1.21; 3.22) são provas de que o sofrimento dentro da vontade de Deus leva à absoluta recompensa celeste.

Esboço

1.1,2	Introdução
1.3-12	O destino glorioso e a alegria presente do cristão, não obstante os sofrimentos na terra
1.13-21	O cristão precisa ser santo, lembrando o preço da redenção
1.22-2.3	O privilégio de fazer parte do povo eleito de Deus

1PEDRO

2.4-10	A expressão, a fonte e a nutrição dessa nova vida dada por Deus
2.11-17	O cidadão cristão
2.18-25	O escravo cristão; quando maltratado deve se lembrar do exemplo de Cristo, nosso Redentor
3.1-7	O casal cristão
3.8-12	A convivência da comunidade cristã
3.13-4.7	Conselhos e avisos adicionais para o cristão em mundo hostil, enfatizados pelo exemplo de Cristo
4.8-19	Comunhão em amor mútuo, uso dos dons divinos para a glória do Senhor, suportar com paciência a perseguição
5.1-4	O cargo pastoral: exortação aos líderes
5.5-11	Ser humilde, alerta e firme na fé
5.12-14	Saudações finais

☐ **ESTUDO 1** **1PEDRO 1.1-12**

1. Para os cristãos, o que significa "salvação" (v. 5)? Como é providenciada? Que benefícios ela oferece? Que tipo de entendimento e resposta são essenciais para alguém usufruir completamente a salvação?

2. Por que os cristãos "exultam" mesmo "entristecidos por todo tipo de provação" (v. 6,8)? Quais os motivos de alegria enumerados por Pedro nos versículos 3-9?

3. O que os versículos 10-12 esclarecem sobre: (a) o trabalho dos profetas, (b) o ministério do Espírito e (c) a tarefa dos pregadores do evangelho? Qual o interesse e as preocupações que têm em comum? Você pensa da mesma forma?

Obs.
V. 2. "Aspersão do seu sangue": significa, para quem estiver debaixo do sangue, a ratificação da nova aliança e a participação individual em suas bênçãos e exigências. Cf. Êx 24.7,8; Hb 9.19-22; 12.24; 13.20,21.

☐ **ESTUDO 2** **1PEDRO 1.13-2.3**

1. Como Deus nos tornou possível (a) a redenção, (b) o novo nascimento e (c) o crescimento para a salvação plena? Qual deve ser nossa atitude, se queremos usufruir os benefícios divinos que nos foram preparados?

2. Como nós, os cristãos, temos de viver a nova vida que recebemos de Deus? Que mudanças ou novos padrões devem reger nossa vida diária?

Obs.
1. 1.17. "Com temor": isto é, "com reverência e temor". Cf. Hb 12.28.
2. 1.17. "Jornada terrena": isto é, passagem por um lugar ao qual não pertencemos mais. Cf. 2.11.
3. 1.19. "Sangue" aqui significa sangue derramado, ou vida entregue, em morte sacrificial.

4. 2.2. "Leite espiritual": no grego o adjetivo é *logikos*. Leite "lógico" sugere alimento para a mente em vez de para o estômago. A menção em 1.23 do "logos" divino, ou "palavra" sugere aqui uma referência adicional do mesmo agente divino, o "leite da palavra".

☐ **ESTUDO 3**   **1PEDRO 2.4-17**

1. V. 4-10. Que imagens Pedro usa para descrever a igreja de Cristo? Como a pessoa se integra na igreja? Cada imagem indica bênçãos especiais e responsabilidades. Procure identificar essas bênçãos e responsabilidades, e encarar o desafio prático de cada uma.

2. V. 11-17. Que instruções sobre a conduta cristã são dadas aqui? Como a disposição certa e a conduta certa correspondente são importantes para: (a) o nosso bem-estar espiritual e (b) o testemunho cristão eficaz perante o mundo? Como Deus usa as nossas "boas obras"? Cf. Mt 5.16.

Obs.

1. V. 4-8. Pedro usa três passagens do Antigo Testamento para justificar a comparação de Cristo a uma pedra: Sl 118.22; Is 8.14; 28.16. Para o cristão Jesus é a pedra angular que sustenta o edifício inteiro; para o não crente, é motivo de tropeço.

2. V. 16. "Desculpa para fazer o mal": isto é, "uma desculpa para comportamento ignóbil" (Weymouth). Cf. Gl 5.13.

☐ **ESTUDO 4**   **1PEDRO 2.18-25**

1. De que modo o sofrimento de Cristo é um exemplo a seguirmos? O que os "escravos" ou "servos" devem aprender com esse exemplo? Será que entendo que isso também é parte de meu chamado cristão?

2. Por que o imaculado Jesus se submeteu, sem protestar, ao castigo indicado ao pior dos pecadores? Qual foi o propósito de seu sacrifício? Que resposta e que resultados isso deve produzir em minha vida?

Obs.

V. 24. "Levou...os nossos pecados": "levar os pecados" significa "aguentar seu castigo". "Sobre o madeiro": a frase significa "pendurado no madeiro", isto é, no limite extremo da crucificação vergonhosa e, aos olhos judeus, ficar visivelmente sob a maldição celeste. Cf. Dt 21.23; Gl 3.13.

☐ **ESTUDO 5**   **1PEDRO 3.1-12**

1. V. 1-7. Que qualidades da esposa e do marido tornam o casamento harmonioso e feliz? Além disso, que resultados especiais podem vir se a esposa e o marido agirem como os cônjuges cristãos devem agir?

2. V. 8-12. Que características devem fazer parte dos cristãos em seus relacionamentos: (a) uns com os outros e (b) com não crentes que falam mal deles ou trabalham com eles? O que leva à felicidade, de acordo com: (a) Sl 34.12-16 (aqui citado) e (b) nosso chamado cristão? Cf. Mt 5.11,12,44,45. Em oração e autoexame sinceros, aplique esses padrões à sua vida.

ESTUDO 6   1Pedro 3.13-4.6

1. 3. 13-17. Com que atitude o crente deve: (a) encarar o sofrimento "por fazer o bem" e (b) explicar sua fé e esperança a um opositor?
2. 3.18-4.3. Qual foi a natureza, o propósito e a essência dos sofrimentos de Cristo? Em consequência, como devemos enfrentar e gastar o resto de nossos dias na terra?

Obs.

1. 3.14. Tais sofrimentos não devem ser vistos como o destino infeliz da pessoa, e sim como um privilégio a mais. Cf. 4.13,14. Significa que a pessoa é objeto especial do favor de Deus. Cf. Lc 1.48. Se for da vontade de Deus (3.17), tal sofrimento deve ser por um bom motivo e propósito. Veja 3.18; 4.1.
2. 3.18b-20. Depois de sua morte na cruz Jesus foi imediatamente capaz — como alguém vivo no espírito — de proclamar seu triunfo aos espíritos rebeldes e aprisionados que tinham envolvido os seres humanos em pecado e castigo.
3. 3.20. Na arca, Noé e sua família foram "salvos por meio da água", isto é, passaram sãos e salvos pelo castigo que Deus fez cair sobre o mundo pecador.
4. 4.6. É melhor entender isso como: é por esta razão que o evangelho foi anunciado aos crentes agora mortos enquanto viviam no mundo.

ESTUDO 7   1Pedro 4.7-19

1. V. 7-11. Em que atividades práticas os cristãos devem se envolver? Faça uma lista com base nesses versículos. De que modo todas essas atividades começam? Qual deve ser o objetivo delas? Qual é o meu dom (v. 10)? Estou exercitando-o de modo adequado em meu ministério?
2. V. 12-19. Que tipos de sofrimento o cristão deve evitar? E em quais deve se alegrar? Como deve encarar estes últimos tipos de sofrimentos, e que benefícios o aguardam se for persistente?

Obs.

V. 14b. Ou seja, porque Deus irá, de modo especial, manifestar a presença dele para vocês e em vocês. Êx 40.34.

ESTUDO 8   1Pedro 5

1. V. 1-4. De que modo o rebanho de Deus deve ser cuidado? Que característica um bom pastor deve: (a) evitar e (b) exibir? Observe: (a) como Pedro se refere a si mesmo e (b) quem é o Supremo Pastor.
2. V. 5-14. De acordo com os versículos, o que é a "verdadeira graça de Deus", e como nos mantemos "firmes na graça de Deus" (v. 12)? Em outras palavras, que propósito Deus tem em mente para nós, e o que temos de fazer para cooperar com ele e usufruir a riqueza completa de toda a sua graça?

RUTE

Introdução

O teor geral do livro mostra que a história aconteceu na época dos juízes. O livro de Rute era lido por ocasião da Festa de Pentecoste. Sua lição mais notável é como a mão de Deus vai dirigindo os fiéis nos detalhes do cotidiano, e também nos eventos que culminaram no nascimento do Filho de Davi (veja Mt 1.5).

Esboço

1.1-22	A fidelidade de Rute a Noemi
2.1-4.12	O encontro de Rute com Boaz
4.13-22	O casamento de Rute

☐ **ESTUDO 1**   **RUTE 1 E 2**

1. Imagine-se no lugar de Rute, e pense no quanto a decisão de acompanhar Noemi à terra de Israel lhe custou. Orfa também foi uma excelente nora (1.8), mas quais as diferenças entre sua atitude e a de Rute? O que Rute nos ensina quanto a seguir a Cristo? Cf. Lc 9.23,57-62; 14.25-33.
2. Veja como Deus transformou em bênção um evento aparentemente acidental (2.3,20). Você já viveu algo parecido? Ainda no capítulo 2, quais as qualidades notáveis de: (a) Boaz e (b) Rute?

Obs.
Para mais esclarecimentos sobre o capítulo 2, veja Levítico 23.22.

☐ **ESTUDO 2**   **RUTE 3 E 4**

1. Como a história toda mostra o amor e cuidado de Deus àqueles que confiam nele? Cf. Lm 3.22-26,31-33; Na 1.7; Rm 8.28.
2. Que exemplos encontramos no capítulo 4 sobre os direitos de terceiros?

Obs.
3.12. "Parente mais próximo": o termo hebraico (*goel*, quer dizer "parente próximo") tem um significado técnico na lei hebraica. Essa pessoa tinha certas responsabilidades e privilégios, entre eles, resgatar a terra que um parente que se viu obrigado a vender, ou resgatar o próprio parente que se vendeu à escravidão, como resultado da pobreza (cf. Lv 25.25,47-49). Estender um pedaço da capa do parente sobre si (3.9) era um pedido legal de proteção e redenção. O parente resgatador tinha de ter condições e vontade de redimir, e pagar o preço total da remissão. Cf. 4.4-6; Gl 3.13-14.

1 SAMUEL

Introdução

Os dois livros de Samuel formam um único volume conhecido como "Samuel" no Cânon Hebraico. Os tradutores da Septuaginta fizeram a divisão. Agruparam 1 e 2Samuel com os dois livros de Reis para formarem os quatro "Livros dos Reinos". A história é o desenvolvimento da nação, e começa pela situação descrita no fim de Juízes e vai até a monarquia estabelecida por Davi e os fatos acontecidos em seu reino.

O tema religioso central é que os israelitas são o povo de Deus, que é o único e verdadeiro Governante da nação. Primeiro, são repreendidos por Samuel pelo pecado e decadência em que vivem, e o profeta consente em lhes dar um rei. Mas Samuel avisa sobre todas as consequências. Saul, o tipo de rei desejado pelo povo, é ungido por ordem de Deus e sua história comprova como um líder egocêntrico é perigoso a uma nação.

Por fim, Davi é coroado e governa o povo com o objetivo único de fazer a vontade de Deus, até cair em pecado. Os acontecimentos incidentais são evidências do pecado inerente ao homem natural e provas do poder capacitador de Deus garantido a todos que avançam pela fé, como Samuel e Davi fizeram. A história implícita é a continuação do Pentateuco e Juízes, cujo tema é "um povo chamado pelo meu nome".

Esboço

1-6   O sacerdócio de Eli e seu fracasso
7-15 Samuel como juiz; o primeiro rei é rejeitado
16-31 Davi durante o reinado de Saul

☐ **ESTUDO 1**   **1Samuel 1**

1. V. 1-16. Relacione as frases que descrevem os dissabores de Ana. Ela revidou as ofensas da rival? Como Ana dissipava a tristeza? Cf. Sl 62.8; 142.1-3; 1Pe 2.23.
2. Explique a mudança no versículo 18b. Como posso ter a mesma experiência? Cf. Mc 11.24; Jo 4.50; 1Jo 5.15.
3. Compare os versículos 26-28 com Sl 116.12-14; Ec 5.4,5. A fidelidade e o cuidado constante de Deus lhe dão todo o incentivo que precisa?

☐ **ESTUDO 2**   **1Samuel 2.1-11**

Este "Magnificat" do Antigo Testamento (cf. Lc 1.46-55) contém um leque extraordinário de ideias referentes ao caráter de Deus, sua maneira de lidar com todos os tipos de pessoas dos lugares mais distantes da terra e a vinda do rei ungido.

1. Compare a exaltação do versículo 1 com a tristeza do capítulo1.6-10. O que ou quem deve ser o motivo de nossa alegria? Cf. Sl 9.1,2; 5.11,12; 1Pe 1.8.
2. O que Ana fala sobre: (a) o caráter de Deus e (b) como ele repetidamente muda o destino das pessoas? De acordo com os v. 9, 10, como será o final? Que advertências e conselhos você recebe dessas verdades? Cf. Sl 2.11,12?

Obs.
V. 6. "Sepultura" (= *Seol*) era o terno hebraico do lugar para onde os mortos vão.

☐ **ESTUDO 3**　　　1SAMUEL 2.12-36 (LEIA TAMBÉM 3.11-14)

1. Que aspectos dos pecados dos filhos de Eli eram especialmente repugnantes aos olhos de Deus? Veja 2.12,17,25,29; 3.13. Que advertência séria recebemos em 2.25,30 e 3.14?
2. Qual foi o erro de Eli? Cf. Pv 29.17; Mt 10.37. Contraste 2.31 e 3.14 com 2.35. O que tudo isso nos ensina sobre a maneira de Deus agir? Cf. 16.1.

Obs.
1. V. 12-17. A apropriação indevida dos filhos de Eli ("os jovens" do v. 17) tinha dois erros. Eles pegavam o que queriam, e não o que lhes era oferecido; insistiam em receber apenas carne crua, antes que a porção do Senhor — a gordura (Lv 3.3-5) — fosse queimada no altar.
2. V. 18,28. A túnica ou o colete era um item da veste sacerdotal.
3. V. 25. O tempo verbal mostra que os filhos de Eli não costumavam dar ouvidos ao pai. Note que a vontade de Deus era matá-los por causa da desobediência, e não que a vontade de Deus era que fossem desobedientes.
4. V. 30. "Ministrariam diante de mim para sempre": a frase descreve a alegria do favor de Deus. Cf. v.35.

☐ **ESTUDO 4**　　　1SAMUEL 3.1-4.1A

1. Note as expressões usadas a respeito de Samuel em 2.18,21; 3.1,7,19. O que foi acrescentado à vida de Samuel na experiência descrita em 3.1-14? Por que Samuel teve de contar a visão (3.15-18)? Cf. 1Co 9.16.
2. O que faltava a Israel naquela época, e como Deus supriu a necessidade? Você conhece lugares que precisam da mesma providência divina? Cf. Jo 1.6,7; Lc 3.2,3; Rm 10.14,15.

Obs.
1. 3.1. Naqueles dias não havia profeta atuante para entregar as mensagens de Deus ao povo; contraste 3.20-4.1a.
2. 3.10. "O Senhor voltou a chamá-lo": essa linguagem viva tem paralelo em Jó 4.15,16.

1SAMUEL

☐ **ESTUDO 5**   **1Samuel 4.1b-22**

1. Imagine o golpe devastador que esses acontecimentos foram para Israel. Qual é a resposta correta à pergunta do versículo 3?

2. A arca era o símbolo visível da "glória" ou da manifestação da presença de Deus (veja v. 21,22). Por que, então, não foi útil aos israelitas? De que modo os crentes de hoje podem cometer o mesmo erro?

☐ **ESTUDO 6**   **1Samuel 5.1-7.2**

1. Leia a história relatada em 5.1-5 à luz de Jr 10.1-16. Contraste os ídolos com o Senhor dos exércitos. Como tal evidência deve afetar nossos medos e nossa fé?

2. A arca de Deus estava associada às suas leis (cf. Dt 31.9) e, por isso, também estava associada ao castigo — como nesse texto. Por que os homens de Bete-Semes foram punidos com tanta severidade, e qual foi o resultado? Cf. Êx 19.21; Hb 12.28,29; veja *Obs. 2* abaixo.

Obs.
1. 5.6,12; 6.4,5. A associação de tumores e ratos sugere uma erupção de praga bubônica.
2. 6.19. Conforme a ordem de Deus, a arca tinha de permanecer bem fechada, quando não estivesse no lugar santíssimo. Cf. Nm 4.5,6,15,20.

☐ **ESTUDO 7**   **1Samuel 7.3-8.22**

1. De acordo com a história do capítulo 7, quais as circunstâncias da vitória mesmo no campo de antigas derrotas? Você já viveu algo parecido?

2. Querer um rei não era necessariamente errado (cf. Dt 17.14,15), especialmente em vista da situação descrita em 8.1-3. Por que então Deus, mesmo atendendo ao pedido, repreendeu o povo por fazê-lo? Por que o desejo de ser "à semelhança das outras nações" (8.5,10) foi errado? Compare a atitude de Samuel com a do povo.

Obs.
1. 7.6. O derramamento da água simbolizava separação do pecado.
2. 8.7. "Você" e "a mim" são enfáticos. O povo estava rejeitando a Deus (cf. 10.19), como Saul fez mais tarde (15.23).
3. 8.10-18. O comportamento descrito era típico dos tiranos orientais.

☐ **ESTUDO 8**   **1Samuel 9.1-10.16**

O texto descreve a unção particular de Saul como rei. O capítulo 10.20-24 descreve sua identificação pública como o homem escolhido por Deus. O capítulo 11.14,15 descreve sua coroação pública.

1. 9.1-14. Como somos incentivados pelo fato de a movimentação das jovens e dos rapazes, dos jumentos e do profeta de Deus ter sido usada para atingir os propósitos do Senhor?

2. Quais os três sinais confirmatórios dados a Saul? De que modo garantiriam a Saul que Samuel falava a verdade em 10.1? Como esse texto mostra que Deus capacita a quem chama?

Obs.
1. 10.3,4. Foi notável que os homens tenham dado a Saul parte da oferta que, é bem provável, fossem sacrificar no santuário.
2. 10.8. Cf. 13.8-14. O acontecimento de 11.14,15 é um intervalo, e não a visita a Gilgal mencionada em 10.8.

☐ **ESTUDO 9**   1Samuel 10.17-11.15

1. Como a escolha pública de Saul revela a paciência de Deus? Veja especialmente 10.19. Cf. Sl 103.14,15; 78.37-39; Rm 2.4.
2. A que a Bíblia atribui o ato enérgico de Saul e sua vitória? Cf. At 1.8. Esses versículos servem de incentivo ou admoestação para você?
3. Considere as qualidades nobres exibidas por Saul. Veja 9.21; 10.9,16b,22,27c. Deus tem agido do mesmo modo em sua vida?

Obs.
11.9. Os homens de Jabes-Gileade nunca se esqueceram de que Saul os livrou dos amonitas. Veja 31.11-13.

☐ **ESTUDO 10**   1Samuel 12

1. Qual o ponto principal da narração histórica de Samuel? Ao contrário dos israelitas, será que: (a) sempre nos lembramos das coisas maravilhosas que Deus nos tem feito e (b) deixamos que isso cause um grande impacto em nosso comportamento?
2. Que qualidades notáveis do caráter de Saul notamos nesse capítulo?
3. Resuma os conselhos e advertências dos versículos 20-25. Observe especialmente o que Samuel diz sobre oração. Mas se as pessoas não abandonarem seus maus caminhos, a oração terá proveito? Veja v. 25; cf. Jr 15.1; Sl 99.6,8.

☐ **ESTUDO 11**   1Samuel 13

1. Considere o grande perigo dos israelitas. Leia os versículos 5,6,19-22. Em tal situação, que segredo indispensável, que certamente resultaria em sobrevivência e vitória, o povo deveria conhecer? Veja 12.14,15.
2. Qual o erro do suposto desejo de Saul de buscar o favor de Deus e com sua maneira de conseguir esse favor? Que lição você tira das consequências irreparáveis de um único pecado? Por que Deus submeteu os homens a testes tão esmiuçadores? Veja Dt 8.2.

Obs.
V. 2. Deve ter passado muito tempo. Em 9.2 Saul é descrito como sendo "jovem". Aqui seu filho Jônatas tem idade suficiente para comandar uma tropa.

1SAMUEL

☐ ESTUDO 12   1Samuel 14

1. Por que Jônatas foi tão corajoso? Cf. v.6 com 2Cr 14.11; 1Sm 2.9,10.
2. Que indicações temos da impaciência de Saul, e de como isso o levou a tomar decisões apressadas e erradas? Porém, que evidências temos de que se empenhava ansiosamente em não ofender a Deus? Como você explica isso?

Obs.
1. V. 6. "Talvez o Senhor aja em nosso favor": por todos os lados, o Antigo Testamento fala do Deus que age de diferentes maneiras. Cf. 1Rs 8.32; Jr 14.7; Sl 22.30,31.
2. V. 24. É provável que o objetivo de Saul era religioso, ou seja, jejuar para conseguir o favor de Deus.

☐ ESTUDO 13   1Samuel 15

1. Esboce a trajetória da desobediência de Saul — suas desculpas (v. 20,21,24) e seu egoísmo (v. 30). Esboce também a trajetória das advertências (v. 1), denúncia (v. 14,18,19) e afirmação do castigo divino feitas por Samuel (v. 22,23,26,28, 29). O que isso nos ensina sobre os caminhos de Deus e as exigências de sua obra?
2. Com base no versículo 11, e na resposta de Samuel a Saul nos versículos 22 e 23, o que aprendemos sobre a reação divina contra rituais sem obediência, contra a observância religiosa externa que encobre a desobediência interna? Será que as exigências e atitudes de Deus mudaram?

Obs.
V. 15. O objetivo inteiro da proibição divina era que tudo fosse destruído; absolutamente nada deveria ser poupado ou saqueado. Cf. Js 7.1.

☐ ESTUDO 14   1Samuel 16

1. De que modo o comportamento de Samuel exemplifica a obediência verdadeira? O que aprendemos com ele?
2. O que ficou nítido a Samuel em Belém? Reflita em como essa verdade é enfatizada nos ensinos de Jesus. Veja Mt 6.1; 7.15, etc. Cf. Rm 2.28,29.
3. Duas vezes alguém saiu em busca de Davi. Por quê? Quando Davi aparece, o que ficamos sabendo a respeito dele? Faça uma lista de suas características. Qual a evidência principal de que Deus havia escolhido Davi e rejeitado Saul? Cf. 2Co 1.22.

Obs.
V. 21,22. Davi tornou-se um "escudeiro" — possivelmente um título militar.

☐ ESTUDO 15   1Samuel 17.1-54

1. O que fez Davi ter uma opinião diferente da situação, e deu-lhe coragem, quando todos os homens de Israel estavam morrendo de medo? Cf. Sl 42.5,11; Is 51.12,13.

2. Como as experiências de libertação vinda do Senhor no passado deram a Davi confiança para encarar o desafio presente? Que lições práticas aprendemos aqui sobre: (a) o valor das lembranças e (b) a importância da presença e do poder de Deus nas coisas mais simples do nosso cotidiano?

3. O que você acha do raciocínio de Saul (v. 33) e da provisão que ofereceu a Davi (v. 38,39)? Quando disse a Davi: "Que o Senhor esteja com você", Saul sabia o que estava dizendo? O que estava faltando? Veja o v. 47.

Obs.

1. V. 4s. O gigante tinha mais de três metros de altura, e carregava uma armadura que pesava uns 57 quilos.
2. V.18. "Alguma garantia": isto é, de que estão bem, etc.

☐ **ESTUDO 16**   1SAMUEL 17.55-19.24

1. Por que o medo e a inveja eram iguais a um câncer no espírito de Saul? Como essas coisas se revelaram? Como você explica o agir de Deus nesse assunto? Por que meios as tentativas de Saul de matar Davi foram frustradas?

2. Como Jônatas e Mical provaram seu amor por Davi? Será que arriscamos alguma coisa por nossos amigos? Veja 1Jo 3.16,18.

Obs.

1. 18. 5. "Com tanta habilidade": um termo hebraico de sentido rico que significa "agir com sabedoria", e deduzindo que haverá muito sucesso. Cf. Is 52.13a.
2. 18.10. Cf. 1Rs 22.22.
3. 19.13. "Um ídolo": hebraico "*teraphim*", isto é, deuses domésticos; cf. Gn 31.19. Isso enganou os mensageiros de Saul, que acharam que Davi estava de cama.
4. 19.23,24. "Despido", isto é, sem seu manto. Cf. Is 20.2; Mq 1.8. Saul ficou em transe um dia e uma noite. A origem do provérbio sobre o rei encontra-se no cap. 10.12. É óbvio que seu comportamento aqui fez os homens se lembrarem do provérbio.

☐ **ESTUDO 17**   1SAMUEL 20.1-21.9

1. Por que Davi procurou Jônatas? Que pedido Jônatas fez a Davi? Que componentes da amizade verdadeira observamos no relacionamento dos dois?

2. Que característica do "amor leal" (20.14) observamos aqui? Compare-o com: (a) 1Co 13.4-7 e (b) sua própria vida.

3. Quando a necessidade dos seres humanos entra em conflito com as obrigações cerimoniais, como em 21.6, qual deve ser nossa atitude, conforme vemos aqui? Cf. Mt 12.3-8.

Obs.

1. 20.6. Os padrões morais eram tão baixos que até mesmo as melhores pessoas não tinham escrúpulo em mentir e enganar para salvar a vida. Veja 19.17; 20.28,29; 21.2. Mas note como o engano fez brotar a ira de Saul contra Jônatas (20.30), assim como provocou uma tragédia sobre Abimeleque e seus companheiros (22.18,19).
2. 20.14. Cf. 2Sm 9.3.

3. 20.23,42. A ideia de Deus ser testemunha de um acordo entre duas pessoas, para vigiar e julgar, é demonstrada em Gn 31.49,53.
4. 20.26. Saul achou que Davi não compareceu à festa por causa de impureza cerimonial. Veja Lv 7.19,20.
5. 21.7. "Deveres diante do Senhor": talvez por causa de um voto.

☐ **ESTUDO 18**   1Samuel 21.10-22.23

1. Com base em 21.10-15 e 22.3-5 é possível deduzir que as fugas de Davi da terra santa ocorreram sem a direção de Deus? O que deve ter impulsionado as atitudes de Davi? Contraste 22.23. Você está livre do temor dos homens? Cf. Pv 29.25.
2. Considere o bando de molambentos que Davi liderava. Por que foram atrás dele? Como Deus transforma qualquer tipo de pessoa, usando a liderança cristã? Cf. 1Co 6.9-11; atenção à frase "assim foram alguns de vocês".
3. Leia a história de 22.7-19 à luz de Provérbios 6.34; 14.30; 27.4. Como o crente pode ser zeloso sem ser invejoso? Cf. 1Rs 19.10,14; Jo 2.17.

☐ **ESTUDO 19**   1Samuel 23 e 24

1. Como a mão protetora de Deus envolveu Davi, e que encorajamentos especiais ele recebeu? Cf. Sl 37.23,24.
2. O que impediu Davi de matar Saul quando teve oportunidade e seus companheiros insistiam que o fizesse? Que virtudes sobressaem em seu autocontrole, e que lições tiramos disso? Cf. Rm 12.19,20.
3. As declarações e o choro de Saul foram acompanhados de mudança de coração? Cf. Os 6.4; Is 29.13. O que faz parte do arrependimento verdadeiro?

Obs.
1. 24.13,14. Davi cita o provérbio como prova de sua inocência. A atitude perversa que se espera de um homem mau não se manifesta neste caso. "Um cão morto?" "Uma pulga?": algo inofensivo, efêmero, insignificante.
2. 24.20,21. Aparentemente Saul conhecia o propósito de Deus, embora tenha lutado para evitar algumas de suas consequências.

☐ **ESTUDO 20**   1Samuel 25 e 26

1. Nabal era rico e realizado; porém, o que lhe faltava? Em contraste, quais eram os aspectos notáveis do caráter de Abigail? Em que situações você poderia agir como Abigail?
2. Capítulo 26. Que convicções importantes motivaram as atitudes de Davi? De que maneira sua fé nos propósitos de Deus são revelados? Em particular, que princípio torna-se claro em 25.39 e 26.10,23?

Obs.
26.19,20. Ser expulso da terra prometida (cf. 27.1) é ser expulso do domínio do Senhor (leia isso em vários salmos), e certamente de sua presença, e ir para nações que adoram outros deuses.

☐ ESTUDO 21 1SAMUEL 27 E 28

1. Contraste a atitude de Davi em 27.1 com 17.37. O que a depressão fez com ele? Que preço Davi pagou por isso? Você já se deixou vencer por circunstâncias parecidas? Cf. 2Cr 19.2; Tg 4.4.

2. Revisando a história de Saul, como ele chegou a um final tão triste? Que sinais de alerta recebemos de sua confissão em 28.15? Cf. 1Tm 1.19.

Obs.
28.7. Consultar médiuns era expressamente proibido na lei de Deus. Ver Lv 19.31. Além disso, Saul estava recorrendo a algo que ele mesmo havia repudiado. Veja 28.9.

☐ ESTUDO 22 1SAMUEL 29 E 30

1. Capítulo 29. Em que grande dificuldade Davi se colocou, e como foi liberto? Será que dou motivo para o mundo perguntar: "O que esse crente está fazendo aqui?" Cf. 2Co 6.14.

2. Capítulo 30. Força na derrota e generosidade na vitória. Como o capítulo revela essas características? Você conhece o segredo da paz interior de Davi? Cf. 23.16; Sl 18.2.

☐ ESTUDO 23 1SAMUEL 31 E REVISÃO

1. Compare a derrota do capítulo 31 com a do capítulo 4. Quais foram as causas dessas derrotas? Cf. 1Cr 10.13,14. De que maneira isso é um desafio para a sua vida?

2. Como as experiências de Davi, registradas nos capítulos 16-31, foram uma preparação para seu futuro como rei?

EFÉSIOS

Introdução

Efésios, Filipenses, Colossenses e Filemom formam um grupo conhecido como as cartas da "prisão", porque, como é de conhecimento geral, todas foram escritas quando Paulo estava preso em Roma, conforme relatado em Atos 28.16,30,31. A frase "em Éfeso" (1.1) não aparece em vários manuscritos importantes, e isso levou muitos estudiosos a acharem que a carta foi escrita para todas as igrejas do vale do rio Lico, das quais Éfeso era a principal.

Desde antes da fundação do mundo o propósito de Deus era criar um povo para si mesmo. No entanto, o homem caiu no pecado e na morte. Foi somente quando Cristo veio que o propósito de Deus se tornou realidade com a criação de uma nova raça humana em Jesus – composta de judeus e gentios, reconciliados com Deus e uns com os outros – por intermédio do sangue derramado na cruz, e habitada pelo Espírito Santo.

O "novo homem" é composto de toda a comunidade redimida da qual Cristo é a cabeça, e contrasta com o "velho homem" cuja cabeça é Adão, e que vive sob o domínio do mundo, do diabo e da carne, e está sujeito à condenação divina.

Essa nova humanidade em Cristo é o tema de Efésios. A doutrina da salvação individual pela fé, como exposto em Romanos e Gálatas, é menos proeminente aqui, e Paulo se concentra mais nos aspectos corporativos da salvação usando a imagem da igreja como corpo de Cristo, junto com a percepção da unidade final de todas as coisas nele.

Esboço

Tema:	"A nova natureza humana em Cristo"
1-3	O propósito de Deus para seu povo
4.1-6.9	A conduta apropriada aos cristãos
4.1-5.21	No relacionamento com os irmãos e com o mundo
5.22-6.9	No relacionamento familiar
6.10-18	Conflito com os poderes do mal
6.19-24	Pedido final, e bênção apostólica

☐ **ESTUDO 1**   EFÉSIOS 1.1-14

Estes versículos falam do propósito de Deus em criar um povo para si, e resumir todas as coisas em Cristo. Note a repetição "em Cristo" ou "nele".

1. Os versículos 3-6 revelam que esse povo foi concebido na mente de Deus. O que aprendemos aqui sobre termos sido escolhidos por Deus, os dons que ele nos deu e seu propósito para nós? Será que isso nos leva, como levou Paulo, a exclamar: "Bendito seja Deus"? Veja *Obs. 2* logo abaixo.

2. Nos versículos 7-14 vemos esse povo no processo de redenção do pecado. Nessa tarefa, qual a participação de: (a) Deus Pai, (b) Deus Filho e (c) Deus Espírito Santo? Segundo o texto, que benefícios nos são garantidos? O que devemos fazer para usufruir deles?

Obs.

1. V. 3. "Nas regiões celestiais": frase salientando que as bênçãos dos cristãos são espirituais, em contraste com as bênçãos terrenas e materiais prometidas a Israel na primeira aliança. Cf. Dt 28.8. A frase ocorre cinco vezes nessa carta. Veja 1.20; 2.6; 3.10; 6.12. Refere-se ao que chamamos hoje de "reino espiritual" ou "esfera celestial".
2. V. 6,12,14. Note a recorrência da frase "para o louvor da sua glória". "O objetivo da repetição é mostrar a graça de Deus de maneira tão perceptível que todos os corações fiquem repletos de admiração e todos os lábios se encham de louvor" (Charles Hodge).
3. V. 13. "Foram selados": marca de propriedade de Deus.
4. V. 14. "Garantia" ou "penhor" (ARC): primeiro pagamento dado como segurança de que tudo o que foi prometido será pago totalmente.

☐ ESTUDO 2   Efésios 1.15-23

1. O que esse exemplo nos ensina quanto a orar pelos irmãos em Cristo? Quando fazemos isso, qual deve ser nosso maior interesse e preocupação? O apóstolo ora para que seus leitores entendam três grandes verdades espirituais. Quais?
2. Considere a posição atual de Cristo nos apresentada v. 20-23 em relação: (a) a Deus, (b) a outros poderes e autoridades, (c) ao universo e (c) à igreja. À luz desses versículos, será que nosso conceito sobre Jesus Cristo tem sido alto o bastante?

Obs.

1. V. 18. "Gloriosa herança dele nos santos": tenha o cuidado de notar que a referência não é à nossa herança nele, e sim à herança dele em nós. Cf. Êx. 19.5,6; Tt 2.14.
2. V. 22,23. "A igreja...seu corpo, a plenitude daquele": assim como o Deus da antiguidade habitava no templo e enchia-o com sua glória, ou como a plenitude de Deus Pai habita em Jesus (Cl 1.19; 2.9,10), também Cristo agora habita em sua igreja com toda plenitude. Ele a inunda com sua presença.

☐ ESTUDO 3   Efésios 2

1. V. 1-10. Explique o contraste entre a condição natural do homem e sua posição em Cristo. Segundo o texto, fomos salvos: (a) do que, (b) para que ou (c) para usufruir o quê? Como essa transformação maravilhosa aconteceu, e como desfrutamos de seus benefícios?
2. V. 11-22. Antes da vinda de Cristo, judeus e gentios viviam separados — no templo, eram mantidos distantes um do outro por uma "barreira" (v. 14). Como Deus resolveu a situação por meio da vinda de Cristo? Qual é agora a posição dos crentes, sejam judeus ou gentios, em relação a: (a) Deus e (b) um com o outro? Quais as três metáforas usadas nos versículos 19-22 para mostrar a completa igualdade de privilégios que os cristãos gentios têm em Cristo ao lado dos judeus.

Obs.

V. 2,3. "Nos que vivem na desobediência", "merecedores da ira": em sua forma, essas frases seguem o padrão do idioma hebraico. Descrevem as pessoas que decidem se rebelar contra a vontade de Deus, e, como resultado, ficam expostas à ação de seu descontentamento.

EFÉSIOS

☐ **ESTUDO 4** EFÉSIOS 3

O apóstolo mostra que a união de judeus e gentios em um corpo em Cristo era o que Deus planejava desde o início, apesar de só agora ter sido totalmente revelada aos homens.

1. V. 1-13. Qual foi o chamado individual de Paulo e sua incumbência em relação: (a) ao evangelho e (b) aos gentios? Por que ele foi escolhido, e como foi preparado para essa obra? Você também acha que sofrer por uma causa assim é algo do qual se gloriar, e não se entristecer?

2. V. 14-21. Esboce os estágios da oração de Paulo por seus leitores. Que bênçãos sua resposta trará às nossas vidas? O que nos garante que essa resposta é mais que uma possibilidade? O que também devemos aprender sobre a maneira de orar por nossos irmãos em Cristo?

3. O que está incluído no propósito eterno de Deus em Cristo, do qual Paulo e todos os membros da igreja de Cristo são chamados a participar? Como podemos atender completamente a esse chamado?

Obs.
1. V. 1. Cf.6.19,20. Paulo sabia que sua prisão era da vontade de Deus, e no interesse da verdade e expansão do evangelho.
2. V. 2 e 9. "Administração", "responsabilidade": grego '*oikonomia*'. O termo se refere originalmente à administração de uma casa. No v. 9 (cf. 1.10), a referência é à administração de Deus, à realização de seu plano em Cristo. No versículo 2, refere-se à participação de Paulo no plano, ou seja, à comissão especial que lhe foi entregue. Cf. 1Co 9.16,17.
3. V. 3,4,9. "O mistério": isto é, a verdade divina impedida de ser descoberta naturalmente pelo homem, mas agora revelada de modo especial pelo Espírito Santo — aqui, particularmente, o conteúdo total do plano de Deus para a salvação das pessoas.

☐ **ESTUDO 5** EFÉSIOS 4.1-5.2

1. Explique como você entende a diferença entre a unidade descrita em 4.3-7, já existente entre os cristãos, e a mencionada em 4.13-16, que deve ser buscada por eles. Como manter a primeira e obter a segunda?

2. Leia 4.25-5.2 e relacione o que deve ser abandonado e com o que deve ser substituído. Em cada caso, veja também a razão de termos de viver daquela maneira.

3. Como a descrição quádrupla que Paulo faz dos gentios (4.17-19) se aplica aos não crentes de hoje? Por outro lado, quais os três princípios que têm de governar o comportamento dos cristãos (4.20-24)?

Obs.
1. V. 7. "Graça": aqui, como também em 3.2,8, refere-se aos dons de Deus aos crentes em Cristo ao nomeá-los para sua obra específica. Cf. Mc 13.34; Mt 25.14,15.
2. O versículo 12 não deveria ter a vírgula: "preparar os santos de Deus para a obra do ministério para que o corpo de Cristo seja edificado".
3. V. 22-24. No grego os tempos verbais indicam que "despir-se" do velho homem e "revestir-se" do novo homem são atos definitivos, enquanto "serem renovados" é um processo. Essa

nova maneira de viver é possível por intermédio da renovação contínua feita pelo Espírito, e capacita nossas mentes a reter a verdade em Cristo.
4. V. 26-27. Embora seja possível haver ira sem pecado, ela é perigosa. A ira pode levar a atitudes que dão ao diabo a chance de atacar o corpo de Cristo.

☐ ESTUDO 6   Efésios 5.3-6.9

1. 5.3-20. Quais são os motivos corretos e os princípios norteadores do viver cristão digno, conforme Paulo enfatiza aqui? Acrescente à lista (do *Estudo 5*) outros pensamentos, atitudes e palavras que devem: (a) ser abandonados e (b) expressados. À luz disso tudo, examine sua própria vida. Por que é necessário vigiar sem cessar? Como Deus nos ajuda a viver dessa maneira?
2. 5.21-6.9. O versículo inicial declara um princípio normativo. Verifique como é aplicado aos relacionamentos pessoais do dia a dia, especialmente com as esposas, filhos e servos. Quais as responsabilidades complementares especiais dos maridos, pais e senhores? Em cada caso, note especialmente como é o relacionamento da pessoa com Cristo.
3. 5.23-32. Faça um estudo detalhado do que aprendemos aqui sobre o relacionamento de Cristo com sua igreja. Qual o objetivo em vista? Como é alcançado e posto em prática?

Obs.
1. 5.14. Talvez Paulo esteja citando um hino cristão, dirigido a quem ainda não crê em Jesus Cristo. Cf. Is 60.1.
2. 5.26. "Pelo lavar da água mediante a palavra": algumas pessoas simplesmente comparam com Jo 15.3; 17.17, no entanto a maioria entende como referência ao batismo. Assim, "a palavra" pode se referir: (a) ao evangelho anunciado, cf. Lc 24.27; (b) à frase ritual usada no batismo cristão, cf. Mt 28.19 ou (c) à resposta confessional do batizando, cf. 1Pe 3.21; Rm 10.9.
3. 5.32. "Mistério profundo": aqui o termo "profundo" ("grande" ARC) não significa que essa verdade seja algo "bastante misterioso", mas que esse "mistério" ou "verdade revelada divinamente" é de "grande importância".

☐ ESTUDO 7   Efésios 6.10-24

O mesmo apóstolo e a mesma carta que nos mostram como a redenção em Cristo é completa, divina e gratuita revelam agora que a oposição àqueles que pertencem a Cristo é certa, feroz e prolongada.

1. Por que é inevitável que os cristãos enfrentem oposição? Qual é a característica da oposição? Quais os perigos que nos cercam e que, de modo particular, estão em mente aqui? Cf. 2Co 10.3-5; 11.3. Por meio de que realização a vitória é sempre descrita aqui? Qual o único meio de conquistá-la?
2. Alguns interpretam "verdade" como sinceridade interior e "justiça" como integridade e fidelidade. Outros acham que, nesse texto, "verdade" significa a verdade do evangelho, como em 4.21, e entendem "justiça" como "a justiça de

Deus" que nos foi dada em Cristo (veja Rm 3.22). Você tem uma resposta clara para esta questão? Qual a única maneira de continuarmos firmes diante de Deus, dos homens e do diabo? Cf. Rm 5.1,2; 8.33,34; Sl 15; 24.3-6; 51.6.

3. V. 18-20. Veja o que está implícito aqui sobre a oração cristã — quanto a seu lugar, seu caráter, suas exigências, sua abrangência e seus interesses e requerimentos em particular. Meça sua vida de oração por esses padrões.

Obs.

1. V. 10. "Fortaleçam-se": literalmente "sejam fortalecidos". 'Ninguém pode fortalecer a si mesmo; a pessoa tem de receber forças' (*Ephesians*,TNTC, p. 177). Nossa força tem de ser mantida continuamente (verbo no presente) pelo trabalho externo vigoroso do poder inerente de Deus.
2. V. 11,13. "Toda a armadura de Deus": o equipamento inteiro é visto como uma peça única. A ênfase maior é dada à sua fonte divina.
3. V. 12. O termo "luta", literalmente "briga corporal", sugere conflito braçal.
4. V. 15. Para esse tipo de luta, temos de estar com os pés bem apoiados.
5. V. 16. "Setas inflamadas": pensamentos e desejos inspirados pelo diabo, de natureza maligna, e propensos a inflamar as paixões.

JÓ

Introdução

Sem contar o próprio livro, Jó, o personagem mais importante, é mencionado apenas em Ezequiel 14.14,20 e Tiago 5.11. Por essa razão não sabemos muito a respeito dele; a data e o local em que o livro foi escrito são hipóteses. Toda e qualquer ausência de ligação clara com o Israel patriarcal ou pós-conquista indica uma data anterior a isso, e é razoável entender que as descrições de cenário e clima se referem a um país localizado à margem ocidental do deserto. Jó foi escrito em hebraico por um hebreu.

O livro apresenta o retrato de um homem bom que, sem mais nem menos, é assaltado por catástrofes extraordinárias. O enredo principal encontra-se numa série de discursos entre Jó, seus três amigos, o jovem Eliú e, no fim, o próprio Deus. As idéias divergentes sobre os infortúnios de Jó prendem a atenção ao longo dos discursos. As discordâncias acentuadas de temperamento e crenças aparecem naturalmente. Os amigos insistem em dizer que o sofrimento é causado unicamente pelo pecado. Então é melhor Jó se arrepender, e a restauração será imediata.

Jó, porém, sabe que não pecou, pelo menos não de modo a merecer um castigo tão devastador. Sua angústia maior não é causada pela doença física, mas pela mente desnorteada. Com impaciência crescente, Jó clama a Deus na tentativa de se explicar. Seu julgamento de verdade é teológico, pois assim como seus amigos, ele costumava acreditar que as pessoas sofriam em consequência de seus pecados.

Finalmente seu desejo é atendido. Deus lhe dirige a palavra, mas de modo bem diferente do esperado. A única resposta divina consiste de uma visão do grandioso poder do Senhor. Jó, ao observar suas ínfimas preocupações em oposição a esse vasto cenário, humilha-se e fica em silêncio. A seguir, Deus o elogia, e restaura-lhe a saúde.

De modo geral, o livro é considerado uma investigação sobre o sofrimento sem causa, e mostra que Eliú entende mais profundamente seu significado e propósito. O sofrimento é um repressor misericordioso, cujo objetivo é a restauração. No entanto, do ponto de vista da *Introdução* do livro, o que se discute é a bondade desinteresseira. Satanás pergunta: "Será que Jó não tem razões para temer a Deus?", sugerindo que ele teme a Deus porque era muito rico. Assim, Jó, com permissão divina, torna-se um estudo de caso, para ver se ele teme a Deus por causa dos incentivos que recebe.

Desapossado da família, das riquezas, da saúde, da reputação e dos amigos, ele finalmente emerge incólume da experiência, e crendo em Deus mesmo quando todas as provas reconfortantes de sua presença haviam desaparecido.

Talvez, de modo limitado, o livro ensine como Deus justifica a pessoa que tem fé. Ele faz isso, mas não explicando os porquês da vida, e muito menos reconhecendo a suposta impecabilidade do homem. A justificação é feita com a manifestação pessoal de Deus a quem clama por sua atenção e agarra-se à esperança de uma revelação. Na visão maravilhosa de poder com a qual o livro termina, completamente inesperada, mas de modo racional e convincente, Jó, da mesma forma que Tomé diante do Cristo ressuscitado, é liberto de sua dúvida, e curva-se em adoração. Deus, ao se manifestar a um homem fiel, justifica-o exatamente nesse ato. Revelação como resposta à fé é justificação. Jó era "justo", mas não pelos motivos que supunha.

Vale a pena estudar os temas secundários do livro. A preocupação de Jó com a morte, por exemplo, e sua esperança de vida eterna; sua certeza de que existe um mediador em algum lugar; sua ironia, suas reações ao próprio sofrimento, seu caráter; também o caráter dos amigos, tão repletos de verdades, mas tão distantes da verdade. Esses temas, e alguns outros, são tratados em *Observações* e *Estudos*.

Esboço

1,2	Vida feliz e exemplar de Jó. Por que e como ele sofreu
3	Reclamações de Jó, e desejo de nunca ter nascido
4-14	Primeiro ciclo de discursos
15-21	Segundo ciclo de discursos
22-31	Terceiro ciclo de discursos

JÓ

32-37	Discursos de Eliú
38.1-42.6	Discursos de Deus e respostas de Jó. Jó se arrepende de ter questionado a bondade de Deus
42.7-17	Depois de ter orado por seus amigos, Jó é elogiado por Deus e recebe em dobro tudo o que possuía antes

☐ **ESTUDO 1**   **Jó 1-3**

1. 1.1-2.6. O que é dito aqui sobre: (a) o caráter, (b) a situação de vida e (c) os sofrimentos de Jó?

2. 2.7-3.26. Em 2.10, Jó expressa fé em Deus. Em 3.11, ele quer morrer, e em 3.23, culpa a Deus por seus problemas. Como explicar essa mudança?

Obs.

1. 2.1-6. A semana inteira de silêncio dos amigos de Jó é um ritual de lamento por alguém que está praticamente morto, afligido por causa de seus pecados.
2. Compare 3.1-26 com Jr 20.14-18.

PRIMEIRO CICLO DE DISCURSOS 4-14

Ao testemunharem o sofrimento de Jó, os três amigos imaginam que ele era culpado, e com zelo cada vez maior insistem para que se arrependa. De início, Jó apenas se sente ofendido e magoado com a falta de compreensão, mas logo fica irritado e zangado. Exige que Deus se explique, e torna-se profundamente infeliz.

☐ **ESTUDO 2**   **Jó 4 E 5. PRIMEIRO DISCURSO DE ELIFAZ**

1. 4.1-11. De acordo com Elifaz, do que Jó estava se esquecendo?
2. 4.12-5.7 O que Elifaz aprendeu com sua visão?
3. 5.8-27. Qual é a opinião de Elifaz sobre Jó, Deus e o castigo divino?

Obs.

1. 5.2. "Ressentimento" ("ira", ARC): atitude impaciente, lamuriosa ou presunçosa.
2. 5.6,7. Os problemas aparecem como fagulhas, das atitudes de uma pessoa. Tem de haver uma causa humana. Cf. 4.8.
3. 5.27. Um apelo à pesquisa acadêmica para apoiar sua ortodoxia.

☐ **ESTUDO 3**   **Jó 6 E 7. RESPOSTA DE JÓ A ELIFAZ**

Jó fica magoado com a atitude de Elifaz. Ele esperava ajuda, e não críticas (6.14). Jó enche Deus de perguntas.

1. 6.1-30. A situação leva Jó a esperar o que (a) de Deus e (b) dos homens? O que aprendemos com sua decepção dupla?
2. 7.1-10. Que metáfora Jó usa para descrever sua vida naquele momento? 7.11-21. Qual é a essência de sua reclamação contra Deus?

Obs.
1. 6.5,6. Até os animais choram na penúria; e os seres humanos queixam-se da comida insípida. Por que Jó não iria reclamar?
2. 6.20. As caravanas sedentas morrem no deserto perseguindo uma miragem. Da mesma forma, Jó é enganado por seus amigos.
3. 6.30. "Minha boca não consegue discernir a maldade?" significa "Será que não tenho bons motivos para reclamar?"

☐ **ESTUDO 4**   **Jó 8.1-9.24 Primeiro discurso de Bildade e resposta de Jó**

1. Em que autoridade Bildade baseia seu discurso? Essa autoridade é de confiança mesmo? O que Bildade pensa sobre: (a) Deus e (b) os ímpios?
2. Que dificuldades Jó encontra quando tenta fazer Deus se explicar?

Obs.
1. 8.4. Um comentário cruel. Segundo Bildade, os filhos de Jó morreram porque haviam pecado.
2. 8.11. Sem água, o junco morre. Da mesma forma, o ímpio desaparece.
3. 9.2. O significado é: "Como uma pessoa consegue estabelecer sua justiça perante Deus?"
4. 9.13b. É provável que Raabe seja outro nome para o monstro aquático. Veja nota de rodapé da Almeida Século 21.

☐ **ESTUDO 5**   **Jó 9.25-10.22 Resposta de Jó a Bildade (continuação)**

1. 9.33. "Alguém para servir de árbitro" é mencionado pela primeira vez no livro. Faça uma lista das ocorrências, e observe os novos aspectos oferecidos em cada menção. Apresente algumas maneiras pelas quais Jesus Cristo realizou por nós o maior desejo de Jó.
2. Qual a maior vontade de Jó no capítulo 10? Você acha que Deus se ira com um discurso tão franco? Cf. Sl 55.1-8,22; 62.8.

Obs.
1. 9.35. "Não tenho culpa nem medos no fundo do coração."
2. 10.12. Um versículo extraordinário em meio a uma longa reclamação. Ou significa, "Em profunda infelicidade tenho consciência de um propósito carinhoso mais importante" ou "Até a minha felicidade de outrora foi um prelúdio para minha infelicidade presente".

☐ **ESTUDO 6**   **Jó 11 e 12. Primeiro discurso de Zofar e resposta de Jó**

1. Observe: (a) a repreensão severa em 11.6; (b) os passos para o arrependimento em 11.13,14; (c) o retrato da bênção em 11.15-19. Em sua opinião, por que Zofar não foi de ajuda nenhuma a Jó?
2. Elifaz falou sobre visões e buscas, e Bildade, sobre a sabedoria dos antigos. Que autoridade Zofar invocou para sustentar sua convicção de que pecado e sofrimento estão inevitavelmente ligados?

3. Zofar e Jó falam sobre sabedoria divina. Compare os vários exemplos dados por um e por outro.

Obs.

12.5-12. Talvez Jó esteja sendo irônico ao citar para Zofar as considerações que este lhe havia feito. O argumento de Jó é que essas banalidades são irrelevantes à situação dele. Ele não as nega.

☐ **ESTUDO 7**   **Jó 13 e 14. Jó discursa novamente**

Por conveniência, achou-se por bem terminar o primeiro ciclo no capítulo 14. Poderia ter acabado no capítulo 12, com os capítulos 13 e 14 dando início à nova rodada de discursos antagônicos.

1. Qual a principal acusação de Jó contra seus amigos? Quais as duas exigências que ele faz a Deus?
2. No longo canto de lamento, no capítulo 14, sobre as incertezas do homem há um pequeno, mas significante raio de esperança. Do que se trata? Compare e contraste a visão dos crentes sobre essa esperança com a de Jó. (Observe, no entanto, que no capítulo 18, Jó recai em um pessimismo ainda mais profundo.)

Segundo Ciclo de Discursos (15-21)

Incapazes de persuadir Jó de que ele está errado, os amigos agora fazem acusações categóricas e ameaças parcamente veladas. Concentram-se no destino dos maus. Jó, a essa altura bastante perturbado, afoga-se em repetidas lamúrias a respeito de seus problemas. Então, de repente, no momento mais fundo de sua tristeza, ele se anima um pouco (16.19; 19.25); no capítulo 21, ataca a crença antiga de seus amigos de que "É sempre o perverso quem acaba sofrendo", e acusa-os de pregar uma doutrina negada pela vida. As observações deles são incorretas.

☐ **ESTUDO 8**   **Jó 15-17. Segundo discurso de Elifaz e a resposta de Jó**

1. Leia o capítulo 15 e compare seu tom e abordagem com o primeiro discurso de Elifaz nos capítulos 4 e 5. Note a ênfase colocada na depravação humana. Como Elifaz deveria ter lidado com uma pessoa mais nova que discordava dele? Por que ele tinha tanta convicção de estar certo? Ele estava cego aos defeitos de quem?
2. 16 e 17. Mesmo nas profundezas, Jó encontra partículas de esperança. De que modo elas se apresentam?

Obs.

1. 15.4. Elifaz acusa Jó de ser inimigo da religião verdadeira e da santidade porque nega a ortodoxia tradicional.

2. 15.11b. Referência aos discursos anteriores dos amigos de Jó.
3. 15.18,19. Elifaz afirma que sua doutrina é antiga e pura, incontaminada por heresias estrangeiras.
4. 16.2. Ronald Knox interpreta assim: "Fábulas antigas e conforto pouco satisfatório; vocês são todos iguais".
5. 16.19,21. Mais uma referência ao árbitro.
6. 17.16b. Entendido como uma afirmação, e não uma pergunta, indica um avanço nas esperanças de Jó.

☐ **ESTUDO 9**   Jó 18 e 19. Segundo discurso de Bildade
                                    e a resposta de Jó

1. Estude o capítulo 18 e descreva a sequência de acontecimentos na vida dos maus e incrédulos.
2. No capítulo 19, Jó afirma que se sente prisioneiro e abandonado. Relacione as metáforas que ele usa para descrever seu confinamento e solidão. Como Jó descreve sua libertação? A fé vitoriosa de Jó está firmada em que promessa extraordinária?

Obs.
1. 18.2. "Quando você vai parar de falar?", ou seja, parar de falar bobagens. "Proceda com sensatez": isto é, diga algo que valha a pena, e nossa resposta será valiosa.
2. 18.4. As leis naturais não serão alteradas somente para agradarem a Jó.
3. 19.25-27. Ainda que Jó não tivesse esperança de ser inocentado nesse mundo, ele estava certo que Deus iria vindicá-lo e que, depois da morte, veria Deus e que Deus estaria do seu lado. Cf. Rm 8.33-39.
4. 19.29. O que Jó quer dizer é: "Serão atacados por problemas se continuarem rejeitando seus pedidos de misericórdia".

☐ **ESTUDO 10**   Jó 20 e 21. Segundo discurso de Zofar
                                    e a resposta de Jó

1. Compare as opiniões de Zofar sobre a condição dos ímpios nesse mundo com as opiniões de Jó. Cf. 20.6-28 com 21.6-26. Em que os dois concordam e discordam?
2. Neste segundo ciclo, os amigos de Jó, não se saindo bem, fazem ameaças. O conservadorismo derrotado sente-se impelido a buscar refúgio em previsões mordazes de desalento? Jó teria algo a ensinar aos amigos, se quisessem aprender?

Obs.
1. 20.5. Cf. Sl 37 e 73 sobre o fim repentino dos maus.
2. 20.7. "Os mortos estão mortos." A esperança de Jó quanto à vida eterna é desprezada por Zofar.
3. 20.17. "Dos rios": isto é, do paraíso.
4. 21.34. Jó está dizendo que os amigos não tiveram o cuidado de examinar suas afirmações à luz da própria vida. Assim, estão falando mentiras.

Conclusão dos capítulos 15-21

Os amigos de Jó não têm nenhuma novidade a dizer, mas Jó tem. Ele tropeça rumo à verdade de que a própria morte irá oferecer uma saída para seu impasse, quando um Redentor indistinto, porém amistoso, irá absolvê-lo.

Terceiro Ciclo de Discursos (22-31)

No terceiro ciclo, Elifaz é o único a discursar demoradamente. Zofar não diz nada (veja, no entanto, a *Obs.* sobre 27.7-22). A discussão dos amigos com Jó está naufragando. Elifaz põe tudo em risco quando acusa Jó falsamente, acusações que este refuta mais tarde (31). No final, Jó, mais uma vez, repete que é inocente e mostra-se perplexo.

☐ **ESTUDO 11** **Jó 22-24. Terceiro discurso de Elifaz e a resposta de Jó**

1. Capítulo 22. De que Elifaz acusa Jó (v. 6-9)? Relacione as bênçãos de Deus aos humildes (v. 21-30). Por que essa lista de bênçãos (v. 3) não impressiona Jó?
2. Capítulo 23. Jó almeja encontrar Deus (v. 3). O que ele pensa de Deus agora? Veja os v. 5,6,10,13,16. Como amigo ou inimigo?
3. Capítulo 24. Que irregularidades Jó percebe na sociedade em que vive? Compare o que "você" diz (v. 18-20) com o que Jó diz. O que esse capítulo nos ensina quanto à maneira de observarmos a vida?

Obs.
22.2-4. O argumento de Elifaz é que o modo de Deus tratar as pessoas não é em vantagem nem ganho próprios, mas em benefício delas. Como não podemos afirmar que Deus castiga as pessoas porque são piedosas (v. 4), então só deve ser por causa de seus pecados.

☐ **ESTUDO 12** **Jó 25-27. Terceiro discurso de Bildade e a resposta de Jó**

1. Como Bildade e Jó vêem: (a) a santidade de Deus e (b) a sua onipotência?
2. Conhecer o poder de Deus não favorece Jó agora. A que ele se agarra (27.1-6)? Ele agiu corretamente aqui?
3. O cap. 27.7-22 apresenta alguma novidade sobre os maus?

Obs.
27.7-22. O terceiro discurso de Zofar foi perdido, mas provavelmente temos aqui uma parte dele. A idéia repercute em 20.12s.

☐ **ESTUDO 13** **Jó 28 e 29. Busca por sabedoria: discurso final de Jó**

1. Capítulo 28. O que é dito aqui sobre a: (a) habilidade e (b) inabilidade do ser humano? Quais são a: (a) fonte e (b) essência da verdadeira sabedoria? Cf. 1.1; 2.3; Sl 34.11-14.

2. Capítulo 29. O que aprendemos com a descrição que Jó faz de sua vida antes de a calamidade o esmagar? O que mais se destaca em sua recordação? Naquela época, o que enriquecia e direcionava seu viver diário?

Obs.
1. O capítulo 28 parece um entremeio independente — um poema em louvor à sabedoria. A "sabedoria" em questão não é simplesmente capacidade mental, e sim entender a maneira certa de agir perante os enigmas da vida. Principalmente, como apenas Deus sabe, significa o plano maior por trás da ordem estabelecida. O Novo Testamento declara que esta sabedoria é encontrada e revelada em Cristo. Cf. 1Co 1.30; Cl 2.23.
2. O discurso de Jó nos capítulos 29-31 é mais bem entendido como um monólogo final, resumindo a situação toda.

☐ **ESTUDO 14**   Jó 30 e 31. Discurso final de Jó (continuação)

1. Capítulo 30. Compare a situação atual de Jó com sua prosperidade anterior avaliada no capítulo 29. De que maneiras a infelicidade e a aflição tomam conta de Jó? Qual o motivo principal de sua perplexidade e reclamação?
2. Capítulo 31. De que pecados, secretos ou públicos, Jó se declara inocente? Faça uma lista e use-a para examinar sua própria vida. Em contraste com as acusações dos amigos, o que Jó quer provar sobre sua condição atual?

Discursos de Eliú (32-37)

☐ **ESTUDO 15**   Jó 32 e 33. Introdução e primeiro discurso de Eliú

O jovem Eliú ficou ouvindo os discursos de Jó e seus amigos. Tanto um quanto os outros deixaram o rapaz zangado, e ele quer endireitar as coisas. Suas crenças principais são: Deus é incapaz de errar; a dor é um impedimento divino que mantém o homem longe do pecado.

1. O que enfureceu Eliú? Em que ele baseia seu direito de falar? O que você acha do seu jeito de começar o discurso?
2. Jó afirmou que Deus o havia tratado injustamente (33.8-11), e que piorou a situação quando se recusou a falar com ele (33.13). Como Eliú responde a isso? Veja os v. 12,14-33. Segundo ele, de que maneiras Deus fala? E com que propósito?

☐ **ESTUDO 16**   Jó 34 e 35. Segundo discurso de Eliú

1. De acordo com Eliú, Jó afirma que: (a) Deus é injusto com ele (34.5,6) e (b) não há vantagem em se alegrar em Deus e fazer sua vontade (34.9; 35.3). Como Eliú responde a esses argumentos? Eliú declara algumas verdades maravilhosas sobre Deus. Quais?

2. "No contexto do livro a questão não é se Eliú está certo ou errado — obviamente ele está certo, pelo menos em grande parte — mas se contribui de alguma forma para solucionar o 'por quê?' de Jó. É óbvio que não contribui" (H. L. Ellison). Você concorda com essa crítica? Por que alguém com tanto conhecimento não conseguiu ajudar? Isso deve nos alertar sobre que perigo?

Obs.
1. 34.13-15. Parece que a sugestão aqui é que Deus, como Criador, não tem razão para ser injusto, e que a existência e preservação do universo é uma evidência de seu interesse em suas criaturas.
2. 34.23-30. Deus não tem necessidade de usar inquérito judicial como os homens fazem. Deus sabe tudo e age de imediato.
3. 35.10. Deus é a única fonte de todo e qualquer consolo verdadeiro. Cf. Sl 42.8; 2Co 1.3,4.

☐ **ESTUDO 17**   **Jó 36 e 37. Último discurso de Eliú**

1. O que Eliú afirma aqui sobre: (a) a característica do preceito de Deus e (b) as evidências de sua grandeza? Eliú quer levar Jó a concluir o que sobre seus problemas?
2. Eliú tem profunda consciência de que em relação: (a) ao caráter e atitudes de Deus e (b) suas próprias tentativas de descrevê-los? Cf. Rm 11.33-36.

Obs.
37.20. Eliú fica com medo só de pensar em discutir com Deus.

Discursos do Senhor e respostas de Jó (38.1-42.6)

☐ **ESTUDO 18**   **Jó 38.1-40.5. Primeiro discurso de Deus e a resposta de Jó**

1. Considere os exemplos do trabalho das mãos de Deus descritos aqui. Que relação têm com a situação e perplexidade de Jó? Que reação devem provocar em nós? Cf. Sl 97.1-6,12; 104.1,24.
2. Jó havia suplicado para ter uma conversa com Deus, ocasião em que iria estabelecer sua inocência. Veja 13.3; 23.3,4; 31.37. Deus comprova a insignificância de Jó. Em sua opinião, por que Jó recebeu uma resposta dessas? O que ele confessa na resposta que deu?

Obs.
1. 38.2. Significado: "Você obscurece a verdade porque fala sem pensar".
2. 38.4s. O leitor deve prestar bastante atenção às imagens arrojadas e magníficas do texto. O mundo é igual a um edifício construído por um único homem (v. 4). O nascimento do mar é igual a um bebê irrompendo do ventre (v. 8). A madrugada agita a terra como alguém que dorme ao ar livre se levanta e sacode do cobertor as criaturas que ali se abrigaram do frio (v. 12,13). "Deus agora se dirige à necessidade mais profunda, ao medo escondido — que Jó mal reconheceu e certamente não confessou — de que existisse um lugar onde a palavra do Senhor não tivesse autoridade, onde Deus não fosse soberano absoluto" (H. L. Ellison).

3. 40.2. Significa: "Você consegue provar que está certo somente provando que estou errado?"

☐ **ESTUDO 19** **Jó 40.6-42.6. Segundo discurso de Deus e a resposta de Jó**

1. Deus coloca diante de Jó duas criaturas poderosas — o hipopótamo (40.15-24) e o crocodilo (41.1-34). O que Deus quer que Jó aprenda com esses animais? O que ele pergunta a Jó?
2. Jó não recebe nenhuma explicação a respeito de seu sofrimento. O que levou Jó a rebaixar-se e humilhar-se tão profundamente como descrito em 42.1-6?

Obs.
"O principal nessas descrições é a profusão do Poder Criado" (H. R. Minn).

☐ **ESTUDO 20** **Jó 42.7-17. Epílogo**

1. Os amigos de Jó certamente concordaram com tudo o que Deus lhe disse. No entanto, Deus se enfureceu com eles. "Vocês não falaram o que é certo a meu respeito" (v. 7). Por quê? Foi a pressa deles em condenar Jó, seus preconceitos teológicos, sua falta de solidariedade ou o quê?
2. Jó havia discutido com Deus, duvidado de sua justiça, insistido na própria inocência, pensado em se matar. Mesmo assim Deus afirmou que ele havia dito "o que era certo". Por quê?

☐ **ESTUDO 21** **Revisão Jó 1-42**

Revise suas anotações sobre o principal ensino do livro de Jó. O que você aprendeu sobre: (a) a origem e o propósito do sofrimento, ou da famosa "tribulação" (42.11); (b) o modo de lidar com o sofrimento e (c) o modo de ajudar os outros a lidar com ele?

SALMOS 42-51

☐ **ESTUDO 36** **Salmos 42 e 43**

É provável que esses dois salmos tenham sido originalmente um. Observe o estribilho repetido três vezes (42.5,11; 43.5).

1. Que frase o salmista repete quatro vezes nesses dois salmos para descrever sua condição espiritual? Quais as causas principais do sofrimento dele, e qual seu maior desejo?
2. O que aprendemos com a maneira de o salmista lidar com a depressão?

SALMOS 42-51

☐   **ESTUDO 37**   SALMO 44

Clamor nacional a Deus na hora de um grande sofrimento.

1. O que o salmista diz sobre: (a) o modo de Deus lidar com seu povo no passado e (b) o relacionamento de Deus com o povo? Veja os versículos 1-8. Apesar de acontecimentos passados, qual parece ser a condição presente? Veja os v. 9-22.

2. O que o salmo ensina sobre nosso proceder quando achamos que Deus nos abandonou? Cf. Is 50.10; Lc 18.1.

☐   **ESTUDO 38**   SALMO 45

Cântico de casamento de um rei. Se o rei é um símbolo de Cristo (veja Hb 1.8,9), então a noiva simboliza a igreja.

1. Que aspectos do caráter de Cristo são revelados no salmo?

2. Como aplicar a nós mesmos o conselho dado à noiva para que alcance o favor do rei?

☐   **ESTUDO 39**   SALMOS 46-48

Estes salmos são uma trilogia de louvor em comemoração a um grande livramento, possivelmente a libertação de Jerusalém das mãos do rei da Assíria. Devem ser lidos à luz de 2Reis 18 e 19.

1. Relacione o que os salmos afirmam sobre Deus: seu poder, caráter e relacionamento com o mundo e com seu próprio povo.

2. Qual a idéia central de cada um desses salmos? Como o povo de Deus deve reagir a tal manifestação de poder e amor?

Obs.

1. 46.5. "O romper da manhã": melhor, "Quando amanhece", isto é, a manhã da libertação. Cf. Mc 6.48,51.
2. 47.2 e 48.2. "O grande Rei": isto é, o verdadeiro grande Rei em contraste com o monarca assírio, que carregava esse título. Cf. Is. 36.4.
3. 47.9. "Soberanos" ('escudos'): quer dizer, "governantes". Cf. Sl 89.18. O versículo é uma profecia sobre a vitória final de Cristo. Cf. 1Co 15.24,25; Ap 15.3,4.

☐   **ESTUDO 40**   SALMO 49

Uma meditação inspirada, dirigida a todas as pessoas, sobre a futilidade das riquezas. O salmo antecipa o ensino de Jesus em Lucas 12.13-21.

1. De modo geral, o que as pessoas acham da riqueza? Veja os versículos 6,13,18. Mas o que dizem os fatos? O que a riqueza não consegue fazer (v. 7-9)? Qual é o final dos ricos (v. 10-14,17-20)?

2. Por que é melhor confiar em Deus do que nas riquezas? Veja os versículos 14,15. Que conselho o salmista dá a si mesmo e a nós? Consulte os versículos 5 e 16.

Obs.
Os v. 7 e 9 devem ser lidos juntos, pois o v. 8 é um parêntese. Com o v. 7 cf. Êx 21.30. Houve casos, em relacionamentos humanos, de vidas resgatadas com dinheiro; porém isso não ocorre quando Deus convoca a alma.

☐ ESTUDO 41 SALMO 50

Uma descrição do julgamento que Deus faz de seu povo. O salmo é dividido em quatro partes: (a) Introdução (v. 1-6); (b) Deus fala com seu povo (v. 7-15); (c) Deus fala com os ímpios (v. 16-21); (d) Epílogo (v. 22,23).

1. O que os versículos 1-6 revelam sobre o caráter de Deus em sua posição de Juiz? Que outra verdade sobre Deus é enfatizada nos versículos 7-13?

2. Se o povo quer agradar a Deus, o que têm de fazer, e que benefícios Deus lhe promete? Veja os versículos 14,15,23. Como o ímpio desagrada a Deus, e como é o fim deles em comparação com quem preenche as exigências do Senhor?

☐ ESTUDO 42 SALMO 51

Observe, no título, a ocasião em que o salmo foi escrito.

1. O que os versículos 1-5 ensinam sobre a confissão e as bases do perdão? Veja: (a) como Davi descreve a si próprio e a transgressão que cometeu e (b) onde ele deposita sua esperança.

2. Davi constata que sua natureza completa é pecadora, e que Deus exige sinceridade e integridade no mais íntimo do ser (v. 6; cf. 1Sm 16.7). Assim, o que mais ele pede além do perdão (v. 7-12)? O que promete fazer quando Deus lhe responder à oração? Veja v. 13-17.

Obs.
V. 4. Isso não significa que Davi não tenha pecado também contra uma pessoa (veja no v. 14 sua confissão sobre "crime de sangue"), mas que agora vê seu erro sob esse aspecto magnífico, um pecado contra Deus. Cf. Gn 39.9; 2Sm 12.13.

Para os *Estudos 43-56* em Salmos, veja a página 230.

2SAMUEL

Para *Introdução*, veja 1Samuel na página 198.

Esboço

1-8	Davi consolida sua posição e conquista Jerusalém
9-12	Davi, o rei, até a época de seu grande pecado
13-20	O castigo do pecado: rebeldia de Absalão
21-24	Apêndice contendo outros incidentes históricos e resumos, e as últimas palavras de Davi

ESTUDO 1   2SAMUEL 1

1. O amalequita achou que estava dando uma boa notícia a Davi (cf. 2Sm 4.10), porém estava enganado a seu respeito. Por que Davi mandou que ele fosse morto?
2. O que esse episódio e o lamento por Saul e Jônatas (v. 19-27) revelam sobre o caráter de Davi? Tendo em mente os erros do rei a quem Davi foi sempre tão leal, que lições aprendemos?

ESTUDO 2   2SAMUEL 2 E 3

1. Compare as atitudes de Davi como figura pública (2.4-7; 3.20,21,28-39) com o problema que ele estava criando em sua vida familiar (3.2-5,13,14). Será que, de alguma forma, não sou culpado de ter dois padrões de vida?
2. Baseado nestes capítulos, faça um estudo do caráter de Abner e Joabe. Observe o relacionamento de Joabe e seus irmãos com Davi (Zeruia era filha do primeiro casamento da mãe de Davi), e as palavras de Davi em 3.39.

ESTUDO 3   2SAMUEL 4.1-5.16

1. Em que aspectos o crime de Recabe e Baaná foi pior do que o crime daquele amalequita?
2. Davi esperou cinco anos pela decisão relatada no início do capítulo 5. Por que agora os israelitas o escolheram como rei? Cf. Dt 17.15.
3. Como Davi conseguiu tomar a fortaleza de Sião, e por quê?

ESTUDO 4   2SAMUEL 5.17-6.23

1. Por que Davi venceu as duas batalhas contra os filisteus?
2. Por que Uzá morreu? Cf. 1Sm 6.19; Nm 4.15; 1Cr 15.15. O que Deus estava ensinado com este incidente?
3. Qual era o verdadeiro motivo do desprezo de Mical por Davi, e o qual o motivo fingido? Por que, na ocasião, Davi se comportou daquela maneira? O que aprendemos com sua exuberância "perante o SENHOR"?

ESTUDO 5   2SAMUEL 7

1. Davi está ansioso para construir uma casa para Deus — a resposta é que Deus construiria uma "casa" para Davi. Relacione o que o Senhor já havia feito e o que promete para o futuro.
2. Alguém disse que uma pessoa é de verdade o que ela é quando está ajoelhada diante de Deus. O que a oração de Davi revela sobre: (a) ele mesmo, (b) seu relacionamento com Deus?

☐ **ESTUDO 6** 2Samuel 8 e 9

1. Use um mapa para acompanhar as vitórias de Davi. Por que razões o escritor enfatiza o sucesso de Davi?
2. Em que o jeito de Davi lidar com os espólios de guerra é diferente de seu jeito de lidar com os deuses dos filisteus capturados na batalha (1Cr 14.8-12)? Existe razão para isto? Cf. Dt 7.5.
3. Existe algum paralelo entre o modo de Davi tratar Mefibosete e o modo de Deus nos tratar?

☐ **ESTUDO 7** 2Samuel 10 e 11

1. Por que a maneira de Hanum tratar a delegação de Davi é indesculpável?
2. Joabe aparece de modo mais favorável aqui. O que isto acrescenta ao que já sabemos sobre seu caráter?
3. Em que estágio de sua carreira Davi peca? Onde ele deveria estar naquela época? Como a tentação aumentou? Ele conseguiu esconder seu pecado? Ao responder estas perguntas, e estudar o texto, que lições gerais você aprendeu sobre o pecado?

☐ **ESTUDO 8** 2Samuel 12.1-13.37

1. Por meio da repreensão de Natã, como Deus abriu os olhos de Davi para seu pecado?
2. O que o capítulo 12 nos ensina sobre: (a) arrependimento, (b) perdão e (c) disciplina? Cf. Sl 32.3-5; Hb 12.6,11.
3. 13.1-37. Que lições tiramos ao comparar o pecado de Amnom com o de Davi? O que estava errado na maneira em que Amnom foi tratado por (a) Davi e (b) por Absalão?

☐ **ESTUDO 9** 2Samuel 13.38-14.33

1. O que é louvável nas atitudes de: (a) Joabe e (b) Davi, e o que dá ocasião a dúvidas?
2. Como o problema de Davi ilustra a situação que Deus enfrenta com a raça humana? Como a "solução" do evangelho é tanto mais abrangente quanto mais satisfatória do que o expediente adotado por Davi?
3. Estude o caráter de Absalão e relacione suas falhas.

Obs.
14.7. Aqueles que exigiam a morte do assassino tinham justificativa aos olhos da lei (veja Dt 19.11-13). A mulher baseou seu apelo em sua grande necessidade pessoal.

2SAMUEL

☐ **ESTUDO 10**   **2Samuel 15.1-16.14**

1. Como Abalão foi "conquistando a lealdade dos homens de Israel"? Como explicar as reações de Davi aqui?
2. Contraste o comportamento de Absalão com o de Itai e Husai.
3. Pense em como a rebeldia mostra quem as pessoas são de verdade (16.1-14). Mais uma vez, observe as reações de Davi.

☐ **ESTUDO 11**   **2Samuel 16.15-17.29**

1. Quais os motivos do primeiro conselho de Aitofel a Absalão? O que Davi deve ter pensado de imediato (cf. 12.11,12)? Seria esta a explicação para a atitude bastante derrotista de Davi?
2. 17.1-14. Aitofel deu um bom conselho? Se deu, então por que o conselho de Husai foi aceito?
3. Como Davi foi recompensado por sua generosidade no passado? Observe quem era Sobi (v. 17.27; ver 2Sm 10.2).

☐ **ESTUDO 12**   **2Samuel 18.1-19.8**

1. O que é bom e o que é ruim na preocupação de Davi para com Absalão?
2. Examine a conduta de Joabe em todo esse texto, e relacione os pontos negativos e positivos.

☐ **ESTUDO 13**   **2Samuel 19.9-39**

1. Por que Davi não retornou imediatamente para a capital? Em que sua atitude é diferente da atitude de Saul e de outros líderes nas mesmas circunstâncias? Veja 1Sm 8.10-18.
2. Que qualidades de Davi se destacam em seu modo de tratar: (a) Simei, (b) Mofibosete e (c) Barzilai? O que aprendemos com a atitude de cada um destes homens para com Davi?

Obs.
V. 11. O fato de a rebelião de Absalão se centralizar em Hebrom (15.7-12) mostra a profundidade do envolvimento da tribo de Judá na situação.

☐ **ESTUDO 14**   **2Samuel 19.40-20.26**

1. Analise a rixa entre Israel e Judá: (a) a causa, (b) os argumentos usados, (c) o espírito em que era conduzida, (d) seu resultado trágico.
2. Como o desastre iminente foi evitado? Qual o papel desempenhado respectivamente por Davi, Joabe e a mulher sábia na cidade de Abel?

3. Que motivos agravaram o pecado de Joabe ao assassinar Amasa? Cf. 2Sm 17.25; 19.13.

☐ ESTUDO 15   2SAMUEL 21

1. Por que Saul errou ao tentar acabar com os gibeonitas? Que cuidados Davi tomou para não cair no mesmo erro? Cumprimos o que falamos? Cf. Sl 15.4c.
2. Uma lei determinava que os enforcados fossem enterrados no mesmo dia. Qual a razão desta lei existir? Cf. Dt 21.23. Como explicar a exceção feita aqui?
3. O que significa o fato de os gigantes perturbarem Davi até o fim de sua vida?

Obs.
V. 19. Cf. 1Cr 20.5 que parece ter preservado mais fielmente o texto original.

☐ ESTUDO 16   2SAMUEL 22

Veja Salmos 18 em relação às perguntas já feitas neste salmo.

1. Existem passagens neste salmo que, como cristãos, não poderíamos repetir?
2. De modo particular, o salmo lembra algum incidente registrado em 2Samuel?

☐ ESTUDO 17   2SAMUEL 23

1. Compare os versículos 3 e 4 com o 5. Que aparente conflito existe entre as duas razões que Davi apresenta para sua felicidade e prosperidade? O conflito é real? Cf. Fp 2.12,13.
2. O que fica claro nos versículos 6 e 7 à luz do conselho de Davi a Salomão em 1Reis 2.5,6? Cf. 1Rs 2.31-33.
3. Considere o que os seguidores de Davi estavam dispostos a fazer pelo rei deles, e em que estágio de sua carreira (v. 13). Que lições os cristãos aprendem com isso?

☐ ESTUDO 18   2SAMUEL 24

1. (a) Compare o tempo que Joabe levou para fazer a contagem, e o do anjo para matar os israelitas. (b) Compare a expiação exigida por Deus pelo adultério de Davi (2Sm 12.15,18) com a exigida neste capítulo. Que pecado de Davi está sendo tratado aqui? Quais as duas lições ensinadas sobre isso? Cf. Pv 16.5.
2. Onde ficava a eira de Araúna? Veja abaixo a *Observação* sobre o versículo 16. Que acontecimento extraordinário se deu ali? Veja Gn 22.2. Mais tarde o local foi usado para quê?
3. Podemos tirar algum ensino da declaração de Davi no versículo 24?

Obs.
V. 16. Sabemos por 2Cr 3.1 que a eira de Araúna ficava no monte Moriá, onde o templo foi construído.

SALMOS 52-72

☐ **ESTUDO 43**   SALMOS 52-54

Dos três salmos, o segundo (Sl 53) é uma cópia (com pequenas variações) do salmo 14. Para saber as ocasiões em que os salmos 52 e 54 foram escritos, veja seus títulos e cf. 1Samuel 22.9; 23.19.

1. 52.1-7; 53.1-5 Como o tolo é descrito? Em que ele põe sua confiança, e qual é o seu fim? Em que o justo põe sua confiança e qual o resultado? Veja 52.8,9; 53.6.
2. O que aprendemos no salmo 54 sobre: (a) o rigor da provação da fé; (b) a base que sustenta a fé; (c) a certeza do triunfo da fé?

☐ **ESTUDO 44**   SALMO 55

1. Os versículos 6,7 e 22 apresentam respectivamente duas maneiras de lidarmos com os problemas. Qual delas é a melhor? Que outros versículos mostram que o salmista busca socorro em Deus, em vez de tentar fugir da situação aflitiva?
2. Qual o elemento mais amargo na tristeza do salmista? Veja os versículos 12-14,21 e cf. 2Sm 15.31; João 13.21. Observe, porém, a diferença entre o clamor de Davi no versículo 15, e a palavra de Jesus a respeito de Judas (Mc 14.21).

Obs.
1. V. 9-11. Violência, discórdia, iniquidade, maldade, pressão, fraude parecem ser personificados como pessoas caminhando pelos muros e ruas da cidade.
2. V. 22. "Suas preocupações": o termo hebraico traduzido como "preocupações" significa literalmente: "o que ele lhe deu". A ideia pode ser: "Pegue e lance sobre Deus os fardos que ele colocou sobre você, e Deus sustentará você sob os fardos. Os fardos lhe foram dados para que você retorne a Deus". Cf. Sl 107.23-30.

☐ **ESTUDO 45**   SALMOS 56 E 57

Estes dois salmos estão bem ligados um ao outro e, de acordo com seus títulos, devem ser lidos à luz de 1Samuel 21.10-22.1.

1. Nestes dois salmos, como Davi: (a) descreve as provações que o rodeiam e (b) expressa sua confiança em Deus?
2. Davi confessa que Deus tem feito e pode fazer o que por ele? Como Davi mostrará sua gratidão? Até que ponto você pode tornar suas as palavras destes salmos?

Obs.
Salmo 56.8. Cf. Mt 10.30.

☐ ESTUDO 46   SALMO 58 E 59

1. Salmo 58. Quando os governantes terrenos pervertem a justiça e "espalham a violência", o que o justo pode fazer? O que lhes provará que "há um Deus que faz justiça na terra"? Atenção à imagem intensa nos versículos 6-9.
2. Salmo 59. Relacione as diferentes maneiras de Davi se dirigir a Deus aqui. Como as verdades do salmo anterior se aplicam aqui, de modo mais pessoal, às circunstâncias do salmista? Você pode fazer alguma aplicação à sua própria vida?

☐ ESTUDO 47   SALMO 60

Para saber a ocasião em que o salmo foi escrito, veja o título e 2Samuel 8.13,14. As circunstâncias não são totalmente claras. Parece que enquanto Davi estava envolvido em uma batalha contra a Síria (Aram), os edomitas invadiram Judá pelo sul, criando uma situação extremamente perigosa. O salmo foi escrito logo após Davi receber a notícia.

1. Note o conteúdo da oração de Davi. O que ele faz em primeiro lugar (v. 1-5), em segundo (v. 6-8) e em terceiro (v. 9-12)?
2. O que o exemplo de Davi nos ensina sobre o modo de: (a) lidar com as más notícias e (b) buscar ajuda em Deus?

Obs.
1. V. 6. Siquém a oeste do Jordão, Sucote ao leste, representando assim o território inteiro.
2. V. 8. Moabe e Edom seriam subalternos na casa de Deus, em comparação com Israel.

☐ ESTUDO 48   SALMOS 61 E 62

Salmos 61-63 é outra trilogia, igual a 46-48. É bem provável que todos tenham sido escritos depois que Davi fugiu de Absalão (veja o título do salmo 63) e devem ser lidos à luz do relato de 2Samuel 15-17.

1. Salmo 61. Pense nas circunstâncias de Davi: fugitivo, seu trono ocupado por outro homem, sua vida em risco. Quais eram os principais desejos de seu coração, de acordo com suas orações (v. 1-4)? Preste atenção à esperança firme de Davi, e sua devoção incondicional (v. 5-8). Ele não seria aqui um "tipo" do nosso Senhor?
2. Salmo 62. Como a situação de Davi parecia aos olhos de seus inimigos (v. 3), e aos olhos da fé (v. 6,7)? Da plenitude de sua alegre confiança em Deus, que mensagem Davi transmitiu a seus seguidores (v. 8-12)? Você também já descobriu que a fé resulta em testemunho?

Obs.
62.11,12. "Uma vez...duas vezes": uma expressão hebraica para "repetidamente", e aqui significa que a verdade que Davi apresenta nestes versículos ficaram gravadas em seu coração.

SALMOS 52-72

☐ ESTUDO 49   SALMO 63

O título do salmo indica o tempo em que Davi atravessava o deserto de Judá, isto é, de Jerusalém ao Jordão, quando fugia de Absalão, como descrito em 2Samuel 16. O salmo começa de modo pesaroso, mas de repente, no versículo 2, o tom muda, e ele se torna um salmo de louvor e alegria. A explicação mais satisfatória para a mudança, e para a declaração do salmista, "te vi no santuário" (ARC), é que, lá no deserto, Davi recebeu uma visão de Iavé tão real e gloriosa como nunca. Ele tinha visto Deus no santuário, e a visão mudou toda a sua perspectiva.

1. Imagine a imensa tristeza no coração de Davi quando ele teve de deixar Jerusalém, e especialmente o santuário de Deus. Estude o versículo 1, e cf. 2Samuel 15.24-30. Embora aparentemente tivesse perdido tudo, em que ele ainda podia se alegrar?

2. Em que descansava a certeza de Davi quanto ao futuro? Você tem a mesma confiança?

☐ ESTUDO 50   SALMOS 64 E 65

O salmo 64, assim como o 58 e 59, tem como tema a certeza do castigo de Deus sobre os maus. O salmo 65, por outro lado, é um salmo de louvor a Deus, como o Deus do mundo inteiro, o único Salvador que liberta do pecado, e o Doador de colheitas férteis.

1. Salmo 64. Como são descritos os inimigos do salmista (v. 1-6)? Quais são o propósito e o resultado do castigo de Deus? Que verdades devemos guardar no coração, e usar em circunstâncias parecidas?

2. Salmo 65. No versículo 1, o salmista afirma que Deus merece ser louvado. Nos versículos seguintes, o que leva você a louvar a Deus por tudo o que ele é e tem feito? Você já viveu as experiências mencionadas nos versículos 3 e 4?

☐ ESTUDO 51   SALMOS 66 E 67

O salmo 66 convoca as nações a se unirem em louvor a Deus por uma grande libertação que ele deu a seu povo, como o livramento de Jerusalém das mãos de Senaqueribe. Se este foi o caso, o orador nos versículos 13-20 pode muito bem ser o próprio rei Ezequias, falando como representante da nação. O salmo 67 talvez seja da mesma época. Veja Isaías 37.

1. Salmo 66. Note em detalhes o que o versículo afirma que Deus fez com e por seu povo. Que resposta isso me leva a dar? O que é necessário para eu partilhar dessa experiência?

2. Salmo 67. Será que temos o mesmo desejo do salmista de que todas as nações conheçam a Deus e à sua salvação? Segundo o salmista, como isso é alcançado? Cf. Mt 5.14-16; 1Pe 2.9,10.

☐ **ESTUDO 52**   S<small>ALMO</small> **68.1-18**

Este salmo descreve a marcha de Deus através da história até seu triunfo final. As três referências ao santuário nos versículos 17,24,35 sugerem que, igual ao salmo 24, ele foi escrito para celebrar a chegada da arca em Jerusalém. Veja 2Sm 6.15,17,18.

1. Que efeito a presença de Deus tem sobre: (a) os seus inimigos (v. 1,2), (b) os justos (v. 3,4) e (c) os necessitados (v. 5,6)?
2. No retrospecto histórico dos versículos 7-18, que aspectos do caráter de Deus são revelados?

Obs.
1. V. 7. Cf. Jz 5.4,5.
2. V. 13b,14. O significado é incerto. O v. 13b talvez se refira a um objeto de espólio: veja o v. 12 e cf. Jz 5.30. Ou talvez descreva um símbolo de teofania – como as asas de ouro dos querubins (veja Êx 25.20-22). O v. 14 pode ser um retrato dos reis e seus exércitos fugindo como flocos de neve fustigados pelo vento antes da tempestade.
3. V. 17,18. Deus entra em Sião com suas hostes celestiais. Cf. Ef 4.8; Sl 24.7-10.

☐ **ESTUDO 53**   S<small>ALMO</small> **68.19-35**

1. V. 19-27. Como é descrita a bênção do povo de Deus? Você conhece Deus como ele é apresentado aqui? O que os versículos nos ensinam sobre a natureza e o local do culto público?
2. V. 28-35. O que Deus fez (v. 7-18) e está fazendo (v. 19-27) são apenas o prelúdio de triunfos maiores. Qual a visão que o salmista tem de uma homenagem mundial oferecida a Deus, e como isto é confirmado por outros versículos?

Obs.
V. 30. "A fera entre os juncos" representa o Egito; os "touros" seguidos por seus "bezerros", outros reis e seus profetas.

☐ **ESTUDO 54**   S<small>ALMO</small> **69**

Este salmo é notável, primeiro porque é citado no Novo Testamento várias vezes e, segundo, porque entre as orações humildes de súplica, de repente o salmista se exalta em imprecações (v. 22-28).

1. Qual o motivo das aflições do salmista? Qual a preocupação maior de sua oração e o que ele espera que aconteça no final?
2. Que aspectos do sofrimento do salmista prefiguram os do nosso Senhor, e ajudam-nos a entender a profundidade com que ele vivenciou o infortúnio humano? Cf. Hb 4.15. Os versículos 20,21 nos levam especialmente ao Getsêmani e à cruz; mas no ponto mais agudo do sofrimento, quando o salmista rompe em oração imprecatória, como foi que Jesus orou? Veja Lucas 23.34.

3. Em que aspectos os versículos 22-28 prenunciam o julgamento que caiu sobre os judeus? Cf. v. 22,23 com Mt 13.14; Rm 11.9,10; e v. 25 com Mt 23.38.

☐ **ESTUDO 55**   SALMOS 70 E 71

Estes dois salmos lembram outros salmos. O salmo 70 é extraído do salmo 40. O salmo 71.1-3 é tirado do salmo 31.1-3; o restante do salmo 71 é basicamente composto de fragmentos também encontrados em outros salmos.

1. O que o salmista espera que Deus lhe seja e faça, e como ele agirá em retorno? Ao orar, você faz confissões parecidas a Deus?
2. Observe estes três movimentos no salmo 71: (a) fé, oração, elevação à esperança e fé (v. 1-8); (b) fé, sob um senso renovado de necessidade urgente, volta à oração, e novamente se enche de esperança e louvor (v. 9-16); (c) fé, levado à oração pela terceira vez, enche-se rapidamente de certeza, louvor e testemunho, e ali permanece (v. 20, 22-24). O que isso nos ensina sobre continuidade na oração?

☐ **ESTUDO 56**   SALMO 72

Este é um salmo profético, no qual Cristo é tipificado por Salomão, cujo nome significa "paz".

1. De acordo com o salmo, quais são as duas características proeminentes de Jesus como Rei? Veja os versículos 1,2 e 12-14; e cf. Sl 116.5. Conforme o salmo, qual será: (a) os resultados do reinado de Cristo (v. 3-7,12-14,16,17) e (b) a extensão de seu reinado (v. 8-11)?
2. Não é verdade que o salmo apresenta um retrato perfeito daquela terra feliz que as pessoas tentam em vão reproduzir por sua própria sabedoria e esforço? No entanto, de acordo com a Bíblia, quem pode tornar isso realidade, e, portanto, de quem a humanidade deveria esperar essa realização? Veja os versículos 1,17-19; cf. At 4.12; Ef 1.3.

Obs.
V. 18,19. Esta doxologia não faz parte do salmo original, mas foi acrescentada como encerramento do Livro 2.

Para os *Estudos dos Salmos 57-70*, veja *Parte 3*, página 353.

1 REIS

Introdução

Os dois livros de Reis compõem uma única unidade, sendo que a divisão atual, um tanto arbitrária, teve origem na Vulgata. Os livros apresentam um relato e a história completa dos reis e reinos ("dos reinos" é a provável versão dos títulos). Os livros apresentam vestígios de ser trabalho de um único autor, que usa vários documentos como fontes (veja 1Rs 11.41; 14.19,29; 15.7, etc), incluindo biografias proféticas. É importante lembrar que o todo é escrito da perspectiva religiosa e profética, e não do ponto de vista do historiador secular. Isto explica por que alguns reis que foram muito importantes em suas épocas, como por exemplo, Onri (1Rs 16.23-28), Azarias ou Uzias (2Rs 15.1-7), Jeroboão II (2Rs 14.23-29), passam quase em branco. As lições que devemos aprender são espirituais, e não políticas. É por isto que os dois períodos de crises – o reino de Acabe, no norte e o de Ezequias, no sul – recebem mais espaço no livro.

Expressado de maneira concisa, o tema de 1Reis é Israel como o povo redimido de Iavé, carregando seu nome, e tendo os reis como representantes de Deus. Assim, um rei perverso é um paradoxo, e também historicamente mau; e um rei bom, que age justamente, representa o governo de Deus. O pecado do povo inevitavelmente termina em cativeiros e, em todo o livro, acontecimentos políticos são apresentados como resultado da fidelidade ou idolatria deles. Uma prova disto é que a atividade profética é proeminente nos reinados dos maus reis.

Esboço

1-11   Os últimos dias do reino unido
      1.1–2.11   Os últimos dias de Davi, e as ordenanças a Salomão
      2.12–4.34   Salomão, seu caráter e sabedoria
      5–8   O templo
      9–11   Magnificência e fracasso de Salomão
12-16   A divisão, e dos reinos divididos à ascensão de Acabe
17-22   Elias

☐ ESTUDO 1   1Reis 1

1. Mergulhe na história. Quem apoiou Adonias e quem apoiou Salomão, e como a tentativa de Adonias de se apossar do trono foi frustrada? O que aprendemos com o caráter destes dois homens?
2. Esta é a última menção que a Bíblia faz de Natã. Em sua atitude aqui, e também em 2Samuel 7 e 12, como ele exemplifica por sua conduta fiel e desinteressada nossa obrigação como servos de Deus?

Obs.

1. V. 5. Adonias, sendo o filho mais velho vivo de Davi (veja 2Sm 3.4), era herdeiro natural do trono (veja 1Rs 2.15). Mas este direito poderia ser indeferido pelo rei em exercício (v. 20 e 27).
2. V. 52,53. Salomão poupa Adonias sob algumas condições, mas ordena que ele se afaste dos negócios públicos.

☐ ESTUDO 2   1REIS 2

1. Enumere as instruções de Davi em seu conselho final a Salomão.

2. Como e por que Adonias, Joabe e Simei foram mortos? A reação do próprio Salomão era esquecer tudo, mas o conselho de Davi foi contrário a isso, e Salomão agiu de acordo. Em sua opinião, por que Davi deu esse conselho? Que lições aprendemos com a vida de Adonias?

☐ ESTUDO 3   1REIS 3 E 4

1. O pedido de Salomão agradou a Deus (3.10), mas essa foi a melhor coisa que ele poderia ter pedido? Cf. Êx 33.13; Fp 3.8,10. O que vem primeiro em suas orações? Pela resposta de Deus ao pedido de Salomão, o que aprendemos sobre sua maneira de lidar conosco?

2. Que coisas positivas estes capítulos afirmam sobre Salomão, e que benefícios seu reinado trouxe ao povo? Qual foi, de acordo com o autor, a base mais sólida de sua prosperidade?

Obs.
4.4b. Isto foi verdadeiro apenas no início do reinado de Salomão. Veja 2.35.

☐ ESTUDO 4   1REIS 5

1. Qual o primeiro grande projeto de Salomão, e o qual sua motivação em realizá-lo? Você está tão disposto a conversar com um amigo não crente sobre a bondade de Deus e seu desejo de servi-lo, como Salomão estava em conversar com Hirão?

2. O que aprendemos com o fato de que até nos contratos que Salomão fez com Hirão para materiais e mão de obra especializada, ele agiu de acordo com a sabedoria que lhe foi dada por Deus? Cf. Ef 5.15-17; Tg 1.5-1; 3.17.

☐ ESTUDO 5   1REIS 6.1-7.12

1. Tente imaginar a "casa do Senhor". Qual era seu comprimento, largura, altura? Qual era o tamanho do pórtico, e do lugar santíssimo, aqui chamado de "santuário interior" ou "oráculo"? Note, também, as salas laterais, arranjadas em três andares ao redor e no fundo do templo. Isto faria o edifício parecer menos estreito e criaria espaço para depósito, etc. Para ajudar na compreensão, desenhe um esboço, seguindo uma escala de tamanho. Desenhe também os cinco edifícios do pátio exterior (7.1-12).

2. Qual o material das paredes, e com que foram cobertas do lado de dentro, e como foram adornadas? Atenção também ao desenho e trabalho executado nas portas. O que tudo isto nos ensina? Cf. 1Cr 22.5,14-16; 1Co 3.12-15.

Obs.
7.2 "O Palácio da Floresta do Líbano": assim chamado por causa do número de pilares construídos com o cedro do Líbano. Era uma Sala de Reuniões.

☐ ESTUDO 6   1REIS 7.13-8.11

A seção de hoje descreve: (a) a fabricação dos móveis de metal (ou bronze) e implementos para o pátio do templo, 7.13-47; (b) os móveis de ouro e os utensílios do templo em si, 7.48-50. Alguns detalhes são complicados, mas é possível destacar os dois grandes pilares, ornamentado com seus dois capitéis, o grande tanque sustentado por doze touros, e os dez carrinhos de bronze com rodas, ricamente enfeitados, e suas pias de bronze. Dentro do templo havia um altar de ouro do incenso, a mesa dos pães da Presença ("dos pães consagrados", A21) e dez candelabros ou castiçais. Havia também um altar de bronze no pátio do templo, mencionado mais tarde (veja 8.64).

1. O que o espírito e o objetivo que animaram Salomão nos ensinam sobre nosso próprio trabalho para Cristo (cf. 2Co 9.7; Rm 12.11), e com o fato de a tarefa ter levado sete anos para ser concluída (cf. At 14.26; 20.24; 2Tm 4.7; Lc 14.28,29)?

2. Finalmente, quando tudo ficou pronto, a arca foi levada para seu lugar especial sob as asas dos querubins dentro do lugar santíssimo. De igual modo, será que Jesus está entronizado em você, o templo dele? Cf. Ef 3.16,17. De que maneiras a presença dele se manifesta em sua vida?

☐ ESTUDO 7   1REIS 8.12-66

1. V. 14-21. Segundo os versículos, que promessas foram cumpridas aqui? Você já teve experiências das quais pode dizer: "Deus...com sua mão cumpriu o que com sua boca havia prometido" (v. 15)? Veja como, nos versículos 22-53, o agradecimento pela promessa cumprida resultou em mais oração. Quais os sete pedidos que Salomão fez, e em que fundamentou sua oração?

2. V. 54-62. Nesta "bênção", como Salomão resumiu a história de Israel? Quais as duas petições que ele apresenta e com que objetivo, e que cobrança ele faz ao povo? Pense em como suas palavras se aplicam a nós.

Obs.

1. V. 12. "Nuvem escura": para simbolizar o mistério inescrutável da natureza divina, não havia luz no lugar santo. A arca simbolizava a presença de Deus no meio do seu povo.
2. V. 16. "Meu nome": uma frase usada com frequência neste capítulo significando Deus na plenitude de sua autorevelação.
3. V. 51. "Fornalha de fundição": isto é, lugar onde o ferro é fundido.
4. V. 65. "Sete dias": isto é, sete para a dedicação do altar, e havia mais sete dias para a festa, como explicado em 2Cr 7.8,9.

☐ ESTUDO 8   1REIS 9.1-10.13

1. Numa comparação cuidadosa de 9.3 com 8.29, em que dois aspectos Deus foi além do pedido de Salomão? Observe também a relação estreita entre a promessa de Deus e os seus mandamentos, e entre seu cumprimento das promessas e a

nossa obediência. Cf. Jo 14.14,15,21; 15.7; 1Jo 3.22. O que o texto de hoje fala sobre o cumprimento de Deus à promessa que fez a Salomão em 3.12,13?

2. De que maneiras a rainha de Sabá é um exemplo para nós? Considere o propósito de sua visita, as dificuldades da visita e a recompensa da rainha.

Obs.
1. 9.14. Apesar de o ouro ter preço fixo, naquela época seu poder de compra era bem alto.
2. 9.25. Cf. 2Cr 8.13,14.

☐ **ESTUDO 9**   1REIS 10.14-11.43

1. Pelo que se via, Salomão estava no topo do poder, riqueza e fama (veja 10.14-29). Mas o que acontecia em seu íntimo com respeito: (a) às suas paixões e (b) ao seu relacionamento com Deus (veja 11.1-8)? Leia Provérbios 4.23-27. Qual a principal acusação de Deus contra ele?

2. Como os eventos de 11.14-40 mostram o poder de intervenção de Deus? Cf. Dn 4.34,35; Sl 135.5,6. Que efeito essa verdade deve causar no coração dos que creem? Cf. Atos 4.23-30.

☐ **ESTUDO 10**   1REIS 12.1-32

1. Analise o caráter destes dois reis, Reboão e Jeroboão. A que você atribuiria a divisão do reino?

2. Quais os quatro procedimentos de Jeroboão registrados nos versículos 25-32, e qual era seus propósitos? Embora tenham sido um tanto espertos, sob o ponto de vista político e humano, qual foi o erro fatal deles? Veja os versículos 30; 13.33, 34; 2Rs 17.21.

☐ **ESTUDO 11**   1REIS 12.33-13.34

1. Qual a falha básica do caráter de Jeroboão, e como Deus, em sua misericórdia, mostrou-lhe a tolice do caminho que estava buscando? Veja 12.33-13.10.

2. Qual foi o castigo do "homem de Deus...de Judá" e por quê? Cf. 20.36, e contraste a firmeza de nosso Senhor em Mateus 16.22,23.

☐ **ESTUDO 12**   1REIS 14

1. Jeroboão e Aías tinham sido chamados por Deus: um para ser rei (11.31), e o outro, para ser profeta. Qual a diferença no jeito de cada um cumprir sua tarefa, e como isso mostra as qualidades necessárias num servo de Deus?

2. Quais os dois retratos apresentados nos versículos 21-31 sobre o reinado de Roboão? O que esclarecem sobre a situação do reino de Judá, e o caráter de Roboão?

Obs.
1. O nome Abias, que Jeroboão deu a seu filho, significa "Iavé é meu pai", e mostra que Jeroboão ainda adorava Iavé.
2. V. 17. "Tirza" era a residência dos reis do reino do norte. Cf. 15.21; 16.15.
3. V. 23,24. Tudo o que é mencionado nestes versículos estava associado à idolatria. Cf. Jr 2.20.

☐ ESTUDO 13 1REIS 15.1-16.7

1. Este trecho menciona dois reis de Judá e dois de Israel. Quem eram? Que fatos descobrimos sobre cada um deles?
2. Qual é o padrão que as Escrituras usam para julgar esses homens? À luz desse padrão, qual deles foi reprovado e por quê? Qual foi aprovado e por quê? O que isso nos ensina sobre os valores eternos?

Obs.
1. 15.10. Algumas traduções dizem: "O nome de sua mãe": especificamente sua avó (veja v. 2 e 8). Parece que oficialmente Maaca continuava sendo a "rainha mãe" (veja v. 13).
2. 15.17. "Ramá" ficava apenas oito quilômetros ao norte de Jerusalém.
3. 16.7. "Porque...destruiu a família": cf. 15.27,29.

☐ ESTUDO 14 1REIS 16.8-34

1. No reino do norte, as dinastias de Jeroboão e Baasa foram totalmente destruídas, como foi a de Onri (veja 21.22). Como a história desse reino prova que o povo foi se afastando cada vez mais de Deus até o ponto que chegou com Onri (v. 25) e Acabe (v. 30)? Que lição podemos tirar quanto ao poder autodisseminador do pecado? No entanto, em Judá a linhagem real de Davi continuava. Por que a diferença? Reflita em 11.36 e 15.4.
2. Com que pecado em particular Acabe provocou a ira do Senhor? Como ele ultrapassou o que outros reis de Israel haviam feito, e o que o levou a agir como agiu?

Obs.
1. V. 24. Onri foi um líder capaz e poderoso, cujo nome é mencionado em registros antigos dos assírios e na pedra moabita de Mesha. Sua escolha de Samaria como capital foi um evento importante na história de Israel.
2. V. 31,32. Os bezerros feitos por Jeroboão (veja 12.28) supostamente representavam o Deus de Israel. O pecado de Acabe foi mais grave porque ele adorou Baal, o deus de Tito, e construiu um "templo de Baal" em Samaria.

☐ ESTUDO 15 1REIS 17 E 18

1. Como o profeta foi preparado na fé e obediência para a intensa batalha no Monte Carmelo? O que a experiência no riacho de Querite e em Sarepta ensinou ao profeta? Qual a grande questão entre ele e o rei Acabe?

2. Qual o segredo da força e vitória de Elias? Veja 18.41-45; Tg 5.17,18, e cf. 17.1 com Hb 11.27b.

Obs.

18.45,46. "Até Jezreel": cerca de trinta quilômetros. Este feito extraordinário de resistência indica que o profeta estava estimulado pela tensão nervosa.

☐ **ESTUDO 16   1REIS 19**

O povo de Israel tinha os profetas em alta estima. Assim, Elias imaginou que após uma vitória moral tão grande como a conquistada no Monte Carmelo, o rei e a nação iriam retornar a Jeová. Mas o coração de Jezabel não abrigava tal reverência, e Elias se viu diante da fúria da rainha. Isso acabou com suas esperanças.

1. Que diferença você percebe entre o relato desta fuga e das fugas anteriores para Querite e Sarepta? Por que você acha que ele ficou tão deprimido e sentindo-se um fracassado? Leia a história dos versículos 4-18 à luz do Salmo 103.13,14. Como Deus confortou, ensinou e restaurou Elias?

2. Quando Deus chamou Eliseu, como ele respondeu? Você está disposto a fazer a vontade de Deus, em qualquer área que ele decidir usá-lo? Cf. Mc 1.15-20. O que esse texto ensina sobre os planos que Deus faz para que sua obra seja iniciada por um de seus servos e continuada por outro? Cf. 1Co 3.6.

Obs.

1. V. 18. "Até chegar a Horebe, o monte de Deus": o local da aliança de Deus com Israel (veja Dt 4.9-20). Provavelmente era o destino inicial da viagem de Elias.
2. V. 19. "Doze parelhas de boi" é sinal de uma lavoura rica.

☐ **ESTUDO 17   1REIS 20**

Neste capítulo, o arrependimento dos verdadeiros profetas de Iavé é impressionante. Parece indicar que o ministério de Elias provocou uma mudança na atitude geral da opinião pública, e até mesmo no próprio Acabe.

1. Qual era a diferença entre as duas exigências de Ben-Hadade que levou Acabe a rejeitar a segunda, embora tenha cedido à primeira? Qual foi a ameaça de Ben-Hadade, e qual foi a resposta de Acabe?
2. Quantas intervenções de profetas estão registradas neste capítulo? O que aprendemos com as mensagens que Deus mandou esses homens anunciarem?

☐ **ESTUDO 18   1REIS 20**

1. Considere as respectivas participações de Acabe, Jezabel e dos líderes de Jezreel na morte de Nabote. Qual foi a culpa de cada um? O que diferenciava Elias destas pessoas? O que seu exemplo nos ensina sobre as qualidades que Deus quer que tenhamos, se ele vai nos usar para fazer sua obra?
2. Resuma o que você aprendeu nos capítulos 20 e 21 sobre o caráter de Acabe.

Obs.
1. V. 2 e 3. A proposta de Acabe era justa em si mesma, mas quando o rei não conseguiu o que queria, ficou chateado. Mas de acordo com a lei, Nabote tinha o direito de recusar a oferta. Veja Nm 36.7.
2. V. 15. Vemos em 2Rs 9.26 que os filhos de Nabote também foram mortos, para que não restasse herdeiro nenhum.

☐ **ESTUDO 19**   1REIS 22

1. Compare a atitude dos dois reis com respeito à busca do conselho de Deus. Os dois não erraram? Acabe que não o teria buscado se não fosse por Josafá, e Josafá por ter consultado a Deus *depois* de a decisão ter sido tomada? Será que, também, não cometemos estes dois erros?
2. O que aprendemos com o ódio infantil de Acabe contra Micaías? Qual o motivo do ódio, e qual seu resultado? Cf. Jo 8.40. Será que não somos culpados de pedir conselhos apenas a pessoas que dizem o que queremos ouvir?

Obs.
1. V. 3. "Ramote-Gileade": possivelmente uma das cidades mencionadas em 20.34.
2. V. 6. Talvez sejam os profetas do culto ao bezerro estabelecido por Jeroboão (12.28,29). De nome, podem ter sido profetas de Iavé, Deus de Israel, todavia não eram profetas verdadeiros como Micaías era.
3. V. 31. Uma retribuição ingrata pela clemência de Acabe; veja 20.31-34. Isto realça a previsão do profeta desconhecido em 20.42.

JOÃO 1-12

Introdução

O autor deste evangelho afirma ter sido testemunha dos acontecimentos que ele descreve (1.14; 19.35; cf. 1Jo 1.1-3), e em 21.24 sua identidade como "o discípulo a quem Jesus amava" é afirmada. Entre as muitas razões para se identificar esse discípulo com João, o filho de Zebedeu, a mais convincente é o costume do evangelista de se referir a João Batista simplesmente como "João", e nunca mencionar o filho de Zebedeu pelo nome.

O interesse maior dos outros três evangelhos é o ministério de Jesus na Galileia; mencionam somente de passagem que Jesus visitou Jerusalém entre seu batismo e sua última Páscoa (Mt 23.37; Lc 13.34; 4.44). Por outro lado, João tem pouco a dizer sobre o trabalho do Senhor na Galileia (2.1-12; 4.43-54; 6); a maior parte de sua narrativa se passa na Judeia, e particularmente em Jerusalém, onde, quase desde o início, Jesus foi rejeitado (1.11; 4.43,44; 5; etc).

É importante observar que nos relatos do ministério de Jesus até sua morte, sete milagres são registrados no evangelho de João. São eles: (1) a transformação de água em vinho (2.1-11); (2) a cura do filho do oficial do rei (4.46-54); (3) a cura do paralítico do tanque de Betesda (5.2-9); (4) a multiplicação que alimentou cinco mil pessoas (6.4-13); (5) a caminhada sobre as águas (6.16-21); (6) a cura do cego de nascença (9.1-7); (7) a ressurreição de Lázaro (11.1-44). João chama estes milagres de "sinais", e com isso quer dizer que tinham significado além de si mesmos, e apontam para Jesus como o Cristo, e para suas obras paralelas no reino espiritual, tais como a ressurreição dos mortos espirituais, a cura dos cegos espirituais, etc.

O propósito do evangelho de João, e particularmente dos sinais ali registrados, é afirmado claramente: "...para que vocês creiam que Jesus é o Cristo, o Filho de Deus e, crendo, tenham vida em seu nome" (20.31). Isto mostra a Palavra divina vindo ao povo do Senhor, revelando-lhe o Pai tanto pelo ensino quanto pelos "sinais", e mesmo assim rejeitado e perseguido até a morte. Para o mundo, este evangelho revela a extraordinária reivindicação do Senhor Jesus e o horror de alguém rejeitá-lo. Para os discípulos, o evangelho revela as implicações de o aceitarmos, mostrando a interdependência do amor e da obediência, da vida e da nutrição vinda de Jesus, da produção de frutos e da permanência nele.

A seção 7.53-8.11 é omitida em todos os manuscritos gregos mais antigos em existência, com exceção de um, e seu estilo e vocabulário são mais parecido com Lucas (em cujo evangelho quatro manuscritos inserem esta seção) do que com João. No entanto, embora esta seção possa não ser de autoria de João, apresenta todas as evidências de ser verdadeira, e podemos aceitá-la com gratidão como parte da Palavra inspirada de Deus.

Esboço

1.1-18		Prefácio ou Prólogo. A Palavra divina e eterna se torna carne e habita entre nós
1.19-12.50		Jesus se revela ao mundo
	1.19-51	Pelo testemunho de João Batista e dos primeiros discípulos
	2-4	Pelos sinais e ensino entre os judeus, samaritanos e galileus
	5	A cura do paralítico em Jerusalém dá início ao conflito entre Jesus e os judeus
	6	Jesus é apresentado como o sustentador da vida
	7.1-52	Jesus na Festa das Cabanas; o povo se divide; tentativa frustrada de prender Jesus
	7.53-8.11	A mulher pega em adultério
	8.12-59	Jesus é a luz do mundo, e o EU SOU

	9	Cegueira curada, e cegueira intensificada
	10	Jesus é o Bom Pastor, e é um com o Pai
	11	Jesus é a ressurreição e a vida
	12	Jesus perto de ser glorificado por intermédio da morte. Sumário dos resultados de seu ministério
13-17		Jesus se revela aos discípulos no discurso de despedida e na oração sumo sacerdotal
18-21		Jesus é glorificado em sua prisão, seu julgamento, sua morte e sua ressurreição

☐ **ESTUDO 1**   **João 1.1-18**

1. Por que Jesus é chamado de "a Palavra"? Qual é a relação dele com Deus; com o mundo; com as pessoas? Leia o capítulo inteiro.
2. Quem não se torna e quem se torna filho de Deus? Como a pessoa chega a esta nova posição?
3. Observe todas as alusões a "luz" e ideias associadas (ex., "glória") neste texto. Até que ponto o propósito da vinda de Cristo é explicado aqui?

Obs.
V. 16. "Graça sobre graça", isto é, uma demonstração de graça após outra.

☐ **ESTUDO 2**   **João 1.19-34**

1. O que estes versículos ensinam sobre: (a) o caráter e (b) a obra de João Batista? Veja também v. 6-8 e 3.28-30.
2. V. 26-34. Que testemunho João Batista dá sobre Jesus? Quanto disso tudo João ficou sabendo por ocasião do batismo de Jesus Cristo? O que essas verdades significam para você?

Obs.
V. 29. "João viu Jesus aproximando-se": provavelmente depois dos quarenta dias no deserto, quando foi tentado por Satanás. O v. 32 mostra que o batismo já havia acontecido. Cf. Lc 3.21,22.

☐ **ESTUDO 3**   **João 1.35-51**

1. Descreva o que levou cada um dos cinco homens a Jesus. Até que ponto eles entenderam quem Jesus era? O que você pode falar dele às pessoas?
2. V. 48,49. Por que a resposta de Jesus produziu a reação de Natanael? Veja 2.25. O que os versículos 47-50 revelam sobre o caráter de Natanael?

Obs.
1. V. 42. Cefas = Pedro = Pedra.

JOÃO 1-12

2. V. 47,51. Uma alusão à história de Jacó em Gênesis 32.24-29 e 28.12,13.
3. V. 51. Esta palavra, como mostrado pelo plural "vocês", não foi dirigida somente a Natanael, mas a todos os discípulos. Jesus lhes seria revelado como o verdadeiro e derradeiro Mediador entre Deus e os homens.

☐ ESTUDO 4   JOÃO 2.1-22

1. Os versículos 1-11 mostram o primeiro dos sete "sinais" (veja *Introdução*), que revelam a identidade de Jesus e encorajam a fé (v. 11). Que aspecto particular da glória de Jesus este milagre revela? A transformação da água em vinho representa que mudança em sua vida? Cf. 2Co 5.17. O que aprendemos com a reação de Maria à resposta de Jesus?

2. O conceito do "templo" une os versículos 13-17 com 18-22. Como Jesus aparece em cada incidente? Com que autoridade ele expulsa os comerciantes? Cf. Ml 3.1-3. Que momento difícil esse acontecimento prenuncia na mente de Jesus? O que ele previu em relação ao custo e caráter de sua missão?

Obs.
1. V. 4. As palavras de Jesus parecem desrespeitosas, mas no grego a forma de tratamento é bastante educada. Jesus deixa claro que ele não depende de instruções humanas, nem mesmo vindas de sua mãe, mas apenas das que vêm de Deus. Ele está aguardando as orientações de seu Pai.
2. V. 14-16. Veja *John*, TNTC , p. 61, para determinar se houve duas purificações do templo — uma no início do ministério de Jesus, como visto aqui, e uma no final — como registrado nos Sinóticos.

☐ ESTUDO 5   JOÃO 2.23-3.21

1. Por que Jesus não ficou satisfeito com a fé mencionada em 2.23? Cf. 4.48; 6.26,30; Mt 13.14. Minha fé é do tipo que agrada a Deus?

2. O que estava correto e o que faltava na avaliação que Nicodemos fez de Jesus? Como a resposta de Jesus corrigiu Nicodemos? O que está envolvido em ser "nascido do Espírito", e por que isto é necessário? Cf. Mt 18.3; Jo 1.12,13; 2Co 5.17; Rm 8.8,9.

3. Por que o Filho do homem precisava ser levantado? (Atenção ao "é necessário" em 3.14.) Em que base as pessoas são julgadas e condenadas? Onde você se encontra em relação a essas verdades?

Obs.
1. V. 5. "Nascer da água" provavelmente se refere ao batismo de João.
2. V. 8. Assim como em relação ao vento, o mover do Espírito produz efeito real e reconhecível, embora o processo seja invisível.
3. V. 12,13. O evangelho fala sobre coisas celestiais, das quais Cristo é o único revelador. Cf. 3.31,32; Mt 11.27.

☐ ESTUDO 6   João 3.22-36

1. Que resposta poderíamos esperar de João à afirmação do versículo 26? Considere a grandeza de caráter e os princípios que a resposta dele revelou. Até que ponto sua atitude para com Jesus Cristo é semelhante à de João? Como isto se aplica à sua vida?

2. O que os versículos 31,32,34,35 falam sobre Jesus que o distingue e o coloca acima de todas as pessoas?

3. "Aquele que o aceita" (v. 33), "crê no Filho", "rejeita o Filho" (v. 36). Estas frases descrevem que tipo de reações a Jesus Cristo? Que consequências produzem?

Obs.
1. V. 32. "Mas ninguém": ou seja, falando de modo geral; isto é qualificado no v. 33.
2. V. 33. "Confirma": confirma a aceitação da verdade da palavra de Deus e, em sua consequente experiência, comprova sua verdade. Cf. 7.17.

☐ ESTUDO 7   João 4.1-26

1. O que Jesus quis dizer com "água viva" (v. 10)? Por que, ao despertar na mulher o desejo pela água viva, Jesus não atendeu seu pedido imediatamente? Antes disso, o que era necessário?

2. Trace os passos que Jesus deu para levar a samaritana a sentir sua necessidade de salvação, e trazê-la para junto dele. O que isto nos ensina sobre a maneira de levarmos pessoas a Jesus?

3. Nos versículos 19,20 a samaritana estava se esquivando da exigência de uma decisão pessoal? Como a resposta de Jesus satisfaz a necessidade das pessoas que, hoje em dia, esquivam-se das exigências de Deus afirmando que seguem uma forma correta de culto? Onde todos devem buscar a salvação?

Obs.
V. 20. "Neste monte": isto é, o monte Gerazim, onde os samaritanos construíram um templo. O templo tinha sido destruído, mas os samaritanos consideravam o local santo.

☐ ESTUDO 8   João 4.27-54

1. Como os versículos anteriores explicam, e os versículos 35-38 desenvolvem, a verdade que Jesus apresenta no versículo 34? O que lhe dá mais alegria na vida?

2. Dois grupos de samaritanos e o oficial do rei creram em Jesus, mas por vias diferentes. Que verdade em particular sobre Jesus atraiu cada grupo a ele? O "segundo sinal" (v. 54) apontava para o quê? Que aspecto do caráter ou poder de Jesus levou você a ele?

3. O versículo 48 parece testar a sinceridade do oficial. Como você explica as palavras de Jesus aqui?

JOÃO 1-12

Obs.
V. 35-38. No mundo natural, a colheita só viria dentro de quatro meses, mas na esfera espiritual a colheita era possível imediatamente. Alguém já havia plantado a semente.

☐ **ESTUDO 9**   JOÃO 5.1-29

1. V. 2-9. O terceiro "sinal" revela que aspectos do poder de Jesus? O que o Senhor fez pelo homem e exigiu dele, além de fazê-lo andar? Veja v. 6 e 14.

2. V. 17-29. Como é descrito o relacionamento de Jesus com Deus? Que responsabilidades sobre o julgamento Deus deu a Jesus, e por quê? O que essas verdades têm a ver conosco?

3. V. 16-18. Qual a ligação entre a afirmação de Jesus no versículo 17 com a cura no sábado? Como isso está de acordo com Gênesis 2.2,3, e como responde à crítica que os judeus fizeram ao comportamento de Jesus?

Obs.
V. 25. Refere-se à ressurreição espiritual da morte causada pelo pecado. Compare com os v. 28,29.

☐ **ESTUDO 10**   JOÃO 5.30-47

1. Jesus apela a quatro testemunhos diferentes a seu próprio respeito. Quais são? Qual testemunho ele considera menos importante, e por quê? Compare com 8.14.

2. V. 39,40. É possível estudar a Bíblia sem encontrar vida? Se é, o que está faltando? Como Jesus explicou o erro dos judeus? Cf. 2Co 3.14-16.

Obs.
V. 31. "Não é válido": no sentido de não ser aceito como verdade. Cf. Dt 19.15; Mt 18.16; Jo 8.13,14.

☐ **ESTUDO 11**   JOÃO 6.1-21

1. Colocando este quarto "sinal" no contexto dos versículos 1-13, veja o que ele revela sobre: (a) o porquê de as pessoas serem atraídas para Jesus; (b) a atitude de Jesus para com as pessoas; (c) o teste que ele fez com a fé dos discípulos; (d) como ele usou a cooperação deles; (e) a fonte da resposta à necessidade dos homens. Que lição geral esse milagre queria ensinar?

2. V. 15. Por que Jesus não quis ser coroado rei dessas pessoas? O que aprendemos com o fato de ele ter aberto mão da fama para ficar sozinho? Cf. Lc 5.15,16.

Obs.
1. V. 7. Um denário era o pagamento por um dia de trabalho braçal; cf. Mt 20.2.
2. V. 14. "O Profeta que devia vir": cf. Dt 18.15; Mt 11.3; aqui Jesus é identificado como o Messias pelo povo, como visto no v. 15.

☐ **ESTUDO 12**   **João 6.22-40**

O milagre dos versículos 4-13 é a base do diálogo entre Jesus e os judeus nos versículos 25-59.

1. As pessoas viram o milagre acontecer, porém não entenderam seu significado espiritual (v. 26). Por quê? Por que razão o povo foi atrás de Jesus? Você se preocupa mais com o desenvolvimento espiritual ou com a prosperidade material (v. 27)?

2. Que relação as pessoas fizeram entre "trabalho" no versículo 27 com: (a) o trabalho que precisavam realizar (v. 28) e (b) o trabalho de Moisés comparado ao de Jesus (v. 30,31)? Que trabalho Jesus: (a) requereu das pessoas (v. 29) e (b) ofereceu de si mesmo (v. 32-40)? Assim, qual é a resposta à pergunta do versículo 28?

3. De acordo com os versículos 35-40, qual a resposta de Deus à fome das pessoas?

Obs.
Os v. 22-25 explicam por que a multidão ficou surpresa ao encontrar Jesus em Cafarnaum, na outra margem do lago. O povo sabia que ele não tinha ido com os discípulos.

☐ **ESTUDO 13**   **João 6.41-71**

A seção de hoje se divide em quatro partes: (a) versículos 41-51, a resposta de Jesus às murmurações dos judeus; (b) versículos 52-59, as respostas de Jesus às altercações dos judeus; (c) versículos 60-65, a resposta de Jesus às murmurações dos discípulos; (d) versículos 66-71, Jesus pergunta aos Doze: "Vocês também não querem ir?"

1. Ao comparar os versículos 36,37 com 43-45 por que, em sua opinião, algumas pessoas não aceitarão as palavras de Jesus? Quais os passos dados por aquelas que recebem a salvação?

2. Os versículos 60-71, que encerram o capítulo, deixam claro que o que Jesus oferece às pessoas não é ganho carnal nem material (cf. v. 27), mas vida espiritual por meio da união com ele mesmo. Quais os três motivos dados por Pedro para ele e os colegas discípulos permanecerem fieis quando muitos se afastaram?

3. Como Jesus deu sua carne para que o mundo tivesse vida? Qual o significado de comermos sua carne e bebermos seu sangue?

Obs.
1. V. 62. O retorno do Filho do homem ao céu (cf. 3.13) será um evento mais extraordinário do que as palavras que acabaram de ser ditas. Confirmará o caráter divino de Jesus e suas palavras.
2. Obviamente a aproximação da Páscoa estava na mente de Jesus quando ele falou, e pode haver alusões prevendo a Ceia do Senhor; mas neste discurso Jesus não está se referindo ao sacramento propriamente dito, mas às verdades sobre as quais o sacramento é apenas uma expressão. Veja como acontece a verdadeira participação (v. 35,63,68,69).

JOÃO 1-12

☐ **ESTUDO 14** **João 7.1-24**

Os capítulos 7.1-10.21 relatam a visita de Jesus a Jerusalém para a Festa das Cabanas seis meses antes de sua morte. A história descreve vividamente as diferentes atitudes dos diferentes grupos para com Jesus. Estes grupos dividem-se em duas classes importantes: "os judeus", que incluem os chefes dos sacerdotes, os fariseus, os líderes e "o povo de Jerusalém"; o outro grupo era formado pelo "povo", ou seja, a multidão em geral que vinha de vários lugares para participar da festa. O primeiro grupo era, quase sempre, hostil a Jesus.

1. Como a sugestão dos irmãos de Jesus nos versículos 3-8 mostra que eles não o entendiam? O que Jesus quis dizer com "para mim ainda não chegou o tempo"? A atitude das pessoas impediu Jesus de se revelar a elas, como outros homens talvez fizessem (v. 4,7). Podemos esperar que o mundo nos receba de modo diferente (cf. 15.18-21)? O versículo 13 repreende você de algum modo?

2. V. 17,18. Jesus sugere dois testes que nos levam a descobrir se o ensino sobre ele é verdadeiro e de origem divina. Quais são? Qual o custo destes testes em sua vida?

Obs.

1. V. 8,10. Jesus não faltou com sua palavra. Ele quis dizer que não iria à festa naquela hora e nem a pedido deles.

2. V. 21-24. A lei de Moisés ordenava a circuncisão no oitavo dia após o nascimento (Gn 17.12; Lv 12.3), e os judeus realizavam o ritual nesse dia, mesmo que caísse num sábado. Jesus argumenta que curar um homem no sábado é mais justificável do que circuncidá-lo num sábado.

☐ **ESTUDO 15** **João 7.25-52**

1. Como estes versículos ilustram: (a) a profunda impressão que Jesus deixou em muita gente e (b) o modo que a fé iniciante das pessoas foi dificultada pela ignorância (v. 27-29) ou pelo preconceito (v. 35,36) ou pelo orgulho (v. 48-52)? Algumas destas coisas estão me atrapalhando?

2. Os chefes dos sacerdotes e os fariseus discordavam na maioria dos assuntos, porém se uniram contra Jesus. O que planejaram dessa vez, e por que foram mal sucedidos? É comum as pessoas dizerem: "Ninguém em são juízo acredita que...". Que exemplo deste raciocínio encontramos no texto de hoje?

3. Em que a promessa dos versículos 37,38 é uma progressão de 4.13,14? Que diferença o Espírito Santo faz em sua vida? Cf. At 1.8.

Obs.

V. 39. O Espírito já estava presente e ativo no mundo, todavia a promessa especial de Joel 2.28 não foi cumprida até o Cristo elevado e entronizado enviar o Espírito Santo no dia de Pentecoste. Veja Atos 2.16-18,33.

☐ **ESTUDO 16** **João 7.53-8.29**

1. Para o texto 7.53-8.11, veja a *Introdução*. Talvez tenha sido inserido aqui como uma ilustração de 8.15. Que dois tipos diferentes de pecadores vemos nos

fariseus e na mulher? Por que Jesus foi tão gentil com ela? Será que as palavras de Jesus levaram a mulher a se arrepender de seus pecados?

2. Nos versículos 13-29 como Jesus explica sua origem, seu destino final, seu relacionamento com o mundo e com Deus?

3. O que faltava aos fariseus que os impediu de reconhecer que Jesus falava a verdade? Como enxergamos a luz da verdade? Como a luz nos conduz à vida? Veja v. 12,24.

Obs.

1. 8.12. Alusão ao pilar de fogo que guiou os israelitas em sua jornada pelo deserto (veja Nm 9.15-23), e que era celebrada durante a festa das cabanas por uma luz resplandecente no templo.
2. V. 13,14. Não contradiz 5.31, onde Jesus afirma que se fosse a única testemunha em causa própria seu testemunho não seria verdadeiro. No entanto, nas duas passagens ele mostra que não é o único a dar este testemunho. Veja v. 17,18.

☐ **ESTUDO 17** **João 8.30-59**

1. A expressão em grego usada no versículo 31 mostra que "os judeus" aqui mencionados não creram em Jesus como os "muitos" do versículo 30. De acordo com os versículos 31-36, quais os passos que levam à liberdade completa? Que liberdade é esta? Em que sentido Jesus afirmou ser livre? Você é livre de verdade?

2. Este texto se concentra no significado verdadeiro de paternidade. Por que Jesus argumentou que esses judeus não eram verdadeiramente filhos de Abraão ou de Deus, e sim do diabo? Que evidência Jesus apresentou comprovando que era o Filho de Deus? Por que não conseguiram entender isto?

Obs.

1. V. 51. "Jamais verá a morte": ou seja, sofrerá a morte que é o castigo de Deus pelo pecado; cf. Gn 2.17; Jo 5.24; 11.26.
2. V. 56. "O meu dia": Pela fé Abraão enxergou o dia da encarnação de Jesus, e anteviu sua obra salvadora.
3. V. 58. "Eu sou": o nome divino, como em Êxodo 3.14.

☐ **ESTUDO 18** **João 9**

1. Este é o sexto dos sete "sinais". Ele indica que aspecto da obra de Jesus? Veja os versículos 5,39. De que maneiras a cura do cego pode ser comparada com o recebimento da visão espiritual? Sua experiência com o poder de Jesus lhe dá a mesma segurança de responder às críticas do modo que o ex-cego fez?

2. Explique os versículos 39-41. Detalhe as maneiras em que as palavras e ações dos fariseus nos versículos 13-34 ilustram o texto.

Obs.

V. 14. O "trabalho" que levou os fariseus a condenarem Jesus por estar quebrando o sábado foi a fabricação da lama, e também a cura. Esta era permitida, mas somente em casos de emergência.

JOÃO 1-12

☐ **ESTUDO 19** **JOÃO 10.1-21**

Compare Jeremias 23.1-4. Pela maneira de tratarem o cego do capítulo 9, os fariseus, que se diziam líderes espirituais de Israel como povo de Deus, mostraram ser "ladrões e assaltantes" (v. 1,8), iguais aos falsos profetas do Antigo Testamento.

1. V. 1-10. Por que Jesus se chama de "a porta das ovelhas"? Quais os privilégios e as bênçãos de quem entra no aprisco? Como as ovelhas reconhecem o verdadeiro pastor? O que o pastor lhes faz? Você conhece a voz dele?
2. Quais são as características do bom pastor? Descubra nos versículos 11-18: (a) a prova de que a morte de Cristo não foi um simples martírio, (b) o propósito de sua vida e morte e (c) um incentivo para a obra missionária. Cf. Ap 7.9,10,15-17.

Obs.
1. V. 3. "Ouvem": isto é, ouvem atentamente, e obedecem da mesma forma.
2. Jesus é a "porta" e também o "pastor". Há pessoas que exercem funções pastorais (At 20.28,29; 1Pe 5.2-4), mas têm de entrar antes pela "porta".

☐ **ESTUDO 20** **JOÃO 10.22-42**

1. Por que uma simples resposta à pergunta dos judeus no versículo 24 teria sido inútil? Que provas da natureza de Jesus já haviam sido dadas? Veja os versículos 25,32,37,38. Por que os judeus eram incapazes de entender isso? Seus atos corroboram suas palavras?
2. Como os versículos 27,28 descrevem o relacionamento das ovelhas com o pastor, e vice-versa? Que garantias os versículos 28,29 apresentam de que você nunca perecerá?
3. Como Jesus descreve o relacionamento dele com Deus, e que evidência ele apresenta como base para sua reivindicação? Até que ponto a afirmação dos judeus no final do versículo 33 está correta? O que eles deveriam ter feito?

Obs.
1. V. 30. O termo "um" é gênero neutro em grego: "uma unidade", e não "uma pessoa".
2. V. 34-36. Veja Sl 82.6. Até mesmo os juízes de Israel, agindo como representantes de Deus, foram chamados de "deuses". Os judeus deveriam ter visto que Jesus era muito superior a eles. Esta comparação com os homens do Antigo Testamento basta como argumento para refutar a acusação de blasfêmia. Jesus não está afirmando que é um simples mortal igual a eles.

☐ **ESTUDO 21** **JOÃO 11.1-27**

O sétimo "sinal".

1. Compare o versículo 4 com o capítulo 9.3. Explique a contradição aparente tanto no versículo 4 como nos versículos 5,6. Veja os versículos 14,15. Dá para entender por que, às vezes, parece que Deus demora em responder suas orações?
2. Que direção e segurança os versículos 9, 10 oferecem para sua vida? Cf. 9.4,5.

3. Nos versículos 21,22,24, Marta faz três afirmações corretas, porém limitadas. Nos versículos 25,26, a resposta de Jesus a cada afirmação revela que ele possui poderes infinitamente maiores do que Marta imaginava. Quais são?

Obs.
V. 26. "Quem...crê em mim, nunca morrerá eternamente": para o cristão a morte deixou de ser morte, ela o carrega a um novo estado de vida. Veja *Observação* sobre João 8.51.

☐ **ESTUDO 22**   **João 11.28-44**

1. Qual é o significado especial deste sétimo "sinal"? Como está relacionado aos acontecimentos que Jesus iria logo vivenciar como clímax de sua obra? De que maneira a glória de Deus foi revelada?
2. Por que Jesus orou em voz alta antes de chamar Lázaro para fora do túmulo? O que isso nos ensina sobre o modo pelo qual o milagre foi realizado? Cf. Jo 5.19,20; 14.10.

Obs.
V. 33-38. O v. 33 se refere ao choro dos pranteadores; no v. 35 é um choro de lágrimas silenciosas de compaixão. A afirmação do v. 33, "Jesus agitou-se no espírito", não carrega o impacto da frase em grego, e que é assim traduzida pelo professor Tasker: "Ele irou-se no espírito e ficou perturbado" (*John*, TNTC, p. 140). Sua ira levantou-se contra os poderes malignos da morte, que causaram tanta conturbação à raça humana; poderes que ele derrotaria em breve, e naquela circunstância, por uma demonstração maravilhosa de seu poder divino, e finalmente na cruz com sua própria morte e ressurreição.

☐ **ESTUDO 23**   **João 11.45 – 12.19**

1. Observe os diferentes efeitos do milagre. Veja especialmente 11.45,46,47-53,54; 12.10,11,17-19; e cf. Lc 16.31. Por que a mesma atitude desperta fé em algumas pessoas e ódio em outras? Cf. 11.47,48; 12.11,19; Mt 27.18.
2. 12.1-8. Que verdades a atitude de Maria revela? Até que ponto seu amor por Jesus leva você a entendê-lo e a servi-lo sem levar em conta o preço?
3. Em 11.47-53 e 12.12-16 há dois exemplos de Deus sobrepujando as palavras e ações dos homens para realizar seus propósitos. Cada um destes exemplos indica o propósito verdadeiro de Deus. Qual?

Obs.
11.48. Os líderes judeus temiam que Jesus liderasse uma revolta que acabasse em punição severa por parte dos romanos.

☐ **ESTUDO 24**   **João 12.20-36**

Os gregos que queriam ver Jesus representavam um mundo de pessoas além de Israel que seriam salvas pela morte expiatória e pela ressurreição de Jesus (cf. 10.16; 12.32). Assim, o interesse deles dá início à obra consumadora de Cristo; veja o versículo 23.

1. Dê exemplos de como você pode amar ou odiar sua vida. A quem Jesus se refere primeiramente no versículo 24? Em vista disso, o que é necessário para segui-lo (v. 26)?

2. Em que sentido a chegada da "hora" (v. 23) resulta na glorificação do Filho do homem e do Pai (v. 28)? De que modo Jesus ser levantado envolve o julgamento deste mundo (v. 31-34)?

3. Os versículos 35,36 descrevem o último apelo de Jesus à nação. O que significa caminhar e crer na luz? É assim que você vive?

☐ **ESTUDO 25** JOÃO 12.37-50

Esta passagem fala do problema da descrença diante da evidência clara do poder e da presença de Deus.

1. As duas citações de Isaías nos versículos 38-40 se referem a Cristo. A última, porque a glória de Cristo está incluída na visão da glória de Deus em Isaías 6. Quem creu e quem não creu "em nossa mensagem"? Por que Deus cegou-lhes os olhos, etc? Hoje, isto se aplica aos: (a) judeus e (b) não judeus? Por que *você* crê?

2. A *seriedade* de se rejeitar a Jesus é o assunto dos versículos 44-50, onde João resume os ensinos de Jesus sobre o assunto. Por que é tão perigoso rejeitar a Jesus? Veja principalmente os versículos 45,46,50, e compare Provérbios 1.20-33. Por que a palavra de Cristo será o juiz (v. 48)?

Obs.
1. V. 42. "Serem expulsos da sinagoga": cf. 9.22. Era um castigo bastante severo, envolvendo afastamento do culto público e de relacionamentos sociais.
2. V. 45. "Vê": tem aqui o conceito de observação cuidadosa que leva ao conhecimento espiritual.

Para os *Estudos 26-42* na segunda metade do Evangelho de João, veja a página 258.

2REIS

Veja a Introdução de 1Reis na página 230.

Esboço

1.1-2.11	Elias (continuação)
2.12-13.25	Eliseu
14-17	Decorrer de eventos que levaram ao cativeiro de Israel
18-20	Ezequias (e Isaías)
21	O mau reinado de Manassés
22-23	A reforma de Josias
24-25	O cativeiro de Judá

☐ **ESTUDO 20** **2Reis 1 e 2**

Estes dois capítulos relatam as duas últimas histórias sobre Elias.

1. Compare o fim do rei Acazias com o fim de Elias. Qual era a diferença fundamental entre os dois homens? Cf. 1Jo 2.15-17; 5.4.
2. De que três maneiras Eliseu foi provado (veja 2.1-15), e que qualidades sua conduta revelou? Será que temos a mesma disposição de espírito? Veja *Observação 1* abaixo. Os milagres de Eliseu são parábolas de verdades espirituais. O que você aprendeu com esse primeiro milagre (2.19-22)?

Obs.
1. 2.9. Eliseu queria estar completamente equipado para a extraordinária tarefa à qual foi chamado.
2. 2.23-25. "Meninos" ("rapazes", na A21). Eram jovens de Betel, cuja atitude refletia o espírito do lugar. Quando o grupo encontrou Elias, os meninos começaram a zombar do profeta, que havia raspado a cabeça em sinal de luto pelo seu mestre (cf. Jó 1.20), dizendo: "Sobe", ou seja, "Suba ao céu como, segundo vocês diz, seu mestre subiu". Era um insulto grave, e Eliseu, com toda a razão para ficar zangado, invocou o julgamento de Deus sobre os rapazes. Muito agitado com o episódio, Eliseu não entrou em Betel, mas foi para o monte Carmelo.

☐ **ESTUDO 21** **2 Reis 3.1-4.7**

1. Por que Moabe foi atacada, e como Eliseu acabou envolvido no caso? Use um mapa para ver a rota usada pelos exércitos inimigos, e o lugar onde aconteceu o milagre. Como a história mostra o que um homem de fé pode fazer para salvar uma multidão?
2. Como a história de 4.1-7 ilustra a obra da fé? Foi fácil para a mulher fazer o que Eliseu pediu? Existe aqui alguma lição para a sua própria vida?

Obs.
1. 3.1. Cf. 1.17. A discrepância aparente pode ser explicada pelo fato de que pai e filho frequentemente reinavam juntos no final do reinado do pai.
2. 3.20. Turistas afirmam que naquela região existe água sob a areia.

☐ **ESTUDO 22** **2Reis 4.8-44**

1. V. 8-37. De que maneiras a mulher de Suném é um exemplo para nós? Quais as razões de Deus permitir que seus servos passem por sofrimentos tão intensos? Que lições tiramos do fiasco de Geazi?
2. Que atributos do caráter de Eliseu se destacam nos acontecimentos desse texto?

Obs.
V. 42. O presente era para Eliseu; e se ainda havia escassez de mantimento (v. 38), o presente seria ainda mais valioso. Mas Eliseu o dividiu com todos ao redor.

ESTUDO 23   2Reis 5.1-6.7

1. Capítulo 5. Há quatro personagens importantes neste capítulo: a serva cativa, Naamã, Eliseu e Geazi. Que lições aprendemos com cada um deles?
2. 6.1-7. Examine este incidente à luz da posição de Eliseu como líder espiritual. Existem aqui lições para a igreja cristã?

Obs.
1. 5.17. Naamã achava que Iavé, o Deus de Israel, não podia ser adorado do jeito correto a não ser em solo israelita. Sua fé ainda era bastante deficiente, como mostra também o v. 18.
2. 5.22. "Trinta e cinco quilos de prata": uma quantia muito alta para dois jovens dos filhos dos profetas.

ESTUDO 24   2Reis 6.8-7.20

1. 6.8-23. Por que o jovem ficou com medo, mas o profeta não ficou? Será que conhecemos o segredo de vencer o medo? Cf. Hb 11.27.
2. Note o rigor do cerco, e a enormidade da fé que capacitou Eliseu a falar do modo que falou em 7.1. Como o castigo do oficial incrédulo ilustra o castigo que receberão todos os que se recusam a crer? Cf. Mc 16.16b; Jo 3.36.
3. Que lições você aprendeu com os quatro leprosos da história?

Obs.
6.30,31. Parece que Eliseu havia alimentado as esperanças do rei e do povo com a promessa de livramento divino. Agora, a fé do rei desapareceu, e ele fervia de ódio contra o profeta.

ESTUDO 25   2Reis 8 e 9

A seção de hoje contém: (a) dois episódios relacionados ao ministério de Eliseu; (b) um resumo dos reinados de dois reis de Judá; (c) a história da rebelião comandada por Jeú, e que destruiu a família de Acabe.

1. 8.1-15. Como o primeiro dos dois episódios ilustra o grande cuidado de Deus sobre seu povo? Cf. Sl 33.18-22; Rm 8.28. No segundo episódio, por que Eliseu chorou? Cf. Jr 8.16-9.1; Lc 19.41-44.
2. Pondere na intensidade da história da rebelião, como relatada no capítulo 9, dando atenção especial a como teve início e às referências às palavras de Deus e seu cumprimento. Cf. Hb 10.31; 12.29; 2Rs 10.30.
3. Reflita em toda a história dos reis de Israel e Judá e veja quais foram os resultados dos acordos matrimoniais com os inimigos de Deus.

Obs.
1. 8.10. A doença em si não era mortal, porém Eliseu teve uma visão de outras coisas que iriam acontecer, e que o encheram de pavor. Moffatt traduz assim o versículo 11: "O rosto do homem de Deus ficou rígido de pavor, pavor absoluto".
2. V. 13. Hazael ficou feliz com a possibilidade de fazer tais coisas.
3. V. 16. É importante distinguir entre Jeorão, filho de Jeosafá, rei de Judá, e Jeorão (ou Jorão) filho de Acabe, rei de Israel. Seus reinados aconteceram praticamente na mesma época.

4. V. 26. Atalia era filha de Acabe e Jezabel, e, portanto, neta de Onri. Veja 1Rs 16.29-31. Ela se casou com Jeorão, rei de Judá (v. 18).

☐ ESTUDO 26   2Reis 10

1. Descreva a trajetória de Jeú a caminho do poder. Analisando o capítulo 9, onde ele foi ungido a primeira vez e aclamado rei? Depois, para onde ele foi, derrotando em sucessão rápida Jeorão, Acazias e Jezabel? Quem mais ele matou, conforme 10.1-14, e como?
2. Com base nesse relato de seu reinado, o que você descobriu sobre o objetivo de Jeú, seu caráter e sua atitude em relação a Deus?

Obs.
V. 9,10. Jeú acalma os habitantes de Samaria ao lhes recordar que tudo o que estava acontecendo era simplesmente o cumprimento da palavra de Deus por meio de Eliseu. Veja 1Rs 21.21,23,24.

☐ ESTUDO 27   2Reis 11 e 12

Na seção de hoje, passaremos da história do reino do norte para o restabelecimento em Judá do culto a Iavé.

1. Qual era o objetivo de Atalia, e quais as duas pessoas que Deus usou para frustrar o plano dela? Que fato novo 2Crônicas 22.11 apresenta sobre a história? Compare a fé e coragem de Jeoseba e Joiada com a dos pais de Moisés (cf. Hb 11.23).
2. Que sinais de vida moral e espiritual saudável você descobriu nesses capítulos, e que sinais de falhas? Qual o papel de Joás nisso tudo? Leia mais em 2Cr 24.17-24.

☐ ESTUDO 28   2Reis 13 e 14

Esta é outra seção composta, trazendo: um breve histórico sobre dois reis de Israel, Jeoacaz e Jeoás ou Joás (não se trata do rei de Judá que tinha o mesmo nome); dois episódios relacionados a Eliseu; e, por fim, um relato sobre os reinados de Amazias, rei de Judá, e Jeroboão II de Israel.

1. Que evidência o texto apresenta de que no reinado de Jeoacaz Israel ficou extremamente pobre? O que levou a este estado de coisas?
2. De que maneiras todos os quatro reis, cujos reinados são descritos no capítulo 14, não cumpriram o que Deus exigiu deles?

Obs.
1. 13.5. Referência a Jeroboão II; veja 14.27.
2. 14.23. O reinado de Jeroboão II foi longo e próspero, e neste tempo Israel, o reino do norte, expandiu-se bastante. Veja o v. 25.
3. 14.25. Lebo-Hamate talvez seja uma referência à passagem entre Hermon e o Líbano, no norte. A Bíblia não faz nenhuma outra menção a essa profecia de Jonas.

☐ **ESTUDO 29** **2REIS 15 E 16**

Estes dois capítulos cobrem um período de, mais ou menos, oitenta anos. Para ajudar no estudo, faça listas paralelas dos reis de Judá e Israel respectivamente, mencionados na seção de hoje, anotando a duração de seus reinados.

1. Começando pelos reis de Judá, como Acaz se destaca em nítido contraste com seu pai, Jotão, e seu avô Azarias (Uzias)? Quais as duas ações tolas — uma política e uma religiosa — que ele cometeu? Cf. Sl 146.3-5; Is 7.1-9.
2. Quanto tempo durou a dinastia de Jeú em Israel? Veja 10.30 e Os 1.4. O que aconteceu quando a dinastia chegou ao fim? Qual a grande perda sofrida pelo reino do norte durante o reinado de Peca? Os capítulos 15 e 16 registram alguma coisa boa sobre os reis do norte? Cf. Os 7.7; 8.4; 13.11.

☐ **ESTUDO 30** **2REIS 17**

Este capítulo relata o fim do reino de Israel, explicando as causas e revelando o que veio a seguir.

1. Você consegue esboçar a ruína moral e espiritual de Israel nos versículos 9-18? Compare a frase "praticaram o mal secretamente contra o Senhor..." no versículo 9 com "venderam-se para fazer o que o senhor reprova..." no versículo 17. Na atualidade, o que corresponde aos pecados que Israel cometeu? Cf. Cl 3.5; Hb 12.25.
2. Reflita sobre os grandes acontecimentos na história de Israel no território do reino do norte, que glorificaram a Deus e libertaram o povo. Agora, qual era a condição do reino? Cf. 2Tm 3.5; Is 29.13.

Obs.
V. 2. Não é explicado em que Oseias pecou menos que os antecessores.

☐ **ESTUDO 31** **2REIS 18.1-19.7**

1. Quais os quatro pontos da conduta e atitude de Ezequias em relação a Deus mencionados em 18.3,5,6? Agimos da mesma maneira? Como a fé de Ezequias se manifesta de modo prático, e que prova ele tinha do favor e da bênção de Deus? Veja os versículos 4,7 e 8.
2. Quais as ameaças que o comandante de campo assírio fez ao povo de Israel? De que maneira (a) o povo e (b) Isaías reagiram ao ataque? Cf. Êx 14.13; 1Sm 17.44,45; Dn 3.15-18. Você pode encorajar os outros com sua fé, ou faz parte do grupo que teme e precisa ser encorajado?

Obs.
1. 18.22. A diligência de Ezequias em promover a reforma certamente desagradou a muita gente. O comandante de campo sabia disto, e tentou se aproveitar da situação.
2. 19.3b. Uma figura de linguagem denotando uma crise gravíssima.

ESTUDO 33   2Reis 19.8-37

1. Ao comparar a ação e as palavras de Ezequias nos versículos 14-19 com as do apuro nos versículos 3,4, qual a evidência de que a fé de Ezequias havia se fortalecido?

2. Aos olhos humanos, como Senaqueribe parecia? Como era visto por Isaías com os olhos da fé? Estamos aprendendo a ver a situação do mundo pelo ponto de vista de Deus? Cf. Jo 14.1. O que a história toda ensina sobre a diferença que a fé em Deus faz na vida da pessoa e da nação?

Obs.
V. 29. Significa que somente a partir do terceiro ano depois de as palavras terem sido ditas é que a plantação e colheita seriam normais. O cumprimento das palavras do profeta provaria que ele tinha autoridade divina.

ESTUDO 33   2Reis 20 e 21

Os eventos descritos no capítulo 20 aconteceram no início do reinado de Ezequias, antes da invasão de Senaqueribe (veja os v. 6 e 13, e também 18.15,16), e são introduzidos aqui como um apêndice à história de Ezequias.

1. Ponha-se no lugar de Ezequias e imagine o efeito que o anúncio de Isaías teve sobre ele. O que Ezequias fez (cf. Sl 102.24), e o que Deus então fez? Como essas experiências prepararam Ezequias para os testes de fé ainda maiores que vieram quando Senaqueribe o atacou? Apesar de sua fidelidade a Deus, qual a falha de Ezequias no incidente registrado em 20.12-19? Cf. Pv 29.5. Como Isaías viu o incidente, e qual a sentença que Deus lhe mandou pronunciar? Para atestar seu cumprimento um século mais tarde, veja o capítulo 25.

2. Resuma em suas próprias palavras a idolatria flagrante de Manassés. Que castigos Deus pronunciou por intermédio de seus profetas? Você acha que foi fácil para os profetas anunciarem essas coisas? Cf. Mq 3.8.

Obs.
1. 20.12. Merodaque-Baladã (veja Is 39.1) era um comandante do norte que havia tomado a Babilônia e estava atrás de qualquer coisa que fortalecesse sua posição. Seu reinado durou pouco, e seria insensatez Ezequias fazer aliança com ele.
2. 21.13. A primeira metade do versículo significa que Jerusalém receberá o mesmo castigo que Samaria e a casa de Acabe. A metáfora na segunda metade do versículo é bastante forte e vívida.

ESTUDO 34   2Reis 22 e 23

1. Relacione tudo o que Josias fez para promover a verdadeira religião e o deixou de fazer para destruir a falsa. Será que temos a mesma preocupação em nos afastar da iniquidade e viver em união com Deus? Cf. 2Co 6.14-7.1. Qual foi o principal motivo do zelo de Josias em fazer a reforma? Cf. Sl 119.161b; Is 66.2; veja também 2Rs 23.25; e contraste o comportamento de Jeoaquim em Jr 36.23-25.

JOÃO 13-21

2. Estude o papel de Hulda, a profetiza, e compare-o com a influência de outras mulheres mencionadas em capítulos anteriores.

☐ **ESTUDO 35**   **2REIS 24 E 25**

1. Ao estudar novamente 23.31, que quatro reis reinaram entre a morte de Josias e a queda de Jerusalém? Quanto tempo reinaram e como se saíram, de acordo com os capítulos acima?
2. Como a maneira de Nabucodonozor tratar Jerusalém após a segunda captura foi muito mais severa do que o tratamento dispensado na primeira captura? Segundo o capítulo 24, quais os motivos para o cativeiro? Cf. 23.26,27; Jr 15.1-4; Dt 4.26,27. O que isto nos ensina sobre a consequência de persistirmos no pecado? Porém, que facho de esperança vemos brilhar nos últimos capítulos do livro? Cf. 2Sm 7.14-15.

Obs.
25.22. "Gedalias filho de Alcam": ver 22.12; Jr 26.24. A história de seu assassinato é contada com mais detalhes em Jr 40.1-41.10.

JOÃO 13-21

☐ **ESTUDO 26**   **JOÃO 13.1-20**

1. V. 13. "Mestre e Senhor". Que graus de senhorio são apresentados nos versículo 1 e 3? Jesus realizou as tarefas de um servo apesar de, ou por causa de, seu relacionamento com o Pai? Cf. Fp 2.5-8.
2. Que lição importante Jesus ensinou como resposta às interrupções de Pedro? Veja os v. 8 e 10. Cf. Tt 3.5; 1Jo 1.7.
3. Que outra aplicação Jesus fez de sua atitude como exemplo para seus seguidores? Cf. Lc 22.22-27. Você está dando atenção suficiente a este assunto? Veja o v. 17.

Obs.
1. V. 10. "Já se banhou": todos os discípulos já estavam limpos, menos Judas (v. 11). Cf. 15.3.
2. V. 20. "Aquele que eu enviar": isto é, os apóstolos e todas as subsequentes testemunhas de Cristo. Também no versículo 16.

☐ **ESTUDO 27**   **JOÃO 13.21-32**

1. Esboce o agir de Satanás no coração de Judas como retratado neste evangelho. Veja 6.70; 12.4-6; 13.2,27. Se a entrega do pedaço de pão a Judas foi um último apelo de amor que Jesus lhe fez, que estado de coração o versículo 27 indica? Qual a ligação entre o versículo 30 e o capítulo 12.35,36?

2. Compare os versículos 31,32 com 12.23,28. Os versículos 31 e 32a revelam a atitude do Filho e o 32b, a do Pai. Estes versículos apontam para que eventos prestes a acontecer? Como o Pai pode ser glorificado em você?

☐ ESTUDO 28   João 13.33-14.14

1. Trace a ligação entre 13.33-37 e 14.1-6. Para onde Jesus ia? Por que os discípulos só poderiam ir mais tarde? "Voltarei" se refere a quando?
2. Em que aspecto as perguntas de Tomé e Filipe mostram falta de entendimento? De que maneira Jesus é o caminho, a verdade e a vida, especialmente em relação ao Pai?
3. Que perspectiva Jesus coloca diante dos discípulos como resultado de sua volta para o Pai? Veja os versículos 12-14. Você já experimentou algo parecido? Por que as obras do cristão são chamadas de "ainda maiores"?

☐ ESTUDO 29   João 14.15-24

1. Neste texto, Jesus fala três vezes sobre amor para com ele (v. 15,21,23). Como nosso amor pelo Senhor Jesus é demonstrado? Isto é verdade em relação a você? Como o amor é pessoal, você sabe a que relacionamento individual este amor nos leva?
2. Em que sentido Jesus "voltará" para nós (v. 18)? Em que isto está relacionado com a vinda de "outro Conselheiro" (*Obs. 1*)? Cite exemplos de como Jesus mostrou que era o primeiro "Conselheiro".
3. Por que o mundo não "vê" o Espírito nem Jesus (v. 17,19)? Cf. 1.11; 3.19; 5.37; 7.34; 8.19,47; 12.37-40. Que explicação Jesus deu em resposta a Judas? Como os olhos humanos se abrem para ver Jesus?

Obs.
1. V. 16. "Conselheiro": literalmente, alguém que apela em nome de outro. "Advogado" é uma tradução melhor. Cf. 1Jo 2.1.
2. V. 22. Cf. 7.4. Claro que os discípulos também aguardavam um Messias que mostrasse seu poder ao mundo.

☐ ESTUDO 30   João 14.25-15.8

1. Os discípulos ficaram agitados ao pensar que Jesus iria embora, deixando-os sozinhos em um mundo hostil; cf.16.6. Que promessas Jesus fez nos versículos 25-29 para acalmá-los? Por que sua volta para o Pai traz maiores benefícios do que se ele permanecesse no mundo? O que mais o versículo 31 ensina sobre o motivo de Jesus morrer na cruz?
2. O que a parábola da videira ensina sobre: (a) o propósito da existência dos ramos, (b) a maneira de o agricultor tratar os ramos e (c) a dependência que os ramos têm da videira? Compare os versículos 3 e 7 com 14.15,21,23; veja também 8.31,32. Que tipo de fruto você produz? Cf. Gl 5.22,23.

JOÃO 13-21

Obs.
1. 14.28. "O Pai é maior do que eu": cf. 10.29,30. Não é maior em divindade, porém concernente à submissão terrena de Jesus a ele. (Veja *CBVN*, p. 1586).
2.1 4.30. "O príncipe deste mundo": cf. 12.31; 16.11; 2Co 4.4; Ef 2.2; 1Jo 5.19. "Ele não tem direito sobre mim": não há nada em Jesus que Satanás possa reivindicar como possessão sua e, portanto, domínio seu.

☐ **ESTUDO 31**　　JOÃO 15.9-25

1. Muitas pessoas acham que a vida cristã não passa de obediência enfadonha a um monte de regras. Qual a resposta destes versículos a quem pensa assim? Esta é sua experiência?
2. Se somos discípulos de Jesus, por que devemos aguardar que o mundo nos odeie? Por que tantos odiaram e perseguiram Jesus?
3. Amor não é apenas sentimento; é ação também. Que ações mostram: (a) o amor do Pai pelo Filho, (b) o amor do Filho pelos discípulos e (c) o amor dos discípulos uns pelos outros? Cf. 3.35; 5.20; 1Jo 3.16-18.

☐ **ESTUDO 32**　　JOÃO 15.26-16.15

1. Que evidência você encontra em 16.1-7 de que os discípulos se entristeceram com as palavras de Jesus? Segundo o próprio Jesus, por que ele não falou sobre essas coisas antes, e por que as falava agora? No entanto, veja que ele não suavizou de modo nenhum o retrato escuro que havia pintado; ao contrário, escureceu-o um pouco mais (16.2).
2. De acordo com Jesus, que força nova os levaria a impactar o mundo, e por meio de quem (veja 15.26,27)? Quais os três resultados disto (16.8-11)? Como isto tornaria a partida de Jesus em ganho em vez de perda?
3. Que resultados este acontecimento deveria ter nos discípulos quanto: (a) à dependência deles no Espírito Santo e (b) ao lugar do Espírito Santo e da pessoa de Jesus Cristo no pensamento deles? Acontece o mesmo conosco? Veja 16.14,15.

Obs.
1. 16.2: "Vocês serão expulsos das sinagogas": veja *Obs.* sobre 12.42.
2. 16.5. As perguntas de Tomé (14.5) e Pedro (13.36,37) se referiam a eles próprios como seguidores de Jesus. Agora, ninguém perguntava sobre a glória para onde Jesus iria ao voltar para o Pai.
3. 16.8-11. O Espírito Santo irá convencer as pessoas de seus falsos conceitos quanto ao pecado, à justiça e ao juízo (cf. Is 55.8,9). Ele mostrará que a descrença em Jesus é a essência do pecado; que a verdadeira justiça não é a dos fariseus (obras da Lei), mas a retidão vista em Jesus, e apresentada no evangelho; e que todos os que seguem os padrões deste mundo serão julgados. No dia de Pentecoste os céus foram convencidos pelo testemunho do Espírito por meio dos apóstolos, exatamente como Jesus diz aqui.
4.16.13. "E lhes anunciará o que está por vir": isto é, explicará o significado da iminente crucificação e ressurreição de Cristo, assim como de outros atos divinos.

☐ ESTUDO 33   João 16.16-33

1. "Mais um pouco". À luz dos versículos 16-22, você acha que a frase se refere ao tempo entre a morte de Jesus e a sua ressurreição; entre sua ascensão e o dia de Pentecostes; ou os dois?

2. Observe no versículo 23 a frase "vocês não me perguntarão mais nada". Com o Espírito Santo nos guiando (cf. v. 12-15) e o Pai suprindo as nossas necessidades, o que os versículos 23-28 nos ensinam sobre o lugar da oração? Em que nos apoiamos quando oramos em nome de Jesus Cristo? Cf. 14.13,14; 15.16.

3. No versículo 33, Cristo resume a situação. Em que dois ambientes opostos os discípulos viveriam? O que experimentariam em cada um deles? Qual é a base de sua coragem e confiança?

☐ ESTUDO 34   João 17 (primeiro estudo)

Jesus orou por três grupos de pessoas: (a) v. 1-5, por si mesmo; (b) v. 6-19, pelos discípulos mais íntimos; (c) v. 20-26, por todos os que iriam crer mais tarde.

1. Havia chegado a hora do sacrifício supremo de Jesus (v. 1; cf. 2.4; 7.6,30; 8.20; 13.1). Como isto se relaciona à glorificação do Filho e do Pai (v. 1-4)? A glória do Pai havia sido vista em Jesus (1.14); como é vista também nos seus discípulos (v. 22)? Quando irão ver a glória completa do Filho (v. 5,24)?

2. Nos versículos 6-14, note quantas coisas Cristo já havia feito pelos seus discípulos.

3. Jesus ora e pede que o Pai faça o que pelas pessoas que lhe foram dadas por ele mesmo? A oração foi atendida em você? Você é "verdadeiramente santificado" (v. 19)?

Obs.

1. V. 2. "Autoridade": a humanidade inteira está sob a esfera da missão de Cristo. Cf. Sl 2.8; Mt 28.28,19.
2. V. 5. Uma oração para que a glória, da qual ele "esvaziou a si mesmo" (Fp 2.6,7) por um tempo, possa lhe ser restituída.
3. V. 17,19. Observe a repetição do verbo "santificar". Jesus se consagrou ao Pai Santo em cumprimento à sua vontade perfeita, particularmente ao se oferecer como sacrifício pelo pecado. Cf. Hb 10.5-10. Isto mostra o que a santificação verdadeira exige.

☐ ESTUDO 35   João 17 (segundo estudo)

1. Qual é o nosso relacionamento com o mundo? Como devemos orar por quem está no mundo?

2. V. 20-23. Jesus está orando pela união de todos os ramos da igreja cristã como no movimento ecumênico? Qual é o objetivo da oração de Jesus, e qual a importância de sua completa realização?

3. Observe o significado de "palavra" ou "palavras" do Pai e do Filho nesta passagem.

JOÃO 13-21

☐ **ESTUDO 36**   **JOÃO 18.1-27**

Prisão de Jesus e julgamento diante de Caifás.

1. Nos versículos 4-11 e 19-23 que qualidades do caráter de Jesus são mostradas em relação aos: (a) que foram prendê-lo, (b) seus discípulos e (c) seus acusadores?

2. Como o comportamento de Pedro colaborou para sua queda? Do que ele tinha medo? O medo já impediu você de afirmar sua ligação com Jesus Cristo?

Obs.
V. 5,6,8. "Sou eu": o uso triplo da frase é indicativo de sua importância. É praticamente uma repetição de seu nome divino, "EU SOU". Cf. Êx 3.14; Jo 8.58. Observe o efeito da afirmação de Cristo em seus ouvintes.

☐ **ESTUDO 37**   **JOÃO 18.28-19.16**

O julgamento diante de Pilatos.

1. Usando este trecho, esboce as tentativas que Pilatos fez de livrar Jesus da morte, e os passos dados pelos judeus para combater seus esforços. Lucas 23.2 apresenta todas as acusações feitas contra Jesus. (Note como os judeus usam ameaças religiosas e políticas para vencer a resistência de Pilatos; veja 19.7,12.) Que traços do caráter de Pilatos e do caráter dos judeus são revelados aqui? Será que não somos culpados da mesma injustiça?

2. "O rei dos judeus". Veja como o título é o tema central desde 18.33 a 19.22. Qual é a verdadeira natureza do senhorio de Jesus? Em que é diferente do senhorio do mundo? Como a dignidade real de Jesus é mostrada aqui? Como o uso do título revela o pecado dos judeus e a glória do sacrifício de Jesus?

Obs.
1. 18.28. "Pretório": quartel-general do governador romano.
2. 18.31b. Os romanos não permitiam que os judeus aplicassem a pena de morte. Assim, a resposta de Pilatos em 19.6 significava que não existia na lei romana nenhuma base para a morte de Jesus. No entanto, Pilatos afirmou uma verdade bem mais profunda do que imaginava.

☐ **ESTUDO 38**   **JOÃO 19.17-37**

1. A história da crucificação é contada em sete eventos, a saber: versículos 17-18; 19-22; 23-24; 25-27; 28-29,30; 31-37. Como cada um dos incidentes mostra um novo aspecto da glória do Salvador sofredor?

2. Que versículos são citados nesse trecho como sendo cumpridos nessa hora? Que aspectos dos sofrimentos e da obra salvadora de Jesus eles indicam?

☐ **ESTUDO 39**   **JOÃO 19.38-20.10**

1. O que levou José de Arimateia e Nicodemos a revelarem publicamente quem eram? Com 19.38 cf. Lc 23.50,51; faça um esboço do crescimento da fé de Nicodemos, 3.1-15; 7.45-52. Ambos eram membros do Sinédrio, o Conselho dos judeus que condenou Jesus.

2. 20.1-10. Como estes versículos mostram que os discípulos não esperavam que Jesus ressuscitasse? O que a descrição da ida de Pedro e João ao túmulo revela sobre o temperamento de cada um deles? Em que João acreditou?

Obs.
1. 19.39. "Trinta e quatro quilos": uma quantia excepcionalmente generosa.
2. 20.5,7. A situação das faixas indicava que não haviam sido desenroladas do corpo de Jesus. Ele havia saído, assim como retornou mais tarde, por onde as portas estavam trancadas, sem que tivessem sido abertas (20.19,26).

☐ ESTUDO 40   João 20.11-31

1. Por que Maria ficou tão preocupada com o sumiço do corpo de Jesus? O que Jesus comunicou a ela quando disse: "Maria"? Por que ele pediu: "Não me segure"? É possível perdermos o melhor do Senhor porque estamos agarrados ao que é bom?

2. O versículo 19 prova que os discípulos continuavam duvidando? Como se convenceram que Jesus havia mesmo ressuscitado dos mortos? Por que Tomé fez uma confissão ampla de fé, como os outros discípulos ainda não tinham alcançado? Foi simplesmente por que viu Jesus? Como alguém que nunca viu Jesus pode ser levado a ter fé no Senhor ressurreto (v. 29-31)?

3. Nos versículos 21-23 o Cristo ressuscitado comissiona seus apóstolos. Sob que autoridade, com que poder e para que propósito ele os enviou?

Obs.
V. 17. Note a distinção entre "meu Pai e Pai de vocês". Jesus nunca disse "nosso Pai", referindo-se a ele e aos discípulos, embora o relacionamento dos discípulos com Deus fosse igual ao de Jesus com Deus. Jesus é o único Filho primogênito; somos filhos de Deus "nele".

☐ ESTUDO 41   João 21.1-14

1. Compare este texto com Lucas 5.1-11, verificando as semelhanças e as diferenças. Por que os discípulos retornaram ao antigo trabalho? O que aprenderam com essa experiência?

2. O que Jesus revela aqui sobre: (a) si mesmo, (b) a tarefa que os discípulos deveriam realizar? Como a presença do Senhor ressuscitado afeta sua vida e seu trabalho?

Obs.
V. 14. "Esta foi a terceira vez": primeira, 20.19-23; segunda, 20.24-29; terceira, agora na Galileia. Veja Marcos 16.7. Provavelmente esta "terceira vez" é a ocasião mencionada no evangelho de Marcos.

☐ ESTUDO 42   João 21.15-25

1. Qual é o significado: (a) de Jesus ter usado o nome "Simão" ao se dirigir a Pedro (cf. 1.42); (b) da frase "mais do que estes" (v. 15; cf. Mc 10.28-30; 14.29); (c) de Jesus perguntar três vezes a Pedro: "Você me ama?" (cf. 13.38)?

2. Embora Pedro tivesse fraquejado, Jesus o comissionou novamente. O que isto ensina sobre: (a) a natureza de Jesus, (b) a condição espiritual de Pedro? Você acha que pode ser restaurado cada vez que fracassa? O que o Senhor requer de você?

3. O que os versículos 18-23 ensinam sobre: (a) as diferentes maneiras de Deus conduzir a vida de cada um de seus filhos, (b) qual deve ser nosso maior interesse?

Obs.
1. V. 18,19. De acordo com a tradição, Pedro foi martirizado em Roma.
2. V. 23. Afirmação feita para corrigir um mal entendido da época do que Jesus havia dito sobre João.

ISAÍAS 1-39

Introdução

Isaías, o "profeta evangélico", iniciou seu ministério no final do reinado de Uzias e continuou através dos reinados de Jotão, Acaz e Ezequias. Uma tradição judaica, à qual Hebreus 11.37 talvez faça alusão, afirma que Isaías foi morto – serrado ao meio – durante o reinado de Manassés. Ele foi um homem de extrema fé em Deus, e exerceu grande influência em seus compatriotas. Teve de enfrentar muitas dificuldades, pois a condição moral e espiritual do povo estava corrompida. O rico oprimia o pobre, e vivia em luxo desenfreado; a justiça era vergonhosamente comprada e vendida. Na angústia, as pessoas se voltavam para os ídolos; e quando em perigo, faziam alianças com os poderes pagãos. Isaías encorajava à confiança tranquila em Iavé como o único caminho para a segurança; e quando, no pico do conflito com a invasão assíria, seu conselho foi aceito, comprovou-se verdadeiro na destruição do exército da Assíria.

Isaías falou muito sobre o julgamento iminente, mas também previu a vinda do Messias e o estabelecimento de seu reino. Seu interesse não estava confinado à sua própria nação de Judá. Também profetizou em relação a Israel, o reino do norte (cuja queda ele testemunhou), e às nações pagãs ao redor da Palestina.

Os últimos vinte e sete capítulos (40-66) contêm um grupo notável de profecias, feitas principalmente para consolar e avisar a quem viveu no período do cativeiro judaico na Babilônia depois da destruição de Jerusalém por Nabucodonosor, cerca de 150 anos depois de Isaías. Não temos espaço aqui para discutir a alegação de que os capítulos 40-66 não são de autoria de Isaías, mas de um ou mais profetas do período do exílio, ou de mais tarde. Esta questão é tratada em "Introdução a Isaías" no *The New Bible Commentary*, onde os argumentos citados a favor e contra a unidade do livro são cuidadosamente apresentados e analisados. Basta dizer que aqui os estudos são baseados na perspectiva, bem alicerçada, e sustentada pela antiga tradição judaica, e pelos autores do Novo Testamento, de que Isaías escreveu o livro inteiro. Ele já havia profetizado na visão de 13.1-14.23 (onde seu nome aparece; veja 13.1) e em outras visões (ex. 21.1-10; 35; 39.6) a subida da Babilônia ao poder e à glória e, depois, sua queda, e a libertação dos judeus cativos. Contudo nestas últimas profecias as boas novas da redenção de Israel lhe são reveladas mais completamente, e Isaías declara por meio de visão profética as mensagens que Deus colocou em seu coração e em seus lábios.

Os capítulos se dividem em três seções principais (veja *Esboço*), e cada uma termina com uma afirmação sobre o castigo do ímpio (48.22; 57.20,21; 66.24). Existem quatro profecias embutidas nestes capítulos, geralmente conhecidos como os textos do "Servo" (veja *Esboço*), onde o profeta descreve o Servo ideal de Deus, e, assim, cria um retrato perfeito do Senhor Jesus Cristo. Isto ilustra um aspecto notável das profecias nestes capítulos, ou seja, que elas vão além do período do retorno sob o governo de Ciro e chegam à vinda de Jesus Cristo, e aos últimos acontecimentos da época atual. Embora falem principalmente para e sobre Israel, as profecias têm uma mensagem para todos os que pertencem a Jesus. A fé triunfante em Deus, a revelação do caráter de Deus e das normas de sua obra, o esquadrinhar do coração humano em seu pecado e fraqueza, as "grandiosas e profundas promessas" feitas nestes capítulos – estes e outros elementos tornam esta parte da Bíblia uma verdadeira mina de riqueza ao leitor cristão.

Esboço

1	Notas introdutórias. A controvérsia de Deus com seu povo
2-4	Profecias de julgamento, dispostas entre dois oráculos messiânicos
5	A Canção da Vinha. Uma série de infortúnios Visão de um exército invasor
6	O chamado de Isaías
7.1-10.4	Eventos relacionados com a aliança de Efraim (ou seja, Israel do Norte) e Síria contra Judá, e profecias resultantes dos eventos, algumas messiânicas
10.5-34	Invasão de Judá pela Assíria, e seus resultados: (a) para a Assíria, (b) para Judá
11-12	Profecias messiânicas
13-23	Profecias contra as nações, exceto 22.1-14 (Jerusalém) e 22.15-25 (Sebna e Eliaquim)
24-27	Profecias do Dia do Senhor, em seus dois aspectos: o julgamento do mundo e a libertação de Israel
28-33	Profecias ligadas a uma aliança proposta com o Egito. Algumas falam de julgamento, outras falam de libertação e da vinda do Messias

ISAÍAS 1-39

34-35	Vingança sobre Edom, contrastada com a salvação dos redimidos do Senhor, quando retornarem do exílio
36-39	Histórico
40-48	As boas notícias sobre a redenção de Israel do cativeiro por intermédio de Ciro. A supremacia de Iavé sobre as nações e seus deuses
42.1-7	O primeiro dos textos sobre o "Servo"
49-57	Mensagens de encorajamento e consolo, com reprimenda aos que praticam o mal

49.1-9
    50.4-9
    52.13-53.12
	A segunda, terceira e quarta passagens sobre o "Servo"

58-66	Repreensão do pecado. Visões da glória de Sião Oração para a intervenção e resposta de Deus, para que o povo seja provado. O Israel verdadeiro herdará "os novos céus e a nova terra", e os que se recusam a voltar para Deus serão destruídos

☐ **ESTUDO 1**   Isaías 1

1. Quais foram os pecados que levaram Deus a castigar Israel? Veja os versículos 2,4,13b,15. Por que Deus condenaria as observâncias religiosas formais (v. 10-17)? Veja também Sl 40.6-9; Am 5.21-24; Mq 6.6-8.

2. Qual o propósito duplo do castigo de Deus mostrado nos versículos 24-31? Existe ligação com os versículos 19-20?

Obs.

1. V. 5,6. A nação de Israel pecadora é exemplificada como um corpo cheio de feridas provocadas por espada, de vergões e abscessos.
2. V. 10. Aos olhos de Deus seu povo era tão depravado quanto Sodoma e Gomorra. Cf. 3.9; Mt 11.23,24,
3. V. 22. Prata e licor provavelmente são metáforas para os líderes da nação.

☐ **ESTUDO 2**   Isaías 2-4

A visão gloriosa do profeta sobre eventuais acontecimentos em 2.2-5 dá lugar a um quadro de julgamento iminente em 2.6-22, como resultado inevitável do fracasso humano. Depois de descrever a anarquia (3.1-8) que resultará dos pecados cometidos pelos líderes, tanto homens quanto mulheres (3.9–4.1), Isaías se volta para uma expectativa mais confiante da glória que virá após o julgamento (4.2-6).

1. Tente compor um quadro abrangente da esperança futura apresentada em 2.2-5 e 4.2-6. O que é dito sobre a palavra do Senhor, a paz do mundo, a santidade do povo de Deus e sua felicidade debaixo de seus cuidados.

2. Ao estudar estes capítulos, você descobriu qual era para Isaías o maior dos pecados, e por que era tão abominável?

Obs.
1. 2.2-4. Uma profecia quase idêntica à de Miqueias 4.1-3, que provavelmente este emprestou de Isaías.

☐ ESTUDO 3   Isaías 5

1. Compare a canção de Isaías sobre a vinha com as parábolas de Cristo sobre os lavradores maus (Mc 12.1-9) e a figueira estéril (Lc 13.6-9). Vejas as diferenças, e depois estude a grande lição das três passagens bíblicas. Como podem ser aplicadas às nossas vidas? Cf. Jo 15.8.
2. Relacione os seis "Ais" dos versículos 8-24, descrevendo na linguagem de hoje os pecados denunciados.

Obs.
V. 14. "Sheol" (grego *"Hades"*) é um lugar para onde os mortos vão. É descrito como um submundo lúgubre e turvo.

☐ ESTUDO 4   Isaías 6

1. O que a visão de Isaías sobre Deus em sua glória lhe ensina quanto: (a) ao caráter de Deus e (b) a si mesmo e suas necessidades? O que aprendemos sobre a provisão que Deus fez para a purificação dos pecadores que merecem castigo?
2. Como Isaías foi preparado para anunciar a mensagem de Deus a seu próprio povo? Estude a mensagem; o que ela revela sobre o resultado inevitável da rebeldia contra Deus? Cf. At 28.23-28.

Obs.
V. 9,10. Para entender estes versículos (veja também Mc 4.10-12, onde são citados por Jesus), lembre-se destes dois fatos:
(a) Embora a Bíblia seja pregada para levar salvação aos que a obedeçam, inevitavelmente leva condenação aos que não a obedecem. Cf. Jo 3.16-21.
(b) O Antigo Testamento, com sua fé inabalável na soberania de Deus, muitas vezes não faz distinção entre intenção e resultado inevitável, entre a vontade permissiva e a diretiva de Deus. Então, dizer "Preguem e eles não obedecerão" pode da mesma forma ser dito "Preguem para que não obedeçam".

☐ ESTUDO 5   Isaías 7.1-8.15

Agora Isaías deixa a condição interna de Judá e volta-se para a esfera da política internacional. O antecedente histórico dos capítulos 7.1-10.4 é a assim chamada confederação siro-efraimita, quando o rei Rezim da Síria e o rei Peca de Israel se uniram contra Judá (735 a.C.). Acaz de Judá, tomado de pânico (7.2), rejeitou o conselho de Isaías para que confiasse em Deus (7.3,4), e apelou ao rei Tiglate-Pileser da Assíria, uma atitude que, segundo Isaías previu, traria consequências desastrosas no final, mesmo que de início parecesse uma boa ideia (7.17-8.4).

ISAÍAS 1-39

1. O que Acaz perdeu, tanto pessoal quanto politicamente, por não ter confiado em Deus?
2. Em que o "sinal" a ser dado a Acaz é uma prefiguração da vinda do Messias? Cf. Mt 1.21-23. No dia a dia, você conhece Cristo como "Emanuel" – "Deus conosco"?
3. Como o Senhor pode ser tanto um santuário quanto uma pedra de tropeço (8.13-15), e como ele pode ser a primeira coisa para nós e não a segunda? Cf. 1Pe 2.7,8.

Obs.
1. Os dois nomes, Sear-Jasube ("um remanescente voltará") e Maher-Shalal-Hash-Baz ("rapidamente até os despojos, agilmente até a pilhagem"), resumem a mensagem dupla de Isaías: condenação e esperança.
2. 7.3. É provável que Acaz estivesse se preparando para o cerco quando Isaías o encontrou.
3. 7.14-16. O significado principal talvez seja que antes de certa criança (ainda no ventre) sair da infância, sua dieta alimentar terá de ser limitada a coalhada e mel, uma vez que a terra devastada não produzirá alimento melhor (7.21,22). Porém o nome extraordinário da criança, e a menção a "uma jovem" ou "virgem" (cf. Mt 1), que será sua mãe, é uma referência profética do Messias.
4. 8.6. "As águas de Siloé": ou seja, os estoques de água de Jerusalém, dependentes de fontes subterrâneas e reservatórios sob a área do templo, usadas aqui como um símbolo da providência de Deus. A frase "este povo" tem de ser uma referência a Israel ou a um partido em Judá que era favorável à Síria, a não ser que, como alguns acham, a palavra usada por Isaías não foi "alegrou", mas uma com letras parecidas significando "desmaie diante" ("derreta de medo", RSV).

☐ **ESTUDO 6**   Isaías 8.16-10.4

O profeta vai retirar seus discípulos, e o remanescente eleito irá ser manifestado (8.16-18). Os dias sombrios (8.19-22) findarão com a chegada da luz magnífica, o advento do Messias (9.1-7). O restante do capítulo 9 é uma profecia de julgamento sobre o reino do norte, Israel. Que Judá fique esperto (10.1-4)!

1. Quando uma tragédia acontece, e parece que Deus se afastou, o que a pessoa é tentada a fazer (8.19)? Cf. Lv 19.31; 1Sm 28.6,7. Como o filho de Deus deve agir nesses casos? Que teste Isaías propõe para avaliar os ensinos espíritas?
2. Contraste a condição das coisas que estão sob a ira de Deus (8.21,22; 9.8-10.4) com o retrato de Isaías sobre o reino do Messias (9.1-7). O que os nomes dados ao futuro Rei em 9.6 revelam quanto à sua natureza?

Obs.
9.1. A aflição do reino do norte "no passado" é, sem dúvida nenhuma, uma referência à invasão de Tiglate-Pileser mencionada em 2Reis 15.29. "No futuro", embora seja futuro para o profeta, é descrito com a certeza profética do tempo passado. Para o cumprimento parcial da profecia, veja Mateus 4.15,16.

☐ ESTUDO 7   Isaías 10.5-34

Profecia sobre a invasão de Judá pela Assíria.

1. Contraste a invasão de acordo com o rei da Assíria (v. 7-10,13,14) e de acordo com o propósito de Deus (v. 5,6,12,16-19). Como o texto nos ajuda a entender a maneira do Deus Santo usar homens maus ou nações para a realização de seus planos?
2. No sufoco da provação parecia que Deus tinha desprezado seu povo. É verdade (v. 20-23)? Cf. Rm 9.27-29. Qual foi o propósito do castigo de Deus?
3. Como o estudo de hoje esclarece melhor os dois anúncios que estão incluídos no significado dos nomes dos dois filhos do profeta? Veja o *Estudo 5, Obs. 1*.

Obs.
1. V. 17. "A Luz de Israel" e "Santo" são nomes de Deus.
2. V. 20. "Naquele que os feriu": isto é, o rei da Assíria. O "remanescente" terá aprendido a lição que Acaz deixou de aprender.
3. V. 28-32. Uma pintura viva da aproximação do inimigo, que só foi bloqueado junto aos muros de Jerusalém.

☐ ESTUDO 8   Isaías 11 e 12

O cedro assírio ficaria irrevogavelmente caído, mas do tronco da árvore judaica podada nascerá um ramo – o Messias, em quem se concentrava a esperança de Isaías para o futuro. Seu reino glorioso (v. 11) é considerado em relação: (a) à sociedade humana (2-5); (b) à criação irracional (6-9) e (c) à história mundial (10-16). Segue então (12.1-6) um cântico de gratidão a Deus por seu perdão, juntamente com a perspectiva de um Israel unido (cf. 11.13) aproveitando as bênçãos da salvação, e envolvendo-se em atividade missionária entre as nações.

1. Quais serão as características do Messias (11.1-5)? Compare esse retrato de seu reino com 9.1-7, e note quaisquer novas verdades apresentadas.
2. O capítulo 12 é o cântico daqueles que descobriram que a ira de Deus contra eles desapareceu. Que resultados da salvação são mencionados aqui, e são todos reais em sua vida?

☐ ESTUDO 9   Isaías 13.1-14.23

Sairemos do Livro do Emanuel e entraremos no que tem sido chamado de "floresta de profecia" (capítulos 13 – 25). Veja *Esboço*. Os capítulos contêm os "pesos do Senhor" – oráculos relacionados às nações estrangeiras — que têm muitas partes que são agora obscuras. O primeiro oráculo se refere à Babilônia, e é dirigido primeiro contra a cidade (13.1-14.2) e, segundo, contra o rei (14.3-23). Suas previsões foram literalmente cumpridas.

1. Por causa de que pecados a Babilônia foi condenada por Deus (14.5,6,12-14)? Como Deus administrou o castigo?

2. Em que aspectos a Babilônia pode ser considerada um retrato do mundo em oposição a Deus (como Jerusalém ou Sião representam o povo do Senhor), e o rei da Babilônia um retrato de Satanás, o príncipe deste mundo? Cf. Gn 11.1-9; 2Ts 2.4; Ap 18.2,3.

Obs.
1. 13.2-6. "O dia do Senhor" é o dia de sua manifestação e prenuncia aqui o dia de sua vingança contra a Babilônia.
2. 13.12. A população ficará tão reduzida que pessoas serão mais escassas do que ouro.
3. 14.9-17. Os espíritos no Sheol se reúnem, animados e desdenhosos, para receber o rei cuja pompa lhe foi arrancada.

☐ **ESTUDO 10**   Isaías 14.24-16.14

Uma série de oráculos denunciatórios contra a Assíria (14.24-27), Filistia (14.28-32) e Moabe (15; 16).

1. 14.24-27. Quais são os dois atributos de Deus enfatizados nestes versículos? Como eles nos incentivam a confiar na Bíblia?
2. Na profecia contra Moabe, examine: (a) a severidade do julgamento, (b) a solidariedade do profeta com Moabe em seus sofrimentos e (c) o motivo de sua condenação ser inevitável. Você se comove ao pensar na condenação que espera quem rejeita a Cristo?

Obs.
1. 14.29. "A vara que os feria está quebrada": provavelmente uma referência à morte de Tiglate-Pileser da Assíria que morreu pouco antes de Acaz. Porém, não adiantava se alegrar com isto, pois a força da Assíria voltaria mais mortal do que antes.
2. 14.30-32. Significa que mesmo quando os mais pobres de Judá estiverem em segurança (v. 30a e 32), a Filistia será destruída.
3. 15. Os nomes próprios são de cidades moabitas, conhecidas e desconhecidas. Nos sinais de sofrimento e luto nos versículos 2 e 3, cf. 22.12; Mq 1.16.
4. 16.1-5. Os moabitas são advertidos a enviar tributo em forma de cordeiros (cf. 2Rs 3.4) ao rei de Judá. Os versículos 3-5 descrevem os moabitas implorando refúgio.

☐ **ESTUDO 11**   Isaías 17-19

Oráculos contra Damasco (isto é, Síria) e Efraim, Etiópia e Egito, e um oráculo curto (17.12-14) profetizando a ruína dos exércitos assírios.

1. Como o pecado de Efraim é descrito em 17.10, juntamente com suas inevitáveis questões? Cf. Dt 8.19-20.
2. Resuma o que estes capítulos dizem sobre o castigo de Deus e como ele faz as pessoas se voltarem para o Senhor. Que incentivos à obra missionária, principalmente em alguns países, estes capítulos oferecem?
3. No capítulo 18, compare as maquinações e os planos dos homens com a tranquila vigilância de Deus, que já sabe o que irá fazer (v. 4-6). Cf. Sl 2.1-5.

Obs.
18.1,2. Uma descrição da Etiópia, cujos embaixadores foram consultar Judá sobre os planos de resistência contra a Assíria. O "zumbido de insetos" provavelmente é uma alusão aos bandos de insetos que infestavam a terra. Isaías entrega aos embaixadores uma mensagem para levarem de volta (v. 2b-7), dizendo que Deus está observando, e em breve irá lidar com a Assíria.

☐ ESTUDO 12   Isaías 20.1-22.14

A história de uma profecia encenada sobre a futilidade de uma aliança com o Egito (v. 20) é seguida de quatro oráculos sobre a Babilônia (21.1-10), Edom (21.11, 12), Arábia (21.13-17) e Jerusalém (22.1-14).

1. De que modo a responsabilidade de Isaías em transmitir a mensagem de Deus se prova exigente e custosa? Você está preparado para sacrificar seu orgulho na obra de Deus (cap. 20)? Você separa tempo diariamente para esperar em Deus (21.8,12)?
2. No capítulo 22.1-14, em que dois aspectos Isaías encontra falha no povo de Jerusalém? A mesma atitude prevalece hoje?
3. Como esse texto nos ensina que Deus controla os acontecimentos da história, sabendo tudo de antemão, e realizando seus propósitos?

Obs.
22.1-3. O profeta lamenta a conduta do povo, que se refugia no terraço e faz tumulto e alvoroço quando a calamidade está próxima. "Sem resistência" foram capturados.

☐ ESTUDO 13   Isaías 22.15-23.18

1. Por que Deus destituiu Sebna e colocou Eliaquim em seu lugar? Se Deus pode chamar você de "meu servo", como você está desempenhando sua tarefa? Cf. Mt 24.45-51.
2. Isaías prevê o dia em que as riquezas de Tiro não serão mais acumuladas para seu prazer egoísta, mas serão esbanjadas em Iavé e seu povo. Se Deus não está condenando a riqueza em si como pecado, o que ele está atacando na primeira parte do capítulo? Qual deve ser a atitude do crente em relação à riqueza e prosperidade material? Cf. 1Tm 6.6-10,17-19.

☐ ESTUDO 14   Isaías 24 e 25

O capítulo 24 dá início à longa visão apocalíptica do Dia do Senhor, que continua até o capítulo 27. Parece impossível conferir-lhe qualquer antecedente histórico, e a provável intenção é que fosse uma descrição ideal do último grande julgamento, que irá engolfar o mundo inteiro. O horizonte é bem escuro, exceto pelo raio brilhante de luz que aparece no versículo 23, e que leva ao irromper do louvor no capítulo 25, assim como o capítulo 12 segue o capítulo 11. Primeiro em seu próprio nome (25) e depois em nome da comunidade redimida (26), o profeta agradece pela certeza de que o povo está livre do julgamento final, e também pela felicidade e segurança eternas.

1. No capítulo 24, contraste os sentimentos dos infiéis diante da calamidade do julgamento de Deus com a reação dos crentes. Você consegue louvar a Deus mesmo diante de uma aparente tragédia? Cf. Hc 3.16-19.
2. O que o capítulo 25 nos ensina sobre a "fidelidade e segurança" dos planos de Deus para seu povo e este mundo?
3. Compare esse quadro do Antigo Testamento sobre o propósito final de Deus para seu povo com o do Novo Testamento em Apocalipse 7.15-17; 21.1-4.

Obs.
25.2. Neste versículo, assim como em 24.10,12, "a cidade" não se refere a nenhuma em especial, mas a qualquer fortaleza de oposição a Deus, em contraste com a "cidade forte" do Senhor (26.1). A primeira cidade irá virar "um monte de entulho", mas a última será reforçada com muros e trincheiras.

☐ ESTUDO 15   Isaías 26 e 27

1. Pense nas atitudes de coração descritas em 26.3,4,8,9,13 e 19, e pergunte se você tem esta mesma confiança e fé em Deus. Qual deve ser a reação do povo de Deus à sua misericórdia e ao seu julgamento?
2. Como o capítulo 27 revela o princípio fundamental do castigo de Deus a seu povo, e também seu propósito final?

Obs.
1. 26.19. A resposta do profeta à lamentação do povo é a promessa de ressurreição. Suas palavras aqui e em 25.8 estão entre as afirmações mais claras do Antigo Testamento sobre o assunto.
2. 27.1. Os três monstros representam três poderes do mundo, provavelmente Assíria, Babilônia e Egito.

☐ ESTUDO 16   Isaías 28

Este é o primeiro de quatro capítulos de admoestações a Judá. O tema principal deles é a insensatez de buscar a ajuda do Egito. Avisos sobre castigos horríveis (observe a recorrência do termo "ai", veja 28.1; 29.1,15; 30.1; 31.1) se misturam com as misericordiosas intervenções de Deus. O capítulo 28 se divide da seguinte maneira: v. 1-4, julgamento de Samaria; v. 5,6, depois do julgamento; v. 7-13, os líderes bêbados de Judá são repreendidos; v. 14-23, a tempestade vindoura do julgamento de Deus varrerá todos os esquemas humanos; v. 23-29, se o agricultor age com sabedoria, quanto mais Deus!

1. Que consequências da embriaguez os v. 1-4,7 e 8 mostram? Qual foi a mensagem de Deus ao seu povo beberrão, e por que as pessoas não ouviram (v. 9-15)?
2. O que os versículos 16-29 ensinam sobre o triunfo inevitável da vontade de Deus sobre os planos dos homens, e a inutilidade da descrença e rebeldia?

Como a parábola dos versículos 23-29 nos leva a entender que Deus já previu e arranjou tudo?
3. Que prenúncio de Cristo vemos no cumprimento final dos planos de Deus? Cf. v. 16; 1Pe 2.6,7; At 4.11; Mt 21.42.

Obs.
V. 15,18. Isaías chama a aliança proposta com o Egito de "pacto com a morte". A "calamidade destruidora" é a Assíria.

☐ **ESTUDO 17**   Isaías **29.1-30.17**

1. 29.9-16. Quais os motivos da cegueira espiritual e falta de discernimento do povo, e como ele demonstra isso? O que causa a transformação espiritual dos versículos 17-22? Veja os v. 18,24.
2. Isaías insiste com seus ouvintes para confiarem em Deus, e não no Egito, em que diferentes áreas da vida? Em 30.8-17, esboce as respectivas questões dos dois caminhos.
3. Note o contraste entre a imensa aflição de Jerusalém em 29.2-4 e o seu triunfo completo em 29.5-8. Como isso nos encoraja diante de uma grande provação?

Obs.
29.1-8. "Ariel" é um nome para Jerusalém. Pode significar "leão de Deus" ou, mais provavelmente, "fornalha de Deus". Jerusalém se tornará o assoalho de uma fornalha encharcado com o sangue de muitas vítimas.

☐ **ESTUDO 18**   Isaías **30.18-32.20**

1. Que bênçãos Deus promete a seu povo depois de suas muitas provações? Cf. 30.18-29; 32.1-8,15-20. Como a promessa de um Mestre foi cumprida para nós em Cristo? Veja Jo 14.26; 16.13, relacionado a isto. Somos sensíveis às direções do Espírito Santo (30.21)?
2. Muitos confiaram no Egito porque ele parecia forte (31.1). Como Isaías mostra aqui a insensatez disto, em comparação à confiança em Deus?

Obs.
1. 30.25,26. Uma descrição poética das bênçãos do novo tempo, para ser interpretada simbolicamente como a abundância da provisão de Deus. Para entender a frase "quando caírem as torres", cf. 2.11-17.
2. 30.27-33. Note a riqueza da imaginação metafórica – a tempestade, a enchente, o "freio" ou rédeas. Não é claro o significado do v. 32. Moffatt traduz assim: "Ele os golpeia ao ressoar de música alegre". "Tofete" (v.33) foi o nome dado ao vale de Hinom, ao arredor de Jerusalém, onde os rituais infames de sacrifício humanos eram praticados em honra ao deus Moloque. Seu significado original parece ter sido "lugar de fogo", e Isaías afirma que Deus preparou tal lugar para o grande holocausto em honra ao rei (da Assíria). Em hebraico, existe aqui um jogo de palavras, pois o termo para "rei" é *melek* (= Moloque).

☐ ESTUDO 19   Isaías 33-35

Os versículos iniciais do capítulo 33 refletem a inquietação e o pânico que precederam a aproximação de Senaqueribe (v. 7-9) e a fé triunfante do profeta de que a orgulhosa Assíria seria derrotada (v. 1-6,10-12). O restante do capítulo mostra os efeitos profundos desta libertação, e apresenta um quadro esplêndido do reino futuro. Os capítulos 34 e 35 fazem um contraste notável entre o terrível julgamento dos inimigos de Deus, representado por Edom (34) e o futuro glorioso que aguarda o povo redimido do Senhor.

1. No retrato que 33.14-24 apresenta do reino do Messias: (a) quais são as características de seu povo, (b) o que Deus será para seu povo e (c) de que bênçãos o povo se apropriará?
2. Aplicadas espiritualmente, quais as bênçãos descritas no capítulo 35 que estão hoje à disposição dos crentes? De modo particular, você consegue enxergar nos versículos 8-10 quatro ou cinco características da "grande estrada", isto é, da vida cristã?

Obs.
1. 33.18,19. As coisas que os apavoraram antes, como os oficiais assírios recolhendo os tributos, ficarão todas no passado.
2. 34.6,7. O julgamento de Deus sobre Edom é retratado como um sacrifício em Bozra, cidade edomita.
3. 34.16. "Livro do Senhor": provavelmente se refere a uma coleção das profecias anteriores de Isaías. Nenhuma delas falhará. O Espírito do Senhor realizará na história o que a boca do servo do Senhor declarou em profecia. Cf. 55.11; Jr 1.9,10.

☐ ESTUDO 20   Isaías 36 e 37

Chegamos ao ano 701 a.C., ano em que Senaqueribe cercou Jerusalém, um ataque previsto há muito tempo. Os capítulos 36-39 repetem, com algumas omissões e adições, a história registrada em 2Reis 18.13-20.11. O curso dos eventos parece ter sido este: (1) Após receber o tributo exigido (2Rs 18.14-16), Senaqueribe enviou três oficiais, acompanhados de um exército, para exigir novamente a rendição Jerusalém (36.1-37.7). (2) A exigência foi recusada, e as tropas assírias se afastaram, porém Senaqueribe enviou uma carta a Ezequias renovando a demanda (37.8-35). Esta também foi rejeitada, e o capítulo termina com um breve relato de como Deus cumpriu sua palavra (37.36-38).

1. 36.4-10,13-20. Como o comandante de campo tentou abalar a confiança que os defensores de Jerusalém tinham no poder de Deus para salvá-los? Que fato ele ignorava que destruiu a suposição de seu argumento? Cf. 37.18-20,23-29.
2. Ezequias e Isaías viram no desafio de Senaqueribe um insulto blasfemo contra o Deus vivo (37.6,7,17,23). Como isto os encheu de confiança? Cf. 1Sm 17.26, 36,45-47.

Obs.
1. 36.1. A informação cronológica está errada, pois 701. a.C. foi o vigésimo sexto ano de Ezequias. É provável que a nota faça parte de 38.1, e esteja fora de lugar. Veja *Obs.* no *Estudo 21* logo abaixo.
2. 36.2,3. O comandante de campo ("Ransaqué", A21) era o título do capitão chefe assírio, subordinado direto de Tartan ou comandante supremo. Como havia três oficiais assírios (2Rs 18.17), três altos oficiais judeus foram enviados ao encontro deles.
3. 36.7. Por ignorância ou sutileza, o comandante de campo mencionou a reforma religiosa de Ezequias (2Rs 18.4), como se ela tivesse sido um desrespeito a Deus. Para a mentalidade pagã, possivelmente fosse desrespeito.

☐   **ESTUDO 21**   Isaías 38 e 39

Os acontecimentos destes capítulos antecederam a invasão de Senaqueribe. Ezequias reinou durante vinte e nove anos (2Rs 18.2). É provável que tenha ficado doente no décimo quarto ano do reinado. Veja *Obs.* sobre 36.1 no *Estudo 20* acima.

1. Como o capítulo 38 mostra: (a) o poder da oração (cf. Tg 5.16b), (b) o propósito amoroso atrás do sofrimento (cf. Sl 119.71,75), (c) a inteireza do perdão de Deus (cf. Sl 103.12; Mq 7.19), (d) o dever do louvor (cf. Sl 13.6)?
2. Por que Ezequias pecou ao mostrar os tesouros reais e o poder militar aos enviados de Merodaque-Baladã? Cf. 2Cr 32.25,31. Como o incidente revela o que estava em seu coração?

Obs.
1. 38.7,8. O sinal foi uma alteração milagrosa da sombra no relógio de sol, e não necessariamente do sol nas alturas. Pode ter sido causada por eclipse ou reflexo, e parece ter sido um fenômeno só local (cf. 2Cr 32.31).
2. 38.11 e 18. Pensar que a morte os separaria de Deus causava pavor nos fiéis do Antigo Testamento. Contraste 1Co 15.20,55,56.
3. 39.1. Merodaque-Baladã se coroou rei da Babilônia em 721 a.C., desafiando a Assíria, porém foi levado cativo pelo rei assírio Sargon, em 709. Antes disto, ele buscou se proteger contra a Assíria por meio de alianças estrangeiras, uma das quais foi com Judá em 714. A doença e a recuperação extraordinária de Ezequias lhe deram oportunidade de fazer a primeira aproximação. Cf. 2Cr 32.31.

Para os *Estudos 22-42* de Isaías, veja página 280.

1, 2 E 3JOÃO

Introdução

A primeira carta de João e a carta aos Hebreus são as únicas duas cartas do Novo Testamento cujos autores não se identificam; e o autor de 2 e 3João se apresenta simplesmente como "o presbítero". No entanto, é evidente que as três epístolas joaninas foram escritas pela mesma pessoa, e há provas contundentes para se afirmar que esta pessoa também escreveu o evangelho de João. As evidências das próprias cartas e o testemunho dos primeiros cristãos sugerem que o apóstolo João é o autor. O autor escreve como alguém que conheceu pessoalmente o Senhor (1.1-4; 4.14). Escreve como um mestre que tem, verdadeiramente, grande autoridade apostólica (2.8,17; 3.6; 4.1; 5.20,21). Escreve como pastor, com a imensa preocupação de tanto defender quanto confirmar a fé da igreja (2.1,26; 4.1-6; 2João 9; 3João 4).

Na primeira carta, João apresenta as três marcas do verdadeiro conhecimento de Deus e da comunhão com Deus. São elas: retidão de vida, amor fraternal e fé em Jesus como Deus encarnado. Tais características distinguem os cristãos verdadeiros dos falsos mestres que, apesar de sua imponente profissão de fé e linguagem cristã, não creem na verdade nem tão pouco a obedecem.

Em 2 e 3 João, o autor lida com as questões de hospitalidade a visitantes cristãos. Os falsos mestres estavam abusando da generosidade do povo cristão, e este necessitava de alguns conselhos para lidar com a situação.

Esboço de 1 João

1.1-4	Introdução. O testemunho apostólico – sua autoridade, conteúdo e objetivo
1.5 –2.27	*Deus é luz*; e o teste da verdadeira comunhão com ele é formado por três partes:
	1.5-2.6 (i) Confissão e purificação do pecado, e obediência a Cristo
	2.7-11 (ii) Amor fraternal
	2.12-14 Parêntese sobre a igreja
	2.15-17 Parêntese sobre o mundo
	2.18-27 (iii) Confissão que Jesus Cristo veio em carne
2.28-4.6	*Deus é amor*; e o teste da verdadeira filiação a ele é, como anteriormente, formado de três evidências:
	2.28-3.10 (i) Retidão prática
	3.11-18 (ii) Amor fraternal
	3.19-24 Parêntese sobre segurança
	4.1-6 (iii) Confissão que Jesus Cristo veio em carne
4.7-5.12	*Deus é amor*; e o teste de nosso viver nele, e seu viver em nós, é, como anteriormente:
	4.7-21 (i) Amor mútuo
	5.1-3 (ii) Obediência aos mandamentos de Deus
	5.4-12 (iii) Convicção de que Jesus é o Filho de Deus
5.13-21	Conclusão. Cinco seguranças cristãs

Esboço de 2João
1-3 Saudações
4-11 Mensagem
12,13 Conclusão

Esboço de 3João
1-8 Mensagem a Gaio
9,10 Acusação contra Diótrefes
11,12 Elogio a Demétrio
13,14 Conclusão

☐ **ESTUDO 1** 1João 1.1-2.2

1. Que experiência inigualável de sua vida o escritor menciona nos versículos 1-4? Como ele a descreve? Cf. Jo 1.14. A experiência resultou em que privilégio inestimável para o autor, e por que ele quer torná-la conhecida? Cf. 1Ts 3.8,9.

2. A natureza de Deus determina as condições da comunhão com ele. Veja os versículos 6-10. Como Deus tornou possível ao pecador ter comunhão com ele? Que providência Deus tomou para a comunhão ser mantida, e para reparar o erro, se acontecer algum? Se as pessoas negarem, de um jeito ou de outro, a necessidade desta providência, o que podemos concluir a respeito delas? Veja os v. 6,8,10.

Obs.
1.5. "Luz": tem vários significados na Bíblia, tais como verdade, bondade, alegria, segurança, vida; assim como, por outro lado, "escuridão" denota falsidade, maldade, sofrimento, perigo, morte. Aqui, "luz" significa verdade e bondade perfeitas, sem nenhum traço de pecado.

☐ **ESTUDO 2** 1João 2.3-27

1. V. 3-11. Se alguém afirma conhecer a Deus, viver em Cristo e estar na luz, qual tem de ser sua atitude em relação: (a) aos mandamentos e à palavra de Cristo; (b) ao exemplo de Cristo no mundo; (c) aos outros cristãos?

2. V. 18-29. Quais são as três defesas que João apresenta para continuarmos na fé, entre falsos mestres e apostasia? Veja especialmente os versículos 24-27. Quando alguém que se diz cristão abandona a verdade, o que fica comprovado, mas que antes do afastamento não era óbvio?

3. V. 15-17. Que dois argumentos João usa para basear o mandamento do versículo 15? Como este mandamento pode ser harmonizado com João 3.16?

Obs.
1. V. 7. Cf. Jo 13.34,35; 15.12.
2. V. 8. João chama o antigo mandamento de novo porque Jesus Cristo, com sua vida e seus ensinos, revestiu a ideia antiga de significado mais rico e mais profundo, e porque o cristianismo vivencial é sempre novo em gênero ou caráter.

3. V. 15. "O mundo": aqui, refere-se à sociedade humana como um todo organizado, visto tanto afastado de Deus quanto em oposição a ele.

☐ **ESTUDO 3**   **1João 2.28-3.10**

Iniciaremos aqui a segunda parte da carta (veja *Esboço*).

1. 2.28-3.3. O apóstolo, tendo começado a mostrar no versículo 20 que o teste da filiação é a integridade de vida, é agora arrebatado pela maravilha do novo nascimento, e rompe numa explosão de entusiasmo e alegria. De onde vem nossa filiação? O que o mundo acha desta filiação? Como será a glória desta filiação? Como isto deve nos afetar hoje? Cf. Cl 3.4,5.

2. 3.4-9. Estes versículos resumem e expandem a verdade de 2.29. Quais os quatro motivos apresentados para mostrar que pecar e ser filho de Deus são totalmente incompatíveis?

Obs.
1. 2.28. O versículo deixa claro que João, assim como Paulo e Pedro, acreditava na segunda vinda de Cristo. Veja também 3.2; 4.17.
2. 2.29. "Nascido dele": primeira referência à filiação nesta carta.
3. 3.6,9. Os versículos não significam que o cristão é incapaz de pecar, nem que um pecado é prova de falta de regeneração, mas que é impossível ao verdadeiro filho de Deus persistir no pecado.

☐ **ESTUDO 4**   **1João 3.11-4.6**

1. 3.11-18. Que argumentos João usa para mostrar, nos versículos 11-15, que o amor recíproco é característica vital dos filhos de Deus e que o ódio é inadmissível? De que maneira devemos amar? Veja os v. 16-18 e cf. Jo 15.12; Ef 5.1,2.

2. 3.19-24. Um parêntese no assunto da segurança em Deus. Primeiro, o apóstolo trata do caso de um crente condenado pelo próprio coração. Como a pessoa pode ser tranquilizada? Veja os v. 19,20. Cf. Hb 6.9,10. A seguir, o apóstolo trata do caso de um crente que não é condenado pelo coração, porque pratica todas as características de um verdadeiro cristão – obediência, amor e fé. Que bênçãos esta pessoa usufrui? Veja os v. 21-24.

3. Quais os dois testes apresentados aqui para sabermos se um profeta está, ou não está, falando pelo Espírito de Deus? Veja especialmente 4.2 e 6; veja também *Obs. 2* logo abaixo.

Obs.
1. 3.14. Cf. Jo 5.24. Apresenta dois testes que mostram se a fé em Cristo é genuína. Cf. Gl 5.6b; Tg 2.15-17.
2. 4.6. "Nós viemos de Deus": o pronome "nós" na primeira metade do versículo se refere primeiramente, como em 1.1-3, a João como representante dos apóstolos, embora não exclua aqueles que vieram depois e baseiam seus ensinos no fundamento apostólico.

☐ **ESTUDO 5** 1João 4.7-5.3

Iniciaremos aqui a terceira parte da carta (veja *Esboço*).

1. 4.7-10. Que argumentos são oferecidos nos versículos 7 e 8 como prova de que os cristãos verdadeiros têm de amar uns aos outros? Nos versículos 9 e 10 o apóstolo se refere à manifestação do amor de Deus em Cristo. Como ele descreve este dom? O que afirma de seu propósito? Como este propósito foi alcançado, e a favor de quem Deus fez isto?

2. 4.11-18. O apóstolo recapitula o que disse antes, porém se aprofunda mais. Como ele descreve o relacionamento do crente com Deus? Como ele mostra que nenhum relacionamento é maior nem mais profundo do que este? Das profundidades deste relacionamento, o cristão dá testemunho por intermédio do Espírito (v. 13-16; cf. Jo 15.26,27).

3. 4.19-5.3. Em vista de Mateus 22.36,37, por que o apóstolo não diz no versículo 11: "Amados, visto que Deus tanto nos amou, nós também devemos amar a Deus"? Que outro teste de nosso amor a Deus também é mencionado?

Obs.

1. 4.17,18. "Porque neste mundo somos como ele": cf. Jo 3.35 com 16.27. Quem é amado pelo Pai não precisa temer o futuro. Se continuamos amedrontados, a solução é nos concentrarmos mais no amor que Deus mostrou na cruz e na ressurreição.
2. 5.1. Crer em Jesus como o Cristo implica em recebê-lo como tal, e recebê-lo significa nascer de Deus (João 1.12,13).

☐ **ESTUDO 6** 1Jo 5.4-21

1. O apóstolo já avisou contra a atração sutil exercida pelo mundo (veja 2.15-17). Agora ele revela como o mundo pode ser vencido. Quem vencerá o mundo, e de que maneira? Veja os v. 4-6; veja também *Obs. 1* logo abaixo.

2. A fé que consegue tão grandes resultados deve ser bem evidenciada. Quais os cinco testemunhos apresentados nos versículos 7-11, e que fato maravilhoso é apresentado pelo testemunho?

3. V.13-20. Existem aqui cinco grandes certezas a respeito da afirmação, "Nós sabemos", que João faz. Quais são? Você está edificando sua vida neste alicerce?

Obs.

1. V. 6. Este versículo provavelmente se refere ao batismo e à morte de Cristo, e não a João 19.34. Jesus não veio apenas para nos chamar ao arrependimento por intermédio do testemunho dado em seu batismo, mas também para, com seu sangue, lavar os nossos pecados. Os dois sacramentos da igreja cristã são memoriais importantes destas coisas.
2. V. 9 e 10. Em Cristo, Deus falou aos seres humanos com a maior clareza e determinação. Quem crê tem o testemunho em si mesmo; quem não crê transforma Deus em mentiroso.
3. V. 16. "Pecado que leva à morte": isto é, escolher deliberada e propositalmente a escuridão em detrimento da luz.
4. V. 21. "Ídolos": quem afirma adorar a Deus, mas nega que Jesus é o Filho de Deus, adora um deus falso. "Guardem-se dos ídolos" é a advertência final de João.

☐ **ESTUDO 7**   2 E 3JOÃO

1. Compare os testes de um verdadeiro cristão encontrados em 2João com os de 1João.

2. Considere os três homens mencionados em 3João, todos cristãos professos. O que João elogia em Gaio? Qual o erro de Diótrefes? Quais os três testemunhos que João apresenta ao elogiar Demétrio?

3. Qual o perigo de ouvirmos falsos mestres? Como João responde ao "que gosta de ser mais importante"? Veja *Obs. 3*.

Obs.
1. 2João 4. "Andando na verdade"...": isto é, tendo vidas cristãs verdadeiras em obediência ao mandamento que receberam do Pai.
2. 2João 9. "Vai além dele": isto é, afirma saber mais do que a revelação de Deus.
3. 3João 5. Cf. Hb 13.2

ISAÍAS 40-66

☐ **ESTUDO 22**   ISAÍAS 40

O tema principal das profecias nos capítulos 40-48 é a proclamação de que Deus está para levar os exilados judeus na Babilônia de volta para casa. Veja *Introdução*. As profecias se referem a uma época em que as palavras ditas por Ezequias (39.5-7) foram cumpridas. Os onze primeiro versículos são um prólogo no qual o profeta ouve vozes celestes anunciando a Jerusalém as boas notícias da redenção.

1. Nos versículos 1-11, quais os quatro fatos importantes que Deus anuncia para confortar seu povo? Como a profecia da futura glória e vinda do Senhor é cumprida no Novo Testamento? Cf. Mt 3.3; 1Pe 1.23-25; Jo 10.11.

2. Como os versículos 12-26 mostram que Deus está muito além do que a mente humana diminuta pode entender ou explicar? Como nós, suas criaturas, podemos nos valer de seu poder e força infinitos? Veja v. 29-31.

☐ **ESTUDO 23**   ISAÍAS 41

Neste esplêndido capítulo a supremacia do Deus de Israel é demonstrada mais um pouco. Primeiro as nações (v. 1,2) e depois seus deuses (v. 21-29) são reunidos diante dele, e desafiados a apresentar seus conselhos e a mostrar que controle podem exercer sobre a marcha destruidora de Ciro que vem avançando. Não sabem nada e não podem fazer nada. Apenas o Santo de Israel é capaz de prever o futuro, pois planejou tudo, e fez tudo acontecer. Que Israel erga a cabeça, pois é o escolhido de Deus, que planejou grandes coisas para seu povo (v. 8-20).

1. Amedrontadas, as nações fabricam novos ídolos (v. 5-7). Como estes ídolos provam ser inúteis (v. 23,24,28,29)? Os versículos 2 e 25 fazem referência a Ciro; qual é a ligação entre Deus e este conquistador poderoso, e também com os eventos da história em geral (v. 2-4,25-27)?

2. Relacione as promessas feitas a Israel nos versículos 8-20. Quanto e de que maneira se aplicam a nós hoje? Cf. 2Co 1.20. Até que ponto temos experimentado e vivenciado as promessas de Deus?

Obs.
1. V. 2,3. Aqui Deus é o ator principal, e Ciro é o coadjuvante.
2. V. 21-24. Os deuses são convocados à presença de Deus. Veja como são desafiados.

☐ ESTUDO 24   Isaías 42.1-43.13

No capítulo 41, Isaías mostrou que Deus tem grandes planos para Israel, seu servo. Seu propósito é agora revelado. É um plano para abençoar todas as nações (42.1-4 e 5-9; cf. Gn 12.3b). Para realizar isso, Deus irá libertar seu povo do infortúnio atual (42.13-16), confundindo os que creem em ídolos (42.17), e inspirando de longe e de perto um verso de louvor a seu nome (42.10-12). A situação atual de Israel, sob o castigo de Deus por seus pecados, é mesmo de ter piedade (42.18-25), mas Deus irá resgatar seu povo, deixando que outros povos sejam subjugados em seu lugar (43.1-7), e Israel dará testemunho diante das nações sobre o poder e a glória soberana de Iavé (43.8-13).

1. 42.1-4. Neste quadro do Servo perfeito de Deus, o profeta retrata com exatidão o Senhor Jesus. Cf. Mt 12.18-21. O que é dito sobre: (a) a seu relacionamento com Deus; (b) o seu equipamento para a tarefa; (c) o propósito e a abrangência de sua missão; (d) as suas qualidades; (e) o método de seu ministério; (f) a sua resistência; (g) a realização final de sua obra?

2. O que Deus promete fazer para seu povo Israel na dificuldade atual (42.16,17; 43.1-7)? Quando for redimido, que testemunho Israel dará sobre Deus e seu poder salvador (43.10-13)? Será que temos testemunho parecido sobre a realidade da obra redentora de Deus para dar ao mundo que nos rodeia?

Obs.
1. 42.19. "Cego": isto é, quanto ao propósito e missão.
2. 43.3,4. O significado parece ser que Deus dará a Ciro outros povos como servos em pagamento pela libertação dos judeus.

☐ ESTUDO 25   Isaías 43.14-44.23

Ao fazer referência à queda iminente da Babilônia (43.14,15), Deus responde a uma objeção muda de que tal coisa é inacreditável. "Você se esqueceu do que fiz com o Mar Vermelho?", ele pergunta (43.16-17). "Mas o que estou para fazer agora é maior ainda" (43.18-21). Também responde a uma causa mais profunda da incredulidade deles, ou seja, a consciência pesada (43.21-24). "Sei de tudo",

Deus afirma, "e perdoarei tudo" (43.25). "Meu propósito é abençoar você" (44.1-5).

1. Que coisa nova Deus iria fazer, maior ainda do que resgatar o povo à beira do Mar Vermelho? Cf. capítulo 35. Como aplicar isto às nossas vidas?
2. Como 43.22-28 mostra que Israel não foi justificado pelas obras, mas simplesmente pela graça? Cf. Rm 3.23-24. Que outra dádiva Deus tinha para seu povo redimido, e que bênçãos ela iria trazer (44.3-5)? Cf. Jo 7.37-39.
3. Qual é o resultado da idolatria na mente dos adoradores? Veja 44.18-20. Você já constatou que privilégio imenso é conhecer o Deus verdadeiro? Veja 44.6-8.

Obs.
1. 43.22-24. Durante o exílio, Deus não os sobrecarregou com sacrifícios nem ofertas. No entanto, eles sobrecarregaram a Deus com seus pecados.
2. 43.27,28. "Primeiro pai": provavelmente uma referência a Jacó; cf. 48.1. "Líderes" talvez se refira aos sacerdotes e profetas; cf. Jr 2.8.

☐ **ESTUDO 26**   Isaías **44.24-45.25**

Várias alusões já foram feitas a Ciro, mas não pelo nome (41.2,25). Agora Deus conversa direta e pessoalmente com ele, como alguém escolhido para ser instrumento de seu bom propósito para com Israel, e o propósito para o qual ele foi erguido é revelado (44.24-45.8). Aqueles que fazem objeção ao relacionamento de Deus com Ciro são repreendidos (45.9-13), e segue uma profecia extraordinária sobre o conhecimento universal de Deus em Israel como o único Deus, e o único em quem há salvação (45.14-25).

1. O que 44.24-45.8 fala sobre: (a) o poder de Deus na criação e na história mundial; (b) Ciro, e o que Deus fará por ele e por intermédio dele? Qual a segurança que este texto nos oferece?
2. Quais as duas respostas dadas em 45.9-13 a quem questiona os propósitos e os caminhos de Deus? Cf. Rm 9.20. Você já foi culpado de ficar ressentido com Deus?
3. Em 45.14-25, quais são os motivos dados para que pessoas de todas as nações deixem seus ídolos e passem a adorar o único Deus verdadeiro? Como isto prevê o alcance da redenção oferecida por Cristo? Cf. Rm 1.16.

Obs.
1. 44.28. "Pastor": usado frequentemente com o significado de "soberano".
2. 45.13. "Sem...pagamento nem...recompensa": parece contradizer 43.3,4, mas estes últimos versículos falam da recompensa que Deus deu, e o primeiro, do motivo de Ciro.
3. 45.14-17. Falado a Israel. Os v. 14b e 15 são a confissão das nações mencionadas no v. 14.

☐ **ESTUDO 27**   Isaías **46 e 47**

Estes dois capítulos são referentes à Babilônia: o primeiro mostra a inutilidade dos deuses da Babilônia e a loucura de adorá-los (46.1-7), e repreende os judeus que não aceitavam a revelação dos propósitos de Deus (46.8-13); o segundo descreve a Babilônia como uma rainha orgulhosa que foi humilhada à condição de escrava, sem ninguém para ajudá-la.

1. Em 46.1-4, note a diferença entre os deuses da Babilônia que são transportados por animais, levados por seus adoradores, e o Deus de Israel que tem sustentado seu povo através da história. Sua religião é um fardo para você, ou você conhece Aquele que o sustentará até na velhice?
2. Que pecados provocaram a queda da Babilônia e o castigo de Deus sobre ela? Em que ela depositava sua segurança contra tragédias futuras (47.8-13)?
3. Como a Bíblia trata todas as formas de magias, leitura de bola de cristal e coisas parecidas? Segundo o capítulo 47, o que acontecerá no dia do julgamento, se temos confiado em outra coisa a não ser em Deus?

Obs.
1. 46.1,2. Os habitantes da Babilônia colocavam seus deuses principais (Bel e Nebo) no lombo de animais, e levavam-nos em suas viagens.
2. 47.6. "Profanei minha herança": isto é, permitiu que a terra santa fosse desonrada por conquistadores estrangeiros.

☐ ESTUDO 28   Isaías 48

Parece que um grupo de exilados não gostou da mensagem de Deus a respeito de Ciro. Deus já os repreendeu mais de uma vez (45.9-13; 46.12,13); agora, nos versículos 1-11 deste capítulo, Deus responde a uma objeção que eles parecem ter levantado de que o ensino era novidade, e estava em desacordo com a maneira de Deus agir. Deus garante que apesar da rebeldia do povo, seus planos serão realizados.

1. O que Deus condena na religiosidade nominal dos judeus? Por que isto o levou a anunciar suas intenções antes do tempo (v. 3-5), porém manter em segredo alguns de seus planos (v. 7,8)? Será que não entristecemos a Deus quando o ignoramos, e não lhe rendemos glória?
2. V. 17-22. Que condições Deus estabelece para experimentarmos a plenitude de sua graça e paz em nossas vidas?

Obs.
1. V. 3-6a. "As coisas passadas": referência às profecias feitas há muito tempo e que agora se cumpriam; veja também o v. 5a. No v. 6b Deus reconhece que está usando um método diferente, pois não revelará sua intenção até o momento em que for agir, contudo até nisto ele tem um propósito (v. 7).
2. V. 10. "Embora não como prata": uma frase que parece expressar a tristeza divina porque o refino não produziu um resultado melhor, como acontece na refinação da prata. Cf. Jr 6.29-30.
3. V. 14. "Todos vocês" se refere a Israel; "qual dos ídolos", aos ídolos das nações; e "o amado do Senhor", a Ciro.

☐ **ESTUDO 29**   Isaías 49.1-50.3

Nos capítulos 40-48 o interesse do profeta é mostrar a supremacia do Deus de Israel sobre as nações e seus deuses, e que o propósito de Deus será realizado por meio de Ciro. Estes dois temas ficam para trás, e agora a atenção é voltada para o futuro glorioso de Israel. Muito dos capítulos 49-55 consiste de palavras de encorajamento, que têm o objetivo de terminar com as dúvidas, hesitações e dificuldades que as mensagens dos capítulos anteriores deixaram em muitas mentes. Esta seção contém ainda três passagens do "Servo", e nelas são reveladas a missão, os sofrimentos e a morte expiatória do Servo do Senhor. (Veja *Esboço*.)

1. V. 1-6. O "Servo" fala às nações. O que ele diz sobre: (a) seu chamado; (b) suas ferramentas; (c) seu fracasso inicial e sua atitude diante disto; (d) a nova tarefa que Deus lhe deu? Embora o texto se aplique ao Senhor Jesus Cristo, Paulo usa parte dele em referência a si mesmo e a Barnabé. Veja Atos 13.47. Por quê? Significa que temos parte na tarefa do Servo? Cf. Jo 20.21.

2. Como o Senhor responde às dúvidas de Sião de que Deus o havia esquecido (49.14); de que seus filhos foram levados para longe e nunca mais voltaram (49.21); de que a Babilônia era poderosa demais para soltar suas presas (49.24); que a aliança com Iavé foi quebrada (50.1)?

3. Ponha-se no lugar de Israel no exílio, como descrito em 49.7a (cf. 41.14, "verme"); depois contemple a fé que enxerga e declara a transformação anunciada em 49.7b-13. Em que se sustenta a fé do profeta? Com o v. 7 cf. Sl 22.6 e 27-29a.

Obs.

1. 49.12. Veja nota de rodapé na Bíblia. Alguns estudiosos ligam "Assuã" ou "Sinim" à China, mas é improvável que os exilados judeus tenham viajado tanto para o Oriente.
2. 50.1,2. "Eu entreguei algum papel de divórcio à sua mãe?" (Moffat). Isto quer dizer que a ruptura entre Deus e Sião não é irreparável.

☐ **ESTUDO 30**   Isaías 50.4-51.16

1. Que qualidades do Servo de Deus são retratadas aqui? Reflita em como foram preenchidas em Cristo. Cf. Jo 12.49; Mt 26.67. Considere pelo exemplo e experiência de Cristo o que você pode esperar que Deus faça a seu favor, e em que condições.

2. Que conforto e encorajamento na fé você encontra em 51.1-6? Que certezas divinas são oferecidas àqueles que temem a agressividade dos outros (v. 7,8,12-16)?

☐ **ESTUDO 31**   Isaías 51.17-52.12

Este quarto texto sobre o "Servo" retrata com precisão maravilhosa a missão, o caráter e a obra redentora do Senhor Jesus Cristo. (Veja *Introdução* e *Esboço*.) A seção de hoje se divide em três partes: (1) o resumo introdutório anunciando a exaltação do Servo depois de um sofrimento extremo e o efeito disto sobre as nações e os reis vizinhos (52.13-15); (2) a história de sua vida e seu sofrimento até a morte, contada agora por seus compatriotas arrependidos (53.1-9) e (3) o resultado glorioso, para si mesmo e para os outros, de seu sofrimento e obra redentora (53.10-12).

1. Como o Servo de Deus, o Senhor Jesus Cristo, é retratado em 52.13-15? Note a profundidade de seu sofrimento, sua exaltação e o efeito disto tudo sobre as nações. Cf. 49.7; Jo 19.1-5; Ef 1.20,21.
2. Estude cuidadosamente os muitos paralelos estreitos entre 53.1-9 e a vida real do Senhor Jesus, como, por exemplo: (a) a forma de sua manifestação ao mundo; (b) a recepção que lhe foi conferida; (c) seus sofrimentos e o significado deles; (d) sua atitude ao ser preso; (e) a maneira que morreu e foi sepultado.
3. Quem é a "prole" mencionada em 53.10, e, de acordo com o capítulo inteiro, que benefícios a morte substitutiva do Servo conquistou para ela? Cf. Hb 2.10. Você faz parte desta prole?

Obs.
1. 53.1. As nações não ouviram (52.15), mas Israel não acreditou.
2. 53.8. "Quem pode falar dos seus descendentes?" (A21) "considerou": ou possivelmente "reclamou", no sentido de apelar contra a sentença. Todos foram indiferentes e até zombadores. Cf. Mt 27.39-44.
3. 53.11. "Pelo seu conhecimento" pode significar "por meio de seu conhecimento" ou "pelo conhecimento dele" (da parte de outros). Cf. Jo 17.3.

☐ **ESTUDO 33**   Isaías 54

1. Nos versículos 4-10, observe todas as razões que o povo reconciliado de Deus tem para não viver com medo. De que maneira Deus é igual a um "marido" para seu povo (v. 4-7)? Como o modo de Deus tratar seu povo mostra que ele é fiel às suas promessas (v. 9,10)?
2. "Esta é a herança", diz o profeta, "dos servos do Senhor" (v. 17). Que herança é esta? Relacione as bênçãos prometidas aqui. Que garantias temos de poder usufruí-las?
3. William Carey aplicou os versículos 2 e 3 ao empreendimento missionário, e convocou a igreja a alcançar as nações não evangelizadas. O que este capítulo significa para você? Em que direção ele impulsiona você a "esticar suas cordas e firmar suas estacas"? Você compreende a grandeza de seu Deus, como são extensos os propósitos de suas bênçãos?

☐ **ESTUDO 34**   Isaías 55

1. O apelo neste capítulo é menos aplicável ou menos urgente em nossos dias do que era para os judeus que viviam na Babilônia? Então, você o está proclamando às pessoas ao seu redor? Escreva o apelo na linguagem de hoje.

2. O que os versículos 8-13 ensinam sobre: (a) a incapacidade do ser humano de compreender Deus; (b) a promessa da palavra de Deus; (c) o futuro do povo de Deus? Qual deve ser nossa resposta a estas verdades?

☐ **ESTUDO 35**   Isaías 56 e 57

As boas notícias de que Iavé planejava trazer de volta os exilados e restaurar Jerusalém provocaram muita repercussão entre as diferentes classes de ouvintes. Nos versículos iniciais da seção de hoje, o profeta responde às perguntas de dois grupos especiais: (1) não judeus, que haviam se juntado a Israel (56.3a,6-8) e (2) eunucos, que temiam a Deus (56.3b-5). Eles também poderiam receber a libertação prometida? Deus respondeu que se cumprissem as condições da aliança, participariam de todas as suas bênçãos. Em 56.9-57.14 o profeta repreende dois outros grupos: os líderes da comunidade em Jerusalém (56.9-12) e os que praticavam idolatria descaradamente (57.1-14). Segue-se então uma descrição notável do tipo de pessoas com quem Deus habitará e seus planos de fazer coisas boas para seu povo (57.15-21).

1. Que condições espirituais levariam o Senhor a reconhecer uma pessoa, judeu ou não, como parte de seu povo? Veja 56.1-8. Como isto prevê a dádiva do evangelho no Novo Testamento para todo mundo, e como fica aquém desta dádiva? Com o v. 7, cf. Mt 21.13; e com o v. 8, cf. Jo 10.16.

2. O que estes capítulos, e mais particularmente 57.15-21, ensinam sobre Deus?

3. Analise a triste figura em 56.9-57.14 da comunidade cujos líderes eram inúteis, e cujos membros estavam trocando Deus pelos ídolos. Que advertências encontramos aqui para nós mesmos?

Obs.
1. 56.3b-5. Na nova comunidade, incapacidades físicas e diferenças raciais não seriam mais motivos para exclusão. Cf. Dt 23.1,3-8.
2. 56.10. "Sentinelas": isto é, os líderes do povo, também chamados "pastores" (v. 11). Gostavam da vida mansa, das riquezas e das festas regadas a bebidas.
3. 57.3. Referência às práticas idólatras; também nos v. 7,8.
4. 57.11. "Você viveu sem medo, na infidelidade, sem nunca pensar em mim, em sua indiferença. Não é verdade? Fiquei calado, escondi o meu rosto, e você continuou em seus caminhos, sem me temer" (Moffatt).

☐ **ESTUDO 36**   Isaías 58

1. O jejum em si tem algum valor para Deus? O que ele quer de seu povo, e por que tal comportamento é chamado de "jejum"? Nos versículos 8-12, que

promessas de bênção espiritual Deus faz aos que são retos de espírito para com ele e as outras pessoas?

2. À luz dos versículos 13 e 14, examine sua própria atitude em relação ao domingo.

Obs.

1. V. 4. "Seu jejum termina em discussão e rixa": se não for feito no espírito correto, o jejum pode deixar as pessoas irritadas e briguentas, prontas para a agressão física.
2. V. 9. "O dedo acusador": provavelmente um gesto de orgulho e desdém.
3. V. 13. "Se você vigiar os seus pés para não profanar o sábado": isto é, respeite-o como terra santa, pois não deve ser profanado com trabalhos do dia a dia. Cf. 56.2; Ne 13.15-21.

☐ ESTUDO 37   Isaías 59

Em seus versículos iniciais, este capítulo expõe os pecados que nos afastam de Deus (v. 1-8). Nos versículos 9-15a, as pessoas descrevem o estado lamentável em que estão, e confessam seus erros. No entanto, acham que se qualquer atitude da parte de Deus vai ser refreada para sempre em virtude de seus pecados, a situação parece mesmo sem esperança nenhuma (veja *Obs. 2* sobre "justiça", logo abaixo). Então, nos versículos finais do capítulo aparece a triunfante resposta divina (v. 15b-21). Deus não fica aturdido, e quando ninguém aparece para ajudar, ele mesmo faz o resgate, por meio do castigo aos malfeitores de um lado, e da redenção dos arrependidos de outro lado.

1. V. 1-15. Quais são os vários pecados mencionados aqui, e quais as consequências na vida pessoal, social e espiritual do povo? Com os v. 1,2 cf. 1.15-17; Mq 3.4.
2. Qual é o motivo da intervenção de Deus, como descrito nos versículos 15b-21? Qual é o propósito duplo da intervenção, e qual é seu propósito universal? Quando o apóstolo Paulo espera que isto se cumpra em Israel (Rm 11.25-27)? Contudo, para nós que cremos em Jesus Cristo, isto já não foi parcialmente cumprido, especialmente o versículo 21? Cf. Jo 14.16,26.

Obs.

1. V. 5,6. O plano e os esquemas dos malfeitores para novas ruindades, sem produzir bons resultados.
2. V. 9. O termo "justiça" é usado em dois sentidos nestes versículos: (a) como atitude correta do homem (v. 8,15b) e (b) o julgamento divino, exercido no interesse de Israel contra seus opressores (v. 9,11,14). O lamento do povo era que a última coisa não aconteceu, porque faltou a primeira.

☐ ESTUDO 38   Isaías 60

Uma visão inspiradora de Sião, quando Deus tiver cumprido todos os seus propósitos para ela e revestido-a de sua glória.

1. Tente imaginar Sião glorificada como retratado nesta visão. Relacione as referências a Deus, e preste atenção ao lugar que ele ocupa em Sião. Ele tem o lugar central em sua vida e em sua comunhão cristã?

ISAÍAS 40-66

2. Descubra quantas características da beleza e glória de Sião neste capítulo são vistas, em sua contraparte espiritual, em uma vida cheia do Espírito Santo. Dê atenção especial aos versículos 2,5,7 (última parte), 13 (última parte), 16b e 17-21; e cf. 2Co 3.18; 4.6; 6.16; Ef 3.14-21.

Obs.
1. V. 8,9. Os navios chegando do oeste, com suas velas brancas, parecendo um bando de pombos.
2. V. 13. "O lugar do meu santuário": isto é, o templo, também chamado de o lugar "onde pisam os meus pés".
3. V. 21. "Para manifestação da minha glória": confira com "porque ele te glorificou" (v. 9, A21) e "adornarei o meu glorioso templo" (v. 7; veja também v. 13). Onde Deus é glorificado, tudo é glorificado com ele. Cf. 2Ts 1.12.

☐ **ESTUDO 39**   **ISAÍAS 61.1-63.6**

1. Como você resumiria o ensino dos capítulos 61 e 62 sobre o propósito de Deus de abençoar Sião? Por exemplo, o que aprendemos sobre: (a) o relacionamento que o povo de Deus terá com ele (61.6,8,9; 62.4,12) e (b) a reação do povo de Deus à sua promessa de salvação (61.10)? Você tem esta mesma experiência?

2. No capítulo 61, a salvação vindoura é proclamada, e no 62, ora-se por ela (v. 1,6,7). Para o evangelho prevalecer no mundo não continua sendo necessário proclamá-lo e orar a seu favor? Cf. Rm 10.14,15; 2Ts 3.1. Que característica da oração eficaz é enfatizada aqui?

3. Em Lucas 4.17-21, Jesus afirma que as palavras iniciais do capítulo 61 foram cumpridas espiritualmente em seu ministério. Por que ele interrompeu a leitura no meio de 61.2? Medite na abrangência do ministério de nosso Senhor como vemos nestes versículos.

Obs.
1. 62.2. "Um novo nome": símbolo de um novo caráter e de um novo relacionamento com Deus. Cf. Ap 2.17; 3.12.
2. 63.4. O dia da redenção é também o dia do julgamento. Cf. 61.2; Jo 3.17-19.

☐ **ESTUDO 40**   **ISAÍAS 63.7-64.12**

1. 63.7-14. Como o suplicante começa sua oração? O que Israel aprendeu sobre a misericórdia e o amor de Deus no passado? Que lições o texto ensina para quando orarmos a Deus por nossas necessidades? Cf. Ef 1.16; Fp 1.3; 4.6; Cl 1.13.

2. Quais as cinco súplicas encontradas em 63.15-19? Em 64.4,5, o suplicante inicia outro apelo. Qual é, e por que ele não consegue prosseguir (v. 6,7)? Você sabe suplicar a Deus? Que súplicas temos o direito de fazer?

Obs.
1. 63.10,11,14. As referências ao Espírito Santo são claríssimas e completas nesta oração.
2. 63.17a. A prolongação do sofrimento estava aumentando a incredulidade.

☐ **ESTUDO 41**   Isaías 65

1. V. 1-7. Que retrato de Deus é revelado nos versículos 1 e 2? Cf. Mt 7.2. Por que ele não pôde responder à oração do profeta pela salvação de Israel? Cf. 59.1-3. Como Deus decide lidar com eles (v. 8-12)?

2. Qual será o fim do povo escolhido de Deus em Jerusalém, no alvorecer da era vindoura (v. 17-25), a porção do povo escolhido de Deus? Em contraste, como será a vida e o fim daqueles que se esqueceram de Deus (v. 11-15)?

Obs.
1. V. 3-7. Condenação de várias práticas idólatras.
2. V. 8. "Quando um cacho de uvas ainda produz suco, os homens dizem: 'Não o destruam, pois contém uma bênção'" (Moffatt). Da mesma forma, Deus salvará o bom em Israel.
3. V. 11. "Sorte" e "Destino": os termos hebraicos são *Gad* e *Meni*, nomes de dois deuses.

☐ **ESTUDO 42**   Isaías 66

É mantida a distinção entre aqueles que desobedecem a Deus e aqueles que o temem. O destino final destes dois grupos é claro. Deus será, então, glorificado completamente e para sempre. Cf. 2Ts 1.7-12.

1. Quando Deus examina nossa adoração, o que ele valoriza? Veja os v. 1-4; cf. Sl 51.17; Jo 4.23-24.

2. Qual é o fim daqueles que, após ouvir a voz de Deus, não lhe obedecem? Veja especialmente os versículos 4,5,6,17,24. Por outro lado, o que é prometido a Sião e seus filhos? Veja os versículos 7-14,20-22. Embora estas promessas sejam feitas primeiramente a Jerusalém e ainda não foram cumpridas, também declaram os benefícios espirituais que Deus nos providenciou em seu Filho, e das quais podemos nos apossar nele. Cf. Rm 8.16,17,32; 1Co 3.22; 2Co 1.20.

3. Como a visão do profeta sobre o plano de Deus para as nações fica aquém da glória da revelação completa deste "mistério" no Novo Testamento?

Parte 3

Estudos desta parte (*dê baixa ao completar)*:

- [ ] **Mateus 1-7**
- [ ] **Jonas**
- [ ] **Joel**
- [ ] **Sofonias**
- [ ] **Naum**
- [ ] **Habacuque**
- [ ] **Obadias**
- [ ] **Mateus 8-18**
- [ ] **Jeremias 1-25**
- [ ] **Mateus 19-28**
- [ ] **Jeremias 26-52**
- [ ] **Lamentações**
- [ ] **Filipenses**
- [ ] **Ezequiel 1-32**
- [ ] **Salmos 73-89**
- [ ] **Ezequiel 33-48**
- [ ] **Colossenses**
- [ ] **Filemom**
- [ ] **Esdras**
- [ ] **Neemias**
- [ ] **Salmos 90-106**
- [ ] **Ageu**
- [ ] **Zacarias**
- [ ] **Malaquias**
- [ ] **Tiago**
- [ ] **1Crônicas**
- [ ] **Salmos 107-138**
- [ ] **2Crônicas**
- [ ] **Ester**
- [ ] **Eclesiastes**
- [ ] **Cântico dos Cânticos**
- [ ] **2Pedro**
- [ ] **Judas**
- [ ] **Daniel**
- [ ] **Salmos 139-150**
- [ ] **Apocalipse**

MATEUS 1-7

Introdução

No evangelho de Mateus é comum Jesus ser apresentado especialmente como o Messias, o Filho prometido de Davi. Isto é verdade; mas o evangelho também declara que ele é o Salvador que liberta do pecado (1.21) e o Filho de Deus (1.23; 3.17; 16.16,17); e embora o autor fosse obviamente completamente judeu, e tenha escrito primeiramente para os judeus cristãos, ele reconhece que Jesus é o Salvador, não apenas dos judeus, mas de todos os povos (2.1,11; 28.19,20). Mesmo assim, este é o mais judeu dos Evangelhos. É significativo que a genealogia de Cristo retroceda a Abraão, o pai da nação judaica, e não a Adão, como acontece em Lucas.

Em Mateus, é evidente que o relato do nascimento de Cristo veio da família de José, assim como o relato feito por Lucas parece ter vindo da família de Maria.

O evangelho de Mateus é caracterizado pelo amplo espaço que dá aos ensinos de Jesus, e em particular aos ensinos por meio de parábolas, e sobre as "coisas que virão".

Esboço

1.4-4.11	Período formativo do Messias	
	1 e 2	Genealogia, nascimento e eventos da infância
	3.1-12	Os arautos proclamam o início de seu ministério
	3.13-4.11	Batismo e tentação
4.12-16.12	Ministério na Galileia	
	4.12-25	Pregação, e escolha dos discípulos
	5-7	Sermão do Monte – o reino é apresentado
	8-16.12	Ensino, pregação e cura, principalmente na Galileia. Nomeação e envio dos Doze. Aumento de oposição
16.13-18.35	Confissão de Pedro. Previsão da cruz. Transfiguração. Ensino aos Doze	
19.1-21.16	Rumo a Jerusalém e entrada na cidade	
21.17-25.46	Últimas dias em Jerusalém	
	21.17-23.39	Palavras finais. Rejeição mútua
	24.1-25.46	Ensino aos Doze sobre "as coisas que virão"
26.1-27.66	A obra terminada	
	26.1-56	Última ceia e traição
	26.57-27.66	Julgamento, crucificação e sepultamento
28.1-20	O novo começo. A ressurreição e a grande comissão	

☐ **ESTUDO 1**   **MATEUS 1**

1. Preste atenção na genealogia e veja como algumas pessoas foram imorais. Como este capítulo prova que a vinda de Jesus era plano de Deus desde o início? De que maneiras o capítulo mostra que a profecia do Antigo Testamento foi cumprida em Jesus? Que verdades aparecem aqui sobre sua pessoa e obra?

2. O que os versículos 18-25 ensinam sobre o nascimento virginal? Qual a importância desta verdade para o cristão?

3. Examine o que estes versículos revelam sobre o caráter de José (cf. 2.13-23). O que sua obediência corajosa nos ensina?

Obs.

1. V. 17. A divisão em três períodos de catorze gerações cada não é exata, pois algumas gerações foram omitidas. É possível que esta organização artificial seja para facilitar a memorização.
2. V. 19. De acordo com a lei judaica, Maria, estando noiva de José, era legalmente considerada sua esposa.

☐ **ESTUDO 2**   **MATEUS 2**

1. Considere o significado da presença dos sábios do Oriente à luz de textos como Isaías 49.6; Lucas 2.32; João 10.16.

2. Note como os sábios, os líderes dos sacerdotes e os escribas e Herodes reagiram de maneiras diferentes ao nascimento de Jesus. Como isto comprova a verdade de João 9.39; 18.37?

3. Veja a exatidão do cumprimento da profecia na infância de Jesus Cristo (v. 15, 17,18,23). O que isto nos mostra sobre a natureza e autoridade da profecia?

Obs.

1. V. 1. A palavra "mago" se refere aos astrólogos bem instruídos ou àqueles que praticavam artes mágicas. Eram reis apenas segundo a tradição, e mais nada.
2. V. 23. Não há no Antigo Testamento nenhuma referência ao Messias como nazareno. Talvez Mateus esteja fazendo um trocadilho com a palavra *netser*, que significa "ramo", de Isaías 11.1 e Jeremias 23.5. Ou talvez a frase se refira ao desprezo com que a cidade natal de Jesus era tratada. Cf. Jo 1.46; Is 53.2,3.

☐ **ESTUDO 3**   **MATEUS 3**

1. João Batista se enxergava como o preparador do caminho para Jesus (v. 3). De que maneira ele fez isto por meio de: (a) sua mensagem e (b) sua administração do batismo?

2. O que os versículos 13-15 afirmam sobre a importância que Jesus dava ao batismo de João? Que ligação há entre este momento e a cruz? Cf. Sl 40.7-8; Lc 12.50; 2Co 5.21. Você consegue ver a Trindade claramente em ação nestes versículos?

☐ ESTUDO 4   MATEUS 4

1. Veja as tentações de Jesus como um teste para o tipo de ministério que iria exercer. Qual era o apelo mais forte de cada tentação? Existe uma ligação entre estas três tentações comuns e as três divisões de 1João 2.16?

2. Como os versículos 1-11 nos ajudam a entender o significado da tentação e ensinam como Satanás pode ser derrotado?

3. Qual foi a primeira mensagem de Jesus? Defina arrependimento, em suas próprias palavras. Cf. At 2.38; 20.21; Lc 15.18; Mt 3.8. O que mais Cristo exigiu dos que se tornaram discípulos e por quê? Você tem respondido a Jesus do mesmo modo?

Obs.
Os incidentes registrados em João 1.29-4.3 devem ter acontecido entre os versículos 11 e 12 deste capítulo.

☐ ESTUDO 5   MATEUS 5.1-16

1. Descreva as características da vida feliz, conforme pormenores nos versículos 1-12. Por que trazem felicidade? Quais suas recompensas, e por quê?

2. V. 13-16. Qual o significado das duas metáforas que Jesus usou para descrever o relacionamento entre o mundo e aqueles que pertencem ao reino? Segundo o aviso de Jesus, como perdem seu poder de influência?

Obs.
V. 3. "Pobre em espírito": isto é, conscientes de sua pobreza espiritual e necessidade da ajuda divina. Cf. Is 57.15; Lc 18.13.

☐ ESTUDO 6   MATEUS 5.17-48

1. Nos versículos 17-20, o Senhor Jesus mostra que respeita a lei. Qual o significado do versículo 20? Resta-nos alguma esperança? Cf. Rm 3.20-22; 8.3,4. De que maneira Jesus torna a lei mais exigente ainda?

2. Para a sociedade de hoje, qual é a relevância do ensino de Cristo nos versículos 33-48 sobre juramentos e vingança? Pense na aplicação da pergunta do versículo 47, "Que fazeis de especial?", à questão toda do amor cristão.

3. Comparando os versículos 31,32 com 19.3-9, o que Jesus ensina sobre a santidade do matrimônio e a possibilidade de divórcio?

Obs.
1. V. 18. "Nenhum jota ou um til" (ARC): referência à menor letra ou sílaba importante de uma palavra na língua hebraica.
2. V. 48. "Perfeitos": o significado é mais de "maturidade" ou de crescimento totalmente desenvolvido do que qualquer ideia de perfeição, de vida sem pecado. Cf. Lc 6.36.

☐ ESTUDO 7 MATEUS 6.1-18

1. O que estava errado com a religião dos escribas e fariseus, aqui chamados de "hipócritas", e, em contraste, que tipo de religião o Senhor Jesus aprova? Cf. Jr 17.10. Como você pratica suas "boas obras" (v. 1)?

2. Na oração de Jesus, o que aprendemos com: (a) a ordem dos pedidos e (b) os assuntos particularmente mencionados? Como deve ser nosso relacionamento: (a) com Deus e (b) com os semelhantes, se queremos orar como Jesus orou?

Obs.
V. 2,5,16. A palavra "hipócrita" significa ator, ou seja, quem encena uma parte.

☐ ESTUDO 8 MATEUS 6.19-32

1. Os versículos 19-24 são uma advertência aos ricos. Como o cristão deve agir em relação aos bens materiais? De que modo os versículos retratam o caráter e o perigo do mundanismo?

2. Os versículos 25-34 são dirigidos aos não tão ricos. Note a repetição da frase "não vos inquieteis", e liste os motivos de a ansiedade ser pecado.

Obs.
V. 23. Olho "ruim", "insensato" ou "maligno" se refere à inveja e mesquinhez. Cf. Dt 15.9; Pv 28.22; Mt 20.15.

☐ ESTUDO 9 MATEUS 7.1-12

1. Compare os versículos 1-5 com os versículos 6,16; e leia João 7.24. Se julgar nem sempre é errado, o que Jesus está condenando aqui?

2. O que os versículos 7-12 ensinam sobre a prática da oração? Qual é o lugar da persistência e o da confiança? Existe algum conflito entre estas duas coisas?

Obs.
V. 6. Isto mostra que, embora os cristãos não devam cometer o erro de julgar os outros, têm de aprender a ser criteriosos em seu testemunho. Cf. Pv 9.8.

☐ ESTUDO 10 MATEUS 7.13-29

1. De acordo com os versículos 13-23, quais as três exigências que Jesus coloca sobre quem quiser entrar em seu reino, quanto: (a) à escolha certa logo no início (v. 13-14); (b) a diferenciar bem entre o falso e o verdadeiro (15-20) e (c) à condição de ser reconhecido por ele no dia final (21-23)?

2. A que categoria de pessoas os versículos 24-27 se referem? Em que as duas casas são diferentes? Como é possível construir — todavia construir de modo insensato?

3. V. 15-20. Como distinguimos o falso profeta? Cf. Dt 13.1-5; 1Jo 4.1-6. De que forma ele aparece hoje?

Para os *Estudos 11-28* na segunda parte do Evangelho de Mateus, veja a página 306.

JONAS

Introdução

Jonas é mencionado em 2Reis 14.25 como tendo previsto as vitórias de Jeroboão II, por meio de quem as fronteiras do reino de Israel foram grandemente ampliadas. Se Jonas profetizou no início do reinado de Jeroboão, ele antecedeu Amós em apenas uns vinte anos. Nessa época a Assíria já era poderosa, e havia iniciado suas conquistas pelo ocidente: na verdade, as vitórias de Jeroboão se deveram parcialmente aos ataques da Assíria contra Damasco e estados vizinhos, o que deixou estes reinos enfraquecidos. Parece que Jonas temia a Assíria, cujas crueldades eram famosas e cujo poder causava terror.

Este homem recebeu a incumbência de ir a Nínive e bradar contra ela. Outros poderiam não achar a tarefa indesejável, mas para Jonas ela era tão odiosa que ele preferiu abandonar a carreira profética em vez de cumprir a missão. O livro é a história do que aconteceu. É um dos livros mais notáveis da Bíblia, e rico em ensino espiritual.

Esboço

1   A desobediência de Jonas e seu resultado
2   Sua oração de desconsolo e gratidão
3   Um Jonas renomeado prega em Nínive com resultados extraordinários
4   A ira de Jonas, e a repreensão de Deus

☐   **ESTUDO 1**   **JONAS 1 E 2**

A chave para a fuga de Jonas se encontra em 4.2. Ele temia o carinho de Deus. Se fosse para Nínive, como Deus ordenou, o povo talvez se arrependesse, fosse poupado (cf. Jr 18.8) e mais tarde destruísse Israel. Se ele não fosse, o julgamento de Deus cairia sobre Nínive, e Israel ficaria a salvo.

1. "Jonas, porém" (v. 3); "Mas o Senhor" (v. 4). Cf. At 11.8,9 (onde o contexto também inclui os gentios). Que verdade Jonas perdeu de vista? Cf. 1Tm 2.4. Como Deus continuou no controle da situação? Com 1.7b cf. Pv 16.33, e note o "preparou" em 1.7.

2. Jonas (assim como Adão e Eva, Gn 3.8-10) tentou escapar da presença do Senhor (1.3,10; cf. 2.4). Por que foi impossível? À luz deste texto, estude o salmo 139.23,24 e aplique-o à sua vida.

3. A oração de Jonas, notável por não fazer nenhum pedido direto, fala de angústia e vai para a gratidão. Qual o motivo principal da aflição de Jonas? O que causou a transição?

Obs.
1. 1.3. "Fugiu da presença do Senhor": isto foi o mesmo que renunciar à vocação, pois o profeta falava diretamente com Deus (cf. 1Rs 17.1).
2. 1.17. "Três dias e três noites": cf. Mt 12.40. De acordo com o cálculo judaico isto pode significar um dia inteiro entre duas noites.
3. 2.7. Para os hebreus, "lembrei" poderia ser muito mais do que um simples processo mental; talvez significasse na imaginação pessoal a recriação dos atos históricos do Senhor; o estudo detalhado da palavra é compensador. Com este versículo cf. Sl 77.11,12; 105.4-6; 143.5.
4. 2.9. É possível que o voto fosse algum tipo de sacrifício de gratidão. Fazer votos é uma prática bíblica; mas o Antigo Testamento aconselha contra a precipitação (Pv 20.25) e o descumprimento dos votos (Ec 5.5).

☐ **ESTUDO 2**   **JONAS 3 E 4**

1. Deus é imutável e consistente ao lidar com os seres humanos. Que atitude moral é necessária para evitar o castigo e encontrar misericórdia? Cf. Jl 2.12-14; At 10.34,35. Que elogio Jesus fez aos ninivitas? Cf. Mt 12.41.
2. O patriota Jonas por pouco não oculta o profeta Jonas. Como 4.2b,4,10 e 11 repreendem seu comportamento? Contraste a atitude de Jonas com a de Jesus, o judeu. Cf. Mt 23.37,38; Mc 10.45.
3. Quais aspectos do caráter de Deus se sobressaem neste livro?

Obs.
1. 3.3. "Uma cidade muito grande": o centro administrativo de Nínive, ao qual o versículo possivelmente se refere (distinto da própria cidade), tinha de 48 a 96 quilômetros de lado a lado.
2. 4.2. "Se arrependes": a raiz do hebraico significa "respirar profundamente". Não quer dizer mudar de ideia; o pensamento é quase que como se o Senhor respirasse fundo de alívio por ele não ter que agir em juízo como seria o caso por conta do seu caráter.
3. 4.6. "Uma planta": trepadeira de crescimento rápido e folhas largas.
4. 4.9-11. Jonas (por motivos egoístas) fica com dó da planta insignificante que não é de sua responsabilidade. Será que Deus não teria mais pena (e generosamente) dos pobres e ignorantes habitantes da perversa cidade de Nínive e também de seus animais?

JOEL

Introdução

Nada se sabe a respeito deste profeta além do que é afirmado no primeiro versículo de seu livro, e o fato óbvio de que profetizou para Judá. É de consenso geral que Joel foi um dos primeiros ou um dos últimos profetas. A data não é importante para o estudo de sua mensagem.

O contexto do livro é uma praga de gafanhotos como nunca visto, aparentemente acompanhada de estiagem (1.18-20). Joel convoca o povo ao arrependimento nacional e submissão; se o povo obedecer, o profeta tem autorização para anunciar a partida imediata dos gafanhotos e a restauração da terra.

No entanto, o profeta também recebeu uma visão do futuro mais distante. A praga dos gafanhotos simbolizava a aproximação do dia do Senhor, e Joel previu o derramamento do Espírito, e a reunião das nações para responderem pelas maldades que fizeram a Israel. O Senhor triunfará, e Israel será abençoada.

Esboço

1-2.17	A praga de gafanhotos e a convocação nacional ao arrependimento
2.18-27	Os gafanhotos serão destruídos, e a terra recobrará sua fertilidade
2.28-32	O derramamento do Espírito
3.1-21	O dia do Senhor; o julgamento das nações, e as bênçãos sobre Judá e Jerusalém

☐ **ESTUDO 1**   JOEL 1.1-2.17

Dois discursos sobre a praga de gafanhotos, ambos descrevendo de modos diferentes seu rigor, e conclamando o povo ao arrependimento.

1. O que o texto ensina sobre a necessidade de arrependimento coletivo pelo pecado da nação? Que elementos do arrependimento verdadeiro são apresentados em 2.12,13?
2. Reúna os ensinos sobre "o dia do Senhor" neste texto. Qual é seu significado?

☐ **ESTUDO 2**   JOEL 2.18-3.21

1. Como Deus reage ao arrependimento de seu povo? Que princípio isto nos ensina?
2. Por que a profecia de 2.28,29 foi cumprida de um jeito ainda mais espetacular do que Joel previu?
3. O capítulo 3 é uma visão da misericórdia sobre Israel, e do julgamento de seus inimigos. Como as nações enfureceram Deus pelo modo de tratarem Israel, e que castigo lhes sobrevirá? De acordo com 3.17 e 21, qual é a bênção suprema do povo de Deus?

SOFONIAS

Sofonias profetizou durante o reinado de Josias, e provavelmente no seu início, antes do rei iniciar as reformas religiosas, pois quando Sofonias anunciou sua mensagem, os costumes idólatras, abolidos por Josias, ainda eram praticados abertamente (cf., por exemplo, 1.4,5 com 2Rs 23.4,5). Então Sofonias foi contemporâneo de Jeremias e é provável que tenha começado seu ministério pouco antes deste. Se o Ezequias do qual sua família descende (1.1) era, como muitos acham, o rei assim chamado, então Sofonias pertencia à casa real.

O tema de sua profecia é o dia do Senhor, que estava às portas. Sofonias o retrata como um dia de castigo terrível, usando a imagem de guerra e invasão; nesse dia Judá e Jerusalém ficariam totalmente purificadas daqueles que praticavam maldades. Mas o castigo abrangeria todas as nações; seria um dia de julgamento universal.

Quando o castigo terminasse, haveria um remanescente, ou Israel, um povo humilde, mas correto que, confiante em Deus, exultaria no seu favor. Sofonias também previu que outras nações invocariam "o nome do Senhor" e o serviriam "com o mesmo espírito (3.9). Sua mensagem é caracterizada pela largueza de visão e pelo discernimento profundo, e carregada de convicção moral.

As profecias de Sofonias se cumpriram de modo impressionante na queda de Nínive, e vinte e cinco anos mais tarde na queda de Jerusalém. Porém não houve ainda o cumprimento total. O dia final do julgamento de Deus está por vir.

Esboço

1.1-18 O iminente dia do Senhor, com referência especial a Judá e Jerusalém
2.1-3.7 Chamada ao arrependimento; profecias de julgamento contra outras nações; o fracasso de Jerusalém em endireitar seus caminhos
3.8-20 O remanescente do julgamento; seu caráter e felicidade

☐ **ESTUDO 1**   Sofonias 1

Os resultados do julgamento de Deus (v. 2,3) sobre todos de Judá e Jerusalém são descritos em detalhes (v. 4-13). O capítulo termina com um quadro terrível do dia do Senhor (v. 14-18).

1. De acordo com este capítulo, sobre quem em particular recairá o castigo de Deus? Nos dias de hoje, o que se compara aos pecados aqui descritos?
2. Depois de considerar os motivos do julgamento, reflita nos versículos 14-18 sobre as coisas que acompanharão o dia do Senhor. O que revelam sobre a visão de Deus quanto ao pecado? Cf. Pv 11.4; Ez 7.19.

Obs.
1. V. 4. "Eliminarei...os nomes dos" significa "apagar da memória".
2. V. 5. "Moloque": um deus estrangeiro com este nome, ou nome parecido, era adorado em vários dos países vizinhos de Judá.
3. V. 12. "Vinho envelhecido": cf. Jr 48.11. Este quadro, inspirado na vinicultura, se refere à sedimentação do vinho. Os homens preguiçosos, desocupados e confusos de Jerusalém, que achavam que poderiam sossegar na vida indolente sem Deus, serão castigados.

☐ **ESTUDO 2**   Sofonias 2.1-3.7

1. Como são descritas as nações que em breve seriam julgadas? Veja 2.1,10,15. Qual era o maior pecado de Nínive (2.15; cf. Is 47.6-11); hoje em dia, o que é semelhante a esta atitude? O que Deus espera de quem busca sua ajuda (2.3).
2. "Poupados no dia da ira do Senhor" (2.3). Existe um esconderijo com esta capacidade? Cf. Jr 23.24; Am 9.3; Ap 6.15-17; Rm 5.9; 1Ts 1.10.
3. A acusação contra Jerusalém é a mais grave de todas (3.1-7). Cf. Lc 12.47,48. Relacione os pecados da cidade, e veja como eram especialmente contra o Senhor.

Obs.
1. 2.1. "Reúna-se...": isto é, em assembléia solene para buscar o Senhor.
2. 2.13-15. Ninguém que estivesse vivo naquela época havia testemunhado outra coisa a não ser a grandeza e glória da Assíria. Então, a profecia deve ter causado muito espanto.
3. 3.5-7. A fidelidade do Senhor em julgar os inimigos de Jerusalém é igual à falta de vergonha do povo de Deus. Eles ignoraram as lições que o Senhor desejava lhes ensinar.

☐ **ESTUDO 3**   Sofonias 3.8-20

1. Vemos Deus em ação neste texto inteiro. O que ele está fazendo? Quantas destas ações foram, ou podem ser agora, cumpridas em Cristo? Alguma coisa ainda não foi realizada, e por quê?
2. Pondere no caráter do remanescente deixado por Deus (v. 12,13). Compare 2.3; contraste 2.1; 3.1,2. Será que 3.17 explica a razão desta mudança de caráter? Como ela aconteceu? Cf. 2Co 5.17; Ef 4.24.

Obs.
V. 9,12. "Refugiarão no nome do Senhor" (A21) é uma figura expressiva de confiança no caráter revelado de Deus. Na verdade, chamá-lo de "Senhor" significa reconhecê-lo como tal, e prestar o serviço que lhe é devido. Cf. 1Pe 3.6a.

NAUM

Introdução

No profeta Naum, Deus encontrou um homem que, cheio de convicção e veemência, anunciou a extraordinária mensagem de que a majestosa Nínive, ainda no alto de seu poder e glória, iria cair e desaparecer. Naum se concentra neste inacreditável evento e esquece tudo mais. Com fantástica habilidade poética e intenso realismo, ele retrata o ataque à cidade e seu desmoronamento. Quase podemos enxergar a batalha, a captura, a pilhagem, e ouvir o estrondo de sua queda e o silêncio de sua desolação.

No entanto, o propósito de Naum não é tripudiar sobre a queda do feroz inimigo de seu povo. É exaltar o Deus de Israel, proclamar que o Senhor é, por um lado, fiel às suas promessas e poderoso para salvar quem deposita a confiança nele e, por outro lado, é o Santo, o Adversário e Juiz dos ímpios. Como o Império Assírio foi construído com crueldade implacável baseado no princípio de que quem tem o poder dá as cartas, Deus, como o Árbitro moral do universo, levanta-se para derrubá-lo até o pó.

Naum profetizou entre a derrota de Tebas no Egito, cerca do ano 663 a.C. (mencionada em 3.8) e a queda de Nínive em 612. Não existem indicações de uma data mais exata, contudo a época mais provável de seu ministério parece ter sido o início do reinado de Josias. Se isto é correto, Naum antecedeu Jeremias em apenas alguns anos.

Esboço

1.1 Título
1.2-15 O Senhor, que é bom para os que confiam nele, é terrível para com os inimigos, e irá destruir totalmente a Assíria
2   O ataque, a captura e a queda da cidade
3   A culpa e o castigo de Nínive. Seu fim é absoluto, e quem ficar sabendo, aplaudirá

☐ **ESTUDO 1**   Naum 1

1. O que aprendemos neste capítulo sobre o relacionamento de Deus com: (a) seu povo e (b) seus inimigos? Cf. Lc 18.7,8; 2Ts 1.8; Nm 14.17,18; Sl 46.1.
2. O espírito orgulhoso de Nínive é visto em Isaías 36.18-20; 37.23-25; Sofonias 2.15. Mas como Naum vê a cidade em relação ao poder de Deus? Veja os v. 3b-6,9-12a,14; e cf. Sl 37.35,36.
3. Veja como o versículo 7 é ilustrado na história de 2Reis 18 e 19, que aconteceu menos de um século antes da época de Naum. Você tem uma ilustração de sua própria experiência?

Obs.

1. V. 1. "Advertência contra Nínive" ou "Peso de Nínive": veja *Obs.* em Jr 23.33-40. Não se sabe ao certo onde ficava Elcós; talvez fosse em Judá.
2. V. 2. "Deus zeloso": por trás da descrição existe a figura do relacionamento matrimonial usada na Bíblia sobre o vínculo de Israel com Deus. "Assim como o ciúme do marido ou da esposa é uma reivindicação enérgica de um direito exclusivo, assim Deus declara e reivindica seu direito sobre os que pertencem só a ele." Ou, em termos de monarquia, é a "firme determinação" de que sua soberania seja reconhecida entre os povos, "para o benefício do pobre e humilde entre seus súditos e para o atordoamento dos presunçosos." Cf. Êx 34.14; 1Co 10.20-22.
3. V. 8-10. Significado de difícil compreensão.
4. V. 11. Possivelmente uma referência a Senaqueribe. Cf. Is 10.7-11.

5. V. 12,13 e 15 são dirigidos a Judá, e os v. 11 e 14, a Nínive.
6. V. 12b. "Não a afligirei mais" ou "Não terei de afligir mais." Cf. v. 9. Então o versículo se dirige a Nínive.
7. V. 14. "Desprezível" aqui não significa depravado, mas odioso, reduzido à pior das condições.
8. V. 15. As "boas notícias" sobre a destruição de Nínive.

☐ **ESTUDO 2**   NAUM 2 E 3

Estes capítulos são dois poemas líricos separados que relatam a queda de Nínive. No capítulo 2, o profeta descreve a aproximação do inimigo (v. 1a) e, com ironia, convoca o povo a defender a cidade (v. 1b). Segue, então, uma descrição dos inimigos dentro e fora dos muros (v. 3-5). As comportas dos rios são abertas à força, o pânico é geral, a rainha é capturada, o povo foge (v. 6-8), e acontece a pilhagem (v. 9). O fim do capítulo mostra Nínive destruída, desolada em sua ruína. O capítulo 3 afirma a culpa e punição da cidade (v. 1-7), e avisa para que aprendam com o castigo de Tebas (v. 8-10). A força de Nínive se esvai (v. 11-15a). Embora sua população seja incontável, e seus negociantes tão numerosos quanto os gafanhotos, eles voarão para longe (v. 15b-17). Seu rei perecerá, seu povo será espalhado. Todos que ouvirem de sua derrota irão se alegrar (v. 18,19).

1. Que pecados Nínive cometeu para ser tão duramente castigada? Veja também 1.1. O que isto revela sobre a atitude de Deus até mesmo com os não cristãos? Ele se importa com o fato de serem corretos ou corruptos? Se Deus se importa, não deveríamos nos importar também?
2. Como Naum mostra o inverso de Romanos 8.31; ou seja, se Deus é contra nós, quem será por nós? Cf. Sl 34.16; Jr 37.9,10. Você já passou pela experiência de ver que — com todas as circunstâncias contra você — Deus estava contra você?

Obs.
1. 2.5. "Tropas de elite" (ou "oficiais"). A mesma palavra é traduzida como "nobres" em 3.18. Uma "linha de proteção" ("amparo", ARC) é uma tela antiprojétil debaixo da qual o soldado avança.
2. 2.7. "Huzabe", (ARC), "ela" (A21): pode ser uma referência à rainha (cf. v. 6), ou à deusa assíria Ishtar ou à sua imagem.
3. 2.8. Nínive é comparada a um açude rachado.
4. 2.11. "Toca" ("covil", ARC).
5. 2.13. "Mensageiros": enviados; cf. 2Rs 19.9,23.
6. 3.4-6. O uso desta figura para simbolizar Nínive veio, sem dúvidas, da prostituição religiosa proeminente no culto a Ishtar.
7. 3.9. "Pute": um povo africano, talvez de Somália ou Líbia.

HABACUQUE

Introdução

Não sabemos nada sobre Habacuque a não ser que foi profeta. A única referência histórica clara no livro é aos caldeus em 1.6. Baseados nisto, estudiosos sugerem que o livro foi escrito logo depois da Batalha de Carquemis (605 a.C.), quando esta nação "cruel e impetuosa" marchava para o oeste para subjugar Jeoiaquim, rei de Judá. Assim, Habacuque foi contemporâneo de Jeremias, mas os dois eram bem diferentes. A questão de Jeremias era entender como Deus poderia destruir seu povo. A questão de Habacuque era entender como Deus pensaria em usar como instrumento seu uma nação tão perversa como a Caldeia (cf. Isaías e os assírios). O problema é apresentado no capítulo 1, e a resposta de Deus é dada nos capítulos 2 e 3 em palavras de extrema profundidade e grandeza.

Esboço

1.1-4	Até quando a anarquia ficará impune?
1.5-11	Incrivelmente, a resposta de Deus é apontar para os caldeus
1.12-17	Como Deus permite a desumanidade e a idolatria desta nação perversa?
2.1-5	O profeta esperançoso tem a resposta de Deus: o orgulho vem antes da queda, mas a honestidade do justo o salvará
2.6-20	Uma série de aflições dirigidas aos caldeus
3.1-19	Um salmo composto de uma oração, uma revelação de Deus vindo para julgar e salvar, e uma confissão de fé

☐ **ESTUDO 1**   **HABACUQUE 1.1-2.5**

1. Qual é a primeira reclamação do profeta, e que resposta estranha Deus lhe dá? Veja 1.2-4,5-11.
2. Que outra questão isto desperta na mente do profeta, e que resposta ele recebe? Veja 1.12-17 e 2.2-5.
3. Que curso de ação 2.1 sugere que o cristão adote quando ficar atônito com os procedimentos de Deus? Cf. Sl 73.16,17; Mq 7.7. Você é fiel desta maneira?

Obs.
1. 1.7b. A assim chamada "justiça e honra" dos caldeus é arbitrária e autodeterminada.
2. 2.2. A resposta de Deus deve ser escrita de modo claro para ser lida num golpe de vista.
3. 2.4,5. A resposta de Deus vem em duas partes: (a) a soberba Caldeia, cujo coração não é justo, irá fracassar e desaparecer. Cf. Is 2.12-17. (b) O justo permanecerá. Viverá pela fé, a fé inspirada pela fidelidade de Deus, que mantém firme o justo. A verdade profunda aqui revelada é vista em todo o seu significado no evangelho de Cristo. Cf. Rm 1.16,17.

HABACUQUE

☐ **ESTUDO 2**　　**HABACUQUE 2.6-20**

1. Resuma em uma ou duas palavras cada um dos pecados contra os quais os cinco "ais" são pronunciados nestes versículos. Estas maldades existem no mundo de hoje? O que podem esperar aqueles que as praticam?

2. Em contraste com os versículos 18 e 19, medite na promessa do versículo 14 e na ordem do versículo 20. Por que são um aviso aos saqueadores, e um consolo aos saqueados? Que reação devem causar em nós? Cf. Sl 73.16-26.

☐ **ESTUDO 3**　　**HABACUQUE 3.1-15**

Habacuque ora para que Deus se revele uma vez mais como fez no passado (v. 1,2), e então descreve a visão de Deus vindo para libertar seu povo. Passado, presente e futuro estão entremesclados. No passado, a autorevelação de Deus no Sinai, no mar Vermelho e na entrada em Canaã é retratada com a imagem de relâmpagos e trovões vindos do sul e descendo sobre a Palestina. O mesmo Santo está agindo no presente, e os tumultos das nações são indícios que ele veio em julgamento para salvar seu povo.

1. É com almejo e temor que Habacuque fala da ação de Deus no passado (v. 1,2). Você tem o mesmo desejo? Cf. Sl 85.6; 143.5,6; Is 64.1-3. Por que ele temia? Cf. Hb 12.21,28,29.

2. O poema descreve revoltas políticas. Cf. Is 29.5-8. Mas o poema também está repleto da ação de Deus. Segundo esta visão, como devemos encarar os acontecimentos mundiais de nossos dias? O que Deus quer realizar por meio deles? Cf. Sl 74.12; Lc 21.25-28.

Obs.
1. V. 3. "Temã", "Monte Parã": isto é, a região do Sinai.
2. V. 4. Alusões a raios e nuvens densas.
3. V. 8. A resposta é encontrada nos v. 13-15.

☐ **ESTUDO 4**　　**HABACUQUE 3.16-19**

1. Quais os dois resultados que a visão provocou em Habacuque? Com o versículo 16, cf. Dn 10.8; Ap 1.17. Com os versículos 17,18, cf. Sl 73.25,26; Fp 4.11-13. Será que somos tão sensíveis quanto Habacuque era à glória e fidelidade de Deus com quem, pela graça, nos relacionamos?

2. Quais as três coisas que Deus fez para o profeta, que nele confiava e se alegrava? Cf. Sl 18.32,39; Zc 4.6; Is 40.31. Quais destas coisas em particular você precisa que Deus lhe faça?

Obs.
1. V. 16. "Meus ossos desfaleceram": uma expressão idiomática hebraica indicando perda total das forças. Cf. Pv 12.4; 14.30. Com a última parte deste versículo, cf. 2Ts 1.6-8.
2. V. 19. "Andar em lugares altos": um quadro de triunfo e segurança. Cf. Dt 33.29c.

OBADIAS

Introdução

A mensagem de Obadias é quase toda uma acusação a Edom por sua conduta nada fraterna em relação a Judá, e uma profecia de destruição contra aquele reino orgulhoso e seu povo. No entanto, o profeta associa a queda de Edom ao dia do Senhor, e prevê a recuperação dos bens prometidos a Israel, e o triunfo universal do governo e reino de Deus.

Os edomitas, descendentes de Esaú, e os israelitas, descendentes de Jacó, eram inimigos desde a época em que Israel tomou posse de Canaã (veja Nm 20.14-21); os livros históricos e proféticos fazem muitas referências a Edom, o que revela a antipatia entre este e Israel, e a diferença de seus destinos. Veja, por exemplo, 2Sm 8.14; 2Rs 14.7; Jr 49.7-22; Ez 25.12-17; Am 1.11,12; Ml 1.1-5.

Esboço

1-9   A condenação de Edom, apesar da confiança em suas fortalezas intransponíveis
10-14 O pecado pelo qual Edom será punido
15-21 O dia do Senhor, quando Edom será castigado e Israel triunfará, está próximo

☐ ESTUDO OBADIAS

1. Por meio de ações e atitudes, Edom pecou contra Deus e seu povo. Relacione os detalhes do pecado, e depois estude 1Coríntios 10.11,12 e aplique as advertências de Obadias à sua própria vida.
2. O profeta afirma ter recebido inspiração divina (1,4,8,18). O que Obadias nos ensina sobre o caráter de Deus? Que verdade maravilhosa, muito além do versículo 15, ainda seria revelada? Cf. Rm 8.3,4.
3. O profeta fala de incêndio (v. 18) e possessão (17,19,20). Como as frases "santo" (v. 17) e "o reino será do Senhor" (v. 21) mudam o rumo da situação? A esperança do cristão é a mesma: "Venha o teu reino". No entanto, como e por que a esperança do cristão é diferente? Cf. Mc 1.14.15; Mt 12.28; At 8.12; Jo 18.36; Ap 12.10,11; Mt 5.3; Rm 14.17.

Obs.
1. V. 1. A frase "Nós ouvimos...Levantem-se! Vamos atacar Edom!" é um parêntese, explicando como Edom será derrotado.
2. V. 3. Pode haver um trocadilho aqui, pois *Sela*, que significa "rocha", era o nome da capital de Edom, e mais tarde foi mudado para Petra.
3. V. 5,6. Ladrões ou furtadores de uva deixam algo para trás, mas quando Deus pilha, a pilhagem é completa.

4. V. 7. O princípio aqui é exposto no v. 15b; este princípio de justiça severa é a base para a lei moral de Deus, Cf. Gl 6.7.
5. V. 10-14. Cf. Sl 137.7; Lm 2.15,16.
6. V. 16. O "cálice" da justiça de Deus era uma figura profética viva do castigo divino e consequente tragédia. Cf. Jr 25.27,28; Is 51.17; Ap 14.10.

MATEUS 8-18

☐ **ESTUDO 11** **MATEUS 8.1-22**

1. Veja como as pessoas curadas eram diferentes, e como Cristo agiu de modo diferente com cada uma. O que isto nos ensina quanto: (a) ao poder de Jesus e (b) ao nosso trabalho para ele?

2. O que era tão notável na fé do centurião para Jesus o elogiar como fez? Contraste João 4.48. Note como a afirmação dos versículos 11,12 preveem os acontecimentos radicais de Atos. Veja At 13.45-48.

3. V. 18-22. Por que Jesus se afastou das multidões, e por que testou dois pretendentes a discípulos? Cf. Lc 14.25-27.

Obs.
Nos capítulos 8 e 9 Mateus registra nove milagres de Cristo, em três grupos de três. Mateus tem o costume de agrupar por assunto em vez de em ordem cronológica rigorosa.

☐ **ESTUDO 12** **MATEUS 8.23-9.8**

1. Em 9.6 e 8, a palavra "autoridade" é usada para destacar o ministério de Jesus. Em que três áreas vemos isto neste texto?

2. 9.1-8 revelam o poder de Cristo em lidar com o maior problema do homem. Do que se trata? Como os versículos exemplificam o meio que leva alguém a encontrar esta cura? Qual a prova visível que vem após isto?

3. Jesus levava a possessão demoníaca a sério. O que podemos entender pelo testemunho do demônio sobre Jesus em 8.29 (cf. Mc 1.24; 3.11,12; At 16.16-18)? De que maneira o incidente de 8.28-34 tem algum paralelo no ministério do Espírito hoje em dia?

☐ **ESTUDO 13** **MATEUS 9.9-34**

1. De que maneiras os versículos 9-17 mostram o aspecto revolucionário do ministério de Jesus? O que ensinam sobre o caráter de Deus (v. 13), e a maneira do cristão viver entre pecadores?

2. Considerando os milagres como sinais, defina as lições que podemos tirar dos acontecimentos dos versículos 18-34 sobre a capacidade de Jesus em lidar com

os problemas espirituais da fraqueza, morte, cegueira, mudez. Você tem algum problema parecido que deve ser tratado?

☐ **ESTUDO 14**   **Mateus 9.35-10.23**

1. Algumas das instruções dadas aqui aos Doze são claramente temporárias e não se aplicam a todas as situações. Mas que princípios do serviço cristão encontramos e que podem sempre ser usados?
2. Os versículos 16-23 mostram tanto a possibilidade de perseguição na obra assim como poder para realizá-la. Nesse caso, qual deve ser a atitude do discípulo?

Obs.
10.23 provavelmente não está relacionado com a segunda vinda, mas com a vinda triunfal de Cristo depois da ressurreição, ou com sua vinda para julgar na queda de Jerusalém.

☐ **ESTUDO 15**   **Mateus 10.24-42**

1. Com todo o realismo da advertência feita nos versículos 24,25, Cristo encoraja seus discípulos a não terem medo. Considere as razões que os versículos 26-33 dão como incentivo à confiança.
2. De que modo os versículos 34-42 exigem do cristão tanto militância quanto gentileza? Como você equipara a afirmação do versículo 34 com a ideia de Cristo como Príncipe da Paz?

☐ **ESTUDO 16**   **Mateus 11.1-24**

1. O que as questões e dúvidas de João Batista sobre Jesus, e o elogio que recebeu do Senhor, revelam sobre seu caráter (v. 1-19)?
2. V. 20-24. Descobrimos alguns princípios relevantes por trás do julgamento de Deus sobre a humanidade. Quais são? Qual é a importância para nossos dias?

Obs.
1. Existe uma unidade nos capítulos 11 e 12. Parece que incidentes desconectados foram reunidos sob o tema da realidade e natureza do messianido de Jesus.
2. O v. 12 pode sugerir tanto a dinâmica do ministério de João ou o preço de se tornar participante do reino.
3. V. 19. "Mas a sabedoria é comprovada pelas obras que a acompanham." Em algumas traduções: "por seus filhos". Seja como for, o versículo significa que as atitudes de Deus são justificadas por seus resultados.

☐ **ESTUDO 17**   **Mateus 11.25-12.21**

1. Em 11.25-30 existe um agrupamento marcante de afirmações que confirmam a autoridade ímpar e a humildade de Jesus. As duas coisas são verdadeiras? O que os versículos ensinam sobre: (a) a pessoa de Jesus e (b) a atitude que ele exige de nós?

2. Resuma os preceitos mais relevantes da guarda do Sábado esboçados em 12.1-14. De que modo podemos cometer o mesmo erro dos fariseus? Como evitarmos a secularização do dia do Senhor?

3. 12.15-21. Estes versículos revelam o significado dos textos referentes ao Servo Sofredor em Isaías para melhor entendimento de Jesus e seu ministério. Cf. 8.17; Lc 2.29-32; 22.37; Jo 12.37,38. Quais são os traços notáveis deste ministério?

☐ **ESTUDO 18**   **MATEUS 12.22-50**

1. V. 22-32. O que você entende por "pecado imperdoável" interpretado à luz de seu contexto aqui? Pense na seriedade dessas advertências; e note a ligação entre elas e os versículos 43-45.

2. O que os versículos 33-37 ensinam sobre os perigos das conversas maldosas ou tolas? Como o cristão pode lidar com o fracasso nesta área?

3. Por que Jesus se recusa a fazer um milagre especial para os fariseus (v. 38,39)? Qual a importância de Jesus se referir ao Antigo Testamento nos versículos 40-42? De acordo com os versículos 41,42 e 50, qual é a maneira correta de respondermos a Cristo?

☐ **ESTUDO 19**   **MATEUS 13.1-23**

1. A parábola do semeador ou ("dos solos") pode ser considerada uma parábola que explica porque Jesus ensinava por parábolas. Por que este método serve para revelar a verdade a alguns e escondê-la de outros?

2. Nesta parábola, por que a mesma semente produziu resultados tão diferentes? Os diferentes tipos de solo exemplificam que situações? O que é indispensável pra a frutificação?

☐ **ESTUDO 20**   **MATEUS 13.24-52**

1. O que a parábola do joio e do trigo ensina (v. 24-30)?

2. V. 31-33 relatam duas parábolas sobre crescimento. Qual é a mensagem principal destes versículos? Eles incluem advertências contra possíveis perigos?

3. Os versículos 44-50 ilustram maneiras diferentes de as pessoas entrarem no reino. Quais são? Por que o bom e o ruim estão juntos? Qual é a causa da verdadeira alegria?

☐ **ESTUDO 21**   **MATEUS 13.53-14.12**

1. O que o final do capítulo 13 ensina sobre o preconceito? Do que ele nos priva, e por quê?

2. Na história de 14.1-12, identifique as características distintas tanto de Herodes quanto de João Batista. Qual é a diferença entre o fato de João ser fiel e de Herodes ter cumprido o que prometeu?

☐ ESTUDO 22   MATEUS 14.13-36

1. Veja os milagres destes versículos como parábolas em ação. Que ensino especial você aprende com a reação e o fracasso dos discípulos? Se quisermos ser achados fieis, que qualidades devemos pedir a Deus em oração?

2. Baseado nos mesmos relatos, examine a atenção dada à pessoa de Cristo. Que características são reveladas de modo inconfundível?

☐ ESTUDO 23   MATEUS 15.1-20

1. Por que razões Cristo condena o ponto de vista religioso dos fariseus? De que modo corremos o risco de cair no mesmo erro?

2. Estes versículos enfatizam a importância do coração humano. Cf. 5.8,28; 12.34; 18.35. Qual o significado de "coração" neste texto? Cf. Is10.7, ARC, A21. Então, como podemos agir corretamente?

3. Quais os três grupos de pessoas a quem Jesus falou nestes versículos? Você notou alguma diferença no modo de ele ensinar cada grupo? Isto tem alguma aplicação ao ensino cristão de hoje?

☐ ESTUDO 24   MATEUS 15.21-39

1. V. 21-28. Por que Jesus tratou a mulher cananeia desta maneira? Você vê alguma razão para isto? Cf. Lc 11.8; 18.1; 1Pe 1.7. Contraste Mt 8.23,26; 15.28,30,31.

2. Parece que em todos os milagres deste texto Jesus lida com gentios. Note a frase "o Deus de Israel" no versículo 31. Isto parece ser contrário à afirmação do versículo 24 . Com isto, o que Jesus estava começando a revelar sobre o propósito todo de sua missão? Cf. Mt 24.14; 28.19; Rm 1.16 (especialmente a última frase).

Obs.
V. 37. Aqui, a palavra para "cesto" é *sphuris*, o cesto grande dos gentios, em contraste com o *kophinos* dos judeus em 14.20. A diferença é exatamente a mesma em 16.9,10.

☐ ESTUDO 25   MATEUS 16.1-20

1. Nos versículos 1-4, Cristo censura a incapacidade dos judeus de entenderem "os sinais dos tempos". O que ele quer dizer com isto? Por que os discípulos eram igualmente culpados? Veja os versículos 5-12. Que reação estes sinais devem produzir?

2. V. 13-20. Este acontecimento em Cesareia de Filipe é claramente o "momento de transição" da narrativa do Evangelho. De agora em diante, Cristo se afasta

das multidões, e concentra-se em ensinar os discípulos. Por que a pergunta sobre sua pessoa é tão importante? Cf. 1Jo 4.2,3; 5.1a,5.

3. Atenção às três coisas que Jesus disse a Pedro nos versículos 17-19. Com o v. 17, cf. 1Co 12.3; com o v. 18, cf. 1Co 3.11; 1Pe 2.4-6; e com o v. 19, cf. 18.18; Jo 20.23.

Obs.
V. 18,19. Em grego, existe aqui um trocadilho com as palavras do v. 18. "Petros" significa "pedra"; "petra" significa "rocha". Note que Jesus não disse: "Sobre você eu construirei minha igreja". Pedro havia acabado de fazer a famosa confissão de fé em Cristo. Da mesma forma, nos versículos 22,23 ele pode ser visto como um instrumento de Satanás. O poder das chaves, isto é, de "ligar" e "desligar", significa grande autoridade; mas é o poder de um mordomo, e não o de um porteiro. As chaves são as do conhecimento (cf. Lc 11.52) que Cristo confia àqueles que pregam o evangelho, e assim "abrem o reino do céu a todos os cristãos".

☐ **ESTUDO 26**   **MATEUS 16.21-17.13**

1. 16.21 mostra que Jesus estava bem ciente da cruz não muito distante. A palavra "necessário" expressa um senso de urgência interior. O que isto revela sobre o caráter da morte de Cristo?

2. Quais são os termos do discipulado (v. 24)? O que Jesus oferece nos versículos 25-28 como incentivo para que seu discípulo pague o preço? De modo especial, o que Pedro precisava aprender (v. 22-23)?

3. No relato da transfiguração (17.1-13), você consegue ver seu desígnio para: (a) o próprio Cristo e (b) os seus discípulos?

Obs.
16.28. A referência ao "Filho do homem vindo em seu Reino" não parece ser à segunda vinda, mas ao triunfo pós-ressurreição e exaltação ao trono.

☐ **ESTUDO 27**   **MATEUS 17.14-27**

1. V. 14-20. Qual o motivo para a falta de poder dos discípulos? Segundo Jesus lhes explicou, qual era o segredo indispensável para a tarefa bem sucedida?

2. V. 24-27. Que lição prática está contida na história do imposto do templo? O que ela nos ensina sobre a responsabilidade do cristão para com os semelhantes? Cf. 1Co 10.31-33; Rm 13.6-7.

☐ **ESTUDO 28**   **MATEUS 18.1-35**

1. V. 1-14. Pondere no ensino de Jesus sobre as crianças (veja também 19.13-15). Que qualidades do espírito infantil são apresentadas nos versículos 3,4? Como o cristão deve agir com as crianças ou com os novos na fé?

2. O que os versículos 15-20 ensinam sobre o caminho da reconciliação? O que mais aprendemos em relação à natureza e ao ministério da igreja local, e sobre

o valor prático de trabalharmos com os outros? Que outras lições existem aqui?

Para os *Estudos 29-48* concluindo o Evangelho de Mateus, veja a página 320.

JEREMIAS 1-25

Introdução

Anatote, o lar de Jeremias, era uma cidade pequena situada a uns cinco quilômetros ao nordeste de Jerusalém. O pai de Jeremias era sacerdote, e provável descendente de Abiatar (cf. 1Rs 2.26), e a família era dona de uma propriedade em Anatote (32.8). Os concidadãos de Jeremias estavam entre as pessoas que se voltaram contra ele e procuraram tirar-lhe a vida (11.21).

Nascido, possivelmente, quase no fim do reinado de Manassés, Jeremias viveu durante os reinados de Josias (trinta e um anos), de Jeoacaz (três meses), de Jeoaquim (onze anos), de Joaquim (três meses) e de Zedequias (onze anos). Seu ministério profético durou quarenta anos, de sua chamada em 626 a.C., o décimo terceiro ano de Josias, até a queda de Jerusalém em 587 a.C. (1.2,3). Dos cinco reis, somente Josias foi fiel a Deus. Jeoaquim foi hostil com Jeremias, e Zedequias, embora um amigo pessoal, era fraco e instável. Sob o reinado destes dois monarcas, Jeremias sofreu muito fisicamente nas mãos de seus inimigos. Sua vida, porém, foi preservada, e depois da queda de Jerusalém, Jeremias teve permissão para ficar na terra com os remanescentes, e foi levado com eles para o Egito (43.4-7).

Nos primeiros anos de seu ministério, embora sua situação física estivesse melhor, Jeremias sofreu um enorme conflito mental, exposto em uma série de monólogos nos quais ele luta para aceitar o fardo de seu chamado profético e mensagem. Ele via cada vez mais claramente que a nação estava corrompida, e que o castigo se aproximava. Os falsos profetas, que anunciavam "Paz, Paz", estavam desviando o povo (14.13,14). A catástrofe inevitável encheu o coração de Jeremias de desânimo e tristeza. Era como se Deus estivesse anulando sua aliança e desprezando seu povo, e se isto acontecesse, haveria alguma esperança? Deus, no entanto, revelou a Jeremias que ainda tinha algo bom para depois do julgamento, e que poderia e iria fazer uma nova aliança, de um tipo diferente, na qual daria um novo coração a seu povo e lhes colocaria temor no mais íntimo do ser. A esperança deste futuro glorioso sustentou Jeremias enquanto ele assistia à agonia mortal de sua nação, e sofria com seu povo. Como resultado disto tudo, "a personalidade de Jeremias é a mais vividamente esculpida entre os profetas do Antigo Testamento" (*NDB,* p. 522), e parte da distinção do livro reside justamente nisto.

Jeremias foi nomeado profeta não só a Judá, mas às nações (1.5,10), e ficou sempre de olho nos movimentos dos povos vizinhos. No reinado de Josias o poder da Assíria estava se esvaindo, e o Egito e a Babilônia procuravam tirar vantagem da situação em benefício próprio. Três acontecimentos em especial afetaram o reino de Judá, e causaram profunda influência na vida e perspectiva de Jeremias. O primeiro foi a tomada de Nínive e do Império Assírio pela Babilônia (612-609 a.C.); o segundo foi a batalha do Megido, quando o rei Josias foi morto (608 a.C.); o terceiro foi a batalha de Carquemis, quando o Faraó-Neco do Egito e Nabucodonozor da Babilônia ficaram frente a frente numa prova de força, e os exércitos da Babilônia venceram (605 a.C.). Jeremias estava certo de que daquela época em diante a Babilônia iria reinar suprema durante muitos anos, e que Judá, se tivesse juízo, se sujeitaria a ela. Ao proclamar destemidamente estas coisas, Jeremias ficou sendo, aos olhos de muitos, um traidor da pátria, e criou enorme oposição e inimizade contra si mesmo. No entanto, sua dedicação a Deus e aos compatriotas é visível em cada página de seu livro, embora, de vez em quando, ele rompa em pedidos veementes de vingança sobre os perseguidores.

As profecias não aparecem todas em ordem cronológica. Algumas mencionam o monarca em cujo reinado foram proferidas, mas em outras a data tem de ser calculada pelo conteúdo. A ordem abaixo é um esboço aproximado:

Reinado de Josias: 1-6.

Reinado de Jeoaquim: 7-20,22,25,26,30,31,35,36,45.

Reinado de Zedequias: 21,23,24,27-29,32-34,37-39.

Esboço

1	Chamado de Jeremias
2-6	Pecado de Israel. Chamado ao arrependimento. O inimigo do norte
7-10	À porta do templo. Profecias de julgamento. A tristeza de Jeremias
11,12	A aliança partida. A reclamação de Jeremias e a resposta de Deus
13	O cinto de linho e outras profecias
14,15	A seca. As súplicas de Jeremias e a resposta de Deus
16,17	Jeremias é proibido de se casar como sinal do julgamento iminente; e outras profecias
18-20	Na casa do oleiro, e a quebra do vaso. Incidente de Pasur; a queixa de Jeremias
21	Resposta a Zedequias no início do cerco
22	O julgamento sobre a descendência real de Davi
23	Os pastores sem fé e os falsos profetas
24	As duas cestas de figos
25	Os setenta anos de cativeiro
26	No pátio do templo. A vida de Jeremias é poupada

27,28	"Sirva ao rei da Babilônia e viva." Incidente de Hananias
29	A carta de Jeremias aos exilados na Babilônia
30-33	O livro da consolação. Profecias de esperança
34	Previsão do cativeiro de Zedequias
35	A fidelidade dos recabitas
36	Jeoaquim queima o rolo das profecias de Jeremias
37,38	A prisão e resgate de Jeremias
39	Queda de Jerusalém
40-43	Jeremias é deixado na terra; suas últimas profecias antes de ser levado para o Egito
44	Profecia aos judeus no Egito
45	Mensagem a Baruque
46-51	Profecias contra as nações vizinhas
52	Apêndice histórico

☐ **ESTUDO 1**   **JEREMIAS 1**

1. V. 4-10 e 17-19. O que Deus exigiu de Jeremias, e o que lhe prometeu? Como isto se aplica a você?

2. Qual é a interpretação divina das duas visões de Jeremias?

3. Que aspectos do caráter e atuação de Deus percebemos neste capítulo? Cf. Ef 1.4.

Obs.

1. V. 5. "Escolhi": no sentido de "dei atenção". "Eu o separei." Para profeta, veja v. 9.
2. V. 11. "Ramo": provavelmente significa um galho estreito começando a florir. A palavra para amendoeira tem a mesma raiz da palavra "vigiando" no v. 12. Moffatt traduziu como "árvore-acordada" porque era a primeira a reviver depois da inatividade do inverno.
3. V. 13. A panela fervendo está pronta a despejar seu conteúdo causticante em direção ao sul.
4. V. 15. "O seu trono": isto é, do julgamento.

☐ **ESTUDO 2**   **JEREMIAS 2.1-3.5**

Uma recapitulação da infidelidade de Israel desde o início.

1. De acordo com este texto, quais são os componentes da infidelidade? Compare o início de Israel com sua condição mais tarde. Alguma parte desta história se aplica a você? Cf. Gl 5.7.

2. 2.12,13. "Água viva" significa água fresca de uma fonte insecável. Cf. 6.7; Jo 4.13,14. O que a "fonte de água viva" e as "cisternas rachadas" representam na prática espiritual? Para você a infidelidade é algo tão sério quanto é para Deus?

3. Segundo Jeremias, que resultados daninhos já aconteceram porque a nação se esqueceu de Deus?

Obs.
1. 2.10. "Quitim" era Chipre e as regiões costeiras, e "Quedar" era uma tribo ao leste do Jordão. O versículo significa "busquem do leste ao oeste...".
2. 2.16. "Mênfis" e "Tafnes": cidades do Egito.
3. 2.25. "Não corram teus pés descalços, e tua garganta seca em busca ansiosa por deuses estranhos" (Driver).
4. 3.4. Provavelmente uma alusão ao pretenso arrependimento de muitos durante a reforma de Josias. Cf. 3.10; 2Cr 34.33.

☐ **ESTUDO 3** **JEREMIAS 3.6-4.31**

1. 3.6-20. Qual é a ofensa de Judá? E o que a tornou pior aos olhos de Deus? Como este pecado se revela hoje? Cf. Tg 4.4; 1Jo 5.20,21. O que Deus oferece, e sob que condições?
2. Trace o processo de restauração conforme esboçado em 3.21-4.4. Qual o significado de frases como, "Lavrarem seus campos não arados" e "Purifiquem-se para o Senhor"? Cf. 9.26; Dt 10.16; Rm 2.28,29.
3. 4.5-31. Um retrato vivo da aproximação de um invasor do norte. Qual o papel dele nos planos de Deus?

Obs.
1. 3.8. Uma referência à conquista do norte de Israel em 721 a.C. pelos assírios.
2. 3.10. Veja *Obs.* em 3.4.
3. 3.14. "Senhor". "Mestre" (A21), "Eu vos desposarei" (ARC). Cf. 19,20 para combinação similar de metáforas usando a família.

☐ **ESTUDO 4** **JEREMIAS 5 E 6**

Mais acusações a Judá (5.1-5: todas as classes são igualmente corruptas), avisos sobre o julgamento iminente, e descrições da invasão e seus resultados.

1. Faça uma lista dos pecados mais graves cometidos pelo povo. Corremos o risco de cometer algum deles? Veja especialmente a resposta de Judá à palavra de Deus e aos seus mensageiros.
2. O julgamento era inevitável? Deus não estava disposto a perdoar? O que aprendemos aqui sobre a "bondade e a severidade de Deus" (Rm 11.22)? Cf. Rm 4.4,5.

Obs.
1. 6.1. Tecoa e Bete-Haquerém ficavam a alguns quilômetros ao sul de Jerusalém. O "sinal" (isto é, um farol; cf. Jz 20.38) alertaria o sul, ou talvez guiasse os refugiados de Jerusalém.
2. 6.3. "Pastores vêm com seus rebanhos": significam reis e seus exércitos.
3. 6.16. "Nas encruzilhadas": isto é, Judá tem de retornar às encruzilhadas para voltar ao caminho certo. Cf. 18.15.
4. 6.27-30. A tarefa de Jeremias é descrita como a de um examinador de prata. Mas nenhuma prata pura resulta do processo de refinamento. Cf. 9.7.

☐ **ESTUDO 5**   **JEREMIAS 7.1-8.3**

Muitos acham que este é o discurso que Jeremias fez no quarto ano do reinado de Jeoaquim, como descrito em 26.1-9.

1. Como o texto prova a inutilidade da adoração exterior quando separada da pratica diária da santidade? O que faltava ao povo de Jerusalém? Sua adoração e sua vida estão em sintonia? Cf. Mt 5.23,24.
2. Em nosso viver diário, como acabamos agindo de modo parecido com o que foi repreendido em 7.10? O que está envolvido no ato de o cristão ser "resgatado" ou "salvo"? Cf. Cl 1.13; Tt 2.14; Mt 7.21-23.
3. Como esta passagem ilustra a advertência de Jesus em Lucas 8.18?

Obs.
1. 7.4,8. Confiar na proteção do templo era ilusão. Cf. 1Sm 4.3-11.
2. 7.10b. "Achar que está bem a salvo – salvo para continuar com todas essas práticas abomináveis" (Moffatt).
3. 7.12. Siló provavelmente foi destruída na mesma época da catástrofe registrada em 1Samuel 4.
4. 7.18. "Rainha dos Céus": provavelmente Astarote, uma deusa amplamente adorada no mundo semítico.
5. 7.22,23. Uma afirmação tão categórica ("nada lhes falei...Dei-lhes, entretanto...) é uma expressão hebraica que mostra onde a ênfase é colocada. A essência da aliança feita no Êxodo era obediência, da parte de Israel (11.6.7). Deus não exigiu sacrifício só por exigir – ou para sua própria satisfação – mas para que fosse uma expressão e encarnação da devoção íntima e da obediência ética. Cf. 6.19,20; 11.15; 1Sm 15.22; Is 1.10-17. Onde faltavam estas coisas, o mero ritual exterior era pior do que nada. Assim, em 7.21 as pessoas são obrigadas a comer a carne do sacrifício queimado, que era totalmente oferecido a Deus, como as porções a que tinham direito, dos outros sacrifícios. Vazio de todo e qualquer significado espiritual, era meramente carne, e então podia ser comido. Mas no culto oferecido pelas pessoas purificadas, os sacrifícios teriam novamente seu lugar apropriado. Veja 17.24-26; 33.18.
6. 7.32. "O vale de Bem-Hinom": um vale no lado sul de Jerusalém, onde o lixo da cidade era jogado. O dia virá, anuncia o profeta, quando os mortos serão tantos que precisarão ser enterrados neste lugar impuro.

☐ **ESTUDO 6**   **JEREMIAS 8.4-9.22**

Mais exposição sobre a triste situação moral e espiritual do povo, e descrições do julgamento iminente. O coração de Jeremias está quase aos pedaços.

1. Que acusações específicas Deus faz contra seu povo nestes capítulos? Existe algum traço destes erros em sua própria vida?
2. Note a evidência dos efeitos do pecado no ânimo e prosperidade da nação, de acordo com o texto. Veja por exemplo, 8.14,15,20; 9.5,6.
3. Compare 8.11 com a angústia de Jeremias. Com que equivalentes atuais dos falsos sacerdotes e profetas devemos ter cuidado? Estamos dispostos a sofrer por causa dos outros como Jeremias estava, e continuar a suplicando-lhes como ele fez? Veja 25.3.

Obs.
1. 8.4-7. O pecado de Judá vai contra o curso da natureza. Cf. Is 1.3.
2. 8.20. Talvez um provérbio explicando que agora é tarde demais.

☐ **ESTUDO 7** **JEREMIAS 9.23-10.25**

1. 9.23,24. O que é melhor que sabedoria, poder e riqueza? Cf. também 1Co 1.26-31; Fp 3.8-11. O que você valoriza mais no decorrer da vida?
2. Enumere as características dos ídolos dos pagãos, mencionadas no texto, em contrapartida com o caráter do Deus vivo.
3. Quais as implicações de 10.23,24? Você já aprendeu a viver de acordo com elas? Veja 30.11 e cf. Pv 3.5-7,11,12.

Obs.
1. 9.25,26. Todas essas nações praticavam a circuncisão, mas Judá, apesar de sua circuncisão ser obrigatória para marcar a relação ímpar com Deus, é aqui igualada ao Egito e Edom por causa de seu estado de incircuncisão espiritual (cf. 4.4; Rm 2.28,29), pois trata a circuncisão física com o mesmo descaso que todos eles.
2. 10.11. Veja nota de rodapé da NVI. É provável que tenha sido, originalmente, o comentário marginal de um leitor em resposta à denúncia de idolatria.
3. 10.17. "Pertences": algumas possessões juntadas às pressas para a fuga imediata.
4. 10.21. "Pastores" (A21 e ARC): veja 2.8; 3.15.

☐ **ESTUDO 8** **JEREMIAS 11 E 12**

Estes capítulos se dividem em três partes: 11.1-17, a idolatria obstinada de Judá e a quebra da aliança; 11.18-12.6, reclamação do profeta por causa das maquinações contra sua vida, e a resposta de Deus a seus questionamentos; e 12.7-17, que parece se referir aos ataques dos povos ao redor (veja 2Rs 24.1,2), e termina com uma promessa notável a estas nações, se abandonarem os ídolos e adorarem a Deus.

1. Quais são os componentes "desta aliança" (11.2)? Qual o papel de Deus e o papel do povo? Cf. 2Co 6.14-7.1.
2. O que Jeremias faz com seu atordoamento, e que resposta lhe é dada? Podemos ter a mesma confiança de Jeremias? Note 12.5 e 6 em particular. O que está envolvido na resposta de Deus? Cf. Hb 12.3,4.
3. Jeremias é muitas vezes descrito como uma figura semelhante a Cristo. Ao ler o livro capítulo por capítulo, preste atenção nas semelhanças. Com 11.21 e 12.6, cf. Mc 3.21; Lc 4.24,29; 21.16.

Obs.
1. 11.15. Veja *Obs.* em 7.22,23.
2. 12.13. "Eles" [implícitos na conjugação dos verbos]: isto é, o povo de Judá.

☐ ESTUDO 9   JEREMIAS 13

1. Qual é o propósito do caso do cinto? Que versículo descreve melhor você: o 10 ou o 11?
2. Examine as figuras usadas para descrever o castigo às portas, e seu uso na pregação de hoje. Veja *Obs.* abaixo; e cf. Sl 1.4; 60.3; Is 8.22; 51.17; Mq 3.6,7; Jo 12.35; 2Ts 2.11,12.
3. V. 23. Como o Novo Testamento responde à pergunta? Veja Rm 5.6; 2Co 5.17.

Obs.
1. V. 13,14. "Embriagados", usado em sentido figurado para descrever o medo e a confusão mental, quando as pessoas em pânico se voltarem umas contra as outras.
2. V. 16. "Deem glória ao Senhor": uma expressão hebraica para confissão de pecado, reconhecendo a santidade de Deus, e voltando-se do pecado para a obediência. Cf. Js 7.19; Ml 2.2; Jo 9.24.
3. V. 18: isto é, Joaquim e sua mãe, Neusta (2Rs 24.8,9). Normalmente as rainhas-mães exerciam grande influência na corte.
4. V. 19. "Neguebe" é a área da Palestina ao sul de Berseba.
5. V. 21. Outra tradução diz "ele", isto é, Deus, em vez de "eles" (Driver). Cf. Dt 28.13,44; Lm 1.5.

☐ ESTUDO 10   JEREMIAS 14 E 15

Estes dois capítulos são um tipo de conversa entre Jeremias e Deus. O profeta é levado a orar por causa da seca (14.1-6).

1. Que apelos do povo o profeta coloca diante de Deus em 14.7-9, e o que a resposta de Deus (14.10-12) revela sobre a confissão do povo? Cf. 3.10; 15.6,7; Is 59.1,2. Que outros apelos Jeremias derrama em suas outras duas orações (14.13 e 19-22)? Como Deus responde a cada uma?
2. O profeta, parando de orar pelo povo, rompe num lamento (15.10) e ora por si mesmo (15.15-18). Analise cuidadosamente a resposta de Deus, especialmente nos versículos 19-21. Jeremias conhecia bem a si mesmo? Que novo elemento é acrescentado ao versículo 19? Você já teve uma resposta de oração parecida com esta? Cf. 2Tm 2.19-21.

Obs.
1. 14.7,21. "Por amor do teu nome": o nome de Deus é "sua natureza como revelada na aliança, que é a base principal da oração" (Cunliffe-Jones). Cf. Êx 33.19; 34.5-7.
2. 15.1. Cf. Sl 99.6-8. Moisés (ex. Êx 32.11-14,30-32) e Samuel (ex. 1Sm 7.8,9) foram notáveis em interceder por seu povo.
3. 15.4. Veja 2Rs 21.1-5,16.
4. 15.11. O hebraico é muito difícil, e as traduções da Bíblia diferem consideravelmente umas das outras.
5. 15.12. Referência aos caldeus. Não há esperança de acabar com o poder deles.
6. 15.19. O tom é bastante severo. Jeremias tem de retornar a uma aliança menos dividida.

JEREMIAS 1-25

☐ ESTUDO 11   JEREMIAS 16.1-17.18

1. Imagine como deve ter sido difícil para um homem de natureza afetuosa e compreensiva como Jeremias obedecer às ordens de 16.2,5 e 8. Por que Deus colocou este fardo sobre ele? Em 17.14-18, que outras provações Jeremias teria de sofrer?

2. Como o texto ilustra a afirmação muitas vezes repetida por Jeremias sobre a maneira de Deus lidar com seu povo: "Não o destruirei completamente"? Veja 4.27; 5.10,18; 30.11; 46.28. Cf. Sl 94.14; Rm 11.1-5.

3. Contraste, frase a frase, 17.5 e 6 com 17.7 e 8. Como os versículos 9-13 reforçam a certeza de maldição ou bênção? Examine a si mesmo sob a luz deste contraste. Cf. Sl 146.

Obs.
1. 16.6,7. Hábitos de luto. Cf. Am 8.10; 2Sm 12.17; Pv 31.6b.
2. 17.1,2. "Tábuas dos seus corações": Isto é, no mais íntimo do ser. "Na ponta dos seus altares": uma alusão aos seus sacrifícios idólatras imundos (cf. Lv 4.7,30; e com o v. 2, cf. 2.20). "Postes sagrados": provavelmente imagens de madeira de Asherah, deusa cananeia.
3. 17.15. Cf. 2Pe 3.4,4.

☐ ESTUDO 12   JEREMIAS 17.19-18.23

1. A controvérsia entre Deus e seu povo girou sobre a questão de obediência. Como esta questão foi levada em 17.19-27 a um único teste? Em sua obediência cristã, há problemas desta natureza, que, embora não sejam em si o assunto mais importante, são o ponto central da questão de obediência no momento?

2. Para Jeremias, a condição do povo tornou a destruição do reino inevitável; contudo parece que a destruição envolveu o fracasso dos propósitos de Deus. Como a ilustração do oleiro esclarece este problema (18.1-12)? Que outras lições sobre Deus ela nos ensina? Cf. Ro 9.20,21.

3. Como 18.13-23 revela o preço pago por Jeremias ser o mais fiel representante do Senhor? Cf. Mt 10.24,25,28-33.

Obs.
1. 17.26. "Sefelá": as terras baixas da Palestina entre a planície costeira e as colinas centrais mais altas.
2. 18.14. O hebraico é incerto, mas o significado é claro. As neves do Líbano permanecem, e seus rios não secam; mas o povo de Deus fracassou.
3. 18.18. "Não cessará o ensino da lei": o povo se recusava a acreditar que a situação atual das coisas iria desmoronar.

☐ ESTUDO 13   JEREMIAS 19 E 20

1. Reflita na coragem de Jeremias, e quanto lhe custou entregar a mensagem de 19.1-13. Qual foi sua recompensa imediata? Veja 19.14-20.6.

2. O estresse e a tensão levaram o profeta a um lamento mais amargo do que nunca (20.7-18). Em meio a tudo isto sua fé triunfou na segurança da proteção de Deus, e ele conseguiu entoar seu louvor (20.11-13). Então, mais uma vez ondas de tristeza o afogaram. À luz deste texto, tente mergulhar na solidão, dificuldade e sofrimento da vida de Jeremias. Note especialmente o versículo 9. Você já sentiu esta compulsão quase irresistível de transmitir a palavra de Deus, mesmo quando intimidado pelo preço a ser pago? Cf. At 5.27-29.

Obs.
1. 19.5,6,11b. Veja 7.31-33 e *Obs.* em 7.32.
2. 19.13. "Profanados": isto é, por cadáveres.
3. 20.16. "As cidades": isto é, Sodoma e Gomorra; veja Gn 19.24,25.

☐ **ESTUDO 14**   JEREMIAS 21 E 22

Estes capítulos se referem, cada um por sua vez, aos últimos cinco reis de Judá: Josias (22.15,16), Jeoacaz ou Salum (22.10-12), Jeoaquim (22.13-19), Joaquim ou Conias (22.24-30) e Zedequias (21).

1. A esperança de Zedequias era que Deus operasse um milagre, como havia feito nos dias de Ezequias, pouco menos de um século antes (21.2; 2Cr 32.20-22). O que Jeremias respondeu, e o que isto revela sobre a "oração não respondida"? Cf. 7.16; 11.14; 14.11,12; Is 59.1,2.

2. Capítulo 22. Por que Jeremias condenou a injustiça e opressão? Pense em como esta mensagem de Deus se aplica aos dias de hoje. Será que não somos culpados de conformismo com as perversidades sociais e práticas inescrupulosas de hoje?

3. 22.21. (O reino do norte agiu da mesma forma - veja 3.25.) Examine este versículo que descreve o padrão da história de Judá.

Obs.
1. 22.6. Gileade e Líbano exemplificam prosperidade.
2. 22.20. "Abarim": uma cadeia de montanhas ao sudeste da Palestina.
3. 22.22. "Governantes": veja 2.8.

☐ **ESTUDO 15**   JEREMIAS 23

1. V. 1-8. Como Deus irá lidar com a situação criada pelo erro dos líderes de Judá? Cf. Ez 34.1-16. Quanto do que foi prometido aqui já se realizou? Cf. Jo 10.1-18; Lc 1.32,68-70; 1Co 1.30.

2. O que Jeremias afirma sobre: (a) a vida religiosa, o culto e ministério dos profetas de seus dias; (b) a conduta e o caráter moral deles e (c) a influência deles? Quais as qualidades essenciais àqueles que são chamados a falar em nome de Deus?

Obs.
1. V. 1. "Pastores": veja 2.8.

2. V. 5. "Renovo": melhor, "ramo" ou "broto", isto é, desenvolver de uma nova vida. Cf. 33.15; Is 11.1.
3. V. 7,8. "Um Êxodo novo e mais maravilhoso" (C. R. North).
4. O v. 9 descreve o resultado das palavras de Deus no próprio Jeremias.
5. V. 33-40. O termo hebraico traduzido como "peso" ("carga", A21) também pode significar, figurativamente, uma declaração solene, geralmente de acepção ameaçadora (cf. Is 13.1; 15.1; 17.1). É evidente que o povo andava zombando das afirmações do profeta sobre o termo "pesos". Jeremias usa o termo para repreender os zombadores (v. 33,39), e proíbe seu uso em um contexto tão irreverente.

☐ **ESTUDO 16**   **JEREMIAS 24 E 25**

O capítulo 24 é da época do reinado de Zedequias. O capítulo 25 declara a Judá e às nações vizinhas que elas ficarão sob o poder da Babilônia e sofrerão muitas mortes.

1. Quem são os figos bons e quem são os maus, e o que acontecerá a eles respectivamente? Cf. Ez 11.14-20.
2. 25.1-11. O cumprimento da visão da panela fervendo (1.13-15). Muito do que é dito nestes versículos é encontrado nos capítulos anteriores. Veja ex., 7.6,7,13; 16.9; 18.11,16. Mas o que há de novo aqui?
3. "Para o hebreu, o fator principal na história é a ação do Deus eterno." Ache exemplos desta afirmação no texto de hoje. Dê atenção especial a 25.29. Cf. Am 3.2; 1Pe 4.17,18. Qual é o correlativo de privilégio especial?

Obs.
1. 25.12-14. Estes versículos interrompem a sequência de pensamento, e possivelmente foram introduzidos mais tarde; também a frase "como hoje acontece" no v. 18 (não estão na LXX) e a última frase do v. 26.
2. 25.23. Dedã, Temã e Buz eram tribos do norte da Arábia. Diferentes dos judeus (Lv 19.27), raspavam os lados da testa. Cf. 9.26.

Para os *Estudos 17-35* em Jeremias, veja a página 326.

MATEUS 19-28

☐ **ESTUDO 29**   **MATEUS 19.1-22**

1. Na resposta de Cristo aos fariseus e aos discípulos sobre a questão do casamento (19.1-12), o que ele ensina sobre o papel e a natureza do matrimônio, e quanto ao celibato?
2. V. 16-22. Neste incidente, o que você acha louvável sobre o jovem rico? No entanto, que fatores o levaram a se afastar de Jesus?

☐ ESTUDO 30   MATEUS 19.23-20.28

1. Examine o que Jesus ensinou sobre riquezas e possessões. Com os v. 23-26, cf. Lc 6.24; 8.14; 12.13-21. Verifique o ensino de Paulo em 1Tm 6.7,10,17. Mas observe que Cristo aceitou com alegria a ajuda dos ricos (cf. Lc 8.2,3).
2. O conceito de recompensa tem lugar no serviço cristão? O que os versículos 27-30 ensinam quanto a isto?
3. V. 1-16. Qual é o ensino principal da parábola dos trabalhadores na vinha? O que ela ensina quanto ao legalismo no serviço cristão?
4. Os v. 17-19 são a terceira previsão de Cristo sobre sua morte. Cf. 16.21; 17.22,23. Que novos detalhes são acrescentados aqui? O que os versículos 22 e 25-28 revelam sobre o que Cristo achava do futuro que o aguardava?
5. Como os versículos 20-28 mostram que Jesus não concordava com os discípulos naquele momento? O que o ensino e o exemplo de Cristo requerem de nós?

☐ ESTUDO 31   MATEUS 20.29-21.22

1. Que afirmações sobre a pessoa e a obra de Cristo são aqui: (a) feitas publicamente por Jesus mesmo e (b) reconhecidas abertamente por terceiros? De modo especial, o que provocou indignação e repreensão, ou oração e aclamação? Dá para ficar calado?
2. O que Jesus estava condenando ao limpar o templo (21.12,13), e ao amaldiçoar a figueira (21.18,19)? Se, de igual forma, ele aparecesse em nossa igreja ou examinasse nossa vida, o que veria e diria?

☐ ESTUDO 32   MATEUS 21.23-46

1. V. 23-27. Geralmente as pessoas querem mais explicações ou provas antes de se entregarem a Cristo. Como foi que o próprio Jesus reagiu a isto? Quais os requisitos para recebermos mais esclarecimentos? Cf. Jo 7.17. Como a breve parábola dos versículos 28-32 enfatiza o mesmo ensino?
2. V. 33-44. O que esta parábola ensina quanto ao caráter de Deus, a pessoa de Cristo, a responsabilidade dos seres humanos e a realidade do juízo? Você notou algo importante na reação dos fariseus nos versículos 45,46?

Obs.
Vários manuscritos omitem o v. 44 (nota de rodapé na Bíblia). No entanto, ele afirma que haverá quebrantamento resultante do arrependimento ou do juízo final.

☐ ESTUDO 33   MATEUS 22.1-14

1. O que esta parábola ensina sobre o padrão do ministério de Cristo, e quais os desafios que você vê para o trabalho de evangelismo?

MATEUS 19-28

2. Nos versículos 11-13, qual é, em sua opinião, o significado da veste nupcial? Cf. Zc 3.1-5. Examine nos versículos o equilíbrio entre o convite do evangelho e a exigência de santidade, sem a qual "ninguém verá a Deus" (Hb 12.14).

☐ **ESTUDO 34**   **MATEUS 22.15-46**

1. Compare o ensino de Jesus nos versículos 15-22 com o ensino de Paulo em Romanos 13.1-7, e resuma a responsabilidade do cristão para com o governo.
2. V. 23-33. Em que Jesus fundamenta seu ensino sobre a ressurreição? Que aspectos da vida futura emergem deste ensino?
3. V. 41-46. A contra pergunta de Jesus faz algumas alegações claras. Quais? O salmo 110.1 é citado no v. 44. Examine a repetição do versículo em outras passagens do Novo Testamento. Cf. At 3.33-36; Hb 1.13; 10.11-13. Isto nos garante que verdades e esperanças?

☐ **ESTUDO 35**   **MATEUS 23.1-22**

1. Os v. 1-12 são uma acusação aos fariseus devido à preocupação deles com o reconhecimento pessoal e a aparência exterior. Isto pode acontecer dentro da igreja cristã? De que maneira esta tentação aparece?
2. Note a repetição da palavra "hipócrita" ou "ator". Como isto se revela na atitude dos fariseus para com as pessoas (v. 13-15), e em seus votos e promessas (v. 16-22)? Como evitamos ser iguais a eles?

Obs.
1. V. 5. O filactério era uma caixa pequena de couro contendo porções da lei, amarrada na testa e no braço esquerdo. As vestes tinham quatro franjas, que simbolizavam a lei.
2. V. 15. "Filho do inferno": *Gehenna* em grego, significa "merecedor do castigo após a morte".

☐ **ESTUDO 36**   **MATEUS 23.23-39**

1. Nos v. 23-26 Jesus acusa os fariseus de uma grande falta de harmonia na prática da religião deles. Você poderia citar exemplos atuais desta mesma inclinação perigosa?
2. O capítulo chega ao ponto alto com o ensino de Jesus sobre a inevitabilidade do julgamento (v. 29-39). Mesmo assim, note como o amor de Cristo por Jerusalém é claro. Por que o julgamento seria inevitável?

☐ **ESTUDO 37**   **MATEUS 24.1-31**

1. Qual o padrão recorrente no futuro como antevisto por Jesus nos versículos 1-14? Relacione os aspectos proeminentes e veja como se aplicam aos dias de hoje.

2. De acordo com os ensinos destes versículos, como o cristão deve reagir em tempos de confusão política e catástrofes mundiais? Em que o cristão pode confiar?

Obs.

1. O ensino deste capítulo é resultante das duas perguntas do versículo 3. Para os discípulos, esses eventos seriam contemporâneos. Cristo vê a queda de Jerusalém como um prenúncio do dia de seu retorno. É impossível ser dogmático sobre a divisão do capítulo, uma vez que os dois eventos são muito interligados, mas sugerimos a seguinte. V. 4-14: princípios gerais. V. 15-28: cerco e destruição de Jerusalém. V. 29-31: o dia do retorno de Cristo. V. 32-51: preparação para os dois acontecimentos.
2. O v. 15 se refere a Dn 11.31 e neste contexto parece indicar o hasteamento da bandeira romana nos recintos sagrados do templo
3. V. 27. "Vinda" em grego é *parousia*, significando a visita oficial de um rei. Cf. v. 3,37,39.

☐ **ESTUDO 38**   **MATEUS 24.32-25.13**

1. Que verdades sobre a volta de Cristo são absolutamente certas, e que questões são incertas? Em consequência, qual deve ser a atitude do cristão?
2. A parábola das dez virgens (25.1-13) ensina que haverá uma divisão final. Qual o critério para a divisão? Como nos unimos aos prudentes? Cf. Mt 7.21-27.

☐ **ESTUDO 39**   **MATEUS 25.14-46**

1. V. 14-30. Compare esta parábola com a de Lucas 19.11-27. Qual é a mensagem fundamental das duas? Você consegue distinguir a ênfase particular de cada parábola?
2. V. 31-46. Que afirmações Jesus faz aqui sobre ele mesmo? Como o destino final da humanidade está determinado?
3. O que esta passagem ensina sobre a gravidade do pecado de omissão? O que a ausência de boas obras prova?

Obs.

1. V. 34. Este é o único lugar nos Evangelhos onde Cristo se refere ao Filho do homem como Rei. Sem dúvida alguma, havia um perigo muito grande de o povo interpretar mal este título, então era melhor não usá-lo com frequência.
2. V. 46. "Eterno": o sentido principal não é de duração infinita, mas daquilo que é característico da época vindoura.

☐ **ESTUDO 40**   **MATEUS 26.1-16**

1. Observe a diferença entre a profecia de Cristo nos versículos 1,2 e os planos dos líderes religiosos judeus nos versículos 3-5. Na verdade, as palavras de quem prevaleceram, e por quê? Cf. At 2.23; Sl 33.10,11.
2. Veja nos versículos 6-16 o contraste entre a atitude de Maria — ungiu a Cristo — e a de Judas — vendeu-o. Como isto comprova a verdade de Lucas 2.35b? Quais os motivos por trás destas atitudes tão diferentes?

☐ ESTUDO 41   MATEUS 26.17-29

1. O que a afirmação do versículo 18, "O meu tempo está próximo", mostra sobre o entendimento e o controle que Jesus tinha da situação até mesmo neste momento? Note a repetição de "a hora" (v. 45). Cf. Jo 12.23,27; 13.1. Veja também como o plano predeterminado de Deus e a responsabilidade pessoal do homem aparecem juntos no versículo 24.

2. Na instituição da Ceia do Senhor, Mateus, no versículo 28, comunica a ideia de uma aliança. Como isto se liga a Êxodo 24.6-8 e Jeremias 31.31-34? O que o beber deste cálice deve significar para nós?

☐ ESTUDO 42   MATEUS 26.30-56

1. Como estes versículos mostram a força para realizar a vontade de Deus que Jesus descobriu por meio de seu conhecimento das Escrituras? Observe a frequência com que Jesus citou o Antigo Testamento naquelas últimas horas. O que isto nos ensina quanto à maneira de lidarmos com as exigências do trabalho cristão?

2. Qual a razão especial da agonia de Cristo no jardim? Por que ele agonizou tanto para enfrentar a cruz? Estude esta parte à luz de Hb 5.7-9; 10.4-10; 1Pe 2.24.

3. O que Jesus destaca como a razão para o fracasso dos discípulos no jardim? Pense de quantas maneiras eles falharam naquela noite, e como isto é relevante à nossa situação. Cf. o que Pedro escreveu em 1Pe 5.8,9.

☐ ESTUDO 43   MATEUS 26.57-75

1. As provações de Jesus e de Pedro aconteceram ao mesmo tempo, porém tiveram resultados diferentes. Qual foi a derrota de Pedro, e por que aconteceu? Existe alguma diferença entre a atitude de Pedro e a de Judas?

2. V. 59-68. Por que o julgamento de Jesus não mereceu o nome de justiça? Em contraste, note a majestade de Jesus nesta hora. Em sua opinião, quais as características mais salientes do testemunho dele aqui?

Obs.
V. 64. "Tu mesmo o disseste" é mais do que um "Sim". Revela que Jesus era verdadeiramente Rei, mas não do tipo que Caifás tinha em mente.

☐ ESTUDO 44   MATEUS 27.1-14

1. Que lições sobre o julgamento inevitável do pecado tiramos do relato sobre a morte de Judas? Será que, de algum modo, seríamos tentados a fazer o que Judas fez, ou ele é um caso único?

2. Pondere no silêncio de Jesus nas últimas horas de sua vida. Cf. Lc 23.9. À luz disto, leia 1Pedro 2.21-23 e anote as lições para sua própria vida e seu testemunho.

ESTUDO 45 MATEUS 27.15-31

1. Nestes versículos, os judeus fazem uma escolha infeliz. Dê atenção especial aos versículos 20 e 25. A escolha mostrou o tipo de salvador que desejavam (veja *Obs.* abaixo). Qual foi o resultado da escolha na vida da nação?

2. De quantas maneiras Pilatos tentou escapar de uma decisão sobre Jesus? Cf. Lc 23.7. Leia novamente a pergunta no versículo 22. Não é uma pergunta que nós, também, temos de fazer e responder?

Obs.
V. 16,17. Existe boa evidência textual em favor do nome "Jesus Barrabás". Neste caso, a pergunta do v. 17 é ainda mais significativa. A escolha era entre um falso reivindicador e o Salvador verdadeiro.

ESTUDO 46 MATEUS 27.32-50

1. Quais eram os sofrimentos reais de Cristo? Como os sofrimentos físicos, mentais e espirituais são revelados aqui?

2. Existe alguma verdade na zombaria dos versículos 41-43? Quais? Por que Deus não interveio? Qual o significado por trás do sentimento que Cristo teve de abandono no versículo 46? É possível integrar esta verdade com a de 2Coríntios 5.19: "Deus em Cristo estava reconciliando consigo o mundo"? Veja também 2Co 5.21.

ESTUDO 47 MATEUS 27.51-66

1. O que a cortina rasgada do templo significa (v. 51)? Cf. Hb 9.8; 10.19-23. Qual a ligação entre estas verdades e as manifestações dos versículos 52,53?

2. O que levou José de Arimateia (e Nicodemos, Jo 19.39) a revelar sua fé a essa altura dos acontecimentos? À primeira vista, não é estranho que agora pudessem se associar publicamente com Cristo? Nos propósitos de Deus, o que um enterro assim mostra e torna possível?

Obs.
V. 62. "No dia seguinte, isto é, no sábado": parece que, na preocupação de vigiar o túmulo, os líderes judeus até violaram suas próprias leis sagradas a respeito do sábado.

ESTUDO 48 MATEUS 28.1-20

1. Observe o lugar de primazia de algumas discípulas na história da ressurreição. Por que o lugar de primazia (cf. Jo 14.21)? Contraste o efeito que a notícia da ressurreição causou nos discípulos com a reação dos inimigos de Cristo, registrada nos versículos 11-15. Como isto prova a verdade de Lucas 16.30,31?

2. V. 18-20. Observe o uso das palavras de inclusão, "toda, todas, tudo, sempre", na comissão final de Jesus. Quais as três tarefas dadas à igreja cristã? Estamos sendo obedientes, como deveríamos ser, tendo em vista: (a) a autoridade de Cristo e (b) a promessa de sua presença?

JEREMIAS 26-52

☐ **ESTUDO 17**   **JEREMIAS 26**

Jeoaquim foi um rei bem diferente de Josias. Porém, no início de seu reinado, Deus manda que Jeremias avise o povo para que não se deixe levar a desobediência ainda maior contra ele.

1. Por que Deus enviou seu servo numa missão tão perigosa? Veja o v. 3 e cf. 2Cr 36.15; 2Pe 3.9; Lc 13.34,35.
2. Note as semelhanças entre Jeremias e Jesus (veja *Estudo 8*, pergunta 3; e Mt 16.14); ex. cf. Mt 24.1,2; 26.61; 27.4,24,25. Examine também as experiências de Jeremias e Urias à luz do que Jesus previu a seus discípulos. Cf. Jo 15.18-20; 16.33; 1Pe 4.12,13.

Obs.
1. V. 4-6. É possível que este resumo da advertência de Jeremias esteja mais completo no capítulo 7.
2. V. 18. "Miqueias de Morsete": veja Mq 1.1,14.
3. V. 24. "Aicam, filho de Safã": um dos enviados pelo rei Josias para consultar a profetisa Hulda (2Rs 22.12,13), e pai de Gedaías, que foi governador depois da queda de Jerusalém (40.5,6).

☐ **ESTUDO 18**   **JEREMIAS 27 E 28**

Cinco reis das nações vizinhas buscam a cooperação de Zedequias numa tentativa de se livrarem da opressão da Babilônia. Jeremias é contra o plano.

1. O que Jeremias faz para convencer os cinco reis que é inútil lutar contra a Babilônia? Veja a afirmação que Deus faz sobre si mesmo na mensagem a esses reis pagãos (27.4-7).
2. O que Jeremias condenou na propagação feita pelos profetas?
3. No capítulo 28 encontramos um profeta importante da época atacando Jeremias, e temos a chance de examinar os dois homens bem de perto. Em que aspectos são parecidos e diferentes? Avalie a coragem agora resoluta de Jeremias em prever a aceitação passiva do controle da Babilônia diante de forte oposição religiosa. O que aprendemos com isto?

Obs.
27.16-22. Na época, somente uma parte dos utensílios do templo tinha sido levada para a Babilônia.

☐ **ESTUDO 19**   **JEREMIAS 29**

Os que haviam sido levados ao exílio no primeiro cativeiro, no reinado de Joaquim (2Rs 24.14-16), estavam se agitando por causa dos profetas que anunciavam falsamente que a liberdade estava próxima. Jeremias, contudo, escreveu-lhes uma carta afirmando que o exílio duraria setenta anos.

1. De acordo com Jeremias, quais eram os pensamentos de Deus quanto: (a) aos exilados na Babilônia e (b) a Zedequias e aos que permaneceram em Jerusalém? Com o v. 17, cf. o cap. 24.
2. V. 10-14. O que Deus está fazendo e o que é nosso na restauração prometida? Atenção à iniciativa e soberania divinas em todo o capítulo; na verdade, no livro inteiro. Veja também como seus benefícios devem ser aproveitados.
3. Quais os três profetas mencionados por Jeremias? Que acusações e julgamentos Jeremias faz contra eles?

Obs.
1. V. 24. "Semaías": vemos no v. 31 que ele, também, era profeta.
2. V. 25. "Sofonias": provavelmente o mesmo que em 52.24 é chamado de "sacerdote adjunto", ou seja, é o primeiro depois do sumo sacerdote. Cf. 21.1.

☐ **ESTUDO 20**   Jeremias 30.1-31.26

Veja o Esboço. Este texto é parte de um grupo de profecias. Era uma época de escuridão e desespero, e aparentemente o próprio Jeremias se consolou bastante com a mensagem (31.26).

1. Esta passagem se divide em seções que são todas variantes de um tema: depois do julgamento virá a restauração. Leia 30.1-3,4-11,12-22,23,24; 31.1-9,10-14,15-20,21-22,23-25. Que bênçãos são prometidas?
2. Até que ponto estas bênçãos foram cumpridas? Veja que se referem a Israel e a Judá (30.4; 31.1). Cf. Rm 11.25-27.
3. Medite na grandeza das bênçãos aqui prometidas como sendo totalmente cumpridas só em Cristo. Cf. Jo 7.37,38; 15.9-11; 16.27.

Obs.
1. 30.14. "Todos os seus amantes": isto é, as nações com as quais Israel buscou aliança. Cf. v. 17b.
2. 31.2. "No deserto": denota aqui um lugar de exílio.
3. 31.15. "Raquel, que chora por seus filhos": um quadro vivo dos sofrimentos no exílio. Raquel, mãe de José e Benjamim, é retratada chorando em seu túmulo, que ficava perto de Ramá, quando os exilados passavam ali. Cf. 40.1; também Mt 2.17,18.

☐ **ESTUDO 21**   Jeremias 31.27-40

1. V. 31-34. Se Israel partiu sua aliança com Deus, como será abençoada? Como Deus responde à pergunta? Note as quatro repetições da frase "diz o Senhor", e do pronome "Eu" [subentendido pelo verbo]. Cf. Jo 15.5c.
2. Que quatro aspectos da nova aliança são apresentados em 31.33,34? Com o v. 33, cf. Êx 31.18; 2Co 3.6, e com o v. 34 contraste Êx 20.19. Veja Hb 8.3-13 e 10.14-22 sobre a realização em Cristo.

3. V. 35-40. Como estes versículos mostram a certeza e a integralidade da restauração em Cristo? Veja *Obs.* sobre os v. 39, 40. Cf. 33.20-22.

Obs.
1. V. 28. Cf. 1.10-12.
2. V. 29,30. Parece que entre os exilados, o provérbio do versículo 29 estava sendo citado como se eles, os inocentes, estivessem sofrendo pelos pecados dos pais. A responsabilidade pessoal diante de Deus será parte do novo estado.
3. V. 32. O autor de Hebreus, ao citar este versículo, segue a LXX. Confira Hb 8.9.
4. V. 34. "Conhecerão": não se refere ao conhecimento intelectual, mas à intimidade pessoal.
5. V. 39,40. Não se sabe a localização de Garebe e Goa. O vale de "cadáveres e cinzas" é o vale de Hinom. O significado é que na nova cidade tudo será santo.

☐ **ESTUDO 22**   **JEREMIAS 32 E 33**

1. Quando Deus mandou Jeremias comprar uma propriedade, qual foi sua resposta: (a) imediata (32.9-12) e (b) subsequente (32.16-25)? O que isto nos ensina a fazer quando enfrentamos dificuldades na obediência cristã? Como Deus respondeu à oração de Jeremias? Qual o significado da ordem que ele recebeu para comprar um terreno numa época daquelas?

2. Que bênçãos são prometidas no capítulo 33? Quais delas são para nós também, sob a nova aliança? Ex. com 33.3, cf. Ef 1.17-19a; 1Co 2.9,10.

Obs.
33.1. "No pátio da guarda": os amigos de Jeremias podiam visitá-lo, mas ele não podia sair dali.

☐ **ESTUDO 23**   **JEREMIAS 34**

Dois incidentes ocorridos durante o cerco de Jerusalém no fim do reinado de Zedequias.

1. Sem dúvida alguma, Nabucodonosor achou que ele, com seus exércitos numerosos e poderosos (v. 1), controlava a situação. Mas segundo o texto, quem era o poder controlador, que decidia o destino das cidades e dos reis? Cf. Is 40.15,17,21-24; Lc 3.1,2.

2. Por que a desobediência em libertar os escravos foi condenada de modo tão severo? Cf. Ec 5.4,5; Mt 7.21; 21.28-31a; Lc 9.62. Com o v. 17; cf. 22.16. Será que fiz alguma promessa e ainda não a cumpri?

Obs.
1. V. 2-5. Cf. 32.3-5; 52.11.
2. V. 14. Cf. Dt 15.12-15.
3. V. 17. "Libertação 'pela espada'": isto é, libertação de ser destruído pela subjugação.
4. V. 18,19. A cerimônia do pacto de arrependimento (v. 15) exigia que os participantes caminhassem entre as partes do bezerro que havia sido cortado ao meio (cf. Gn 15.7-18). Com o ritual, estavam pedindo para sofrer morte violenta semelhante, se não cumprissem o prometido. Veja o v. 20.

☐ ESTUDO 24   JEREMIAS 35

Os recabitas eram uma seita ou grupo pequeno que considerava Jonadabe (2Rs 10.15) seu pai ou fundador, e haviam recebido dele a ordem de se absterem de vinho, de construírem moradias e de plantarem lavouras, ou seja, de qualquer marca de civilização. De modo geral, eram nômades, mas, por medo de serem atacados pelos exércitos do norte, refugiaram-se em Jerusalém.

1. Que teste Jeremias, a mandado de Deus, aplicou aos recabitas? Então, que mensagem Deus mandou Jeremias entregar ao povo de Jerusalém?
2. V. 13-17. Analise a frequência desta reclamação: veja 7.13,25,26; 25.3,4,7; 26.4,5; 29.19; 44.4. Você tem o cuidado de prestar atenção ao que Deus lhe diz, por ex., por meio de professores e pastores?
3. Que traços dos recabitas deveriam ser características distintas dos cristãos hoje? Cf. Mt 24.12,13; Hb 10.36,38,39.

☐ ESTUDO 25   JEREMIAS 36

1. Os acontecimentos deste capítulo devem ter sido logo após os do capítulo 26 (compare a data no v. 1 com 26.1). Em sua compaixão, Deus manda Jeremias fazer mais um apelo. Em que aspectos este é diferente do apelo do capítulo 26: (a) em conteúdo, (b) modo em que foi feito e (c) nos resultados?
2. Em sua opinião, por que os príncipes acharam que deveriam contar ao rei (v. 16)? Foi para calar Jeremias (cf. Am 7.10-13) ou na esperança de que o rei ouvisse a palavra de Deus, como Josias fez (2Rs 22.10,11)? Com o v. 24, cf. Is 66.2. Você acha que este foi um momento decisivo para a nação, e os acontecimentos dependiam muito da atitude do rei? Você tem decisões parecidas em sua vida?
3. Compare os versículos 19 e 26. Como você descreve uma atitude ou atividade bem-sucedida de sua parte?

Obs.
1. V. 5. "Estou preso": talvez por medo de ter causado perturbação (cf. o impacto de sua mensagem no templo, no capítulo 26) ou por causa de alguma impureza cerimonial.
2. V. 8. Este versículo resume bem a história dos versículos seguintes. Veja nos v. 1 e 9 o tempo necessário para que o rolo fosse completado. O incidente do capítulo 45 fica entre os v. 8 e 9.

☐ ESTUDO 26   JEREMIAS 37 E 38

Embora o Egito tivesse sido arrasado pelos exércitos da Babilônia em Carquemis vinte anos antes (46.2), o país tinha agora um novo rei, que se opunha aos avanços de Nabucodonosor em direção ao sul. O rei enviou um exército, enquanto Nabucodonosor sitiava Jerusalém, cuja aproximação forçou os caldeus a interromper o cerco. Isto criou muita esperança, contudo Jeremias não se deixou enganar. Os caldeus, ele disse, voltariam e incendiariam a cidade.

1. De que modo estas duas prisões de Jeremias ilustram 1.18,19? A prisão parece ter contribuído para sua segurança (37.21). Podemos esperar ver a bondade de Deus nas experiências mais complicadas? Cf. Sl 23.4; At 27.21-25.
2. O que você acha que foi mais difícil para Jeremias aguentar: os sofrimentos físicos ou os insultos atirados contra ele? Por que ele não decidiu ficar quieto e, assim, livrar-se da condenação? Veja 20.7-11; At 4.18-20; 5.29.
3. O que estes capítulos revelam sobre o caráter de Zedequias? Cf. Pv 29.25a; Tg 1.8.

Obs.
37.12. "Tomar posse de uma propriedade entre seu povo" (Moffatt).

☐ **ESTUDO 27** **JEREMIAS 39-41**
A queda de Jerusalém e os eventos logo a seguir.

1. Qual foi a mensagem de Jeremias a Ebede-Meleque, e por quê? Cf. Mt 10.40-42. Sua fé é prática assim? Cf. Tg 2.21-24.
2. Examine cuidadosamente 40.2,3. O assunto poderia ter sido mais bem resumido do que nestas palavras de um comandante pagão? Cf. Pv 29.1; Is 30.9-14.
3. De modo geral, os cristãos estão sempre prontos a pensar mal dos outros. Gedalias era o oposto. O que aprendemos com seu exemplo? Veja que, como líder público, ele era responsável pelos outros (40.10; 41.10) e também por si mesmo.

Obs.
1. 39.4. "Entre os dois muros" isto é, da cidade, provavelmente "o muro ao longo do lado oeste da colina que ficava ao leste" (Driver).
2. 39.5. "Ribla": bem ao norte, oitenta quilômetros ao sul de Hamate.
3. 41.1. É provável que Ismael estivesse com inveja porque Gedalias foi nomeado governador, e tentou controlar os remanescentes dos judeus (41.10).

☐ **ESTUDO 28** **JEREMIAS 42 E 43**

1. É óbvio que os remanescentes estavam obcecados pelo medo — medo dos caldeus (42.11) e medo da fome (42.16). Diante destes dois males, o Egito parece um lugar seguro (42.14). Mas o que Deus mandou que fizessem? E o que Deus avisou que aconteceria se fossem para o Egito?
2. Por que o povo, apesar da promessa de obedecer a Deus, pega o caminho errado? O que lhes faltava espiritualmente para errarem tão feio assim? Leia com atenção 42.20,21 (veja *Obs. 1* abaixo), e cf. Mt 15.7,8; Hb 3.18,19. O que isto ensina sobre nossa atitude ao buscar a vontade de Deus? Leia 42.6. Será que não erramos por tomar decisões precipitadas? Cf. 43.2
3. Contraste o caráter de Jeremias com o fracasso do povo. Deus lhe havia prometido a mesma coisa que ele prometia agora a esses hebreus (veja 1.18-

19), mas em que a resposta foi diferente no caso de Jeremias? Que características notáveis de Jeremias você vê nestes capítulos?

Obs.
1. 42.21. Jeremias antecipa a resposta que estão para dar sobre a decisão firme de buscar refúgio no Egito. Talvez durante o intervalo (v. 7) a preparação para a fuga já estava em andamento.
2. 43.7. "Tafnes" ficava no braço oeste do Nilo, perto do Mediterrâneo.
3. 43.10-13. Nabucodonosor acabou mesmo invadindo o Egito antes que vinte anos se passassem.

☐ **ESTUDO 29**   **JEREMIAS 44 E 45**

Este é o último registro da vida de Jeremias. O profeta agora velho, exilado no Egito, visita alguns lugares onde seus compatriotas vivem e entrega a última mensagem enviada pelo seu Deus, uma mensagem que rejeitam vigorosamente, trazendo sobre si a própria destruição. O capítulo 45 é um fragmento bem mais antigo, do quarto ano do reinado de Jeoaquim (veja *Obs.* sobre 36.8).

1. Como você resumiria a mensagem de Jeremias em 44.2-14? Segundo a resposta do povo, qual era sua condição espiritual (cf. 17.9; Is 44.20)? E qual foi a mensagem final de Deus por meio de seu servo? Cf. 1Jo 5.21.

2. 44.17,18,21-23. Existem aqui duas interpretações divergentes sobre o passado recente de Judá. Aparentemente o ponto de vista dos idólatras tem muita razão de ser. Judá só teve problemas e catástrofes, e nada mais, desde a reforma de Josias. Será que acontecimentos externos podem, por si sós, determinar qual é a melhor alternativa? Existe sempre correspondência imediata entre santidade e prosperidade? Cf. Sl 73.

3. Capítulo 45. Baruque vinha de uma família nobre. Seu irmão Seraías era oficial importante do rei (veja 51.59), e o próprio Baruque tinha lá suas ambições (45.5). Sua tarefa para Jeremias iria lhe revelar a destruição da cidade e do reino. Quais foram suas reações naturais? Qual foi a mensagem de Deus para ele, e que lições tiramos para nossas vidas? A aflição de Baruque era maior que a de Deus por ter de lidar com seu povo (v. 4)? Cf. Mc 10.24,25a,42-45.

Obs.
1. 44.1. As três cidades representam povoados no norte do Egito, e Patros foi o nome dado ao Alto Egito (isto é, do sul).
2. 44.17. "Rainha dos Céus": veja Obs. sobre 7.18 (*Estudo 5, Obs. 4*).

☐ **ESTUDO 30**   **JEREMIAS 46-47**

O capítulo 46.1 é uma introdução aos capítulos 46-51 (veja *Esboço*). O capítulo 46 se divide em três seções: v. 2-12 (descreve a luta do Egito pelo poder e sua derrota nas mãos dos caldeus em Carquemis); v. 13-26 (profecia sobre a invasão do Egito por Nabucodonosor); e v. 27,28 (mensagem de consolo para Israel: veja

JEREMIAS 26-52

estes versículos em seu cenário original em 30.10,11). O capítulo 47 prevê a conquista da Palestina pelos caldeus.

1. Leia cada seção em voz alta, talvez numa tradução diferente da Bíblia, para observar o ritmo e a força das declarações. Qual a relação do Deus de Israel com o conflito desses dois poderes extraordinários? Cf. 46.10,15,25-26; 47.4,6,7. Veja que o povo de Deus não está diretamente envolvido. Cf. Am 9.7; Is 40.15,17,23; 41.2. O que isto revela sobre o controle que Deus exerce na história de todas as nações do mundo, mesmo que este controle esteja escondido de nossos olhos? Cf. Sl 22.28.

2. Como o Egito é descrito: (a) antes da batalha, (b) depois dela e (c) durante a invasão? Compare tudo isto com sua arrogância em 46.8, e leia novamente 9.23-26.

Obs.
46.16. "Eles dizem": deve se referir aos colonos ou comerciantes estrangeiros no Egito, ou mercenários estrangeiros (v. 21).

☐ **ESTUDO 31**   **JEREMIAS 48**

Durante a vida de Jeremias, Moabe estava aliado aos caldeus contra Judá no reinado de Jeoaquim (2Rs 24.2; cf. Jr 12); e mais tarde, no reinado de Zedequias, discutiu com outras nações sobre a possibilidade de revolta contra a Babilônia (27.1-11).

1. O capítulo pode ser dividido em cinco seções: v. 1-10, v. 11-20, v. 21-27, v. 28-39, v. 40-47. Que título você daria para cada seção, resumindo seu conteúdo?

2. Segundo o v. 11, qual o motivo do julgamento? Que advertência devemos tomar para nós mesmos? Cf. Dt 8.11-18; Is 47.8-11; Am 6.1-7; Sf 1.12. Que outros motivos para o julgamento este capítulo apresenta?

Obs.
1. A lista grande de nomes se refere ao território moabita. Alguns lugares não foram identificados, incluindo Madmém (v. 2; a LXX diz: "Mas você, isto é, Moabe, será silenciada").
2. V. 7,13. "Camos": o deus de Moabe. "Betel, em quem confiava": veja Am 5.5; 7.10-13 para o culto falso em Betel. Betel significa "casa de Deus", e também pode haver uma alusão à falsa confiança no templo; veja Jr 7.1-15.
3. V. 11,12. Um exemplo tirado da produção do suco de uva. Ele é deixado num barril até que resíduos se formem no fundo; a seguir, o líquido é despejado em outro barril, e o processo se repete até que o líquido fique claro. Moabe não sofreu este processo de purificação e, portanto, continua com seu caráter tosco original.
4. V. 26. "Embriaguem-na": isto é, façam-na cambaleante de susto e desesperada de dor. Cf. 13.13 (e veja *Estudo 9, Obs. 1*); 25.16.

☐ **ESTUDO 32**   **JEREMIAS 49.1-33**

Este capítulo traz profecias acerca de quatro nações vizinhas: Amom (v. 1-6), Edom (v. 7-22), Damasco (v. 23-27) e Quedar e os reinos de Hazor (v. 28-33).

Amom estava unido a Moabe nos dois incidentes mencionados na introdução do capítulo 48. O antagonismo entre Israel e Edom era coisa antiga, e Edom havia se aproveitado da queda de Jerusalém em 587 a.C. e ocupora as cidades do sul de Judá (Ob 10-14). Edom também cogitou se revoltar contra a Babilônia (27.3). Quedar era uma tribo árabe nômade, e Hazor é provavelmente uma referência coletiva à região ocupada por árabes seminômades (cf. 25.23,24).

1. Qual o pecado de Amom contra Israel? Cf. Am 1.13; Êx 20.17; Lc 12.15. Em que colocava sua confiança? Cf. 48.7; Pv 10.28; Mc 10.23,24. Qual seria seu castigo?
2. Note as metáforas descritivas da severidade do castigo de Edom, como, por exemplo, nos versículos 9,10,19,20. Veja, também, sua abrangência, que vai de Temã e Bozra, no norte, a Dedã, sul de Edom na Arábia. Por que o julgamento contra Edom (descendente de Esaú) é tão severo? Cf. v. 16; Mq 1.2-4; Hb 12.16,17.
3. Os pecados que resultaram no julgamento de Damasco e Quedar não são especificados. Leia novamente 25.15-38, e anote os motivos para o julgamento das nações mencionadas neste capítulo.

Obs.
1. V. 1,3. "Moloque" era um deus nacional dos amonitas. Estes tiraram proveito da deportação dos gaditas pelos assírios em 733-732 a.C. (2Rs 15.29).
2. V. 3. "Moradores": referência às cidades e vilas que buscavam a liderança de Rabá. No v. 4 "filha" se refere ao povo todo.
3. V. 8. "Escondam-se em cavernas profundas": isto é, ocultam-se de qualquer observação. Cf. v. 30.
4. V. 19,20. A figura de um leão saindo da floresta à beira do Jordão e fazendo o que bem entende com o rebanho, sem que nenhum pastor o desafie.

☐ **ESTUDO 33**   JEREMIAS **49.34-50.46**

Elão era um país ao norte do Golfo Persa e ao leste da Babilônia. Esta profecia, feita logo após a primeira deportação de Judá em 597, certamente adverte os exilados contra qualquer esperança de liberdade. Jeremias olhou adiante, além do castigo do qual a Babilônia era instrumento, e anteviu que a própria Babilônia seria julgada. O capítulo 50 pode ser dividido assim: queda da Babilônia (v. 1-3); mensagem de conforto a Israel (v. 4-7); declaração renovada do castigo da Babilônia (v. 8-13); chamado para que os ataques sejam iniciados (v. 14-16); a volta de Israel para casa e para seu Deus (v. 17-20); os invasores são incentivados a continuar (v. 21-28,29-34,35-40); descrição dos invasores (41-46).

1. Por que o povo de Deus será restaurado?
2. Pondere na grande verdade que, embora Deus possa usar uma nação como seu instrumento, isto não a absolve de responsabilidade perante ele. Por que a

Babilônia não receberia misericórdia? Veja especificamente os v. 7,11-15,24-25,27-29,31; Is 14.5,6,17; 47.6,7; 51.22,23; Lm 1.7.

Obs.
1. 50.2. "Bel" e "Marduque" são nomes para o deus supremo da Babilônia.
2. 50.7. Cf. 40.3.
3. 50.16. Referência aos estrangeiros na Babilônia. Cf. 46.16 e *Obs.*
4. 50.21. "Merataim" (talvez um nome para o sul da Babilônia) e "Pecode" (povo do leste da Babilônia) talvez sejam usados porque são bem próximos dos termos hebraicos para "rebelião dupla" (ou "amargura") e "punição" (ou "visitação"), respectivamente.
5. 50.36a. Cf. 44.25.

☐ **ESTUDO 34**   **JEREMIAS 51.1-58**

Este capítulo pode ser dividido assim: o castigo da Babilônia e a vindicação de Israel (v. 1-10); a convocação para que os invasores continuem atacando (v. 11-14); o contraste entre Deus e os ídolos (v. 15-19); a ira violenta de Deus contra a Babilônia (v. 20-26); a tomada da cidade (v. 27-33); Israel é vingada: que ela se apresse a fugir (v. 34-57); o resumo do castigo de Deus sobre a Babilônia (v. 58).

1. Nos tempos de prosperidade da Babilônia seus deuses pareciam fortes e poderosos; mas agora, na sua queda, o que aconteceu com eles? Veja os v. 15-19, e cf. 1,2; Sl 146.5-10.
2. De acordo com os capítulos 50 e 51, quais foram os pecados da Babilônia que resultaram em um castigo tão terrível contra ela? Até que ponto estes pecados são prevalecentes hoje?

Obs.
1. V. 1. Veja rodapé da NVI. Em hebraico, significa literalmente, "o coração daqueles que se levantam contra mim".
2. V. 3a. O hebraico é difícil. Ou significa que os defensores da Babilônia não devem se preocupar em lutar, pois não vai adiantar nada, ou o texto deve ser corrigido, com a omissão dos negativos, por exemplo.
3. V. 20. Referência a Ciro, o conquistador da Babilônia.
4. V. 27. "Ararate, Mini e Asquenaz" eram três povos ao norte da Babilônia que foram conquistados, bem antes, pelo império Medo.
5. V. 36. "O seu mar": talvez uma referência ao grande lago que Nabucodonosor construiu como defesa da cidade, ou talvez ao Eufrates.
6. V. 55a. "Silenciará seu grande ruído": isto é, o barulho da grande cidade. V. 55b se refere ao ruído dos invasores.
7. V. 58c. "Assim termina a labuta das grandes nações; termina em fumaça, e os pagãos sofrem em vão" (Moffatt).

☐ **ESTUDO 35**   **JEREMIAS 51.59-52.34**

1. 51.59-64. Veja a data deste acontecimento. Naquela época, a Babilônia estava chegando ao auge de seu poder e glória, e Jeremias tinha certeza de que ela governaria suprema entre as nações. Veja o capítulo 28, que é do mesmo ano.

Então, como essa tarefa que Jeremias deu a Seraías ilustra a verdade de Hebreus 11.1, de que a "fé é a prova das coisas que não vemos".

2. O capítulo 52 é bem parecido com 2Reis 24.18-25.30. Ele narra outra vez a queda de Jerusalém, a destruição do templo e o cativeiro do povo, talvez para enfatizar como as palavras de Jeremias foram totalmente cumpridas. Por exemplo, compare o v. 3 com 7.15; o v. 6 com 14.15-18; os v. 8-11 com 34.3; o v. 13 com 7.14; 9.11; 19.13; 32.28,29; o v. 15 com 16.9-13; 21.9; os v. 18,19 com 27.19-22. Veja 1.12. Você acredita nisto, e vive de acordo com isto?

Obs.
52.24. "Os três guardas das portas": significa três altos oficiais do templo que eram responsáveis pelas três portas.

LAMENTAÇÕES

Introdução

O livro de Lamentações é composto de cinco cânticos ou elegias, cujos temas são os sofrimentos de Judá e Jerusalém durante o cerco e destruição da cidade. A causa destas tragédias é o pecado do povo, pecado que trouxe a ira de Deus sobre ele. Os cânticos contêm confissões de pecado, afirmações de fé e esperança, e oração para o retorno do favor de Deus.

A tradição da época da LXX diz que o profeta Jeremias é o autor de Lamentações. No entanto, na Bíblia Hebraica o livro é de autoria anônima, e não está entre "Os Profetas", mas na seção conhecida como "Os Escritos". Sem dúvida nenhuma, o livro mostra afinidades com Jeremias. Os capítulos 1-4 parecem ser o relato de alguém que testemunhou a queda de Jerusalém; se não foi o próprio Jeremias, foi um ou mais de seus colaboradores, como Baruque, por exemplo. O capítulo 5 provavelmente foi escrito um pouco mais tarde.

Os cânticos são escritos em forma de acrósticos. Nos capítulos 1,2 e 4 cada versículo é iniciado com uma letra diferente do alfabeto hebraico, e assim vai até o fim. No poema do capítulo 3 há vinte e dois grupos de três versos cada um, e cada verso de cada grupo começa com a mesma letra do alfabeto, em ordem. O capítulo 5 não é escrito em forma de acróstico. O acróstico é parcialmente uma ajuda à memorização, mas também parece dar um sentido de inteireza à confissão do pecado e sofrimento.

LAMENTAÇÕES

Esboço

1. Tristezas profundas de Jerusalém e confissão pesarosa do pecado
2. Deus tem agido de acordo com sua palavra. Busque-o em oração
3. O autor, em nome da nação, derrama sua dor perante Deus, e, permanecendo no Senhor, suplica fervorosamente por ajuda
4. As calamidades do cerco. A culpa dos profetas e dos sacerdotes
   A captura da cidade
5. Oração descrevendo o sofrimento da nação, fazendo confissão do pecado e implorando salvação

☐ **ESTUDO 1** LAMENTAÇÕES 1

Os versículos 1-11 descrevem o povo da aliança na figura de uma viúva. A segunda metade do capítulo é um lamento da própria viúva.

1. Que ingredientes compõem o cálice de amargura de Jerusalém, como, por exemplo, solidão, privação, infortúnio, etc? Faça uma lista deles. Como e por que Jerusalém chegou a uma situação destas? Veja especialmente os versículos 5,8,9,12,14,17, 18,20; e cf. Hb 10.29-31; Lv 26.27-33.

2. Existe alguma nota de ressentimento na reclamação? "O sentimento de tragédia é intensificado pelo reconhecimento de que ela é inevitável." O que é louvável neste capítulo? Note o versículo 18, e cf. Sl 51.3,4; Dn 9.6-8; Rm 3.4-6.

Obs.
1. V. 2. "Amantes...amigos": isto é, povos vizinhos com quem ela fez aliança. Cf. Jr 30.14.
2. V. 6. "Seus líderes...": cf. Jr 39.4,5.

☐ **ESTUDO 2** LAMENTAÇÕES 2

Os versículos 1-9 tratam particularmente da destruição dos edifícios em Judá e Jerusalém, e o resto do capítulo fala dos sofrimentos das várias classes de moradores.

1. Tente imaginar a desolação aqui retratada e a intensidade do sofrimento do povo. Cf. 1.12. O que é dito sobre a "mão direita" de Deus nos versículos 3,4? Contraste com passagens tais como Êxodo 15.6,12 e Salmos 63.8; 139.10.

2. Que evidência temos neste capítulo de que a tragédia do julgamento já está produzindo resultados? Cf. 2Cr 7.13,14. Será que nós, como filhos de Deus, reagimos como deveríamos quando ele nos disciplina?

Obs.
1. V. 2. "Habitações": isto é, residências fora da cidade, em oposição às "fortalezas".
2. V. 4. "Tenda", aqui indica a cidade.
3. O v. 6a se refere ao templo. "Ele destruiu seu tabernáculo como se fosse um gazebo de jardim" (Gottwald).
4. V. 22a. Em vez de convocar os adoradores para uma festa, Deus convocou "terrores por todos os lados", assim ninguém de seu povo escapou. Cf. Is 28.21.

ESTUDO 3   LAMENTAÇÕES 3

1. Nos versículos 1-20 o poeta, falando em nome do povo, derrama seu coração como "água na presença do Senhor" (2.19). Repare na transição da tristeza para a esperança, no versículo 21. O que causou a mudança? As experiências dos salmistas nos Salmos 42.1-5 e 73.16,17a oferecem alguma sugestão?

2. Observe como é notável aqui, nos versículos 22-42, as expressões generosas de segurança em relação às misericórdias do Senhor. Quais aspectos do caráter de Deus são mais enfatizados nestes versículos, e qual deve ser nossa disposição mental e espiritual nos momentos de aflição e castigo? Cf. Joel 2.12-14. Por que é tanto errado como tolice reclamar e murmurar durante a correção (v. 37-39)? Cf. Jr 5.19-24; Pv 19.3.

3. Nos versículos 43-54 o poeta, falando em nome do povo, derrama novamente seu coração perante o Senhor e, tendo feito isto, é fortalecido para orar de novo, e é confortado. Qual é a oração dele (v. 55-66)? Que fatores na situação do poeta talvez nos impeçam de julgar muito duramente sua oração por vingança?

Obs.
1. V. 20. Uma leitura alternativa é: "Tu certamente te lembrarás e te encurvarás diante de mim" (Gottwald).
2. V. 38. "Desgraças": cf. Am 3.6; Is 45.7.
3. V. 63. Cf. Jó 30.9.

ESTUDO 4   LAMENTAÇÕES 4

1. Faça uma lista das declarações neste capítulo que enfatizam a extraordinária severidade do castigo divino. Repare como todas as camadas da sociedade serão afetadas. De acordo com o texto, qual a causa principal de uma calamidade deste porte? Cf. Jr 23.9-14.

2. Com o versículo 17, cf. Jr 2.36, 37; 37.7,8; e com o versículo 20, cf. Sl 146.3,4; Jr 17.5.6.

Obs.
V. 20. Referência ao rei Zedequias; cf. Jr 39.4-7.

ESTUDO 5   LAMENTAÇÕES 5

1. Com base neste capítulo, como você deduziria que ele foi escrito algum tempo depois da queda de Jerusalém? Como você resumiria as condições da terra? Como este capítulo exemplifica Hebreus 12.11? Compare o estado de espírito do povo com o que disseram anteriormente (Jr 5.11,12; 18.18). O que ainda lhes faltava?

2. Com o versículo 16, cf. Jr 13.18, e com o versículo 21, cf. Jr 31.18. Imagine quanto a palavra de Deus falada anteriormente por Jeremias significava para o povo numa hora dessas. Cf. Jo 13.19; 14.29; 16.4.

Obs.
V. 9. Referência ao perigo de ataque: dos assaltantes do deserto quando o povo se aventurava a colher na lavoura.

FILIPENSES

Introdução

Paulo tinha um amor especial pelos cristãos da igreja de Filipos (veja 1.8; 4.1). Desde o início, participaram dos trabalhos e sofrimentos dele com apoio financeiro, oração e interesse pessoal (1.5,19; 4.15,16). Pouco antes de a carta ser escrita, os filipenses haviam encorajado bastante o apóstolo ao lhe enviar uma oferta a Roma, onde ele estava preso (4.10,14,18). Esta carta é marcada de maneira incomum pela afeição pessoal aos leitores, e consiste amplamente de um relato da experiência íntima de Paulo com Cristo, fazendo referência especial às circunstâncias do apóstolo como prisioneiro.

A igreja de Filipos parece ter estado excepcionalmente livre de erro doutrinário sério e falhas morais. Ao mesmo tempo havia ameaça de perigos. Estava havendo certo atrito entre alguns membros da igreja, e no início da carta Paulo enfatiza a importância de pensarem de igual modo no Senhor. Também os adverte contra outros perigos, e insiste em que se firmem em Cristo. É nesta situação que ocorrem os textos doutrinários principais da carta, a saber, em 2.5-11 e 3.1-21.

A carta é dominada pelo espírito de alegria e paz, e é um testemunho extraordinário do poder de Cristo de levar a pessoa abatida pelas preocupações e sofrimentos do mundo a se regozijar e se contentar no Senhor Jesus.

Esboço

1.1,2	Saudações
1.3-7	Agradecimentos
1.8-11	Oração
1.12-26	As circunstâncias atuais e a perspectiva de Paulo
1.27-2.18	Encorajamento para que os filipenses vivam de modo correto
2.19-30	Planos futuros
3.1-21	Advertências contra os perigos ao redor. A fé e o alvo do cristão são exemplificados pela vida de Paulo
4.1-9	Outras marcas de um cristão
4.10-20	Agradecimento pela oferta dos filipenses
4.21-23	Saudações finais e bênção apostólica

☐ **ESTUDO 1**   FILIPENSES 1.1-11

1. V. 3-7. Por que a alegria que Paulo sente ao se lembrar dos filipenses é tão singular? Cf. At 16.22; 1Ts 2.2. Como compensaram o tratamento que Paulo recebeu no começo? O que lhe deu a certeza de que agora eles permaneceriam no caminho certo?

2. V. 8-11. O apóstolo ora para que os filipenses façam dois preparativos para a volta de Cristo. Quais são? Mas são eles mesmos que devem fazer os preparativos? Cf. 2.12,13. Como esta preparação irá se refletir no caráter e comportamento deles? Em suas palavras, exprima as petições de Paulo pelos filipenses, e aplique-as às suas orações.

3. Faça uma lista dos versículos em que Paulo enfatiza que está escrevendo para todos os cristãos de Filipos. (Veja especialmente os v. 1,3,7,8.) Alguma parte da carta revela um motivo para isto?

Obs.
1. V. 1. "Santos": um nome para o povo de Cristo como "consagrados" ou separados para o serviço de Deus e pertencer a ele.
2. V. 5. Veja 4.15,16.
3. V. 6. "O dia de Cristo Jesus": isto é, o dia de sua manifestação em glória, à luz do qual a verdade sobre os homens será revelada. Cf. 2.16; 1Co 1.7,8; 3.13; 2Ts 1.9,10.

☐ **ESTUDO 2**   FILIPENSES 1.12-26

1. As coisas que aconteceram a Paulo devem ter parecido uma calamidade àqueles que o amavam. Por que ele viu a situação de modo diferente? O que a atitude de Paulo ensina a respeito do sofrimento?

2. Como cristão, qual foi a atitude de Paulo em relação: (a) à vida e (b) à morte. Por que razões ele escolheu uma em vez da outra? Quais eram suas preocupações maiores? Você encara todas as situações deste mesmo jeito?

3. De acordo com estes versículos, Paulo resistiu, sem vacilar, a que tentação no serviço cristão? Como outros sucumbiram? Qual era a intenção destes pregadores em relação a Paulo? De que forma a mesma tentação nos sobrevém? Qual deve ser nossa maior razão de alegria? Cf. Jo 3.25-30.

☐ **ESTUDO 3**   FILIPENSES 1.27-2.18

1. Relacione as coisas: (a) a serem desejadas e (b) a serem evitadas naqueles que são membros de um grupo cristão. Depois ore e, pela graça de Deus, decida que elas serão: (a) realizadas e (b) evitadas em sua comunhão cristã. Note especialmente a conexão direta entre estas coisas e o testemunho daqueles que não são cristãos?

2. Quais as duas qualidades do caráter e da conduta pessoal, mostradas aqui, foram exemplificadas de modo extraordinário na encarnação e obra redentora

do Filho de Deus? De onde vem nossa esperança de ter e expressar as mesmas qualidades? Em consequência, como devemos agir?

3. Por que a desunião entre os crentes envergonha o evangelho? O que Paulo ensina sobre: (a) o motivo da união e (b) o poder pelo qual ela é alcançada?

Obs.
2.6-11. De modo geral, acredita-se que estes versículos citados por Paulo são de um antigo hino que fazia parte do credo. Vale a pena memorizá-los e estudá-los mais profundamente.

☐ **ESTUDO 4**   **FILIPENSES 2.19-30**

1. O que é dito, ou pode ser deduzido, sobre o caráter e a carreira de Epafrodito? Examine cuidadosamente como os dois obreiros mencionados exemplificam as virtudes consideradas no estudo anterior, ou seja, os dois tinham a mente de Cristo. Compare os v. 20,21 com 4,5; e v. 29,30 com 5-8. Examine sua própria vida à luz destes padrões.

2. Que frase é repetida três vezes neste texto e muitas outras vezes na carta? Que indício encontramos em 4.2 como um motivo para a repetição? Nossas esperanças para o futuro e nossos relacionamentos estão sob a mesma influência que as de Paulo?

☐ **ESTUDO 5**   **FILIPENSES 3.1-11**

Paulo muda de assunto — talvez, como muitos acham, retornando aos escritos após uma pausa. O assunto agora é o caráter essencial da vida cristã desde seu começo na justificação pela fé até sua gloriosa consumação na vinda de Jesus; e Paulo ilustra o tema com sua própria vida.

1. O versículo 3 apresenta três características do verdadeiro povo de Deus. Quais? Até que ponto são verdadeiras a meu respeito?

2. Examine com cuidado as razões que Paulo enumera nos versículos 4-6 para "confiar na carne". Será que em nossas igrejas não existem pessoas que esperam ser salvas nas mesmas bases? Em contraste a isto tudo, qual é a situação do crente verdadeiro? Segundo Paulo, quem quer ser cristão deve escolher o quê?

3. A fé em Cristo como única base para a aceitação por Deus levou, no caso de Paulo, a um imenso desejo de conhecer a Cristo; nada mais lhe parecia valioso (v. 8,9). Em que dois aspectos ele queria um conhecimento mais profundo (v. 10), e por quê (v. 11)?

Obs.
1. V. 2. Note o enfático "Cuidado", repetido três vezes. Um termo que significa "incisão" ou "mutilação" é usado aqui em vez de "circuncisão", porque a circuncisão na qual insistiam era prejudicial, e nada útil, ao bem-estar espiritual. Cf. Gl 5.2-4; 6.12-15.

2. V. 3,4. "Confiança alguma na carne": isto é, esperança em aparência exterior e mérito pessoal. "Nós é que somos a circuncisão": ou seja, o verdadeiro povo de Deus. Cf. Rm 2.17,23,28,29.

☐ **ESTUDO 6**   **FILIPENSES 3.12-21**

1. V. 12-17. Quando a pessoa sabe que está "salva" ou "justificada", qual deve ser sua atitude na vida? Mesmo depois de se tornar um cristão "maduro", o que deve dominar seus pensamentos? Que atitude nunca é justificada? Em vista disso, como devo agir?

2. V. 18-21. Qual deve ser o ponto de vista, interesse e expectativa do cristão, e por quê? Em contraste, que tipo de apetite e interesse domina algumas pessoas? Que diferença a cruz de Cristo deve fazer em minha vida diária? Cf. Gl 5.24; 6.14.

Obs.
1. V. 12,15. "Aperfeiçoada" ou "maturidade": o termo grego significa "ter alcançado o objetivo". Era usado em relação a pessoas adultas ou amadurecidas.
2. V. 20. A ideia é que os cristãos aqui no mundo são um grupo de cidadãos celestiais, assim como os filipenses se orgulhavam de ser um grupo de cidadãos romanos. Cf. At 16.12,21.

☐ **ESTUDO 7**   **FILIPENSES 4**

1. Veja em detalhes como o relacionamento do crente com Jesus deve fazer diferença em: (a) sua condição, (b) sua atitude diante da vida e (c) seu relacionamento com as pessoas. Note a importância da mente e de seu uso correto; repare no que Deus pode fazer com nossos pensamentos. Cf. Is 26.3. Examine sua vida e descubra como Cristo pode fazer você "diferente".

2. Que ensino está implícito neste capítulo quanto: (a) aos laços criados pela oferta cristã; (b) à necessidade de ofertar regularmente; (c) a maneira de Deus ver esta oferta e (d) como Deus a recompensa? Cf. Lc 6.38.

Obs.
1. V. 5. "Perto está o Senhor": pode significar que o Senhor está perto, ao lado deles (cf. Sl 119.151), ou que seu retorno é iminente.
2. V. 18. "Oferta de aroma suave" ou "cheiro de suavidade" (ARC): uma frase usada no Antigo Testamento para as ofertas que eram aceitas. Cf. Gn 8.21; Lv 1.9,13; Ef 5.2.

EZEQUIEL 1-32

Introdução

Ezequiel estava entre as muitas pessoas que foram levadas por Nabucodonosor no primeiro cativeiro, geralmente conhecido como o cativeiro do rei Joaquim (ex., 1.2), porque este mesmo fazia parte do grupo. Isto aconteceu em 597 a.C., onze anos antes de Jerusalém ser de fato destruída.

Ezequiel era sacerdote e também profeta. Começou a profetizar em 592 a.C. e continuou até pelo menos 570 a.C. Veja 1.2 e 29.17. Seu ministério foi dividido entre dois períodos distintos pela destruição de Jerusalém (586 a.C.). Antes disso, sua tarefa dolorosa foi, para a desilusão dos companheiros de exílio, anunciar que todas as esperanças de libertação antecipada da cidade e de volta rápida para casa eram em vão. Jerusalém teria de ser destruída. Depois disto, a característica de seu ministério mudou totalmente. Ele tentou repreender o desespero e oferecer consolo e esperança por meio de promessas de libertação e restauração futuras.

Testemunhar com o objetivo de, primeiro, acabar com as esperanças naturais do ser humano e, depois, acabar com o seu desespero inevitável, é uma tarefa que só pode ser aceita e cumprida sob ordem e por inspiração de um mandado divino. Tal mandado foi a força propulsora de Ezequiel. Sua vida inteira foi dominada pelo senso de vocação e responsabilidade de um profeta – como mensageiro de Deus aos seus compatriotas. Necessidade parecida é colocada sobre nós para que sejamos testemunhas de Deus, e a verdade essencial da mensagem de Ezequiel deve ser a verdade imutável para nós mesmos. Por que Deus é justo, o pecado tem de ser punido; as coisas antigas têm que ficar para trás. Mas porque Deus é bondoso, e providenciou a salvação para os pecadores, há um evangelho de esperança para os desesperançados; em Cristo tudo se torna novo.

Esboço

1.1-3.21	Chamado e comissão de Ezequiel	
3.22-24.27	Profecias sobre a destruição da cidade e da nação (anunciada antes da queda de Jerusalém)	
	3.22-7.27	Representações simbólicas prevendo a queda de Jerusalém, e suas interpretações
	8-11	Afastamento simbólico de Deus do templo por causa da idolatria
	12-23	Provas específicas da necessidade de castigo
	24	Último símbolo da dispersão do povo e sua purificação por meio do exílio
25-32	Previsões contra as sete nações pagãs: Amom, Moabe, Edom, Filistia, Tiro, Sidom, Egito	
33-39	Profecias sobre a restauração da nação (anunciada depois da queda de Jerusalém)	
	33,34	As condições morais para a entrada no novo reino
	35.1-36.15	A terra deve ser resgatada das mãos inimigas
	36.16-37.28	A nação deve ser restaurada, purificada, revitalizada e reunida
	38,39	A vitória final de Deus
40-48	Uma visão simbolizando o estado ideal de Israel como povo de Deus	

☐ **ESTUDO 1**   **Ezequiel 1**

A visão neste capítulo foi de suma importância na vida de Ezequiel. Não só marcou a ocasião em que foi chamado para ser profeta, mas também foi o instrumento que lhe revelou um novo conceito de Deus, e que moldou seu ministério profético.

1. Ao passo que a visão da carruagem-trono de Deus é esboçada, siga a descrição que o profeta faz, passo a passo: primeiro os seres viventes (v. 5-14), depois as rodas (v. 15-21), com o trono no topo, e finalmente aquele que se assenta ali. Como Deus é descrito, e o que isto ensina sobre a sua natureza?
2. O que as outras coisas da visão simbolizam: os seres viventes, as rodas, o trono, etc?

Obs.
1. V. 1. "Trigésimo ano...": provavelmente a idade de Ezequiel, o ano em que ele teria começado as funções sacerdotais se tivesse permanecido em Jerusalém.
2. V. 3. "A mão do Senhor esteve sobre ele": frase usada em outro lugar no livro para significar um enlevo poético ou êxtase. Veja 3.22; 8.1; 33.22; 37.1.
3. V. 5. "Quatro...seres viventes": seres celestiais, porém representando as mais altas formas de vida na terra (entre pássaros, animais domésticos, animais selvagens e toda a criação, respectivamente", e talvez indicando que todas as coisas criadas estão sob o controle de Deus.
4. V. 19-21. Repare que não existia estrutura mecânica na carruagem. Tudo era espiritual, e responsivo ao Espírito.

☐ **ESTUDO 2**   **Ezequiel 2.1-3.21**

1. A quem Ezequiel foi enviado, e como eles são descritos? Qual seria o tema da mensagem? Veja 2.3-7; 3.4-11.
2. Quais os dois significados de comer o livro, sendo que um se refere ao profeta (2.8) e o outro, ao ministério dele (3.4)? Pense em como estas coisas se aplicam a todos os futuros mensageiros de Deus.
3. Que consolações estes versículos oferecem para quem é chamado a testemunhar de Deus entre pessoas que se opõem frontalmente ao evangelho? Por que tal oposição não é desculpa para interromper o testemunho (2.5b)? Quais são os quatro possíveis cenários descritos em 3.17-21? Que importância têm para a obra dos ministros cristãos hoje?

Obs.
1. 2.1,3. "Filho do homem": uma expressão que ocorre mais de noventa vezes em Ezequiel. É usada para enfatizar a insignificância e simples humanidade do profeta.
2. 2.6. "Espinheiros... e escorpiões": símbolos das provações que ele sofreria.

☐ **ESTUDO 3**   **Ezequiel 3.22-5.17**

Jerusalém, sob o reinado de Zedequias, havia recuperado um pouco de sua força depois de ter sido capturada por Nabucodonosor em 597 a.C., e os falsos profetas andavam anunciando um período de favor divino (veja Jr 28.1-4). Estas profecias alcançaram os exilados na Babilônia, e o peso da mensagem de Ezequiel nessa época era que, ao contrário, Jerusalém estava para experimentar os castigos de Deus.

Os versículos finais do capítulo 3 são mais bem entendidos como uma introdução às profecias dos capítulos 4-24, e todas se relacionam ao julgamento de Jerusalém. Durante esse tempo o profeta recebeu a ordem de viver em reclusão, como se estivesse preso e mudo, exceto quando Deus lhe dava alguma mensagem para anunciar (3.25-27).

1. Nos capítulos 4.1-5.4, Ezequiel é orientado a mostrar, por intermédio de quatro atos simbólicos, o cerco iminente a Jerusalém, com suas privações e seus sofrimentos, e também a triste condição dos que iriam para o exílio depois da queda da cidade. Que atos foram estes? Quais se referem ao cerco, e quais se referem aos sofrimentos dos que seriam levados para o cativeiro? Com 4.13, cf. Os 9.3,4; e veja a explicação de 5.1-4 em 5.12.

2. O que 5.5-17 afirma sobre: (a) as razões, (b) a natureza e (c) os propósitos do terrível castigo que Jerusalém está para receber? Muitos cristãos vivem de maneira menos cristã do que muitos que rejeitam ou ignoram o Senhor Jesus. À luz desses versículos, dá para imaginar como Deus reage a este triste fato?

Obs.
1. 4.10,11. Alimento restrito a pão e água, e em pequenas quantidades. Cf. 4.16.
2. 4.15. O esterco de animal era, e ainda é, usado como combustível no Oriente.

☐ **ESTUDO 4**   **Ezequiel 6 e 7**

1. Capítulo 6. A ira de Deus é dirigida a que pecado em particular? Como este pecado se manifesta hoje em dia?
2. Que refrão é repetido com frequência nestes dois capítulos? O que ele revela sobre o objetivo das profecias de Ezequiel?
3. Contraste a frase "Eu lhe retribuirei de acordo com todas as práticas...em seu meio" (7.9) com Sl 103.10; veja Pv 1.24,29-31; 2Co 6.1,2. Que advertência este contraste faz aos descuidados e indiferentes?
4. O que 7.14-27 ensina sobre o uso certo e o errado do dinheiro? Como ele pode ser uma pedra de tropeço para os seguidores de Cristo?

Obs.
1. 6.3. "Altos" (ARC) e "altares nas colinas" (A21): originariamente a palavra significava altura ou eminência, mas como os locais eram usados como terrenos de templos e altares, o termo passou a significar "santuários", como neste caso. Cf. Dt 12.2,3.
2. 7.20. "Eles se orgulhavam da beleza de sua prata e de seu ouro, e os usavam para fabricar... ídolos" (Moffatt). Cf. Os 2.8.

☐ **ESTUDO 5**   **EZEQUIEL 8**

Os capítulos 8-11 descrevem o que foi mostrado a Ezequiel numa visão profética catorze meses depois de sua primeira visão. Cf. 8.1 e 1.1,2.

1. O profeta é levado em "visões de Deus" (v. 3) para Jerusalém, onde vê quatro formas de idolatria, praticadas no templo ou à sua entrada. Se lhe perguntassem, como você as descreveria? Veja também quem são as pessoas envolvidas na idolatria.

2. As autoridades que adoravam os ídolos disseram: "O Senhor abandonou o país" (v. 12). Em que sentido isto era verdadeiro (v. 6), e em que sentido era falso? Como este capítulo mostra que tudo o que acontecia estava sob os olhos e julgamento de Deus?

Obs.
1. V. 3. "O ídolo que provocava o ciúme...": isto é, ira ciumenta de Deus. Cf. Dt 32.21.
2. V. 14. "Mulheres...chorando por Tamuz": ou seja, participando do festival pagão de lamento pela morte de Tamuz, o deus da vegetação, conhecido mais tarde na mitologia grega como Adonis.
3. V. 16. "Entre o pórtico e o altar": esses homens deveriam ser sacerdotes, Cf. Jl 2.17.

☐ **ESTUDO 6**   **EZEQUIEL 9 E 10**

Seguindo a profecia de julgamento, que Ezequiel registrou nos capítulos 6 e 7, e a visão do capítulo 8, que mostra em detalhes por que esse julgamento tinha lugar de ser, o profeta retrata Deus julgando na destruição tanto do povo (cap. 9) quanto da cidade (cap. 10) de acordo com suas palavras em 8.18.

1. Capítulo 9. Como Deus respondeu à súplica do profeta? Cf. Jr 14.19; 15.1. Quem foram os únicos a escapar, e por quê? Como se distinguiam das outras pessoas? Compare as marcas distintas que, de igual modo, trouxe salvação aos homens, como descrito em Êxodo 12.13; Ap 7.1-3; 14.1.

2. Capítulo 10. Onde as brasas ardentes foram usadas, e o que simbolizavam? Em que isto é diferente de seu uso na visão de Isaías (Is 6.6,7)?

Obs.
1. "Os querubins" do capítulo 10 são os mesmos seres vivos que apareceram na visão do capítulo 1.
2. 10.14. Seria de se esperar que a palavra "boi" fosse usada no lugar de "querubim". E talvez deva ser entendido assim.

☐ **ESTUDO 7**   **EZEQUIEL 11**

1. Os líderes políticos em Jerusalém se achavam seguros dentro da fortaleza de Jerusalém, assim como a carne numa panela está protegida do fogo (v. 3). O que Deus fala sobre eles? Para o cumprimento da profecia, veja 2Rs 25.18-21.

EZEQUIEL 1-32

2. Os habitantes de Jerusalém achavam que eram os favoritos de Deus, e possuiriam a terra, enquanto os exilados seriam excluídos (v. 15). Mas qual era o plano de Deus para os que estavam no exílio (v. 16-20)?

3. Trace os passos que afastaram a glória de Deus do seu templo. Veja 8.3,4; 9.3; 10.4,19; 11.1,23. Que vestígio há no capítulo 11 sobre a possibilidade do retorno da glória e sob que condições? Cf. 43.1-4,9.

Obs.
1. V. 1. "Jazanias, filho de Azzur": não é o mesmo Jazanias de 8.11.
2. V. 23b. "O monte": isto é, o Monte das Oliveiras.

☐ **ESTUDO 8**   **EZEQUIEL 12 E 13**

1. O capítulo 12.1-20 declara por meio de duas ações simbólicas vívidas do profeta o castigo que aguarda tanto os habitantes de Jerusalém (v. 3,4,18,19) como o rei (v. 5,6,10-16). Após entender o significado da profecia, leia 2Rs 25.1-7 para ver como ela foi cumprida.

2. Note as duas citações escarnecedores em 12.22 e 27. O que significam? De que modo são iguais ao comportamento de nossa sociedade sobre o retorno de Cristo? Cf. 2Pe 3.8-10.

3. Capítulo 13. Condenação dos falsos profetas. Que imagens intensas são usadas para descrevê-los (v. 4 e 10,11), e qual o resultado de suas profecias (v. 6,10a,22)? Que frase ocorre duas vezes neste capítulo para diferenciar os falsos profetas dos verdadeiros?

Obs.
13.18-21. Os berloques de feitiço e os véus eram artigos usados pelos adivinhadores e videntes para enganar as vítimas ingênuas. Os punhados de cevada e migalhas de pão provavelmente eram usados em trabalhos de adivinhação, predizendo a vida ou morte dos inquiridores.

☐ **ESTUDO 9**   **EZEQUIEL 14 E 15**

1. 14.1-11. (a) Se pessoas cujos corações estão afastados de Deus aparecer dizendo que querem a orientação dele, como Deus lhes responderá? O que devem fazer primeiro? Caso se recusem, qual será o fim deles? (b) Se o profeta deixar de seguir esta regra, e procurar orientá-los, como Deus irá tratá-lo?

2. As pessoas talvez digam: "Será que a presença de pessoas justas entre uma nação pecadora não a salvará da destruição?" Cf. ex., Gn 18.23-26. Como a resposta de Deus mostra que o justo será salvo da destruição, mas não conseguirá salvar ninguém? Cf. 9.4-6; Jr 15.1. Se alguém escapar, qual o propósito disto (veja 14.22,23)?

Obs.
1. Noé, Daniel e Jó provavelmente são três figuras patriarcais. Dificilmente Ezequiel estaria pensando em seu contemporâneo no exílio, Daniel, o profeta. Pelas tábuas de Ras Shamra

de 1400 a.C., sabemos da existência de um Daniel, e é mais provável que este seja o mencionado.

2. 15.2. Para outro exemplo de Israel como a videira de Deus, veja Is 5.1-7.

☐ **ESTUDO 10**   **EZEQUIEL 16**

Nesta alegoria bem viva, o profeta busca esmagar o orgulho de Jerusalém. A cidade é retratada como a noiva do Senhor Deus, que a ama desde a infância, e fez tudo por ela, mas cujo amor ela retribuiu com idolatria persistente e desavergonhada. O capítulo se divide em quatro seções: (i) Jerusalém como criança e como noiva (v. 1-14); (ii) seu pecado (v. 15-34); (iii) seu julgamento (v. 35-52); (iv) sua restauração (v. 53-63).

1. Qual foi a reclamação de Deus contra Jerusalém? Com os versículos 22 e 32, cf. Dt 32.15-18. Observe também que Deus considera seu pecado mais grave do que o de Samaria e de Sodoma. Veja v. 46-52 e cf. Mt 11.23,24.

2. Como a lição deste capítulo pode ser aplicada a alguém que se converteu de verdade, mas se afastou de Deus? Que advertência temos aqui contra o perigo e a insensatez do pecado da infidelidade? Cf. Jr 2.13,19; Tg 4.4-10.

☐ **ESTUDO 11**   **EZEQUIEL 17**

Em 588 a.C., Zedequias se rebelou novamente contra Nabucodonosor que, nove anos antes, o havia instalado como rei-marionete de Judá, na época em que Joaquim havia sido levado cativo para a Babilônia. Sua rebelião despertou falsas esperanças entre os exilados de que o fim do cativeiro estava às portas, mas Ezequiel calou a todos com a parábola sobre a águia, o cedro e a videira. A primeira águia (v. 3) era Nabucodonosor, removendo o davídico rei Joaquim (o broto do cedro, v. 4). Quem permaneceu em Jerusalém sob o reinado de Zedequias (a videira, v. 6) floresceu durante um tempo, mas depois voltou-se para o rei do Egito (a segunda águia, v. 7), cuja influência levou-os a murchar.

1. Que pecado específico o profeta está repreendendo aqui? Com os v. 13-16, cf. 2Cr 36.13; e com os v. 7 e 15, cf. Jr 37.5-8.

2. Como os versículos 22-24 mostram que nem os desígnios ambiciosos nem as deslealdades dos homens conseguem frustrar os planos de Deus? Observe o "Eu" enfático e repetido. Cf. Pv 19.21; Is 46.8-13.

☐ **ESTUDO 12**   **EZEQUIEL 18 E 19**

A lição do castigo nacional no capítulo 16 e outros textos parecem ter levantado dúvidas quanto à justiça de Deus em lidar com as pessoas (18.2,29). Este é o assunto do capítulo 18. O capítulo 19 é um lamento.

1. O capítulo 18.4 apresenta dois princípios fundamentais em resposta à reclamação do profeta em 18.2. Como você os expressaria em suas próprias palavras? Que versículos do Novo Testamento enfatizam as mesmas ideias?

2. O restante do capítulo 18 responde a duas perguntas: (a) Cada pessoa é responsável perante Deus por seus atos, e pelos de mais ninguém (v. 5-20)? (b) Se a pessoa se desviar dos maus caminhos, seu passado afetará o julgamento de Deus sobre ela (v. 21-29)? Como este ensino revela não somente a justiça de Deus, mas também sua misericórdia? Por que leva imediatamente à chamada ao arrependimento dos versículos 30-32?

3. O capítulo 19 é um lamento por três reis de Judá. Para identificá-los, compare os versículos 3 e 4 com 2Rs 23.31-34; versículos 5-9 com 2Rs 24.8-15; e versículos 10-14 com 2Rs 25.4-11. O que todos têm em comum?

Obs.
1. 18.6,11,15. "Come nos santuários que há nos montes": isto é, participa de culto idólatra. Cf. 6.1-4.
2. 19.14. O fogo que causou destruição partiu do próprio rei, isto é, de Zedequias. Veja 17.19-21.

☐ **ESTUDO 13**   Ezequiel **20.1-44**

Esta parte é uma recapitulação da história de Israel (v. 5-31), com uma profecia do que Deus ainda fará (v. 32-44). A revisão histórica abrange: (a) o tempo no Egito (v. 5-9); (b) no deserto (v. 10-17 e 18-26); e (c) na terra de Canaã (v. 27-31). Com os versículos 1-3, cf. 14.1,2.

1. Analise o padrão poético nos versículos 5-9,10-14,15-17,18-22. O que impediu Deus de despejar sua ira? O que isto revela sobre o caráter dele? Como isto mostra qual é a única garantia de nossa salvação? Cf. 1Sm 12.22.

2. Deus afirma que, no fim, levará seu povo Israel a duas conclusões (v. 42-44). Quais? Será que já fomos persuadidos da mesma forma?

Obs.
1. O v. 25 é um jeito hebraico de dizer: "Eu lhes dei bons estatutos, todavia produziram maus efeitos; por meio deles, condenei os desobedientes e desonrei aqueles que realizavam sacrifícios humanos". Cf. Rm 5.20.
2. V. 37. "Passando debaixo da minha vara": os pastores do oriente fazem as ovelhas passarem debaixo de sua vara, erguida horizontalmente, para contar e examinar uma a uma.

☐ **ESTUDO 14**   Ezequiel **20.45-21.32**

O profeta recebe a ordem de profetizar: (a) contra o sul (da Palestina) (20.45-49) e (b) contra Jerusalém e a terra de Israel (21.1-17). A espada do Senhor foi desembainhada (21.1-7), afiada e polida (21.8-13), e golpeia repetidamente em sua tarefa mortal (21.14-17). A explicação encontra-se em 21.18-27. O rei da Babilônia é visto, numa encruzilhada, buscando orientação das divindades – deve ir para Amom ou para Jerusalém? A decisão é por Jerusalém, a cidade é tomada, e o rei (Zedequias) é morto. Os versículos finais (v. 28-32) são uma breve profecia da destruição total de Amom, também.

1. Quem acende o fogo? Quem desembainha a espada? Mas foi por meio de um rei pagão que o julgamento se concretizou. O que isto nos ensina sobre a maneira de Deus realizar seu propósito de julgar o mundo? Cf. Jr 25.9 ("meu servo"); Is 25.1-4.
2. Quando os planos e os líderes humanos fracassam e são derrotados, onde ainda podemos recorrer para o estabelecimento de um reino de paz? Veja 21.25-27; cf. Sl 2.6-9; Lc 21.25-28.

Obs.
1. 21.21 se refere a três práticas conhecidas de adivinhação usadas pelos babilônios: retirar flechas marcadas da aljava (ou atirá-las no ar para ver onde caíam); consultar o terafim, os ídolos ancestrais da família, em alguma forma de necromancia; e examinar as entranhas de vítimas de sacrifício.
2. 21.27. "A quem ela pertence por direito": isto é, o Messias Davídico, que tem direito à realeza. Cf. Gn 49.10.

☐ **ESTUDO 15**   Ezequiel **22**

Este capítulo tem três divisões: (a) a descrição dos pecados cometidos dentro da cidade (v. 1-16); (b) a certeza do julgamento (v. 17-22); e (c) a acusação a todas as classes sociais (v. 23-31).

1. Agrupe os pecados enumerados nos versículos 1-12 sob os seguintes títulos: (a) religioso e (b) social. Veja como, com a perda do verdadeiro conceito de Deus, segue-se a perda da devoção filial, da pureza moral e da justiça civil. Até que ponto os pecados aqui mencionados prevalecem em nossos dias?
2. Quais as quatro classes mencionadas nos versículo 24-29, e que acusações são feitas contra elas? Qual é o quadro mais triste da situação, como afirmado no versículo 30? Cf. v. 19 ("todos se tornaram escória") e Jr 5.1-5.

Obs.
1. V. 4. "Você deu cabo dos seus dias": isto é, do dia do seu julgamento.
2. V. 13. Bater as mãos era uma expressão de terror. Cf. 21.14,17.
3. V. 30. "Erguesse o muro": isto é, agisse como uma fortaleza contra as invasões da maldade.

☐ **ESTUDO 16**   Ezequiel **23**

Este capítulo lembra o capítulo 16. Samaria e Jerusalém são condenadas por sua infidelidade ao buscar alianças com nações estrangeiras e seus deuses. Sua conduta é representada por figuras realísticas incomuns para mostrar como tem sido asquerosa e repulsiva.

1. Qual é o conteúdo principal de cada uma das quatro divisões deste capítulo, ou seja, os versículos 1-10, 11-21, 22-35 e 36-49?

2. Faça um esboço de como Jerusalém trilhou o caminho de Samaria e chegou a ultrapassá-la em maldades, e, portanto, têm de beber até os últimos resíduos do mesmo cálice do julgamento. Qual a origem de sua idolatria, tanto no plano histórico quanto no religioso (v. 8,19,27,35)? Que advertência existe aqui para o povo de Deus hoje?

☐ **ESTUDO 17**   Ezequiel 24

O último retrato de Jerusalém antes de sua destruição — uma panela enferrujada é posta para ferver com carne dentro. A carne é retirada e espalhada, simbolizando a dispersão dos habitantes da cidade; então, a panela é deixada no fogo, como símbolo da cidade destruída e queimada.

1. V. 1-14. Compare o que os líderes de Jerusalém disseram em 11.3 (veja *Estudo 7*, pergunta 1) com o que Deus diz aqui sobre a cidade e seus habitantes. O que aprendemos com isto? Cf. 1Ts 5.3; 2Pe 3.4.

2. V. 15-27. Como o versículo 16 descreve a esposa de Ezequiel? Deus usa esta experiência dolorosa como instrumento no ministério. Qual seu propósito? Veja os versículo 24 e 27. Você se lembra de outros exemplos em que os sofrimentos de um servo de Deus foram usados na realização de seu propósito, sem levar em conta o preço pago pelo sofredor? Cf. Cl 1.24.

Obs.
1. V. 23. O povo ficaria atordoado demais pelas ondas de maldade para reagir.
2. V. 27. Cf. 3.26,27.

Introdução aos capítulos 25-32

Estes capítulos são uma série de declarações proféticas contra sete nações estrangeiras. Sua intenção é mostrar que as calamidades que estavam caindo sobre Judá não eram arbitrárias, nem uma evidência da fraqueza de Deus, mas que, ao contrário, ele é soberano sobre todos os povos, e todos os seus atos são governados por princípios morais rígidos que revelam sua natureza santa. Pela ordem em que as nações aparecem no livro, elas separam as profecias da época do ministério de Ezequiel antes da queda de Jerusalém daquelas que vieram mais tarde. (Veja Introdução.)

☐ **ESTUDO 18**   Ezequiel 25 e 26

O capítulo 25 contém quatro profecias dirigidas contra Amom, Moabe, Edom e Filistia respectivamente. O capítulo 26 profetiza a destruição iminente de Tiro por meio dos exércitos de Nabucodonosor, junto com uma descrição viva dos efeitos de longo alcance de sua derrota.

1. No capítulo 25, encontre quatro maneiras de os descrentes e os inimigos da verdade agirem em relação ao povo de Deus quando este povo é atingido por

alguma calamidade. O que acontecerá a estes adversários, e por quê? Cf. Sl 94.1-5,21-23; 46.8-10; Is 26.9b.

2. De acordo com 26.2, qual foi a base do julgamento de Deus sobre Tiro? Que lições tiramos para nossas vidas quando tentamos imaginar as cenas descritas em 26.7-14 e medir a fama e a influência mundial de Tiro pelo espanto causado por sua queda (15-18)? Cf. Jr 9.23,24; Lc 12.15-21.

Obs.
1. 25.10. O "povo do oriente": são as tribos do deserto. Moabe e Amom foram logo a seguir derrotados pelos nabataeanos.
2. 26.2. Jerusalém havia sido uma porta aberta, através da qual o comércio tinha sido desviado de Tiro.
3. 26.6. "Seus territórios": isto é, cidades do continente dependentes de Tiro.

☐ **ESTUDO 19**   **Ezequiel 27 e 28**

Mais profecias a respeito de Tiro. No capítulo 27, a cidade é descrita como um navio majestoso. Os versículos 5-11 fazem uma descrição do navio; os versículos 12-25 descrevem sua carga; e os capítulos 26-36, seu naufrágio e perda total, com o lamento generalizado que se seguiu. No capítulo 28 o príncipe de Tiro é personificado como o sábio ou espírito da cidade, e como encarnando em seu corpo o princípio do mal que lhe dava vida. Os termos usados para descrevê-lo (especialmente os versículos 11-19) são tais que a figura de um líder humano parece se fundir com o próprio Satanás, que deu origem ao pecado do qual a nação era culpada.

1. Contraste o julgamento que o mundo fazia de Tiro (27.4,33), e como Tiro via a si mesma (27.3), com o julgamento de Deus a seu respeito (28.2-8). Qual era o maior pecado de Tiro? Cf. Dn 4.29-32.
2. Em que sentido Tiro se tornou um "grande horror" (27.35,36, A21)? Veja também 26.21; 28.19. Qual o medo que uma catástrofe assim deveria provocar em nossos corações? Cf. Dt 17.12,13; Rm 11.20; 1Tm 5.20.
3. 28.20-26 é uma profecia curta contra Sidom, que estava intimamente ligada a Tiro. Segundo os versículos, quais são os dois propósitos dos julgamentos de Deus: (a) em relação a ele mesmo e b) em relação a seu povo?

Obs.
28.3. "Daniel": veja *Estudo 9, Obs. 1*.

☐ **ESTUDO 20**   **Ezequiel 29 e 30**

O olhar do profeta agora se dirige para o Egito, retratado em 29.1-16 como um "monstro" ou "dragão" (ARC), cuja destruição está próxima. O restante do estudo de hoje consiste de três outras profecias de igual importância, que se encontram em 29.17-20, 30.1-19 e 30.20-26.

1. Compare a explicação da alegoria em 29.8-12 com a própria alegoria em 29.3-7. Quais os dois pecados em particular que resultaram no julgamento de Deus sobre o Egito? Com 29.7; cf. v. 16 e Is 30.5.
2. 29.17-21. Esta profecia foi feita dezesseis anos após a profecia dos versículos 1-16, ou seja, em 571 a.C. Parece indicar que Nabucodonosor não ficou com os espólios de Tiro depois da guerra, como esperava, e recebe agora a promessa de recompensa que virá da conquista do Egito. O que o texto esclarece sobre o modo de Deus lidar com as nações pagãs?
3. "A sua orgulhosa força fracassará" (30.6; cf. 30.18). Por que alguém que confia, como o faraó confiou, em seus próprios recursos e realizações, não acaba prosperando? Cf. Jó 9.4; Lc 1.51.

Obs.
1. 29.14,15. O Egito não será destruído totalmente, como aconteceu com Tiro (26.21; 27.36; 28.19), mas perderá sua importância.
2. 29.18. Referência aos capacetes arranhados e ao peso do fardo.

☐ **ESTUDO 21**   **EZEQUIEL 31 E 32**

Estes capítulos contêm mais três profecias sobre o Egito. No capítulo 31, o Egito é comparado a um cedro majestoso, cuja queda fará a outras árvores chorarem. Em 32.1-6 a figura de um leão ou monstro aparece novamente (cf. 29.3-5), e em 32.7,8 o Egito é comparado a uma estrela brilhante. A imagem é muito viva, descrevendo a destruição total do faraó e seus exércitos no Seol, e retrata-os lá juntamente com outros assassinados pela espada que carregam a vergonha de não terem tido um funeral apropriado.

1. Como o capítulo 31 enfatiza a lição do capítulo 30? Qual o motivo para a destruição da árvore, e que efeito que deve provocar nas outras nações?
2. Repare quantas vezes nestes capítulos ocorre o pronome "Eu" [inclusive indicado pelos verbos]. Será que entendemos mesmo que Deus é o personagem principal no desenrolar da história? Além de Israel, sobre que outros reinos ele domina, conforme estabelecido neste texto?

Obs.
32.17-32. Não deve ser entendido como descrição literal da condição humana após a morte, e sim como um quadro imaginário com a intenção de mostrar que todos os que usam de violência e força ilegal, causando pavor á terra (cf. v. 23s), terão o mesmo destino. O único consolo de faraó será a multidão de companheiros (v. 31).

Para os *Estudos 22-35* em Ezequiel, veja a página 358.

SALMOS 73-89

☐ ESTUDO 57 SALMO 73

Estes salmos são todos intitulados "de Asafe" (cf. 2Cr 35.15; Ed 2.41; 3.10). Eles se distinguem por algumas características, entre elas a representação de Deus como Juiz e também como Pastor de seu povo. No geral, são salmos referentes à nação, e recordam o passado histórico de Israel com o intuito de retirar dele encorajamento e advertência.

1. A prosperidade dos ímpios angustiava demais o salmista. Veja os versículos 2,13,16. A vida real parece zombar da afirmação do versículo 1. Qual era a causa da aflição do salmista? Veja os v. 3,22; cf. Pv 23.17; Sl 37.1. Qual é o "caminho ainda mais excelente"? Cf. 1Co 13.4; 1Pe 2.1.

2. Como o salmista percebeu a gravidade de seu erro? O que ele compreendeu a respeito do ímpio (v. 17-20), e o que descobriu que possuía em Deus (v. 23-26)? Você pode com toda honestidade e entusiasmo fazer a confissão do versículo 25?

3. O que aprendemos com o exemplo do salmista: (a) nos v. 15-17 (para "santuário", cf. Sl 63.2,3; 68.35) e (b) no v. 28? Você se alegra em estar junto a Deus, e em não espalhar dúvidas (v. 15), mas falar das obras poderosas do Senhor (v. 23-26)?

Obs.

1. V. 15. O salmista percebe que expor suas dúvidas (v. 13,14) ou falar como o ímpio (v. 9), seria trair a família de Deus.
2. V. 20. O sentido é: "Os ímpios são como um sonho depois que acordamos; e quando tu, ó Senhor, despertares, menosprezarás a sombra deles".

☐ ESTUDO 58 SALMO 74

O salmo começa em angústia, por causa do santuário arruinado. No versículo 12, ele se transforma completamente num hino retumbante de louvor a Deus, Criador e Redentor. Porém as duas seções contêm apelos intensos para que Deus aja em favor de seu próprio nome e de seu povo.

1. Examine: (a) a avaliação e o resumo que o salmista faz da derrota esmagadora de Israel (v. 1-11) e (b) como ele lembra a si mesmo de que Deus é Criador, Redentor e Rei (v. 12-17). Como cristão, você consegue enfrentar calamidades e pesares com tamanha segurança a respeito de Deus? Cf. Rm 8.18,28.

2. Observe a audácia e constância dos pedidos do salmista. Veja os v. 2,3,10,11,18-23. Onde ele apoia sua confiança? Você aprendeu a suplicar desta maneira tanto pela igreja quanto pelo país? Repare nas razões que o salmista apresenta para que Deus responda seus pedidos.

SALMOS 73-89

ESTUDO 59   SALMOS 75 E 76

O salmo 76 celebra a libertação de Jerusalém das mãos da Assíria no reinado de Ezequias. Embora não possamos afirmar que o salmo tenha a ver com este mesmo acontecimento histórico, seu tema — gratidão a Deus — é certamente relevante às circunstâncias de 701 a.C.

1. No salmo 75, que características do julgamento de Deus são mencionadas? Qual é a reação do salmista?
2. O salmo 76 se divide em quatro seções de três versículos cada. Como você resumiria o conteúdo de cada seção? Qual o propósito de Deus em seu julgamento?
3. Como o ensino de Cristo ilustra o salmo 75.4-7? Cf. Lc 14.7-11; Mt 20.20-28. Sua crença neste ensino controla sua ambição e ideias sobre ascensão e fama?

Obs.
1. 75.8. Um retrato do castigo divino; cf. 51.17; Ap 14.10.
2. 76.5,6. Um retrato vivo do inimigo, silencioso e inativo na morte.
3. 76.10. Até mesmo a violência dos ímpios será transformada em louvor a Deus.

ESTUDO 60   SALMO 77

1. Examine cuidadosamente a profundeza da depressão do salmista. Qual era a maior causa de sua angústia? Como ele descobriu a resposta para tudo isso?
2. Que aspectos em particular do caráter de Deus são mencionados nos versículos 11-20? Como isto começa a resolver o problema do salmista? Será que em tempos de aflição também nos lembramos dos "feitos do Senhor" (ex. Rm 5.8)?

ESTUDO 61   SALMOS 78.1-39

1. A história de um país ensina muitas lições. Nos versículos 1-8, qual é, em sua opinião, o maior propósito do salmista? O que estes versículos esclarecem sobre a necessidade e importância do ensino bíblico na família? Cf. Dt 6.6-9,20-25.
2. Baseado nos versículos 1-39, faça uma lista dos: (a) atos salvadores de Deus a favor de seu povo, (b) pecados da nação e (c) castigos de Deus. Nos versículos 34-37 em particular, examine a diferença entre o arrependimento verdadeiro e o falso. Cf. Jr 29.13. Sua vida está livre de um ciclo repetitivo de recaídas semelhantes? De acordo com os versículos 1-8, como evitamos tal fracasso?

ESTUDO 62   SALMO 78.40-72

1. Os detalhes dos versículos 43-51 mostram bem claramente a desobediência do povo (v. 40-42). Em sua opinião, qual é o outro propósito dos versículos? Cf. Sl 103.2; 2Pe 1.9,12,13.
2. Que calamidades a idolatria provocou em Israel? Como Deus, em sua graça, socorreu o povo? Esta atitude é um prenúncio do quê?

Obs.

1. V. 61. Referência à captura da Arca; veja 1Sm 4.21.
2. V. 67-69. A tenda de Siló, em território de Efraim, não foi reerguida (pelas razões dadas nos v. 58-60); em vez disso, Sião foi escolhido, em território de Judá, como o lugar para o santuário de Deus.

☐ ESTUDO 63   SALMOS 79 E 80

Estes dois salmos são orações pelo país em tempos de calamidade nacional. Nos cultos das sinagogas, o salmo 97 era lido em memória da destruição do templo em 586 a.C. e em 70 d.C. Tente recapturar a sensação de abandono que atravessou a nação (79.1-4,7,11; 80.12,13), juntamente com o sentimento de que o exílio desonrou o nome de Deus (79.10; cf. Ez 36.20).

1. Salmo 79. Repare aqui na súplica por vingança, unida à oração pedindo perdão e libertação. Cf. Is 35.4; 59.16-19; 63.3,4. A preocupação do Novo Testamento com a glória de Deus não é menor, no entanto, sua ênfase é outra. Cf., por ex., Mc 11.25; Rm 12.19-21. Como você explica a diferença?
2. Salmo 80. O que os israelitas confessam aqui sobre a atitude de Deus em relação a eles e ao tratamento que lhes dispensa? Onde fundamentam a única esperança de salvação? Que lição devemos tirar disto?

Obs.

1. 79.3. "Não há ninguém para sepultá-los": uma desgraça avisada em Dt 28.26 e muitas vezes prevista em Jeremias (7.33; 8.2; 9.22).
2. 80.1,2. As três tribos aqui mencionadas acamparam a oeste do tabernáculo no deserto, e seguiam logo atrás da arca quando o povo marchava. Veja Nm 2.17-24.
3. 80.17. Este versículo aponta para o Messias.

☐ ESTUDO 64   SALMOS 81-83

1. Salmo 81. O que Deus exige aqui de seu povo (v. 1-4)? O que ele lembra ao povo (v. 5-7,10-12), e com que promessas e desafios práticos ele os confronta (v. 8,9,13-16)?
2. O salmo 82 é um retrato dramático do julgamento e condenação de juízes nomeados por Deus que deixaram de cumprir suas obrigações. O que Deus exige de homens assim (v. 2-4), e quando fracassam, qual é o resultado na sociedade (v. 5)? Em tais circunstâncias, existe alguma esperança de que a justiça seja feita?
3. Salmo 83. Uma colisão poderosa de nações inimigas trama destruir Israel. Em que o salmista fundamenta seu apelo para Deus agir? O que em particular ele pede a Deus, e por quê? Contraste isto com a oração de Atos 4.29,30. Ainda é legítimo orar como o salmista orou?

Obs.

1. 81.7. Cf. Êx 14.10,24.

SALMOS 73-89

2. 82.1,6. Baseado em João 10.34,35, fica claro que a referência é a juízes humanos. Eram chamados de "deuses" e "filhos do Altíssimo" por causa do alto cargo que ocupavam de dispensar justiça divina. Cf. Rm 13.3,4.

☐ ESTUDO 65   SALMO 84

1. V. 1-4. "Como são felizes os que habitam em tua casa". Pondere no significado da linguagem usada pelo salmista. Repare nos nomes que ele usa para Deus. Qual era o objeto de sua mais profunda alegria?

2. Que características do peregrino a caminho de Sião são mencionadas nos versículos 5-9? Onde ele busca forças para continuar a jornada? Qual é a base de sua segurança? Que autodisciplina ele tem de colocar em prática? Qual é sua maior recompensa (v. 10-12)?

Obs.
1. V. 6. "Vale de Baca": um vale seco e deserto, onde árvores balsâmicas (baca) crescem, do qual os viajantes se aproximam temerosos, e descobrem que a chuva mandada por Deus o transformou.
2. V. 7. Longe de estarem exaustos da viagem, os peregrinos são fortalecidos com a visão de Deus em Sião.
3. V. 9. Referência ao rei, o ungido do Senhor, isto é, o Messias.

☐ ESTUDO 66   SALMO 85

1. V. 1-7. A que o salmista apela em sua oração, e pelo que ele ora? Veja que a oração não é por si mesmo, mas pelo povo de Deus. Você tem alguma certeza e preocupação similares a essas?

2. V. 8-13. Ao responder, que bênçãos Deus promete, e a quem? O que garante seu cumprimento?

Obs.
1. V. 8b. Uma advertência abrupta aos fieis de Deus para que não voltem "à insensatez". Para o significado de insensatez, veja Sl 14.1; Rm 1.21,22.
2. V. 9b. "Glória" da presença revelada de Deus. Cf. Êx 40.34; Zc 2.5.

☐ ESTUDO 67   SALMOS 86 E 87

1. Salmo 86. Relacione: (a) os pedidos do salmista e (b) os motivos para estar certo que a oração será ouvida. Note especialmente nos versículos 8-13 como ele se concentra em adorar e agradecer a Deus. Você poderia fazer a oração do versículo 11, de todo o coração?

2. O salmo 87 é um tipo de elaboração profética do salmo 86.9. Sião é vista como a cidade da escolha particular e do propósito soberano de Deus. Pessoas das nações que foram inimigas de Israel irão se tornar cidadãs de Sião? Você é uma delas? Qual o significado da certidão de nascimento, e de ter "nascido em Sião"? Cf. Jo 3.3,5; Hb 12.22-24; Ap 21.27.

Obs.
1. 86.11. "Dá-me um coração inteiramente fiel, para que eu tema o teu nome": cf. Dt 6.4,5; Jr 32.39. O salmista deseja em singeleza de coração e unidade de propósito ser total e exclusivamente devotado ao culto e serviço a Deus.
2. 87.7. A cidade ressoa de alegria; cada adorador exclama que sua única fonte de bênção é Sião e o Senhor de Sião.

☐ ESTUDO 68   Salmo 88

Em alguns aspectos este salmo retrata os sofrimentos da nação judaica no exílio. O cristão talvez encontre no salmo um retrato dos sofrimentos de Cristo. Mas sua linguagem é universal, e nenhuma aplicação específica esgota seu uso; por isto sua relevância é contínua.

1. Resuma os principais motivos da angústia do salmista. Ele se apega a Deus mais fervorosamente quando parece que Deus se afastou mais completamente. Como você explica a persistência da fé do salmista? Cf. Is 50.10; Hc 3.17,18.
2. V. 4-6,10-12. Tendo em mente a visão do salmista sobre a morte e suas consequências, cf. Sl 6.5; 30.9; Is 38.18. Contrate-a com a morte do cristão e observe de onde vem a luz e a esperança. Veja 2Tm 1.10; Hb 2.14,15; 1Co 15.17,18,51-57.

☐ ESTUDO 69   Salmo 89.1-37

Este salmo descreve vividamente o conflito da fé. Na primeira parte (v. 1-37), o salmista louva a Deus, que é reverenciado no céu e na terra, como Vencedor sobre o caos, e o Deus e Pai da aliança com o rei e o povo de Israel. Na segunda parte (v. 38-52), porém, é claro que o rei sofreu grande perda militar.

1. Os versículos 5-18 ampliam os versículos 1 e 2. Que atributos de Deus são exaltados? Como é descrita a bem-aventurança do povo de Deus?
2. Os versículos 19-37 ampliam os versículos 3 e 4 sobre a aliança de Deus. Pense na abrangência, condição e generosidade das promessas de Deus.

Obs.
1. V. 3. A ocasião original é descrita em 2Sm 7, relembrada em 2Sm 23.5 e celebrada em Salmos 132.11s.
2. Nos v. 9-14 os pronomes "você" e "seus" são enfáticos.
3. V. 10. No início, Raabe era uma referência às forças do caos subjugadas na criação (cf. Jó 26.12). Mas aqui e em Is 51.9 (cf. Sl 74.12s), a imagem é usada em referência ao êxodo do Egito, quando o extraordinário poder de Deus foi mostrado em redenção.

☐ ESTUDO 70   Salmo 89.38-52

1. Note a repetição de "tu" nos versículos 38-46. É o mesmo Deus do amor imutável, fidelidade e poder, louvado na primeira parte do salmo, quem causou a queda do rei e a desolação na terra. Este é o dilema do salmista. Que pedidos

ousados para que Deus se apresse o salmista faz (v. 46-51), e em que ele se baseia?

2. O que o exemplo do salmista nos ensina sobre as ocasiões que colocam em dúvida o caráter e as promessas de Deus? Como a fé sobrevive nestas situações? Cf. Gn 18.25; Rm 11.29,33; Fp 1.6.

Obs.
O v. 52 é uma doxologia que encerra o Livro II dos Salmos.
Para os *Estudos 71-84* nos Salmos, veja a página 378.

EZEQUIEL 33-48

INTRODUÇÃO AOS CAPÍTULOS 33-39

Estes capítulos pertencem ao segundo período do ministério do profeta, que foi após a queda de Jerusalém (veja *Introdução* e *Esboço*). A única menção a uma data é feita em 33.21, mas todas as profecias, feitas há muito tempo, pressupõem que o julgamento de Deus sobre a cidade e nação culpadas já aconteceu.

☐ **ESTUDO 22**   EZEQUIEL 33

O profeta sabia desde o início que parte de sua missão era ser uma sentinela (cf. 3.16-21), mas havia chegado a hora de agir, pois na época que se aproximava, somente os que se arrependessem individualmente e voltassem para Deus iriam viver.

1. De que maneira Ezequiel expressa a necessidade de arrependimento? Que tipo de comportamento é esperado do ímpio quando ele se arrepende? Cf. At 26.20; Ap 2.5.
2. Compare as duas citações correntes que aparecem nos versículos 10 e 24. Veja onde são correntes, e por que uma é de desespero, e a outra é de esperança. Como Deus responde a cada uma delas?
3. Por que, de repente, o profeta ficou mais audacioso em falar, e o povo mais curioso em ouvir? Veja os v. 30-33. No entanto, o que faltava a este novo interesse do povo? Cf. Mt 7.26-27.

☐ **ESTUDO 23**   EZEQUIEL 34

A nova época será diferente da que passou, por causa da mudança de pastor, isto é, governante.

1. De acordo com os versículos 1-10, qual era o hábito inerente dos líderes do passado, e que causou desgraça para a nação? Contraste os métodos dos líderes (v. 4-6) com os métodos de Deus (v. 11-16). Cf. 1Pe 5.1-4.
2. De acordo com os versículos 23-31, que bênçãos acompanharão a vinda do Messias? Se as interpretarmos espiritualmente, o que aprendemos com os versículos a respeito dos dons de Deus para nós em Cristo? Cf. Sl 13; Hb 13.20,21.

☐ **ESTUDO 24**   Ezequiel 35.1-36.15

Nesta seção o profeta afirma que a nova época será melhor do que a antiga, porque o solo é muito mais fértil. Quando Ezequiel anunciou esta profecia, a terra de Israel parecia arruinada. Edom (Monte Seir) estava procurando tomá-la (35.10; 36.5), e os montes de Israel estavam arrasados (36.4). O profeta declara o primeiro julgamento de Edom (cap. 35), e então Israel desfrutará tempos de prosperidade nunca vista (36.1-15).

1. Capítulo 35. Quais são os três pecados de Edom, mencionados nos versículos 5 e 10, pelos quais ele será julgado? Observe como o castigo previsto está exatamente de acordo com o pecado dos edomitas, ex., versículos 5,9,6,14,15. Como Ezequiel mostra que mesmo no julgamento, Deus continua se identificando com seu povo, Israel?
2. Liste as bênçãos prometidas a Israel em 36.8-15. Se virmos a terra restaurada como um retrato de nossa herança em Cristo, que bênçãos espirituais estão tipificadas nestes versículos?

☐ **ESTUDO 25**   Ezequiel 36.16-38

1. Examine cuidadosamente nestes versículos notáveis os seguintes pontos: (a) por que Deus mandou o povo para o exílio (v. 16-19); (b) por que o trouxe de volta (v. 20-24) e (c) qual foi a mudança da condição espiritual e moral do povo (v. 25-31). Veja como o ensino do profeta aqui antevê, passo a passo, a revelação do Novo Testamento pela qual Deus transforma o pecador em santo. Examine particularmente Rm 3,5,6 e 8.
2. Como a mudança nas pessoas e a restauração de sua propriedade afetarão as nações vizinhas? Veja v. 35,36 e cf. Jo 17.21,23.

Obs.
1. V. 20. "Profanaram o meu santo nome": porque as nações, vendo-os rejeitados, concluíram que o Deus deles não conseguia protegê-los. Cf. Sl 42.10.
2. V. 26. "Coração de pedra": cf. 2.4; 3.7; Zc 7.12. "Coração de carne": isto é, sensível à Palavra divina.

EZEQUIEL 33-48

☐ **ESTUDO 26**   EZEQUIEL 37

1. Por que o povo não conseguia acreditar nas profecias de Ezequiel sobre restauração e bênção? Note o v. 11. A visão dos versículos 1-10 mostra que as coisas não eram tão ruins quanto pareciam, nem piores? Mas o que aconteceu, e por quê?
2. Note que a regeneração de Israel aconteceu em dois estágios (v. 7-10). O que isto significou para Ezequiel? Qual o papel dele na mudança ocorrida? Os mortos espirituais estão ressuscitando por causa de seu testemunho e oração?
3. Os versículos 15-28 são um retrato glorioso de Israel purificado, restaurado e reunido. Observe as cinco grandes características do reino messiânico descrito nos versículos 24-27. O que a passagem esclarece sobre as condições e bênçãos da união cristã?

☐ **ESTUDO 27**   EZEQUIEL 38

Neste capítulo e no próximo, o profeta antevê que num futuro distante Israel será invadido por nações diferentes daquelas com as quais teve de lidar até agora. Estas nações também terão de aprender que o Deus de Israel é o único Deus, e aprenderão por intermédio de seu poder quando tentarem pilhar sua terra, e quando Deus os derrotar completamente. Leia Apocalipse 20.7-10 juntamente com este capítulo.

1. De que duas maneiras as causas da invasão de Deus são descritas? Contraste os versículos 4 e 16 com 10-12. Mas será que todos estes versículos não descrevem uma única causa? Cf. Rm 9.17,18.
2. Cf. v. 18-23 com 37.25-28. Quais as duas maneiras que Deus usará para fazer as nações reconhecerem que só ele é Deus? Cf. Rm 1.16-18; 9.22,232; 11.17-22.

Obs.
1. V. 2. O nome "Gogue" provavelmente é invenção de Ezequiel, que retirou a primeira sílaba de Magogue, nome de um lugar. É perda de tempo tentar identificar estas nações com países atuais; não passavam de tribos à margem do mundo conhecido na época de Ezequiel, e que ele usou nestes pronunciamentos apocalípticos.
2. V. 13. São nações mercantes, que se animaram com a invasão de Gogue.

☐ **ESTUDO 28**   EZEQUIEL 39

1. Outra profecia contra Gogue enfatiza sua total destruição. Nos versículos 9-20, quais as três maneiras disto acontecer, e que atributos do caráter de Deus são revelados por esse intermédio (v. 21-29)?
2. O que significa a frase "escondi deles o meu rosto" (v. 23)? Cf. Dt 31.17; Sl 30.7; 104.29; Is 8.17; 64.7. Veja a grande bênção contida na promessa do versículo 29.

Introdução aos capítulos 40-48

Estes capítulos descrevem a visão dada a Ezequiel uns doze anos depois das profecias dos capítulos 33-37 (cf. 40.1 com 33.21). Nestas profecias anteriores, ele anunciou aos exilados na Babilônia o propósito de Deus de levar Israel de volta à terra santa como nação purificada, redimida e reunida. Como esta comunidade restaurada seria moldada em sua vida religiosa e política devia ser algo que preocupava o profeta, e nestes capítulos Deus responde a seus questionamentos. Primeiro há uma descrição do santuário, aonde Iavé aparecerá em glória e onde ele fará sua habitação (40-43); depois vêm as regulamentações para os que ministrarão no santuário, e para o "príncipe" que governará o povo; e terceiro, os limites da terra e os territórios das tribos são definidos.

Se a visão será cumprida literalmente é uma pergunta que surge de vez em quando. No entanto, por que devemos supor que esta visão, mais do que a visão do capítulo 1, é um retrato literal do Ser divino? É verdade que os profetas, de modo geral, associam as grandes mudanças na natureza com a chegada do "dia do Senhor", e isto também é declarado no Novo Testamento (veja, por ex., Rm 8.21). Porém não podemos afirmar que a visão de Ezequiel será cumprida literalmente. Ao contrário, é uma demonstração, dentro dos limites do simbolismo do Antigo Testamento, dos princípios fundamentais ao relacionamento de Deus com seu povo redimido e santificado quando ele habita no meio deles em sua glória.

☐ ESTUDO 29   Ezequiel 40.1-47

Depois de ser levado em espírito à terra santa, Ezequiel viu no topo de um monte muito alto o que achou ser uma cidade, mas percebeu depois que era o templo, com seus pátios e edifícios. No entanto, era um templo novo. Embora o santuário fosse parecido com o do templo de Salomão, as cercanias eram bem diferentes. O profeta foi recebido por um mensageiro celestial, que estava com uma vara de medir, e que lhe serviu de guia.

1. Quais as duas responsabilidades que o mensageiro celeste deu ao profeta? Veja o v. 4. De acordo com estes padrões, até que ponto seu estudo bíblico pode ser considerado bem-sucedido?

2. Com a ajuda do diagrama 1, siga a rota do profeta enquanto o mensageiro lhe mostrava as portas externas ao leste (v. 6-16), o pátio externo (v. 17-19) e as portas ao norte e ao sul (v. 20-27); depois, o pátio interno no nível mais alto, também com três portas (v. 28-37). No pátio interno, ao longo da porta norte, havia um quarto e algumas mesas (v. 38-43), e havia dois quartos para os sacerdotes, um junto à porta norte e outro junto à porta sul (v. 44-47).

3. Repare na simetria da planta do templo. O que isto nos ensina a respeito de Deus?

Diagrama 1

UMA PLANTA SIMPLES DA ÁREA DO TEMPLO

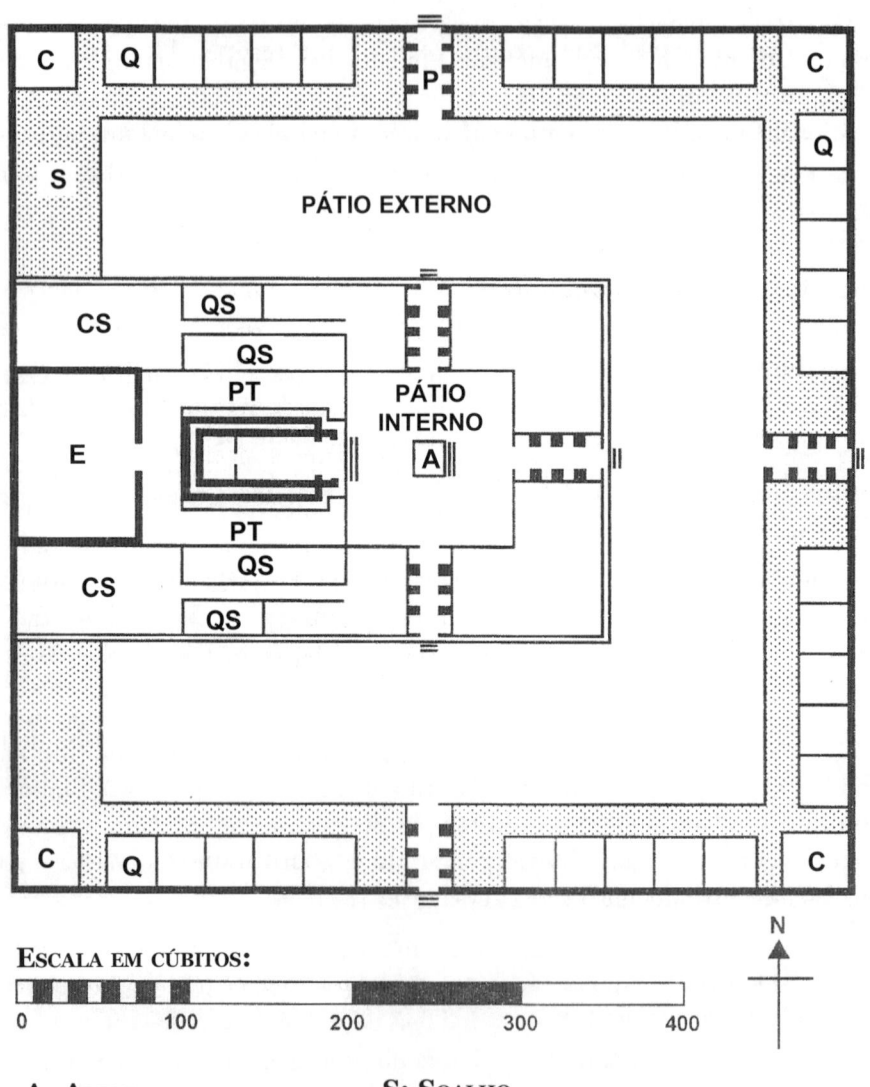

ESCALA EM CÚBITOS:
0   100   200   300   400

N

A: Altar
E: Edifício
Q: Quarto
P: Porta
C: Cozinha
S: Soalho
QS: Quarto do sacerdote
CS: Cozinha do sacerdote
PT: Pátio do templo

ESTUDO 30   Ezequiel 40.48-41.26

1. Com a ajuda dos diagramas 1 e 2 siga o profeta em sua investigação adicional do templo, quando ele chega primeiro ao santuário propriamente dito, com seu pórtico e dois pilares (40.48,49), santuário exterior (41.1), santuário interior (41.3,4), e quartos ou celas laterais em três andares (41.5-11). O interior do santuário é descrito em 41.15b-26.

2. Note que Ezequiel, como sacerdote (1.3; cf. 44.16), entrou no vestíbulo e o santuário exterior, mas não no santuário interior (41.3,4). Por que não? Contraste com nossos privilégios em Cristo. Veja Hb 9.6-9,24; 10.19-22.

3. Havia tamareiras tanto no santuário interno (41.18-20) quanto nos pórticos dos pátios externos e internos (40.16,22,31), como também no templo de Salomão (veja 1Rs 6.29; 7.36). Aplicando isto a nós como templos, o que representa tanto em relação à vida íntima da comunhão com Deus e à vida que todos observam? Cf. Sl 92.12-14; Jr 17.7,8.

Obs.
1. V. 7. Significa que em cada pavimento as paredes voltadas para os quartos eram menos grossas, deixando uma borda para dar apoio às vigas, e assim os quartos em cada andar eram um pouco mais largos do que os quartos abaixo.
2. V. 12-14. Outra faixa de soalho, no nível do pátio interno, abrangia a plataforma do santuário, e era chamado de "o pátio do templo". Ele destacava o santuário dos outros edifícios à volta (veja *Diagrama 1*, PT). Um desses edifícios, no lado oeste, é mencionado no v. 12 (veja *Diagrama 1*, E), mas seu uso não é especificado. Outros edifícios são mencionados em 42.1-14; 46.19,20.
3. V. 22. A mesa aqui mencionada, que parecia um altar de madeira, provavelmente era a mesa do pão da Presença.

☐ ESTUDO 31   Ezequiel 42.1-43.12

Esta seção começa com uma descrição dos outros edifícios no pátio interno (42.1-12), e dos seus propósitos (42.13,14). Veja *Diagrama 1*. As medidas do muro externo, e da área total do templo, são então apresentadas (42.15-20). Em 43.1-9 o profeta tem uma visão da glória do Senhor retornando pela porta leste, a porta através da qual, anos antes, ele tinha visto o Senhor partir (11.1,22,23).

1. Note a ênfase dada na santidade de Deus. Veja especialmente 42.13,14; 43.7-9,11,12. Como a santidade do templo deveria ser mantida, para que testemunhasse desta verdade sobre o Senhor?

2. Para nós, como as barreiras que nos separavam do Santo foram removidas? E quais as condições para nos aproximar de Deus e render-lhe serviço aceitável? Cf. 2Co 7.1; Hb 7.24; 10.14,19; 1Pe 2.5.

Obs.
43.7-9. O templo de Salomão não tinha pátio externo murado separando-o das áreas não consagradas que ficavam do lado de fora (cf. 42.20). O templo, o palácio real e outros edifícios ficavam juntos em uma grande área fechada, e o túmulo do rei ficava ali perto.

Diagrama 2

PLANTA SIMPLES DO SANTUÁRIO

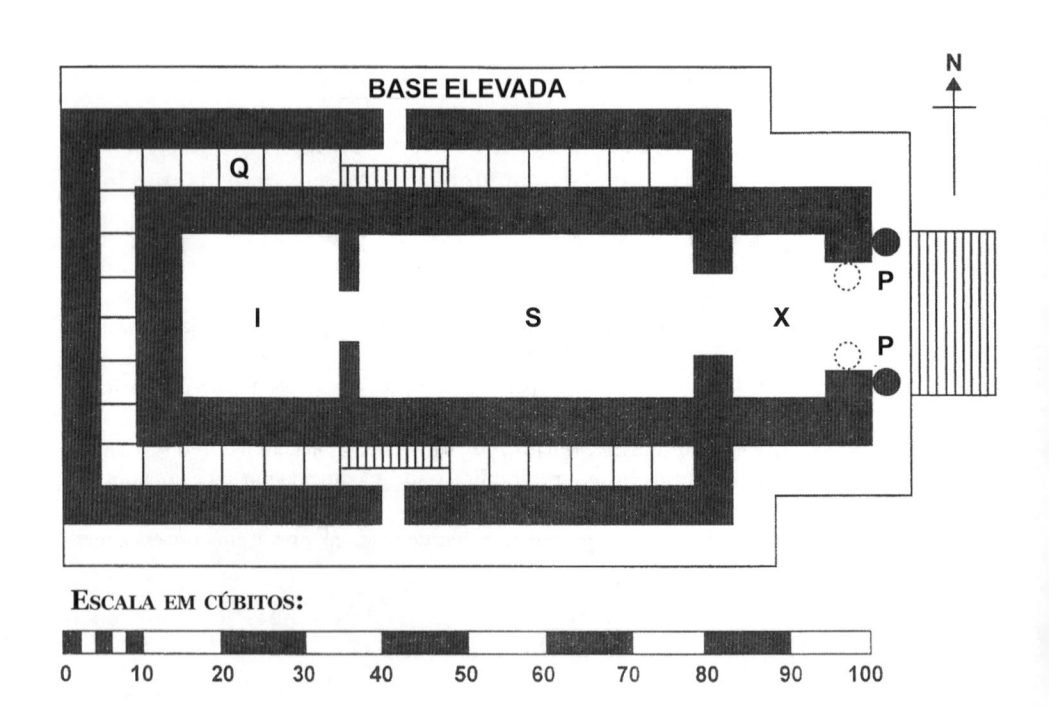

BASE ELEVADA

Q · I · S · X · P · P · N

ESCALA EM CÚBITOS:
0 10 20 30 40 50 60 70 80 90 100

Q: QUARTOS LATERAIS **(41.5-7)**

P: PILARES **(40.49):** POSIÇÃO INCERTA

X: PÓRTICO **(40:48,49)**

S: SANTUÁRIO EXTERNO, OU LUGAR SANTO **(41.1,2)**

I: SANTUÁRIO INTERNO, OU LUGAR SANTÍSSIMO **(41.3,4)**

SOBRE A BASE ELEVADA, OU PLATAFORMA, VEJA **41.8-11**

ESTUDO 32   EZEQUIEL 43.13-44.31

Esta seção começa com uma descrição do grande altar no centro do pátio interno, e dos sacrifícios por meio dos quais deve ser limpo e purificado (43.13-27). O altar se apoiava em uma base quadrada e foi construído com três blocos quadrados de pedra, cada uma menor do que a inferior, deixando uma saliência em cada nível. O último bloco tinha quatro chifres e sete metros quadrados. Subia-se até lá por uma escada que se voltava para o oriente. O capítulo 44 estabelece três ordenanças: a primeira é sobre o uso da porta leste (v. 1-3), a segunda é sobre os levitas (v. 4-14) e a terceira é sobre os sacerdotes (v. 15-31).

1. Por que o altar tinha de ser purificado antes de as ofertas ali colocadas serem aceitáveis a Deus? Veja 43.27 e cf. Lv 16.18,19; Cl 1.19-22; Hb 9.23.
2. Que lições são ensinadas em 44.10-16 quanto aos julgamentos de Deus sobre o serviço fiel e o infiel: Cf. Lc 19.17; 2Co 5.9,10; 1Tm 1.12.

Obs.
1. 44.7,8. É evidente que antes do exílio era permitido que estrangeiros oficiassem no santuário e em seus ministérios, mesmo que somente em tarefas simples.
2. 44.19. Não podem deixar que suas vestes santas entrem em contato com o povo. Cf. Êx 30.29.

ESTUDO 33   EZEQUIEL 45 E 46

Além de o templo ser diferente, em muitos aspectos, do templo de Salomão, a terra inteira seria dividida de um novo jeito. Uma faixa larga de terra que atravessava o país inteiro, do Mediterrâneo até o Jordão, incluindo o tempo, seria dedicada a Deus (45.1-8). O *Diagrama 4* mostra como seria usada. Os versículos 9-17 estabelecem regulamentos sobre pesos e medidas, e impostos que o povo teria de pagar ao príncipe. O restante trata especialmente de festas e ofertas (45.18-46.15), mas no final há duas observações: uma sobre o direito do príncipe de doar parte de seus bens aos filhos ou servos (46.16-18), e outra sobre o uso dos quartos nos pátios do templo como cozinhas para os sacerdotes prepararem a carne dos sacrifícios (46.19-24).

1. Como 45.8-12 mostra que a santidade exigida por Iavé não é apenas religiosa, mas também moral? O que estes versículos esclarecem sobre a maneira de Deus lidar com a injustiça e a opressão, e com a desonestidade comercial? Cf. 46.18; Lv 19.35,36; Pv 11.1; 1Pe 1.14-16.
2. O capítulo 45.15-20 repete três vezes qual é o propósito dos sacrifícios. Que propósito é este? Se os sacrifícios não fossem oferecidos, o povo teria alguma certeza de poder se achegar a Deus? Segundo o Novo Testamento, qual é a verdadeira base da expiação? Cf. Hb 10.4-10; 1Jo 2.1,2.

Obs.
1. 45.1. A área do distrito sagrado está marcada no *Diagrama 4*.

Diagrama 3
PLANTA SIMPLES DE UMA GUARITA TÍPICA

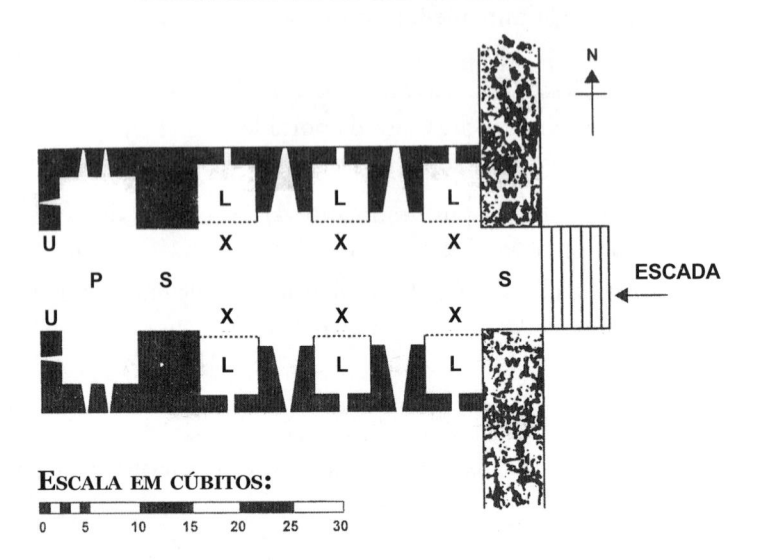

ESCADA

Escala em cúbitos:
0 5 10 15 20 25 30

U: Umbrais (do pórtico).
L: Quartos laterais (ou quartos das ofertas)
S: Soleira
P: Pórtico
M: Muro (cercando a área do templo)
X: Muro baixo

Diagrama 4
DIVISÃO DA TERRA

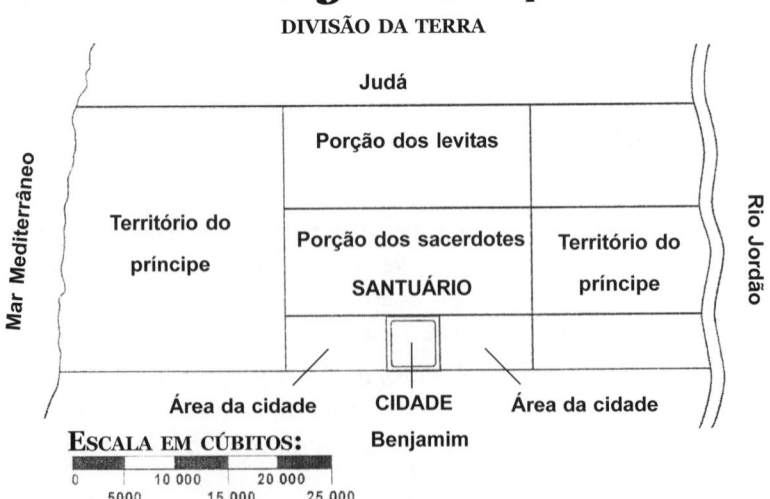

Mar Mediterrâneo

Judá
Porção dos levitas
Território do príncipe
Porção dos sacerdotes
SANTUÁRIO
Território do príncipe
Área da cidade
CIDADE
Benjamim
Área da cidade

Rio Jordão

Escala em cúbitos:
0 5000 10 000 15 000 20 000 25 000

2. 45.10-12. No Israel antigo havia uma grande variação de pesos e medidas, e isto resultava em muita desonestidade comercial. Ezequiel está exigindo padronização rígida em nome de Deus.
3. O capítulo 46.19 define as posições das cozinhas dos sacerdotes, e os v. 21-24, a posição das cozinhas do povo. Veja *Diagrama 1*.

☐ **ESTUDO 34**   **Ezequiel 47.1-12**

O profeta conhece outra perspectiva do que acontece quando Deus habita entre seu povo redimido e reconciliado.

1. Repare particularmente de onde vem o rio. Que lições as pessoas que buscam reforma, seja social, política ou moral, podem tirar da revelação dada a Ezequiel? Cf. Sl 46.4; Is 33.21; Ap 22.1,2.
2. O que o aumento da profundidade e extensão das águas significam? Quanto tempo faz que você aceitou a Cristo e tornou-se templo da sua habitação? As águas vivas continuam jorrando de sua vida em volume cada vez maior? Se não, o que há de errado? Cf. Jo 7.37-39.
3. O rio da vida buscou as regiões mais desoladas e aparentemente irrecuperáveis da terra, e deu-lhes vida e cura. Recorde-se de que este também foi o método de Cristo. Cf. Mc 2.16,17; Lc 15.1,2; 19.10; 23.42,43. O que tudo isso fala ao seu coração?

Obs.
1. V. 1. As águas fluíam do santuário que ficava do outro lado do pátio interno, ao sul do altar, e aparecia do lado direito da porta externa ao leste.
2. V. 8. "No Mar": isto é, no Mar Vermelho, onde nada sobrevive.
3. V. 12. Cf. Sl 1.3; Jr 17.8; Ap 22.2.

☐ **ESTUDO 35**   **Ezequiel 47.13-48.35**

Finalmente o profeta tem a visão das fronteiras da terra (47.13-21) e das porções das tribos (48.1-29). A terra seria dividia em áreas paralelas, que iam da costa oeste até o Jordão.

1. Que ensino do evangelho é prenunciado em 47.22,23? Cf. Ef 2.11-13,19; Cl 3.11.
2. Quantas tribos receberam terra ao norte da faixa larga de terra dedicada a Deus em 45.1 (veja *Diagrama 4*), e quantas ao sul? Que tribos ficaram bem próximas da área central onde ficava o santuário? Em sua opinião, por que o privilégio?
3. O que o novo nome da cidade revela sobre o plano de Deus para seu povo? Ao examinar a visão como um todo, anote suas lições mais importantes, e pense em como são ainda mais claras à luz da revelação que temos em Cristo.

COLOSSENSES

Introdução

Colossos era uma de três cidades (sendo as outras Laodiceia e Hierápoles; cf. Cl 4.13) situadas no vale do rio Lico, cerca de cento e sessenta quilômetros de Éfeso. Paulo não tinha visitado estas cidades (2.1), mas havia recebido um relato completo de Epafras sobre a situação em Colossos. Epafras foi o fundador dessas igrejas (1.7; 2.5; 4.12,13).

Embora houvesse motivos de gratidão (1.3-5; 2.5), também havia motivos para grandes preocupações devido à disseminação de um falso ensino plausível, que, revestido de filosofia esclarecedora (2.8), afirmava ser uma forma mais desenvolvida de cristianismo. Os colossenses queriam se livrar do mal? Então deveriam praticar a circuncisão e uma disciplina severa. Queriam acesso à presença divina? Teriam de adorar os seres angelicais, mediadores que os aproximariam do trono de Deus. Sem dúvida nenhuma esses mestres davam a Jesus um lugar de honra, mas não o lugar mais importante.

A reação de Paulo é testemunhar de Cristo Jesus como supremo em todas as esferas, e todo-suficiente para a necessidade do cristão. Este é o tema principal de Colossenses, que se destaca entre todas as cartas de Paulo pela plenitude de sua revelação sobre a pessoa e a obra de Cristo. Apesar de breve, a carta também é uma riqueza de instruções práticas para o viver cristão.

Esboço

1.1-8	Saudações e agradecimentos	
1.9-14	Petição	
1.15-20	A superioridade do Filho de Deus	
1.21-23	Os colossenses partilham das bênçãos do evangelho	
1.24-2.7	A participação de Paulo no plano de Deus	
2.8-23	Resposta à heresia de Colossos: a total suficiência de Cristo como Salvador	
3.1-4.6	Um novo padrão de vida	
	3.1-17	Implicações práticas de estarmos em Cristo
	3.18-4.1	Comportamento correto nos relacionamentos domésticos
	4.2-6	Oração e testemunho
4.7-18	Referências pessoais, saudações, etc.	

☐ ESTUDO 1   Colossenses 1.1-14

1. O evangelho se refere a quais bênçãos que recebemos de Deus em Cristo? Que resultados este evangelho produziu nos colossenses que o aceitaram? Será que progredi tanto quanto eles?

2. Em sua oração pelos colossenses, o apóstolo pede que eles progridam ainda mais em que aspectos do discipulado cristão? Observe cuidadosamente os itens na oração de Paulo. Em quais dessas direções quero ou preciso progredir mais?

☐ ESTUDO 2   Colossenses 1.15-23

1. O que os versículos 15-20 revelam sobre o relacionamento de Cristo com Deus, com a criação e com a igreja? Que resultados práticos isto deve ter em nossa fé e vida cristã?

2. V. 21-23. De que situação, a que preço e com que objetivo Cristo nos resgatou? O que é exigido daqueles que querem desfrutar totalmente desses benefícios?

☐ ESTUDO 3   Colossemses 1.24-2.7

1. Em 1.24-29, o que Paulo diz sobre: (a) seus sofrimentos (cf. At 9.15,16), (b) seu chamado, (c) o tema de sua carta e (d) seu método, alvo e inspiração no ministério?

2. 2.1-7. O que é essencial aos cristãos que desejam permanecer firmes na fé e não serem enganados? De onde recebem encorajamento para continuar e se tornarem mais bem enraizados? Você (a) deseja progredir assim e (b) ora para que outros também progridam?

Obs.

1. 1.28. O falso ensino dizia que a completa participação no conhecimento e a consequente maturidade eram restritas a uns poucos escolhidos. "Em Cristo", o evangelho torna isto possível a todos de igual modo — a "todo homem".
2. 1.29; 2.1. "Lutando": uma metáfora dos jogos gregos, um termo usado novamente em 4.12 (traduzido como "batalhando"). Descreve aqui um conflito sério, extenuando cada nervo, em oração.

☐ ESTUDO 4   Colossenses 2.8-23

1. Quais os quatro erros que Paulo encontra no ensino falso (v. 8)? Então, de que maneiras ele apresenta Cristo como o único, absoluto e suficiente Salvador (v. 9-15)? Relacione as riquezas e os benefícios que são nossos em Cristo.

2. V. 16-23. É óbvio que os falsos mestres enfatizavam: (a) a observância dos dias santos, (b) o culto aos anjos e (c) austeridade religiosa. Em que o apóstolo se baseia para mostrar que tudo isto é engano, inútil e danoso como instrumento de salvação?

3. V. 11-15. Em que a "circuncisão" dos cristãos é diferente do ritual praticado pelos judeus? Para os cristãos, que cerimônia substituiu a circuncisão judaica?

Como a nova cerimônia é símbolo da morte e ressurreição de Cristo? Cf. Rm 6.1-14.

Obs.
V. 11,12. "Despojar do corpo da carne": os falsos mestres defendiam o ritual da circuncisão como meio de purificação. Paulo responde que na identificação do crente com Cristo em sua morte e ressurreição o corpo inteiro, que foi regido pelos desejos pecaminosos, é lançado fora, e emerge uma nova pessoa. Isto mais do que completa tudo o que o ritual da circuncisão significava.

☐ **ESTUDO 5** COLOSSENSES 3.1-17

1. V. 1-11. Que resultados, negativos e positivos, devem vir após o "ressuscitados com Cristo"; ou seja, o que a experiência deve nos levar a (a) fazer e (b) deixar de fazer?
2. V. 12-17. Estude estes versículos, e relacione as características que Deus quer para o viver cristão ativo; em oração, examine sua vida à luz destes padrões.

☐ **ESTUDO 6** COLOSSENSES 3.18-4.18

1. 3.18-4.1. Repare como, ao dar instruções para o lar cristão, Paulo insiste que se dê a "cada um o que é justo e direito". Que interesses mais importantes devem influenciar a todos de igual modo, e por quê?
2. 4.2-6. Relacione as atividades exigidas aqui como essenciais: (a) à oração e (b) aos relacionamentos com os não crentes. Em minha autodisciplina cristã, quais dessas atividades precisam mais de minha atenção? O que os versículos 3,4 e 12 me ensinam sobre orar pelos outros?

Obs.
3.21. "Desanimem": pelo excesso de críticas e pouco ou nenhum elogio.

FILEMOM

Esta carta a Filemom não traz nenhuma apresentação sistemática de doutrina. Seu propósito é um só — pedir que Filemom receba de volta um escravo que havia fugido com seu dinheiro. Onésimo conheceu Paulo em Roma, converteu-se e transformou-se em uma nova criatura. Não foi fácil para Paulo deixar o novo amigo partir; foi difícil para Onésimo enfrentar o antigo dono. Porém, mais difícil ainda seria para Filemom receber de volta o escravo fujão. Mas estes homens eram cristãos, e isto fez toda a diferença.

A carta é cheia de encanto, diplomacia, bondade e amor, e oferece um retrato inesquecível do cristianismo em ação. Embora nenhum lugar seja mencionado, é evidente que a carta a Filemom foi escrita na mesma época que a carta aos colossenses.

☐ **ESTUDO**   FILEMOM

1. O que a carta revela sobre Paulo? Você acha que ele está pondo em prática Colossenses 3.12-14? Examine cuidadosamente o apelo que o apóstolo faz, e os argumentos que usa para enfatizá-lo.
2. O que aconteceu com Onésimo (que significa "útil" ou "proveitoso") para que ele começasse a viver de acordo com seu nome? A fé cristã tem nos tornado úteis: (a) à pessoa que nos levou a Cristo e (b) àqueles para quem trabalhamos ou têm autoridade sobre nós?

ESDRAS E NEEMIAS

Introdução

Os livros de Esdras e Neemias dão continuidade à história dos israelitas a partir do final de 2Crônicas. Os dois livros estão bem ligados e cobrem juntos um período de um século, mais ou menos, desde o primeiro ano do reinado de Ciro, rei da Pérsia (538 a.C.), até logo depois do trigésimo segundo ano de Artaxerxes (432 a.C.). Outros livros bíblicos desta época são Ageu, Zacarias, Malaquias e Ester.

Os eventos registrados em Esdras e Neemias circundam três períodos, como segue:

Primeiro Período (Ed 1-6), desde o primeiro retorno do exílio sob a liderança de Zorobabel (ou Sesbazar) e Jesua, o sumo sacerdote (536 a.C.) até o final da construção do templo (515 a.C.). É importante observar que, embora estes eventos estejam registrados no livro de Esdras, aconteceram mais de sessenta anos antes de Esdras entrar em cena.

Segundo Período (Ed 7-10), descreve o retorno de um segundo grande grupo de exilados sob a liderança de Esdras, e relata alguns feitos de seu ministério em Jerusalém (458 a.C.).

Terceiro Período (Ne 1-13), descreve a chegada de Neemias como governador (444 a.C.), a construção dos muros, e seu trabalho junto a Esdras.

Esdras e Neemias foram escolhidos por Deus para um serviço inestimável em um momento crítico da história de Israel. Esdras era sacerdote da família de Arão, um homem de extraordinária devoção, estudante diligente, mestre habilidoso da lei de Deus e reformador zeloso. Neemias era funcionário público e um verdadeiro patriota que se dedicou a cultivar a situação moral e material de seu país. Ele uniu vigilância, oração e atividade eficaz com dependência consciente em Deus. Embora os dois homens tenham realizado um trabalho excelente, a obra de Esdras foi mais duradoura, pois ele conferiu à lei de Deus um lugar de suprema autoridade na vida do povo.

Esboço de Esdras

1.1-2.70	O retorno dos exilados a Jerusalém para a reconstrução do templo
3.1-13	Construção do altar, e alicerce do templo
4.1-24	Oposição ao trabalho, e impedimento da obra
5.1-17	O trabalho recomeça, fomentado pelos profetas Ageu e Zacarias
6.1-22	O término do templo
7.1-8.36	Após um intervalo de quase sessenta anos, Esdras viaja para Jerusalém em 458 a.C.
9.1-10.44	Reforma promovida por Esdras, incluindo a expulsão das esposas estrangeiras

☐ **ESTUDO 1**   Esdras 1 e 2

1. Que atos específicos de Deus podem ser vistos neste retorno a Jerusalém? Com 1.1, cf. Jr 29.10. Nos eventos aqui apresentados, tente imaginar os sentimentos e atitudes do pessoal envolvido. Veja, por ex., 1.5,6; 1.7-11; as ligações com as "cidades de origem" e as situações; as exigências em 2.59-63; o cenário em 2.64-67, e a generosidade e alegria de 2.68-70.

2. À luz destes dois capítulos, medite em Josué 23.14.

☐ **ESTUDO 2**   Esdras 3

1. Para o contexto dos versículos 1-6, veja Lv 23.23-43. Quais eram os motivos e propósitos das pessoas que voltaram do exílio desta vez?

2. De que outras maneiras o Senhor recebeu lugar primordial durante este período de assentamento? Considere o desafio que este estudo faz a você pessoalmente.

☐ **ESTUDO 3**   Esdras 4

1. Embora a cooperação com outros na obra de Deus seja desejável, por que os judeus se recusaram a cooperar com os que afirmavam partilhar sua fé e ofereceram-se para ajudá-los a alcançar o grande objetivo espiritual que desejavam? Cf. 2Rs 17.24,32,33, Veja também Mt 7.15, e contraste 2Jo 8 com 2Jo 11.

2. Como os adversários frustrados reagiram? Cf. Am 7.10; Lc 23.2; At 17.7 e veja situações parecidas. Que preço Zorobabel e seus compatriotas judeus pagaram pela sua fidelidade? Você conhece paralelos atuais? Veja Ef 6.18-20.

Obs.
1. V. 1-3. "A proposta de se unir na construção do templo foi uma jogada política; no mundo antigo, cooperar na construção de um templo significava inclusão na unidade nacional. Sem dúvida, a ideia era que se os exilados que voltaram se unissem ao grupo bem maior de samaritanos, seriam logo absorvidos por estes" (Maclaren).
2. V. 5. "Até o reinado de Dario": cf. v. 24. Foi um período de mais ou menos dezesseis anos.
3. V. 6-24. Assuero e Artaxerxes foram reis que sucederam Dario (cf. 7.1). Isto mostra que estes versículos se referem a uma época posterior aos versículos 1-5, confirmado pelo fato de que as cartas dos versículos 11-16 e 17-22 tratam da reconstrução da cidade de Jerusalém, e não do templo. Alguns acham que cronologicamente o texto é do período entre Esdras 10 e Neemias 1.

☐ **ESTUDO 4** Esdras 5 e 6

1. Quando a reconstrução do templo ficou parada por muitos anos (4.24), que vários meios Deus usou para que fosse recomeçada e seu plano fosse cumprido? Por que a dedicação fortalece a fé e guia a oração? Cf. Gn 50.20; Pv 21.1; Ag 1.14; 1Tm 2.2.
2. Observe a alegria, a dedicação e o louvor quando a tarefa foi concluída (6.16-22). Cf. Jo 17.4; At 14.26; 20.24; Cl 4.17; 2Tm 4.7; Ap 3.2.

☐ **ESTUDO 5** Esdras 7

Este capítulo inicia o segundo período coberto por este livro (veja *Introdução*). Uns sessenta anos se passaram desde o fim do capítulo 6.

1. O que este capítulo nos revela sobre Esdras? Note especialmente a ordem dos objetivos no versículo 10, e reflita na evidência comprovando que Esdras alcançou o que queria. Você tem os mesmos objetivos?
2. O que inspirou a doxologia nos versículos 27 e 28? Cf. 2Co 3.5.

☐ **ESTUDO 6** Esdras 8

1. No total, quantos homens estavam com Esdras? Estes, com mulheres e crianças (v. 21), formavam um grupo grande. Também carregavam consigo seus bens, e provisões para a viagem, muitos objetos valiosos e muito ouro e prata. A jornada era longa (7.9) e perigosa (8.31). Teria sido errado Esdras pedir que o rei mandasse proteção? Cf. Nm 2.9. Por que ele não pediu? Igual a Esdras, você é cuidadoso em viver o que professa?
2. O que as atitudes de Esdras antes da viagem nos ensinam sobre o comprometimento com a obra de Deus? Veja especialmente os v. 15-20,21-23,24-30,33-35,36; e contraste Js 9.14; Is 31.1; Jr 48.10a; Mt 25.3.

☐ **ESTUDO 7** Esdras 9 e 10

1. Para informações sobre este incidente, veja Dt 7.1-4. Como o povo de Deus pecou? De que maneira os cristãos de hoje podem cometer os mesmos pecados?

ESDRAS E NEEMIAS

2. O que estes capítulos ensinam sobre: (a) as responsabilidades da liderança, (b) oração e confissão, (c) a fidelidade de Deus e (d) o preço do arrependimento?

Esboço de Neemias

1.1-11	A aflição dos judeus em Jerusalém. A oração de Neemias
2.1-10	Artaxerxes envia Neemias a Jerusalém
2.11-20	Neemias anima o povo a reconstruir os muros de Jerusalém
3.1-32	A divisão da tarefa. Lista de ajudantes
4.1-6.14	A obra continua apesar das dificuldades e oposição A liderança firme e exemplar de Neemias
6.15-7.4	O término dos muros. Provisão para a segurança da cidade
7.5-73	Registro dos que voltaram com Zorobabel
8.1-18	Leitura e exposição públicas da lei. Celebração da festa dos Tabernáculos
9.1-38	Arrependimento e confissão de pecado da nação
10.1-39	Pacto de caminhar na lei de Deus assinado e selado publicamente
11.1-12.26	Lista dos que ficaram morando em Jerusalém
12.27-47	Dedicação dos muros da cidade. Provisão para os serviços regulares do templo
13.1-31	Separação dos outros povos. Reformas feitas por Neemias em sua segunda visita a Jerusalém

☐ **ESTUDO 1**   NEEMIAS 1

1. Durante quanto tempo Neemias remoeu as notícias sobre Jerusalém antes de tomar uma atitude (veja *Obs. 1* abaixo)? Note o decorrer dos eventos – que é normalmente visto quando Deus chama seus servos para uma tarefa em particular.

2. O que aprendemos com a oração de Neemias? Repare em sua atitude, seu conhecimento das escrituras, suas bases para esperar que a oração seja respondida. Deuteronômio 7; 9-12; 29 e 30 apresentam um antecedente da oração.

Obs.

1. V. 1. O mês de quisleu corresponde a novembro-dezembro de nosso calendário, e nisã (2.1), a março-abril.
2. V. 11. "Copeiro": um oficial importante, cuja tarefa era provar o vinho antes de entregá-lo ao rei, para ver se não estava envenenado.

☐ **ESTUDO 2**   NEEMIAS 2

1. Qual é a ordem dos acontecimentos após a oração de Neemias? Que dificuldades ele teve de enfrentar em cada passo?

2. O que o capítulo esclarece sobre a comunhão íntima de Neemias com Deus? Por que ele tinha certeza de que Deus abençoaria sua tarefa? Sua vida tem necessidade desta comunhão e confiança?

Obs.
1. V. 3. Provavelmente Neemias infringiu o protocolo da corte ao deixar que o rei percebesse sua tristeza.
2. V. 10. "Sambalate": oficial importante, provavelmente governador de Samaria. Tobias talvez fosse seu secretário.

☐ **ESTUDO 3**   NEEMIAS 3

1. Contraste a movimentação nas cenas deste capítulo com o retrato dos muros e portões abandonados, quebrados e queimados, em 2.13,14. O que provocou a mudança? (Se possível, estude uma planta da cidade da época.)
2. Veja como todas as classes sociais da cidade ajudaram na reconstrução, cada uma em um lugar e com uma tarefa especial. O que o capítulo ensina sobre o valor: (a) da organização bem pensada e (b) da disposição do pessoal em cooperar?

☐ **ESTUDO 4**   NEEMIAS 4

1. O progresso do trabalho aumentou a oposição. Visualize os personagens envolvidos nos diferentes cenários. Que tipo de desencorajamento Neemias encontrou, e como ele lidou com as situações?
2. Nos versículos 19-23, veja como Neemias pôs a "mão na massa". Onde ele planejava estar, caso houvesse luta? O que isto nos ensina sobre liderança?

☐ **ESTUDO 5**   NEEMIAS 5

1. Que injustiça social Neemias remediou (veja v. 1-13)? E como fez isto?
2. Que características do comportamento de Neemias fizeram dele um excelente governador? Será que estamos buscando estas mesmas coisas?
3. Que considerações devem impedir o povo de Deus de fazer algumas coisas que os outros fazem com toda naturalidade? Cf. v. 15 e 1Co 8.13.

Obs.
V. 1-5. Os judeus mais ricos evidentemente exigiam pagamento a juros altos do dinheiro emprestado aos compatriotas mais pobres, e tomavam as terras e propriedades, e até os próprios devedores, quando suas exigências não eram satisfeitas.

☐ **ESTUDO 6**   NEEMIAS 6

1. Agora os inimigos de Neemias tentam uma cilada. A sugestão para conferenciar é sempre atraente. Por que Neemias continuou recusando o convite? Contraste

ESDRAS E NEEMIAS

a insensatez de Eva ao conversar com a serpente (Gn 3.1-5). Você tem o hábito de cogitar sobre questões que nem merecem consideração?

2. Quais foram as sutilezas específicas usadas na tentativa de enganar Neemias? Veja como a decisão de Neemias de atingir um propósito e sua lealdade a Deus lhe serviram de escudo. O que aprendemos com isto?

Obs.
V. 5. "Uma carta aberta": para que, além de Neemias, outros soubessem de seu conteúdo.

☐ **ESTUDO 7**   NEEMIAS 7

1. O que mais Neemias fez para garantir a ordem em Jerusalém? Por que Hananias ficou encarregado de governar Jerusalém? Tendo em mente que você pode receber um cargo de responsabilidade no reino de Deus, o que está fazendo para desenvolver as mesmas qualidades de Neemias?

2. Por que um registro de nomes é tão importante? Veja os v. 64,65; e cf. Ap 20.15; 21.27; Lc 10.20.

Obs.
1. V. 2. É possível que a nomeação de dois homens para cuidar de Jerusalém signifique, como em 3.9,12, que cada um governava uma metade da cidade.
2. V. 64,65; cf. Esdras 2.62,63. Necessitava-se de um sacerdote instruído em decidir se esses homens tinham o direito de exercer os privilégios de um sacerdote ou não. Veja em 1Sm 14.41 um exemplo de como o Urim e o Turim eram usados.

☐ **ESTUDO 8**   NEEMIAS 8

1. Os capítulos 8, 9 e 10 descrevem um avivamento extraordinário. Qual foi sua primeira manifestação, e que outros aspectos se desenvolveram a partir dali?

2. Repare na grande mudança íntima que aconteceu desde antes do exílio. Cf. Jr 11.6-8; 32.36-40; Ne 1.5-11. Como estes versículos ilustram Sl 119.71 e Hb 12.11?

Obs.
1. V. 10. "Repartam com os...": cf. Dt 16.11,14; Ester 9.19-22.
2. V. 17. A festa dos Tabernáculos havia sido celebrada (veja, ex., 2Cr 8.13), mas, pelo jeito, o povo não havia construído as tendas.

☐ **ESTUDO 9**   NEEMIAS 9.1-21

1. Que sinais vemos aqui do verdadeiro arrependimento? Cf. 2Co 7.10,11.

2. Medite na imensa bondade e nas muitas misericórdias de Deus, apesar de grande provocação, como visto aqui nesta passagem. Você tem motivos semelhantes de recordações, arrependimento e gratidão a Deus?

☐ **ESTUDO 10**   Neemias **9.22-37**

1. Analise este resumo (v. 6-37) da história do povo de Deus. O que descobrimos sobre o coração de Deus e o coração do homem?

2. A experiência amarga ensinou os judeus que a desobediência resulta em castigo. Mas Deus apenas castigou o povo? Cf. Sl 130.3,4. O que este capítulo ensina sobre a atitude de Deus para com seu povo quando este peca? Cf. também Fp 1.6; 2Jo 8.

☐ **ESTUDO 11**   Neemias **9.38-10.39**

1. Relacione as sete ordenanças específicas incluídas no pacto geral de seguir a lei de Deus (10.29) e não negligenciar a casa de Deus (10.39).

2. O que o povo concordou em (a) abandonar e (b) em ofertar, para assim "obedecer fielmente a todos os mandamentos, ordenanças e decretos do Senhor"? O que isto nos ensina sobre o significado da consagração total? Cf. 2Co 6.14-7.1; Pv 3.9,10; Ml 3.10; 1Co 16.1,2.

Obs.

1. 10.29. "E se obriguem sob maldição e sob juramento": isto é, comprometer-se sob juramento, invocando a vingança divina sobre si mesmo, caso descumpra o prometido.
2. V. 31b. Cf. Êx 23.10,11; Dt 15.1-3.

☐ **ESTUDO 12**   Neemias **11**

1. Embora o templo estivesse reconstruído e os muros da cidade consertados, Jerusalém continuava um lugar feio para se morar (cf. 2.3,17), e a maioria do povo preferia morar em outros lugares. Quais os dois métodos usados (v. 1,2) para aumentar a população de Jerusalém? Você está disposto a servir onde há mais necessidade? Cf. Is 6.8.

2. Os v. 3-24 trazem uma lista das pessoas que foram morar em Jerusalém, nas seguintes categorias: (a) chefes das famílias da tribo de Judá (4-6) e (b) da tribo de Benjamim (7-9); (c) oficiais do templo-sacerdotes (10-14), levitas (15-19), outros atendentes, incluindo cantores (20-24). Tente imaginar a vida na cidade, e repare no destaque dado à casa de Deus e seu culto. Outras pessoas ajudavam de outras maneiras, e algumas são descritas como "homens capazes" (literalmente "homens de força e vigor"). Você cumpre seu papel na comunidade em que vive, ajudando-a a se fortalecer? Cf. Ec 9.10a; 1Co 15.58.

☐ **ESTUDO 13**   Neemias **12**

1. Como o povo celebrou a reconstrução do muro? Veja uma lembrança adicional em Lucas 17.15-18. Ao estudar a passagem, imaginando os dois grupos marchando em procissão, lembre-se da viagem solitária de Neemias descrita em 2.12-15. Pense também no quanto você deve a Deus. Cf. 1Co 15.10; Rm 12.1.

2. "O governador Neemias" e "Esdras, sacerdote e escriba" (v. 26). Examine e contraste a posição e o caráter destes dois homens excepcionais, e como foram necessários nesse período crítico da história judaica. Você já descobriu qual é seu dom e chamado de Deus, ou o que pode fazer para o bem comum? Cf. Rm 11.29; 1Co 12.4-7.

Obs.
V. 30. "Purificaram": aspergindo o sangue dos sacrifícios. Cf. Ez 43.19,20.

☐ ESTUDO 14   NEEMIAS 13

A certa altura do governo, Neemias voltou para o rei Artaxerxes, e retornou mais tarde a Jerusalém (veja v. 6 e 7), e descobriu que em sua ausência aconteceu muita desordem e abandono da fé.

1. Veja neste capítulo: (a) cinco referências a atitudes firmes tomadas em relação à conduta e condição insatisfatória do povo e (b) como Sambalate e Tobias foram bem-sucedidos em, finalmente, exercer alguma influência em Jerusalém. O que aprendemos com tudo isto?
2. Você entendeu a sequência dos acontecimentos? À luz de 1Co 10.11, quais são, em sua opinião, as principais lições que tiramos deste período na história do povo escolhido de Deus?

SALMOS 90-106

☐ ESTUDO 71   SALMO 90

1. O que os versículos 2-11 dizem sobre: (a) o homem e (b) Deus? Em vista desses fatos, qual deve ser a atitude do homem (v. 11,12)? O que "nosso coração alcance sabedoria" significa? Cf. Pv 9.10; Jr 9.23,24; Tg 4.12-16.
2. Escreva em suas próprias palavras as petições dos versículos 13-17. Que certezas eles revelam sobre o caráter e a atitude de Deus? Essas petições podem ser transferidas para a vida cristã?

Obs.
V. 11. Somente quem reverencia a Deus de todo o coração pondera na realidade da ira de Deus contra o pecado em toda a sua intensidade.

☐ ESTUDO 72   SALMO 91

O tema deste salmo é a segurança e a bênção da vida sob a proteção de Deus. A mudança de pronomes já foi explicada de várias formas. Nos versículos 2 e 9a (veja rodapé, NVI) uma única voz declara sua confiança (na primeira pessoa do singular); então, o coro responde com seguranças renovadas. Por fim, nos versículos 14-16, o próprio Deus fala de promessas afáveis.

1. A vida e a saúde eram frágeis na antiguidade. O mundo era assombrado por poderes invisíveis e malevolentes. Como a fé do salmista em Deus muda a situação? De que modo o salmo conforta: (a) quem sofre e (b) quem sabe que vai sofrer? Cf. a afirmação completa em Rm 8.16-18,28,31,35-37.

2. V. 14-16. Veja aqui sete promessas afáveis de Deus. Suas próprias experiências, e a experiência de outros cristãos, atestam essas verdades? Cf. 2Pe 1.2-4.

Obs.
1. As maldades mencionadas nos v.3,5,10 e 13 se referem a todos os tipos de adversidades, traiçoeiras e ocultas, abertas e visíveis, explicáveis e inexplicáveis. O v. 13 não se refere às aventuras de um super-herói, mas aos livramentos de perigos, naturais e supernaturais, não por um passe mágico (como no Egito), mas pela fé.
2. V. 14. "Eu o protegerei": literalmente, "Eu o colocarei num lugar inacessivelmente alto".

☐ **ESTUDO 73** **Salmos 92 e 93**

1. Salmo 92. Os olhos do salmista foram abertos para discernir os princípios da obra de Deus, que estão ocultos de quem não tem entendimento espiritual. Que princípios são estes? Como as emoções e a mente são impulsionadas?

2. Imagine a vida do fiel, como descrita em 92.12-14. Qual o segredo de seu vigor e beleza? Cf. Sl 1.3; Jr 17.7,8; Is 40.29-31.

3. Salmo 93. Não foi só o poder que diferenciou o Deus de Israel dos deuses das nações vizinhas. Quais as duas características singulares mencionadas neste salmo? Cf. Sl 90.2c; Dt 33.27 e Êx 15.11b; Sl 47.8.

Obs.
1. 92.1. "Render graças" é muito mais que dizer "obrigado". Envolve reconhecimento público da graça de Deus por meio de palavras e, provavelmente, oferta de gratidão.
2. 92.10. "Boi selvagem" ("chifres", em algumas traduções), simbolizava poder. Cf. Zc 1.18s; Sl 75.10. Significa revigoração e reconsagração.
2. 92.12. "Florescerão": a mesma palavra para "brotar", no v. 7.

☐ **ESTUDO 74** **Salmo 94**

1. Onde o salmista encontra esperança e consolo quando é oprimido por homens maus? Preste atenção nas bases e no conteúdo de sua confiança.

2. Que repreensão o salmista faz às pessoas de Israel que acreditavam que os maus estavam certo quando afirmaram (veja o v. 7) que Deus era indiferente às necessidades de seu povo? Segundo o salmista, por que a nação está sofrendo? Veja os v. 8-15; cf. Pv 3.11,12; Is 49.14-16.

SALMOS 90-106

Obs.

1. V. 1,2. O fato de o "Deus vingador" ser uma frase paralela a "Juiz da terra" mostra que a primeira não é uma expressão desagradável e vingativa como nosso idioma pode sugerir. As duas frases indicam que Deus está preocupado em resguardar a ordem moral.
2. V. 16. Um cenário de tribunal. "Quem se levantará a meu favor?" o salmista pergunta. Cf. Rm 8.31,23.

☐ **ESTUDO 75**   **SALMOS 95 E 96**

Estes dois salmos parecem estar associados à festa do ano novo. A renovação da aliança era uma parte especial da festa, e Deus era enaltecido como Criador, Rei e Juiz. O salmo 95 convoca o povo de Deus a cultuá-lo, uma convocação enfatizada por um aviso sério contra a desobediência. O salmo 96 chama a criação inteira para se unir e louvar a Deus.

1. Como estes salmos revelam que a adoração é um ato que toda a criação deve a Deus? Por que Deus tem de ser adorado? Relacione os motivos. Como esta adoração deve ser oferecida?
2. Que razões especiais o salmo 95 apresenta para "nós" adorarmos a Deus? "Nós" se refere a quem? Contra que perigo somos avisados, quando e por quê? Cf. Hb 3.7-15.

Obs.

1. 95.3; 96.4 (cf.97.9). O monoteísmo do Antigo Testamento é, de modo geral, prático (ex., Êx 20.3), em vez de teórico. Mas 96.5 apresenta a conclusão lógica do Antigo Testamento assim como o ensino do Novo Testamento – que "todos os deuses das nações não passam de ídolos" (literalmente, "são nada"). Cf. 1Co 8.4-6.
2. 95.6. "Nosso Criador": isto é, o Criador de Israel como nação – para ser seu povo.

☐ **ESTUDO 76**   **SALMOS 97 E 98**

1. Salmo 97. Que aspectos do caráter de Deus são revelados aqui, e quais os vários efeitos desta revelação? Eles representam sua reação na presença de Deus? Por exemplo, note o versículo 10a; cf. Rm 12.9.
2. Salmo 98. Que atos de Deus, passados e futuros, levam o salmista a louvá-lo? Ao cultuar a Deus, você começa e termina com o pensamento nele? Seu louvor é apresentado de forma verbal e audível semelhante? Cf. Ef 5.19,20.

☐ **ESTUDO 77**   **SALMO 99 E 100**

1. Salmo 99. De que maneiras o salmo revela a santidade ou caráter distinto de Deus? Que consolo e que advertência recebemos ao saber que a santidade de Deus não é abstrata, mas ativa? Você tem o mesmo entusiasmo do salmista em ver Deus exaltado publicamente em santidade? Cf. Ap 15.3,4. Você sabe o que significa invocar o nome de Deus e descobrir que ele responde (v. 6-8)?

2. Salmo 100. De acordo com este salmo, o que sabemos a respeito de Deus? Este conhecimento deve nos motivar a fazer o quê? Com que espírito você presta "culto ao Senhor" (v. 2)?

Obs.
99.3. "Grande e temível": isto é, inspira reverência. A mesma expressão é usada em Dt 10.17; Sl 76.7,12.

☐ **ESTUDO 78**   SALMO 101

Lutero chamava este salmo de "o espelho de Davi de um monarca". Embora os assuntos do salmo sejam gerais, 2Samuel 6.9 pode oferecer vestígios da situação histórica – no início do reinado de Davi.

1. V. 1-4. Davi não podia cantar a Deus sem estar ciente que a adoração tinha de produzir alguns resultados em seu caráter e ações. Estude os verbos destes versículos. Sua vida cristã é definida e decisiva assim?
2. V. 5-8. Que companhias Davi buscava e de quais se afastava? De modo semelhante, que atitudes incisivas e, algumas vezes, enérgicas o cristão é chamado a mostrar? Cf.2Tm 2.14,16,19,21-23.

☐ **ESTUDO 79**   SALMO 102

É provável que este salmo tenha sido escrito quase no final do exílio (veja v. 13 e cf. Jr 29.10; Dn 9.2). Uma descrição da angústia do momento (v. 1-11) é seguida por uma visão de Sião restaurada (v. 12-22). Os últimos versículos relatam a certeza do salmista sobre o caráter imutável de Deus (v. 23-28).

1. O que este salmo nos ensina a fazer em tempos conturbados? Veja o título, e cf. Sl 62.8.
2. "Cinzas...Tu, porém..." (v. 9 e 12). Contraste a extrema miséria dos versículos 1-11 com a visão de fé dos versículos 12-28. O que aconteceu? Onde os seus olhos estão fixos – nas tristezas deste mundo ou em Deus? Cf. 2Co 4.8,9,18.

Obs.
V. 19,20. Cf. Êx 3.7,8. Como era antes, é agora.

☐ **ESTUDO 80**   SALMO 103

1. Relacione as bênçãos espirituais mencionadas neste salmo. Você está se beneficiando delas? Você é tão consciente da fonte destas bênçãos, e tão agradecido a Deus, como o salmista era?
2. O que é enfatizado nas menções sobre o amor de Deus (v. 4,8,11,17)? Como este amor é demonstrado? Que atitude correspondente é exigida dos que usufruem deste amor? Veja os versículos 11,13,17,18.

SALMOS 90-106

Obs.
1. V. 5. Significa "forte como a águia". Cf. Is 40.31.
2. V. 11,13,17. Na Bíblia, o temor do Senhor não se refere a um terror degradante, servil do desconhecido ou pavoroso. É básico e consistentemente moral (veja Êx 20.18-20), fundamentado no conhecimento (veja Pv 9.10), e significa "reverência devida e admiração".

☐ **ESTUDO 81**   **SALMO 104**

Este salmo foi descrito como sendo uma versão poética de Gênesis 1. É proveitoso comparar estes dois capítulos. Repare no quanto estão de acordo.

1. Como a dependência da criatura no Criador é enfatizada nos versículos 27-30? Cf. Sl 145.15,16; Gn 1.29,30. Medite no lindo retrato de Deus que nos é apresentado. O que isto nos impulsiona a fazer? Cf. Mt 6.25-33.
2. Compartilhamos os mesmos desejos e resoluções do coração do salmista, como exprimidos nos versículos 31-35?

Obs.
V. 26. Cf. Gn 1.21; Am 9.3 para referências semelhantes.

☐ **ESTUDO 82**   **SALMO 105**

Este salmo inicia com um chamado para nos lembrarmos e proclamarmos as obras poderosas de Deus. É um retrospecto histórico, feito, podemos supor, com base no versículo 45, com o propósito de incentivar à obediência ao Deus redentor. "Lembrar" nunca era meramente um processo intelectual no culto em Israel; tinha um objetivo moral.

1. V. 1-5. Relacione os imperativos usados aqui. Pense nas situações apropriadas em que você deve lhes obedecer. Cf. Sl 119.164. Estes versículos, e o salmo todo, seriam de ajuda a alguém deprimido?
2. Que motivos os versículos 7-10 e 42 oferecem para a intervenção de Deus a favor dos israelitas? Cf. Lc 1.72-74. Que razão parecida temos para saber que Deus nunca nos faltará nem nos abandonará? Cf. 1Sm 12.22.

Obs.
V. 2. "Relatem": significa "meditem", no entanto, os israelitas raramente meditavam em silêncio.

☐ **ESTUDO 83**   **SALMO 106.1-33**

Esta seção é constituída de chamados a louvar a Deus, e depois (v. 7-33) uma confissão de sete pecados de Israel desde o êxodo à entrada em Canaã.

1. Que aspecto do fracasso de Israel é mencionado três vezes nestes versículos, e quais foram algumas de suas consequências? Cf. Dt 8.11-20.
2. Após libertar os israelitas, por que mais tarde Deus os destruiu no deserto? Note as quatro coisas mencionadas nos versículos 24 e 25 que o levaram a

mudar de atitude. Com que reverência e seriedade o cristão deve acolher a advertência deste incidente? Cf. Hb 3.12,17-19; 4.1.
3. A referência nos versículos 14 e 15 é a Números 11 (veja os v. 4,34). O que inspirou o pedido dos israelitas, e quais foram as sérias consequências? O Novo Testamento afirma que estamos envolvidos numa batalha com os desejos da carne. Como devemos lutar contra estas coisas? Cf. 1Co 10.6; 1Pe 2.11; Gl 5.16.

☐ **ESTUDO 84**   Salmo 106.34-48

O final deste salmo, especialmente os versículos 45-47, sugere que, enquanto a função do salmo 105 era incentivar à obediência, aqui o propósito da retrospectiva histórica é diferente. Embora um tanto sombria, seu objetivo é reafirmar o amor constante de Deus e fortalecer a fé dos exilados, que estavam tentados a entrar em desespero.

1. Uma nova geração entrou em Canaã (veja Nm 14.29-32; 26.64,65), mas os pecados continuaram. Qual foi o primeiro erro desta geração, e que pecados ainda mais degradantes resultaram dele (v. 34-39)? Como os cristãos evitam relacionamentos parecidos? Cf. 2Co 6.14-7.1; 1Jo 2.15-17.
2. Que consolo maravilhoso recebemos ao saber que, conforme este salmo demonstra, a rebeldia humana não extinguiu a compaixão de Deus? Veja os versículos 1-5,45-47. Que desafios estes versículos nos apresentam?

Obs.
V. 48. Provavelmente uma doxologia para marcar o fim do Livro IV dos Salmos.

Para os *Estudos 85-111* no livro de Salmos, veja a página 402.

AGEU

Introdução

Em Esdras 5.1, Ageu e Zacarias são mencionados como profetas daquela época em Jerusalém. Para inserir o ministério e as mensagens divinas dos dois em seu contexto histórico, leia Esdras 5 e 6.

A data exata do ministério profético de Ageu aparece no capítulo 1.1 como sendo o segundo ano de Dario, rei da Pérsia, isto é, em 520 a.C. (Zc 1.1). Em 538 a.C., o primeiro grupo de exilados, sob a liderança de Zorobabel, havia retornado da Babilônia para Jerusalém, e iniciou-se a reconstrução do templo. Mas a oposição e a intriga dos samaritanos foram muito fortes, e a obra parou (veja Ed 4.1-5,24).

AGEU

O povo se ocupou com seus problemas particulares e disse, com relação ao templo: "Ainda não chegou o tempo de reconstruir a casa do Senhor" (Ag 1.2).

As profecias de Ageu consistem de quatro pronunciamentos (veja *Esboço*), que contêm promessas repetidas da presença e bênção divinas, caso o povo se dedique a construir a casa de Deus. Para nossa instrução, Ageu expressa a verdade eterna de que Deus oferece a si mesmo e o seu melhor àqueles que o honram completamente e buscam o seu reino em primeiro lugar. Não há outra maneira de sobreviver no dia de transtorno e julgamento, quando o próprio Deus irá abalar todas as coisas e revelar a inutilidade de todo e qualquer outro tipo de confiança (veja Ag 2.21-23; e cf. Hb 12.25-27). Deste modo, Ageu, pela iluminação do Espírito de Deus, discerniu a verdade sobre as circunstâncias daquela época e previu acontecimentos semelhantes, ou até maiores, do desfecho da história no dia do Senhor.

Esboço

1.1-15 Primeiro pronunciamento. Convocação para que o povo recomece a construir o templo. O trabalho é reiniciado
2.1-9 Segundo pronunciamento. Os construtores são encorajados. Deus está com eles para fazer o trabalho prosperar
2.10-19 Terceiro pronunciamento. As pessoas e suas ofertas tinham sido impuras aos olhos de Deus. Mas agora ele irá abençoá-las
2.20-23 Quarto pronunciamento. Os reinos deste mundo serão derrubados, e o servo escolhido de Deus será exaltado

☐ **ESTUDO 1**   AGEU 1

1. Como os judeus da época de Ageu organizaram suas prioridades? Qual foi a consequência? E qual havia sido a ordem de Deus? Que lição Deus queria que aprendessem? Existe alguma aplicação para os nossos dias? Cf. Mt 6.33.
2. Como o povo descumpriu o propósito para o qual havia recebido permissão de retornar? Cf. Ed 1.2-4. Contraste suas atitudes iniciais com as condições descritas por Ageu. Você já viveu algo parecido? Cf. Ap 2.4. O que aconteceu quando obedeceram à voz de Deus?

Obs.
V. 1. "Sexto mês": corresponde a agosto-setembro de nosso calendário.

☐ **ESTUDO 2**   AGEU 2

1. Imagine o cenário de desolação e desânimo do povo (v. 3). Mas como eram as perspectivas aos olhos da fé de Ageu (v. 4-9)? Baseado em que ele incentivou as pessoas, e para onde direcionou os olhos delas?

2. V. 10-19. Como Ageu mostra que: (a) a vida santificada não tem contato com as coisas impuras e (b) ter contato com as coisas puras não é suficiente? É possível nos enganarmos hoje, como aconteceu com os judeus da época de Ageu? Cf. 2Tm 2.19-22.

3. Qual será o destino de todas as tarefas e empreendimentos humanos realizados sem Deus, e que obra permanecerá, cujos realizadores são abençoados desde o dia em que se puseram a trabalhar? Cf. 1Jo 2.17. Por que Zorobabel estaria seguro quando Deus abalasse os céus e a terra?

Obs.
V. 23. "Anel de selar": um símbolo de honra e autoridade, Cf. Jr 22.24.

ZACARIAS

Introdução

Zacarias iniciou seu ministério profético dois meses depois de Ageu (veja Zc 1.1; Ag 1.1). Seu livro se divide em duas partes (capítulos 1-8 e 9-14), e têm cunhos tão diferentes que muitos acham que a segunda parte só pode ter sido escrita por outra pessoa. Tal suposição, no entanto, não é necessariamente obrigatória. As diferenças podem ser explicadas pela mudança de tema, e pelo fato de a segunda parte ter sido escrita muitos anos depois da primeira. Um estudo atencioso também revela semelhanças notáveis entre as duas partes. A primeira parte do livro trata principalmente da reconstrução do templo, e inclui palavras de encorajamento e advertências proferidas por Zacarias ao povo e seus líderes. Esta divisão é iniciada com uma convocação ao arrependimento (1.1-6), e a seguir vem uma série de oito visões, que oferecem uma resposta às dúvidas e questionamentos do povo. A primeira parte termina com a resposta do profeta a uma pergunta dos habitantes de Betel (7.1-3) sobre a continuidade dos jejuns que os judeus vinham observando em lamentação pelas calamidades que lhes sobrevieram.

A segunda parte do livro consiste de dois oráculos (9-11 e 12-14). As duas seções, como David Baron menciona em seu valioso comentário, fala sobre a guerra entre o mundo pagão e Israel. Todavia "na primeira, o julgamento por meio do qual o poder do mundo gentílico sobre Israel é finalmente destruído, e Israel é dotado de forças para vencer todos esses inimigos" é o tema principal. Na segunda seção, o julgamento por meio do qual "Israel é peneirado e purgado no grande conflito final entre as nações, e é transformado na nação santificada do Senhor, é o tópico principal".

Os escritos de Zacarias prenunciam o aparecimento do Rei de Sião tanto em mansidão quanto em majestade, e declaram tanto sua rejeição quanto seu domínio

ZACARIAS

sobre toda a terra. Portanto, são frequentemente citados no Novo Testamento em referência tanto à primeira quanto à segunda vinda de Cristo ao mundo.

Esboço

1.1-6	Um chamado para que se obedeça à Palavra de Deus	
1.7-6.8	Oito visões	
	1.7-17	O Anjo do Senhor entre as murtas
	1.18-21	Os quatro chifres e os quatro artesãos
	2.1-13	O homem com a corda de medir
	3.1-10	Josué, o sumo sacerdote
	4.1-14	O candelabro de ouro
	5.1-4	O pergaminho que voava
	5.5-11	A vasilha e a mulher
	6.1-8	As quatro carruagens
6.9-15	A coroação de Josué	
7.1-8.23	A resposta aos enviados de Betel	
9.1-17	Um conquistador gentio e o Rei de Sião	
10.1-12	O que o rei pastor trará a seu povo	
11.1-17	A rejeição do verdadeiro pastor e suas trágicas consequências	
12.1-9	A libertação de Jerusalém	
12.10-13.6	O arrependimento e purificação do povo	
13.7-9	O ataque ao pastor e a dispersão das ovelhas	
14.1-21	A vinda do Messias, e o estabelecimento de seu reino na terra	

☐ **ESTUDO 1**   Zacarias 1 e 2

1. O que Zacarias 1.1-6 ensina sobre a Palavra do Senhor e as diferentes consequências de ser obedecida e rejeitada? O que é e sempre será verdade sobre ela, não importa o que façam os homens? Com o versículo 6, cf. Mt 5.18.
2. Há três visões nestes capítulos (1.7-17; 1.18-21; 2.1-13). Como respondem às seguintes perguntas: (a) Qual é a atitude verdadeira de Deus para com Jerusalém? (b) Como as nações que oprimem os judeus podem ser vencidas? (c) Existe futuro para a cidade que está desolada agora?
3. Note quanto do que é dito aqui sobre Jerusalém é espiritualmente verdadeiro para nós em Cristo. Veja, por exemplo, 2.5,8b,10-12. Não recebemos o mesmo chamado para crer, como foi feito ao povo na época de Zacarias? Cf. 2Co 1.20.

Obs.
1. 1.11. As nações não davam nenhuma indicação de que iriam cumprir os propósitos de Deus para Israel.
2. 1.20,21. "Quatro artesãos": agentes indicados por Deus para destruir os "chifres" (isto é, o poder) das nações.
3. 2.4,5. A medição planejada de Jerusalém é cancelada, pelos motivos aqui apresentados.

4. 2.6. "Terra do norte": Babilônia (ou Pérsia), onde haviam sido exilados. Veja o v. 7.c

☐ **ESTUDO 2**   Zacarias 3 e 4

1. Josué, como sumo sacerdote, age como representante do povo. Como a culpa do povo será removida? Pela intervenção de quem Satanás é repreendido e Josué é purificado? Cf. Rm 8.31-34; Hb 7.25; 9.26.
2. Qual é o significado da visão do capítulo 4? Qual sua importância para nossos dias? Cf. Os 1.7; 2Co 10.4,5.

Obs.
3.8,9. "Meu servo", "o Renovo" e "a pedra" são títulos para o Messias. Cf., por ex., Is 28.16; 42.1; Jr 23.5. Os "sete olhos" podem representar a onisciência do Messias. Cf. Ap 5.6.

☐ **ESTUDO 3**   Zacarias 5 e 6

1. O capítulo 5 contém uma visão nítida dos que praticam maldades, e da própria maldade. Qual será o destino de pessoas assim? Cf. 2Tm 2.19; 2Ts 1.7-10; Ap 21.1-4,8,27.
2. O que é prefigurado em 6.9-15 com a coroação do sumo sacerdote, e com a declaração profética de que "o homem" (v. 12) assim mencionado será sacerdote em seu trono, e construirá o templo do Senhor? Cf. Jo 2.19-22; Ef 2.13,19-22; Hb 8.1; 10.11-13; 1Pe 2.5.

Obs.
1. 5.1-4. Uma visão do julgamento de Deus perseguindo o transgressor.
2. 5.6. "Uma vasilha": aqui, é um cesto de medir em forma de barril, com uma tampa redonda de chumbo.
3. 6.1-8. Com todos os detalhes, é difícil interpretar a visão, mas no geral significa Deus governando sobre a terra (v. 5) e aplicando seu julgamento por intermédio de agentes invisíveis. Cf. 2Rs 6.15-17.
4. 6.10,11. Uma delegação de judeus que estavam na Babilônia foi para Jerusalém. Zacarias recebe a ordem de fazer uma "coroa" com um pouco da prata e do ouro que a delegação trouxe, e colocá-la na cabeça do sumo sacerdote.

☐ **ESTUDO 4**   Zacarias 7

Veja *Introdução*. A resposta de Zacarias à delegação de Betel consiste de quatro partes, cada uma iniciando com a frase "veio a mim a palavra do Senhor". As duas primeiras partes da resposta estão neste capítulo e as duas outras, no capítulo 8.

1. Qual o erro que Deus viu nesses jejuns? Leia os versículos 5 e 6 e contraste com 1Co 10.31. À luz desta parte da resposta do profeta, será que não existem muitas coisas em nossos cultos que são inaceitáveis a Deus?
2. Cf. versículos 9 e 10 com Isaías 58.6,7. De onde vem a animosidade de uma pessoa contra o semelhante? Cf. Mc 7.21,22. Como era o coração dos judeus para com o Senhor?

ZACARIAS

☐ **ESTUDO 5** ZACARIAS 8

1. Enumere as bênçãos que Deus promete aqui concernentes a Jerusalém, reparando também na ênfase que lhes é dada pelo número de vezes que a frase "Assim diz o Senhor dos Exércitos" ocorre. Será que Deus tem menos disposição em cumprir as "grandiosas e preciosas promessas" (2Pe 1.4) que nos fez em Cristo Jesus? Cf Hb 6.11-18.
2. No entanto, quais são as condições para recebermos as promessas de Deus? É evidente que Deus está disposto a nos suprir. Então, se não estamos usufruindo as coisas prometidas, onde está o empecilho?
3. O que aconteceu com os jejuns sobre os quais a delegação de Betel perguntou em 7.2,3?

Obs.
1. V. 4,5. "Homens e mulheres de idade avançada ... meninos e meninas brincando...": indicam e ilustram a segurança e paz que foram prometidas.
2. V. 10. Três males atingiram o povo quando a casa de Deus foi negligenciada: escassez, insegurança e desunião.

☐ **ESTUDO 6** ZACARIAS 9 E 10

1. Os versículos iniciais (9.1-8) profetizam a invasão da Síria, Fenícia e da terra dos filisteus. A profecia foi cumprida historicamente nas conquistas de Alexandre, o Grande. Mas a quem o profeta se dirige? De um lado, como isto explica a derrota de Tiro, apesar de sua sabedoria, força defensiva e riqueza, e, de outro, a preservação de Jerusalém? Cf. 9.15a e 2.5.
2. O capítulo 9.9-12 apresenta um retrato do Rei de Sião, onde, como geralmente acontece no Antigo Testamento, suas vindas são combinadas numa só. Quanto ao Rei, o que o texto afirma sobre: (a) seu caráter, (b) a maneira em que virá, (c) o alcance de seu governo e (d) os benefícios que ele trará? Cf. Sl 40.2,3; Jl 3.16b; Is 61.7.
3. O tema da parte restante (9.13-10.12) é sobre o que Deus ainda fará por seu povo Israel. Relacione as promessas feitas aqui, e reflita em como simbolizam as bênçãos espirituais que são nossas em Cristo.

Obs.
1. 9.1-6. Provavelmente Hadraque era uma cidade da Síria; Hamate, Tiro e Sidom são vizinhos sírios; Ascalom, Gaza, Ecrom e Asdode (v. 5,6) são cidades dos filisteus.
2. 9.7. Uma profecia sobre a abolição dos sacrifícios idólatras, e a incorporação dos remanescentes dos filisteus entre o povo de Deus. Os jebuseus eram os habitantes originais de Jerusalém.
3. 9.8. Quando Alexandre invadiu esses territórios e varreu as nações costeiras, nada conseguiu parar seus exércitos, mas ele foi impedido de atacar Jerusalém.
4. 9.13-17. Uma profecia de vitória para Israel, quando o inimigo será pisoteado como pedra de atiradeira, e Israel reluzirá como as jóias de uma coroa. O v. 15b apresenta outra figura, onde Israel bebe o sangue de seus inimigos, do qual se encherá como as bacias usadas nos sacrifícios, ou como às beiradas do altar que ficam encharcadas de sangue.

☐ ESTUDO 7   ZACARIAS 11

Embora o ensino principal deste capítulo seja claro, existem muitos detalhes obscuros. Seu tema é a graça e o julgamento. Começa com uma visão do julgamento devastando a terra e desolando-a (v. 1-3). Deus mostra ao profeta que as promessas do capítulo anterior não serão cumpridas sem que antes aconteçam surtos de maldades (cf. 10.2,3a). Nos versículos 4-17 o profeta é chamado a personificar primeiro um bom pastor e depois, ao ser rejeitado e ridicularizado, um pastor inútil, que causa muitos sofrimentos às ovelhas. Este capítulo é um prognóstico intenso da vinda de Cristo (v. 12,13; cf. Mt 26.14,15; 27.9,10).

1. V. 7. As duas "varas" do bom pastor (cf. "vara" e "cajado" no Sl 23.4) foram chamadas "Favor" e "União", mostrando que ele veio em graça para juntar as ovelhas num só rebanho. Como isto representa Jesus? Cf. Jo 1.14; 17.20-22.
2. Qual será o destino dos que deliberadamente repudiam o bem? Cf. Mt 23.37,38; 2Ts 2.8.

Obs.
V. 12. "Trinta moedas de prata": o preço de um escravo ferido (Êx 21.32). Cf. Mt 26.15; 27.9.

☐ ESTUDO 8   ZACARIAS 12 E 13

Estes capítulos profetizam um ataque conjunto de muitos povos a Jerusalém e também a libertação vinda de Deus (12.1-9), juntamente com o arrependimento e a purificação que acontecerá no país por causa da consideração e reconhecimento que mostrarem àquele a quem transpassaram (12.10-13.9). O cumprimento absoluto desta profecia acontecerá no fim da época atual (cf. Rm 11.25-27), mas tem, para hoje, uma aplicação espiritual para todos os que pertencem a Deus.

1. Qual o segredo da sobrevivência de Jerusalém frente a tantos inimigos que se juntaram contra ela (12.1-9; cf. 14.3)? O cristão tem esperança semelhante de vencer o mundo, a carne e o diabo? Cf. Sl 27.1-5; 1Jo 4.4; 5.4.
2. Quais as quatro experiências vividas pelo povo de Deus apresentadas em 12.10-13.9? Você já experimentou algo parecido? (a) Com 12.10-14, cf. Jo 16.8,9; At 2.37-40. (b) Com 13.1, cf. Hb 9.13,14. (c) Com 13.2-5, cf. 2Co 7.1. (d) Com 13.7-9, cf. 1Pe 1.5-7.

Obs.
1. 12.11. Hadade-Rimom talvez seja uma cidade na planície do Megido (ou Jezreel), onde o rei Josias foi assassinado, o evento mais horrível e triste da história judaica (cf. 2Cr 35.22-25).
2. 12.12-14. Tanto a intensidade quanto a universalidade do arrependimento de Israel são enfatizadas aqui.
3. 13.2-6. Os falsos profetas ficarão envergonhados, e tentarão ocultar que profetizaram. As feridas (v. 6) podem ser autoinfligidas durante o delírio profético (cf. 1Rs 18.28) ou mais provavelmente resultantes do ataque do povo contra os profetas (cf. v. 3c).

ESTUDO 9   ZACARIAS 14

Os versículos 1-5 parecem uma previsão da queda de Jerusalém no ano 70 d.C., e também do retorno de Cristo. Nos Evangelhos (por ex., Lucas 21.20-28) estes dois acontecimentos também são descritos como se fossem um só. Segue-se, então, um relato das bênçãos que vêm a seguir.

1. Os versículos 1-5 descrevem o romper do dia do Senhor. Naquela ocasião, quem se reunirá contra Jerusalém? O que acontecerá à cidade e aos seus habitantes? Quando e de que modo o Senhor aparecerá?

2. No dia do Senhor, o que mais acontecerá em relação: (a) à Jerusalém (v. 6-11; cf. Ap 22.1-5; Jo 4.13,14), (b) aos que atacaram Jerusalém (v. 12-15) e (c) aos remanescentes das nações que escaparam (v. 16-19)?

3. Imagine a cidade conforme a descrição dos versículos 20,21. Você está buscando uma vida pura em todos os aspectos? Cf. 2Co 7.1; 1Ts 3.13; 1Pe 1.15,16.

Obs.
V. 20,21. Todos os aspectos da vida da cidade terão a marca da santidade – vida comercial, vida financeira e vida doméstica. V. 20b. Os caldeirões que foram usados com objetivos mundanos serão tão santificados quanto as bacias que recolhem o sangue do sacrifício.

MALAQUIAS

Introdução

Malaquias (o nome significa "meu mensageiro", veja 3.1) foi, sem dúvida, contemporâneo de Esdras e Neemias. Ele atacou os pecados que surgiram em Jerusalém depois que o templo foi reconstruído e os cultos foram restabelecidos; os pecados estão registrados no livro de Neemias. O espírito religioso de Malaquias é refletido nas orações de Esdras e Neemias. Uma tradição bem antiga afirma que "Malaquias" é um pseudônimo, e atribui a autoria a Esdras.

O livro é ainda mais importante porque encerra a revelação do Antigo Testamento. Por ser uma ligação entre a lei e o evangelho, Malaquias combina insistência rigorosa sobre a necessidade de pureza e sinceridade de coração com a promessa indubitável da vinda de um Libertador para os que temem a Deus. Por último, (4.4-6), Malaquias apela à lei e aos profetas (dos quais Elias é escolhido como representante). A revelação mais completa não irá contradizer as etapas preparatórias. O povo deve encontrar nas autoridades espirituais que já conhecem (isto é, no Antigo Testamento), a confiança para aceitar aquele que virá. Assim, no Monte da Transfiguração, quando o Pai convocou os povos a ouvir o Filho, Moisés e Elias estavam presentes dando consentimento e testemunhando que ele era o cumprimento de tudo o que aguardavam. Confira Mateus 17.3-5; João 5.46.

Esboço

1.1-5	O amor de Deus por Israel
1.6-2.9	Os pecados dos sacerdotes
2.10-17	Os pecados do povo
3.1-6	Aviso de que o Senhor virá para julgar e purificar
3. 7-12	Como expressar arrependimento de modo prático
3.13-4.6	O dia do julgamento

☐ **ESTUDO 1**   MALAQUIAS **1.1-2.9**

1. 1.1-5 O povo de Judá, notando sua condição e circunstâncias, ficou deprimido e começou a murmurar contra Deus. O que o profeta usou para mostrar que Deus os amava como nação? Cf. Sl 34.15,16; 73.26-28.

2. De que pecados em particular os sacerdotes eram culpados? Caso não se arrependam, como Deus irá castigá-los? Qual era a raiz do fracasso deles?

3. Em contraste, quais devem ser a condição e os objetivos de nossa tarefa como mensageiros do Senhor dos exércitos? Cf. 2.5-7, e cf. 2Co 6.3; 2Tm 2.15; 1Pe 4.10,11.

Obs.

1. 1.2-4. Os edomitas eram descendentes de Esaú.
2. 1.5. "Grande é o Senhor, até mesmo além das fronteiras de Israel": o conceito que o povo fazia de seu Deus era muito pequeno, e o profeta busca corrigir o erro. Cf. v. 11,14b.
3. 1.8. A exigência era que os animais dos sacrifícios fossem perfeitos, sem defeito nenhum (Lv 1.3), e não os "rejeitados" do rebanho.

☐ **ESTUDO 2**   MALAQUIAS **2.10-3.6**

1. 2.10-16. Embora o povo tenha chorado perante Deus, acabou descobrindo que ele não recebeu suas ofertas. Por que não? Que pecado em particular estava entre o povo e Deus, e qual era a "condição interior" por trás disto? Cf. Hb 3.12,13.

2. Como 3.1-6 responde à reclamação do povo em 2.17? Que comparações são usadas para descrever o dia da vinda de Cristo? O que deve ser abandonado? Se quero estar preparado para recebê-lo, onde meu coração deve estar assentado? Cf. 1Ts 3.12,13; 1Jo 3.2,3.

Obs.

2.10,11. "Quebramos a aliança dos nossos antepassados": isto é, casando com mulheres de outras nações. Cf. Êx 34.10-12,15,16. "Mulheres que adoram deuses estrangeiros" significa mulheres estrangeiras de outra religião.

☐ **ESTUDO 3**   **MALAQUIAS 3.7-4.6**

1. Em 3.7-15, do que o povo é acusado? Qual deve ser nosso maior interesse, se queremos receber as bênçãos prometidas por Deus? Cf. Pv 3.9,10; Mt 6.30-33; 16.25; Lc 6.38. De maneira prática, como devo responder a esse chamado?

2. Duas classes diferentes de pessoas são descritas em 3.13-16. À qual você pertence? Pode até parecer que os maus estejam levando vantagem, mas Deus afirma aqui que, em contraste com as atuais circunstâncias, virá o dia (3.17 e 4.3) em que o justo e o perverso serão separados publicamente e recompensados de acordo. Como isto acontecerá? Cf. 4.1, 2 com 2Ts 1.7-10; 1Jo 2.28; 3.2; Ap 6.15-17.

TIAGO

Introdução

É de aceitação geral que Tiago, irmão do Senhor, escreveu esta carta. Durante o ministério de Cristo na terra, Tiago não cria nele (Jo 7.5), mas se converteu quando este lhe apareceu depois da ressurreição (1Co 15.7). Tiago era de temperamento austero e de caráter prático. No livro de Atos (veja 12.17; 15.13-21; 21.18 e também Gl 2.9) ele aparece como líder da igreja em Jerusalém. Foi morto pelos judeus por volta do ano 61 d.C.

A carta é endereçada "às doze tribos dispersas entre as nações" (1.1), ou seja, aos judeus que viviam fora da Palestina. É sucinta e vigorosa, mas de estilo vívido e comovente. Começa e termina abruptamente, sem nenhuma palavra de agradecimento nem bênção final. Tiago procura incentivar quem atravessa um período de provações e sofrimentos; porém, ao mesmo tempo, censura algumas falhas, tais como fé sem ação, pecados da língua, brigas e inveja, avidez em ser mestres, e falta de persistência. Ele insiste para que os leitores sejam praticantes da palavra, e não somente ouvintes; que exibam a fé cristã não em formalidades externas e afirmações vazias, mas procurando obedecer de coração à perfeita lei divina da liberdade nos diversos relacionamentos da vida.

O ensino principal de Tiago é que "a fé sem obras é inútil" (2.20). A justificação é pela fé, todavia a fé que justifica é a fé viva que, por uma necessidade inerente irreprimível, tem de produzir boas obras, ou se expressar em compromisso ativo e obediência.

Esboço

A carta é mais um sermão do que um estudo, e trata da religião prática; assim, não há um fio contínuo de argumento no livro; antes, com total segurança, e em estilo vívido e enérgico, o autor comenta, incentiva e corrige questões de doutrina e de conduta à medida que surgem.

1.1-18	Lidando com a tentação
1.19-27	Recebendo a palavra de Deus e fazendo a vontade de Deus
2.1-13	O esnobismo e a lei suprema do amor
2.14-26	Contra a fé inativa
3.1-12	Controle da língua
3.13-18	A sabedoria terrena e a divina
4.1-12	Lidando com as dissensões e o mundanismo entre os cristãos
4.13-5.11	Advertências aos ricos arrogantes e insensíveis
5.12-20	Comentários pastorais, enfatizando o lugar e o poder da oração

☐ ESTUDO 1   TIAGO 1.1-18

O texto faz distinção entre "provações" (v. 2,12), que podem ter resultados positivos (cf. 1Pe 1.7) e "tentação" (v. 13s), que é a sedução do pecado concebido no coração humano.

1. V. 2-7,12. Qual deve ser nossa atitude mental quanto às provações? Qual seu propósito e objetivo? É preciso ter sabedoria durante as provações (cf. 3.17). De modo particular, como esta sabedoria é conquistada?
2. V. 13-15. Qual a origem da tentação, e quais os resultados inevitáveis que ela produz? Como evitamos ser enganados, e obtemos força para vencer?
3. V. 9-11,16-18. Contraste a instabilidade dos seres humanos, tanto ricos quanto pobres, com a imutável consistência de Deus nosso Pai. O que mais Deus quer para nós, e como ele realiza isto? Que efeitos estas verdades deveriam produzir em nosso modo de vida?

Obs.
1. V. 17b. A eterna Fonte de luz não está sujeita a nenhuma variação nem eclipse, como os astros celestes.
2. V. 18. "Como que os primeiros frutos": os primeiros frutos eram evidências de que a colheita havia começado, e que continuaria.

☐ ESTUDO 2   TIAGO 1.19-27

É característico de Tiago repetir uma palavra-chave ao passar de um parágrafo a outro. Aqui, após mencionar a função da palavra de Deus na regeneração (v. 18), ele fala do lugar que ela - expressando a vontade do Senhor - deve ocupar na vida do cristão.

TIAGO

1. Em sua opinião, quais os obstáculos e perigos que impedem a palavra de Deus de criar raiz e produzir frutos em nossas vidas?
2. "Humildemente" (v. 21) não deve ser confundido com inatividade. Que ensinos a ilustração de Tiago enfatiza sobre a nossa resposta à palavra de Deus e sua lei? Com os v. 25, cf. Lucas 8.15. Sua religião seria aprovada nos testes práticos de Tiago (v. 26s)?

Obs.
1. V. 25. "Observa atentamente": literalmente "examina bem de perto"; cf. Jo 20.5,11; 1Pe 1.12. "Lei perfeita, que traz a liberdade": cf. Rm 8.2. O evangelho de Cristo é a "lei que traz liberdade" porque o Espírito de Deus gera nos corações dos que o recebem a vontade e o poder de obedecer a Deus. Assim a lei de Deus se torna um freio interno e, principalmente, deixa de ser uma coibição externa.
2. V. 27. "Religião": significa a expressão exterior da fé.

☐ **ESTUDO 3**   **TIAGO 2.1-13**

1. V. 1-7. Quais as cinco bases (três gerais e duas particulares) usadas por Tiago para condenar o comportamento esnobe descrito nos versículos 2,3? Com o v. 4, cf. 4.11. Nós, também, confiamos no "glorioso Senhor Jesus Cristo". O que as pessoas têm, e não o que são, continua sendo mais importante para nós, ou já nos libertamos disto? Amamos os "ricos em fé" e aprendemos com eles?
2. V. 8-13. "Este negócio de parcialidade é um assunto de menor importância." Como Tiago lida com este argumento inútil? Por que, numa vida que parece cumprir a lei, uma forma de pecado, como a parcialidade, é algo tão sério?

Obs.
1. V. 12. Nossa liberdade não é liberdade das obrigações da lei moral; é liberdade para cumprirmos (v. 18) os justos requisitos da lei.
2. V. 13b. A misericórdia triunfa sobre o julgamento, e não sobre a justiça. A mesma palavra é traduzida como "condenação" em 5.12. A misericórdia acabará triunfando porque quando o impiedoso for condenado, o misericordioso será perdoado.

☐ **ESTUDO 4**   **TIAGO 2.14-26**

Tiago já advertiu contra a religião vazia, que é impura (1.26,27); agora ele adverte contra a fé inativa, que é impotente.

1. V. 14-20. A fé vazia é o mesmo que palavras sem ação, que profissão sem desempenho. Cf. 1Jo 3.18. À luz do exemplo dado por Tiago, qual é o proveito da minha fé? Em que minha fé é diferente da dos demônios?
2. V. 21-26. Tiago ilustra seu argumento usando duas pessoas bem diferentes. Como o princípio do versículo 22 foi demonstrado em suas vidas? O mesmo princípio é atuante em minha vida?

Obs.
1. V. 18. O argumento de que alguns têm fé e outros realizam obras é enganoso, pois sem a atitude moral correspondente, a fé é vazia e estéril, como a dos demônios (v. 19).
2. V. 25. "Foi ela justificada pelas obras": cf. Rm 3.20,28; Gl 2.16. Paulo e Tiago parecem contradizer um ao outro. Mas, na verdade, Paulo afirma: "A fé pode salvar sem as obras da lei", e Tiago afirma: "A fé não pode salvar sem as obras da fé". Assim, um complementa o outro.

☐ **ESTUDO 5** **TIAGO 3**

Neste capítulo Tiago retorna a dois assuntos que já mencionou: língua (cf. 1.19,26) e sabedoria (cf. 1.5).

1. V. 1,2. Por que Tiago desencoraja a ânsia em ser mestre? Pondere em suas ilustrações vívidas sobre o poder da língua, tanto para o bem quanto para o mal. Como a maldade da língua é claramente mostrada, e por que o assunto é tão sério? Como Tiago também mostra que a inconsistência da língua é tremendamente desnatural?
2. V. 13-18. Quais as marcas e os resultados dos dois tipos de sabedoria descritos nos versículos 17,18? Veja como estas qualidades da sabedoria divina foram testemunhadas no Senhor Jesus. Minha vida mostra as mesmas evidências?

Obs.
1. V. 13. "Humildade": um termo que perdeu muito de sua nobreza original. Para os gregos, denotava a autodisciplina de um homem forte e a humildade de um homem sábio. Cf. 1.21.
2. V. 14. "Não se gloriem disso, nem neguem a verdade": gloriar-se da sabedoria quando o coração está cheio de inveja e ambição egoísta é fingimento puro. Cf. 1.26.
3. O v. 18 deve ser contrastado com o v. 16. Confusão e maldades seguem no rastro da inveja e rivalidade, mas a retidão (ou justiça) é a semente e colheita dos pacificadores.

☐ **ESTUDO 6** **TIAGO 4**

1. V. 1-10. Que diagnóstico Tiago faz da condição de seus leitores? Você consegue identificar nos versículos 4-10 sete passos para a recuperação espiritual? Que motivo existe de encorajamento e gratidão nesse assunto muitas vezes doloroso?
2. V. 11-17. A comunidade cristã para a qual Tiago escrevia ficou ainda mais deformada pelas fofocas e pelo excesso de autoconfiança. Que orientações Tiago dá sobre nossa atitude em relação: (a) aos irmãos em Cristo e (b) ao amanhã? O que mudaria em sua vida se você levasse a sério a definição que o versículo 17 faz sobre pecado?

Obs.
1. V. 4. "Adúlteros": Cf. Os 3.1. Tiago, porém, está se referindo à apostasia, e não à imoralidade.
2. V. 6. A citação de Pv 3.34 é feita para mostrar a maravilha da graça de Deus, que tem poder para vencer até mesmo o espírito mundano dos leitores de Tiago, caso se humilhem e atendam às advertências do Espírito.

☐ **ESTUDO 7**   **TIAGO 5**

Ao acusar os ricos insensíveis, Tiago usa uma linguagem que lembra os profetas do Antigo Testamento. Cf. 1.9-11; 2.1-7.

1. V.1-12. Qual é o fato notável por trás das advertências de Tiago aos ricos, e de seu conselho aos oprimidos? Será que nós, ricos ou pobres, temos a mesma perspectiva eterna? Quais os motivos (v. 7-10) para o exercício do autocontrole e quais as bases para a tranquilidade mental feliz?
2. V. 13-20. De que maneira somos chamados a ajudar o próximo? De modo particular, que exemplos temos aqui sobre o poder da oração, e quais as condições para a oração eficaz?

Obs.
1. V. 3b. "Vocês acumularam riquezas numa época que está findando."
2. V. 6. É provável que a referência não seja a Cristo, como alguns acham (cf. At 7.52), e sim às condições sociais prevalecentes.
3. V. 9. "Não se queixem": o versículo lembra 4.11,12, que desencoraja a crítica pública; note a semelhança da linguagem jurídica nos dois textos.
4. V. 11. Veja Jó 42.12.
5. V. 12. Parece que os leitores de Tiago eram famosos pela incapacidade de controlar a língua: cf. 1.19,26; 2.12; 3.5s; 4.11; 5.9.
6. V. 16. "Confessem os seus pecados": se a oração vai prevalecer, nenhum pecado pode ser abafado. Cf. Sl 66.18; Mt 5.23,24.

1 CRÔNICAS

Introdução

Os dois livros de Crônicas, que na verdade são uma unidade, foram escritos bem depois dos outros livros históricos, e referem-se com frequência a documentos antigos que nos são desconhecidos. A data é estabelecida como depois da ida para o cativeiro babilônico (1Cr 6.15) e depois do decreto de Ciro ordenando o retorno (2Cr 36.22,23), também mencionado no primeiro capítulo de Esdras. O estilo literário é parecido com os livros de Esdras e Neemias, e isto sugere que todos foram escritos na mesma época.

Os livros de Crônicas ocupam o último lugar na Bíblia Hebraica. Estão separados dos outros livros históricos, e fazem parte da seção do Cânon Hebraico conhecida como "Hagiografia" ou "Escritos". O título hebraico para os livros de Crônicas é "As Palavras dos Dias", e o título grego é "Omissões". O título "Crônicas" foi dado por Jerônimo. O tema do livro é a necessidade de Deus estar no centro da vida de Israel, e as muitas vezes em que, durante o período monárquico, a nação se afastou dele. As ocasionais reformas feitas por reis como Jeosafá, Ezequias e Josias são também temas do livro. Depois da morte de Salomão (2Cr 9), Crônicas narra apenas a história do reino do sul, com referências esporádicas ao reino do norte. A atividade dos profetas como testemunhas da verdade de Deus, quando reis e até mesmo sacerdotes a deturpavam, é mostrada repetidamente, assim como a fidelidade de Deus ao povo que ele mesmo escolheu. O interesse do autor está centralizado em grande parte no templo, no seu sacerdócio e no seu culto.

Esboço

1-9	Genealogias, na maior parte
10-29	Eventos que resultaram na construção do templo. O reino de Davi
10-12	Morte de Saul e ascensão de Davi. Os feitos de seus poderosos guerreiros
13-16	A arca é levada para Jerusalém – cultos são organizados
17	Davi deseja construir um templo, e a resposta de Deus
18-20	Davi conquista e subjuga nações vizinhas
21	Enumeração do povo
22	Davi prepara a coroação de Salomão
23-26	O ministério da tribo de Levi
27	Líderes civis sob o comando de Davi
28	Mensagem de Davi aos líderes do povo e a Salomão
29	A resposta do povo. A morte de Davi

☐ **ESTUDO 1**   **1Crônicas 1-9**

Estes capítulos, que à primeira vista parecem simplesmente um emaranhado de nomes, após uma inspeção mais cuidadosa mostram ser bastante organizados, como um jardim dividido em vários canteiros. O autor começa com os descendentes da linhagem de Adão até Noé, e, então, apresenta os descendentes de cada um dos três filhos deste patriarca (1.1-27). Quando chega a Abraão, relaciona os filhos de Ismael, de Ketura e dos dois filhos de Isaque - Israel e Esaú, juntamente com um rol dos descendentes deste último (1.28-54). O capítulo 2 inicia a lista dos filhos de Israel e seus descendentes. Judá é o primeiro e recebe mais espaço (2.3-4.23). Depois vêm Simeão (4.24-43), Rúben, Gade e a meia tribo de Manassés (5), Levi (6), Issacar (7.1-5), Benjamim (7.6-12), Naftali (7.13), Manassés (7.14-19), Efraim (7.20-29) e Aser (7.30-40). Devemos notar a falta de duas tribos. No capítulo 8, os descendentes de Benjamim são relacionados de modo mais completos, chegando à família de Saul e seus descendentes; o capítulo 9 apresenta uma lista dos habitantes de Jerusalém, e repete a genealogia de Saul como introdução ao relato de sua morte no capítulo 10. Em meio a estas listas de nomes há um número de textos que podem ter aplicação espiritual útil às nossas vidas.

1. Leia 4.9,10 e 5.18-22. O que você aprendeu com os exemplos de: (a) Jabez e (b) Rúben, Gade e a meia tribo de Manassés sobre sucesso e vitória? Cf. Sl 81.10; Cl 4.2; 1Jo 5.4.

1CRÔNICAS

2. Tente imaginar como era a vida e o serviço dos levitas, de acordo com o capítulo 6. O texto ensina alguma lição sobre a natureza do culto verdadeiro?

☐ **ESTUDO 2**   **1CRÔNICAS 10 E 11**

1. O capítulo 10 é uma história triste de um grande fracasso. Qual o motivo de Saul ter fracassado? Será que estamos livres dos pecados que derrubaram Saul? Cf. Is 8.19,20.

2. Que exemplos o capítulo 11 dá sobre o valor e a lealdade dos homens que seguiram Davi? O que essa história ensina sobre a natureza da comunhão verdadeira, do amor e do serviço cristão? Cf. At 20.22-24.

☐ **ESTUDO 3**   **1CRÔNICAS 12**

1. Repare na união que prevalecia nessa época entre os seguidores de Davi – embora fossem de tribos diferentes – e também na diversidade de dons que existia entre eles. Relacione esses dons e compare-os com os dons do Espírito apresentados em 1Coríntios 12.4-11. Qual era o segredo da união daqueles homens?

2. Que qualidades de caráter são elogiadas neste capítulo? São encontradas na igreja cristã de hoje? Também são características suas?

Obs.
V. 18. "Amasai": provavelmente o mesmo Amasa de 2.17; 2Sm 17.25; 20.10.

☐ **ESTUDO 4**   **1CRÔNICAS 13 E 14**

1. É interessante refletir na história do capítulo 13. Uzá foi o único culpado, ou o rei e o povo também deixaram de mostrar um espírito de profunda reverência? Será que o cortejo não era muito parecido com a de um ídolo pagão? O que o povo iria aprender como lição do castigo de Uzá? Cf. Hb 12.28,29.

2. Os filisteus não estavam dispostos a se submeter ao reinado de Davi, e tentaram três vezes reconquistar o poder. O que aprendemos com a maneira de Davi enfrentar o desafio?

Obs.
13.6. O poder e a majestade de Deus são enfatizados, assim como sua presença. Note também que frase "diante de Deus" é repetida nos v. 8 e 10.

☐ **ESTUDO 5**   **1CRÔNICAS 15.1-16.6**

1. Como Davi explicou o fracasso da primeira tentativa de levar a arca para Jerusalém? Comparando o capítulo 15 com o 13, o que foi comum aos dois cortejos, e o que foi peculiar ao segundo? Qual é a lição óbvia aqui?

2. "Músicas alegres" (15.16; veja também os v. 25,28,29). Por que Davi se alegrou tanto? O que a arca simbolizava para ele? Que atividade deve nos causar alegria parecida?

☐ **ESTUDO 6** **1Crônicas 16.7-43**

1. V. 8-22,34-36. Como o povo de Deus deve reagir à sua imensa bondade? Relacione tudo o que o salmo convoca o povo a fazer. Veja para que propósito Hemã e Jedutum foram "designados" e pelo que "eram responsáveis" (v. 41,42).

2. V. 23-33. O salmista enxerga além de Israel, e convoca todas as nações a adorarem ao Senhor. Que motivos ele apresenta para que façam isto? Você usaria esse hino de louvor para agradecer a tudo o que Deus significa para você?

☐ **ESTUDO 7** **1Crônicas 17**

1. Com base neste capítulo e em outros textos que mencionam Natã (2Sm 12.1-15,25; 1Rs 1 até 4.5), descreva a posição importante que o profeta ocupava na vida de Davi e Salomão. A revelação que é feita aqui a ele, e dele para Davi, é uma das profecias messiânicas mais importantes do Antigo Testamento, e teve uma profunda influência no desenvolvimento da esperança messiânica. Cf., por ex., Sl 89.26,27; Lc 1.33; Hb 1.5.

2. Em que sentido Deus negou o desejo de Davi, de que maneira o transformou e como foi muito além do que o rei pediu ou pensou? Repare especialmente nos versículos 4,10b,12a. Alguma vez Deus agiu de modo parecido em sua vida?

☐ **ESTUDO 8** **1Crônicas 18-20**

1. Que indicações o capítulo 18 apresenta sobre: (a) a atitude do coração de Davi para com Deus e (b) o modo de ele exercer sua autoridade de rei? Em retorno, o que Deus fez por ele? Como podemos usufruir de bênção divina semelhante?

2. De acordo com os capítulos 19 e 20 que graves consequências podem sobrevir de um desentendimento, e que retaliações podem seguir uma atitude impensada?

3. Quais as boas qualidades de Joabe mostradas nestes capítulos? Por que, então, ele teve o triste fim descrito em 1Reis 2.31,32,34?

☐ **ESTUDO 9** **1Crônicas 21.1-22.1**

1. Em sua opinião, que circunstâncias tornaram Davi especialmente propenso à tentação naquele momento? Por que o recenseamento desagradou a Deus? Cf. Jr 17.5. Que evidência temos de que o arrependimento de Davi foi genuíno? Cf. 2Co 7.11.

1 CRÔNICAS

2. Quais as duas provas que este texto apresenta do perdão misericordioso de Deus? Veja como Deus transformou o incidente em bênção ao usá-lo para mostrar a Davi o local do templo. Cf. 21.18; 22.1; 2Cr 3.1.

☐ **ESTUDO 10** **1CRÔNICAS 22.2-19**

Davi pensava em construir um templo para Deus, e agora o caminho estava aberto. Este texto fala do enorme preparo que ele fez, do encargo que transmitiu a Salomão e da responsabilidade que deu aos líderes das tribos.

1. O que aprendemos com a concepção magnífica e o valor que Davi tinha e dava para o templo (v. 5) e com a profusão do seu preparo? Contraste o espírito do povo nos dias de Malaquias (Ml 1.6-8). O que também aprendemos com a disposição de Davi em aceitar a resolução de Deus de que Salomão, e não ele, construiria o templo?
2. Examine a incumbência de Davi a Salomão e ao povo. Segundo Davi, quais eram os segredos absolutos para o sucesso? O que o povo deveria fazer antes de começar a construção do templo (v. 19)? Cf. 2Co 8.5.

NOTA INTRODUTÓRIA AOS CAPÍTULOS 23-27

Estes cinco capítulos descrevem como Davi e os líderes das tribos organizaram a administração do reino antes de sua morte. O primeiro assunto foi o ministério dos sacerdotes e levitas, responsáveis pelo templo e os cultos, e também pela aplicação de punições. Isto é mostrado nos capítulos 23-26. O capítulo 23 fala dos levitas como um todo; o capítulo 24, dos sacerdotes (v. 1-19) e seus ajudantes (v. 20-31); o capítulo 25, dos músicos, e o capítulo 26, dos porteiros (v. 1-19) e dos oficiais e juízes (v. 20-32). O capítulo 27 discorre com menos detalhes sobre os líderes civis e militares da nação, que não eram os levitas.

☐ **ESTUDO 11** **1CRÔNICAS 23 E 24**

O capítulo 23, depois de falar da assembléia em que esses assuntos seriam decididos (v. 2), apresenta antes a divisão dos levitas de acordo com suas tarefas (v. 3,4) e, depois, suas divisões conforme as famílias ou casas, como descendentes respectivamente dos três filhos de Levi: Gérson (v. 7-11), Coate (v. 12-20) e Merari (v. 21-23). O restante do capítulo estabelece as responsabilidades dos levitas. O capítulo 24 fala sobre os que serviriam no templo, diferenciando entre os filhos de Arão, que eram sacerdotes (v. 1-19), e os outros, que eram atendentes dos sacerdotes (v. 20-31). Juntos integram os 24.000 mencionados em 23.4a.

1. Compare a tarefa especial dos sacerdotes (23.13 – veja *Obs.* abaixo) com as tarefas dos outros levitas que não eram filhos de Arão. Que parte das antigas tarefas dos levitas não eram mais necessárias, e por quê (23.25-32)?

2. Por que toda essa organização elaborada perdeu a razão de ser? Cf. Hb 7.11-25. O que tomou seu lugar? Cf. Hb 8.1,2; 1Pe 2.4,5,9; Ap 1.6.

Obs.
23.13. "Para consagrar...": melhor, "para santificar a ele e seus filhos como santíssimos para sempre". A queima de incenso implica também no aspergir do sangue da expiação. Cf. Êx 30.10; Lv 16.12-14.

☐ **ESTUDO 12**   **1Crônicas 25-27**

Estes capítulos registram as divisões das famílias e da tarefa dos (a) 4.000 músicos mencionados em 23.5 (veja o capítulo 25), (b) dos 4.000 porteiros (26.1-19) e (c) dos 6.000 oficiais e juízes (26.20-32). Todos estes eram levitas. O capítulo 27 relaciona os líderes das tribos, os comandantes das divisões mensais e os oficiais-chefes do estado.

1. Quem eram os três líderes principais do louvor? Veja 25.1; também 6.33,39,44; 15.16,17. Por que o ministério de louvor é chamado de "profetizar"? Cf. Ef 5.18,19.
2. Entre as muitas diferentes funções e tarefas descritas nestes capítulos, repare no modo em que todas contribuem para o louvor e adoração a Deus. Que desdobramentos desta lição você encontra no ensino sobre o trabalho cristão apresentado em Efésios 4.1-7,11,12; 1Co 12.18-21?

Obs.
1. 25.3. "Jedutum": em outros textos é chamado de "Etã". Veja 6.44; 15.17,19.
2. 26.29. "Oficiais e juízes": os oficiais recolhiam os dízimos e outras receitas, e os juízes julgavam assuntos da lei.

☐ **ESTUDO 13**   **1Crônicas 28**

Depois de Davi ter feito toda a preparação que foi capaz para a construção do templo, ele reuniu os líderes das diferentes organizações de Israel e confiou-lhes seu plano, e, como o capítulo seguinte mostra, ficou muito feliz com a reação deles.

1. "Eu tinha no coração...mas Deus me disse: 'Você não...'" (v. 2 e 3). Você já vivenciou algo assim na obra de Deus? Como Davi mostra que o plano de Deus era muito melhor?
2. O texto apresenta duas incumbências a Salomão. Veja os versículos 9,10 e 20,21. Examinando-os em conjunto: (a) qual era a primeira responsabilidade de Salomão, (b) como era o caráter do Deus a quem ele serviria, (c) quais eram as duas bases de sua confiança e (d) consequentemente, qual deveria ser a atitude e o espírito de seu trabalho? Que lições você tira disso tudo para a sua vida?

Obs.
V. 19. Repare na afirmação clara de que a planta do templo e os seus serviços foram dados a Davi por meio de revelação.

☐ **ESTUDO 14**   **1CRÔNICAS 29**

1. Estude os versículos 1-9 como uma lição em ofertar a Deus. O que Davi pediu ao povo, e em que bases? Que características da contribuição do povo são especialmente enfatizadas? Cf. 2Co 8.3-5; 9.7. Nossa contribuição tem as mesmas características?

2. Examine a oração de Davi (v. 10-19): (a) o que ele fala sobre Deus, (b) o que fala sobre o homem e sua própria atitude de coração e (c) pelo que ele orou. Aprenda a enriquecer e ampliar sua vida de oração.

SALMOS 107-138

☐ **ESTUDO 85**   **SALMO 107.1-32**

Após a introdução geral (v. 1-3), este salmo dá quatro exemplos do amor constante de Deus (v. 4-32) e termina resumindo o que essas experiências ensinam sobre Deus (v. 33-43).

1. De que situações difíceis Deus resgatou seu povo? Examine: (a) as razões dessas dificuldades, (b) os sentimentos do povo durante as dificuldades e (c) como ele foi libertado.

2. Quais as respostas esperadas daqueles que foram assim resgatados?

3. Como algumas atitudes de Jesus exibem o mesmo padrão das ações de Deus aqui mostradas? Cf., por ex., os v. 23-32 com Mc 4.35-41; Mt 14.22-33. O que isso revela sobre Jesus?

☐ **ESTUDO 86**   **SALMO 107.33-43**

1. O que esses atos extraordinários de livramento mostram sobre Deus e seu amor? Para usufruírem destes atos do amor de Deus, o que as pessoas tinham de fazer?

2. Examine as evidências aqui apresentadas do controle de Deus sobre as experiências e circunstâncias dos seres humanos. Cf. v. 34 com Jl 1.19,20; 2.3; Dt 29.22-26; e v. 35 com Is 43.19,20; 44.3.

☐ **ESTUDO 87**   **SALMO 108**

Os cinco primeiros versículos deste salmo foram tirados do salmo 57.7-11 e o restante, do salmo 60.5-12.

1. V. 1-5. O que leva o salmista a louvar com tanta determinação? Como estes versículos nos ensinam a apreciar e adorar a Deus, e a fazer do louvor uma parte essencial de nossa oração?

2. V. 6-13. Na agonia de imaginar se Deus continua a ajudá-los ou não, como o salmista firma sua fé? Cf. Hb 6.17; 10.23; 13.5,6.

Obs.
V. 7-9. A promessa que Deus fez no santuário destaca sua reivindicação soberana sobre esses territórios. A menção de Siquém e Sucote enfatiza a reivindicação de Deus sobre os dois lados do Jordão (cf. Gn 33.17,18). Efraim e Judá, unidos, ligam norte e sul. (Quanto ao cetro, veja a promessa de Gn 49.10.) Moabe, Edom e Filistia são inimigos antigos e vizinhos hostis de Israel. Parece que há em mente uma campanha contra Edom (v. 10).

☐ **ESTUDO 88**   S<small>ALMO</small> **109**

Este salmo se divide em três partes. Os versículos 1-5 são uma oração a Deus para que haja livramento da perseguição dos opositores. O salmista, então, pede desforra (v. 6-20) sobre o líder dos inimigos e todos os que lhe pertencem. Na terceira parte (v. 21-31) a um retorno à oração, culminando em agradecimento e fé.

1. V. 1-5. Como o salmista mostra que sua consciência está limpa, e que a oposição não é resultado de agressividade ou de atitudes maldosas de sua parte? Compare a atitude de Jesus em circunstâncias semelhantes (Lc 23.32-43; cf. também 1Pe 4.12-19).

2. V. 21-31. Em vez de ele mesmo executar a vingança, o salmista se refugia na oração. Estude como a oração funciona nessas circunstâncias.

Obs.
V. 6-20. A vingança solicitada inclui o próprio homem, sua pessoa e seu ofício, sua esposa e seus filhos, sua propriedade, e também sua prosperidade. O lugar e o significado dos salmos imprecatórios (este é um deles), como parte da plenitude da verdade revelada, fazem parte da ideia da revelação progressiva. Não podemos esquecer que nos dias pré-cristãos os padrões do Novo Testamento ainda não haviam sido revelados. Os crentes no Antigo Testamento viviam numa dispensação em que a vingança era um princípio fundamental. A própria fé em um Deus de justiça, que recompensaria os justos e condenaria os maus, incentivava as pessoas a orar pedindo bênçãos para si e vingança para os inimigos; e tinham o apoio das Escrituras para isso (por ex., Lv 24.19; Pv 17.13). Portanto, orar pedindo vingança era parte da vindicação prática da soberania verdadeira e justa de Deus. Aqui, note que o salmista não se desforra, mas deixa a vingança nas mãos de Deus. O Novo Testamento também nos ensina a amar os inimigos e a orar por eles (Mt 5.43-45; Rm 12.19-21).

☐ **ESTUDO 89**   S<small>ALMO</small> **110**

Este salmo fala sobre a entronização de um rei (cf. Sl 2), e da proclamação de Deus a esse rei. De manhã (v. 3b) – simbolizando o frescor de uma época que está para começar – uma procissão solene (v. 3,7) se move ao longo de um ribeiro (v. 7; cf. 1Rs 1.33,34,45; 2Cr 32.30) para a coroação na cidade santa, onde o rei, representante de Deus, inicia seu reinado.

1. Em detalhe, que esperanças existem para esta nova época, em relação: (a) ao governo do rei e (b) à resposta do povo? Jesus aplica este salmo a si mesmo em

Marcos 12.35-37. Então, como tudo isso é cumprido em seu reinado messiânico sobre nós e o mundo?

2. Estude o uso deste salmo no Novo Testamento. Nenhum versículo do Antigo Testamento é mais citado no Novo Testamento do que o salmo 110.1. Cf. Mc 14.62; 1Co 15.25s; Ef 1.20; Cl 3.1; Hb 1.13; 10.12,13. Do que, então, temos certeza?

3. O rei prometido também será sacerdote, mas não da linhagem de Arão. Como o autor de Hebreus explica o versículo 4? Cf. Gn 14.17-24; Hb 5.7-11; 6.20-7.28.

☐ **ESTUDO 90**   SALMOS 111 E 112

1. Salmo 111. O que o estudo sobre as obras de Deus revela àqueles que têm prazer em examiná-las? Qual deve ser, então, a resposta a Deus?

2. Salmo 112. Quais as obrigações sociais e éticas da pessoa que deseja agradar a Deus? Cf. Mq 3.1-4; Jr 22.1-4,16; Mc 10.21. Que bênçãos ela pode esperar de Deus, para si e sua família?

☐ **ESTUDO 91**   SALMOS 113 E 114

Os salmos 113-118 são salmos de redenção, de *Halel* ou hino de louvor que era cantado nos festivais judeus no tempo de Jesus. Ao lembrar os atos redentores de Deus no passado, particularmente no êxodo, o povo era encorajado a acreditar que o Senhor agiria da mesma forma novamente. Jesus e os discípulos provavelmente cantaram estes salmos na Páscoa quando ele se preparava para nos redimir (Cf. Mc 14.26).

1. Salmo 113. Segundo o salmo, que atividades são características de Deus? Cf. Lc 1.46-55. Em termos de tempo e lugar, como deveríamos reagir às atividades de Deus?

2. Salmo 114. Que aspectos da jornada dos israelitas do Egito para Canaã são mencionados aqui? Cf. Êx 14.21,22; 17.5,6; 19.18; 33.14; Nm 20.11; Js 3.14-17. Estes acontecimentos são um testemunho permanente de que verdades?

☐ **ESTUDO 92**   SALMO 115

1. Como o salmo responde aos idólatras que acham que seus deuses são verdadeiros, e que nosso Deus não existe? Do que podemos estar certos sobre o "nosso Deus"?

2. Este salmo deve nos impulsionar a fazer o quê? Que interesse e que decisão deve despertar em nós?

☐ **ESTUDO 93**   SALMO 116

Embora este salmo seja escrito na primeira pessoa, há nele indicações, como acontece nos outros salmos desse grupo, de um caráter nacional, que desperta a reação do país quanto a libertação do exílio. Ao mesmo tempo, o salmo reflete a experiência pessoal do cristão.

1. Como as dificuldades provaram a fé do salmista, e que nova compreensão a experiência lhe trouxe?
2. O que é revelado sobre sua oração durante as dificuldades e depois delas? Que decisões e dedicação resultam da experiência?

Obs.
V. 15. Deus valoriza demais a vida de seus filhos, e não trata com descaso a morte de nenhum deles.

☐ **ESTUDO 94**   S<small>ALMOS</small> **117** E **118**

O salmo 118 era recitado num dia festivo (v. 24) importante. O salmo começa com exortações litúrgicas solenes e repetição de respostas. Depois um cortejo real entra (v. 19) no templo (v. 26), terminando em uma cerimônia no altar (v. 27). O próprio rei, que participa da celebração de seu triunfo, viveu grandes lutas e oposições (v. 10-14,18) e alcançou a alegria da vitória e salvação (v. 21). Este salmo, portanto, leva-nos ao centro da fé de Israel como nação, e particularmente ao triunfo de seu rei.

1. Nos dois salmos, que verdades a respeito de Deus comovem o povo de modo especial, e como ele expressa sua adoração? O que aprendemos com o exemplo do povo?
2. Salmo 118.5-21. Examine cuidadosamente o testemunho mais pessoal do rei. O que ele teve de enfrentar? O que Deus fez por ele? Você já viveu algo parecido?
3. Examine como o salmo 118.22-26 é aplicado a Jesus. Cf. Mt 21.9; Mc 12.6-11; At 4.10-12; 1Pe 2.7.

☐ **ESTUDO 95**   S<small>ALMO</small> **119.1-24**

Este salmo tem vinte e duas estrofes de oito versos cada uma, e percorre o alfabeto hebraico letra por letra. Cada estrofe começa com uma nova letra, que também inicia cada verso.

1. Como a Palavra de Deus tem de ser usada se queremos viver vidas puras e sem pecado? Por outro lado, que tentações temos de vencer para que nossos motivos sejam puros, tanto quando nos aproximamos de Deus como em nosso viver para ele? Cf. Tg 1.21-25.
2. Que motivos impulsionam o salmista a estudar a lei de Deus? Se praticarmos o que lemos no salmo, que atitudes são de nossa responsabilidade, e que assuntos entregamos totalmente nas mãos de Deus?

SALMOS 107-138

☐ **ESTUDO 96**   Salmo 119.25-48

1. No viver diário, o salmista se depara com muitas escolhas e tentações sutis. Do que se trata, e como a Palavra de Deus o leva: (a) a fazer as escolhas certas e (b) a vencer as tentações?

2. De acordo com o texto, por quais razões e anseios precisamos orar de modo particular?

☐ **ESTUDO 97**   Salmo 119.49-80

1. Como os sofrimentos foram usados para o bem do salmista? Como isto nos leva a entender as razões para os sofrimentos? Cf. Jr 2.30; Hb 12.6-11; Am 4.6-11.

2. Cada estrofe começa com uma afirmação a respeito de Deus. Assim, como as experiências com ele devem ser usadas na oração, no compromisso e na obediência?

3. Que importância as ordenanças têm nos relacionamentos dos servos de Deus com as pessoas que o temem? Veja os v. 63,74,79.

☐ **ESTUDO 98**   Salmo 119.81-104

1. Examine os vários aspectos dos problemas do salmista como descritos nos versículos 81-88. De que modo a Palavra de Deus é relevante nestes casos?

2. V. 89-96. Qual é a vantagem de sabermos que o autor desses mandamentos e promessas é o Deus da criação?

3. Como os versículos 97-104 ensinam, usando a experiência do salmista, que a obediência integral é a condição prática para o conhecimento e entendimento cada vez mais profundo da verdade? Cf. as palavras de Cristo em João 8.31,32.

☐ **ESTUDO 99**   Salmo 119.105-128

1. O salmista se comprometeu a obedecer a Deus (v. 106), mas é tentado por todos os lados a voltar atrás. Que provações são mais difíceis ao salmista, e como ele as enfrenta?

2. V. 121-128. Em que assuntos o salmista está consciente (a) de sua dependência unicamente em Deus e (b) da importância de ser obediente?

☐ **ESTUDO 100**   Salmo 119.129-152

1. Relacione os termos que o salmista usa para mostrar sua apreciação pela Palavra de Deus. Segundo ele descobre, em que testes e exigências a Palavra é aprovada? O que esta descoberta significa: (a) para ele e (b) para você?

2. Quando o salmista decidiu orar e estudar, e o que aprendemos com sua oração? Quando você ora, seus pedidos são tão pessoais, definidos e abrangentes?

☐ ESTUDO 101   SALMO 119.153-176

1. O salmista ora continuamente por ajuda e entendimento (veja o v. 169), embora já tenha recebido lições importantes. O que aprendemos com isto? Veja, por ex., o v. 176; cf. Ap 3.17-19.
2. Por que o salmista precisa da ajuda de Deus? Por que ele espera que suas orações sejam atendidas? Que motivo ele tem para continuar louvando?
3. Nos versículos 161-168, encontre pelo menos três características do comportamento do salmista em relação à Palavra de Deus, e três bênçãos que a devoção produz em nossa vida. Cf. Pv 3.1-4; 6.20-24.

☐ ESTUDO 102   SALMOS 120 E 121

Os salmos 120-134 compõem um hinário de cânticos de peregrinação, provavelmente entoados a caminho de Jerusalém durante as grandes festas nacionais. Gradualmente o peregrino se aproxima de Sião onde Deus habita, e onde o povo se apropria mais uma vez das bênçãos de seu amor e redenção.

1. O que o salmo 120 ensina sobre o perigo da língua e o modo de controlá-la? Cf. Sl 141.3, e o ensino semelhante encontrado em Tg 3.1-12; 4.1-3.
2. O salmo 121 revela a preocupação e o cuidado constante de Deus. Como, quando e onde buscamos este Deus? E o que ele continuará fazendo por nós?

Obs.
120.5. Meseque fica em algum lugar entre o Mar Negro e o Mar Cáspio (Gn 10.2; Ez 27.13; 32.26); Quedar é uma tribo de beduínos do deserto Sírio-Árabe (Gn 25.13; Is 42.11). Ficam tão distantes um do outro que provavelmente, no texto, simbolizam adversários briguentos sem nenhuma referência especial à localização geográfica deles.

☐ ESTUDO 103   SALMOS 122 E 123

1. Salmo 122. Qual a atitude do peregrino para com Jerusalém, e por que ele obedece ao chamado de ir e orar? Cf. Dt 12.5-7; Sl 87.
2. De acordo com o salmo 123, qual o melhor antídoto contra o desânimo? Cf. também Hb 4.16.

☐ ESTUDO 104   SALMOS 124-126

1. Salmo 124. Que reflexões positivas o salmista faz sobre o escape por um triz que aconteceu? Como as experiências passadas sustentam a fé atual? O que aprendemos com elas?
2. Quais as duas coisas que o monte abaixo e os montes ao redor de Jerusalém garantem ao povo de Deus? Com Sl 125, cf. Dt 33.27-29a.
3. No salmo 126, quais os resultados da intervenção de Deus? Observe o significado das ilustrações usadas. Que tipo de esperança nasce de tal recordação?

SALMOS 107-138

☐ **ESTUDO 105**   S̲almo 127-129

1. Salmos 127 e 128. Qual o segredo da prosperidade verdadeira? Cf. Sl 37.5-7; Pv 3.5-8.
2. Salmo 129. O salmo apresenta duas verdades relacionadas à vida do servo de Deus neste mundo. Quais são? Compare a experiência do Servo em Isaías 50.4-10 com o exemplo de Jesus como o Servo de Deus em 1Pedro 2.19-23.

☐ **ESTUDO 106**   S̲almos 130 e 131

1. Analise a atitude do salmista ao orar. No que ele se concentra particularmente quanto: (a) a ele mesmo e (b) a Deus? De que modo seu contato renovado com Deus o capacita a encorajar os outros?
2. Que quatro coisas o salmista diz sobre ele mesmo no salmo 131? Cf. Mt 11.29; Fp 4.11-13,17,18.

☐ **ESTUDO 107**   S̲almo 132

Este é outro salmo que descreve o cortejo no templo quando o rei entra para ser coroado. Ele traz consigo a arca – símbolo da presença de Deus – como Davi fez na sua própria coroação.

1. O que aprendemos sobre a presença de Deus entre seu povo? Como o rei viu sua responsabilidade para com sua própria vida e a vida da nação? Cf. 2Sm 7.1-17.
2. Como surgem as dificuldades em usufruir bênçãos e promessas desse tipo? Note como alguns reis se desviaram (1Rs 11.1-6; 15.1-5; 2Rs 13.1-6).

Obs.
V. 6. "Efrata" é o nome antigo de Belém, terra natal de Davi (veja NDB, p. 381), e "campos de Jaar" significa Quiriate-jearim (1Sm 7.1s; 1Cr 13.5s), onde a arca havia ficado antes de Davi a levar para Jerusalém.

☐ **ESTUDO 108**   S̲almos 133 e 134

1. Salmo 133. Quais as duas imagens que o salmista usa para descrever as bênçãos do amor e da unidade? Qual é a força destas imagens? Cf. Jo 13.34,35; 1Jo 2.7-11.
2. Salmo 134. Repare na "rua de mão dupla" dentro da casa e vindo da cidade do Senhor. Aonde devemos ir para participarmos dela? Cf. Hb 10.24,25; 12.22-24.

Obs.
1. 133.2,3. As duas imagens indicam fartura. O óleo era derramado em tanta quantidade sobre a cabeça de Arão que descia até a gola de seu manto. O orvalho de Hermom também era conhecido por sua abundância.

2. O salmo 134 era um cântico entoado no templo. Ele é composto pela chamada dos adoradores – quando saíam do templo à tarde – aos sacerdotes que iam trabalhar à noite, e pelas bênçãos sacerdotais em resposta [a esta chamada]. É um término apropriado ao livro de cânticos de peregrinação.

☐ **ESTUDO 109**   S<small>ALMO</small> **135**

1. Quem é convocado a louvar o Senhor? Por que o louvor é apropriado? Veja os versículos 1-5.
2. Como acontece repetidamente, volta-se a pensar em Deus como Criador e Redentor. Por que estas duas características são tão importantes? O que revelam sobre Deus em contraste com os ídolos, e ao meditarmos nelas, o que somos levados a fazer?

☐ **ESTUDO 110**   S<small>ALMO</small> **136**

O salmo pode ser dividido em um chamado à gratidão (v. 1-3), uma descrição de Deus em seus atos criadores (v. 4-9) e depois em seus atos salvadores (v. 10-22) e um final com dedução e resumo (v. 23-26).

1. Que títulos são usados na descrição de Deus? Veja os versículos 1-3 e 26, e cf. Dt 10.17; Ne 1.4,5. Que ações comprovam que os títulos são apropriados? E como estas ações revelam o amor de Deus?
2. Que lições eternas o salmista aprendeu? Compare os mesmos temas no salmo 107.

☐ **ESTUDO 111**   S<small>ALMOS</small> **137 E 138**

Salmo 137. O salmista exprime o sentimento profundo dos exilados na Babilônia que se sentem sufocados pelo tratamento agressivo que recebem no ambiente hostil em que vivem, e pela lembrança da querida cidade de Jerusalém – agora um monte de entulho e ruína.

1. Salmo 137. Que interesse e preocupação levaram os cativos a chorar em vez de cantar? Você já se sentiu assim alguma vez?
2. De onde vem a convicção do autor do salmo 138 de que Deus está agindo em sua vida? Examine os detalhes da confiança dele. Você poderia fazer a mesma confissão do salmista?
3. 137.6,7. Que lugar a vingança e a recompensa divinas devem ocupar em nosso pensamento, oração e pregação? Cf. Ez 25.12-14; Rm 12.19-21.

Para os *Estudos 112-119* na parte final dos Salmos, veja a página 438.

2CRÔNICAS

Introdução na página 392.

Esboço

1.1-9.30	A construção do templo. O reinado de Salomão	
9.31-35.27	O declínio do templo	
	9.31-13.22	Primeiro declínio, no reinado de Roboão. O reino dividido, e um culto concorrente é estabelecido no norte
	14.1-20.37	Primeira reforma, feita por Asa e Josafá
	21.1-22.12	Segundo declínio, no reinado de Jeorão
	23.1-24.16	Segunda reforma, feita por Joás
	24.17-27	Terceiro declínio, no reinado de Joás, depois da morte do sacerdote Joiada
	25.1-27.9	Período de recuperação parcial, nos reinados de Amazias, Uzias e Jotão
	28.1-27	Quarto declínio, no reinado de Acaz
	29.1-32.32	Terceira reforma, no reinado de Ezequias
	32.33-33.25	Quinto declínio, no reinado de Manassés e Amom
	34.1-35.27	Quarta reforma, no reinado de Josias
36.1-21	A destruição do templo	
36.22,23	A ordem de Ciro concernente à reconstrução do templo	

☐ **ESTUDO 1**   2Crônicas 1 e 2

1. Como Salomão iniciou seu reinado?

2. Como o pedido de Salomão (1.10) e a resposta de Deus ilustram Mateus 6.33? Quando oro, o que busco "em primeiro lugar"?

3. O que caracterizou todo o preparo que Salomão fez para a construção do templo? Meu serviço para Deus se compara a isso?

Obs.
1.3. "Tenda do Encontro": este foi o tabernáculo usado no deserto. Depois que os israelitas entraram em Canaã, a tenda foi armada primeiro em Siló (Js 18.1; 1Sm 2.14b; 3.21), e então levada para Nobe (1Sm 21.1,6) e dali foi para Gibeão. Mais tarde Salomão a levou para Jerusalém (2Cr 5.5), onde provavelmente foi guardada e acabou se deteriorando.

☐ **ESTUDO 2**   2Crônicas 3.1-5.1

1. Tudo o que a capacidade humana e a riqueza poderiam fazer (veja quantas vezes a palavra "ouro" ocorre nestes capítulos), foi feito. Mas não bastou. Por

quê? Veja Hb 9.1-10, que, embora fale do tabernáculo, também se aplica ao templo.

2. O templo de Salomão já não existe faz tempo (veja 36.19), como também não existem os templos que vieram após ele. Será, então, que existe hoje um lugar onde as pessoas podem se achegar a Deus? Veja Hb 10.19-22.

Obs.
3.3. "Medida antiga": referência ao cúbito usado antes do exílio, e que era cerca de um palmo maior do que a medida usada anteriormente.

☐ **ESTUDO 3**   2Crônicas **5.2-6.11**

1. Este foi um dos dias mais importantes na história de Israel. Como Salomão explica sua importância em 6.1-11?

2. Nós, que pertencemos à nova aliança, somos o templo de Deus (1Co 3.16; 6.19). Existe algum paralelo entre o lugar dado aqui à arca e o lugar que devemos dar a Jesus em nossos corações? Qual é a base do louvor cristão, e o que corresponde à glória que "encheu o templo"?

Obs.
5.5. Veja *Obs.* sobre 1.3.

☐ **ESTUDO 4**   2Crônicas **6.12-42**

1. Em que Salomão fundamenta sua oração? Veja os versículos 14,15 e 42. Quais os três pedidos que ele faz nos versículos 16-21, e quais os sete pedidos específicos que ele apresenta com base no terceiro?

2. De acordo com o que Salomão orou, quais as condições essenciais à oração eficaz?

☐ **ESTUDO 5**   2Crônicas **7 e 8**

1. A resposta imediata de Deus à oração de Salomão é dada em 7.1-3. Que efeito provocou no povo? Cf. Lv 9.24. Até que ponto a misericórdia de Deus deve nos afetar?

2. Em particular, e em forma de promessa e advertência, Deus foi mais adiante em sua resposta a Salomão (7.12-22). Sob que condições os pedidos de Salomão seriam atendidos? Será que tememos o cumprimento das advertências de Deus tanto quanto desejamos o cumprimento de suas promessas?

☐ **ESTUDO 6**   2Crônicas **9 e 10**

1. Que testemunho a rainha de Sabá deu a respeito de Salomão? Em sua experiência, você tem algo parecido a dizer sobre Jesus? Cf. Fp 3.8.

2CRÔNICAS

2. O que levou Roboão a um erro tão desastroso? O que Salomão possuía que faltava a Roboão? Cf. 1Rs 3.28.

Obs.

1. Capítulo 9. Outro aspecto da imagem de Salomão é encontrado em 1Rs 11.1-13, e oferece um contexto para a ruptura. Veja também 2Cr 10.4.
2. Seria proveitoso que a partir do capítulo 10 o estudante fizesse uma lista dos reis de Judá e anotasse a avaliação bíblica de cada um (ex., bom ou mal), com uma breve menção de sua contribuição para a vida religiosa da nação.

☐ **ESTUDO 7**   **2Crônicas 11 e 12**

1. Roboão foi bom ou mau? Ele possuía algum erro fundamental de caráter? Cf. Tg 1.8.
2. O que Semaías conseguiu nas duas ocasiões em que interveio na vida da nação, e como conseguiu fazer isto? Existe algum paralelo entre a tarefa dele e a tarefa do cristão hoje?
3. Que lição Deus queria ensinar com a invasão de Sisaque?

☐ **ESTUDO 8**   **2Crônicas 13 e 14**

1. Capítulo 13. Jeroboão levava vantagem nos números (v. 3) e na capacidade militar (v. 13), e ele, também, havia recebido promessas de Deus (cf. 1Rs 11.29-39). Por que, então, Judá venceu? Cf. v. 18 com 1Reis 12.28-33.
2. Capítulo 14. O que Asa fez para ser classificado como "bom e justo" na guerra e na paz?
3. Qual a ligação entre 14.2-4 e 14.11,12? Cf. 1Jo 3.21,22; 5.3,4. Se Asa não tivesse dado a Deus e seus mandamentos o primeiro lugar em seus empreendimentos, teria orado com tanta convicção ou conquistado uma vitória tão grande? Além da vitória, o que a fé de Asa lhe conquistou?

Obs.

13.5. "Aliança irrevogável": isto é, uma aliança que não será quebrada. Cf. Nm 18.19.

☐ **ESTUDO 9**   **2Crônicas 15 e 16**

1. Será que você enxerga na mensagem de Azarias (15.2-7): (a) um princípio fundamental da liderança divina, (b) uma ilustração da história passada de Israel, (c) uma exortação e (d) uma promessa?
2. Capítulo 15. Como sabemos que Asa aprendeu totalmente e de modo bem-sucedido essas lições (veja especialmente o v.15)? Cf. Jr 29.13; Mt 11.29.
3. Como Asa se tornou infiel mais tarde? Quais foram as consequências?

☐ **ESTUDO 10**   2Crônicas 17 e 18

1. Os cronistas dedicaram quatro capítulos ao reinado de Josafá, que foi um dos melhores reis de Judá. De acordo com o capítulo 17, quais foram os motivos de sua prosperidade? Que método Josafá introduziu para dar instrução religiosa ao povo?
2. Capítulo 18. Como Micaías buscou anunciar a palavra de Deus, e que dificuldades encontrou? O que aprendemos com ele sobre fidelidade em tal ministério?
3. Quais as diferenças entre Josafá e Acabe?

☐ **ESTUDO 11**   2Crônicas 19 e 20

1. No início do reinado de Josafá, ele continuou a manter as cidades fortificadas como defesa contra Israel, porém, mais tarde, ele fez as pazes com Israel por meio de laços matrimoniais (18.1; 21.6). Como esta aliança com Acabe foi repreendida, e por quê? Cf. 2Co 6.14; veja também 2Cr 20.35-37.
2. Depois da repreensão, o que mais Josafá realizou para estabelecer a religião verdadeira no país?
3. Quando o perigo chegou, o que Josafá fez primeiro? O que mais impressiona você nesta história?

Obs.
20.2. "Em-Gedi": na margem oeste do Mar Morto e, portanto, perto de Jerusalém.

☐ **ESTUDO 12**   2Crônicas 21.1-22.9

1. Identifique os pecados de Jeorão registrados no texto. Como Deus lidou com ele, e por quê? Por que razão ele sobreviveu?
2. Até que ponto a condição deplorável nos reinados de Jeorão e Acazias está diretamente ligada ao erro de Josafá em 18.1? O que isto exemplifica quanto ao caráter e as consequências de alguns pecados?

☐ **ESTUDO 13**   2Crônicas 22.10-23.21

1. Planejamento. Por que Joiada teve de esperar sete anos? Que lições tiramos disto para nossas vidas? Cf. Hc 2.3. Por que ele tinha certeza de que o plano daria certo?
2. Ação. Que lições sobre organização e planejamento cuidadosos aprendemos com Joiada para o serviço cristão?
3. Sucesso. Joiada não se contentou com as coisas pela metade. O que ele fez após a vitória? Veja 23.16-20.

Obs.
1. 23.2,3. Esta foi uma reunião preliminar, realizada em segredo no templo, e onde todos os presentes juraram lealdade ao rei-menino.

2. 23.11. "Da aliança": isto é, o livro da lei. Cf. Dt 17.18-20.

☐ **ESTUDO 14**   **2CRÔNICAS 24**

1. Joás era um fraco, e se apoiava nos outros. A quem ele deu ouvido? Quais foram as consequências? Que lições tiramos daqui? Cf. 2Tm 2.1.
2. Por que o apedrejamento de Zacarias foi um crime especialmente flagrante?

Obs.
V. 16. Uma honra extraordinária. Contraste com o v. 25.

☐ **ESTUDO 15**   **2CRÔNICAS 25**

1. Em sua opinião, qual era a falha principal do caráter de Amazaias? Como o capítulo o descreve no versículo 2? Por um lado, note os versículos 3,4,7-10; também 26.4; por outro, 25.14-16,27. Cf. Jr 17.9.
2. Como a carreira de Amazias, com seu afastamento gradual de Deus, mostra o perigo da lealdade parcial a Cristo?

Obs.
V. 10. Os soldados contratados esperavam pilhar e saquear, por isto ficaram zangados. Veja também o v. 13.

☐ **ESTUDO 16**   **2CRÔNICAS 26-28**

1. Como ficou claro que no coração de Uzias, apesar de sua retidão (26.5), ocultava-se a mesma maldade que manchou a vida e o reinado de seu pai, Amazias, que reinou antes dele? Com 26.16, cf. 25.19; Dt 17.18-20. De que modo seu pecado se revela hoje em dia?
2. Como o pecado de Acaz afetou: (a) Deus, (b) o povo de Deus e (c) ao próprio rei?
3. Em meio a uma geração ímpia, por que Odede, o profeta e os homens mencionados em 28.12 se destacam? O que aprendemos com o exemplo deles? Cf. 1Tm 5.20.

Obs.
1. 26.5. "Zacarias": até aqui desconhecido, e não é o profeta do livro bíblico que viveu mais tarde.
2. 26.18. Veja Nm 16.40; 18.7.

☐ **ESTUDO 17**   **2CRÔNICAS 29.1-31.1**

1. Como rei, Ezequias desejava reformar a vida religiosa da nação, e empenhou-se em definir um plano com urgência. Que passos ele seguiu? Veja sua rapidez (29.3; 30.2) e suas prioridades (29.16-21).
2. Que evidência você encontra de que a Páscoa (capítulo 30) não era apenas um ritual, mas indicava um retorno verdadeiro a Deus? Que sinais existiam de um avivamento espiritual sério?

Obs.
30. 2,3,13,15. O rei valeu-se da provisão na lei que permitia que a Páscoa fosse celebrada no segundo mês, em vez de no primeiro (veja Nm 9.10,11), e assim evitou ter de esperar quase um ano inteiro.

☐ **ESTUDO 18**   **2Crônicas 31.2-32.33**

1. Até que ponto a eficácia de Ezequias em todas as questões religiosas foi o segredo de seu sucesso? Veja especialmente 31.20,21. Cf. Rm 12.11; Cl 3.23.
2. O que aprendemos com a maneira de Ezequias lidar com a oposição?
3. Por que este rei tão voltado às coisas espirituais não alcançou a perfeição? O que aprendemos com ele?

Obs.
1. 32.1. Esta referência à fidelidade de Ezequias (31.20) é feita para mostrar que a chegada de Senaqueribe não era resultado de seu pecado.
2. 32.5. Os arqueólogos acham que "Milo" (ver nota de rodapé) em Jerusalém provavelmente fazia parte das fortificações ou era o alicerce delas.

☐ **ESTUDO 19**   **2Crônicas 33**

1. Relacione as atividades idólatras de Manassés, de acordo com os versículos 3-9. Isto foi chamado de "um grande delírio de idolatria" e foi praticado diante de protestos e repreensão (v. 10,18).
2. Como Deus fez Manassés voltar à razão? O que isto nos ensina sobre o propósito do sofrimento humano?
3. Que sinais do arrependimento verdadeiro são notados em Manassés depois da restauração? Como isto poderia ter ido mais adiante?

Obs.
1. V. 6. Referência ao sacrifício humano em honra ao deus Moloque. Cf. 2Rs 23.10; Jr 7.31.
2. V. 14. "Ofel": uma colina ao sul do templo. Cf. 27.3.

☐ **ESTUDO 20**   **2Crônicas 34 e 35**

1. Com que idade Josias começou a buscar a Deus? Que resultados isto provocou em sua vida pública e particular?
2. Quando o Livro da Lei foi encontrado, que efeito isto causou: (a) em Josias e (b) na nação, por meio dele? Cf. Sl 119.59,60. A Bíblia está causando o mesmo resultado em você, e por intermédio de sua vida?
3. O que 34.23-28 ensina sobre: (a) as consequências inevitáveis do pecado (cf. Dt 11.26-28) e (b) a atitude de Deus com quem se arrepende de verdade?

Obs.
1. 34.14. "O Livro da Lei" era Deuteronômio, com toda probabilidade (cf. Dt 31.26).

2. 35.3. A suposição geral é que a arca havia sido retirada do Lugar Santíssimo durante as reformas, e que os levitas deveriam restituí-la a seu lugar, com a certeza de que não seriam mais convocados a realizar esta tarefa, Cf. 1Cr 23.26.
3. 34.28 e 35.24. Com sua morte, Josias foi poupado de testemunhar a ira de Deus ser derramada sobre Judá (34.25), e por isto se disse que ele morreu "em paz".

☐ **ESTUDO 21**   **2CRÔNICAS 36**

1. Juntamente com os acontecimentos políticos de grandes proporções, que evento se sobressai ofuscando todos os outros?
2. Que pecado é destacado na acusação que este capítulo faz (v. 12-16)? Como você descreveria a queda de Judá? Cf. 7.19-22.
3. De que modo particular Zedequias fracassou?
4. O que este capítulo revela sobre o caráter de Deus?

Obs.
Os reis e eventos deste capítulo podem ser resumidos assim: (a) Jeoacaz reinou durante três meses (v. 1-3). (b) Jeoaquim (Eliaquim) reinou durante onze anos (v. 4,5). Ele foi vassalo dos egípcios até a Babilônia derrotá-los na Batalha de Carquemis (605 a.C.) e se tornou o poder dominante. A primeira invasão babilônica aconteceu durante este reinado (v. 6,7). (c) Joaquim reinou durante três meses, até que a segunda invasão (v. 10) deu fim a seu reinado; 10.000 cidadãos importantes foram levados para o exílio. (d) Zedequias reinou durante onze anos (v. 10,11). Foi vassalo da Babilônia e sua rebelião precipitou a terceira invasão, devastação e exílio (v. 17,18) em 586 a.C.

ESTER

Introdução

O livro de Ester conta uma história cheia de ação que compensa ser lida de uma vez só. Não há certeza quanto a data e autoria. Porém a riqueza de detalhes e os aspectos da cultura local sugerem que foi escrito na Pérsia logo após os acontecimentos narrados no livro. Talvez a origem persa explique por que Ester demorou em ser aceito como livro canônico pelos judeus palestinos.

Assuero é geralmente identificado como Xerxes (485-465 a.C.), e o evento ocorreu em Susã, uma das três capitais do Império Persa. Assim, pela cronologia, os acontecimentos se desenrolaram alguns anos antes dos registrados em Esdras e Neemias, e que estão ligados ao reinado seguinte, de Artaxerxes (465-424 a.C.).

Uma das características mais incomuns do livro é a ausência de qualquer menção ao nome de Deus. Porém, quando os judeus exilados são salvos da destruição, a história revela um sentimento forte de patriotismo e da soberana providência divina. A libertação dos judeus deu início à Festa do Purim.

Esboço

1.1-22	A rainha Vasti desobedece ao rei Assuero e é deposta
2.1-20	Ester, uma judia, é escolhida pelo rei como substituta de Vasti
2.21-23	Mardoqueu denuncia um plano contra a vida do rei
3.1-15	Mordoqueu recusa a se curvar diante de Hamã, favorito do rei, e Hamã planeja massacrar os judeus
4.1-17	Mardoqueu convence Ester a interceder junto ao rei
5.1-8	Ester é recebida pelo rei
5.9-14	Hamã trama a morte de Mardoqueu
6.1-14	O rei faz Hamã honrar Mardoqueu publicamente por este ter descoberto o plano contra sua vida
7.1-10	O apelo de Ester é atendido e, em consequência, Hamã é executado
8.1-17	Mardoqueu recebe mais honras, e um edital permite que os judeus se defendam
9.1-19	Os judeus destroem seus inimigos
9.20-32	A libertação é comemorada na Festa do Purim
10.1-3	Mardoqueu recebe uma posição de grande autoridade

☐ **ESTUDO 1**   **ESTER 1**

1. Leia este capítulo à luz de 2Coríntios 4.18 e 1João 2.16,17. Que escolha tais considerações nos obrigam a fazer?
2. O que descobrimos sobre o caráter de Assuero, Vasti e Memucã, de acordo com este capítulo? Cf. Pv 20.2; Tg 1.19,20; Ef 4.26,27.

Obs.
1. V. 11. Geralmente as mulheres persas participavam das festas; assim, a ordem do rei não seria considerada uma afronta pessoal à rainha Vasti.
2. V. 14. "Tinham acesso direto ao rei...": isto é, pertenciam ao círculo íntimo de conselheiros do rei.

☐ **ESTUDO 2**   **ESTER 2.1-18**

1. Como Ester se tornou rainha? À luz do grande cuidado de Deus por seu povo, considere os eventos e o momento em que aconteceram. Veja *Obs.* sobre o v. 16; cf. Rm 8.28; Is 65.24.
2. Até que ponto o cristão deve obedecer às leis e costumes de seu país? Cf. Dn 1.8; 1Pe 2.13-14.

Obs.
1. V. 5,6. "Levado de Jerusalém para o exílio...": não se refere a Mardoqueu, mas a Quis, seu bisavô.
2. V. 16. Cf. 1.3. Quatro anos se passaram desde a deposição de Vasti.

ESTUDO 3   ESTER 2.19-3.15

1. Mardoqueu não escondia sua fé judaica, ainda assim mandou Ester ficar calada. Que lição aprendemos aqui quanto ao nosso testemunho? Por que Mardoqueu não obedeceu às ordens do rei? Cf. Ec 3.1,7b; Dn 3.8-12,16-18; At 5.28,29.

2. O que o capítulo 3 revela sobre o caráter de Hamã? Veja especialmente os versículos 5-9 e 15. O que ele não percebeu na maquinação contra os judeus?

Obs.
1. 2.19. "Sentado junto à porta do palácio real": a frase pode sugerir que ele servia ao rei de alguma forma.
2. 2.21. "Que guardavam a entrada...": isto é, dos dormitórios do rei.

ESTUDO 4   ESTER 4

1. Os judeus lamentam o decreto de Hamã, no entanto, para Ester a situação exige ação pessoal. Examine: (a) que fatores influenciaram a decisão da rainha (veja especialmente os v. 4,8,13,14,16) e (b) se o versículo 14 é relevante para uma situação imediata que você esteja atravessando.

2. Ester se preparou cuidadosamente antes de ir ver o rei. Em nossa aparição diante do Rei dos reis, que paralelos e contrastes você descobre aqui? Veja também 5.1,2; cf. Sl 33.8; Hb 10.19-22.

ESTUDO 5   ESTER 5 E 6

1. Seria razoável Mardoqueu esperar uma recompensa substanciosa por ter salvado a vida do rei (2.21-23). Porém sua atitude foi reconhecida só depois de muito tempo, e por coincidência. Como isto nos ajuda a entender demoras e decepções em nosso próprio viver? Cf. Sl 37.7; Is 55.8,9.

2. Considere o desenrolar da história de Hamã como ilustração de versículos iguais a Salmos 34.15,16; Provérbios 16.18. Que lição devemos tirar desse registro?

ESTUDO 6   ESTER 7 E 8

1. Como o capítulo 7 ilustra o tema de alguns salmos? Veja, por ex., o Sl 73.17-19; 94.1-7,21-23. Como isto deve influenciar nossa fé?

2. Depois da morte de Hamã o que: (a) Ester e (b) os judeus ainda precisaram fazer para conseguir a libertação prometida pelo rei? Veja principalmente 8.3-8,11,12. Que paralelo existe na vida cristã? Cf. Fp 2.12,13.

Obs.
1. 7.3. "Minha vida...meu povo...": pela primeira vez Ester revela sua nacionalidade.
2. 7.9. Note quantas vezes as decisões do rei são influenciadas por aqueles que o cercam.

☐ **ESTUDO 7**   **ESTER 9 E 10**

1. Selecione neste capítulo e nos anteriores algumas qualidades notáveis de Mardoqueu. Qual era a fonte de sua força moral?
2. Veja aqui a severidade do julgamento dos maus. Será que corremos o risco de subestimar este aspecto de "toda a vontade de Deus" (At 20.27)? Cf. Hb 10.30,31; 1Pe 4.17,18; Ap 20.12-15.
3. Por que a Festa do Purim foi instituída? Veja 9.22; cf. Êx 12.14-17. Será que nos incentivamos e desafiamos ao lembrar as misericórdias de Deus para conosco? Cf. Dt 8.2; 1Co 11.24-26.

Obs.
9.26. "Purim...pur": estas palavras são derivadas do assírio *puru*, e significam uma pedra pequena que era usada para lançar a sorte. Veja 3.7; 9.24.

ECLESIASTES

Introdução

Este livro fala por intermédio da boca de Salomão, porém não se apóia, de modo algum, em sua autoridade. No início, o autor descreve a vida humana do ponto de vista de um observador sagaz, que contesta os argumentos de quem descobre um objetivo satisfatório na atividade intelectual, ou em ajuntar riquezas, ou nos prazeres, ou até mesmo em obter um ideal ético, visto que a morte acaba com tudo, e chega para todos de igual modo.

O ser humano não consegue descobrir as coisas profundas de Deus (3.11), porém tem de se curvar diante da soberania dele (3.14). Não importam as aparências, Deus julga retamente, embora o julgamento possa demorar (8.12,13).

A frase "debaixo do sol", recorrente no livro, pode indicar a perspectiva puramente humana adotada pelo autor nos primeiros capítulos, e é mais ou menos equivalente a "no mundo sob o ponto de vista dos homens". É edificante ao cristão contrapor a vaidade e a insignificância deste mundo, seus negócios e prazeres – de acordo com Eclesiastes – à nossa gloriosa herança em Cristo, conforme revelado no Novo Testamento.

O livro é o registro de uma jornada espiritual, que chega ao cume no capítulo 12 (cf. 12.13,14 com Rm 2.16). Em Eclesiastes, talvez mais do que em qualquer outro livro do Antigo Testamento, a visão do autor deve estar sempre na mente do leitor, particularmente o fato de o autor não ter visto nada para o homem além da morte, exceto o julgamento. Sua atenção se concentra nesta vida, porque o "nosso Salvador, Cristo Jesus...tornou inoperante a morte e trouxe à luz a vida e a imortalidade por meio do evangelho" (2Tm 1.10) ainda não tinha vindo ao mundo.

ECLESIASTES

Esboço

1.1	Título
1.2-11	A monotonia infindável da vida humana na terra
1.12-2.26	As experiências do pregador – sabedoria, prazer e labuta não satisfazem. "Não há nada melhor para o homem a não ser comer e beber e alegrar-se, enquanto realiza seu trabalho" (2.24, Moffatt)
3-6	Mais exemplos sobre a inutilidade do esforço do homem. Sua vida está sob o controle divino, e termina em morte. Vários conselhos. As riquezas não satisfazem
7.1-11.8	O tipo de vida que o homem deve ter. A sabedoria é melhor que a tolice. O temor do Senhor traz recompensas. As obras de Deus são insondáveis. Vários conselhos
11.9-12.14	Infância e juventude passam; a idade avançada e a morte se aproximam. A conclusão fundamental: tema a Deus e obedeça aos seus mandamentos

☐ **ESTUDO 1**   Eclesiastes 1 e 2

1. De que maneiras o capítulo 1.1-11 mostra a monotonia da vida? Por que tal pessimismo não é cristão?

2. Como o escritor descobriu que nem a busca de sabedoria (1.12-18) nem os prazeres (2.1-11) satisfazem o coração humano?

3. Embora a sabedoria seja melhor que a tolice (2.13,14a), quais os três fatos que tiram até mesmo da sabedoria o seu poder de satisfazer (2.14b,17,18 e 23,24-26)?

☐ **ESTUDO 2**   Eclesiastes 3.1-4.8

1. De acordo com 3.1-15, qual é a melhor atitude diante da vida? Como o Pregador ilustra sua convicção? Cf. Mt 10.29,30. A que conclusão prática ele chega?

2. Em 3.16-4.8, quais são os quatro exemplos sobre a futilidade da vida, e que reflexões despertam na mente do escritor?

Obs.
3.1. "Ocasião...tempo": estas duas palavras expressam dois pensamentos: (a) que tudo acontece num tempo determinado e (b) que o tempo é apropriado à realização do plano de Deus.

☐ **ESTUDO 3**   Eclesiastes 4.9-6.12

1. Quais as bênçãos da amizade descritas em 4.9-12? Como se aplicam à vida espiritual? Veja, por ex., Mt 18.19,20; Lc 10.1.

2. O que 5.1-7 ensina sobre o culto, com respeito: (a) à atitude de espírito correta, (b) às palavras ditas na presença de Deus e (c) à importância de cumprir o prometido?

Obs.
1. 5.1. "Seja reverente": isto é, "Nunca seja desatento ao entrar na casa de Deus" (Moffatt).
2. 5.3. Assim como as preocupações e ocupações levam o homem a sonhar, assim as muitas palavras no culto resultam em tolices.
3. 5.20. "Esta pessoa nunca lastima a brevidade de seus dias" (Moffatt).
4. 6.10,11. "O que quer que aconteça foi predeterminado há muito tempo, e o destino do homem foi ordenado desde o início; o homem não pode contradizer Alguém mais poderoso que ele" (Moffatt). Significa que é inútil viver falando contra as ações de Deus.

☐ ESTUDO 4   ECLESIASTES 7 E 8

O Pregador afirmou várias vezes que o melhor caminho para o homem no mundo de hoje é aproveitar a vida que Deus lhe deu, e aproveitar o fruto de seu trabalho. Nestes últimos capítulos, embora tendo o mesmo ponto de vista, ele questiona mais de perto o tipo e a qualidade de vida que o ser humano deve levar.

1. Na sabedoria prática do capítulo 7, o que surge como o princípio-guia da vida?
2. Embora o futuro nos seja desconhecido, que curso de ação é defendido em 8.1-7? Como a questão da morte é abordada em 8.8-17?

☐ ESTUDO 5   ECLESIASTES 9.1-10.7

1. Do ponto de vista cristão, por que a concepção de vida descrita em 9.1-10 é inatingível? Cf. Lc 23.39-43, e observe como e por que um ladrão recriminou o outro e descobriu esperança para si mesmo.
2. O que o capítulo 9.11,12 ensina sobre a atitude do homem em referência aos talentos naturais? Como o valor da sabedoria é mostrado em 9.13-10.4?

☐ ESTUDO 6   ECLESIASTES 10.8-11.8

1. Relacione as áreas em que a sabedoria de 10.8-20 se aplica, e deduza alguns princípios gerais para guiarem sua vida de modo prático.
2. 11.1-8. Já que o futuro é desconhecido, que conselho o autor de Provérbios dá sobre a atitude certa em relação à vida? Cf. 9.10.

Obs.
11.1,2. "Invista suas posses todas pelos sete mares, até que tenha bons retornos depois de um tempo. Participe de vários negócios; você nunca sabe o que dará errado neste mundo" (Moffatt).

☐ ESTUDO 7   ECLESIASTES 11.9-12.14

1. No conselho do Pregador aos jovens: (a) em que eles devem se alegrar, (b) que fato importantíssimo deve ser levado em conta e (c) quem será lembrado? Qual a razão deste conselho?
2. Contraste a esperança jubilante do cristão com o quadro de morte e idade avançada que vemos aqui. Cf. 2Co 4.16-18; 2Tm 4.6-8; 1Pe 1.3-5.

3. Ao resumir as obrigações do homem, qual é o lugar de Deus? Em consequência, de que maneira devemos viver?

Obs.
1. 11.10. "Passageiro": ou seja, "transitório" ou "sem sentido".
2. 12.2. A idade avançada é comparada ao inverno, quando uma tempestade vem após outra.
3. 12.3-6. Uma série de retratos da decadência física da pessoa idosa, como falta de vigor nos braços e pernas, dentes fracos e falhos, cegueira, etc. "Quando o idoso teme a altura, e quando até mesmo uma caminhada causa pavor; quando seu cabelo fica todo branco, e ele arrasta os pés e as mãos, e quando o espírito esmorece e murcha" (Moffatt).

CÂNTICO DOS CÂNTICOS

Introdução

O Cântico dos Cânticos é único não só por causa de sua elegância literária primorosa, mas também por seu intenso apreço pelo amor entre pessoas e encanto pela natureza, e pelo profundo conhecimento do coração humano. O livro também apela aos cristãos como um retrato do amor de Cristo por sua igreja, e lhes oferece palavras com as quais exprimirem a devoção de seus corações ao Senhor.

Não se sabe ao certo quem é seu autor. O nome "Salomão" no capítulo 1.1 tanto pode significar "de Salomão" (como no título do salmo 72) ou "sobre Salomão", e não há outra indicação de sua autoria.

De acordo com a interpretação mais antiga e mais tradicional, existem apenas dois personagens importantes no livro: Salomão e sua noiva. Muitos comentários de grande beleza devocional e *insight* retratam a noiva como a igreja e Salomão como Jesus Cristo.

Outros, porém, enxergam uma figura diferente no contexto da história: a de um pastor de ovelhas, que é o verdadeiro amor da jovem. Certo dia, uma jovem da vila de Sulém foi verificar seu pomar e, de repente, se viu cercada pela comitiva de Salomão, que a levou cativa ao palácio (6.11-13). O rei lhe faz uma visita e, impressionado com sua esplêndida beleza, tenta conquistá-la para si. Contudo, ela namora um pastor de ovelhas, a quem entregou seu coração e a quem permanece fiel. O rei lhe faz três visitas, cortejando-a com ardor cada vez mais intenso, até que, percebendo que seus esforços são inúteis, concede-lhe a liberdade. No final do livro, encontramos a jovem apoiada no braço de seu amado, retornando ao lar, onde é recebida pelos familiares e amigos e reconhecida como noiva do pastor. Sob este ponto de vista, muito do livro é constituído de devaneios por intermédio dos quais a jovem conversa em pensamento com seu amado, e de incidentes e sonhos ligados ao rapaz. Com simplicidade natural, a jovem conta tudo isso às moças da corte.

Com a possibilidade de escolher entre as diferentes interpretações, temos de, obviamente, formar nossa própria opinião com base no estudo do livro. Se aceitarmos o Cântico como ele é, teremos, claro, de estudá-lo primeiramente como um poema, ou uma coleção de poemas, sobre o amor entre um homem e uma mulher. O objetivo principal das perguntas dos estudos é descobrir o significado dos Cânticos neste aspecto.

Esboço

É extremamente difícil esquematizar os Cânticos. O esboço a seguir é baseado na interpretação de que existem três personagens, como explicado anteriormente.

Seção I: 1.2-2.7 A cena acontece nos aposentos particulares do palácio de Salomão

1.2-8	A jovem, falando consigo mesma, expressa a saudade que tem do amado (v. 2-4). Então, ao notar que é observada pelas moças da corte, a jovem lhes explica por que tem a pele escura (v. 5,6) e cai no choro, desejando saber exatamente onde seu amado está; as moças respondem que ela deve ir atrás dele (v. 7,8)
1.9-11	O rei aparece, elogia sua beleza, e promete adorná-la com joias
1.12-2.6	O rei vai para seus aposentos, e a jovem devaneia e, em seus pensamentos, conversa com o amado num oásis [En-Gedi]
2.7	Ela manda que as moças da corte não despertem o amor por meio de artifícios

Seção II: 2.8-3.5. A jovem relata um acontecimento de seu passado

2.8-15	Certa manhã, o amado convida-a para acompanhá-lo, e alerta-a de que o amor deles pode não se concretizar
2.16,17	Ela pede que o amado retorne no fim do dia
3.1-4	Quando ele não voltou, ela não conseguiu descansar, e saiu pela noite a procurá-lo
3.5	A mesma ordem de 2.7

Seção III: 3.6-8.4. O conflito é intensificado, mas termina em vitória

3.6-4.7	Salomão, aparecendo em esplendor real, faz uma tentativa firme de conquistar o amor da jovem
4.8-5.1	Assustada, a jovem foge pensando no amado, cuja voz ela escuta a chamá-la para escapar com ele dos perigos do palácio (4.8) Ele derrama seu amor por ela (4.9-15) em palavras que excedem os elogios convencionais que o rei lhe fez. O coração da jovem se abre para o amado, e ela contempla o dia do casamento deles como se já tivesse acontecido (4.16-5.1)
5.2-16	A jovem conta um sonho perturbador que teve, e em resposta a uma pergunta das moças da corte, faz uma descrição calorosa de seu amado

CÂNTICO DOS CÂNTICOS

6.1-3	As moças da corte perguntam onde ele está, pois também querem procurá-lo; a sugestão leva a jovem a afirmar que ninguém pode partilhar do que é seu
6.4-10	O rei aparece e, com palavras de grande admiração, afirma que ninguém se compara a ela, e que até mesmo as rainhas a elogiaram
6.11-13	A jovem interrompe e explica por que está no palácio
7.1-9	O rei continua a insistir em seu desejo
7.10-8.3	A jovem se recusa e, em seu coração, fala com seu amado
8.4	A mesma ordem de 2.7 e 3.5

Seção IV: 8.5-14. A cena acontece na vila em que a jovem mora

8.5	A jovem é libertada e retorna para casa com seu amado
8.6,7	O discurso da jovem sobre o amor verdadeiro
8.8-12	Ela recorda as palavras dos irmãos, e declara sua fidelidade
8.13,14	O rapaz pede que ela fale, e na presença dos amigos dele, a jovem o chama de seu amado

☐ **ESTUDO 1**   CÂNTICO DOS CÂNTICOS 1.1-2.7

1. Em sua maior parte, este texto é uma conversa. O *Esboço* traz uma resposta para a questão de quantas pessoas estão conversando e onde a divisão acontece. Em sua opinião, qual é o contexto da conversa?

2. O que aprendemos com as diversas imagens que o homem (veja 1.15-17; 2.2) e a mulher usam para expressar o amor e a saudade de um pelo outro? Isso revela alguma coisa sobre as características diferentes, ou as necessidades, de cada um?

Obs.

1. 1.12-14. As mulheres carregavam bolsas de mirra penduradas no pescoço, sob o vestido. Para a jovem, seu amado era como o mais caro dos perfumes.
2. 2.1. A jovem se descreve como uma flor silvestre comum nos prados.
3. 2.3 A macieira oferece sombra e fruto.
4. 2.4. "Salão de banquete": literalmente "casa de vinho", significando um lugar de alegria.
5. 2.7. Um versículo complicado. Parece significar que o amor deve acordar ou despertar a si mesmo ou a seu próprio tempo, não por estímulo artificial e não antes de a pessoa amada estar pronta a responder. As gazelas e as corças são conhecidas pela timidez.

☐ **ESTUDO 2**   CÂNTICO DOS CÂNTICOS 2.8-3.5

1. Qual o propósito das várias figuras da natureza ao revelarem a qualidade do amor?

2. Que características do amor verdadeiro aparecem em 2.16,17 e 3.1-5?

Obs.

1. 2.10-12. Um apelo para que se reaja à aproximação do amor, assim como a natureza reage ao Verão.

2. 2.15. Os inimigos talvez sejam pequenos — "raposinhas" — porém o estrago pode ser grande. Se a floração é estragada, não haverá fruto.
3. 2.17. Um retrato da noite, e não da aurora. As sombras desaparecem quando o sol nasce. A noiva pede que seu amado espere até anoitecer. Quando a noite chegou, "procurei...mas não o encontrei" (3.1).

☐ ESTUDO 3   Cântico dos Cânticos 3.6-5.1

1. Como você entende a presença de Salomão aqui, e sua participação no livro todo de Cântico? Veja também, por ex., 1.1,12; 6.8,9,12; 7.1,5; 8.11,12.
2. O que estas expressões sinceras do deleite físico de um homem em sua noiva nos ensinam quanto ao lugar da atração sexual no amor e casamento? Qual o significado da imagem de um jardim particular?
3. A Bíblia usa o casamento como uma figura do relacionamento de Deus com seu povo e do relacionamento de Cristo com a igreja, Veja, por ex., Is 62.4,5; Ef 5.21-33. Portanto, em que sentido 4.8-15 ilustra este relacionamento? Cf. Sl 147.10,11; 149.4. Será que nosso coração pertence somente a Jesus Cristo?

Obs.
1. 3.7. "Liteira": uma cadeira coberta e fechada, e que era transportada por quatro ou mais homens.
2. 4.4. O pescoço, enfeitado com jóias, é comparado a uma torre de defesa, onde escudos são pendurados.
3. 4.8. De acordo com o esboço de três personagens, a noiva ouve a voz do amado chamando-a para si, e este versículo pode ser entendido como uma descrição poética dos perigos a que ela está exposta no palácio.

☐ ESTUDO 4   Cântico dos Cânticos 5.2-6.3

1. Existe alguma realidade por trás do sonho perturbador de 5.2-7? Poderíamos ver no texto algum ensino sobre, por exemplo, a importância de reagirmos em amor, ou a possibilidade de sofrimento, se esta reação não existir?
2. Até que ponto a alegria da noiva em seu amado, e seus elogios a ele, é também uma característica de nosso relacionamento com Cristo? Pensamos nele como nosso "amado" e "querido" (5.16)?

Obs.
1. 5.2. "Quase dormindo": a frase indica que a noiva está contando um sonho.
2. 5.4. A porta estava trancada por dentro (veja v. 5).
3. 5.10. "Ele se destaca entre dez mil": literalmente, "realça como uma bandeira", isto é, se sobressai entre os outros como um porta-bandeira.

☐ ESTUDO 5   Cântico dos Cânticos 6.4-8.4

1. Em 2.6, a jovem pensa primeiro em seu direito sobre o amado. Agora (6.3), ela pensa primeiro no direito dele sobre ela. Em 7.10, o direito dela não é mais mencionado. Seu interesse é satisfazê-lo e entregar-se a ele. A importância

disto para o relacionamento matrimonial é clara. Mas será que estes estágios do amor se aplicam ao nosso relacionamento com Cristo? Em caso positivo, como?

2. 8.4. A advertência é repetida pela terceira vez (veja também 2.7; 3.5). Em sua opinião, por que foi feita, e por que tanta ênfase?

Obs.

1. 6.4. "Tirza": nome (que significa "encanto") de uma cidade bonita, que mais tarde se tornou a residência oficial dos reis do norte de Israel.
2. 6.12,13. Uma possível tradução, alinhada com o esboço de três personagens, é: "Minha alma levou-me inconscientemente às carruagens dos amigos do meu príncipe", ou seja, a jovem se achou entre a comitiva do rei Salomão. Ela fugiu, mas eles a chamaram de volta e a contemplaram como se fosse uma dançarina, de acordo com suas próprias palavras.
3. 7.1-6. Estes versículos talvez façam parte de um cântico composto pelas mulheres (6.9b,10), ou foi recitado por Salomão. Nos v. 7 e 8 ele é, sem dúvida, o orador.

☐ **ESTUDO 6**   CÂNTICO DOS CÂNTICOS 8.5-14

1. O que este texto acrescenta a tudo o que já aprendemos sobre a natureza do amor? Que ataques o amor verdadeiro pode ter de enfrentar?
2. Que qualidades do amor verdadeiro são reveladas aqui?

Obs.

1. 8.6. "Coloque-me como um selo...": antigamente os homens carregavam seus sinetes amarrados ao peito ou punho como segurança. A jovem deseja ser presa deste modo nos braços e coração de seu amado.
2. 8.8-10. A jovem relembra as palavras de seus irmãos. Eles haviam esperado para ver se ela seria um muro contra a tentação ou, se igual uma porta aberta, lhe daria passagem. Aqui ela afirma que se mostrou igual a um muro.
3. 8.11,12. Parece que Salomão ofereceu à jovem uma vinha de grande riqueza, mas ela rejeitou o presente em favor da vinha que possuía em seu amado.

☐ **ESTUDO 7**   CÂNTICO DOS CÂNTICOS: REVISÃO

1. A maioria das perguntas se preocupou com o significado dos Cânticos sob o ponto de vista do amor entre homem e mulher. Releia o livro e esboce algumas lições sobre o amor de Cristo por nós e nosso amor por ele. Como nossa devoção pessoal a Jesus se compara a esses padrões tão elevados?

2PEDRO

Introdução

Pedro escreveu a segunda carta pouco antes de morrer (1.14,15). Podemos considerá-la como suas últimas palavras, e isto acrescenta significado à mensagem final: "Cresçam, porém, na graça e no conhecimento de nosso Senhor e Salvador Jesus Cristo" (3.18).

É óbvio que Pedro está preocupado com as heresias e pecados morais que se esgueiraram para dentro da igreja, e escreve para advertir, exortar e confortar. Em contraste com o retrato sombrio que ele pinta, nota-se a proeminência que o apóstolo dá à esperança da volta de Cristo. Ele explica que a demora deste retorno não se deve à negligência de Deus, mas à sua paciência (3.9). Pedro teme que os cristãos, sob o estresse da perseguição e tentação, irão se esquecer dos mandamentos que lhes foram dados por meio dos profetas e apóstolos. Ele escreve para lembrá-los do chamado que receberam e para animá-los (1.9,12,13,15; 3.1,2).

O conteúdo do capítulo 2 é, de modo impressionante, parecido com a carta de Judas. Ao se prolongar no mal que é rompante, Pedro enfatiza mais do que nunca o chamado à santidade que ele fez na primeira carta. "Portanto, amados, sabendo disso, guardem-se para que não sejam levados pelo erro dos que não têm princípios morais, e nem percam a sua firmeza e caiam" (3.17). O antídoto principal contra o erro é o de conhecer a Deus verdadeiramente e ao Senhor Jesus Cristo. Esta é a chave da epístola. Veja 1.2,3,8; 2.20; 3.18.

Esboço

1.1,2	Introdução
1.3-15	Chamado ao desenvolvimento da frutificação e do caráter cristãos
1.16-21	A veracidade da mensagem cristã
2.1-22	Descrição e condenação dos malfeitores e falsos profetas
3.1-7	Advertências para os últimos dias
3.8-18	A paciência do Senhor, e a certeza de sua volta

☐ **ESTUDO 1**   **2PEDRO 1.1-1**

1. Como os versículos 1 e 10 descrevem o relacionamento do cristão com Deus? O que os versículos 2,3,8 querem dizer com "conhecimento"? O que Deus providenciou para nossa vida presente, e qual será nossa condição futura (v. 3,4,11)?

2. Se a nossa salvação é resultado do chamado e poder de Deus (v. 10,3), por que somos incentivados a nos esforçar (v. 5,10)?

3. Analise o retrato do cristão totalmente desenvolvido que vemos nos versículos 5-7 em relação a: (a) seu caráter pessoal, (b) suas atitudes para com Deus e (c) sua maneira de lidar com os outros. Repare que tudo isto se apóia na fé, porém fé sem estas qualidades não é suficiente.

2PEDRO

☐ **ESTUDO 2**   **2Pedro 1.12-21**

1. Pedro é cuidadoso em lembrar seus ouvintes a respeito do quê? Será que algum cristão não precisa ser lembrado disso? Cf. 3.1,2; Dt 32.18; Hb 2.1.
2. O que os versículos 16-21 respondem aos teólogos que afirmam que a verdade não precisa ser baseada em fato histórico?
3. Com base nos versículos 20,21, explique a natureza da inspiração das Escrituras. De onde vem sua autoridade, e o que deve orientar sua interpretação?

Obs.
V. 19. "A profecia escrita foi confirmada pela visão da glória do Senhor...no monte da Transfiguração. E os cristãos podem, sim, entregar-se à sua liderança neste mundo tenebroso, até que a luz nasça; luz que tornará desnecessária a lâmpada da revelação externa" (Swete). Esta lâmpada da profecia é mencionada novamente no capítulo 3.2.

☐ **ESTUDO 3**   **2Pedro 2**

1. Embora tenhamos a "luz" da profecia, é necessário ter cuidado com os falsos mestres. Repare no texto de hoje as formas de erros das quais os falsos mestres se aproveitam. Em quais desses erros você é mais propenso a cair? Até que ponto esse tipo de comportamento é visto em nossa sociedade? Como você responderia à afirmação daqueles que dizem estar livres das garras da tradição (v. 19, cf. Jo 8.34-36)? Cf. v. 20 com Mt 12.43-45; Hb 6.4-8.

Obs.
Os v. 4-10 são um parêntese, interrompendo a descrição dos falsos mestres, que é retomada no v. 10b.

☐ **ESTUDO 4**   **2Pedro 3.1-10**

1. Que argumentos os zombadores usam? Qual a melhor defesa contra eles (v. 2)?
2. Nos versículos 5-7, Pedro refuta os zombadores referindo-se ao infalível cumprimento da palavra de Deus. Com base nestes três versículos, explique como as palavras e ações de Deus no passado nos garantem que no futuro ele fará novamente o que prometeu. Existe semelhança entre o povo dos dias de Noé e o de nossos dias (cf. Mt 24.37-39)?
3. Por que o "dia" está demorando a chegar (v. 9)? Cf. Ez 18.23,32.

Obs.
V. 10. "Elementos": os elementos materiais do universo, mas, como muitos acham, com referência específica aos corpos celestiais.

☐ **ESTUDO 5**   **2Pedro 3.11-18**

1. Relacione as conclusões práticas que Pedro extrai da certeza de que o dia do Senhor virá. Que resultado isto produz no seu modo de viver?

2. Os versículos 17,18 resumem o tema da carta inteira. Como mantemos uma vida cristã estável? Mostre que ser estável não é ser estático.

Obs.
V. 12. "Apressando a sua vinda": o dia está sendo apressado à medida que, por nosso arrependimento e zelo, tornamos desnecessária a paciência de Deus (v. 9,15). Cf. Rm 2.4.

JUDAS

Introdução

Judas, um dos irmãos de Jesus (Mt 13.55) é considerado o autor desta carta, que talvez tenha sido escrita depois da queda de Jerusalém, provavelmente entre 75 e 80 d.C.

A mensagem da carta é bem parecida com a de 2Pedro. Os dois autores são impulsionados por um sentimento de urgência (cf. Judas 3, "senti que era necessário escrever"). Homens perversos e atitudes malignas haviam se esgueirado para dentro da igreja, e estavam ameaçando sua vida. Este mal tem de ser combatido, e o objetivo das duas cartas é encorajar os cristãos. Judas, da mesma forma que Pedro, busca no passado exemplos do julgamento divino sobre o pecado, e afirma que o julgamento acontecerá tão certo quanto no passado sobre os que agora abandonam a verdade e a justiça. Por fim, ele exorta seus leitores a continuarem no amor de Deus, que os manterá firmes, por meio de Jesus Cristo, nosso Senhor. Pedro anteviu a chegada dos falsos mestres, porém estes já estavam ativos quando Judas escreveu sua carta.

Esboço

1-4   Introdução e propósito da carta
5-7   O julgamento de Deus no passado
8-16   Descrição e condenação da heresia presente
17-25   Exortação e doxologia

☐ **ESTUDO 1**   JUDAS 1-16

1. Contraste, cláusula por cláusula, as três descrições que o versículo 1 faz dos cristãos fiéis, a quem Judas está escrevendo, com a descrição que o versículo 4 faz dos intrusos na igreja, a quem ele condena.
2. Compare Judas 4-16 com 2Pedro 2.1-18. Que semelhanças e diferenças você encontra?
3. V. 3. Você está lutando pela fé? Se ela foi "uma vez por todas confiada aos santos", existe espaço para modificação à medida que a igreja cresce?

Obs.
Veja no *CBVN*, p. 2122, explicação dos v. 9,14,15.

☐ **ESTUDO 2** **JUDAS 17-25**

1. V.17-21. Ao sermos confrontados com as influências adversas deste mundo, o que devemos fazer, e o que Deus fará, para continuarmos a crescer espiritualmente?
2. Como cristãos, qual deve ser nossa atitude para com os que se afastam de Deus e com o pecado que os desviou?
3. O que os versículos 24,25 ensinam sobre as bases de nossa confiança, a fonte de nossa alegria e o objeto de nossas aspirações? O que este conhecimento deve nos motivar a fazer?

DANIEL

Introdução

O livro de Daniel é rico em instrução espiritual, e recompensará o estudo feito em oração. Ele mostra, antes de tudo, como os que creem em Deus podem assumir sua posição na sociedade em que vivem, participar dos acontecimentos e, mesmo assim, permanecerem fieis ao Senhor, glorificando-o e abençoando os semelhantes. O mundo de hoje necessita de homens e mulheres como Daniel.

O livro de Daniel é também um revigorante da fé. A derrota e o exílio dos judeus levantaram a pergunta: "Onde está o Deus deles?" (Sl 115.2). Daniel apresenta Deus como soberano sobre as nações, cuidadoso com quem confia nele e capaz de "fazer tudo o que lhe agrada". Os primeiros capítulos do livro deixaram claro aos judeus esta grande verdade: O Senhor é o único Deus. Isto os levou a abandonar o culto aos ídolos (cf. Sl 115.3-11). Os últimos capítulos, com sua previsão exata sobre o curso dos eventos, ajudaram a sustentar a fé dos remanescentes em meio aos problemas e às perseguições que tiveram de aguentar. Este livro também nos ajuda a manter a fé em dias sombrios.

Daniel também é parte integral das Escrituras em sua revelação das coisas futuras. Isto pressupõe que o livro seja um registro verdadeiro e uma profecia feita no tempo do exílio. Em tempos mais recentes tem havido uma contestação veemente a esta ideia, com a afirmação de que o livro foi escrito 400 anos depois, quando muitas de suas previsões já haviam se tornado fatos históricos. O parecer mais antigo tem suas dificuldades, mas o desenvolvimento da arqueologia já desfez algumas; se cremos na autenticidade do livro, estamos alinhados com o Novo Testamento, que testifica de seus milagres e suas previsões (veja, por ex., Hb 11.33,34; Mt 24.15), e cita-o ou faz alusões a ele com frequência, especialmente nos Evangelhos sinóticos e em Apocalipse.

Esboço

História (capítulos 1-6)
1   Daniel e mais três rapazes são escolhidos, provados e instruídos
2   O sonho de Nabucodonosor e sua interpretação
3   A imagem de ouro de Nabucodonosor e a fornalha ardente
4   O segundo sonho de Nabucodonosor, seu cumprimento e seu testemunho
5   O banquete de Belsazar, a escrita na parede, a queda da Babilônia
6   O edital de Dario. Daniel na cova dos leões

Profecia (capítulos 7-12)
7   Visão sobre os quatro animais no primeiro ano de Belsazar
8   Visão sobre o carneiro e o bode, os quatro reinos e o pequeno chifre no terceiro ano de Belsazar
9   A oração de Daniel; a revelação concernente ao Messias
10-12   Visão sobre o futuro e "os tempos do fim" no terceiro ano de Ciro

☐ **ESTUDO 1**   **DANIEL 1**

1. Que motivos levaram Daniel e seus três amigos a não se contaminarem? Cf. Lv 3.17; 20.24-26. Como alcançaram este objetivo? Que características cristãs eles mostraram ao se dirigir a uma autoridade? Como Deus os recompensou?

2. Como o relato esclarece o significado de "estar no mundo" (Jo 17.11), mas "não ser do mundo" (17.16)? Repare como a firmeza de convicção na juventude foi a base para a constância no futuro.

Obs.
V. 1. Provavelmente se trata do ano 605 a.C., e a referência é a uma incursão babilônica imediatamente após a vitória em Carquemis.

☐ **ESTUDO 2**   **DANIEL 2.1-30**

1. De repente, Daniel e seus companheiros, embora inocentes, foram cercados de grande perigo. Estude cuidadosamente os passos que Daniel tomou. Segundo o exemplo dele, como devemos agir quando o perigo nos rodeia? Cf. At 4.23,24; 12.5.

2. Observe a oração dos quatro homens. Podiam ter implorado que Deus mudasse a cabeça do rei, pois sua atitude era bastante irracional, mas o que pediram? Examine a fé que sustentava a petição, e como Deus respondeu além do que pediram. Veja 2.47-49; e cf. Ef 3.20-21.

DANIEL

☐ ESTUDO 3   DANIEL 2.31-49

1. Veja que os quatro reinos fazem parte de uma única estatua, embora apareçam historicamente um após o outro. Ainda mais, é a estatua inteira que se despedaça com a pedrada, e não apenas o último entre os quatro reinos. O que o sonho revela sobre o propósito final de Deus? E que diferenças você percebe entre os reinos do mundo representados pela estatua e o reino representado pela pedra? Cf. Ap 11.15.

2. Quais os propósitos divinos do sonho quanto a: (a) Nabucodonosor, (b) Daniel e seus amigos e (c) todos os que ouviram, ou ouvem, sobre ele?

Obs.
V. 39,40. Os que atribuem o livro de Daniel ao período macabeu entendem que os quatro reinos se referem à Babilônia, aos Medos, à Pérsia e à Grécia. Isto, porém, além de outras objeções, parece contrário ao próprio livro, que considera a Medo-Pérsia um único reino (veja 5.28; 6.8; 8.20,21). Assim, é preferível aceitar a interpretação mais antiga, que considera os quatro reinos como sendo a Babilônia, a Medo-Pérsia, a Grécia e Roma.

☐ ESTUDO 4   DANIEL 3

No início deste capítulo, a atitude do rei para com Deus é bem diferente da que mostrou em 2.47. É provável que entre os capítulos 2 e 3 haja um intervalo de vários anos, durante os quais Nabucodonosor teve alguma evidência de que seu deus era mais poderoso que o Deus dos judeus (cf. v. 15b). Isto também explica a inimizade dos oficiais em relação a Sadraque, Mesaque e Abede-Nego. Eles se ressentiam de que judeus continuassem a governar a província da Babilônia.

1. Quais as acusações feitas contra os três hebreus? Repare na linguagem sutil usada para provocar a ira do rei.

2. Qual a diferença entre esta prova de fé e tudo o que esses três homens tiveram de enfrentar até então? Veja exemplos parecidos de coragem em Atos 4.8-12; 5.29-32; 2Timóteo 4.16,17. Quais os propósitos do milagre de libertação realizado por Deus?

☐ ESTUDO 5   DANIEL 4

O tema deste capítulo é o orgulho. Ele aparece em forma de um decreto em que Nabucodonosor anuncia as visões e os sonhos esquisitos que teve, e por meio dos quais ele aprende uma lição importantíssima: "o Altíssimo domina sobre os reinos dos homens e entrega-os a quem quer" (v. 25). Isto pode ser comparado com Isaías 14.8-17 e Ezequiel 28.1-10, textos que, por sua vez, expõem o pecado original da humanidade (Gn 3).

1. A experiência do rei levou-o a se humilhar? Como assim? Contraste a atitude do rei em relação a Deus e sua confissão a respeito do Senhor (neste capítulo) com suas declarações em 2.47; 3.29. Como você explica a mudança?

2. Quais os temas principais do ensino de Daniel nesta circunstância? Com o v. 27, cf. Mq 6.8.

Obs.
1. V. 13. "Uma sentinela, um anjo": isto é, uma figura angelical que agia com a autoridade de Deus.
2. V. 33. A desordem mental, conhecida como zoantropia, durou o que foi descrito como "sete tempos" (v. 16). Isto pode significar "sete anos" ou simplesmente "um bom período de tempo". A "Oração de Nabonidus", apócrifa, encontrada no Qumran, afirma que o rei Nabonidus, sucessor de Nabucodonosor, passou sete anos de seu reinado isolado em Teima por causa de uma doença estranha. Assim, este capítulo tem paralelo nas tradições históricas.

☐ ESTUDO 6   DANIEL 5

A Babilônia caiu no ano 539 a.C., vinte e três anos depois da morte de Nabucodonosor. Então, vinte e cinco anos se passaram desde os acontecimentos do capítulo 4.

1. Quais as quatro acusações de Daniel contra Belsazar? Duas coisas intensificaram e agravaram o pecado de Belsazar. Quais foram?
2. Considere o julgamento pronunciado contra Belsazar como símbolo do julgamento divino sobre toda incredulidade, seja na vida pessoal ou da nação. Veja os v. 26-28, e cf. Pv 15.3,9; Ec 8.11-13.

Obs.
1. A identidade de Belsazar permaneceu desconhecida por muito tempo, mas agora se sabe que era o filho mais velho do rei Nabonidus (556-539 a.C.) e que dividiu o trono com seu pai. Quando Nabonidus se ausentava da Babilônia, seu filho exercia autoridade absoluta ali.
2. V. 10. "A rainha": provavelmente a rainha-mãe, viúva de Nabucodonosor.
3. V. 25-28. As palavras representam três pesos ou moedas, isto é, mina, siclo e peres ou meia-mina. Mas a interpretação oculta numerosos jogos de palavras, pois as raízes verbais significam "enumerar, pesar e dividir". No caso de "peres"—"dividir"— existe ainda uma semelhança com o termo usado para Pérsia.

☐ ESTUDO 7   DANIEL 6

A identidade de Dario, rei dos Medos, continua sendo debatida, todavia, os candidatos mais prováveis são Gobryas (Gubaru), governador da Babilônia e o rei Ciro. Este é um dos muitos exemplos de interpretação bíblica em que nós, os leitores, temos de admitir que simplesmente não sabemos a resposta, e, assim, continuaremos até que alguma nova evidência esclareça o mistério.

1. Nem as pressões do trabalho nem a ameaça de morte impediram Daniel de orar. Acontece o mesmo com você? Será que outras qualidades do caráter de Daniel, reveladas neste capítulo, eram consequências de sua vida de oração? Que qualidades eram essas? Cf. Is 40.29-31; Fp 4.5,6.
2. Sua fé é do tipo que leva você a obedecer a Deus ainda que sozinho, sem nenhum apoio externo? Será que vivemos de tal maneira que até mesmo nossos

DANIEL

críticos mais ferrenhos não podem negar que a vontade de Deus é soberana em nossas vidas, não importa o que aconteça?

☐ **ESTUDO 8**   **DANIEL 7**

Este capítulo registra primeiro a visão (v. 2-14), vindo depois a interpretação geral (v. 15-18), seguido pelas questões de Daniel sobre três aspectos da visão (v. 19,20) e, por último, a resposta a essas questões.

1. Pressupondo que os quatro reinos são os mesmos que Nabucodonosor viu em seu sonho (v. 2), qual o fato novo que levou Daniel a ficar tão agitado e aterrorizado (v. 15,28) após esta visão?

2. Para Nabucodonosor os reinos deste mundo apareceram no reluzente esplendor da riqueza material e do poder, mas para Daniel eles são animais depredadores. Qual a diferença entre estes dois pontos de vista, e qual deles é o mais profundo e verdadeiro? Cf. 1Sm 16.7; Mt 4.8; 1Jo 2.16,17.

3. Qual deve ser o objetivo final desta visão para a história? Quem são os "santos do Altíssimo" (v. 18)? Que privilégios terão nos dias futuros?

Obs.
1. V. 5. O urso representava o Império Medo-Persa, famoso por sua ganância de conquistas cada vez maiores.
2. V. 6. As asas nas costas do leopardo indicam a rapidez das campanhas de Alexandre. Depois que ele morreu, seu império foi dividido em quatro.
3. V. 7. O quarto animal pode ser o Império Selêucida, com seus muitos reis (chifres), dos quais Antíoco Epifânio foi o mais cruel, ou então Roma, com seus muitos imperadores, e foi durante o governo de um deles que o Filho do homem se levantou.

☐ **ESTUDO 9**   **DANIEL 8**

A visão deste capítulo cumpriu-se na história quando a Pérsia foi tomada por Alexandre, o Grande, (330 a.C.), o império de Alexandre foi dividido em quatro ("mas não terão o mesmo poder", v. 22) e Antíoco Epifânio subiu ao poder e realizou o que é profetizado a seu respeito nos versículos 9-12 e 23-25 (170-164 a.C.). Porém quando Gabriel enfatiza que a visão estava relacionada "aos tempos do fim" (veja os v. 17 e 19), isto dá a entender que seu significado não se completou em Antíoco, mas que este simplesmente representa alguém mais importante, que ainda virá, e que agirá de modo parecido. Cf. 7.24-26 e Mt 24.15; 2Ts 2.8-10.

1. Que descrição é feita tanto do carneiro quanto do bode à época de sua prosperidade, e também do rei mencionado no versículo 23?

2. Por que essa visão impressionou tanto Daniel? Repare como as profecias de Jeremias e Ezequiel parecem indicar que o retorno do exílio coincidiria com a chegada do reino de Deus (veja, por ex., Jr 32.37-44; Ez 37.21-28); contudo, esta visão mostra um panorama longo da história que alcança o futuro, e também mais sofrimento para os judeus.

Obs.
1. V. 9. "Terra Magnífica": isto é, a Palestina.
2. V. 10. "Exército dos céus...exército das estrelas": representação de Israel e seus líderes.
3. V. 11. "Príncipe do exército": isto é, o próprio Deus, Cf. v. 25.
4. V. 12. Israel seria entregue ao poder do "chifre" por causa de transgressões, e a religião verdadeira seria suprimida.
5. V. 14. Se a oferta queimada deixasse de ser oferecida 2.300 vezes, isto somaria 1.150 dias, um pouco mais de três anos. Sabe-se que Antíoco suspendeu a oferta queimada durante três anos, ou até um pouco mais.

☐ **ESTUDO 10**   **DANIEL 9.1-19**

1. Considere o efeito da queda da Babilônia em alguém que, como Daniel, viu no acontecido o cumprimento de profecia (v. 2; cf. Jr 25.11; 29.10-14; 50.1-5). O que isto o impulsionou a fazer (cf. Ez 36.37), e o que os versículos 2 e 3 esclarecem sobre o uso das Escrituras em nossa vida de oração?

2. Como você descreveria a oração de Daniel? Veja especialmente os versículos 3 e 19. Em sua confissão, o que ele fala sobre Deus? O que fala de si mesmo e de seu povo? Em que ele fundamenta seu pedido de misericórdia, e pelo que suplica?

☐ **ESTUDO 11**   **DANIEL 9.20-27**

Daniel pressupôs que um período de setenta anos daria fim à "desolação de Jerusalém" (v. 2), e em sua oração havia suplicado a Deus por isto (v. 18). Deus manda Gabriel lhe dar entendimento completo (v. 20-23), por meio de "uma resposta" que fala não de setenta anos, mas de setenta semanas de anos. A mensagem é bem resumida, e cada sentença é significativa.

1. V. 24. Quais as seis coisas mencionadas aqui? Veja que todas estão relacionadas aos judeus e à cidade santa, e acontecerão no final das setenta semanas de anos.

2. As setenta semanas de anos estão divididas em três períodos: sete semanas, sessenta e duas semanas e uma semana, respectivamente. Não se sabe direito qual é significado do primeiro período, a não ser que seja o tempo necessário para a construção da cidade. No entanto, o que acontecerá no fim do segundo período?

3. O restante do texto já recebeu várias interpretações, até mesmo de pessoas que o consideram uma profecia inspirada. Se o versículo 26a é uma referência à cruz de Cristo, então o versículo 26b parece indicar a destruição de Jerusalém e do templo pelos romanos no ano 70 d.C. Porém surgem estas questões: (a) A profecia se refere apenas à queda de Jerusalém no ano 70 d.C.? (b) Quem é este "rei que virá", e ele deve ser identificado como o chifre pequeno de 7.8,24,25? Veja *Obs. 3* abaixo.

Obs.

1. V. 24. "Acabar com a transgressão" e "dar fim ao pecado" são expressões paralelas que significam acabar com o pecado de Israel. Cf. Rm 11.26,27. "Cumprir a visão e a profecia": isto é, confirmar que foram cumpridas. "Ungir o santíssimo": isto é, a consagração do templo messiânico, realizado no estabelecimento da igreja, o corpo de Cristo.
2. A partir do decreto de Artaxerxes I, mencionado em Esdras 7.11s (458 a.C.), sessenta e nove semanas de anos nos levam ao período do ministério de Cristo. Esta profecia de Daniel pode ser a causa da expectativa geral sobre a vinda do Messias na época em que Jesus apareceu (cf. Mt 2.1,2; Lc 2.25,26; 3.15), e talvez seja a razão das palavras do próprio Jesus em Marcos 1.5a.
3. V. 26,27. Muitos acreditam que nesta profecia, como em outros textos do Antigo Testamento, o início e o fim da era cristã ocorrem ao mesmo tempo, e que aqui a profecia salta para o fim dos tempos. Se for verdade, a última "semana" está separada das primeiras sessenta e nove semanas pelo intervalo completo entre a primeira vinda de Cristo e a segunda. Com o v. 27, cf. 2Ts 2.8.

☐ **ESTUDO 12**   **DANIEL 10.1-11.1**

1. Este capítulo é introdutório à última visão de Daniel. Veja a data (10.1), e use Esdras 1; 3; 4.4,5 para esboçar o que estava acontecendo, na época, ao primeiro grupo que retornou do exílio. Como isto explica o lamento de Daniel (v. 2) e os propósitos da visão?
2. O que o texto nos ensina sobre o preço do relacionamento com Deus, e da oração verdadeira?
3. Leia Ef 6.10-13 à luz deste capítulo; também 2Rs 6.16-18; Sl 34.7. Diante do misterioso mundo espiritual, como somos encorajados pela afirmação do Novo Testamento de que nosso Senhor Jesus é soberano ali também? Cf. Ef 1.20-23; Cl 1.16; 2.15.

Obs.

1. V. 5,6. O texto não diz quem era esse homem. Alguns aspectos de sua aparência e pessoa nos lembram as visões de Ezequiel e João (Ez 1.13-16; Ap 1.13-15).
2. V. 8. "Sem forças": antes de dar força e poder a seu povo, Deus os conscientiza de que são fracos.
3. V. 13. "Príncipes": usado aqui como anjos guardiões dos reinos.
4. V. 16,18. A figura angelical descrita nestes versículos é provavelmente o mesmo ser mencionado no v. 5, mas o texto não é muito claro.

☐ **ESTUDO 13**   **DANIEL 11.2-20**

Este texto é um prognóstico da história, mas é seletivo em vez de contínuo. O período é de aproximadamente 400 anos, desde a visão de Daniel até o reinado de Antíoco Epifânio. Os versículos 2-4 são introdutórios, e fazem referência aos reis da Pérsia—até Xerxes (v. 2)—e à ascensão de Alexandre, o Grande, aproximadamente 150 anos mais tarde, e à divisão de seu reino em quatro (v. 3,4). A partir daí, a profecia se limita a dois destes quatro reinos: Egito, cujo governante é chamado de "rei do sul", e Síria, cujo governante é chamado de "rei do norte". Os governantes destes reinos foram os seguintes, em sucessão histórica: (a) Egito: Ptolemeu I (304-285 a.C.); Ptolemeu II (285-246 a.C.); Ptolemeu III (246-221 a.C.); Ptolemeu IV (221-205 a.C.); Ptolemeu V (205-180 a.C) e Ptolemeu VI (180-145 a.C.); (b) Síria: Seleuco I (312-280 a.C.); Antíoco I (280-261 a.C.); Antíoco II (261-246 a.C.); Seleuco II (246-226 a.C.); Seleuco III (226-223 a.C.); Antíoco III, chamado o Grande (223-187 a.C.); Seleuco IV (187-175 a.C.) e Antíoco IV, chamado Epifânio (175-163 a.C.).

O versículo 5a deste capítulo se refere a Ptolemeu I, e o versículo 5b, a Seleuco I, que durante um tempo foi um dos generais de Ptolemeu, contudo, se tornou governante de um império mais amplo que o dele. O versículo 6 se refere a Ptolemeu II, que deu sua filha Berenice em casamento a Antíoco II sob algumas condições; no entanto, as condições foram descumpridas, e Berenice perdeu a vida. Os versículos 7 e 8 se referem a Ptolemeu III, irmão de Berenice, que foi bem-sucedido ao atacar o reino da Síria sob o comando de Seleuco II e voltou com um grande espólio. Mais tarde, Seleuco II invadiu o Egito, porém se deu mal (v. 9).

Os versículos 10-19 predizem guerras constantes entre os reis da Síria e do Egito nos reinados de Antíoco III, Ptolemeu IV e Ptolemeu V. Primeiro, o rei do norte vencerá (v.10), depois será a vez do rei do sul (v. 11 e 12). A seguir, Antíoco subjugará o Egito (v. 13-17), mas, querendo avançar para o ocidente (v. 18), faz uma aliança com esta nação dando sua filha Cleópatra em casamento a Ptolemeu V (v. 17). Entretanto os planos para conquistar o ocidente foram malogrados por um comandante romano (v. 19). O versículo 20 se refere a Seleuco IV, que impingiu impostos altíssimos sobre a Palestina para alargar as finanças do reino. Durante todo este tempo a Palestina, chamada de "Terra Magnífica" (v. 16) e "esplendor real" (v. 20), era o caminho dos exércitos em marcha, e um pomo de discórdia entre as nações em guerra. Contudo, ainda não havia sofrido o que sofreria em breve nas mãos de Antíoco IV.

1. Qual foi o propósito desta previsão detalhada? De que maneira ajudaria o remanescente durante a perseguição que estava chegando?
2. Pondere na frase "fará o que quiser" nos versículos 3 e 16. Veja também o versículo 36, e contraste Jo 4.34; Rm 12.1,2; 1Jo 2.17. Você está aprendendo a dizer Mateus 26.42 e Hebreus 10.7 como Cristo disse?

Obs.
V. 14. Um partido surgirá entre os judeus, desejando cumprir a profecia por intermédio da violência.

☐ **ESTUDO 14**　　**DANIEL 11.21-12.13**

No capítulo 11.21, o curso previsto dos acontecimentos, como relatado na visão, alcança o reino de Antíoco Epifânio, e o cumprimento histórico pode ser traçado com precisão até o versículo 35. A carreira de Antíoco é mostrada em quatro aspectos importantes: (a) a trama por meio da qual ele subiu ao trono e conquistou o poder (v. 21-23); (b) seu pendor à generosidade e liberalidade em presentear (v. 24a); (c) seus planos de guerra (v. 24b), especialmente contra o Egito (v. 25-30) e (d) a profanação do templo em Jerusalém e a perseguição dos judeus (v. 31-35).

De início, o restante do texto (11.36-12.4) parece ser uma continuação da carreira de Antíoco, porém num exame mais detalhado, percebe-se que vai além disto em sua descrição do rei (v. 36; cf. 2Ts 2.4), nos eventos ali registrados (por ex., 12.1,2) e na ênfase dada à "época do fim" (11.35,40; 12.4). Aqui a figura de Antíoco parece fundir-se na figura mais sinistra do Anticristo. Com 12.2,7, cf. 7.25; 9.27.

1. Reúna as evidências que o texto mostra sobre a pecaminosidade do ser humano e seu desejo de poder, e as evidências de que o controle e o propósito de Deus prevalecem. Cf. Jr 17.5-14.
2. Quais as características dos que serão glorificados e dos que serão envergonhados nos tempos do fim?

Obs.
1. 11.21. "Não tinha sido dada a honra da realeza": isto é, ele não era o herdeiro reconhecido do trono.
2. 11.22-24. "Um príncipe da aliança" provavelmente é Antíoco, o filho ainda menino e herdeiro de Seleuco IV. As "fortalezas" são do Egito.
3. 11.27. Na verdade, Antíoco capturou o rei do Egito, mas eles fingiam que eram amigos.
4. 11.30. "Navios das regiões da costa ocidental": isto é, navios romanos, que impediram Antíoco de ir adiante.
5. 11.31. "O sacrilégio terrível": um altar pequeno foi colocado no altar da oferta do templo queimada, e ali ofereceram sacrifícios aos ídolos.
6. 11.37. "Deus preferido das mulheres" se refere ao deus Tamuz. Veja Ez 8.14.

SALMOS 139-150

☐ **ESTUDO 112**   SALMO 139

1. Os versículos 1-18 descrevem em três agrupamentos que o salmista está ciente de que Deus examina sua vida bem de perto. De acordo com os versículos 1-6, que áreas da vida são bem conhecidas por Deus? Que verdades a respeito de Deus são enfatizadas nos versículos 7-12, e nos versículos 13-18?
2. Por que o salmista consegue orar como faz nos versículos 23,24, especialmente à luz do que confessa nos versículos 1-4? Você costuma orar assim?

☐ ESTUDO 113   SALMOS 140-141

1. No salmo 140, note cuidadosamente a descrição do salmista sobre o caráter, os métodos e os propósitos de seus inimigos. Em circunstâncias tão perigosas, como ele age, pelo que ora, e como sua fé é sustentada?

2. O salmo 141 lida com algumas das tentações mais pérfidas que ameaçam envolver o servo de Deus no pecado. Observe bem do que se trata. Repare também em todos os tipos de ajuda que o salmista pede em oração. Como a influência de outras pessoas funciona aqui?

3. Os dois salmos mencionam o longo alcance da importância das palavras. Examine como as coisas que dizemos podem fazer mal. Como exercemos maior controle sobre a língua?

☐ ESTUDO 114   SALMOS 142 E 143

1. O salmo 142 mostra que o servo de Deus não está livre das garras da angústia e do desespero. Como ele descreve seus sentimentos? Então, o que ele faz? Em que acredita? O que espera? Cf. Sl 138.7,8; Jó 23.10; 2Co 1.8-11.

2. O salmo 143 contém uma invocação (v. 1,2), um lamento (v. 3,4), uma retrospectiva (v. 5,6) e uma petição (v. 7-12). Observe como um fato importante é lembrado em cada uma destas primeiras três seções. Examine a reação provocada sempre no salmista. Até mesmo a petição segue um padrão igual a esse. Que solução o salmista agora pede para cada aspecto de sua necessidade? Note particularmente sua oração matinal no versículo 8. Aprenda com este exemplo a ser mais decisivo em suas orações.

☐ ESTUDO 115   SALMO 144

1. O que Davi reconhece: (a) que é aos olhos de Deus e (b) que Deus pode ser para ele e fazer por ele? Você tem motivo igual para cantar "uma nova canção" (v. 9)?

2. Que lições este salmo tem a ensinar aos líderes espirituais? De modo particular, como as orações de Davi manifestaram as necessidades especiais de alguém em cargo de liderança?

Obs.
V. 8,11. Significa que quando levantaram a mão direita em juramento solene, eles mentiram.

☐ ESTUDO 116   SALMO 145

1. Quantos aspectos do caráter de Deus são mencionados neste salmo? Esta reflexão sobre o caráter de Deus deve produzir que tipo de apreciação e resposta?

2. Como a bondade de Deus é revelada a todos, e mais especificamente àqueles que preenchem certas condições? Cf. e contraste Mt 5.4,5; Rm 3.22; 8.28.

☐ ESTUDO 117 — SALMO 146

1. Nos versículos 3 e 4 o salmista adverte Israel a não confiar nas alianças que substituem a confiança em Deus. Cf. Is 30.1-5; 31.1. Por que é um grande erro confiar nos seres humanos? Cf. Is 2.20-22; Jr 17.5.
2. Sempre foi importante que Israel continuasse sendo um povo que se recordava. Veja como o agir de Deus no passado dos israelitas confirma o que é dito sobre ele nos versículos 6c,7a,7b,7c. Leia Js 23.14-16; Êx 3.7,8; 16.2-4; Sl 126.1,2.
3. Jesus usa este salmo como plano de todo o seu ministério (veja Lc 4.16-21), e explica seus milagres nesses termos (veja Mt 11.2-5, que repercute Is 29.18,19; 35.5,6). Com isto, o que Jesus quer ensinar a seu próprio respeito?

☐ ESTUDO 118 — SALMO 147

1. Em cada uma das três seções deste salmo (v. 1-6,7-11,12-20) uma atitude ou um atributo de Deus é enfatizado. Descubra do que se trata. Quais são o ponto e a lógica das referências que cada seção faz sobre o controle que Deus tem sobre o universo natural e as coisas criadas?
2. A fé e o louvor são sustentados aqui por razões concretas. O que aprendemos com isto sobre as razões mais importantes para confiarmos em Deus e dar-lhe louvores?

☐ ESTUDO 119 — SALMOS 148-150

Mais uma vez, o melhor cenário destes salmos é a reunião de Israel no templo, celebrando a grandeza de Deus, particularmente em relação à sua obra criadora e ação na história.

1. Resuma a visão que o salmista tem de Deus em sua magnitude cósmica e onipotência criativa. Com que propósito tudo deve ser usado, e toda criação ser unida?
2. Como o relacionamento especial de Deus com seu povo é demonstrado? Do que os filhos de Deus podem ter certeza à medida que se apóiam no que sabem a respeito dele?

APOCALIPSE

Introdução

Muitos protelam o estudo do livro de Apocalipse por medo de suas dificuldades ou da natureza intrincada de suas interpretações. Porém nenhum outro livro da Bíblia recompensará mais o estudante que o aborda por sua relevância presente em vez de por seu enigma escatológico. É importante lembrar que as visões que ocupam muitas páginas do livro não devem ser entendidas como figuras literais; o livro foi escrito em uma forma literária conhecida como "apocalíptica", que exprime realidades celestiais e espirituais por meio de simbolismo convencional e detalhado.

É de aceitação geral que o livro foi escrito pelo apóstolo João, e em tempos de perseguição, como seu exílio comprova (1.9). Alguns acham que o exílio de João aconteceu durante o reinado de Nero, que morreu em 68 d.C.; outros acham que foi durante o reinado de Domiciano (81-96 d.C.). Esta última data parece a mais provável. A luta entre o povo de Cristo e o poder de Roma havia agora chegado a um ponto mais elevado do que o repercutido em Atos dos Apóstolos. Cultuar os imperadores tornou-se uma prática comum a partir do reinado de Nero, e o cenário era sombrio e ameaçador.

A referência feita a Roma no capítulo 17 é apenas mal disfarçada. Alguns eruditos ("Preterista") consideram todas as referências como eventos da época, e, sendo assim, para nós, o livro narra coisas já acontecidas; outros ("Historicista") enxergam nos capítulos 2-19 referências à história cristã antes e depois da queda de Roma, e ao conflito da religião evangélica com a igreja de Roma, e chegando aos tempos do fim. Há também os ("Futurista") que consideram os capítulos 2 e 3 um resumo da história cristã, e veem o restante do livro como uma profecia direcionada aos acontecimentos da época em que Cristo voltará.

Uma interpretação verdadeira pode muito bem descobrir algo de valor em cada um desses pontos de vista. Bom mesmo é estudar o livro com a certeza de que (a) ele entregou uma mensagem real à sua própria época, (b) seus ensinos foram ilustrados pela história da igreja e (c) ele contém referências proféticas em relação ao futuro. O leitor não deve ficar tão preocupado com as obscuridades que deixe de se alegrar na mensagem do que é claro. Apocalipse nos dá lições preciosas quanto ao lugar dos seguidores de Cristo nos planos de Deus e o futuro glorioso que nos aguarda, quanto à natureza celestial de nossos conflitos terrenos, que só podem ser vencidos com a ajuda divina. Ensina também sobre a necessidade de vitória na batalha, sobre o julgamento eterno de Deus em relação a Satanás e ao pecado, sobre a certeza da vitória completa, e o Senhorio sobre a história e a segunda vinda de Jesus Cristo, nosso Senhor.

Esboço

1.1-8	Prólogo
1.9-3.22	Visão de Cristo, vivo para sempre, no meio das igrejas
4.1-5.14	Visão do trono de Deus, e do Cordeiro sentado no trono, a quem é entregue o livro selado dos julgamentos de Deus
6.1-8.5	Visão dos julgamentos "selados", com duas visões interpostas para o consolo do povo de Cristo (7.1-8,9-17)

APOCALIPSE

8.6-11.19	Visão dos julgamentos das "trombetas", com três visões para o consolo do povo de Cristo (10.1-11; 11.1,2,3-13)
12.1-14.20	Visão do filho, e do dragão e das duas bestas, com três visões para o consolo do povo de Cristo (14.1-5,6-13,14-20)
15.1-16.21	Visão do julgamento das "taças"
17.1-19.10	Visões da Babilônia, a cidade prostituta e sua destruição
19.11-20.15	Visão do retorno de Cristo, de seu triunfo sobre os inimigos e do último julgamento
21.1-22.5	Visão de um novo céu e uma nova terra e da nova Jerusalém
22.6-21	Epílogo

☐ **ESTUDO 1** **APOCALIPSE 1.1-8**

1. Com base nos versículos 1 e 2, trace o curso da "revelação" que vem a nós, que a lemos e recebemos, em quatro passos sucessivos desde sua origem na mente de Deus. Como são descritos seu conteúdo, caráter e valor? O que é exigido dos que leem ou ouvem a revelação? Cf. Lc 11.28.

2. Note a posição de Jesus em relação a Deus, e estude cada título que lhe é dado no versículo 5a. Cf. Jo 3.11,32,33; 18.37; Cl 1.18; Ap 19.11-16. Como João descreve a atitude de Jesus para conosco, e o que ele fez por nós? Cf. Jo 13.1; Ef 1.7; 1Pe 2.9.

3. Com 1.7, cf. Dn 7.13 e At 1.9-11. Você se alegra ao pensar na volta de Cristo? Cf. 6.15-17; 1Ts 4.15-18; 5.1-4; 2Ts 1.7-10.

Obs.
1. V. 1. "Revelação de Jesus Cristo": isto é, comunicada por ele, com a intenção de expor, e não de causar perplexidade.
2. V. 3. "Aquele que lê as palavras": isto é, quem lê este livro em voz alta para seus irmãos em Cristo. "Desta profecia": reivindicação importante. Cf. 22.7,10,18,19.
3. V. 4. "Dos sete espíritos": isto é, o Espírito nos sete aspectos de sua plenitude.
4. V. 5. "A testemunha fiel": abrange a ideia de martírio. Cf. 1Tm 6.13. Note a sequência – morte, ressurreição, entronização.

☐ **ESTUDO 2** **APOCALIPSE 1.9-20**

1. Conforme o versículo 9, quais as duas experiências partilhadas por todos os cristãos, e o que deve caracterizar a vida destas pessoas? Cf. Jo 16.33; At 14.22; 2Tm 2.12a.

2. Não devemos supor, nem por um instante, que Cristo seja literalmente assim. João recebe uma visão, e cada aspecto dela representa uma característica de nosso Senhor glorificado. Faça uma lista dos aspectos mencionados e, ao lado de cada um, anote que traço do caráter de Jesus ele sugere. Qual sua impressão geral de tudo isso?

3. Nos versículos 17-20, o que Jesus afirma de si mesmo e de seu relacionamento com as igrejas? Com o v. 17, cf. Dn 10.8-11,15-19, e com a figura do "candelabro", cf. Mt 5.14-16.

Obs.
1. V. 17: veja também 22.13. Repare que Jesus aplica a si as palavras que Deus fala de si no v. 8.
2. V. 18. "As chaves da morte e do Hades": conforme o ensino dos rabinos, estas chaves estão nas mãos de Deus e de mais ninguém.
3. V. 20. "Mistério": isto é, algo de significado oculto que será explicado aqui. Cf. 17.7; Mt 13.11. "Os anjos das sete igrejas": muitas vezes é interpretado como os pastores ou bispos de cada igreja, contudo é mais provável que se refira a um anjo guardião (cf. Dn 10.21; Mt 18.10).

☐ **ESTUDO 3**   **APOCALIPSE 2.1-7**

As sete cartas dos capítulos 2 e 3 são todas semelhantes em estrutura, começando com títulos descritivos de Jesus, que já ocorreram na visão de 1.9-20; e depois entregam a mensagem de Cristo à igreja, e terminam com uma convocação para que se ouça e com uma promessa "ao vencedor". Nas quatro últimas cartas, a promessa vem antes da convocação.

1. Escreva em suas próprias palavras o que Cristo elogiou na igreja de Éfeso (v. 2,3,6).
2. Qual a prova de que o amor dos efésios havia diminuído? Como a situação poderia ser remediada? Caso contrário, que outro perigo talvez ocorresse? Como devemos agir à luz dessa advertência?
3. V. 7a. Note o tempo presente "diz", e a combinação do apelo individual e da aplicação universal. Como Jesus continua falando por meio destes versículos, e a quem? Cf. Mc 4.9,23; 8.18. Como ter ouvidos que ouvem?

Obs.
1. V. 6. "Nicolaítas": e veja também os versículos 14,15: "Nicolaus" pode ser um equivalente grego de "Balaão", querendo descrever alguém que destrói o povo de Deus, como Balaão fez quando introduziu práticas idólatras e imorais. Cf. 2Pe 2.15,16.
2. V. 7. "Árvore da vida": em contraste com os frutos corruptos da idolatria e da auto-indulgência sexual. Cf. 22.2.

☐ **ESTUDO 4**   **APOCALIPSE 2.8-17**

1. Com base nos versículos 8-11, reconstrua a situação enfrentada pelos cristãos de Esmirna. O que Cristo afirma sobre: (a) o futuro imediato e (b) o futuro final deles? De que maneira já eram ricos? Como venceriam? Qual seria o resultado da vitória?
2. Satanás não conseguiu destruir a fidelidade inabalável da igreja de Pérgamo num ataque frontal (v. 13), então ele usou outro método, tentando os cristãos a perguntar: "É necessário sermos tão intransigentes em nossa atitude para

com as práticas idólatras e o comportamento moral dos pagãos?" Como Cristo responde a este tipo de pergunta?

Obs.
1. V. 10. "Dez dias": ou seja, durante pouco tempo.
2. V. 11. "A segunda morte": cf. 20.14,15; 21.8.
3. V. 13. "Onde está o trono de Satanás": Pérgamo era a residência oficial do procônsul romano da província, e principal centro de adoração do imperador.
4. V. 17. "Do maná escondido": os rabinos ensinavam que quando o Messias viesse, ele alimentaria o povo com o maná que estava agora escondido no céu. O que o texto diz é que Cristo é o verdadeiro maná, o pão da vida. Cf. Jo 6. 48-51. "Uma pedra branca": as pedras gravadas com nomes que supostamente tinham qualidades mágicas eram muito valorizadas entre os pagãos. Cristo oferece privilégios, pessoais a cada um de nós, que excedem a tudo que pode ser encontrado fora dele.

☐ **ESTUDO 5**   **APOCALIPSE 2.18-29**

1. De que modo a descrição de Jesus no versículo 18 é relevante ao que vem a seguir? Que qualidades dele são reveladas aqui? Como o conhecimento destas verdades deveria afetar nosso comportamento?

2. O comprometimento religioso e a frouxidão moral que estavam adentrando as igrejas parecem ter ido mais fundo na igreja de Tiatira, e tornado-se uma doutrina, quase uma seita. Como um todo, qual era a responsabilidade da igreja em relação à presença de tal pecado em seu meio? Que conselho é dado aos membros que não seguiram esses ensinos?

Obs.
V. 20. "Jezabel, aquela mulher": assim chamada porque seu padrão moral era semelhante ao da Jezabel de outrora. Cf. 1Rs 21.25,26; 2Rs 9.22,30.

☐ **ESTUDO 6**   **APOCALIPSE 3.1-13**

1. V. 1-6. Qual era o erro dos cristãos de Sardes, e como a situação poderia ser consertada? De quem dependiam a mudança e a melhor forma de viver? Será que vivemos situação parecida?

2. Segundo os versículos 7-13, que característica cristã é essencial? Por quanto tempo deve ser exibida? Quando posta em prática, qual é sua recompensa?

Obs.
V. 8. "Uma porta aberta": isto é, uma oportunidade missionária. Cf. 1Co 16.9; 2Co 2.12.

☐ **ESTUDO 7**   **APOCALIPSE 3.14-22**

1. Em sua opinião, como a igreja de Laodiceia ficou tão cega quanto à sua verdadeira condição espiritual? Cf. Mt 23.25,26; 2Co 4.18. Quem se encarrega de lidar com eles, e como?

2. O "ouro refinado no fogo", as "roupas brancas" e o "colírio para ungir os seus olhos" ilustram que três aspectos do caráter cristão? Para o primeiro, veja 1Pe

1.7; para o segundo, o v. 4 e 19.8; Sl 51.7; e para o terceiro, Sl 119.18; 2Pe 1.9; Ef 1.18,19. De que modo conseguimos tudo isto?

3. Dentro de seu contexto, como o v. 20 deve ser entendido? Se a igreja, como um todo, é "morna", será que seus membros (individualmente) podem usufruir de um relacionamento íntimo com Deus? O que o Senhor promete a estas pessoas? Que condições têm de ser preenchidas para se obter o que foi prometido? Cf. Jo 14.22,23.

Obs.
V. 17. Laodiceia era uma cidade próspera e rica. Depois de ser atingida por um terremoto no ano 61 d.C., foi reconstruída pelos próprios moradores, sem nenhum subsídio do império. "Não precisamos de nada" foi, literalmente, o que seus habitantes disseram.

Notas introdutórias aos capítulos 4-11

Chegamos à revelação principal do livro (veja 1.1 e 4.1). Já examinamos a condição das igrejas. A perseguição havia começado, e provações mais ferrenhas espreitavam logo adiante (veja 2.10,13; 3.10). A pergunta, "Como será o futuro?" deve ter perturbado todos os cristãos, e seria respondida em breve. Porém antes, nos capítulos 4 e 5, Deus dá a João uma visão das realidades celestiais que permaneciam inabaláveis atrás e acima das mudanças e incertezas do mundo.

☐ **ESTUDO 8**   **Apocalipse 4**

1. Quando João viu o céu, qual foi o maior e mais espetacular cenário que seus olhos encontraram? O que aprendemos com esta visão sobre a origem, o controle e o propósito do universo criado por Deus? Que reação isto deve provocar em nós?

2. O que é indicado ou exemplificado aqui sobre a natureza e o caráter de Deus e à maneira em que ele deve ser adorado?

Obs.
1. V. 3. "Aspecto semelhante a jaspe": isto é, radiante; cf. 21.11. "Aspecto semelhante a...sardônio": isto é, vermelho como fogo ou sangue. O arco-íris representa a fidelidade de Deus. Cf. Gn 9.12-17.
2. V. 4. Os anciãos geralmente representam a igreja dos Antigo e do Novo Testamentos.
3. V. 6-8. "Seres viventes": parecidos com os da visão de Ezequiel. Veja Ez 1.5s; 10.12. A aparência deles sugere força, serviço, inteligência e rapidez. Para o cântico deles, cf. Is 6.3.

☐ **ESTUDO 9**   **Apocalipse 5**

1. O que essa visão nos garante em relação ao propósito e aos resultados do sacrifício de Jesus como o "Cordeiro que foi morto"?

2. O que impele a um "novo cântico" (v. 9)? No fim, quantas pessoas se juntaram ao cântico? Veja 14.3. Você já descobriu por que deve cantar?

APOCALIPSE

Obs.
1. V. 1. "Rolo": este é o livro do destino. Ele declara os objetivos do julgamento de Deus e a bênção para este mundo. Alguns consideram o rolo como a escritura da herança que Cristo, por meio de sua obra redentora, granjeou para si e para seus redimidos.
2. V. 5,6. Repare no tempo verbal: "venceu". A vitória já foi conquistada. Cf. 3.21. Veja também Jo 12.31,32. O acontecimento desta visão é a volta de Jesus da cruz para o trono de Deus como o Cordeiro que "foi morto". Ele toma posse imediata de seu reino universal. Cf. Mt 28.18; Hb 2.9; 10.12,13.

☐ **ESTUDO 10**   **APOCALIPSE 6**

1. Quando o livro dos eventos futuros é aberto selo a selo, que correspondências você nota com Mt 24.4-14? Cf., por ex., v. 4,6 e 9 com Mt 24.6,7 e 9. (Para o significado do cavalo branco, veja *Obs. 1* abaixo.) O que isso nos ensina sobre o curso atual da história universal?
2. Essas coisas todas se encaminham para que desfecho do julgamento? Veja os v. 12-17 e *Obs. 3* abaixo. Cf. Mt 24.29,30. O que deve ser mais temido do que a morte? Cf. Is 2.19-21.
3. Pelo que os mártires se dispuseram a morrer? As pessoas que acham que Deus não faz nada para recompensá-las nem vingá-las estão certas? Será que tal sacrifício ainda pode ser requerido dos cristãos?

Obs.
1. V. 2. O cavalo branco e seu cavaleiro têm sido interpretados de duas maneiras em especial. Muitos acham que simbolizam Cristo avançando nas conquistas do evangelho. Cf. Mt 24.14; Sl 45.3-5. Outros interpretam como uma figura de invasão e fome de conquista, que resultam nas misérias e tristezas da guerra, em fome, pestilência e morte. Esta interpretação é a mais provável. Os quatro cavalos, como em Zacarias 6, formam um grupo cuja missão é executar o julgamento.
2. V. 6. A escassez era tanta que o salário de um dia (Mt 20.2) só dava para comprar um punhado de trigo.
3. V. 12-14. O cenário destes versículos é parecido com aquele usado bastante no Antigo Testamento para simbolizar as grandes revoltas entre as nações. Veja, por ex., Is 13.9-11,13; Ez 32.7-9; Na 1.5.

☐ **ESTUDO 11**   **APOCALIPSE 7**

Antes da revelação de mais julgamentos, duas visões são interpostas para o consolo dos cristãos. Em tudo o que foi mostrado até agora, nada foi dito sobre a igreja, exceto com respeito aos mártires. Este texto mostra a igreja primeiro nesta vida, no mundo, e, portanto, sempre limitada em número (v. 1-8); depois, é apresentada inumerável, no céu, viva para todo o sempre.

1. Que garantias os versículos 1-8 apresentam em relação aos cuidados de Deus com seu povo? Cf. Ez 9.3-6; Jo 6.27; 10.27-29; Ap 9.4.
2. Nos versículos 9-17, quem compunha a grande multidão, e onde estavam? Como chegaram ali, e o que estão fazendo agora? Relacione todas as bênçãos

que estas pessoas usufruem, traduzindo os símbolos para as realidades que representam.

Obs.
V. 1. Controlar as forças da natureza é uma tarefa dada aos anjos. Cf. 14.18; 16.5; Hb 1.7.
2. V. 4-8. Alguns acham que os que foram "selados" representam os cristãos judeus, mas à luz de 14.1-4 é melhor entender que a visão inclui todo o "Israel de Deus" (Gl 6.16).
3. V. 14. "Grande tribulação": cf. 3.10. Aqui as duas visões mostram que todos os que pertencem a Deus atravessarão em segurança a tribulação terrena.

☐ **ESTUDO 12**   Apocalipse 8 e 9

Depois do interlúdio do capítulo 7, voltamos à abertura do sétimo selo. Ele anunciará o fim? O céu inteiro está em silêncio, como em suspense e expectativa (cf. Mc 13.32), mas uma nova série de julgamentos vem a seguir (cf. Mc 13.7,8).

1. Em 8.3-5 observamos, no santuário celestial, o que acontece às orações do povo de Cristo. O que aprendemos sobre a eficácia da oração unida ao incenso da intercessão de Cristo e ao fogo do altar de seu sacrifício? Neste caso, que resposta é garantida? Cf. 6.9,10; Rm 8.26: e veja *Obs.* 5 abaixo.
2. Contraste as quatro primeiras trombetas do julgamento com as quinta e sexta quanto: (a) aos objetos afetados e (b) à severidade de seu caráter e resultado. Qual foi o propósito destas trombetas de julgamento? Veja 8.13; 9.20,21. Cf. Lc 13.1-5.
3. O que estes capítulos nos ensinam sobre o controle de Deus sobre todos os acontecimentos? Veja particularmente 8.2; 9.1,4,13-15.

Obs.
1. 8.3,5. Dois altares devem ser distinguidos aqui: o "altar de ouro" do incenso e o altar do sacrifício. Veja Êx 37.25-38.7.
2. 8.6."Trombetas": indicando que esses julgamentos foram mandados como aviso. Cf. Am 3.6; Ez 33.1-5. Assim, a destruição foi apenas parcial – "um terço".
3. 9.1. "Abismo": a residência dos poderes do mal. Cf. 11.7; 17.8.
4. 9.11. "Abadom" e "Apoliom": significam destruição.
5. 9.13. "O altar de ouro": mostra que as orações dos santos estavam sendo atendidas.

☐ **ESTUDO 13**   Apocalipse 10

Apocalipse 10.1-11.13 é um interlúdio entre a sexta e a sétima trombetas, correspondente ao capítulo 7 (veja *Esboço*). Primeiro, o anjo fala de sua incumbência (10.1-11) e então descreve a igreja como santuário de Deus (11.1,2), e como testemunha no mundo (11.3-13).

1. Quais as duas maneiras de o capítulo 10 mostrar que a revelação dada a João até agora, apesar de se estender até o fim dos tempos (v. 6,7), não é, de forma alguma, uma exposição completa do conselho oculto de Deus? Cf. Dt 29.29; Jó 26.14. Do que João ficou absolutamente seguro quanto às verdades que foram reveladas?

2. Por que a Palavra de Deus era doce ao paladar, todavia amarga de engolir? Que responsabilidade o recebimento de tal revelação colocou sobre João? Cf. Ez 2.8-3.4; 1Sm 3.15-18; 1Co 9.16,17. Você tem privilégios e responsabilidades semelhantes?

Obs.
V. 6,7. O propósito misterioso de Deus, como revelado por meio dos profetas e aplicado na história mundial, deve ser completado ou terminado desta forma.

☐ **ESTUDO 14** **APOCALIPSE 11**

1. Muitas respostas já foram dadas sobre "quem são as testemunhas" de 11.3-12. Imaginando que representam o testemunho da igreja durante a época atual, o que o texto ensina sobre o testemunho verdadeiro por Cristo, a autoridade do testemunho dado pelos cristãos, a preservação deles, seu sofrimento até a morte, e sua vitória final? Cf. Lc 10.19; Jo 16.2; At 7.54-60.
2. Quando os planos de Deus estiverem completamente realizados pelo som da sétima trombeta (veja 10.7), quem triunfa no fim? Que atributos e ações de Deus garantem seu triunfo sobre toda e qualquer oposição? O que esta perspectiva deve nos levar a fazer?

Obs.
1. V. 1, 2. O propósito da medição é marcar o que deve ser preservado. Se o templo representa o povo de Cristo (1Co 3.16), o pátio exterior representa os judeus em sua descrença (Lc 21.24).
2. V. 2,3. "42 meses" é o mesmo que "1.260 dias" e "um tempo, tempos e meio tempo" (3 anos e meio) de 12.6 e 12.14. Parece ser uma descrição convencional da duração do presente século. Note o contraste no v. 11 – somente "três dias e meio".

NOTAS INTRODUTÓRIAS AOS CAPÍTULOS 12.1-19.10

Começa aqui uma nova divisão do livro, e uma nova série de profecias (cf. 10.11). A primeira parte do livro tratou principalmente de eventos exteriores e o julgamento divino, em conjunto com as visões da igreja e seus sofrimentos. Ficou que por trás de tudo encontra-se o trono de Deus, e que todos os acontecimentos estão sob o controle dele e nas mãos de Cristo. Esta seção do livro revela um aspecto novo e mais grave da situação, ou seja, a inimizade de adversários espirituais poderosos, de Satanás e do mundo. Até aqui, isto só foi dado a entender (2.9,13,24; 3.9; 9.11; 11.7), mas agora é apresentado de maneira total, e torna-se claro que os sofrimentos da igreja têm sua origem nos conflitos entre Satanás e Cristo.

☐ **ESTUDO 15** **APOCALIPSE 12**

O capítulo mostra uma figura simbólica do nascimento de Jesus, e de sua volta ao trono de Deus, mas seu objetivo principal é mostrar o poder e a maldade de Satanás como inimigo de Cristo e seu povo.

1. Estude o que é dito sobre Jesus. Cf. Sl 2.6-9; Lc 10.18; Jo 12.31; Ef 1.19-21. O que o v. 10 quer dizer? Cf. Rm 8.33,34.
2. Segundo este capítulo, por que o destino da igreja no mundo é a oposição constante? Cf. Ef 6.10-13; 1Pe 5.8. Como é retratado o temível poder de Satanás? Como participamos, ou podemos participar, da vitória de Cristo sobre o Inimigo?

Obs.
1. V. 1,2,4-6,13-17. A mulher representa o Israel verdadeiro, que, após a ascensão de Cristo, forma a igreja cristã. Veja a figura em Gn 37.9; Ct 6.4,10; Is 66.7-10.
2. V. 3,4a. "Vermelho": a cor do sangue. Cf. Jo 8.44. As sete cabeças e as coroas indicam um domínio de longo alcance; os dez chifres, seu grande poder; a cauda, seu tamanho e força imensos. Veja o v. 9; e cf. Gn 3.15.
3. V. 6,14-16. O significado exato do simbolismo é obscuro, mas o sentido geral é claro: a igreja está sob a proteção de Deus e embora Satanás procure destruí-la, seus planos serão frustrados.

☐ **ESTUDO 16**   **APOCALIPSE 13**

Ao guerrear contra os cristãos, Satanás usa duas armas principais: (a) poder mundial totalitário, hostil ao Deus verdadeiro, subserviente ao Inimigo, e exigindo ser adorado (v. 1-10) e (b) religião estabelecida, apoiando as exigências do poder mundial, por milagres e sinais falsos (v. 11-18). Tais "bestas" foram encontradas na época de João na figura do Império Romano e no culto ao imperador. Também deram as caras na história recente, e talvez, apareçam de novo.

1. Repare que os cristãos verdadeiros são aqui distinguidos dos outros (v. 8; cf. 17.8). Que experiência lhes é inevitável numa situação igual à retratada nos versículos 1-10? Como é previsto que devem exibir fidelidade? Cf. Mc 13.13.
2. Em que aspectos a segunda besta é diferente, em aparência, da primeira? Cf. 1Pe 5.8 com 2Co 11.14. Como seus objetivos e métodos levam os cristãos ao conflito direto com ela? Cf. Dn 3.4-6; Jo 15.18-21.

Obs.
1. V. 2. Note a combinação de características das primeiras três bestas na visão de Daniel. Cf. Dn 7.4-6.
2. V. 3. Isto sugere uma imitação da morte e ressurreição de Cristo, com o propósito de levar as pessoas à fé e adoração.
3. V. 4. O motivo da adoração não é a grandeza moral, mas a força bruta.
4. O v. 10 repete as palavras de Jr 15.2. Diante desse tratamento, os cristãos não devem nem tentar resistir ou retaliar.
5. V. 12. Esta segunda besta completa a trindade satânica. É chamada de "falso profeta" em 16.13; 19.20; 20.10. Ele é a Mentira vestida de Verdade. Cf. Mt 7.15; Mc 13.22; 2Ts 2.9-12.
6. V. 18. Muitos entendem que o número 666 se refere a "Nero César". Outros, porque cada dígito não atinge o número perfeito 7, consideram 666 como um símbolo do Anticristo.

APOCALIPSE

☐ **ESTUDO 17**   APOCALIPSE 14

Este capítulo, igual aos capítulos 7 e 10.1-11.13, é um interlúdio feito para o consolo dos cristãos.

1. Os versículos 1-5 apresentam uma imagem dos verdadeiros seguidores de Cristo. Embora espalhados pelo mundo, sofrendo e correndo risco de morte, estão espiritualmente com o Cordeiro na invencível rocha do Monte Sião, pertencentes a Deus, nenhum tendo se perdido (v. 1), e participando do culto no céu (v. 2,3). A que devem a situação em que estão, e quais as quatro características que marcam suas vidas? Veja os versículos 4 e 5. E cf. Mt 5.3; Lc 14.27; Ef 4.25; Fp 2.15. À luz destes padrões, como anda sua vida?

2. Três anjos aparecem nos versículos 6-11, cada um trazendo uma mensagem a todos os habitantes da terra. Estude o conteúdo das três mensagens. Os versículos 12 e 13 são endereçados aos cristãos. Como encorajam os que talvez venham a morrer por amor a Cristo?

3. Na visão dos versículos 14-20, quais são as diferenças entre suas duas partes (v. 14-16 e 17-20)? Cf. Sl 1; Ml 3.16-4.3; Mt 13.39b-43.

Obs.
1. V. 3b. O cântico é "dos céus" (v. 2); os santos no Monte Sião estão aprendendo a cantá-lo.
2. V. 4. Um símbolo da pureza de coração. Cf. 2Co 11.2.
3. V. 6. "O evangelho eterno": cf. Ec 12.13,14; At 14.14-18; 17.24-31.
4. V. 9-11. As próprias marcas que uma vez garantiram benéficos (veja 13.15-17), agora indicam as pessoas que serão julgadas.
5. V. 13b. A fadiga do trabalho terminará, a recompensa de suas obras aguarda por eles. Cf. Mt 25.34-40. Contraste com o v. 11: "Não há descanso".

☐ **ESTUDO 18**   APOCALIPSE 15 E 16

A série de julgamentos descritos aqui, embora parecidos com os dos selos e das trombetas, é visto no céu como um "sinal" separado. O que vem a seguir não são mais advertências, e sim um derramamento da ira de Deus.

1. João está olhando para os sete anjos quando seus olhos são atraídos para outra visão, que ele descreve em 15.2-4, sem dúvida nenhuma para o consolo dos cristãos, diante dos terríveis julgamentos que estão para acontecer. De que grandes verdades eles são assegurados e em quais são incentivados a se alegrar? Este conhecimento deve levá-los – e a nós também – a fazer o quê? Cf. 16.5-7.

2. Em que aspectos as "taças" dos julgamentos são mais severas do que os dos selos e das trombetas? Qual foi a reação (a) dos homens e (b) do dragão e seus aliados? Diante de tal quadro, em que baseia nossa esperança, e por que razões deveriam ficar atentos? Com 16.15; cf. Mt 24.42-44.

Obs.
1. 15.3,4. "O cântico de Moisés": cf. e contraste Êx 14.30-15.19.
2. 16.16. "Armagedom": significa "a colina do Megido", isto é, a planície do Megido, onde aconteceram batalhas famosas (Jz 5.19; 2Cr 35.22), e as colinas ao redor.

☐ **ESTUDO 19**   APOCALIPSE 17

O povo de Cristo tem outro inimigo – a Babilônia. Babilônia é o nome de uma cidade, e João usa-o em referência à Roma de seus dias, localizada em sete colinas (v. 9) e em muitas águas, isto é, nações e reinos que formam o Império (v. 1,15,18). Mas a Babilônia, assim como as duas bestas do capítulo 13, é um símbolo; não, como a primeira besta, um símbolo de poder material, nem, como a segunda besta, um símbolo da falsa religião. É um símbolo da luxúria do mundo, da ganância por conquista, orgulho e corrupção. Onde quer que estes aspectos do espírito mundano se encontrem, ali se encontra a Babilônia, e ali o julgamento de Deus se derramará, a não ser que os homens se arrependam.

1. O espanto de João diante da mulher (v. 6) deve nos levar a estudá-la mais de perto. O que cada aspecto da figura simboliza? Contraste a mulher e seu filho com a mulher do capítulo 12 e sua semente (com 17.14; cf. 12.17). Diante de tal inimigo, qual o prospecto dos que seguem o Cordeiro (14.4)?
2. É preciso sabedoria (v. 9) para entender os versículos 7-13, como o próprio anjo que os interpreta admite. Veja que dois significados diferentes são dados às cabeças da besta. Também, note cuidadosamente a diferença entre as cabeças e os chifres. A lição principal do capítulo é a "queda" da Babilônia. Como isto acontece? O que exemplifica sobre os julgamentos de Deus?

Obs.
1. V. 2. "Os...se prostituíram": referência à prática imoral que os reis e líderes cometeram em resposta às seduções de Roma.
2. V. 8. "Era, agora não é, e entretanto virá": a besta é uma contraparte do próprio Deus. Veja 1.4.
3. V. 10,11. O Imperador Nero cometeu suicídio, e o historiador Tácito afirma que se espalhou um rumor de que ele não estava morto e que iria retornar. De modo geral, acredita-se que há uma alusão a esta crença nos versículos 8a e 11. Isto é uma contraparte satânica à morte e ressurreição de Cristo. Pressupondo que os sete reis do versículo 10 foram imperadores romanos, a teoria mais provável vê nos cinco que "caíram", Augusto, Tibério, Calígula, Cláudio e Nero, e no que "é", Vespasiano (69-79 d.C.), e no que "ainda não veio", Tito. Depois de Tito apareceu Domiciano, que seria o "oitavo" (v. 11), e que era tão parecido com Nero, especialmente em suas perseguições aos cristãos, que poderia muito bem ser Nero ressuscitado.
4. V. 15-17. A cidade prostituta irá cair, mais cedo ou mais tarde por meio de uma revolta da parte das províncias e de seus líderes locais.

☐ **ESTUDO 20**   APOCALIPSE 18.1-20

1. Considere primeiro as mensagens do anjo e da voz vinda do céu. Que aspectos do julgamento de Deus elas enfatizam? Que imperativo urgente Deus dá a seu próprio povo? Cf. 2Co 6.14-18.
2. Em contraste, ouça as vozes do mundo na queda da Babilônia. Quem fala? Referem-se a que fato sobre a queda da Babilônia, e por que se lamentam a

respeito dela? Observe a diferença entre o ponto de vista do céu e o do mundo. Em tais circunstâncias, a qual deles você se uniria — ao lamento ou à alegria?

3. Assim que puder, leia Is 13 e 47; Jr 50 e 51 e Ez 27 e descubra como a mente de João foi tomada pelas visões e profecias do Antigo Testamento.

☐ **ESTUDO 21** **APOCALIPSE 18.21-19.10**

1. Que ideias a atitude do anjo em 18.21 sugere quanto ao propósito de Deus em relação à "Babilônia"? Note especialmente quantas vezes a frase "nunca mais" ocorre em 18.21-24. Cf. 19.3. Portanto, que verdade é enfatizada envolvendo todo o conjunto de materialismo e concupiscência que o nome "Babilônia" representa? Cf. 1Co 7.31b; 1Pe 1.24,25; 1Jo 2.17).

2. O que instiga os louvores de 19.1-3,4,5-8, e por quem, respectivamente, foram pronunciados? Que verdades sobre o caráter e os caminhos de Deus são reconhecidas aqui? Cf. 19.10; Is 45.21-25.

Obs.
1. 19.3b. Simbólico da destruição final. Cf. Is 34.10.
2. 19.7. "Casamento do Cordeiro": o cumprimento do plano de Deus como descrito em Ef 5.25b,26. Um contraste decisivo e final da prostituta e suas impurezas.

☐ **ESTUDO 22** **APOCALIPSE 19.11-21**

Seguindo a destruição da "Babilônia", a besta e os reis que fizeram aliança com ela (cf. 17.12-14), guerreia, contra Jesus, que vem do céu em julgamento para derrotá-los. O fim do presente século, profetizado no livro inteiro, chegou, e temos, na porção de hoje, a descrição da segunda vinda de Cristo, em suas expressões de julgamento sobre os inimigos, como em 2Ts 1.6-10 e Sl 2.9.

1. V. 11-16. Neste retrato simbólico de Cristo, busque entender o significado sugerido para cada frase descritiva. Contraste algumas das frases de Zacarias 9.9,10. De que maneiras a segunda vinda de Cristo será diferente da primeira? Esta perspectiva deve nos encher de medo ou de alegria?

2. V. 17-21. Trata-se da batalha do Armagedom, mencionada em 16.14-16. Note o contraste entre "o grande banquete" do julgamento e o "banquete do casamento do Cordeiro" (v. 9). Cf. o contraste em 14.14-20 entre as duas colheitas. Veja também Mt 13.30,40-43. Que verdades são repetidamente enfatizadas sobre a situação e questão finais da história mundial?

Obs.
1. V 13a,15b. Cf. Is 63.2,3.
2. V.14. São exércitos angelicais. Cf. Mt 16.27; 2Ts 1.7-9.
3. V. 20. "Lago de fogo que arde com enxofre", também em 20.10; 21.8, ou "lago de fogo" em 20.14,15; em outros versículos é chamado de "fogo eterno" (Mt 18.8; 25.41); também "fornalha ardente" (Mt 13.42,50). É o lugar da destruição final.

☐ **ESTUDO 23**   A̲p̲o̲c̲a̲l̲i̲p̲s̲e̲ 20.1-10

Os cristãos divergem sobre a interpretação dos "mil anos" e "a primeira ressurreição". Ou os mil anos acontecem depois da segunda vinda de Cristo ou este trecho é uma descrição simbólica nova do período entre a primeira e a segunda vindas de Cristo. A impressão é que existe um paralelo contínuo nos eventos principais de Apocalipse 11-14 e 20. Satanás foi amarrado por intermédio da primeira vinda de Cristo. Cf. Mc 3.23-27; Lc 10.17-19; Jo 12.31. Apocalipse 20.7-9 pode ser entendido como mais uma referência ao Armagedom. Cf. 16.14-16; 19.19. Desta forma, "a primeira ressurreição", não importa como seja entendida, é um privilégio partilhado somente pelos seguidores fiéis do Cordeiro. Alguns acham que a fraseologia é uma previsão simbólica de que a época dos mártires deve ser acompanhada de um período mais longo da supremacia cristã durante a qual a fé em Cristo, pela qual os mártires morreram, reviveria e reinaria. (Veja *CBVN*, p. 2170.)

1. Que atividade é atribuída particularmente a Satanás? Ele é tratado de várias maneiras diferentes. De que maneiras diferentes ele é tratado? Como o comportamento de Satanás servirá aos propósitos de Deus? Cf. 2Ts 2.9-12. Qual será o fim de Satanás? Quem terá o mesmo destino? Cf. Mt 25.41.

2. Quais são as recompensas dos que forem fiéis até a morte? Cf. Lc 22.28-30; 2Tm 2.12; Ap 2.10,11; 5.10. Esse conhecimento deve nos levar a desejar que aspecto da graça divina?

Obs.
1. V. 1-3. "Abismo": como a habitação dos espíritos maus (cf. 9.11), ele deve ser cuidadosamente distinguido do "lago de fogo que arde com enxofre" (v. 10).
2. V. 3. "É necessário": por razões ocultas na vontade divina.
3. V. 8. "Gogue e Magogue": refere-se a Ez 38-39, onde o profeta relata uma grande invasão na terra de Israel.

☐ **ESTUDO 24**   A̲p̲o̲c̲a̲l̲i̲p̲s̲e̲ 20.11-21.8

1. 20.11-15. Temos aqui o destino final deste mundo e de todos os que lhe pertencem. Quem será o Juiz? Como será estabelecido o destino de cada pessoa? Quais são as únicas alternativas? Cf. Mt 16.27; Jo 5.28,29; Rm 2.6,16; Ap 21.8; 22.12.

2. 21.1-7. O governo do novo mundo é revelado. Cf. Is 65.17; 2Pe 3.13. Qual é a cidade deste novo mundo? Contraste Ap. 18.10. Quem são seus habitantes? Quais são os privilégios deles? Que bênçãos lhes estão garantidas, e pela palavra e obra de quem?

APOCALIPSE

☐ ESTUDO 25   APOCALIPSE 21.9-21

A visão da cidade de Deus não deve ser entendida literalmente, assim como a visão de Cristo em 1.12-20 também não deve. É uma figura simbólica, e devemos enxergar nos símbolos as realidades espirituais que representam.

1. Por exemplo, o tamanho da cidade (v. 16; veja *Obs. 2* abaixo) expressa as mesmas ideias da frase "que ninguém podia contar" em 7.9; o formato de cubo da cidade (21.16) significa seu desenho perfeito e sua eternidade; o ouro e as pedras preciosas representam seu esplendor e qualidade perfeita, e assim por diante. Que outras realidades espirituais você enxerga neste texto?
2. De que modo o contraste entre esta cidade e a cidade prostituta Babilônia é trazido à mente do leitor? Cf. o v. 9 com 17.1. Examine alguns aspectos deste contraste. Quais as diferenças marcantes entre a Babilônia e a Nova Jerusalém? Cf. Zc 14.20,21; Lc 16.15; 1Jo 2.16,17.

Obs.
1. V. 12-14. A cidade, mesmo oferecendo entrada de todas as direções, é construída sobre a revelação dada a Israel e por intermédio dos apóstolos.
2. V. 18. "Ouro puro, semelhante ao vidro puro": veja também o v. 21. Não há nada que não seja genuíno, nada que não seja transparente.

☐ ESTUDO 26   APOCALIPSE 21.22-22.5

1. Relacione tudo o que não será encontrado no reino perfeito de Deus. Ao lado destas coisas, anote as bênçãos mencionadas no texto. Compare estas bênçãos com as do Jardim do Éden (Gn 1.28,29; 2.8-25). De que modo elas superam as do Jardim, e qual é sua maior glória? Cf. 1Co 15.46; Ef 1.3.
2. O não crente entrará nesta cidade (veja 21.27), e se entrar, encontrará satisfação em suas bênçãos (cf. Ef 2.3; 1Co 2.14)? À luz disto, considere a necessidade absoluta do "sangue do Cordeiro" e da regeneração de cada pessoa. Cf. Jo 3.5; Lc 10.20.

Obs.
22.1,2. A interpretação de alguns é que existe uma rua larga que divide a cidade, ao longo da qual o rio flui, com árvores nas duas margens. Outros consideram a "rua", o "rio" e a "árvore da vida" como substantivos coletivos, e imaginam muitas ruas, e muitos cursos do rio fluindo ao longo de todas elas, e muitas árvores produzindo frutos mensalmente, tudo simbolizando o caráter generoso da provisão de Deus.

☐ ESTUDO 27   APOCALIPSE 22.6-21

1. Que palavras de Cristo são repetidas três vezes nestes versículos? Veja também 3.11 e cf. 1.7; 16.15. Como reconciliamos suas palavras com o fato de ele ainda não ter retornado? Quais devem ser nossa atitude e resposta ao que nosso Mestre disse? Cf. 2Pe 3; Mt 24.43-51; Hb 10.36-39. Você pode fazer a oração dos versículos 17 e 20 como um desejo espontâneo de seu coração?

2. De que modo a verdade e a importância do conteúdo de Apocalipse nos são confirmados neste texto? Que nome é usado quatro vezes para descrever este livro? Qual é sua origem? De onde vem sua autoridade? Como devemos expressar nosso respeito e nossa reação para com ele?

Obs.
1. V. 6. Este livro brota da mesma fonte divina de onde todos os profetas se inspiraram.
2. V. 8,9. Cf. 19.10; Cl 2.18. João enfatiza tanto a atração quanto o erro da adoração aos anjos. O mesmo pode ser afirmado sobre a adoração aos santos.
3. V. 11. Aviso enfático dizendo que o fim está próximo, e que a oportunidade para mudança de caráter está passando. Cf. Dn 12.10; 2Tm 3.13. Mas note o v.17b e 21.6.
4. V. 16. "A Raiz e o Descendente de Davi": cf. Mc 12.35-37.

☐ **ESTUDO 28**   A<small>POCALIPSE</small> 1-22: R<small>EVISÃO</small>

1. Como você resumiria a mensagem principal do Apocalipse todo? Que verdades eternas o livro quer nos ensinar para nossa instrução e encorajamento? Cf. Jo 16.33; At 14.22; Ap 1.9; 12.10,11. Somos chamados a partilhar do que "em Jesus"?
2. Examine as sete bem-aventuranças neste livro. Veja 1.3; 14.13; 16.15; 19.9; 20.6; 22.7,14. Você está cumprindo as condições, e, na medida do possível, está se inteirando da riqueza das bênçãos?

Esta obra foi composta em Agaramond, e impressa pela
Imprensa da Fé em papel Offset Extraprint 70 g/m² e
cartão Ningbo star 250 g/m² em maio de 2011